제 36 판

2026

소득세법

서희열 · 노병석 · 서정우

2026 개정36판을 내면서…

부족한 졸저에 대한 독자 여러분의 따뜻한 격려와 충성어린 질책에 감사드린다. 금년에도 독자 여러분에게 약속 드린대로 2026년 세법개정에 맞춰 2026년 세법강의시리즈를 내보낸다.

금년도 세법 개정은 이재명 정부의 첫번째 작품으로 경제강국 도약 지원, 민생안정을 위한 포용적 세제, 세입기반 확충 및 조세제도 합리화에 역점을 두고 추진하는 세제 구축으로 다음과 같은 개정이 있었다.

주요 개정 내용을 개괄해 보면

첫째, 경제강국 도약 지원을 위해

① 미래전략산업 지원 강화 – 국가전략기술 및 신성장 · 원천기술 범위 확대, 통합고용세액공제 개편, ② 자본시장 활성화 – 고배당기업 배당소득 분리과세 도입 및 투자상생협력촉진세제 개편, ③ 지역성장 지원 – 고향사랑기부금 세액공제 확대, 지방이전 기업 세제지원 제도 개선

둘째, 민생안정을 위한 포용적 세제를 위해

① 취약계층 지원 강화 – 자녀 수에 따라 신용카드등 소득공제 한도 확대, 초등 저학년 자녀 예체능 학원비 세제지원, 무주택 주말부부에 대해 각각 월세 세액공제 허용, ② 소상공인 중소기업 지원 – 지역사랑상품권 기업업무추진비 손금 확대, 생계형 창업중소기업 세액감면 적용 기준금액 상향, ③ 납세자 권익보호 – 양도소득 이월과세 적용범위 합리화, 고충민원 신청인도 국선대리인 지원 대상에 포함

셋째, 세입기반 확충 및 조세제도 합리화를 위해

① 응능부담원칙 세부담 정상화 – 법인세율 환원, 증권거래세율 환원, ② 과세체계 합리화 – 조합법인 등에 대한 법인세 과세특례 합리화, 글로벌최저한세 관련 내국추가세(DMTT) 도입, ③ 조세탈루 방지 – 영리법인에 유증 시 상속세 납부의무자 확대, 가상자산 매각 위탁 근거 마련

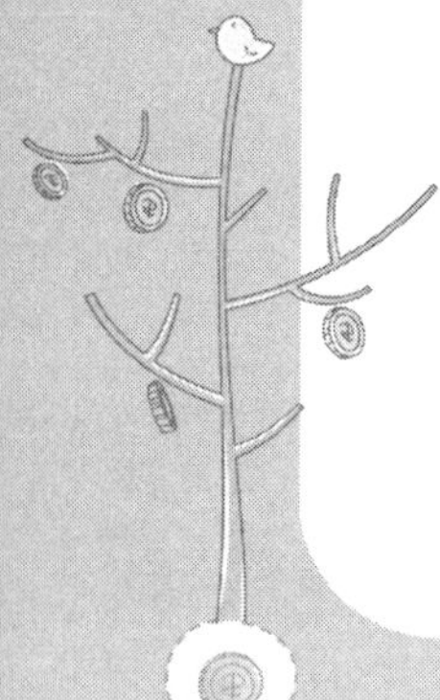

이에 따라 이번 2026년 개정36판은 집필과정에서 다음과 같은 내용에 역점을 두었다.

첫째, 2026년 개정 법령 내용을 모두 반영토록 하였다.

둘째, 난해한 법조문을 가능하면 더욱 더 요약하여 표와 도식화함으로써 시간과 노력을 절약하도록 하였다.

셋째, 개정 세법의 내용을 전반적으로 이해하도록 하기 위하여 법률과 시행령의 개정사유를 수록하여 독자 여러분의 이해를 돕도록 하였다.

넷째, 학습의 효과를 높이기 위하여 세무사 · 공인회계사 · 공무원 시험문제와 기존 출제된 문제를 중심으로 주관식 · 객관식 문제를 수록하였다. 학습에 큰 도움이 될 것을 믿어 의심치 않는다.

그러나 항상 아쉬움이 따른다. 시간제약 때문에 반영치 못한 부분은 다음 2027년 개정 증보판에서 더욱 가꾸어 충실하게 다듬도록 할 것을 약속드린다.

끝으로 출판의 어려운 사정에도 불구하고 이번 2026년 개정36판을 기꺼이 출판하여 주신 세학사 김원술 사장님과 유광석 부장님, 김세정 차장님을 비롯한 편집부 여러분, 그리고 공저자 분들에게 감사를 드린다.

2026년 2월
한국 세무연구원 연구실에서
공저자 식

머리말...

조세는 과세주체가 개별적 반대급부 없이 납세자로부터 강제적으로 징수하는 것이므로 국가는 물론, 기업 및 소비자 등 국민 일반의 활동영역에 커다란 영향을 미친다. 그러므로 법치주의를 근본으로 하는 현대 민주국가에서는 법률의 규정에 의하여 조세를 부과하고 있으며, 조세에 관한 법률은 국민의 대표기관인 국회에서 제정하고 있으므로 조세법률주의에 따르고 있는 것이다.

현대의 경제 · 사회현상이 다양해짐에 따라 세법도 이러한 현상에 따라 자연히 복잡해질 수밖에 없고 세액산정을 위한 회계학 기법도 점차 고도의 지식을 필요로 하고 있다.

필자는 도서출판 세학사에서 기획하고 있는 세법강의 시리즈 중 「세무학의 이해」, 「세법총론」, 「소득세법」, 「법인세법강의」, 「소비세제법」, 「세무회계연습」의 6권을 저술하기로 하였다. 무엇이든지 첫 단추를 잘 끼워야 한다는 속담이 있듯이 독자여러분께서 본서를 잘 소화시켜 개별 세법 공부에 있어 본서가 빛과 소금의 역할을 다하였으면 한다.

본서를 집필하는데 있어서는 다음과 같은 점에 중점을 두었다.

첫째, 될 수 있으면 개별 세법 조문을 알기 쉽게 풀어서 독자여러분의 이해를 돕도록 하였다.

둘째, 세법 조문의 제정 배경과 도입 이유를 설명하기 위하여 제도의 의의부분을 특히 강조하여 설명하였다.

셋째, 가급적 요약표와 그림을 많이 사용하여 전체의 내용과 흐름을 조감할 수 있도록 하였다.

넷째, 법조문을 이해하고 나서 세무신고서를 작성할 수 있는 능력을 배양할 수 있도록 세무신고서작성의무를 별도의 절로 독립하여 기술하였다.

이와 같은 의욕과 체제로서 본서의 집필을 시도하였지만 졸자의 부족으로 미처 깨닫지 못한 오류와 미비점으로 인한 비난과 질책을 면하기가 어렵지 않을까 하는 두려움이 앞선다.

그러나 본서를 통하여 독자여러분이 어렵게만 느끼고 있는 세법에 대하여 조금이나마 친숙감을 가질 수 있는 계기가 마련된다면 졸자로서는 더 이상의 보람이 없을 것이다. 향후 배전의 관심과 노력으로 계속적으로 수정·보완하여 좀 더 새롭고 알찬 내용의 저서를 만들어 나갈 것을 약속 드린다. 그 과정에서 독자 제위와 여러 교수님들의 기탄없는 충고와 지도편달을 부탁드리고 싶다.

끝으로 출판사정의 어려움에도 불구하고 본서가 빛을 볼 수 있도록 배려해 주신 세학사 김원술사장님과 편집부 여러분에게 감사드리며, 특히 원고정리와 교정 등에서 남다른 수고를 아끼지 않은 서울대학교 대학원 경영학과 석사과정 조성민군에게 고마움을 표하며, 즐거운 겨울방학을 맞이하였으나 같이 놀아주지 못하고 집에서만 지내준 사랑하는 두 아들 정화, 정우와 아내 영희에게 이 책으로 보답하고자 한다.

1992년 2월

강남대학교 연구실에서

저자 씀

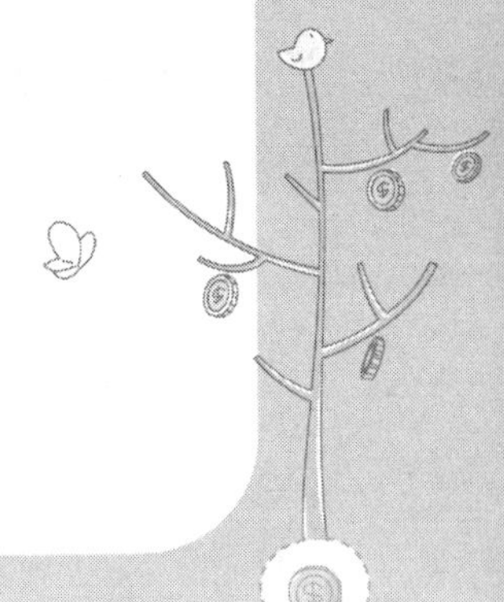

일러두기...

본서의 내용 중 관계법 조항표시는 아래와 같이 약어표시하였다.

약어표시예

국 기 법……국세기본법
국 기 령……국세기본법 시행령
국 기 칙……국세기본법 시행규칙
국 기 통……국세기본법 기본통칙

처 벌 법……조세범 처벌법

법 법……법인세법
법 령……법인세법 시행령
법 칙……법인세법 시행규칙
법 기 통……법인세법 기본통칙

부 법……부가가치세법
부 령……부가가치세법 시행령
부 칙……부가가치세법 시행규칙
부 기 통……부가가치세법 기본통칙

개 소 법……개별소비세법
개 소 령……개별소비세법 시행령

주 법……주세법
주 령……주세법 시행령

증 거 법……증권거래세법
인 법……인지세법
교 법……교육세법
교 통 법……교통 · 에너지 · 환경세법
농 특 법……농어촌특별세법

지 기 법……지방세기본법
지 기 령……지방세기본법 시행령
지 기 칙……지방세기본법 시행규칙

국 징 법……국세징수법
국 징 령……국세징수법 시행령
국 징 칙……국세징수법 시행규칙
국 징 통……국세징수법 기본통칙

절 차 법……조세범 처벌절차법
절 차 령……조세범 처벌절차법 시행령

소 법……소득세법
소 령……소득세법 시행령
소 칙……소득세법 시행규칙
소 기 통……소득세법 기본통칙

조 특 법……조세특례제한법
조 특 령……조세특례제한법 시행령
조 특 칙……조세특례제한법 시행규칙
조 특 통……조세특례제한법 기본통칙

상 증 법……상속세 및 증여세법
상 증 령……상속세 및 증여세법 시행령
상 증 칙……상속세 및 증여세법 시행규칙
상 증 통……상속세 및 증여세법 기본통칙

종 부 법……종합부동산세법
종 부 령……종합부동산세법 시행령
종 부 칙……종합부동산세법 시행규칙

지 법……지방세법
지 령……지방세법 시행령
지 칙……지방세법 시행규칙

지 특 법……지방세특례제한법
지 특 령……지방세특례제한법 시행령
지 특 칙……지방세특례제한법 시행규칙

헌 법……헌법
민 법……민법
민 소 법……민사소송법
상 법……상법
형 법……형법
기 준……기업회계기준서
금 비 법……금융실명거래 및 비밀보장에 관한 법률

특 가 법……특정범죄가중처벌법
형 소 법……형사소송법
행 소 법……행정소송법
파 산 법……채무자회생 및 파산에 관한 법률
관 세 법……관세법
국징규정……국세징수사무처리규정

2026 법률 개정 이유 및 주요 내용...

<소득세법 중 일부 개정법률(법률 제21221호, 2025.12.23.)>

❖ 개정 이유

자녀 양육비 부담 완화를 위하여 기업 등의 출산·보육비 지원금 비과세 대상·한도 확대 및 초등학교 저학년 예체능 학원비 세액공제 등 출산·보육에 대한 세제지원을 강화하고, 안정적인 노후생활 지원을 위하여 연금소득에 대한 원천징수세율을 인하하며, 사업소득 연말정산 대상자의 일시 납부 부담을 완화하기 위하여 연말정산 사업소득에 대한 추가 납부세액 분납을 허용하는 한편, 국외 주식 등에 대한 국내 과세권 확보 및 자산 간 과세형평을 위하여 국외 전출에 따른 양도소득세 과세 대상에 국외 주식 등을 추가하되, 국외전출자 주식 등에 대한 범위를 한정할 수 있도록 관련 규정을 신설하는 등 현행 제도의 운영상 나타난 일부 미비점을 개선·보완하려는 것임.

❖ 주요 내용

1. 임목의 벌채 또는 양도로 발생하는 소득에 대한 비과세 한도 상향(제12조 제2호)
   조림기간 5년 이상인 임지(林地)의 임목(林木)의 벌채 또는 양도로 발생하는 소득에 대한 비과세 한도를 연 600만원에서 연 3천만원으로 상향함.
2. 출산 및 육아에 대한 세제지원 강화(제12조 제3호 및 제5호)
   1) 「사립학교교직원 연금법」에 따라 교직원으로 보는 사람이 소속기관의 정관 또는 규칙에 따라 받는 육아휴직수당 등도 근로자나 공무원 등의 경우와 마찬가지로 소득세를 과세하지 아니하도록 함.
   2) 근로자 또는 종교 관련 종사자 본인이나 그 배우자의 출산 및 6세 이하 자녀의 보육과 관련하여 사용자로부터 받는 급여 또는 종교단체로부터 받는 금액에 대한 비과세 한도를 월 20만원에서 해당 자녀 1명당 월 20만원으로 상향함.
3. 간접투자소득에 대한 외국납부세액공제 적용 대상 확대(제57조의2 제1항·제2항, 제129조 제8항부터 제10항까지 신설)
   연금계좌를 통하여 간접투자회사 등으로부터 지급받는 소득에 대해서도 그 지급받은 금액에 대하여 간접투자회사 등이 외국에 납부한 세액이 있는 경우 간접투자소득에 대한 외국납부세액공제를 적용받을 수 있도록 함.
4. 교육비 세액공제 확대(제59조의4 제3항)
   1) 근로소득 있는 거주자가 기본공제 대상자인 직계비속 등을 위하여 교육비를 지급하는 경우 해당 기본공제 대상자의 소득에 관계 없이 세액공제를 받을 수 있도록 함.

2) 근로소득이 있는 거주자가 기본공제 대상자인 직계비속 중 과세기간 종료일 현재 9세 미만 또는 2학년 이하인 초등학생을 위하여 예능을 교습하는 학원 및 체육시설에 지급한 교육비를 세액공제 대상에 포함하도록 함.

5. 양도소득의 필요경비 계산 특례 적용 예외 대상 추가(제97조의2 제1항)

양도일부터 소급하여 10년 이내에 배우자 또는 직계존비속으로부터 증여받은 자산을 양도하는 경우 증여자의 당초 취득가액을 해당 자산의 취득가액으로 하는 양도소득 필요경비 계산 특례를 적용할 때, 양도 당시 증여자인 직계존비속이 사망한 경우에는 배우자가 사망한 경우와 마찬가지로 해당 특례를 적용하지 아니하도록 함.

6. 국외 전출에 따른 양도소득세 과세 대상 확대(제118조의9부터 제118조의18까지)

국외전출자가 출국 당시 양도한 것으로 보아 양도소득세 납세 의무를 부여하는 주식 등에 국외 주식 등을 추가하고, 국외전출자 주식 등에 대한 범위를 대통령령으로 정하도록 함.

7. 연금소득 원천징수세율 인하(제129조 제1항 제5호의2 및 제5호의3)

1) 연금계좌 납입액 중 세액공제를 받은 금액과 연금계좌 운용실적에 따라 증가된 금액을 종신계약에 따라 받는 연금소득에 대한 원천징수세율을 100분의 4에서 100분의 3으로 인하함.

2) 원천징수되지 아니한 퇴직소득을 연금수령할 때 실제 수령연차가 20년을 초과하는 경우의 원천징수세율을 연금외수령 원천징수세율의 100분의 60에서 100분의 50으로 인하함.

8. 사업소득 연말정산 시 추가 납부세액 분납제도 신설(제144조의2)

연말정산 사업소득을 지급하는 원천징수의무자가 연말정산으로 추가 징수하여야 하는 세액이 10만원을 초과하는 경우 원천징수의무자가 해당 과세기간의 다음 연도 2월분부터 4월분의 사업소득을 지급할 때까지 해당 세액을 나누어 원천징수할 수 있도록 함.

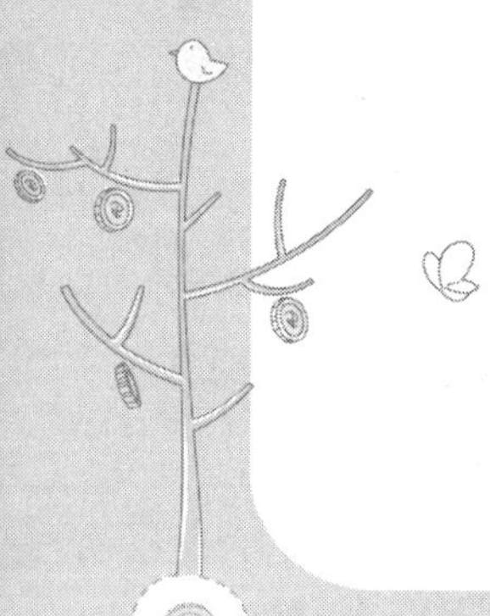

2026 시행령 개정 이유 및 주요 내용...

<소득세법 시행령 중 일부 개정령(대통령령 제35878호, 2025.11.28.)>

❖ 개정 이유 및 주요 내용

1세대 1주택 비과세 등이 적용되는 주택부수토지의 범위를 합리화하기 위해 주택부수토지가 공익사업 추진에 따라 협의매수 또는 수용되는 경우에는 사업인정 고시일 전날 현재 해당 토지의 용도지역에 따른 배율을 곱하여 산정한 면적으로 주택부수토지의 범위를 결정하도록 하고, 지방 건설경기 활성화를 위해 다주택자에 대한 양도소득세 중과 적용이 배제되는 비수도권에 소재한 준공 후 미분양 주택의 취득기간을 2025년 12월 31일까지에서 2026년 12월 31일까지로 1년 연장하며, 납세자의 편의 제고를 위해 의료비 세액공제 증명자료별 자료집중기관에 보건복지부를 추가하는 등 현행 제도의 운영상 나타난 일부 미비점을 개선·보완하려는 것임.

<소득세법 시행령 중 일부 개정령(대통령령 제36000호, 2025.12.31.)>

❖ 개정 이유 및 주요 내용

자본준비금을 감액하여 받은 배당금액에 대한 비과세 범위를 합리화하기 위해 자본준비금을 감액하여 받은 배당금액 중 주권상장법인의 대주주 및 비상장법인의 주주가 받은 배당금액에 대해서는 해당 주권상장법인의 대주주 및 비상장법인의 주주 등이 보유한 주식의 장부가액을 한도로 배당소득에 포함하지 않도록 하려는 것임.

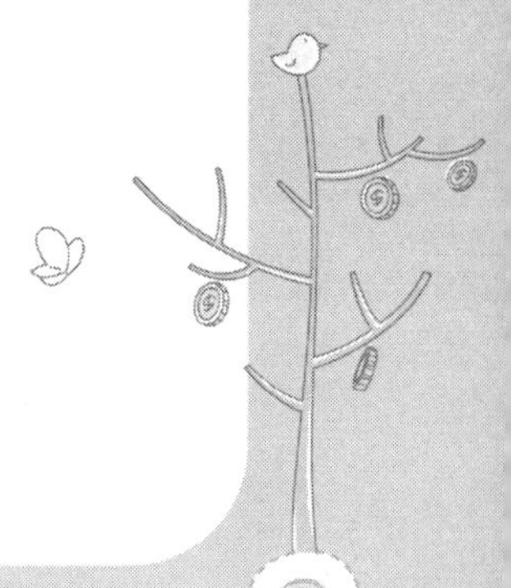

목 차...

제 01 장 소득세의 기초이론

제 02 장 소득세 과세의 특징과 과세요건

제 03 장 거주자의 납세의무

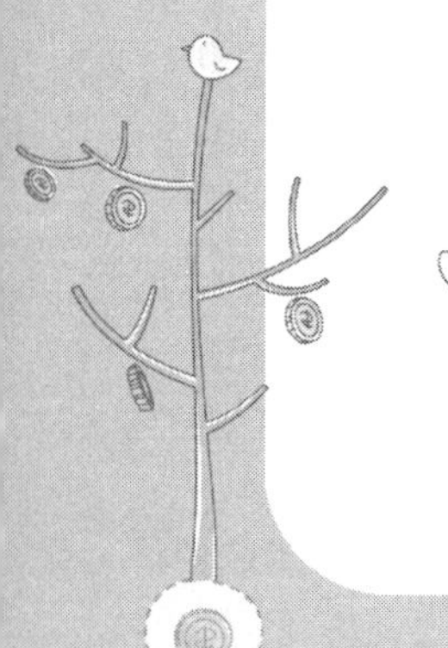

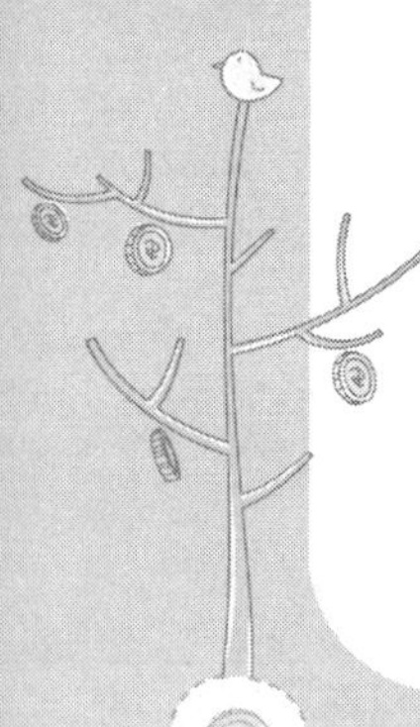

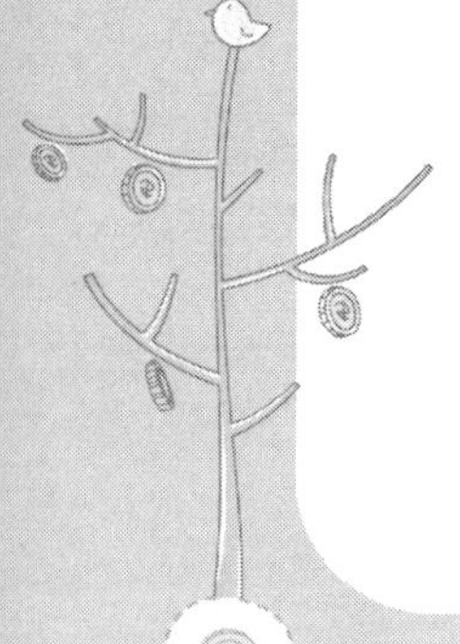

제 04 장 거주자의 양도소득에 대한 납세의무

제 05 장 원천징수

제 07 장 세무신고서 작성요령

부록 세무사 2차시험 세법학 기출문제

01

소득세의 기초이론

01절 소득세의 의의와 과세근거

01 소득세의 의의

소득세(individual income tax)는 개인의 소득에 대하여 부과하는 국세(national tax)이다.

개인소득세[1]는 개인[2] 원천소득[3]에 대하여 과징하는 조세로서 수입을 획득하는 사람에 대하여 그 급부능력을 과세표준으로 하는 조세이다.[4]

개인소득세는 현대사회에 있어서 담세력을 가장 적합하게 표시하는 지표라고 생각되고 있는 소득을 그 세원으로 하고 있으며, 납세자의 개인적 사정을 고려할 수 있어 부담공평의 이상에 일치하는 조세라고 할 수 있고, 경제발전에 따라 소득도 증가하여 세수의 소득탄력성이 클 뿐만 아니라, 누진세율의 적용에 따라 부담의 공평뿐 아니라 소득재분배기능, 경제안정화기능을 수행할 수 있어 가장 이상적인 조세라고 인정되고 있다.[5]

즉 개인소득세는 개인의 한 과세기간 중에 발생하는 모든 소득을 종합하여 누진세율을 적용함으로써, 담세력은 궁극적으로 개인의 소득이라는 점에서 부담능력에 가장 적합한 조세이며, 과세표준 산정시 제 공제제도 등을 통하여 타 세목에서는 불가능한 납세자의 가족상황, 최저생활보장 등을 과세에 반영함으로써 세부담의 공평성을 확보할 수 있는 것이다.

우리나라는 법인의 소득에 대하여는 따로 법인세를 부과하고, 개인의 소득에 대하여 소득세법에 의하여 소득세를 부과하고 있다.

---

1) 소득세는 개인소득세와 법인소득세로 분류할 수 있는바 우리나라에서는 실정법상 전자를 소득세, 후자를 법인세라 부르고 있다.

2) 법인과 구별하여 자연인을 가리키는 용어이다. 현행 소득세법상 납세의무자는 거주자와 비거주자라는 용어를 사용하고 있다(소득세법 제1조).

3) 소득의 사용(지출)에 대한 조세와 구별된다.

4) 각인의 급부능력을 표준으로 한다는 점에서 물세(a real tax)와 구별되는 인세(Personal tax)라고 한다.

5) 차병권, 「조세개론」(서울 : 박영사, 1984), pp.225~226.

02 소득의 개념

소득세의 세원은 소득이며, 그 과세표준은 소득금액이다. 소득은 일반적으로 일정기간에 경제주체가 획득한 경제적 이득을 말하며, 이는 학설적으로 소득원천설 또는 주기설과 순자산증가설 또는 경제력증가설로 구분된다.

전자는 소득의 원천과 결부하여 규칙적 · 주기적으로 획득하는 소득만을 과세대상으로 하고, 일시적 또는 우발적으로 발생하는 일시소득은 그 원천을 알 수 없기 때문에 과세소득에서 제외시키고 있다. 이에 반해 후자는 소득 원천설과는 대조적으로 일정기간의 규칙적 소득 외에 증여 등 우발적 성격의 모든 소득을 포함하는 반면, 자산감소의 요인이 되는 경비 · 채무이자 · 재산상실 등을 공제한 자산의 순증가분을 과세소득으로 본다.

현대 각국의 소득세는 대부분 이 양자를 병용하고 있으며, 영국 · 프랑스는 소득원천설, 독일 · 미국은 순자산증가설에 중점을 두고 있다. 독일의 샨쯔(G. V. Schanz)와 미국의 헤이그(R. M. Haig)는 순자산증가설을 주장하는 학자들이다.

샨쯔는 "소득이란 주어진 일정기간 중의 경제주체의 순자산 증가이다"라고 하여 납세자가 일정기간 중에 종래의 자산을 감축시키지 아니하고 스스로 추가하는 납세능력이 소득세의 대상이 되어야 한다고 주장하였으며, 미국의 헤이그는 이와 같은 이론을 발전시켜 "소득이란 두 시점간의 인간의 경제력의 순자산의 화폐가치이다"라고 하여 "소득은 주어진 기간에 받아들인 화폐 자체와 화폐거래를 거치지 않고 직접 받아들인 재화 · 용역의 화폐가치의 합계액이다"라고 설명하였다.

이러한 순자산증가설은 소득세의 과세표준을 가능한 한 포괄적으로 포착할 수 있으나, 과세표준 확대의 요구는 공평한 담세확립을 기할 수 있다는 주장과는 달리 학자간에는 소득세가 자본주의 국가의 증세수단으로 악용되어 결과적으로 경제적 약자에 대한 징세강화의 수단이라는 비판이 없지 않다.

소득세는 소득을 과세객체로 하는 조세이기 때문에 "무엇이 소득인가" 하는 소득개념의 문제는 소득세의 과세대상과 범위를 규정한다는 점에서 소득세의 가장 기초적인 문제이다. 그러나 소득의 개념을 명확히 규정하기란 쉬운 일이 아니다. 외국의 여러 재정학자들이 소득개념에 대한 여러 가지 견해를 제시하여 왔지만 학설상 일치된 견해가 존재하는 것은 아니다.

또한 실정법에서도 소득의 개념을 총괄적으로 명확히 규정하고 있지도 않다. 각국의 조세법은 소위 소득의 내용을 규정하지 않고 소득의 개념을 원천에 의거하여 예시 내지

는 열거하는 방법으로 소득세의 과세대상을 규정하고 있는 것이다.[6)]

재정학자들 사이에서 소득의 정의에 대하여는 전통적으로 소득원천설과 순자산증가설이 대립되어 왔고 또 다른 학설로 소득을 “Flow of Service”의 개념으로 인식하려는 주장도 있다.

가. 소득원천설

이는 뉴우먼(F. Neumann)과 휘스팅(B. Fuisting)이 주장한 학설로 그 내용은 소득의 원천과 결부되어 주기적 · 규칙적으로 이루어지는 수입만을 소득이라고 보고, 일시적 · 우발적 성격을 가진 소득은 그 원천을 알 수 없기 때문에 과세소득에서 제외하자는 것이다.[7)] 소득원천설이라는 이름으로 총칭되는 학설은 생산력설, 반복설과 계속적 원천설로 세분할 수 있다.[8)]

생산력설이란 “개인의 생산력 활동에서 발생하는 모든 수입이 소득이다”라고 함으로서 경제활동과 직접 관계가 없는 수입, 예를 들면 증여, 상속, 당첨수입 등은 소득의 범위에서 제외시킨다.

반복설은 “소득이란 일정의 규칙성을 가지고 반복하여 발생하는 재산의 총증가이다.”라고 주장한다. 그러므로 유산이나 우연의 이득과 같이 규칙적이 아닌 수입은 소득에서 제외되어야 한다는 것이다.[9)]

생산력설이나 반복설이 지니는 결점을 보완한 것이 계속적 원천설인데 독일의 휘스팅(B. Fuisting)에 의하여 대표되는 주장이다. 이 견해에 의하면 소득이란 “각 개인이 일정한 기간 내에 각종의 근로, 사업 및 자산으로부터 얻는 계속적 수입 중에서 이것을 획득함에 필요한 경비를 공제한 잔액”이라고 보고 계속적 수입원천에서 발생했는지의 여부를 중시하는 견해이다.

이상의 제 견해를 종합해보면 소득이란 일정한 원천이 있어서 계속적 · 반복적으로 생성되는 것으로 보이며 수증익이나 복권당첨수입, 도박이익과 같은 일시적 · 우발적 소득은 물론 토지매각 등으로 인한 자본이득(capital gain) 등은 소득의 범위에서 제외시키고

---

6) 김재길, “조세법상의 소득개념에 관한 학설의 검토”, 「월간세무사」(서울 : 한국세무사회, 1983. 9), p.22.

7) 류한성, 「재정학」(서울 : 박영사, 1985), p.483.

8) 김재길, 「상게논문」, p.25.

9) 류한성, 「상게서」, p.483.

있다.[10)]

나. 순자산증가설

이 학설은 소득은 「경제활동을 통해 생성한 경제가치의 증가액」이라고 파악한다.

이는 독일의 샨쯔(G. V. Schanz)에 의하여 주장되고 그 후 미국[11)]의 헤이그(R. M. Haig)와 사이몬스(H. C. Simons)에 의하여 지지된 학설이다. 사이먼스는 "소비에서 행사된 권리의 시장가치와 당해 기간의 기초와 기말 사이에 있어서 재산권의 재고가치 변화에 대한 대수학적 총계(the algebraic sum)"라고 하여 소득을 포괄적 개념으로 정의했다. 그러한 소득은 "기말의 부에다 기중의 소비액을 가산하고 이에서 기초의 부를 차감하는 방법으로 얻는 결과"라고 했던 것이다.

또한 헤이그(R. M. Haig)는 "양시점간에 경제력의 순증가분에 대한 화폐적 가치(Income is the money value of the net accretion to economic power between two points of time)"라고 소득을 정의하고 있다. 이러한 견해는 일정한 기간 중의 증가한 경제가치가 소득이라고 보면서, 그 발생원천을 묻지 아니하고 증가된 경제가치 모두를 제한없이 소득으로 파악하는 개념이다.

즉, 그는 소득을 만족 그 자체 혹은 재화의 양으로서가 아니고 경제적 욕망을 충족시킬 수 있는 힘의 증가분이라는 형태로 파악하고, 이 경제력이 실제로 소비되었는가 하는 문제에는 관심을 가지지 않았다.

샨쯔는 "소득이란 일정한 기간중에 발생한 경제주체의 순자산의 증가이다"라고 정의하였다. 다시 말하면 소득이란 일정기간에 개인이 종래의 재산을 감소시키지 않고 스스로 추가한 처분능력인 동시에 급부능력으로 모든 순이익, 자가이용, 제3자의 급부, 유산, 유증, 추첨이득, 보험금 등 모든 종류의 경기변동이윤이 포함되는 한편, 모든 채무이자와 재산의 상실이 공제되고 남은 것을 종래의 기본재산에 새로이 부가한 것이 소득인 것이다. 이처럼 샨쯔는 소득세의 과세표준을 될 수 있는 한 넓혀서 포괄적인 형태를 설정하려고 노력함으로써 독점자본주의에서 발생하는 재정수요의 확대를 충족시키려고 하였다.

순자산증가설은 소득의 개념 중 가장 광범위하고 포괄적인 개념으로 오늘날 각국의

---

10) 吉國二郎, 「法人稅法」(財經詳報社, 1975), pp.65～66.

11) 미국의 규정 : 『(a) General definition.－Except as otherwise provided in this subtitle, gross income means all income from whatever source derived, including(but not limited to)the following items(IRC sec. 61 Gross income defined)』

입법례를 볼 것 같으면 이 순자산증가설이 지배적인 소득개념으로 채택되고 있다.[12)]

다. Flow of Service설[13)]

이 설에 의하면 소득이란 개인이 향유하는 서비스를 화폐가치로 표시한 것을 말한다. 개인의 순소득은 자신의 효용 내지 만족을 위하여 재화나 서비스 구입에 충당된 소비지출액에 비화폐적 또는 심리적소득(Psychicin－come)을 가산한 것과 같다는 것이다. 심리적 소득이란 자기 소유의 가구 및 자동차와 같은 내구재로부터 향유하는 서비스와 자신의 향락과 복지를 위하여 제공한 노동으로서 보상이 없는 것을 순화폐가치로 추계한 것이라고 말한다. 즉 자가용 승용차를 소유한 사람이 그 자동차를 이용함으로써 얻는 심리적 소득은 그 자동차가 없었을 때 그와 같은 만족을 얻기 위하여 지출될 금액에 상당한 소득을 얻고 있다는 것이다.

또한 이 설에 의하면 화폐의 지출없이 얻는 경제적 효용 즉 자가생산한 농산물을 농가에서 자가소비함으로써 얻는 효용과 같은 것을 귀속소득(imputed income)이라 하여 소득의 개념에 포함하고 있다. 그러므로 이 설을 산식으로 표시하면 다음과 같다.

경상소비지출 ＋ 심리적소득 ＋ 귀속소득 ＝ 소득

Flow of service의 개념에서 보면 개인이 얻는 각 연도의 소득 중 효용 내지 만족의 원천인 재화나 서비스 구입에 소비 지출된 부분만을 소득으로 인식하므로 투자나 저축이 되는 부분은 소득으로 인식하지 아니한다.[14)]

따라서 수입 중 저축과 투자가 되는 부분을 과세대상에서 제외시키는 것은 공평의 원칙에 반하므로 이 설은 일반적 지지를 받지 못하고 있다. 다만, 실정법상 현물급여나 특수관계인이 회사의 사택을 무상으로 이용함으로써 얻는 경제적 이익과 같은 귀속소득이 과세소득에 포함되고 있다.[15)]

---

12) R. M. Haig, The Concept of Income, Economic and Legal Aspects, 1921(Reading in The Economics of Taxation, 1959), p.59.

13) 우리나라에서는 이종남 박사가 용역유동설이라고 번역하여 사용하고 있다. 이종남, 「조세법연구」(서울 : 법조문화사, 1975), p.17 참조.

14) 이종남, 「전게서」, 1975, p.40.

15) 「소득세법시행령」(제38조 ① 6, ②) 및 「소득세법」(제41조 ①) 등 참조.

라. 제 학설의 비교

이상의 세 가지 학설에 의한 소득개념을 비교 검토하면 "Flow of service 설"의 소득개념은 소비지출되는 측면에서 소득을 파악하므로 투자나 저축부분은 소득의 범위에서 제외되므로 공평의 관념에 반하고 소득원천설은 계속적원천과 비계속적원천과의 구별이 명확하지 못할 뿐만 아니라 일시적·우발적 소득과, 자본이득 등을 소득의 개념에서 제외함으로써 부담의 공평이나 소득재분배기능의 관점에서 볼 때 많은 문제점을 가지고 있다.

한편, 순자산증가설의 소득개념은 누진세율에 의한 종합소득세의 취지에 적합하나 자산의 증가분에 대한 계산이나 측정이 곤란한 점과 재화의 이전에 과세함으로써 과세의 원천을 파괴하는 경우가 있는 점 등을 단점으로 지적할 수 있다.16)

그러나 어쨌든, 공평의 원칙에서 볼 때 순자산증가설에 의한 소득개념이 누진소득세제 취지에 가장 합리적이라고 볼 수 있다. 왜냐하면 어떠한 경제적 이득이 획득되었음에도 불구하고 이론상 소득이 아니라는 이유로 과세되지 아니한다면 소득간 불균형이 유발되기 때문이다.

우리나라 소득세법은 소득을 발생원천에 따라 종합소득·퇴직소득 및 양도소득으로 분류하여 과세하고 있으므로 기본적으로 소득원천설의 입장에 있으나, 양도소득이나 일시적인 기타 소득을 과세대상으로 하고, 보험차익·수증익 및 채무면제익 등을 과세소득에 합산하는 점에서는 순자산증가설의 입장이 가미되었다고 할 수 있다.

03 소득세의 과세근거

가. 소득세와 지불능력원칙

공평한 과세는 담세력 또는 지불능력에 의하여 실현된다는 능력설의 견지에서 개인소득세는 과세된다. 과세의 공평은 국가의 보호에 상응하는 조세에 의하여서는 이루어질 수 없으며 개인의 지불능력에 따라서 과세되어야 한다.17)

지불능력의 척도로서 재산, 소비, 소득이 있으며 근세 초기에는 재산에 있었으나 현대

16) 권해호, 「개정 법인세법 해설」, 1968, p.45.
백남해, 「법인세회계」, 1972, p.40.

17) R. A. Musgrave, The Theory of Public Finance, McGraw-Hill, 1959, pp.63~66.

는 소득을 적절한 지표로 이용하고 있다. 그 이유는 어느 일정기간을 통하여 개인의 경제력을 결정한 것은 소득이며, 소득의 수령자는 그것을 소비하거나 저축하거나 임의로 처분할 수 있기 때문이다.

최초에는 과세소득이 총소득이었으나 점차로 부양가족수, 가족의 건강상태 등을 고려한 소득을 지불능력으로 측정하게 되었다. 즉 최저생활비의 공제 후의 소득이다.

과세대상으로서의 소득은 국민소득이론의 배분국민소득과는 달리 개인의 경제력을 파악하는 것을 목적으로 하기 때문에 소비지출 이외의 자산가치의 증가분을 포함하는 포괄적인 소득을 가리킨다.

포괄적 소득에 대한 과세가 개인소득세의 실제가 되며, 인세의 대표적 조세로 이용되고 있다.

개인의 지불능력은 소득만이 아니라 재산이나 소비지출에 의하여서도 측정할 수 있다. 재산이 소득을 창출하는 경우에는 축적된 부가 소득의 흐름 속에 반영될 수 있으나, 재산이 있는 자와 재산이 없는 자는 동일하게 취급될 수 없다. 소득만을 지불능력의 척도로 간주할 때는 재산의 귀속수입은 비과세되는 경우가 허다하다. 그러므로 재산도 소득을 보완하는 지표로 도입된다.

한편, 지불능력을 지출에 의하여 측정하는 것이 타당할 수 있다.[18)]

개인의 경제적 후생은 지출로 결정되며, 지출은 과세의 공평과 저축에 대한 이중과세를 회피할 수 있는 유리한 점이 있다는 것이다.

나. 소득세와 공평

공평한 조세부담의 원칙은 조세체계의 형성을 위한 근본적인 기준의 하나이다. 납세자가 정부의 비용을 공평히 부담하여야 한다는 공평의 원칙에는 수평적 공평과 수직적 공평이 있다. 전자는 동일한 지불능력을 가지고 있는 사람은 동일한 부담을 하여야 하고, 후자는 상이한 지불능력을 가지고 있는 사람은 상이한 부담을 하여야 한다는 것이다.[19)]

---

18) N. Kaldor, An E.penditure Ta., Allen and Unwin, 1955, pp.11～15.

19) J. F. Due and A. F. Friedlaender, Goverment Finance, IRWIN, 1981, pp.290～297. R. A. Musgrave and p.B. Musgrave, op.cit., pp.343～350.

(1) 수평적 공평

담세능력의 척도로서 포괄적인 소득은 일정기간에 증가된 순자산과 소비의 합으로 측정되어야 하므로, 소득의 종류와 원천, 우발적인 미실현 등에 관계없이 동일하게 취급하는 소득세제가 시행되어야 한다. 그러나 포괄적인 과세소득이 이상적 과세표준이지만 현실은 세무행정상의 제약이나 정책목표 때문에 괴리되어 있어 수평적 불공평을 초래하게 된다.

이상과 같이 불공평으로 취급되는 것을 살펴보면 다음과 같다.

첫째, 재산소득과 근로소득으로 재산소득에는 중과를, 근로소득에는 노동의 비효용성이나 저소득층의 구제를 위하여 경과를 하고 있다. 따라서 소득의 종류에 따라 세부담의 불공평을 초래하고 있다.

둘째, 양도소득으로 양도소득의 실현은 납세자의 자산과 담세력을 증가시키므로 분류과세로부터의 양도소득을 정상소득으로 취급하여야 한다.

셋째, 귀속소득(imputed income)으로 화폐소득을 발생시키는 자산과 귀속 가능한 비화폐적 소득을 제공하는 자산이 있다. 주택의 경우 귀속가임은 비과세대상이므로 주택의 자가소유자와 대가거주자 사이에 조세부담의 불공평을 초래한다.

넷째, 이전지출과 근로소득으로 이전지출은 소득세 과세표준에서 제외되고 있다. 만약 소득총액이 임금으로 구성된 사람과 동일한 수준이지만 임금과 사회보장 급부가 반반으로 구성된 사람 사이에는 부담의 불공평이 발생한다.

다섯째, 근로자 재산형성저축의 이자, 농가부업소득, 근로자에 대한 사회후생적인 급여 등에는 비과세 조치, 그리고 외국인 투자기업에 종사하는 외국인이 받는 급여, 퇴직소득 등은 과세상 우대를 받고 있으므로 부담의 불공평이 발생한다.

여섯째, 필요경비의 공제와 인적공제가 설정되어 순소득을 과세표준의 적절한 기준으로 삼는 것은 타당하지만 지나치게 높은 공제는 세법상 특혜와 세부담의 왜곡을 발생시킬 우려가 있다.

(2) 수직적 공평

수직적 공평은 상이한 지위에 따른 상이한 대우에 대한 문제로서 세율의 구조를 어떻게 결정할 것이냐와 관련이 있다. 세율이란 과세최저한도 이상의 소득을 가진 과세단위에 적용되는 것이다.

수직적 공평 그 자체는 이견이 없으나 수직적 공평에 어느 정도의 누진세가 적당할 것인가는 사회 전체의 가치판단에 근거를 두게 된다. 수직적 공평을 위한 누진성의 정도는 경제적 효율과의 관계를 고려할 필요가 있으며, 매우 높은 누진도는 노동이나 저축·투자에 영향을 미치고 초과부담이 되어 공평과 효율간에 모순을 일으키게 된다.

그리고 형식적인 과세율이 실질적인 세율의 누진도를 보여주는 것이 아니며, 오히려 과도한 세율은 조세회피와 지하경제를 조장할 것이다.

이처럼 수직적 공평에 대하여서는 가치 판단이 요구되며, 이 가치판단은 경제외적인 요인에 의하여 결정되는 경우가 많다.

04 소득세와 응능부담

소득세를 납세능력(ability to pay)에 따라 공평하게 과세하기 위하여는 최저생계비에 대한 면세, 누진적인 세율구조와 소득별 차별과세 등이 실현되어야 할 것이다. 이러한 수단 등을 다음에서 구체적으로 검토하고자 한다.

가. 최저생계비(Existance Minimum) 면세

영국에서는 1799년 소득세제도를 채택함과 동시에 최저생계비의 면세 또는 소득세의 면세점의 설정에 관한 논의가 있었다. 초기에는 자선적 또는 박애적 목적에서 빈민에 대한 면세의 방법을 논의하기 시작하여 노동자의 최저생계비에 대하여는 면세할 수 있는 선, 즉 과세최저한을 정하게 되었다. 이러한 과세최저한은 납세자의 인적 제반사항을 고려하여 이를 세부담면에 반영시키게 된 인적 공제제도로 발전하게 되었다. 소득세가 납세능력에 적응하면서 소득재분배기능을 다하기 위하여는 소득세의 부담이 국민의 소득수준 및 소득계층분배에 맞고 징수비용과 징세기술을 고려한 선에서 과세최저한이 설정되어야 할 것이다.

나. 누진세율

소득세의 부담을 결정하는 것은 과세최저한과 세율의 누진도이다. 즉 납세자의 가족구성과 그 생활수준에 따라 정하여지는 과세최저한과 소득의 크기에 따라 정하여지는 누진세율의 조화가 부담액을 결정하게 되는 것이다. 소득세의 누진구조는 국민의 부담능력에 따라 공평한 부담을 확보하여 소득재분배의 기능을 발휘하기 위한 중심적 역할을 하게 되는 것이다. 누진세율의 채택동기를 보면 한계효용이론의 발전과 국가수요의 증대에 있다고 한다. 누진세율의 이론적 배경이 된 한계효용이론에 의하면 "비례하여 증대되지 아니하고 소득이 증대하면 할수록 감소한다"라고 하여 누진세율의 근거를 지급능력설 또는 잉여소득과세설에 두고 있다.

넨마크(F. Nenmark)는 이론적인 면보다 정책적인 관점에서 누진세율에 관하여 설명하고 있다. 누진세율은 한계효용이론에 근거가 있다고 인정되나, 개개인의 한계효용을 비교한다는 것이 불가능하므로 한계효용체감의 법칙 그 자체로는 누진세율에 대한 정확한 기준이 될 수 없고, 누진세율의 원칙은 납세능력에 의한 과세에 근거가 있다고 한다. 그는 "누진세율의 높이와 상승규모는 경제정책과 사회정책의 현실적 요구에 의하여 결정된다"라고 하면서 세율의 결정은 정책적 필요에 의하기 때문에 실제의 소득재산의 불평등의 정도, 국제과세방법에 대한 여론의 고려와 과세의 경제적 효과 등에 관한 종합적인 검토가 필요하다고 한다.

다. 과세방법

소득세의 과세방법에는 모든 소득을 종합하여 과세하는 종합과세방법과 소득이 발생하는 원천에 따라 소득을 종류별로 구분하여 과세하는 분리과세방법이 있다.

종합과세방법은 일정기간 내에 각 개인에게 귀속된 모든 소득을 종합하여 그 종합소득을 과세표준으로 하여 소득세를 과세하는 방법을 말하며, 분리과세방법은 소득을 그 발생의 원천별로 구분하여 종류별 소득금액을 각각 과세표준으로 하여 각각 다른 세율을 적용하여 과세하는 방법이다. 종합과세방법은 소득을 종합하여 과세하게 되므로 개인의 사정을 고려할 수 있고 개인의 담세능력에 일치하는 과세를 할 수 있기 때문에 공평한 부담을 하게 되는 장점이 있으나, 소득의 종합과 신고 등 납세의무자에게 주는 납세절차상의 번잡성을 면할 수가 없다.

분리과세방법은 소득의 실질적인 담세력을 고려하지 아니하고 발생되는 소득별로 과세하기 때문에 부담공평을 기하지 못하고 소득별로 차등과세하는 단점이 있는 반면에 원천별로 소득을 포착하기 때문에 징세가 비교적 간편하다. 원천징수제도는 이 제도와 더불어 발전하게 된 것이다.

05 소득세의 이상과 한계

가. 소득세의 이상

소득세를 가장 이상적인 조세로 인정하고 있는 근거로서 일반적으로 다음과 같은 이유를 들고 있다.

첫째, 소득세는 세부담의 공평성을 보장하는 세금이라는 것이다.

소득세는 과세기간 중에 발생하는 일체의 소득을 종합하여 누진세율을 적용함으로써 담세력은 궁극적으로 개인의 소득이라는 점에서 부담능력에 가장 적합한 조세라는 것이며, 또한 소득세는 과세표준산정시 다양한 공제 등을 통하여 타 세목에서는 불가능한 납세자의 가족상황, 최저생활보장 등을 과세에 반영함으로써 과세에 공평을 도모할 수 있다는 것이다.

둘째, 소득세의 시장가격구조에 대한 중립성이다.

조세가 부과되면 시장가격구조에 직접·간접으로 영향을 주게 되는데 소득세는 경제거래의 결과, 발생하는 배분소득에 과세됨에 따라 타 세목에 비하여 제 생산요소, 제품 등의 시장가격결정에 영향을 적게 미치게 되어 경제거래를 왜곡시키지 않고 세수를 확보할 수 있는 장점을 지니고 있다는 것이다.

셋째, 소득세의 장점은 세수의 소득탄력성이 다른 어떠한 조세보다 높기 때문에 경기변동에 따른 경제안정의 기능을 가지고 있다는 점이다. 즉 경기가 상승할 때에는 경기상승률 이상으로 소득세 세수가 자동적으로 증가하며, 경기가 하락할 때에는 경기하락률 이상으로 소득세 세수가 자동적으로 감소한다는 것이다.

넷째, 소득세의 소득재분배기능이다. 소득재분배의 의의에 대하여는 논외로 하고라도 자유경쟁 경제체제하에서 소득재분배가 갖는 의미는 유효수요의 창출 등 경제정책적 효과 외에 중산층의 형성을 통한 정치·사회적 안정과 밀접한 관련을 갖는다는 점에서도 그 중요성은 큰 것이다. 소득재분배는 응능세부담의 공평성과도 같은 맥락에서 인식될 수 있으며 일반적으로 누진세율에 의하여 종합과세함에 따라 소득세는 타 세목에 비하여 소득재분배기능이 우월하다. 부가가치세 등 일반소비세는 세부담의 역진성이 강하며, 법인세·상속세·증여세의 경우에는 세부담의 누진성이 있으나 소득세에 비하여 그 효력이 약한 것이다.

나. 소득세의 한계

이상과 같은 소득세제의 이상 내지 장점에도 불구하고 오늘날 모든 나라가 소득세 중심의 조세체계를 가지고 있지도 않으며 몇 가지 측면에서 소득세제의 문제점 내지 한계를 지적하고 있는 바 이들을 상술하면 다음과 같다.

첫째, 소득세만으로 현대국가의 재정수요를 충족시킬 수는 없다는 점이다.

현대국가의 일반적 경향이 국가기능의 확대와 함께 재정수요가 계속 확대되고 있고 특히, 1930년대의 저성장에서 비롯한 소득세 세수의 부진과 제2차대전 이후의 경제개발 및 자본축적이라는 명목으로 소득세의 경감이나 면세조치가 전례없이 증가됨으로써 소득세만으로는 재정수요를 충족시킬 수 없게 되었으며 이로 인하여, 소득세 우위론에 대한 반론이 일게 되었고, 매상세를 중심으로 하는 간접세의 중요성이 재평가되게 되었다. 여기서 소득세와 매상세를 비교하면, 매상세는 경기후퇴기에도 소득세에 비하여 안정된 수입을 확보할 수 있으며 또한 매상세의 부담면에서도 일반적 비례소득세와 별로 다른 것이 없으므로 소득세 지지론자들이 생각하는 만큼 불공평은 심각하지 않다는 것이다.

둘째, 소득세제의 문제점은 소득세제의 가장 큰 장점이라고 하는 공평부담에 대한 비판으로서 소득세제의 실제 운용에 있어서는 담세력을 가진 많은 소득이 합법적으로 또는 비합법적으로 탈루되고 있어 소득세의 이상처럼 공평부담이 실현될 수 없다는 것이며 특히, 근로소득은 원천징수의 방법에 의하여 대부분의 소득이 과세소득으로 포착되어 자산소득 중 다른 소득보다 상대적으로 중과되고 있다는 비판을 받고 있다.

셋째, 지적되고 있는 소득세제의 문제점으로서 소득세의 이상이 실현되기 위하여는 소득세 중심의 조세체계를 갖추어야 되지만 소득세란 높은 수준의 납세의식과 납세도의를 토대로 성실한 신고납부가 이루어져야 하며 탈루소득을 적출할 수 있는 징세기술과 사회적 여건이 전제되어야 하기 때문에 개발도상국이나 후진국 등의 경우 현실적으로 소득세 위주의 조세체계를 갖출 수가 없다는 점이다.

위에서 살펴 본 바와 같이 소득세의 실제운용에서 얻은 경험은 응능부담이나 소득재분배의 이상과는 상당한 거리가 있고 소득세제만에 의한 소득재분배기능에는 한계가 있으며 특히 소득세는 저소득층의 구빈수단으로서는 무력하므로 저소득층의 생계비보장은 근본적으로 공적부조 등 사회 보장적 지출의 확대를 통하여 해결되어야 할 것이다. 소득세의 이러한 취약점을 보완하면서 공적부조의 효율성을 높이기 위하여 구상된 것이 롤프(E. R. Rolph) 등이 제안한 부의 소득세(Negative Income Tax)[20]와 칼도어(N. Kaldor) 등이 제안한 종합소비세론이다. 그러나 이와 같은 소득세제에 대한 비판에도 불구하고 소득세는 완전한 것은 아니지만 현상으로서는 최선의 것이며 따라서, 조세체계에서 소득세가 차지하는 비중을 제고하여 조세부담의 공평과 소득재분배기능을 강화하여야 한다는 것이 일반론이다.

6 소득세 세원에 대한 검토[21]

가. 포괄소득의 과세문제

소득의 포괄적 정의는 Simons－Haig의 소득정의가 대표적이다. Simons는 소득을 소비에서 행사된 권리의 시장가치와, 당해 기간의 기초와 기말 사이에 있어서 재산권의 재고가치 변화에 대한 대수학적 총계(代數學的 總計 : the algebraic sum)라는 포괄적 개념으로 정의했다. 그러한 소득은 기말의 부에다 기중의 소비액을 가산하고 이에서 기초의 부를 차감하는 방법으로 얻는 결과라고 했던 것이다.

또한 R. M. Haig는 양시점간에 경제력의 순증가분에 대한 화폐적 가치(Income is the money value of the net accretion to economic power between two points of time)[22]라고 소득을 정의하고 있다. 이러한 견해는 일정한 기간중의 증가한 경제가치가 소득이라고 보면서, 그 발생원천을 묻지 아니하고 증가된 경제가치 모두를 제한없이 소득으로 파악하는 개념이므로 '포괄적 소득개념'이라고 할 수 있다.

이러한 소득개념에서는 이익의 실현·미실현을 묻지 아니하고 모두 소득으로 인식하여 포함시키며, 당연히 상속으로 취득하는 재산이나 증여에 의하여 취득하는 재산까지도 모두 소득에 포괄된다. 이러한 포괄적 개념으로 소득을 인식하게 되면 개인소득세의 과세베이스는 엄청나게 확대될 것이다.

---

20) Robin w. Boadway, Public Sector Economics(Cambridge : Winthrop Publishers. Inc., 1979), pp.248～250.

21) 최명근, 「세무학의 이해」, 세학사, 1998, pp.92～98 참조.

22) Henry C. Simons(1938), Personal Income Taxation－The Definition of Income as a Problem of Fiscal Policy(Chicago : The University of Chicago), p.50. Richard Goode(1977) "The Economic Definition of Income" J. A. Pechman ed., Comprehensive Income Taxation (Washington, D.C. : The Brookings Institution), p.8 참조.

그런데 미국의 내국세입법은 개인소득세의 소득을 원천별로 구분하여 파악하지 아니하고 순자산증가설의 관점에서 소득을 인식(recognize)하고 있지만,[23] 이는 실현된(realized) 소득에 국한하고 미실현된(unrealized)소득은 제외시키고 있다.

그리하여 포괄적 소득개념에 의해 개인소득세제를 다시 구상한다고 하더라도 실현된 소득을 기준으로 하는 포괄적 소득을 과세물건으로 할 것인가? 아니면 실현소득·미실현소득(발생소득)을 막론하고 모든 경제가치의 증분(增分)으로 파악하는 포괄적 소득을 과세물건으로 할 것인가? 하는 문제가 있다. 미실현소득을 과세영역에 포함시키는 것은 이론상으로는 옳을 수 있지만, 실제로는 그 실현가능성이 거의 없다고 할 수 있다.

나. 자본소득과 근로소득

경제가치의 순증분의 개념으로 소득을 파악하는 경우에는 그러한 소득이 어떤 원천에서 발생했느냐 하는 것은 애초부터 문제가 되지 아니한다. 그런데 조세학자들은 전통적으로 근로(임금)소득(earned or wage income)과 불로(자본)소득(unearned or capital income)을 구분해 왔는데 이는 전자에 대한 조세부담을 후자에 대한 것보다 가볍게 해야 한다는 것을 암시하는 것이다. 이러한 구분은 저소득층에 대한 조세경감을 허용하는데 편리한 방법으로서 합리성이 있을 수도 있다.

그러나 이에 대하여 여러 가지 반론이 있을 수 있다. 그럼에도 불구하고 많은 나라에서 근로소득을 조세상 우대하는 제도로서 근로소득세액공제 같은 제도를 두기도 하고, 다른 소득은 개인단위로 과세하면서도 자본소득(이자·배당·부동산임대소득)만은 부부합산 또는 가계단위합산으로 과세하기도 한다.

다. 귀속소득

한 사람은 현금소득이 발생하는 자산을 보유하고 있고, 다른 사람은 귀속소득이 발생하는 내구소비재를 보유하고 있다고 가정한다. 그런데 현금소득은 과세하고 귀속소득은

---

23) William L. Raby, Income Tax and Business Decisions(Prentice－Hall, Inc., N.J.), p.11 참조.
吉國二郎 外 1, 『法人稅法 : 理論篇』(東京 : 財經詳報社, 1972), p.70 참조.
1930년대에 암흑가의 두목이었던 Al Capone는 도박·마약밀매·매춘사업 등 범죄행위를 하면서도 꼬리가 잡히지 아니하여 경찰도 속수무책이었는데, 그를 체포하여 감옥에 보낸 것은 세법상의 이 순자산증가법이였다고 한다. 이 순자산증가법은 바로 실현기준의 포괄소득개념을 적용하는 원리인 것이다.

과세하지 않을 것인가 아니면 똑같이 과세할 것인가 하는 것이 귀속소득(歸屬所得)의 문제이다.

귀속소득 문제로서 가장 흔히 예시하는 것이 자기소유주택(owner−occupied residence)의 귀속임대료이다. 즉, 그러한 주택은 이를 타인에게 임대했을 경우에 얻을 수 있는 수익에 상당하는 귀속임대료(imputed rent)를 얻고 있는 것과 같다. 이러한 귀속임대료를 과세에서 제외하면 주택소유자와 주택을 임차하여 거주하는 사람간에 과세상 불공평을 야기하게 된다.

가사와 자녀양육에만 전적으로 종사하는 가정주부의 노력도 귀속소득의 개념정립에서 논의되는 중요한 예이다. 그러나 이는 그러한 전업주부노동의 경제적 평가라고 하는 어려운 문제를 수반하고 있다.

그리고 여가(leisure)도 귀속소득문제와 관련된다. 어떤 사람이 여가를 선택했다고 가정할 경우 그 사람은 일하지 않음으로써 상실하게 되는 소득 상당액으로 그 여가의 가치를 평가해야 할 것이라는 경제적 논리가 성립한다. 그러나 이는 실제 시행이 거의 불가능하다.

자기생산 농작물, 근무하는 회사의 차량이용, 봉급 외의 유급휴가, 사용자가 부담하는 의료보험료나 연금불입금 등의 부가급부(附加給付 : fringe benefits)도 이를 과세소득에 포함시킬 것인가 하는 문제 역시 귀속소득 과세문제와 같은 사항이다.

소득을 자산의 순증가가치에 소비를 더한 것이라고 정의한다면 귀속소비가치는 마땅히 소득과세베이스에 포함되어야 하는 것이다. 그러나 실현소득개념에 집착하는 세제에서는 위에서 본 귀속소득을 소득에서 제외하고 있다.

라. 자본이득이 소득인가

실현자본이득 과세문제에 대하여는 다음과 같은 의견들이 있다.

첫째, 공평기준에서 보면 소득과세상 자본이득(capital gains)을 통상소득(ordinary income)과 대비하여 이를 우대할 근거가 없다(종합과세에 자본이득이 포함되어야 한다는 의견이 되는 것이다)는 견해가 있다. 즉, 실현된 자본이득은 과세상 통상소득과 같게 다루어야 한다는 것이다. 그리고 자본이득의 집중효과(bunching effects)의 문제는 적절한 소득평균화규정(adequate averaging provisions)으로 극복할 수 있다고 주장한다.

둘째, 자본이득은 계속적으로 발생 · 실현되는 것이 아니어서 불안정한 이득이므로 초과누진구조의 세율하에서는 계속적 안정적으로 실현되는 소득에 비해 부담이 무거워진다는 견해가 있다. 즉, 자본이득은 보유기간에 걸쳐 매년 발생하여 누적된 것이 양도시점에 일시에 실현되는 집중효과가 발생하기 때문에 다른 소득과 구분하여 분류과세(分類課稅)해야 한다는 의견이다.

셋째, 실현자본이득 과세에서 발생하는 또 한 가지의 문제로서 자본이득에 대한 고율과세와 자본이득의 집중효과는 자산의 보유자로 하여금 자산을 양도하지 아니하고 계속 가지고 있게 하는 동결효과(the locking－in effect)를 발생시키는 문제이다. 이는 위에서 본 소득평균화규정과 세율의 적정화에 의해 극복이 가능한 문제라고 본다.

마. 미실현자본소득 과세문제

미실현자본이득(unrealized capital gains)은 과세상 어떻게 할 것인가? 실현소득개념에서는 미실현자본이득에 과세하지 않는다.

미실현자본이득에 대한 과세론자들은 자산의 순증가가치로 납세능력의 지표를 측정하는 포괄소득개념에서 보면 자본이득은 실현·미실현을 불문하고 과세하는 소득에 포함시켜야 한다고 주장한다. 자본이득의 실현·미실현은 경제적 능력이 증가했는가 아닌가의 문제가 아니다.

자산의 보유자는 마음만 먹으면 언제든지 자산을 양도하여 자본이득을 실현할 수 있기 때문에 실현·미실현의 문제는 재산보유자의 portfolio관리문제에 불과하다. 따라서 자본이득이 실현될 때까지 과세를 연기하는 것은 자본이득에 대해 조세특례 이익을 부여하는 것이 된다고 한다. 미실현자본이득 과세를 반대하는 사람들은 다음과 같은 이유를 들고 있다.

첫째, 미실현 이득은 그의 귀속자가 소비할 수 없는 것이고, 따라서 소비할 수 없는 이득은 소득이 될 수 없기 때문에 과세베이스에 산입해서는 안된다.

둘째, 이득이 실현되지 않은 상태에서는 그러한 이득의 실제 존재 여부를 판단할 수 없다. 예를 들어 그 자산의 가격이 하락하면 자본이득은 없어질 수 있는 것이다. 그러므로 옛날 베니스상인의 부기(簿記)에서는 그의 선장이 고향(故港 : home port)에 돌아와서 주인에게 보석상자를 인도할 때까지 수입을 계상해서는 아니된다[24])고 했던 것인데, 이는 바로 소득의 실현을 요구하는 것이다.

셋째, 미실현 자본이득에 대한 과세는 자산의 보유자가 세금을 납부할 현금을 얻지 못

24) Musgrave(1984), p.338 참조.

했음에도 불구하고 세금의 납부를 요구하는 것이 된다.

넷째, 소득이 있다고 하기 위해서는 그 소득이 원본자산으로부터 분리되어야 하는데 미실현 이득은 그렇지 못하다. 이러한 견해는 소득세에 관한 초기단계의 논쟁에서 법적 지지를 받은 바 있으나, 그러한 분리의 문제는 투자선택의 문제이며 자산의 가치가 증가하면 소득은 발생한 것이라고 보아야 한다는 경제학자들을 납득시키지 못하고 있다.

미실현자본이득을 과세할 수 있는 실현가능한 방법은 있는가? 실현자본이득에 대한 과세에는 기술적인 어려움이 없다. 그러나 미실현자본이득과세는 그 기술적 방법에 어려움이 있다. 매년기준으로 미실현자본이득을 과세한다는 것은 모든 자산의 매년 평가가 실무상 어렵기 때문에 실현가능성이 없다. 예컨대 5년 주기로 유가증권이나 그림 또는 부동산을 평가해서 과세할 수도 있으나, 특히 그림이나 부동산의 평가는 매우 어려운 것이다. 이런 난점을 극복하기 위하여 상속이나 증여가 있을 때 그 시점에서 자본이득이 실현된 것처럼 과세하자고 하는 방안이 제시되기도 했다. 이것이 간주실현(看做實現 : constructive realization)[25]에 의한 미실현 자본이득과세이다. 그런데 이는 아직 각 나라의 실정세제에서 받아들여지지 않고 있다.

바. 과세단위 문제

(1) 가족단위방법(family－unit approach)

이 방법은 다음과 같은 시각에서 보는 과세단위(taxable unit)방법이다. 즉, 같은 액수의 소득, 같은 가족수의 가족단위는 같은 액수의 소득세를 납부해야 하고, 같은 액수의 소득이 있는 가족단위 간에는 적은 수의 가족을 가진 가족단위가 더 많은 소득세를 납부해야 하며, 누진세율구조하에서는 가족수가 같은 가족단위는 소득이 증가함에 따라 소득금액에 대한 소득세액의 비율이 높아져야 한다.

가족단위방법은 독신단위의 납세의무자와 부부 중 한 쪽만이 소득을 얻는 가족단위 납세의무자와 비교할 때에는 형평이 실현된다. 그러나 누진세율구조하에서 쌍방이 모두 소득을 얻고 있는 경우 이들이 결혼하면 적용받는 한계세율이 높은 율의 소득구간으로 올라가게 되어(blacket creeping) 따로 각각 과세받을 때보다 소득세 부담이 많아지게 된다. 그렇게 되면 결혼을 하지 않고 동거생활(cohabitation)을 하는 사람이 증가하게 되어 세법이 혼인제도를 약화시키는 결과를 야기한다.

25) Musgrave(1984), p.339 참조.

이를 방지하기 위하여 부부의 개인소득세를 2분2승법으로 과세하도록 하거나 부부합동신고를 하는 경우에 적용되는 세율을 독신자가 단독신고하는 경우에 적용되는 세율에 비해 낮게 설정할 수도 있다. 그런데 이렇게 하면 결혼하지 아니한 독신자에 대하여 세금에 의해 벌을 과하는 것과 같은 결과를 초래하는 것이다.

(2) 소득자단위방법(earner-unit approach)

이는 소득자 개개인을 기본적 단위로 삼는 방법이다. 이 방법에서는 소득자가 가족단위에 속해 있든 아니든 불문하고 각자가 소득세신고를 하도록 하면서, 각자 모두에게 기본적인 공제를 허용하고, 같은 구조의 세율을 적용받게 하는 것이다. 그러면 가족단위방법에서 부부쌍방이 소득자인 가계에 불리하게 나타나는 문제가 없어진다. 이는 유럽의 많은 나라들이 채택하고 있는 방법이다.

효율적 관점에서 소득자단위방법을 보면 가족단위방법보다 우월하다. 노동공급에 관한 연구에서는 두번째 소득자(the secondary earner)의 노동공급이 순임금률(純賃金率)과의 관계에서 탄력적인 것으로 나타났다. 그렇다면 소득자단위방법은 가족단위방법에 비하여 효율손실 내지 초과부담이 적다고 할 수 있다. 특히 두 번째 소득자가 여성인 경우 소득자단위방법은 이점이 더욱 클 것이다.

 소득세의 형성과 발전

소득세는 현대 각국에서 가장 보편적으로 채택하고 있는 조세의 일종이다. 소득세는 개인의 소득을 과세표준으로 하여 부과하는 인세이다. 경제사회의 발달과 더불어 개인의 소득에 대한 납세능력의 정확한 포착이 곤란하게 됨에 따라 종합적인 소득금액을 그 과세표준으로 하는 소득세가 탄생하게 된 것이다.

영국과 프로이센(독일)에서 처음으로 실시된 소득세는 개인의 소득에 대하여 부과되는 조세로서 오늘날에 있어서 가장 중요한 세목의 하나가 되고 있다. 처음 양국에서 실시될 때의 소득세(income tax, Einkommensteuer)는 서로 다른 배경을 가지고 있었다.

즉, 영국의 소득세는 1799년에 W. Pitt에 의해서 나폴레옹전쟁의 전비를 조달하기 위하여 창설된 것이 사상 최초이며, 프로이센의 소득세는 1851년의 계급세 및 계층별 소득세에 그 기원을 두고 있다. 그러나 이 양국의 세제 중에서 소득세가 명실공히 중요한 위치를 차지하게 된 것은 19세기 말에서 20세기에 들어와서부터이다.

소득세가 이 시기에 이르러 성숙기를 맞이하게 된 것은 독점자본주의단계에서 '고가한 정부'가 출현하게 됨으로써 비롯된다. 정부의 역할이 강조되는 고가한 정부를 유지하려면 경비가 필요적으로 팽창하기 마련이다. 그런데 소득세는 무엇보다도 다수성이라는 성격 때문에 이 시기의 경비팽창에 가장 잘 부합되는 조세가 될 수 있었다.

그리고 이 시기에 들어와서 주식회사제도가 보급되어 이윤·이자·배당·임금과 같은 소득의 분화가 종래보다 더 명백해지는 동시에 소득계산실무도 보다 합리적으로 되었을 뿐만 아니라, 소득세는 다른 어떠한 조세보다도 공평한 조세라고 하는 점이 소득세의 발전을 한층 더 촉진시켰다.

즉, F. Neumark에 의하면 소득세가 발전할 수 있는 조건으로서, ① 정확한 소득계산의 가능성, ② 유효한 세무행정의 존재, ③ '고가한 정부'로의 움직임, ④ 소득세를 받아들이는 심리, ⑤ 혁명이나 위기와 같은 사회적 조건의 존재 등을 지적하고 있는데,[26) 20세기 전후의 상황은 이러한 조건들을 충족시킬 수 있었으므로 소득세가 이 시기에 급격히 발전한 것은 당연한 귀결이라 할 수 있다.

한편, 미국에서는 1913년, 프랑스에서는 1914년의 비교적 늦은 시기에 소득세를 채용하였다. 이 양국에서 소득세의 채용이 지연된 것은 그 나라의 헌법규정이나 세무행정의 전통 때문이라고 할 수 있다. 따라서 자본주의국가의 소득세는 제1차세계대전을 거치면서부터 비로소 세제의 중심적 지위를 차지하게 되었다.

제1차대전 후의 자본주의국가의 소득세제도는 대공황과 제2차대전을 거치면서 현저하게 발전하였다. 특히 중요한 것은 제2차대전시에 임금소득에 대한 원천징수제도를 채택한 것이다. 이 제도는 일본에서는 1940년에, 미국에서는 1943년에, 영국에서는 1944년에 행해졌다. 그리고 이 임금·봉급소득의 원천징수제도가 채용·보급됨에 따라 종래의 부유자과세로서의 소득세에서 그 성격이 크게 변화되었다.

물론, 이때 소득세율이 크게 인상되어 세수가 크게 증대되었지만, 가장 큰 변화는 징수기술면에서의 개혁이라고 할 수 있다. 이후 소득세제는 계속 발전하여 인플레이션과 같은 경기변동, 즉 경제체제의 자동안정장치로 활용할 수 있게 되었고, 나아가서는 소득재분배와 경제성장을 위한 수단으로까지 이용하고 있는 실정이다. 이와 더불어 징수기술도 급격히 발전해 온 것도 사실이다.

---

26) F. Neumark, *Theorie und Praxis der modernen Einkommensbesteuerung*, 1947, S.21.

○ 소 득 세 법

연습문제

01 소득원천설과 순자산증가설에 대하여 비교 설명하시오.

02 「소득세법」의 과세소득에 대하여 설명하시오.

03 소득세의 과세근거에 대하여 설명하시오.

04 소득세와 응능부담에 대하여 설명하시오.

05 소득세의 이상과 한계에 대하여 설명하시오.

06 소득세의 형성과 발전에 대하여 설명하시오.

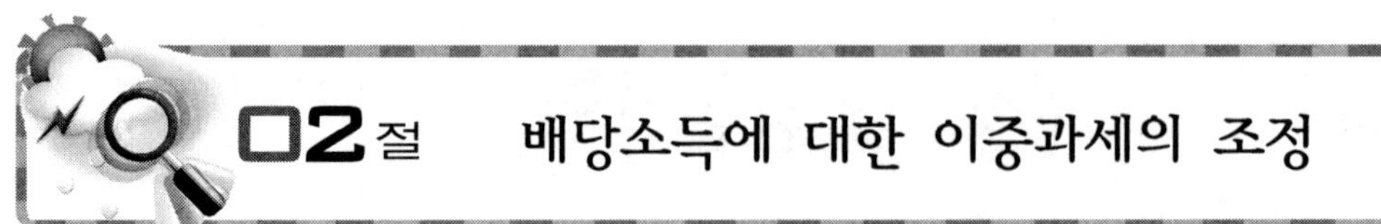

02절 배당소득에 대한 이중과세의 조정

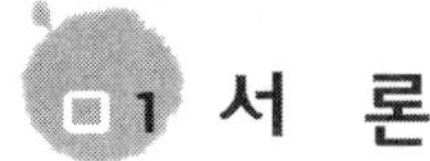

01 서 론

가. 도관이론

도관(conduit)이론은 법인원천소득에 두 번 과세하는 경우 경제적 효율이 어떻게 저해되느냐 하는 데 더 중요한 의미가 있다고 본다. 이 이론에서는 법인의 존립기능인 경제활동을 다음과 같이 파악하고 있다. 즉, "주어진 사업의 수행을 목적으로 형성한 개인집단체의 한 특별한 종류"(a particular kind of aggregation of individuals, formed for the purpose of carrying on a given business)가 법인이라고 하기도 하고, 또는 "이윤이 주주들에게로 통과되어 가는 하나의 도관"(a conduit through which earnings pass on the way to shareholders)이 법인이라고 보기도 하는 것이다.

이러한 관점에서 볼 때 소득도관에 불과한 법인체는 주주 등과 독립하여 독자적으로 조세를 부담할 능력이 없는 것으로 되고, 법인원천소득에 대하여 그 이윤이 소득도관을 흐르는 단계에서 법인소득세를 과세하고, 그 이윤이 도관에서 흘러 나와 주주 등에게 귀속될 때 개인소득세를 또 과세하는 것은 이중과세가 되는 것이다.

나. 이중과세 조정의 필요성

배당소득에 대한 이중과세 조정은 기본적으로 법인세가 전가되지 않는다는 가정하에서 논의되는 것이다. 즉 법인의 소득에 대한 법인세가 전가되지 않고 법인에게 귀착되며, 이렇게 조세를 부담한 소득이 주주에게 배당되었을 때 다시 소득세를 과세하는 것은 이중과세에 해당되는 것이므로 조세부담의 형평성 및 기업의 재무구조를 건전히 하기 위해서는 이에 대한 조정이 필요하다는 것이다.

이하에서는 이러한 이중과세의 조정에 대한 이론적인 방법과 현행 우리나라 소득세법상의 조정방법에 대하여 알아보고자 한다.

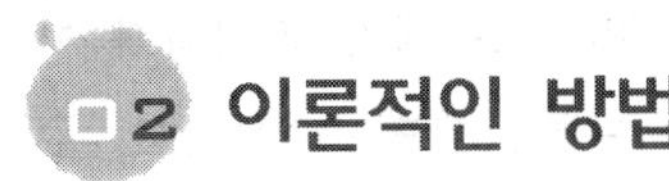

02 이론적인 방법

배당소득에 대한 이중과세를 조정하기 위한 방법은 일반적으로 크게 다음과 같이 나누어 볼 수 있다.

가. 법인세와 개인소득세를 완전통합하는 방법

이에는 조합과세방법과 이와 유사한 카터방법(Carter Method)이 있으며, 이외에 법인세 폐지법과 강제배당법(Mandatory distribution) 등이 있다.

(1) 조합과세방법(Partnership Method)

조합과세방법은 법인의 구성원인 주주 등을 공동사업(동업)의 조합원(개인)과 같이 보고, 법인의 소득은 현실적인 분배 여부에 불구하고 모두 이를 계산상으로 각 주주에게 할당 배분(allocate)하여 귀속시킨 다음 주주단계에서 개인소득세만을 과세한다. 따라서 법인단계에서는 법인소득세를 과세하지 않는 것이다. 법인소득세 과세를 폐지한 것과 같다.

현재 미국의 내국세입법에서 규정하고 있는 제도이다. 즉 일정규모 이하의 소사업법인(small business corporation)에 대하여는 이 조합과세방법에 의한 과세와 정규의 법인소득세(regular corporation tax) 과세방법 중 하나를 법인이 선택할 수 있도록 하고 있다(IRC. sec. 1361~1379). 조합과세방법에 의하여 소득과세를 받는 법인을 강학상 S Corporation 이라고 부른다. 소사업법인의 법정요건은 다음과 같다.

① 기업집단(an affiliated group)의 구성회사가 아닌 내국법인에 한한다.

② 법인이 조합과세방법을 적용받으려면 주주 등이 모두 개인이어야 하며, 개인주주의 수는 35인 이하이어야 한다. 즉, 법인주주가 없어야 한다. 이 경우 부부는 1인의 주주로 계산한다. 그리고 비거주자인 주주가 없어야 한다.

③ 발행한 주식의 종류가 한가지여야 한다(not have more than one class of stock issued and outstanding).

조합과세방법의 선택(partnership method of option)은 그 법인의 과세년도 초일의 주주 모든 사람이 서명한 신고서에 의해 그 과세방법의 선택에 동의하여야 한다. 조합과세방법의 적용은 모든 주주가 그 과세방법의 종료에 동의하여 신고함으로써 종료하게 된다.

조합과세방법은 법인의 소득을 배당·유보에 관계없이 그 법인소득세가 과세되지 아니한 소득(세전 소득) 전액을 주식 등 출자지분에 따라 각 주주에게 할당·배분하고, 주주단계에서 개인소득세만을 과세하는 방법인 것이다

이 방법의 단점으로는 첫째, 시행상의 어려움과 둘째, 주주의 개인소득세의 과세금액에 대한 문제점이 있다.

첫 번째 문제점은 법인의 이익을 각 주주들에게 배분하는데 있어서 주주들의 수가 많고 주주의 소유권도 끊임없이 변경되는 현대사회에서는 그 소득의 배분이 매우 복잡해진다는 것이다.

두 번째 문제점은 법인이 이익을 유보할 경우 일부 주주들은 배당금이 아주 적거나 없기 때문에 유보된 이익에 부과된 세금을 납부할 수가 없으며 부득이 자신들이 소유한 주식을 처분하여야 한다는 것이다.

그러나 조합과세방법은 다른 방법이 이루지 못하는 과세의 형평 및 중립성을 보장하고 있기 때문에 하나의 유용한 기준이 된다고 할 수 있을 것이다.

(2) 카터 방법(Carter Method)

1966년 캐나다의 왕립위원회(Royal Commission)는 법인세와 개인소득세를 통합·조정하는 방안을 제시하였는데 이는 법인소득과 개인소득에 과세상의 형평을 기하고자 고안된 것이다.

이 방법을 요약하면,

① 50%의 비례세율로 법인소득세를 과세한다.

② 개인과 가계의 소득에 대하여는 최고한계세율 50%의 초과누진세율에 의하여 개인소득세를 과세한다.

③ 법인의 세후 소득은 실지배당 여부에 관계없이 주주 등에게 주식소유비율로 할당(allocate)한다.

④ 거주자인 주주의 개인소득세 과세표준에는 배당절차에 의해 지급받은 배당금, 유보소득으로서 계산상으로 할당된 금액과 그로스 업(gross−up)방법으로 산정된 된 귀속법인세액을 모두 포함시킨다.

⑤ 주주의 배당소득 과세에서는 개인소득세 세율을 적용하여 산정된 그의 개인소득세액에서 귀속법인세액을 세액공제(credit)한다. 만약 세액공제되는 귀속법인세액이 주주의 개인소득세액을 초과하면 그 초과되는 금액은 주주에게 환급(refund)한다.

사 례

1. 법인소득 : 6,000
2. 법인소득세 세율 : 50%(비례)
3. 갑주주 : 총발행주식 200주 중 100주 소유(액면가액 : 100).
4. 세후 이익 중 1,000은 실지배당하고 2,000은 유보함.
5. 갑주주가 적용받는 개인소득세의 평균세율은 40%로 가정함.

〈첫째〉 주주의 배당소득금액 계산

- 실지배당 = 1,000×100/200=500(갑주주)
- 유보분 할당 = 2,000×100/200=1,000(갑주주에의 할당유보소득)
- 그로스 업 금액 = (500+1,000)×50/50=1,500(갑주주의 귀속법인세액)
- 배당소득금액 = 500+1,000+1,500=3,000(갑주주)

〈둘째〉 주주의 개인소득세액 계산

- 갑주주의 개인소득세액 = 3,000×40%−1,500=△300
(△300은 갑주주가 정부로 부터 환급받음. 만약 법인소득세 세율보다 개인소득세 한계세율이 보다 높게 적용되면 갑주주는 납부할 소득세액이 있게 됨)

이 방법은 일종의 변형된 조합과세방법으로서 그 장 · 단점은 다음과 같다.

먼저 장점으로서는 소득세 과세체계에 있어서 형평성이 크게 증대되고 법인의 투자의욕을 고취시키며, 법인원천소득과 다른 소득간의 비중립성을 제거함으로써 경제적 효율성을 증대시킬 수 있다.

반면에 단점으로서는 시행상 다소간의 비용이 수반되며, 세수규모에 있어서 큰 감소를 야기시키며 따라서 완전한 통합방법은 결국 효율성을 감소시킬 수도 있다는 것이다.

(3) 법인세폐지법

이 방법은 법인은 실질적으로 허구에 불과하기 때문에 법인세를 폐지하여야 하며, 또 법인세가 폐지된다면 중복과세가 배제된다는 단순한 사고에 입각하고 있다.

그러나 이 경우 유보이익에 대해서는 전혀 과세되지가 않고 법인소득이 배당되는 경우에 한해서 주주들은 개인소득세를 부담하게 된다.

따라서 이 방법은 법인이 개인주주의 소득세를 연기하거나, 회피할 수 있는 객체로서 존재하게 될 수 있다는 문제점이 있다.

(4) 법인이익의 강제배당법(Mandatory distribution of corporate profits)

강제배당법은 법인을 통하여 가득한 이익을 법인을 통하지 않고 가득한 다른 소득과 통합하여 통상적인 법인소득세율로 과세하기 위하여 법인이익 전액을 주주들에게 분배할 것을 의무화하는 방법이다. 이 방법이 조합과세방법과 다른 점은 강제배당방법은 실제로 모든 이익을 주주에게 배당함으로써 법인에 유보는 일체 발생하지 않는다는 것이다.

강제배당방법은 법인으로 하여금 그 이익의 전액을 배당하도록 의무화하는데, 이는 현실적으로 불가능한 것으로 비현실적이라는 큰 문제점을 가지고 있다.

이상에서는 법인세와 개인소득세를 완전통합하는 방법에 대하여 알아보았다. 많은 사람들이 이와 같은 완전통합방안의 필요성을 느끼고 있으나, 현재의 과세체계에 비추어 볼 때 그러한 급격한 조정에 방해가 되는 정치적 및 경제적인 문제점 또한 많다.

따라서 근래에는 배당의 중복과세를 조정하는 한 방법으로 부분통합(Partial integration)에 대한 논의가 활발해지고 있다. 법인세와 개인소득세를 부분통합하는 방안으로는 크게 법인단계에서 조정하는 것과 주주개인단계에서 조정하는 방법이 있을 수 있다.

나. 법인단계에서의 부분조정방법

법인세와 개인소득세의 중복과세부담을 법인단계에서 부분조정하는 방법으로는 지급배당공제법(Dividened-Paid Deduction)과 이단계세율방법(Split Rate)이 있다.

(1) 지급배당공제법(Dividened-Paid Deduction Method)

이 방법은 법인의 소득 중 주주에게 배당하는 부분은 법인세의 과세표준산정시 손금으로 용인하여 법인세 과세대상에서 제외시켜, 배당에 대한 이중과세를 피하고 유보이익 부분에 대해서는 과세하는 방법이다. 이것은 지급이자를 손금으로 용인하는 것과 똑같은 개념을 지급배당금에 대해서도 적용하는 방법이다.

이 방법은 특히 재무구조의 개선책으로도 논의가 되고 있는데 그것은 자기자본조달시에도 타인자본으로 조달하는 것과 마찬가지로 법인소득계산시 그 비용에 해당하는 배당을 손금으로 인정하기 때문에 자기자본 조달에 의하도록 유도하여 자기자본비율을 높이기 때문이다. 그러나 이 방법은 다음과 같은 문제점을 가지고 있다.

첫째, 기업회계상의 원칙과 상반된다는 것으로 배당은 기업의 이윤에서 지불된다는 점에서 볼 때 기업회계에서는 비용으로 인식되지 않는 것이다.

둘째, 이 방식은 자본충실을 기할 수 있다는 측면이 있지만 배당성향이 낮고 자금동원 능력이 없는 중소기업에게는 상대적으로 불리하게 작용할 수가 있다.

셋째, 이중과세의 조정이라는 측면을 떠나서 재무구조 측면에서 볼 때, 이 방법은 재무구조강화를 위해 자기자본조달을 유도하나 재무구조의 강화에는 자기자본조달 외에도 내부유보나 증자에 의해서도 가능한 바 이 방법은 내부유보를 해치는 모순점을 안고 있다.

(2) **이단계세율방법**(Split Rate Method)

이 방법은 법인에 유보된 이익에 대한 법인세율이 주주에게 배당된 부분에 대한 세율보다 높게 되는 것이다. 즉 법인세 과세시 배당된 소득에 대해서는 낮은 세율을 적용하고 유보된 소득에 대하여는 높은 세율을 적용하는 것이다.

이 방법의 장점으로는 지급배당공제법과 마찬가지로 법인의 부담을 덜어줌으로써 법인활동을 북돋우며 배당소득의 지불을 자극함으로써 법인에 대한 투자를 유인할 수 있다는 장점이 있다.

그러나 배당된 이익과 미배당된 이익을 공평하게 과세할 수 없다는 점과 과연 투자유인효과가 존재하느냐 하는 것이 문제가 된다. 즉 배당의 지불을 자극하는 것은 법인으로 하여금 필요한 자금을 유출케 하며 따라서 투자를 저해할 수도 있다.

특히 자본시장의 혜택을 잘 입지 못한 많은 중소규모의 법인들은 사업자금을 주로 유보소득에 의존하지 않으면 안되기 때문에 더욱 큰 문제가 된다.

다. 주주단계에서의 부분조정방법

주주단계에서 중복과세를 조정하는 방법이란 개인주주가 수취한 배당에 대하여 개인소득세를 과세함에 있어서 법인단계에서 이미 납부한 법인세액만큼 공제 또는 경감하는 방법으로 다음과 같은 방법이 있다.

(1) **수취배당금세액공제법**(Dividened－Received－Credit Method)

이 방법은 법인소득에 대하여는 정하여진 법인세율에 따라 법인에게 과세하고 지급배당금에 대해서는 주주의 다른 개인소득과 합산하여 통상적인 개인소득세율에 의하여 과세하는데 그 개인소득세액에서 합산된 배당소득에 일정률을 곱하여 세액공제해 주는 방법이다.

수취배당세액공제법은 어느 정도까지는 법인세를 주주에게 분배된 배당금에 대하여 원천징수한 것과 같이 취급하고 있으며 실제로 배당된 소득에 대하여서만 개인주주의 단계에서 조정한다.

이 방법은 적용면에서 보면 비교적 간편하고 배당된 법인이익에 대한 세부담을 경감시킴으로써 그에 대한 세부담을 어느 정도 완화시킬 수는 있다. 그러나 이 방식하에서는 한계세율이 공제율 보다 더 낮은 주주들의 경우 완전한 공제를 받지 못할 수도 있다. 또한 완전한 공제를 받는다 해도 고소득주주와 저소득주주와의 세부담의 형평에 어긋나는 역진적인 과세현상을 초래할 수도 있다.

즉, 주주의 총체적인 개인소득의 크기에 상관없이 개인소득세로부터 단순히 수취배당의 일정률에 해당하는 금액을 공제한다는 것은 고소득 계층의 주주가 수취한 배당금에 대해서는 중복과세를 제거하는 것 이상을 공제하는 경우가 생길 것이며, 이와 반대로 저소득계층의 주주의 경우에는 배당된 소득은 여전히 다른 소득보다도 높은 세부담을 지고 있게 되는 것이다.

(2) 수취배당공제법(Dividened-Received Exclusion Method)

수취배당액공제법은 수취배당금세액공제법의 변형된 방법으로서 법인에 대하여는 그 이익의 배당 여부에 관계없이 그 이익총액에 대한 법인세를 부과하고 주주에 대해서는 법인으로부터 수령한 배당소득을 다른 소득과 같이 개인소득세 과세소득에 산입하여 과세하면서 그 배당소득의 일정부분 또는 전액을 과세대상에서 공제하여 주는 방법이다.

이 방법하에서는 수취배당금의 일정부분이 세액이 계산되기 전에 처음부터 개인소득세의 과세소득에서 제외되어 있는 반면 수취배당금세액공제법에서는 그 배당금이 일단 과세소득에 합산되고 그 후에 배당금의 일정배율액이 개인소득세의 세액에서 공제된다.

따라서 수취배당액공제법하에서는 법인소득에 대해 이미 과소과세된 고소득주주들은 세부담에 있어서 상당한 정도의 추가적인 공제혜택을 받는 반면, 저소득주주들은 아무런 혜택을 얻지 못하는 문제가 발생한다.

그 결과 이 방법은 수취배당세액공제법보다도 소득계층이 다른 주주간의 공평성을 더 악화시킨다.

(3) 법인세주주귀속법(Imputation Method)

이 방법은 배당소득에 대하여 법인단계에서 법인이 지불한 세금(Imputed Tax)까지 주주의 배당소득으로 산입하여 개인소득의 과세소득을 계산하고 난 후에 개인소득세에서 일정액의 세액공제를 해 줌으로써 이중과세를 조정하는 방법이다.

이때에 법인이 지불한 세금을 주주의 배당소득에 합산하기 위하여 실제로 수령한 배당소득을 일정률로 증액(Gross−up)시키기 때문에 이 방법을 "Gross−up 방법"이라고도 한다.

이방법을 요약하면

① 법인단계에서 법인원천소득에 대하여 법인소득세를 과세한다. 법인소득세 세율은 대부분의 입법례가 단순비례세율이다.

② 법인원천소득의 세후소득 중에서 실지배당을 하면 그 지급배당금은 주주의 소득으로 과세하게 되는데, 그 배당소득은 실지 수령한 배당금과 그 실지배당금이 법인단계에서 부담한 법인소득세액(귀속법인세액)의 합계액으로 한다.

귀속법인세액을 계산하는 gross−up율은 법인소득세 세율에 기초를 두고 다음과 같이 산정한다.

• 법인세율/(1−법인세율) = gross−up율 • 배당금×Gross−up율 = 귀속법인세액

수입배당금이 700원이고 법인세율이 30%라면 귀속법인세액과 배당소득금액은 다음과 같이 된다.

- 700×0.3/(1−0.3)=700×30/70=300(귀속법인세액)
- 700+300=1,000(배당소득금액)

③ 주주의 개인소득세액에서 귀속법인세액을 세액공제한다. 개인소득세액보다 세액공제되는 귀속법인세액이 크면 그 차액은 주주에게 환급된다.

(배당금+귀속법인세액+다른 종합소득)×개인소득세율−귀속법인세액 = 납부할 개인소득세액 또는 환급받을 세액

이 방법은 법인세와 개인소득세를 연결한 것으로 개인소득세부과단계에서 법인세납부상당액의 공제를 인정하는 제도이며 이 방법의 목적으로는 다음과 같은 것을 들 수 있다.

첫째는 기업의 자기자본충실에 목적이 있다. 즉, 무역자유화와 개방체제하에서 타인자본의존도의 증가는 경기의 변동에 따라 손익확대효과가 불리하게 작용할 수도 있기 때문이다.

둘째는 산업의 체질을 강화하여 국제경쟁력을 제고한다는 것이며, 셋째는 일반 대중투자자들이 증시에 적극 참여하도록 하여 자본시장을 진흥시킨다는 것이다. 이밖에 기업의 자금조달에 있어 차입자본과 주식자본간의 세제의 중립성 확보라는 중요한 목적도 지니고 있다.

Imputation 방법의 장점으로는 주주배당에 대해 이중과세가 배제되며, 종합누진세율의 적용으로 고소득 주주보다는 저소득주주의 세부담이 경감되고 차입자본과 주식자본간의 세제상 중립성 확보로 자기자본조달을 촉진한다는 점이다. 또한 주주배당에 대한 과세의 경감으로 개인투자자의 시장참여를 촉진시킬 수 있다.

반면에 단점으로는 정부의 세수가 감소되며 과세업무가 다소 복잡해지며 외국인 주주에 대해서 세액공제를 인정하지 않기 때문에 국내주주와 외국인주주 간의 과세차별로 인해 국제간의 자본교류가 억제된다는 점을 들 수 있다.

03 우리나라의 이중과세 조정방법

현재 우리나라의 이중과세 조정방법은 기본적으로 Imputation 방법을 적용하고 있다. 「소득세법」에서는 다음의 배당소득이 종합소득에 합산되어 있는 경우에는 해당 과세기간의 총수입금액에 동 배당소득의 11%[27]에 상당하는 금액을 가산한 금액을 배당소득금액으로 하여 종합과세하고 종합소득세액 산출시 가산된 금액에 대하여 배당세액공제를 적용한다.

① 내국법인으로부터 받는 이익이나 잉여금의 배당 또는 분배금과 「상법」에 따른 건설이자의 배당

② 법인으로 보는 단체로부터 받는 배당 또는 분배금

---

27) 우리나라 귀속법인세액 산정율(gross−up율)의 산출근거
- 10% / (100%−10%) = 10/90≒11%

  현행 법인세 세율은 10%~25%인 바, 법인세율 10%를 기준으로 산정한 것임.

③ 의제배당. 다만, 다음의 의제배당은 제외한다.
 ㉠ 소각 당시 시가가 취득가액을 초과하거나 자기주식소각익을 소각일부터 2년 내에 자본에 전입함으로 인하여 받는 의제배당
 ㉡ 토지의 재평가차액(1% 재평가세의 과세해당분) 중 의제배당
 ㉢ 자본전입을 함에 있어서 법인이 보유한 자기주식 또는 자기출자지분에 대한 주식 또는 출자의 가액을 그 법인이 배정받지 아니함에 따라 다른 주주 또는 출자자가 이를 배정받은 경우의 의제배당
④ 「법인세법」에 따라 배당으로 처분된 금액

이 비율은 법인세율을 10%로 가정한 것이기 때문에 법인세율이 10%를 초과하게 되면 법인단계에서 부담한 법인세액을 전액 공제받을 수 없다는 문제점이 있다.

 결 어

이상에서 배당소득에 대한 이중과세의 조정방법에 대하여 알아보았다.

현재 대부분의 국가에서 배당소득에 대한 과세는 이중과세라는 인식을 근거로 이에 대한 조정을 실시하고 있는 바, 우리나라에서는 Gross－up 방법에 의하여 법인소득과 개인소득에 대한 이중과세를 조정하고 있다.

이러한 조정은 1997년 이전에는 일률적으로 법인세 부담률을 과세표준 1억원 이하에 대한 세율인 16%로 간주하여 법인소득과 개인소득에 대하여 완전한 조정이 이루어지지 아니하였으나, 1998년에 세법의 개정으로 인하여 상당부분 개선되었다. 그러나 2000년 세법개정에서 다시 1997년 이전 방식으로 돌아감에 따라 아직도 이러한 조정이 완전히 이루어지지는 않고 있다.

이러한 이중과세의 조정은 정치, 경제, 사회 등 여러 가지 여건에 의하여 결정되어야 하나, 조세논리적 측면에서는 완전한 조정이 바람직하다고 판단된다. 특히 우리나라와 같이 대부분의 기업의 재무구조가 취약한 환경하에서는 개인 및 기업에 가장 민감한 부분이 될 수 있는 조세의 조정을 통하여 재무구조가 개선될 수 있다면, 이중과세 조정의 문제는 매우 중요한 문제로 대두된다 하겠다.

○ 소 득 세 법

연습문제

01 우리나라의 이중과세 조정방법에 대해 설명하시오.

02 Gross−up율이 11%만 적용되어야 할 배당소득에 대해서 설명하시오.

03 배당소득의 이중과세에 대하여 주주단계에서 조정하는 방법에 대하여 설명하시오.

04 배당소득의 이중과세에 대하여 법인세와 개인소득세를 완전통합하는 방법에 대하여 설명하시오.

05 배당소득의 이중과세에 대하여 법인단계에서 조정하는 방법에 대하여 설명하시오.

03절 부의 소득세

01 서 론

가. 의 의

현대사회의 경제발전이 거듭되면서 경제목표는 성장성보다 공평성에 더 큰 관심을 두기 시작하였다. 즉 소득의 재분배가 경제문제의 중요한 과제로서 등장하기 시작하였고, 이러한 분배의 정의를 실현하기 위하여 많은 국가들은 여러 가지 사회보장정책을 실시하고 있다. 이러한 사회보장정책의 일환으로서 조세를 이용하고자 하는 것이 NIT (Negative Income Tax : 이하에서는 NIT로 표시한다)라고 할 수 있다. 따라서 NIT는 그것의 의미가 정의 소득세(Positive Income Tax)의 의미에 대한 NIT란 의미이기보다는 복지제도라는 의미에서 보장된 소득계획이라고 보는 것이 오히려 타당하다고 할 수 있다.

NIT는 1960년대 미국을 중심으로 하여 경제학자들이 저소득층에로의 소득이전의 수단으로써 도입하여야 한다고 주장함으로 인하여 등장한 개념이다. 즉 NIT는 조세적인 측면보다는 사회보장제도의 측면에서 먼저 도입된 개념이라 할 수 있다.

NIT는 소득재분배를 통해 빈곤을 일소하자는 미국의 복지제도의 개혁안으로서 제안된 것이나 다른 사회보장제도와 마찬가지로 완전한 논리성을 가지지는 못한 환상에 불과할 수도 있다.

그러나 경제발전단계나 사회보장제도의 발달이 미국과 다른 개발도상국의 경우는 NIT가 제도의 전면 개혁안으로서가 아니라 오늘날 선진복지국가들의 고민을 되풀이하지 않을 수 있는 포괄적이고 종합적인 새로운 복지프로그램으로서 또는 기존제도와 병용할 수 있는 개선안으로서 고려될 수 있는 것이다.

나. 부의 소득세 연혁

NIT에 대한 구체적인 제안의 시초는 1962년 프리드만(M. Friedman)에 의해서이다. 이것은 이미 1946년에 G. J. 스디크러에 의해 개인소득세에 부의 세율로서 최저소득단계까지 적용한다는 제안으로써 나타나기 시작하였다. 1960년에는 부케넌(J. Buchanan)이 지나치게 고소득을 취득하고 있는 사람들에게 세금을 부과하고 그 수입을 저소득을 가진 사람들에게 보조금으로 지급할 수 있다고 논하고 있다. 1961년에는 롤프(E. Rolph)와 브레이크(G. Break)가 NIT제도의 사용을 말하고 있다. 그들에 의하면 각 세대의 규모별로 세금도 납부하지 않으며, 보조금도 받지 않는 임의의 소득수준을 정하여 그 수준보다 소득이 많은 세대는 납세하고, 그 수준보다 소득이 적은 세대에는 실제의 그 세대의 소득이 임의의 소득수준에 미달되는 금액에 어느 일정비율을 보조금으로 급부하기로 되어 있다.

1962년 프리드만에 의해서 구체적으로 NIT에 대한 이론이 제안되었으나 이것은 이미 1956년에 와바스대학(Wabash College)에서 프리드만에 의해서 나왔다고 볼 수 있다. 프리드만은 현행의 사회복지제도 대신에 NIT이론 구상을 제안하였다. 이 제안을 계기로 수많은 NIT 이론 구상이 속출하여, 많은 논의를 전개하기에 이르렀다.

1964년에는 램프만(R. J. Lampman)의 이론과 쉬발쯔(E. Schwalz) 이론들이 나왔으나 모두들 프리드만과는 상이된 입장에서 NIT이론을 제시하였다. 1965년에는 토빈(J. Tobin)의 이론이 제안되었고, 1967년에는 롤프의 제안이, 1965년에는 역시 라이펀 소사이어티(Ripon Society)의 이론이 나오게 되어 NIT이론은 비약적인 발전을 보게 되었다. 또 영국에서는 1967년에 리스(D. Less)에 의하여 프리드만 이론과 유사한 이론을 발표하였다.

이보다 앞서 1963년에는 테오발드(R. Theobald)에 의하여 NIT이론을 더욱 발전시키는 최저소득보장의 이론이 등장하였으며, 모든 사람의 소득을 어느 일정수준 이상이 되도록 하여, 소득보장에 의하여 발생하는 노동의욕 저해효과를 완화시키기 위하여 이미 취득한 소득에 일정한 소득의 증가를 합치시켜 주는 것이다.

다. 부의 소득세의 계산

먼저 부의 소득세 구조는 세 가지 요소로 구성된다.

① 빈곤수준(poverty level) 소득금액을 설정해야 한다. 이는 소득분기수준금액인 바, 최저생활을 보장하는 기초생계비를 뜻한다.

② 소득이 전혀 없는 사람에게 정부가 그의 최저생계비로 지급하고자 하는 금액, 즉 생계비보장지출수준금액을 정해야 한다. 이는 그 나라의 재정형편과 근로의욕의 문제가 함께 고려되어야 한다.

③ 빈곤수준소득금액과 생계비보장지출수준금액이 정해지면 부의 소득세율을 설정할 수 있다. 즉,

부의 소득세율 = 생계비보장지출금액 / 빈곤수준소득금액×100

* 빈곤수준소득금액이 20,000원이고 생계비보장지출수준금액이 10,000원이라고 한다면 부의 소득세율은 50%가 됨.

첫째, 빈곤수준소득금액을 연 2,000,000원으로 본다. 이는 최저생활 기초생계비이다.

둘째, 생계비보장지출수준금액을 연 1,000,000원으로 한다. 납세의무자의 연간소득이 2,000,000원을 초과하면 생계비보장지출은 중단된다.

셋째, 부의 소득세율은 50%이다.

넷째, 빈곤수준소득금액을 초과하는 자에게는 그 초과소득에 대하여 정의 소득세를 부과한다. 초과누진구조인 개인소득세 최저세율이 10%라고 가정한다.

부의 소득세 가상예

(단위 : 천원)

① 세대소득	② 과부족 2,000 - ①	③ 부,정의 소득세율 %	④ 보장지출액 ②×③	⑤ 세후소득
0	−2,000	50	1,000	1,000
500	−1,500	50	750	1,250
1,000	−1,000	50	500	1,500
1,500	−500	50	250	1,750
2,000	0	−	0	2,000
3,000	1,000	10	−100	2,900

02 부의 소득세 논리와 장·단점

가. 부의 소득세

발전과정을 거쳐온 NIT는 개개의 이론에 있어서 다음과 같은 기본적 논리구조를 가지고 있다. 즉, 과세소득의 최저한을 B, 과세최저한 미만의 실제의 소득을 Y, 부의 소득세율을 tn이라고 하면 NIT는 다음 공식으로 구하여 진다.

$$NIT = (B - Y) \cdot tn \quad \cdots\cdots (1)$$

또한 모든 부의 소득세 이론은 다음의 세 가지 특징을 가지고 있다.

첫째, 정부에 의한 최저보조소득이라는 것과 둘째, 조세제도에 의한 실질소득의 이전을 말하며, 셋째, 과세최저한소득에서 부의 소득세 지급이 정지한다는 것이다.

이러한 특질에 비추어 볼 때 위 (1)식을 다음과 같이 변형할 수 있다. Ys : 과세최저한액, Yg : 과세최저한소득에 대한 소득보조액(실질소득이 없을 때 지급되는 보조소득액)이라 한다면

$$NIT = Yg - tn \cdot Ys \quad \cdots\cdots (2)$$

$NIT = 0$이라면

$$Ys = Yg/tn \quad \cdots\cdots (3)$$

이다.

NIT에 대한 적용에 있어서 NIT를 급부받을 수 있는 계층은 다음의 여러 변수에 의하여 소득보조가 결정된다.

첫째, 빈곤선이고, 둘째, 최저보장수준인 바 이것은 수급자의 종전소득과 빈곤선의 차액의 일정비율을 보장한다는 NIT의 기본이념에 입각하여 소득이 전혀 없는 세대가 정부로부터 최저보장의 형식으로 지급되는 것이다.

셋째, 부의 소득세율 그리고 부의 소득세액을 말한다.

직접적으로 이전을 받는 저소득가족은 이것에 의해 실질소득의 증가를 얻을 수 있다. 그러나 이것은 증가된 총량보다는 항상 적다. 이 NIT의 경우는 소득유지 혹은 빈곤 「Gap」의 보충으로 사용된다. 만약 실질소득이 과세최저한액보다 적다면, 그 「Gap」을 이전소득에 의해서 보충한다. 과세최저한액보다 적은 때의 이전되는 소득에 있어서 실제 한계세율은 100%이다. 그리고 여분은 '0'이다. 이 여분이라는 것은 유휴노동력을 말하고 있다.

이러한 기술적 구조를 가진 NIT는 이유 여하를 막론하고 저소득자에 대하여 최저한의 소득을 보장하기 위한 간명한 수단이다. 만약 과세최저한액까지의 소득수준을 최저소득으로 보장하려면 부의 소득세율을 100%로 하면 된다.

이 세율로 과세최저한액까지 소득을 보장하게 될 때 그 수준까지의 소득을 얻어 생활하고 있는 사람의 노동의욕을 떨어뜨리는 경우가 발생한다면 부의 소득세율을 100% 미만으로 하여 최저소득의 보장수준으로부터 과세최저한액까지의 소득이 대부분 가처분소

득으로써 남는 것 같이 제변수를 조정하면 된다. 이것은 기본적인 구조 내에서 NIT는 여러 가지의 구체적인 형태를 취할 수 있기 때문이다.

현행의 누진소득세제에 있어서는 과세최저한액 이하의 소득을 얻는 사람은 소득이 과세최저한액보다 조금 하위이거나, 거의 소득이 없는 수준이거나 모두가 세액이 영으로써, 비례세율구조에서 볼 수 있는 것과 같이 소득이 과세최저한액 이하의 부분에서는 불공평한 취급을 받고 있는 것이 된다. NIT는 이와 같은 불공평한 것을 어느 정도 제거하고 최저소득을 보장하기 위하여 정의 세수로부터 재원을 조달하여 NIT를 급부하려는 것이다.

따라서 NIT의 배후에는 소득세제에 의한 소득재분배를 과세최저한액 이하의 부분에도 논리적으로 영향을 미치게 하려는 것이다. 더구나 그 재분배에 있어서는 소득의 수준을 기준으로 하기 위하여 다른 제조건에 관계없이 저소득수준일 것 같으면 NIT를 적용한다고 하는 가능성을 내포하고 있다. 이것은 공공경제에 있어서의 분배원리라 할지라도 종래 볼 수 없었던 원리를 시사해 주고 있다.

나. 부의 소득세 목적과 장 · 단점

부의 소득세의 목적이 빈곤「Gap」을 없애는 데 있기 때문에 그 내포된 뜻은 부의 소득세제도가 빈곤층의 소득을 증가시킴으로써 빈곤을 해결하고자 하는 데 주된 의도를 둔 복지이론이라는 것이다. 여러 주장자들은 부의 소득세를 제1차적으로는 소득의 분배를 증가시키는 것으로 보다는 빈곤층의 요구를 충족시키는 방법으로써 더 가치를 두고 있다. 문제는 많은 사람들이 소득분배에 관심을 두는 것보다는 점점 빈곤에 관심을 더 둔다는 것이다.

그러므로 부의 소득세의 목적은 일반적으로 고소득 수준에서 일정한 소득을 재분배하는 것이 아니라 소득분배에 있어서 가장 낮은 수준의 소득을 증가시키는데 있다. 즉 부의 소득세의 근본목적은 빈곤제거에 있다고 할 수 있다.

부의 소득세의 장점으로는 다음과 같은 것을 들 수 있다.

첫째, 모든 저소득층에 적용되는 것으로 기타의 복지제도보다 그 범위가 광범위하다.

둘째, 노동의욕에 대한 역효과의 방지에 있어서, 보조가 소득의 증가로 환원되는 비율, 즉 부의 소득세율이 100% 미만에서 이루어질 수 있어서 노동의욕 감소를 방지할 수 있다.

이에 반하여 부의 소득세의 단점으로는 개인소득세가 빈곤층의 구제의 명목으로 오인되어지는 것과 비슷한 방법으로 사용되어 진다는 것이다. 이러한 결점에 대한 것이 공공보조를 받아야 할 많은 가족이 이것을 받아들이지 않는 이유일 수도 있다. 그리고 이러한 공공보조는 선량한 빈곤자들의 생활습성을 혼란시킬 수 있다.

 부의 소득세와 사회보장

가. 부의 소득세와 사회보장제도와의 관계

프리드만이 부의 소득세를 제안할 당시 미국의 빈곤대책은 그 급부가 빈곤자의 어느 특수한 부류의 사람에게만 이루어지고, 각종 제도를 운영하기 위한 방대한 정부기관을 필요로 하며, 근로의욕을 저해하고 수혜자의 수치심을 야기하는 문제점들이 심각한 상태였다. 그는 이러한 기존빈곤대책 즉, 사회보장제도를 전면적으로 대체하여 이러한 문제점을 해소시키면서도 대부분의 기존 사회보장제도의 필요에 응할 수 있는 제도가 부의 소득세라고 보았던 것이다.

사회보장제도는 보통 사회보험, 공적부조, 사회복지사업 등으로 나뉘어진다.

사회보험은 보험원리에 입각하여 피보험자의 보험료 거출에 근거하여 운영되는 것을 원칙으로 하여 동일 계층간의 수평적 소득재분배를 행하는 것이며, 공적부조는 소득능력이 없는 가계에 대해 공적부담에 의한 최저한 소득을 보장함으로써 서로 다른 소득계층간의 수직적 소득재분배기능을 갖는 것이다.

그리고 사회복지사업은 신체장애인 · 노인 · 아동 등 이른바 사회적 약자의 복지개선을 위한 시설이나 서비스를 공급하는 것을 의미한다. 따라서 사회보험은 생활불안을 해소하려는 장기적 · 예방적 성격을 가지며, 공적부조는 국민의 최저한 생활수준 확보를 목적으로 부여하게 되는 부의 소득세와 긴밀한 관계를 가진다. 즉, 부의 소득세나 공적부조는 모두가 누진소득세와 관련 수직적 소득재분배를 행함으로써 국민최저한을 보장하려는 데 그 직접목적이 있다. 부의 소득세가 실업보험 등 사회보험기능까지 흡수할 수 있는가는 부의 소득세의 세율, 기준소득액 및 과세최저한액의 크기와 관련된 것으로 그 나라의 국민소득수준 및 복지의지의 강도에 따라 좌우되는 부의 소득세의 규모문제인 것이다.

나. 부의 소득세의 도입 검토

고도로 발달해 가는 세계경제는 그것이 안고 있는 역설적인 문제로서 절대적·상대적인 빈곤이라는 것을 수반한다. 오늘날 우리가 당면하고 있는 빈곤의 문제는 현재까지의 여러 복지제도에 많은 결점이 있음을 드러내고 있다. 이러한 빈곤문제의 해결책으로서 새로이 등장하게 된 것이 부의 소득세 개념이다. 이것은 사회보장계획의 변형으로서 빈곤층을 그 대상으로 하고 있으며, 이들에게 필요한 소득을 지급하여 준다.

부의 소득세가 여러 가지 문제점을 가지고 있음에도 불구하고 부의 소득세의 도입을 주장하는 것은 1980년대 초에는 복지국가건설을 목표로 하는 것이니 만큼 부의 소득세의 실시에 따르는 문제는 과감하게 해결해 나감으로써 그것이 소득공제액과 부의 소득세율로만 정해지면 실시하기 매우 쉬운 것이므로 다른 공공복지제도의 결점을 보완하고 있는 부의 소득세를 실시하는 것이 옳다고 본다.

Reference 지출세(An Expenditure Tax)

1. 의 의

지출세는 1955년에 Nicholas Kaldor에 의해 창안되었다. 이는 저축에까지 무차별 과세하는 소득세의 폐단을 극복하는 대안으로 제시된 것인데 그 취지는 다음과 같다.

공동의 연못에 공헌(물을 퍼다 붓는)하는 사람들 보다 오히려 공공의 연못으로부터 가지고 나가는(물을 퍼 가지고 나가는) 사람들에게 과세하는 것이 공정하고 그리고 편리하다(Goode : "It may be just and expedient to tax people with reference to what they take out of the common pool(the national product) rather than what they contribute" kaldor : "An expenditure base would tax people according to the amount which they take out of the common pool, and not according to what they put into it").

1978년에는 J. E. Meade를 위원장으로 하는 영국의 위원회에서 "The Structure and Reform of Direct Taxation"이라는 보고서로 구체적인 정책제시를 했다.

2. 계산구조

* 연초의 은행잔고액 +수입금액(임금 및 봉급, 사업의 매출액, 이자 및 배당 기타 모든 수입액, 상금, 유증 및 증여받은 금액) +차입액, 대출금 회수액 +투자자산(주택 포함) 처분(매각액) * 총수입금액(total receipts) −대출액, 차입금의 변제액 −투자자산(주택 포함) 구입액 −연말의 은행 잔고액 * 지출총액(gross expenditure) −면세지출액(exempted expenditure) * 과세지출액(chargeable expenditure) × 초과누진세율 * 산출세액

Kaldor, Nicholas, An Expenditure Tax, (London : George Allem & Unwin,1955), p.53. Goode, Richard, The Individual Income Tax, (Washington D.C : Brookings Insitution, 1976), p.21.

○ 소 득 세 법

연습문제

주관식문제

01 부의 소득세에 대한 개념 및 장점에 대하여 설명하시오.

02 부의 소득세와 사회보장제도와의 관계를 설명하시오.

03 부의 소득세의 목적 및 단점에 대하여 설명하시오.

04 우리나라의 근로장려세제에 대하여 설명하시오.

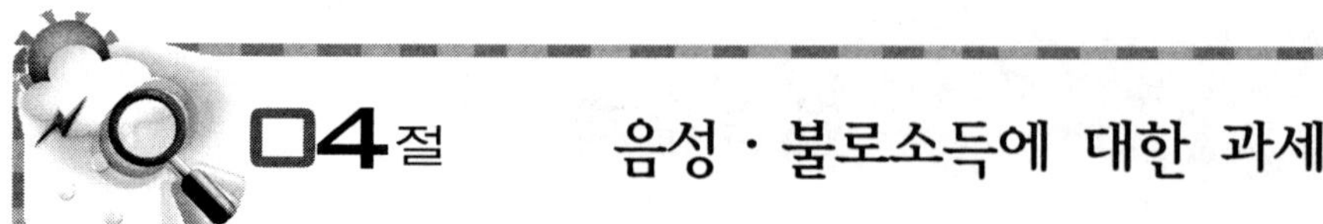

04절 음성·불로소득에 대한 과세

01 서 론

일반적으로 음성·불로소득이라 함은 과세대상으로 포착되지 않은 소득이라고 인식되고 있다. 탄지(Tanzi)는 이를 지하경제(the underground economy)로 보고 협의적으로 해석하여 "비보고(Unreporting) 또는 과소보고(Under-reporting) 등의 불성실보고 때문에 정부의 공식 추계에 반영되지 않은 국민 총생산"으로 정의하였으며, 미국 국세청(IRS)은 지하경제를 불법경제(illegal economy)와 비공식 경제(informal economy)로 나누고, 전자는 도박·매춘·마약밀매·금품강탈·횡령 같은 법에 반하는 활동인 반면, 후자는 합법적인 활동에서 소득을 창출하나 그 소득 중 일부나 전부를 과소보고하는 활동이다[28]라고 정의하고 있다.

음성·불로소득의 크기가 어느 정도인지 정확하게 측정할 수는 없지만 학자에 따라 연간 GNP의 15%에서 50% 이상까지 보고 있다. 실지로 음성·불로소득의 규모가 이처럼 막대하다면 이들을 과세권에 흡수하여 세수 확보에 기여한다면 대다수의 선량한 납세자들이 부담하는 조세의 부담률을 다소 축소시킬 수도 있을 것이다.

비단 이뿐만 아니라 이들 음성·불로소득을 파악하여 양성화시킴으로써 조세공평에 기여하고 탈세유혹을 사전에 방지할 수 있는 납세의식을 구현할 수 있기 때문에 이에 대한 연구는 대단히 중요한 의미를 부여한다고 생각된다.

02 불로소득의 규모의 추정

가. 규모 추정의 필요성

음성·불로소득의 규모를 추정하는 것은 조세정책의 수립이나 분석시 중요한 과제이다. 또한 이에 따른 탈세규모의 추정은 지하경제나 탈세연구에 있어서 기본적인 영역이

28) 최영순, "개인소득세 탈세 : 이론적 분석과 규모의 추정", 연세대 대학원, 박사학위 논문, 1995.

나, 탈세 자체가 은폐되어 있는 상황에서 현실적으로 그 규모를 파악하는 것은 상당히 어렵다.

현재까지는 경제학적인 관점에서 몇 가지 연구가 되어온 바가 있으나 추정방법에 따라 추정값이 상당한 차이가 있어서 추정방법에 대한 비판과 추정결과의 신뢰도에 대한 회의가 일고 있다.

그러나 불완전하더라도 지금까지 시도되어 온 경제학적인 추정방법을 알아보고 넘어가는 것도 큰 의의가 있을 것이다.

나. 추정방법

대략적인 추정방법을 살펴보면 아래 표와 같다.

지하경제의 추정방법

통화자료에 의한 추정방법	① 현금통화비율 접근방법 ② 화폐수량설 접근방법 ③ 고액권 유통량 조사방법
비통화적 접근방법	① 직접 추정방법 ② 간접 추정방법 – 소득 · 소비지출 격차 분석방법 – 노동참여 조사방법 – 국민계정에 의한 추정방법

자료 : 최영순, 『전게서』

(1) 통화자료에 의한 추정방법

통화자료에 의한 추정방법에는 현금통화비율 접근방법, 화폐수량설 접근방법, 고액권 유통량 조사방법 등이 있다.

(2) 비통화적 접근방법

비통화적 접근방법 중 추정방법은 세무조사를 통해 탈세를 밝혀내고, 그 자료를 통해 전체 탈세의 크기를 추정해 내는 방법이다.

음성 · 불로소득자에 대한 세무조사 실적

(단위 : 억원)

	1994년		1995년 1~6월	
	건 수	세 액	건 수	세 액
조사실적	1,541	3,741	445	1,843

자료 : 국세청, 국정감사자료, 1995.

위 음성 · 불로소득자에 대한 세무조사 실적표에서 보는 바와 같이 탈세의 크기를 어느 정도 추정할 수는 있으나 국세청의 세무조사가 특정 소득층에 집중되어 있어 그 구체적인 내용(예 직업유형별 구분)에 대하여는 납세자의 비밀보장 문제로 연구자들이 자료에 접근할 수 없다는 문제점이 있기 때문에 아직까지 국내에서는 이러한 방법으로는 탈세규모를 추정한 연구가 없었다.

(3) 소득 · 소비지출 격차 분석 방법

간접추정 방법 중 많이 사용되고 있는 소득 · 소비지출 격차 분석방법은 소득발생은 은폐되거나 축소보고 되지만 소비지출자료는 정확히 보고된다는 가정하에 소득과 소비지출 격차를 이용하여 음성 · 불로소득의 규모를 추정하는 방법이다. 사실 소득발생을 정확히 파악하기 어려운 음성 · 불로소득에 있어서 이와 같이 소비 · 지출(통화)자료를 근간으로 역추적해가는 방법이 대안으로 제시되고 있다.

참고로 자산 · 소비항목별 소비자료는 다음과 같은 자료수집처에서 수집하여 소득을 역추계할 수 있다고 본다.

항목별 자료수집처 및 소비지출액

항 목		자 료 수 집 처
자산	고급주택, 별장	• 보유자명단 및 지방세 과세자료 : 행자부(지자체)
	고급승용차 승용차 3대 이상 보유	• 보유자명단 : 건교부 • 지방세과세자료 : 행자부(지자체) • 보험금납입자료 : 보험회사
	회원권	• 회원권 발행회사

항 목		자 료 수 집 처
소비	골프장, 스키장, 종합레저시설, 헬스장 출입	• 시설사용실적 : 회원권 발행회사
	해외여행	• 여행자명단 : 외통부 • 환전실적 및 신용카드사용액 : 은행, 카드회사
	고액과외, 자녀해외유학	• 고액과외 : 교육인적자원부, 검찰 • 유학비송금액 : 은행
	외국여행시 고가물품 구입, 해외카지노출입	• 고가물품구입자 : 관세청 • 외화송금실적 : 은행 • 해외카지노명단 : 카지노협회

자료 : 기획재정부 내부 자료

다. 우리나라의 음성 · 불로소득의 규모

우리나라의 각종 통계중에 음성 · 불로소득(이하 '지하경제'라 한다)의 규모만큼 다양한 의견도 아마 없을 것이다. 같은 방식에 의해 추정된 지하경제의 크기라도 연구한 학자나 기관에 따라 규모는 국민총생산의 10%에서 최고 57%까지 크게 차이가 난다. 누군가 우리나라 지하경제의 규모에 대해 연구결과를 발표할 때마다 우리 국민들의 정직성은 큰 폭으로 달라지는 셈이다.

가령 1984년(GNP 70조 839억 원)의 지하경제 규모를 탄지 방식으로 추정한 결과 최광 교수(1987년)는 GNP의 57%, 40조 3백78억원으로, 제일경제연구소(1989년)는 GNP의 33%, 23조 3백77억원으로, 현대경제사회연구원(1993년)에서는 GNP의 6.92%, 4조 4천5백40억원으로 추정하였다.

결국 누가 조사했느냐에 따라 우리나라 지하제정규모는 무려 35조억원의 차이가 난다. 이는 지하경제 규모를 측정할 때 쓰이는 현금통화량 추정치 등 주요 변수를 정하는 방법이 달랐기 때문이다. 이처럼 같은 방식으로 조사해도 결과가 다른데, 서로 다른 방식으로 추정한 결과가 크게 차이나는 것은 당연하다.

가령 '소득 지출 추계방법'으로 우리나라의 탈세규모를 추정했던 한국개발연구원의 유일호 박사는 1987년과 1988년 두 해의 지하경제 규모가 모두 GNP의 15%선인 것으로 추정하고 있다.

그러나 비교적 지하경제의 규모를 낮게 잡았던 현대경제사회연구원은 1988년의 지하경제의 규모를 7.23%로 잡고 있다. 반면 제일경제연구소는 같은 해의 지하경제 규모를

47%로 보고 있다. 1988년의 우리나라 GNP는 1백 31조 3천여 억원이었다. 따라서 현대경제사회개발연구원의 계산에 따르면 당시 우리나라의 지하경제규모는 9조 5천억원이었고, 제일경제연구소에 따르면 61조 7천억원이었다. 무려 52조 5천억원의 격차가 있다.

이렇게 차이가 나는 원인은 누군가의 계산방법이 틀렸다기 보다는 지하경제가 갖는 '비밀성'과 '불확실성' 때문이다.

그러면 지금까지 한국 지하경제의 규모에 관해 발표된 주요 연구결과들을 살펴보자.

(1) 제일경제연구소(1989년)

1961년부터 1988년 사이 우리나라 지하경제 규모를 추정한 결과 1964년에는 GNP의 5%로 가장 낮았다. 그 후 1977년까지는 계속 증가하여 20~25%를 나타냈고, 1978년부터 1986년까지는 30%를 조금 넘는 수준이었다. 1987년에는 41%, 1988년에는 47%를 나타냈다. 우리나라 지하경제의 규모가 GNP의 30~40%에 달하는 것으로 나타나 너무 과장된 것 같지만, 프랑스의 23%, 대만의 25%, 이탈리아의 30~40% 수준에 비교할 때 너무 과장된 것은 아니라 생각한다.

(2) 박영수 · 정상희 동아대 교수(1989년)

박영수 · 정상희 동아대 교수는 1989년 발표한 '우리나라의 지하경제에 관한 이론적 · 실증적 연구'란 논문에서 "지하경제 규모가 1970년대에는 거의 일정한 수준을 보이다가 1980년대에는 그 증가율이 커지고 있다."고 발표해 관심을 끌었다.

탄지의 추정모형을 활용하면서 우리나라의 현금통화비율에 영향을 미칠 것으로 생각되는 예측변수들을 고려해 3가지 모델로 지하경제 규모를 추정했다. 모델을 어떻게 만드냐에 따라 지하경제 규모는 GNP의 ① 4~6% 수준, ② 3.17~19.03%, ③ 7.9~48.6% 등과 같이 제각각 다르게 나타났다.

(3) 국민경제제도연구원(1991년)

GNP의 19~40%(38조~79조원)에 달한다. 1991년의 일반회계 예산규모가 GNP의 16%선인 31조원임에 비춰 지하경제 규모는 이미 국가예산 수준을 능가해 경제정책을 무력화시킬 수 있는 정도에 이르고 있다.

(4) 신한종합연구소(1993년)

금융실명제가 실시된 직후 내놓은 '금융실명제의 의의와 영향'에서의 지하경제 규모가 통상 GNP의 20%선인 것으로 추정했다.

(5) 현대경제사회연구원(1993년)

근래 학계나 경제계에서 발표된 우리나라 지하경제 규모의 추정치는 너무 과장된 경향을 띠고 있다. 1970년부터 1992년까지의 지하경제 규모를 추정한 결과 GNP의 6.17%(1990년)에서 11.8%(1976년) 사이에 있다. 그렇다고 지하경제의 규모가 결코 작은 것은 아니다. GNP 중 약 7%를 차지한다는 것은 경제전체의 규모를 고려할 때 무시할 수 없는 것이다.

(6) 유일호 한국개발연구원 박사(1994년)

1987년과 1988년의 지하 경제 규모는 모두 GNP의 약 15%인 것으로 추정됐다. 이를 토대로 탈세 규모를 보면 소득세의 경우 1987년에는 전체 소득세의 10~11.3%, 1988년에는 8.7~9.8%가 탈세된 것으로 추산됐다. 또, 부가가치세의 탈세규모는 1987년과 1988년에 10.5~16.5%에 달했던 것으로 추정된다.

(7) 정부 추정치

재무부 · 국세청 등 정부는 1990년 우리나라의 지하경제의 규모를 추정한 결과 당시 GNP의 19%인 1백 23조 5천억원에 달하는 것으로 봤다. 재정경제원이 1994년 7월 금융실명제 1주년을 맞아 조세연구원에 의뢰해 조사한 결과에 따르면 1993년 4분기에 우리나라 지하경제의 규모는 58조원으로 GNP의 22%에 달하는 것으로 추정됐다. 이때의 지하경제에는 금융기관의 가 · 차명 예금과 탈세, 범법행위와 관련된 자금이 포함되어 있다.

이같이 지하경제의 규모는 학자나 조사기관에 따라 다르지만 환경에 따라서도 들쭉날쭉해진다. 지하경제는 그만큼 환경에 민감하기 때문이다.

(8) LG 경제연구원(2001년)

LG경제연구원은 제도 금융권 밖의 사채시장, 부정부패와 관련한 뇌물수수, 비자금, 자영업자의 허위 소득신고 등을 포함한 지하 경제 규모가 2000년 말 현재 58조 7000억원에 달하는 것으로 추정하고 이는 지하 경제가 전체 GDP의 30.9%(2조3000억원)에 달했던 지난 1974년보다 크게 떨어진 수치라고 밝혔다.

이는 지난 1970년대 한때 전체 GDP의 30%를 웃돌았던 지하 경제가 1997년 외환위기 이후 대폭 줄었으나, 미국과 스위스 등 선진국에 비해서는 여전히 비중이 큰 것으로 나타났다.

LG경제연구원은 지난 1970년부터 2000년까지 세금유무에 따른 현금 수요 차이를 불법 통화를 정의하고, 합법 통화와 불법 통화의 유통 속도가 같다는 전제하에 현금 수요 함수 방식을 적용해 이같이 추산했다.

연구원은 지하 경제 규모가 지난 1993년 금융 실명제 도입 직후 제도 금융권의 가·차명 자금이 사채시장으로 이동하면서 한때 GDP의 18.4%까지 불어났으나, 1997년 외환위기 이후 GDP 대비 12.0% 수준으로 낮아졌다고 지적하고, 이는 기업과 금융기관의 투명성 제고, 재정적자 보전을 위한 정부의 세수 확대, 신용카드 사용 증가 등에 따른 결과라고 분석했다.

특히 정부가 구조조정 재원 확보와 재정적자 해소를 위해 세수 확보에 적극 나섬에 따라 지난해 조세 부담률이 1970년대 이후 가장 높은 17.4%를 기록했으며, 신용카드 사용 실적이 1997년 60조원에서 214조원으로 증가해 자영업자의 탈세 여지가 줄어든 것도 지하 경제 축소에 기여했다고 보았다.

LG경제연구원은 우리 지하 경제 규모가 축소되긴 했지만 미국이나 스위스(GDP 대비 10% 미만)보다 여전히 크다며, 정부는 기업과 금융기관의 투명성 제고 및 자영업자의 탈세 방지 등을 통해 지하 경제를 계속 축소해야 한다고 지적하고 있다.

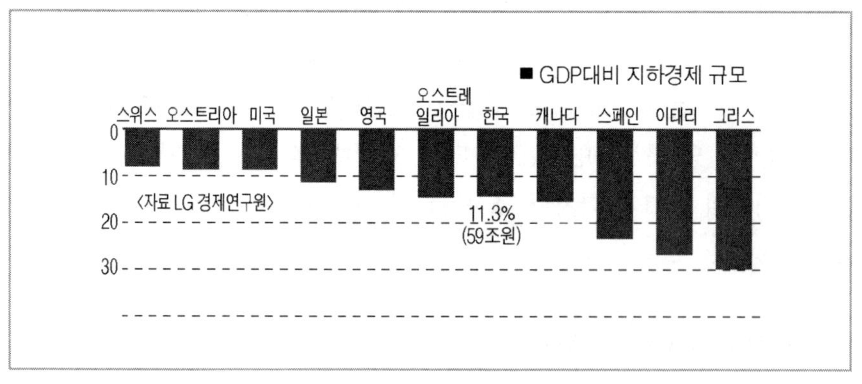

03 결 어

음성·불로소득에는 어떠한 유형이 있으며 왜 발생하는가, 이를 방지할 방법은 없는가, 그리고 이미 발생된 음성·불로소득에 대하여 적정하게 과세권으로 흡수하여 탈세를 방지할 수 있는가 등에 대한 추가적인 연구가 있어야 할 것이나 기존 연구가 없으며, 일부 자료만이 경제학적인 관점에서 바라본 지하경제에 대한 연구가 있을 뿐이다.

국세청 등에서 발간한 자료가 일부 있으나 이는 탈세 적발을 위한 기술적인 사항에만 제한되어 있으며 조세학적인 이론적 접근은 시도되지 못하고 있다.

엄청난 규모의 음성소득이 매일 발생되고, 각종 불법과 탈법의 원천이 되고 있음에도 이에 대한 연구가 빈약한 것은 놀라운 일이라고 본다.

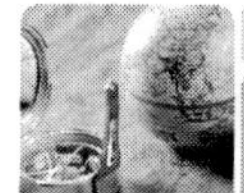

○ 소 득 세 법

연습문제

01 음성 · 불로소득의 과세근거에 대하여 논하시오.

02 음성 · 불로소득의 추정방법에 대하여 설명하시오.

03 우리나라의 음성 · 불로소득의 규모에 대하여 설명하시오.

04 불로소득의 규모추정의 필요성에 대하여 설명하시오.

소득세 과세의 특징과 과세요건

01 절 우리나라 소득세의 연혁과 특징

1 우리나라 소득세의 연혁

우리나라의 조세제도에 처음으로 소득세제가 도입된 것은 일제하의 1934년이었는데, 소득세를 제1종 소득세(법인소득세)·제2종 소득세(이자 및 배당소득세) 및 제3종 소득세(근로소득세)로 구분하여 분류소득세제를 채택하였다.[1)]

정부수립 후 세제개혁에 의하면 1949년 법률 제33호로 「소득세법」을 제정하였는데 본래는 제1종 소득세가 부과되던 법인소득에 대한 과세를 분리시켜 법인세를 신설하였는데 소득을 일반소득과 특별소득으로 구분하여 일반소득은 종합과세방법에 의하고, 특별소득은 원천징수방법에 의한 제도를 도입하였다.

6.25사변 중에는 전시체제인 세제를 운영하다가 휴전 후 1954년 법률 제319호로 「소득세법」을 새로이 제정하고 구소득세법 및 전시특별법을 폐지하였다. 이때의 「소득세법」은 조세부담의 공평을 위하여 종래 분류소득세제체계만으로 과세하던 제도를 분류소득세와 종합소득세를 병행 과세하는 제도로 개편하였다.

이에 따라 소득구분도 소득원천별로 부동산·배당·산림·급여·퇴직·양도 및 잡소득으로 분류하여 분류소득에는 단일비례세율을 적용하는 한편 각 소득을 종합하여 과세하되 기초공제 및 부양가족공제의 규정을 두고 종합소득에는 누진세율을 적용함으로써 분류소득세와 종합소득세를 병행하는 제도가 설정되었다.

그러나 1954년 6월과 1956년 12월의 세법개정으로 종합소득세제도는 그 적용범위가 점차 축소되었고 1958년 12월 개정시에는 종합과세제도를 폐지하고 분류과세제도만을 실시하기에 이르렀다.[2)]

5·16혁명 이후의 1961년 법률 제821호로 「소득세법」이 새로 제정되고 구소득세법은 폐지하였는데, 새로운 「소득세법」의 특징은 ① 분류소득세체계를 채택하고, ② 과세소득

---

1) 강인애 「소득세법」(서울 : 진영사, 1981), p.55.
   차병권, 「전게서」, p.220.
2) 강인애, 「전게서」, p.56.

은 부동산 · 배당이자 · 사업 · 근로 및 기타소득의 5종류로 분류하고, ③ 세율은 부동산소득 · 사업소득 · 근로소득(일용근로자 근로소득 제외) 및 기타소득 중 일시소득에 대하여는 초과누진세율을 적용하고 나머지 소득에 대하여는 비례세율을 적용하는 등의 제도를 채택하였다.

1967년에는 경제개발의 적극적인 추진을 위한 투자재원의 조달과 조세부담의 공평을 기하기 위한 일련의 세제개혁을 통하여 「소득세법」도 법률 제1966호로 새로 제정하였는데 그 특색을 보면 ① 분류소득세제를 원칙적으로 하되 일정금액 이상의 고소득에 대하여는 소득을 종합과세하도록 함으로써 분류과세제와 일부 종합과세제를 병행하였고, ② 세율의 세분화와 최고세율의 인상 등의 조정이 있었고, ③ 과세소득의 범위를 일부 확대하고, ④ 일부 세액공제제도의 신설과 원천징수제도의 확장이 있었다.

1971년에는 완전한 소득세제도의 채택을 위해 전 계층으로 종합소득세의 과세대상을 확대하는 한편, 배당 · 이자소득의 비과세범위를 축소하여 그 과세범위를 확대하고, 근로소득세의 과세에 있어서 기초공제제도를 채택하였다.

1974년 말에는 명실상부한 종합소득세제도의 채택을 위한 획기적인 세제개혁을 단행한 바 있으며, 이 제도가 현재 시행되고 있는 소득세인 것이다.

한편 이와 같은 소득세는 1993년 8월 12일자로 금융실명제의 실시에 따라 그 기반이 마련된 이자 · 배당소득에 대한 종합과세를 1996년부터 실시하며, 세율의 인하 및 공제수준의 상향조정으로 근로소득세의 부담을 경감하고 종합과세의 확대실시에 따른 세부담의 급격한 증가를 완화하는 한편 과세자료의 양성화를 유도하며, 소득세의 과세방식을 1996년부터 정부부과제도에서 신고납부제도로 전환하여 자율적인 성실납세풍토를 조성하기 위하여 대폭적인 세제개편을 단행하였다.

참고로 1949년 이후 현재까지의 우리나라 「소득세법」의 주요 개정 변천내용을 살펴보면 다음과 같다.

연월일	주 요 내 용
1949. 7.15	• 일반소득과 특별소득으로 구분하고 일반소득은 종합과세하고, 특별소득은 분리과세 원천징수
1954. 3.31	• 분류소득세제를 원칙으로 하고 부분적으로 종합과세제 실시
1958.12.29	• 종합과세제도를 폐지하고 완전분류과세제로 환원
1961. 8.24	• 자진신고납부공제제도를 신설 • 과소신고 및 무신고가산세제도 신설
1961.12. 8	• 경제개발정책의 지원을 위한 각종 비과세 및 감면제도 도입

연월일	주 요 내 용
1967.11.29	• 일정소득이상자에 대하여 종합과세제 실시 • 지상배당과세제도의 도입
1973. 3. 3	• 외화획득소득에 대한 직접감면제도 폐지 • 해외시장 개척준비금의 필요경비산입규정 신설 • 수술손실 준비금의 필요경비산입규정 신설
1974.12.24	• 소득의 분류를 전면조정하고 종합과세제도로 전환
1978.12. 5	• 비과세소득의 범위 확대 • 근로소득에 대한 제소득공제 확대 • 배당소득에 대한 과세합리화 • 중소기업에 대한 지원확대
1982.12.21	• 종합소득세율 인하(최고세율 60% ⇨ 55%) • 비과세 근로소득의 범위 확대 • 무기명 · 가명 금융자산소득에 대한 차등과세 • 부동산임대업에 대한 총수입금액 계산방법 개선
1985.12.23	• 지상배당과세제도의 폐지 · 보완
1988.12.26	• 종합소득세율체계의 간소화 (16단계 ⇨ 8단계, 최저세율 6% ⇨ 5%, 최고세율 55% ⇨ 50%) • 비실명 금융자산 차등세율 폭 확대 • 자동부과율 과세대상 범위 확대
1989.12.30	• 근로소득세액공제제도 신설
1990.12.31	• 세율체계 조정(8단계 ⇨ 5단계) • 사업소득에 대한 원천징수대상범위 확대
1992.12. 8	• 소득세 신고 및 결정체계의 개선
1994.12.22	• 금융소득 종합과세제 도입 • 신고납부제 도입 • 종합소득세율 구조개편 및 각종공제 조정
1998. 1. 1	• 금융소득 종합과세제도 유보
1999.12.31	• 금융소득 종합과세제도 2001년 귀속분부터 재실시 • 양도소득세 신고납부제도로 전환
2000.12.29	• 각종 연금의 불입액과 장애인을 위한 보장성 보험료에 대한 소득공제제도 신설 • 현재 비과세되고 있는 연금소득을 점진적으로 과세대상으로 전환하여 과세기반 확충
2001.12.31	• 근로자 및 사업자의 세부담을 경감하기 위하여 종합소득세율을 9% 내지 36%로 평균 10%씩 인하 • 종합소득세율의 인하에 맞추어 양도소득세율을 조정
2002	• 부부합산 과세표준을 종전의 4,000만원에서 개인별 4,000만원으로 변경 • 일용근로자 근로소득공제액 일 6만원에서 8만원으로 상향조정 • 보장성보험에 대한 보험료공제 연간 100만원으로 인상하고 의료비, 교육비공제액 등도 상향조정함

연 월 일	주 요 내 용
2003	• 비과세 식사대 한도 월 5만원에서 10만원으로 확대 • 예식비 · 장례비 · 이사비용 각 비용당 연 100만원 소득공제 • 보유기간 1년 미만 양도소득세율 36%에서 50%로 인상
2004	• 공동사업 합산과세의 원칙적인 폐지 • 종합소득 표준공제액 100만원으로 인상 • 종합소득 · 퇴직소득 · 산림소득세율 및 이자 · 배당세율을 각각 1%씩 인하
2005	• 비사업용 토지의 양도에 대하여 실거래가를 기준으로 양도소득세 과세 • 근로소득세의 소득공제서류를 국세청장이 사업자의 정보통신망을 통하여 제출받음으로 납세편의 제고
2006	• 다자녀가구에 대한 추가공제제도 신설 • 사업용계좌 개설 의무제 도입 • 산림소득의 사업소득 전환 및 일시재산소득의 기타소득 전환
2007	• 종합소득과세표준의 세율적용 구간 조정 • 성실납세제도의 도입 • 부동산의 장기보유특별공제 산정방식 개선
2008	• 소득세율 인하(2%) 및 1인당 기본공제액 확대(100만원 → 150만원) • 서화 · 골동품의 양도차익에 대하여 기타소득으로 과세 • 양도소득세 과세표준 구간 조정 및 세율 인하
2009	• 부동산임대소득을 사업소득의 범위에 포함 • 주택전세보증금에 대한 임대소득세 과세 • 양도소득세 예정신고납부세액공제제도 단계적 폐지
2010	• 근로장학금에 대한 비과세 • 퇴직소득공제 40%로 축소 • 성실납세제도 폐지
2011	• 종합소득과세표준 3억원 초과분 38% 인상 • 신종 금융상품의 과세근거 신설 • 성실신고확인서 제출
2012	• 금융소득 종합과세 기준금액 2천만원으로 인하 • 한부모가족에 대한 소득공제 신설 • 퇴직소득과세표준 5배수로 환산
2013	• 특별공제제도 세액공제 전환 • 다주택자에 대한 고율의 양도소득세 부과제도 폐지
2014	• 183일 이상 거소를 둔 거주자 판정 • 수입금액 합계액 2천만원 이하 주택임대업 비과세
2015	• 종교인소득 과세체계 정비 • 업무용승용차 관련 비용 한도 규정
2016	• 종합소득세과세표준 5억원 초과분 40% 신설 • 비사업용토지의 장기보유특별공제 취득일부터 적용
2017	• 사업용 유형고정자산의 처분손익에 대한 과세 • 종합소득세과세표준 5억원 초과분 42% 인상
2018	• 1세대 1주택 최종적으로 1주택을 보유하게 된 날부터 기산함 • 주택임대사업자 거주주택 최초 1회만 비과세
2019	• 임원 퇴직소득 한도 축소를 통한 과세 합리화 • 근로소득공제 한도 설정

연 월 일	주 요 내 용
2020	• 가상자산소득에 대한 과세 • 금융투자소득 신설
2021	• 중간예납 소액 부징수 기준금액 조정 • 재해손실세액공제 신청기한 연장
2022	• 소득세 과세표준 구간 조정
2023	• 출산 및 육아에 대한 세제지원 강화
2024	• 금융투자소득세 폐지 • 기업의 출산지원금 비과세 도입
2025	• 교육비 세액공제 확대 • 연금소득 원천징수세율 인하

자료 : 국세청, 「국세청 삼십년사」, 1996, p.297. 「세법전」, 각 연도.

2 우리나라 소득세의 특징

가. 종합과세

「소득세법」은 원칙적으로 종합과세의 방법을 채택하고 있다. 이자소득 · 배당소득 · 사업소득 · 근로소득 · 연금소득과 기타소득을 인별로 종합하여 부양부담을 고려한 종합소득공제를 한 후 소득금액의 크기에 따라 최저 6%부터 최고 45%까지 8단계의 초과누진세율을 적용하여 과세하고 있다. 그러나 현행 「소득세법」은 조세정책적 목적에서 이자 · 배당소득 등에 대하여 분리과세를 허용하고 있어 응능부담의 면에서도 불완전한 편이므로 완전한 종합과세제도라 할 수 없다. 한편 통상 수년에 걸쳐 형성되는 퇴직소득 및 양도소득에 대하여는 종합소득과 구분하여 소득별로 분류과세하고 있다.

나. 열거주의 과세방법과 유형별 포괄과세방법

현행 「소득세법」이 소득을 원천별로 구분하여 제한적으로 열거하고, 원칙적으로 계속 · 반복적으로 발생하는 것만을 과세대상으로 보는 것은 기본적으로 소득원천설에 근거하고 있다. 그래서, 「소득세법」에 과세소득으로 열거되어 있지 않는 소득은 소득세가 과세되지 않는다. 그러나 이자 · 배당 · 사업 · 근로 · 연금소득에 대해서는 법령에 열거되지 아니한 경우에도 유사한 소득은 동일하게 과세할 수 있는 유형별 포괄과세주의를 도입하고 있다. 종합과세의 이상으로 본다면 회계학상 소득으로 인정되면 모두 과세소득으로 하는 포괄적 과세소득(comprehensive income tax)의 입법제가 우수하지만, 국민의 납세의

식이나 징세기술을 고려하여 과세대상을 명백히 함으로써 납세마찰을 줄이기 위해 열거주의 과세방식을 근간으로 하고 있으며, 이에 유형별로 포괄과세방법을 도입함으로써 유사한 소득은 동일하게 과세하도록 하여 과세기반을 확대하고 과세형평성을 제고시키기 위한 입법적 보완이 이루어졌다.

다. 신고납부제도

소득세 과세방식은 1996년부터 납세자가 세금을 자율적으로 성실하게 납부하는 풍토를 조성하여 나가기 위하여 과세표준과 세액을 정부가 결정하는 정부부과제도에서 과세표준과 세액을 납세자가 스스로 계산하여 신고함으로써 납세의무가 확정되는 신고납부제도로 전환되었다. 다만, 양도소득세의 신고납부제도는 2000년도부터 실시되고 있다.

라. 개인별 과세

종합소득세는 소득의 종합단위(과세단위)를 기준으로 하여 개인별 과세 · 부부합산과세 및 세대합산과세로 구분할 수 있는데, 과세단위가 달라지면 가족별 소득구성에 따라 실질 세부담이 크게 달라진다. 현행 「소득세법」은 개인별 과세를 원칙으로 하고 있으며, 공동사업소득은 지분 또는 손익분배비율을 거짓으로 정하는 경우등에 한해 소득을 동거가족에게 분산시킴으로 인한 조세부담의 회피를 방지하기 위하여 세대단위로 합산하고 있다.

마. 인적공제제도

현행 「소득세법」은 납세자의 가족부양 · 최저생활보장 등을 위하여 인적공제와 특별소득공제, 세액공제를 채택하고 있다.

바. 주소지 과세제도

「소득세법」은 거주자의 주소지를 납세지로 하여 과세함을 원칙으로 하고, 예외적으로 소득 발생지를 납세지로 할 수 있도록 하고 있다.

사. 누진세율의 채택

현행의 소득세는 최저 6%에서 최고 45%의 8단계 초과 누진세율 구조를 채택하고 있다. 다만, 양도소득에 대해서는 자산의 종류·등기 여부 및 보유기간에 따라 누진세율 및 비례세율 구조로 되어 있다.

아. 원천징수제도

원천징수제도는 소득세의 징수방법의 하나로서 특정한 소득 또는 수입금액의 지급자가 그 소득 또는 수입금액을 지급할 때 소득세를 징수하는 방법이다. 소득세를 최초로 실시한 영국에서는 실시 초기부터 지대·임대료·이자·임금 등의 소득에 대하여 원천징수하였으며, 농업소득과 사업소득에 대하여만 신고납부하도록 하였다.

원천징수의 장점으로는 조세회피시도의 배제, 징세비의 절감, 현재소득에 대한 과세의 실현 등을 들 수가 있으며, 이자·배당소득에 대한 원천징수제도는 신고납부의 경우에 회피가능한 자산소득을 확실히 파악할 수 있고, 세무당국이 담당하여야 하는 세무행정의 일부를 기업 또는 은행 등 이러한 소득 또는 수입을 지급하는 자가 대행하는 형식으로 분담하게 함으로써 이에 따른 징세비를 절약할 수 있는 것이다.

또한 현재의 소득에 대한 과세는 소득의 발생시점과 소득에 대한 과세시점의 시간적 차이를 없게 하는 것으로 사업소득에 대한 신고납부는 지나간 1년간의 소득에 대해서 과세하게 되나, 근로소득에 대한 원천징수는 그 소득이 지급될 때 하게 된다.

03 우리나라 소득세의 기본구조

"개인의 소득에 대하여 소득의 성격과 납세자의 부담능력 등에 따라 적정하게 과세함으로써 조세부담의 형평을 도모하고 재정수입의 원활한 조달에 이바지함을 목적으로 한다"라고 「소득세법」 제1조에서 목적을 규정하고, 「소득세법」 제1의2조에서 기본적인 개념에 대한 용어의 뜻은 다음과 같다.

① "거주자"란 국내에 주소를 두거나 183일 이상의 거소(居所)를 둔 개인을 말한다.

② "비거주자"란 거주자가 아닌 개인을 말한다.

③ "내국법인"이란 국내에 본점이나 주사무소 또는 사업의 실질적 관리장소를 둔 법인을 말한다.

④ "외국법인"이란 외국에 본점 또는 주사무소를 둔 법인(국내에 사업의 실질적 관리장소가 소재하지 아니하는 경우)을 말한다.

⑤ "사업자"란 사업소득이 있는 거주자를 말한다.

현재 우리나라 「소득세법」은 전부 제7장 제177조 및 부칙으로 다음과 같이 구성되어 있다.

제1장은 총칙으로서 목적 · 정의 · 납세의무 · 과세소득의 범위와 구분 · 과세기간 · 납세지 등을 규정하고 있다.

제2장은 거주자의 종합소득 및 퇴직소득에 대한 납세의무편으로 과세소득의 종류와 내용 · 총수입금액과 필요경비의 범위와 소득금액의 계산, 각종 소득공제, 과세 · 납부 · 과세표준과 세액의 결정 · 징수와 환급 등을 규정하고 있다.

제3장은 거주자의 양도소득에 대한 납세의무편으로 양도의 정의 · 양도소득에 대한 비과세 및 감면 · 양도소득과세표준과 세액의 계산 · 양도소득금액의 계산 등을 규정하고 있다.

제4장은 비거주자의 납세의무편으로 비거주자의 국내원천소득 · 국내사업장 · 과세방법을 규정하고 국내사업장이 있거나 부동산소득이 있는 비거주자의 경우는 종합과세하고 그 이외의 비거주자는 국내원천소득별로 원천징수 · 분류과세하도록 하고 있다.

제5장은 원천징수편으로 원천징수의무자 · 원천징수대상소득 · 원천징수세율 · 소득별 원천징수방법 및 절차 등을 규정하고 있다.

제6장은 보칙편으로 장부의 비치 · 기장의무, 금전등록기의 설치 · 사용, 지급명세서 등의 제출의무, 질문 · 조사권과 기타 행정집행에 필요한 사항을 규정하고 있다.

제7장은 벌칙편으로 명령사항 위반에 대한 과태료를 규정하고 있다.

○ 소 득 세 법

연습문제

주관식문제

01 우리나라 소득세의 특징에 대하여 설명하시오.

02 종합과세제도에 대하여 설명하시오.

03 열거주의 과세방법에 대하여 설명하시오.

04 우리나라 소득세의 기본구조에 대하여 설명하시오.

05 신고납부제도와 정부부과제도를 비교 설명하시오.

객관식문제

01 소득세에 관한 설명 중 틀린 것은? ▸ CPA

① 「소득세법」은 원칙적으로 순자산증가설에 따른다.

② 소득은 종합소득 · 퇴직소득 · 양도소득으로 분류되며, 종합소득은 이자소득 · 배당소득 · 사업소득 · 근로소득 · 연금소득 및 기타소득으로 구분된다.

③ 「소득세법」에 따른 소득은 종합과세와 분리과세, 분류과세 중 하나의 방법으로 과세된다.

④ 소득세는 국세이며 직접세에 해당한다.

⑤ 소득세의 과세기간은 원칙적으로 1월 1일부터 12월 31일까지이다.

해설 ① 「소득세법」은 원칙적으로 소득원천설이다. 다만, 비경상적 · 비반복적 소득에 대해서도 일부 과세하는 순자산증가설을 일부 채택하고 있다.

02 다음은 소득세의 특징을 설명한 것이다. 틀린 것은?

① 「소득세법」은 인적사정을 고려하여 소득 · 세액공제제도를 두고 있다.

② 「소득세법」 세율은 모두 6%에서 45%까지의 8단계 초과누진세율제도이다.

③ 근로소득과 연금소득에 대하여는 조세부담을 경감하여 준다.

④ 분류과세되는 소득으로는 퇴직소득, 양도소득이 있다.

해설 ② 「소득세법」 세율은 과세표준에 따라 6%~45%의 8단계 초과누진세율을 적용하나 양도소득에 대해서는 별도의 세율이 적용된다.

03 「소득세법」에 대한 설명으로 가장 옳지 않은 것은?

① 「소득세법」은 소득개념으로 순자산증가설을 채택하고 있다.

② 소득세의 과세기간은 원칙적으로 1월 1일부터 12월 31일까지이다.

③ 소득세는 자연인의 소득을 과세대상으로 하는 조세이다.

④ 소득세는 국세 · 직접세 · 인세 · 독립세 · 종가세에 해당한다.

해설 ① 소득세는 소득원천설을 근간으로 하되, 과세형평을 위하여 순자산증가설을 가미하고 있다.

04 「소득세법」에 관한 설명으로 옳지 않은 것은? ▸ CTA, 2012

① 해당 과세기간 종료일 10년 전부터 국내에 주소나 거소를 둔 기간의 합계가 5년 이하인 외국인 거주자에게는 과세대상 소득 중 국외에서 발생한 소득의 경우 국내에서 지급되거나 국내로 송금된 소득에 대해서만 과세한다.

② 피상속인의 소득금액에 대해서 소득세를 과세하는 경우에는 그 상속인이 납세의무를 진다.

③ 선의의 제3자가 수익자로 정해진 신탁재산에 귀속되는 소득은 그 신탁의 위탁자에게 귀속되는 것으로 본다.

④ 사업소득이 있는 거주자가 사업장 소재지를 소득세의 납세지로 신청한 경우에 관할 지방국세청장은 해당 사업장 소재지를 납세지로 지정할 수 있다.

⑤ 거주자가 사망한 경우의 과세기간은 1월 1일부터 사망한 날까지로 한다.

해설 ③ 수익자로 정해진 신탁재산에 귀속되는 소득은 수익자에게 귀속되는 것으로 본다.

01 ① 02 ② 03 ① 04 ③

02절 소득세의 과세요건

01 납세의무자와 납세의무의 특례

가. 납세의무자

(1) 의 의

납세의무자란 세법에 의하여 조세를 납부할 의무를 지는 자를 말하고, 납세의무자는 과세요건 중 인적 요건을 이루고 있다. 거주자와 국내원천소득이 있는 비거주자에 해당하는 개인은 「소득세법」에 따라 각자의 소득에 대한 소득세의 납세의무가 있다(소법 2 ①).

따라서 소득세의 납세의무자는 원칙적으로 자연인인 개인에 한정한다. 다만, 「국세기본법」에 따른 법인 아닌 단체 중 법인으로 보는 단체 외의 법인 아닌 단체는 국내에 주사무소 또는 사업의 실질적 관리장소를 둔 경우에는 거주자로, 그 밖의 경우에는 비거주자로 보아 소득세를 과세한다(소법 2 ③). 또한, 「조세특례제한법」의 동업자에게는 배분받은 소득 및 분배받은 자산의 시가 중 분배일의 지분가액을 초과하여 발생하는 소득에 대하여 과세한다(소법 3 ③).

(2) 거주자의 납세의무

국내에 주소를 두거나 183일 이상 거소를 둔 개인을 거주자라 하며, 국내외에서 얻은 소득에 대하여 납세의무를 진다.

여기에서 주소는 국내에서 생계를 같이 하는 가족 및 국내에 소재하는 자산의 유무 등 생활관계의 객관적 사실에 따라 판정하며, 거소는 주거지 이외의 장소 중 상당기간에 걸쳐 거주하는 장소로서 주소와 같이 밀접한 일반적 생활관계가 형성되지 아니한 장소로 한다(소령 2 ①·②).

국내에 거주하는 개인이 다음에 해당하는 경우에는 국내에 주소를 가진 것으로 본다(소령 2 ③, ⑤).

① 계속하여 183일 이상 국내에 거주할 것을 통상 필요로 하는 직업을 가진 때

② 국내에 생계를 같이하는 가족이 있고, 그 직업 및 자산상태에 비추어 계속하여

183일 이상 국내에 거주할 것으로 인정되는 때

③ 외국을 항행하는 선박 또는 항공기의 승무원의 경우 그 승무원과 생계를 같이하는 가족이 거주하는 장소 또는 그 승무원이 근무기간외의 기간중 통상 체재하는 장소가 국내에 있는 때

한편, 거주자나 내국법인의 국외사업장 또는 해외현지법인(내국법인이 발행주식총수 또는 출자지분의 100% 직접 또는 간접 출자한 경우에 한정) 등에 파견된 임원 또는 직원이나 국외에서 근무하는 공무원은 계속하여 183일 이상 국외에 거주하더라도 거주자로 본다(소령 3).

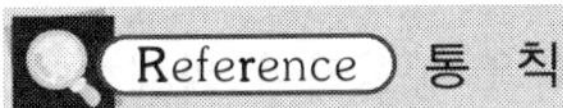

통 칙

소기통 1－3…1[국외사업장 등에 파견된 임원 또는 직원의 거주자 · 비거주자 판정]

① 거주자 또는 내국법인의 국외사업장 또는 해외현지법인(100% 출자법인)에 파견된 임원 또는 직원이 생계를 같이하는 가족이나 자산 상태로 보아 파견기간의 종료 후 재입국할 것으로 인정되는 때에는 파견기간이나 외국의 국적 또는 영주권의 취득과는 관계없이 거주자로 본다.

② 제1항의 규정에 준하여 국내에 생활의 근거가 있는 자가 국외에서 거주자 또는 내국법인의 임원 또는 직원이 되는 경우에는 국내에서 파견되는 것으로 본다.

(3) 비거주자의 납세의무

거주자가 아닌 자로서 국내원천소득이 있는 개인을 비거주자라 하며, 「소득세법」에서 정하는 국내원천소득에 대해서만 제한적으로 납세의무를 진다. 국내에 주소가 없는 것으로 보는 비거주자의 범위는 다음과 같다.

① 국외에 거주 또는 근무하는 자가 외국국적을 가졌거나 외국법령에 의하여 그 외국의 영주권을 얻은 자로서 국내에 생계를 같이하는 가족이 없고 그 직업 및 자산상태에 비추어 다시 입국하여 주로 국내에 거주하리라고 인정되지 아니하는 때에는 국내에 주소가 없는 것으로 본다(소령 2 ④).

② 주한외교관과 그 외교관의 세대에 속하는 가족(대한민국 국민은 예외) 및 합중국군대의 구성원, 군무원 및 그들의 가족(합중국의 소득세를 회피할 목적으로 국내에 주소가 있다고 신고한 경우는 예외)은 국내에 주소가 있는지 여부 및 국내 거주기간에 불구하고 그 신분에 따라 비거주자로 본다(소기통 1－0…3).

③ 외국을 항행하는 선박 또는 항공기의 승무원의 경우 그 승무원과 생계를 같이하는

가족이 거주하는 장소 또는 그 승무원이 근무기간외의 기간중 통상 체재하는 장소가 국외에 있는 때에는 당해 승무원의 주소가 국외에 있는 것으로 본다(소령 2⑤).

(4) 거주자와 비거주자의 구분

거주자는 국내·외 모든 소득에 대하여 무제한납세의무를 진다. 이는 거주지국 과세원칙 또는 속인주의에 바탕을 둔 것이다.

비거주자는 국내원천소득에 한하여 제한납세의무를 진다. 이는 원천지국 과세원칙 또는 속지주의에 의하여 과세소득을 파악하는 것이다. 따라서 거주자와 비거주자의 구별에 따라서 과세대상이 되는 소득의 범위에 차이가 있다.

과세방법면에서 보면 거주자에 대해서는 원칙적으로 모든 소득을 종합하여 과세한다. 다만, 해당 과세기간 종료일 10년 전부터 국내에 주소나 거소를 둔 기간의 합계가 5년 이하인 외국인 거주자에게는 과세대상 소득 중 국외에서 발생한 소득의 경우 국내에서 지급되거나 국내로 송금된 소득에 대해서만 과세한다(소법 3). 그러나 비거주자는 국내사업장 또는 부동산소득의 유무에 따라 종합과세하거나 분리과세한다. 그리고 거주자와 비거주자 사이에는 소득금액의 계산 및 종합소득공제의 허용 여부에 차이가 있다.

또한, 비거주자가 거주자로 되는 시기는 다음의 시기로 한다(소령 2의2 ①).

① 국내에 주소를 둔 날
② 국내에 주소를 가지거나 국내에 주소가 있는 것으로 보는 사유가 발생한 날
③ 국내에 거소를 둔 기간이 183일이 되는 날

그리고 거주자가 비거주자로 되는 시기는 다음의 시기로 한다(소령 2의2 ②).

① 거주자가 주소 또는 거소의 국외 이전을 위하여 출국하는 날의 다음 날
② 국내에 주소가 없거나 국외에 주소가 있는 것으로 보는 사유가 발생한 날의 다음 날

거주자와 비거주자의 비교

구 분	거 주 자	비 거 주 자
과세소득 범위	국내외 모든 소득(거주지국 과세원칙, 속인주의). 다만, 외국인 단기거주자 특례	국내 원천소득 (원천지국 과세원칙, 속지주의)
소 득 공 제	「소득세법」의 모든 소득공제 적용	본인에 대한 인적공제만 적용
과 세 방 법	원칙적으로 모든 소득 종합과세	① 국내사업장 또는 부동산소득이 있는 경우 : 종합과세 또는 분리과세 ② 그 밖의 경우 : 원천징수로 납세의무가 종결됨.

(5) 법인 아닌 단체에 대한 납세의무

「국세기본법」에 따른 법인 아닌 단체 중 법인으로 보는 단체 외의 법인 아닌 단체는 국내에 주사무소 또는 사업의 실질적 관리장소를 둔 경우에는 1거주자로, 그 밖의 경우에는 1비거주자로 본다. 다만, 다음의 어느 하나에 해당하는 경우에는 소득구분에 따라 해당 단체의 각 구성원별로 소득에 대한 소득세 또는 법인세를 납부할 의무를 진다(소법 2 ③).

① 구성원 간 이익의 분배비율이 정하여져 있고 해당 구성원별로 이익의 분배비율이 확인되는 경우

② 구성원 간 이익의 분배비율이 정하여져 있지 아니하나 사실상 구성원별로 이익이 분배되는 것으로 확인되는 경우

그리고, 해당 단체의 전체 구성원 중 일부 구성원의 분배비율만 확인되거나 일부 구성원에게만 이익이 분배되는 것으로 확인되는 경우에는 다음의 구분에 따라 소득세 또는 법인세를 납부할 의무를 진다(소법 2 ④).

① 확인되는 부분 : 해당 구성원별로 소득세 또는 법인세에 대한 납세의무 부담

② 확인되지 아니하는 부분 : 해당 단체를 1거주자 또는 1비거주자로 보아 소득세에 대한 납세의무 부담

그러나, 법인으로 보는 단체 외의 법인 아닌 단체에 해당하는 국외투자기구(투자권유를 하여 모은 금전 등을 가지고 재산적 가치가 있는 투자대상자산을 취득, 처분하거나 그 밖의 방법으로 운용하고 그 결과를 투자자에게 배분하여 귀속시키는 투자행위를 하는 기구로서 국외에서 설립된 기구를 말한다.)를 국내원천소득의 실질귀속자로 보는 경우 그 국외투자기구는 1비거주자로서 소득세를 납부할 의무를 진다(소법 2 ⑤).

(6) 거주기간의 계산

국내에 거소를 둔 기간이 183일 이상이면 거주자가 되는 거주기간은 다음과 같이 계산한다(소령 4).

① 국내에 거소를 둔 기간은 입국하는 날의 다음날부터 출국하는 날까지로 한다.

② 국내에 거소를 두고 있던 개인이 출국한 후 다시 입국한 경우에 생계를 같이 하는 가족의 거주지나 자산소재지 등에 비추어 출국목적이 관광, 질병치료 등으로서 명백하게 일시적인 것으로 인정되는 때에는 그 출국한 기간도 국내에 거소를 둔

기간으로 본다.

③ 국내에 거소를 둔 기간이 1과세기간 동안 183일 이상인 경우에는 국내에 183일 이상 거소를 둔 것으로 본다.

예를 들어 2025년 9월 1일에 입국하여 2026년 7월 2일에 출국한 개인의 거주기간에 따른 납세의무의 범위는 다음과 같다.

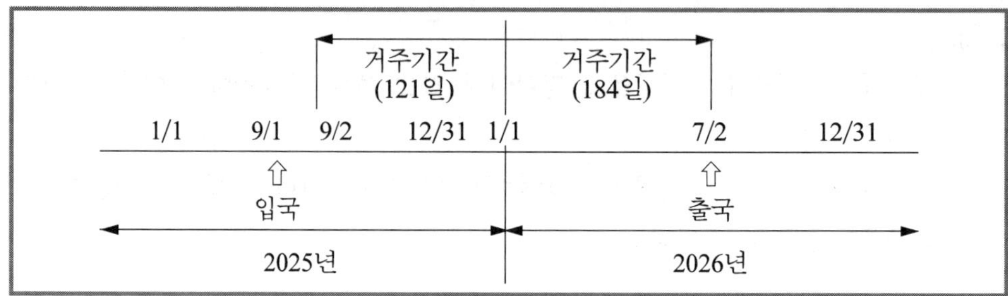

∴ 2026년도에 거주기간이 183일 이상이므로 거주자로 분류된다.

④ 재외동포가 입국한 경우 생계를 같이 하는 가족의 거주지나 자산소재지등에 비추어 그 입국목적이 관광, 질병의 치료 등 소칙사유에 해당하여 그 입국한 기간이 명백하게 일시적인 것으로 소칙방법에 따라 인정되는 때에는 해당 기간은 국내에 거소를 둔 기간으로 보지 아니한다.

나. 납세의무의 특례

(1) 공동사업에 대한 납세의무

공동사업에 관한 소득금액을 계산하는 경우에는 해당 공동사업자별로 납세의무를 진다. 다만, 주된 공동사업자에게 합산과세되는 경우 그 합산과세되는 소득금액에 대해서는 주된 공동사업자의 특수관계인은 그의 손익분배비율에 해당하는 그의 소득금액을 한도로 주된 공동사업자와 연대하여 납세의무를 진다(소법 2의2 ①).

(2) 상속의 경우의 납세의무

납세의무자가 사망한 경우에는 그 상속인이 소득세확정신고를 하여야 하며, 그 상속인이 피상속인(사망자)의 소득세 납세의무를 진다(소법 2의2 ②). 피상속인의 소득금액에 대한 소득세로서 상속인에게 과세할 것과 상속인의 소득금액에 대한 소득세는 구분하여 계산하여야 한다(소법 44 ①). 그러나, 연금계좌의 가입자가 사망하였으나 그 배우자가 연금 외 수령 없이 해당 연금계좌를 상속으로 승계하는 경우에는 해당 연금계좌에 있는 피상속인의 소득금액은 상속인의 소득금액으로 보아 소득세를 계산한다(소법 44 ②).

한편 공동상속의 경우에 피상속인의 소득금액에 대한 소득세를 비롯한 피상속인에게 부과되거나 그 피상속인이 납부할 국세 등은 각자의 상속지분에 따라 안분하되, 공동상속인은 각자의 상속으로 받은 재산의 한도에서 연대납세의무를 진다(국기법 24 ③).

(3) 양도소득의 부당행위부인에 대한 연대납세의무

양도소득금액에 대한 소득세를 부당하게 감소시키기 위하여 특수관계인에게 자산을 증여(배우자 및 직계존비속의 경우를 제외)한 후 그 자산을 증여받은 자가 그 증여일부터 10년 이내에 다시 타인에게 양도한 경우로서 증여받은 자의 증여세와 양도소득세를 합한 세액이 증여자가 직접 양도하는 경우로 보아 계산한 양도소득세보다 적은 경우에는 증여자가 그 자산을 직접 양도한 것으로 본다. 증여자가 자산을 직접 양도한 것으로 보는 경우 그 양소소득에 대해서는 증여자와 증여받은 자는 연대하여 납세의무를 진다(소법 2의2 ③).

(4) 원천징수소득에 대한 납세의무

원천징수되는 소득으로서 종합소득과세표준에 합산되지 아니하는 소득이 있는 자는 그 원천징수되는 소득세에 대해서 납세의무를 진다(소법 2의2 ④).

(5) 신탁소득에 대한 납세의무

신탁재산에 귀속되는 소득은 그 신탁의 수익자(수익자가 특별히 정해지지 아니하거나 존재하지 아니하는 경우에는 신탁의 위탁자 또는 그 상속인)에게 귀속되는 것으로 본다(소법 2의 3 ①).

한편, 위탁자가 신탁재산을 실질적으로 통제하는 등 아래의 어느 하나의 요건을 충족하는 신탁의 경우에는 그 신탁재산에 귀속되는 소득은 위탁자에게 귀속되는 것으로 본다(소법 2의3 ②, 소령 4의2).

① 위탁자가 신탁을 해지할 수 있는 권리, 수익자를 지정하거나 변경할 수 있는 권리, 신탁 종료 후 잔여재산을 귀속받을 권리를 보유하는 등 신탁재산을 실질적으로 지배・통제할 것

② 신탁재산 원본을 받을 권리에 대한 수익자는 위탁자로, 수익을 받을 권리에 대한

수익자는 그 배우자 또는 같은 주소 또는 거소에서 생계를 같이 하는 직계존비속(배우자의 직계존비속을 포함한다)으로 설정했을 것

(6) 공유자산에 대한 양도소득의 납세의무

공동으로 소유한 자산에 대한 양도소득금액을 계산하는 경우에는 해당 자산을 공동으로 소유하는 각 거주자가 납세의무를 진다(소법 2의2 ⑤).

02 과세기간

가. 원 칙

과세기간이란 세법에 따라 과세표준의 계산에 기초가 되는 기간을 말한다(국기법 2 (13)). 소득세는 역연과세에 따르므로 소득세의 과세기간은 원칙적으로 1월 1일부터 12월 31일까지 1년으로 한다(소법 5 ①).

따라서 개인사업자의 경우에는 임의로 과세기간을 정할 수 없으며, 이것이 법인이 임의로 사업연도를 정할 수 있는 법인세와 소득세가 다른 점이다. 그러므로 개인이 해당 과세기간 중에 신규로 사업을 개시한 경우에도 과세기간은 사업개시일로부터 12월 31일까지가 아니고 1월 1일부터 12월 31일까지이다.

나. 예 외

(1) 거주자가 사망한 경우

거주자가 사망한 경우에는 1월 1일부터 사망한 날까지를 1과세기간으로 한다(소법 5 ②).

(2) 출국으로 비거주자가 되는 경우

거주자가 출국으로 인하여 비거주자가 된 경우에는 1월 1일부터 출국한 날까지를 1과세기간으로 한다(소법 5 ③). 비거주자가 거주자로 되는 경우에는 거주자가 된 날로부터 12월 31일까지를 1과세기간으로 한다.

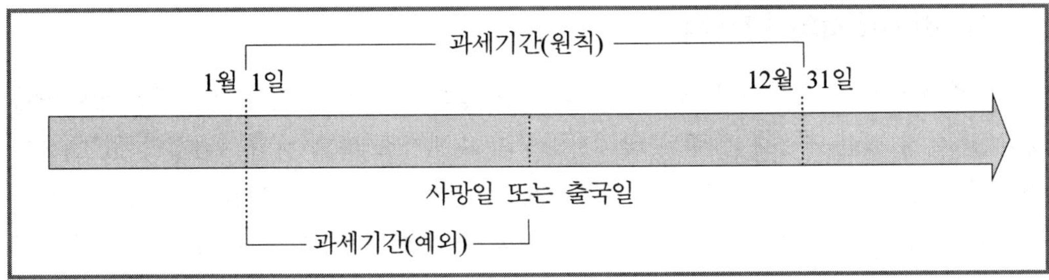

03 납세지

가. 의 의

납세지란 납세의무자가 소득세에 관한 각종 신고・신청・납부 등의 행위를 하거나 정부가 경정・결정 등의 처분을 하는 관할세무관서를 결정하는 기준이 되는 장소를 말한다. 현행 「국세기본법」에 따르면 납세지는 신고 당시의 납세지 관할세무서장에게 신고하도록 하고 있다. 한편, 납세지는 과세권을 행사하는 세무관서의 입장에서 보면 과세지가 된다.

나. 거주자의 납세지

거주자의 소득세 납세지는 그 주소지로 한다. 다만, 주소지가 없는 경우에는 그 거소지로 한다(소법 6 ①). 일반적으로 "주소"란 생활의 근거가 되는 곳을 말하며 "거소"란 일정기간 계속하여 거주하는 장소로서 주소보다 덜 밀접한 곳을 말한다. 주소는 특별한 규정이 없는 한 「주민등록법」에 따른 주민등록지가 되므로 「소득세법」도 주소지 또는 거소지가 둘 이상인 때에는 「주민등록법」에 따라 등록된 곳을 납세지로 하고, 거소지가 둘 이상인 때에는 생활관계가 보다 밀접한 곳을 납세지로 한다(소령 5 ①). 그리고 거주자가 취학, 질병의 요양, 근무상 또는 사업상의 형편 등으로 일시 퇴거한 경우 본래의 주소지 또는 거소지를 납세지로 본다(소칙 3).

다. 비거주자의 납세지

비거주자에 대한 소득세의 납세지는 국내사업장의 소재지로 한다. 이 경우 국내사업장이 둘 이상 있는 경우에는 주된 국내사업장의 소재지로 하고, 국내사업장이 없는 경우에는 국내원천소득이 발생하는 장소로 한다(소법 6 ②). 또한 국내사업장이 없는 비거주자에게 국내의 둘 이상의 장소에서 부동산소득·양도소득(주식양도 제외)이 있는 경우에는 그 국내원천소득이 발생하는 장소 중에서 해당 비거주자가 납세지로서 신고한 장소를 납세지로 한다(소령 5 ①(3)).

비거주자가 납세지 신고를 하지 아니하는 경우에는 소득상황 및 세무관리의 적정성 등을 참작하여 국세청장 또는 관할지방국세청장이 지정하는 장소를 납세지로 한다(소령 5 ①(4)). 국내사업장의 범위는 비거주자가 국내에 사업의 전부 또는 일부를 수행하는 고정된 장소, 즉 고정사업장(permanent establishment : P·E)을 가지고 있는 경우에는 국내에 사업장이 있는 것으로 한다. 그러나 국내사업장이 없는 경우에는 국내원천소득이 발생하는 장소를 납세지로 한다.

일반적인 소득세의 납세지

구 분	소득세의 납세지
(1) 거주자에 대한 소득세	① 원칙 : 주소지(주소지가 둘 이상인 때에는 「주민등록법」에 따라 등록된 곳) ② 주소지가 없는 경우 : 거소지(거소지가 둘 이상인 때에는 생활관계가 보다 밀접한 곳)
(2) 비거주자에 대한 소득세	① 원칙 : 국내사업장의 소재지(국내사업장이 둘 이상 있는 경우에는 주된 국내사업장의 소재지) ② 국내사업장이 없는 경우 : 국내원천소득이 발생하는 장소

라. 원천징수하는 소득세의 납세지

(1) 거주자가 원천징수한 경우

원천징수의무자가 거주자인 경우에는 그 거주자의 주된 사업장 소재지를 납세지로 한다. 그러나 주된 사업장 이외의 사업장에서 원천징수를 하는 경우에는 그 사업장의 소재지, 사업장이 없는 경우에는 그 거주자의 주소지 또는 거소지를 납세지로 한다(소법 7 ①(1)).

(2) 비거주자가 원천징수한 경우

원천징수의무자가 비거주자인 경우에는 그 비거주자의 주된 국내사업장 소재지를 납세지로 한다. 그러나 주된 국내사업장 이외의 국내사업장에서 원천징수를 하는 경우에는 그 국내사업장의 소재지, 국내사업장이 없는 경우에는 그 비거주자의 거류지 또는 체류지를 납세지로 한다(소법 7 ①(2)).

(3) 법인이 원천징수한 경우

1) 원 칙

원천징수의무자가 법인인 경우에는 그 법인의 본점 또는 주사무소의 소재지를 납세지로 한다(소법 7 ①(3)).

2) 예 외

법인인 경우로서 그 법인의 지점·영업소 그 밖의 사업장이 독립채산제에 따라 독자적으로 회계처리를 하는 경우에는 그 사업장의 소재지(국외에 있는 경우는 제외)를 납세지로 한다(소법 7 ①(4)).

다만, 법인이 지점, 영업소 또는 그 밖의 사업장에서 지급하는 소득에 대한 원천징수세액을 본점 또는 주사무소에서 전자계산조직 등에 의하여 일괄계산하는 경우로서 본점 또는 주사무소의 관할 세무서장에게 신고한 경우 또는 「부가가치세법」에 따라 사업자단위로 등록한 경우에는 그 법인의 본점 또는 주사무소의 소재지를 소득세 원천징수세액의 납세지로 할 수 있다(소령 5 ③).

(4) 납세조합이 원천징수한 경우

납세조합이 징수하는 소득세의 납세지는 그 납세조합의 소재지로 한다(소법 7 ②).

(5) 기타의 경우

국내사업장이 없는 비거주자에게 국내원천소득금액을 지급하는 경우에 원천징수의무자가 '(1)~(3)'에 정하는 납세지를 가지지 아니한 경우에는 유가증권을 발행한 내국법인 또는 외국법인의 국내사업장 소재지나 국세청장이 지정하는 장소를 원천징수한 소득세의 납세지로 한다(소법 7 ①(5), 소령 5 ④).

원천징수하는 소득세 등의 납세지

원천징수의무자의 구분	원천징수하는 소득세 등의 납세지
거주자인 경우	거주자가 원천징수하는 주된 사업장 소재지 단, 사업장이 없는 경우에는 그 거주자의 주소지 또는 거소지
비거주자인 경우	비거주자가 원천징수하는 주된 국내사업장 소재지 단, 국내사업장이 없는 경우에는 그 비거주자의 거류지 또는 체류지
법인인 경우	㉠ 원칙 : 본점 또는 주사무소의 소재지 ㉡ 지점 등 기타사업장이 독립채산재에 의하여 독자적으로 회계사무를 처리하는 경우 : 그 사업장의 소재지(그 사업장의 소재지가 국외에 있는 경우는 제외)*
납세조합인 경우	그 납세조합의 소재지

* 법인이 지점, 영업소 또는 그 밖의 사업장에서 지급하는 소득에 대한 원천징수세액을 본점 또는 주사무소에서 전자계산조직 등에 의하여 일괄계산하는 경우로서 본점 또는 주사무소의 관할 세무서장에게 신고한 경우 또는 「부가가치세법」에 따라 사업자단위로 등록한 경우에는 그 법인의 본점 또는 주사무소의 소재지를 소득세 원천징수세액의 납세지로 할 수 있다.

마. 납세지의 특례

(1) 상속의 경우

거주자 또는 비거주자가 사망하여 그 상속인이 피상속인의 소득세에 대한 납세의무자가 된 경우 그 소득세의 납세지는 피상속인·상속인 또는 납세관리인의 주소지나 거소지 중 상속인 또는 납세관리인이 신고한 장소로 하고(소법 8 ①). 만약, 신고가 없는 경우에는 일반적인 납세지에 관한 규정에 따른다(소법 8 ④).

(2) 비거주자가 납세관리인을 둔 경우

비거주자가 납세관리인을 둔 경우에는 그 국내사업장 또는 그 납세관리인의 주소지나 거소지 중 납세관리인이 그 관할세무서장에게 납세지로서 신고하는 장소로 하고(소법 8 ②), 납세지의 신고가 없는 경우에는 일반적인 납세지에 관한 규정에 따른다(소법 8 ④).

(3) 국내에 주소가 없는 공무원 등의 경우

국내에 주소가 없는 공무원, 국외에서 근무하는 공무원 또는 국외사업장 또는 해외현지법인 등에 파견된 임원 또는 직원의 납세지는 그 가족의 생활근거지 또는 그 소속기관의 소재지를 납세지로 한다(소법 8 ⑤, 소령 5 ⑥).

바. 납세지의 지정

(1) 납세지의 지정사유

주소지를 납세지로 하는 것이 부적당한 다음과 같은 경우에는 그 납세지를 따로 지정할 수 있다(소법 9 ①).

① 사업소득이 있는 거주자가 사업장소재지를 납세지로 신청한 경우(신청에 의한 지정)

② 위 '①' 이외의 거주자 또는 비거주자로서 본래의 납세지가 납세의무자의 소득상황으로 보아 부적당하거나 납세의무를 이행하기에 불편하다고 인정되는 경우(직권지정의 경우)

③ 비거주자가 국내 둘 이상 사업장이 있어 주된 사업장을 판단하기 곤란하거나 국내 사업장 없이 국내의 둘 이상 장소에서 부동산소득 또는 양도소득 등이 발생하는 경우로서 납세지로 신고하지 아니한 때(소령 5 ①⑷)

(2) 지정권자

납세지의 지정은 관할지방국세청장이 행한다. 그러나 새로 지정할 납세지와 종전의 납세지의 관할지방국세청장이 다를 때에는 국세청장이 그 납세지를 지정한다(소령 6 ②).

(3) 신청에 의한 납세지 지정

사업소득이 있는 거주자가 사업장 소재지를 납세지로 신청한 경우에는 납세지를 지정할 수 있다. 납세지를 지정받고자 할 때에는 납세지지정신청서를 사업장 관할세무서장에게 해당 과세기간의 10월 1일부터 12월 31일까지 제출(국세정보통신망에 의한 제출을 포함)하여야 한다(소령 6 ①).

이 경우 관할지방국세청장(또는 국세청장)은 다음 연도 2월 말일까지 그 지정 여부를 서면으로 통지하여야 한다(소령 6 ②). 기한 내에 통지를 하지 아니한 때에는 지정 신청한 납세지를 납세지로 한다(소령 6 ④).

그러나 사업장의 이동이 빈번하거나 기타의 사유로 사업장을 납세지로 지정하는 것이 적당하지 아니하다고 국세청장이 인정하는 경우에는 사업장을 납세지로 지정하지 아니한다(소칙 5).

(4) 정부직권에 의한 납세지지정

납세지가 납세의무자의 소득상황으로 보아 부적당하거나 납세의무를 이행하기에 불편하다고 인정되는 경우에는 납세지를 지정할 수 있다. 납세지를 지정한 경우에는 납세의무자 또는 그 상속인 · 납세관리인이나 납세조합에 서면으로 각각 통지하여야 한다(소법 9 ②). 이 통지는 당해 과세기간의 과세표준확정신고 또는 납부기간 개시일 전에 서면으로 하여야 한다. 다만, 중간예납 또는 수시부과의 사유가 있는 때에는 그 납기개시 15일 전에 통지하여야 한다(소령 6 ③).

(5) 납세지 지정의 취소

납세지의 지정사유가 소멸한 경우 국세청장 또는 관할 지방국세청장은 납세지의 지정을 취소하여야 한다(소법 9 ③).

납세지의 지정취소는 일단 적절하게 성립한 납세지의 지정처분을 그 성립 후에 발생된 새로운 사정(지정사유의 소멸)에 의하여 장래에 향하여 그 효력의 전부를 소멸시키는 독립된 처분이라는 점에서 강학상의 철회에 해당한다.

따라서 납세지의 지정이 취소된 경우에도 그 취소 전에 한 소득세에 관한 신고 · 신청 · 청구 · 납부, 그 밖의 행위의 효력에는 영향을 미치지 아니한다(소법 9 ④).

사. 납세지의 변경

납세지가 변경된 경우에는 「부가가치세법시행령」에 따른 사업자등록 정정신고를 한 경우를 제외하고는 그 변경된 날로부터 15일 내에 납세지변경신고서를 변경 후의 납세지 관할세무서장에게 신고하여야 한다(소법 10, 소령 7). 납세지 변경신고서는 국세정보통신망에 의한 제출로 갈음할 수 있다.

○ 소 득 세 법

연습문제

01 거주자와 비거주자의 개념과 납세의무를 설명하시오.

02 「소득세법」에 거주자와 비거주자의 납세의무를 「법인세법」에 내국법인과 외국법인의 납세의무와 비교하시오.

03 법인격 없는 단체는 「국세기본법」에 따라 법인과 개인으로 구분한다. 법인으로 의제되는 경우와 개인으로 의제되는 경우의 납세의무를 설명하시오.

04 「소득세법」의 과세기간에 대하여 설명하시오.

05 「소득세법」의 납세지를 설명하시오.

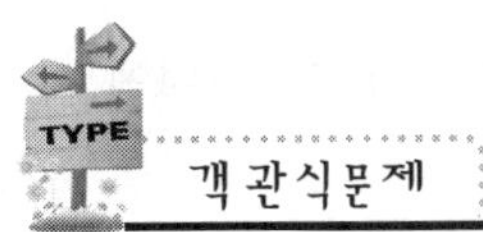

01 다음 중 「소득세법」의 거주자에 대한 설명이 잘못된 것은? ▶ CTA, 2002 수정

① 계속하여 183일 이상 국내에 거주할 것을 통상 필요로 하는 직업을 가진 때는 거주자로 본다.

② 국내에 생계를 같이 하는 가족이 있고, 그 직업 및 자산상태에 비추어 계속하여 183일 이상 국내에 거주할 것으로 인정되는 때에는 거주자로 본다.

③ 거주자 또는 내국법인의 해외지점에 파견된 임원 또는 직원은 계속하여 183일 이상 국외에 거주하더라도 거주자로 본다.

④ 국외에서 계속하여 근무하는 공무원은 계속하여 183일 이상 국외에 거주할 것을 통상 필요로 하는 직업을 가진 경우임에도 불구하고 거주자로 본다.

⑤ 우리나라에 등록된 외항선박 또는 항공기의 승무원은 거주자로 본다.

해설 ⑤ 외항선박 또는 항공기의 승무원인 경우 그 승무원과 생계를 같이하는 가족이 거주하는 장소 또는 그 승무원이 근무시간 이외의 기간 중 통상 체재하는 장소가 국내에 있는 때에는 국내에 주소가 있는 것으로 보고, 그 장소가 국외에 있는 때에는 당해 승무원의 주소가 국외에 있는 것으로 본다(소령 2⑤).

02 「소득세법령」의 납세의무자에 대한 설명으로 옳지 않은 것은? ▶ 공무원, 2001

① 주소는 생활관계 등의 객관적 사실에 따라 판정하는 것이 아니라 주민등록으로 판정한다.

② 「소득세법」에 따른 납세의무자는 개인이다.

③ 거주자란 국내에 주소 또는 183일 이상 거소를 둔 개인을 말한다.

④ 계속하여 183일 이상 국내에 거주할 것을 통상 필요로 하는 직업을 가진 때에는 국내에 주소가 있는 것으로 간주한다.

해설 ① 주소는 국내에 생계를 같이 하는 가족 및 국내에 소재하는 자산 유무 등 생활관계 등의 객관적 사실에 따라 판정한다(소령 2①).

03 소득세법령상 납세의무 등에 관한 설명으로 옳지 않은 것은? ▶ CTA 2022 수정

① 비거주자는 국내에 거소를 둔 기간이 183일이 되는 날에 거주자가 된다.

② 비거주자는 법령에 따른 납세지가 변경된 경우 변경된 날부터 15일 이내에 그 변경후의 납세지 관할 세무서장에게 신고하여야 한다.

③ 거주자의 사업소득에 대한 소득세 납세지는 주된 사업장 소재지로 한다.

④ 위탁자가 신탁 종료 후 잔여재산을 귀속 받을 권리를 보유하는 경우에는 그 신탁재산에 귀속되는 소득은 위탁자에게 귀속되는 것으로 본다.

⑤ 거주기간을 계산할 경우 국내에 거소를 둔 기간은 입국하는 날의 다음날부터 출국하는 날까지로 한다.

해설 거주자의 소득세 납세지는 그 주소지로 한다. 다만, 주소지가 없는 경우에는 그 거소지로 한다.

04 거주자 또는 비거주자가 되는 시기에 관한 설명으로 옳지 않은 것은? ▶CTA, 2010

① 비거주자는 국내에 주소를 둔 날에 거주자로 된다.

② 비거주자는 국내에 거소를 둔 기간이 183일이 되는 날에 거주자로 된다.

③ 거주자는 주소 또는 거소의 국외 이전을 위하여 출국하는 날에 비거주자로 된다.

④ 국내에 거주하는 개인이 계속하여 183일 이상 국내에 거주할 것을 통상 필요로 하는 직업을 가진 날에 비거주자가 거주자로 된다.

⑤ 국내에 주소가 없거나 국외에 주소가 있는 것으로 보는 사유가 발생한 날의 다음 날에 거주자가 비거주자로 된다.

해설 ③ 거주자가 주소 또는 거소의 국외 이전을 위하여 출국하는 경우에는 출국하는 날의 다음 날에 비거주자가 된다(소령 2의2 ②).

05 「소득세법」 상 납세의무에 관한 설명이다. 옳지 않은 것은? ▶CPA, 2020

① 비거주자는 원천징수한 소득세를 납부할 의무를 진다.

② 「국세기본법」 상 법인으로 보는 단체 외의 법인 아닌 단체가 국내에 주사무소를 둔 경우 구성원 간 이익의 분배비율이 정하여져 있지 않고 사실상 구성원별로 이익이 분배되지 않는 것으로 확인되면 1거주자로 본다.

③ 거주자가 특수관계인에게 자산을 증여한 후 그 자산을 증여받은 자가 그 증여일부터 10년 이내에 다시 타인에게 양도하여 증여자가 그 자산을 직접 양도한 것으로 보는 경우 그 양도소득에 대해서는 증여자가 납세의무를 지며 증여받은 자는 납세의무를 지지 아니한다.

④ 신탁재산에 귀속되는 소득은 그 신탁의 수익자가 정해진 경우 그 수익자에게 귀속되는 것으로 본다.

⑤ 공동으로 소유한 자산에 대한 양도소득금액을 계산하는 경우 해당 자산을 공동으로 소유하는 각 거주자가 납세의무를 진다.

해설 ③ 증여자가 자산을 직접 양도한 것으로 보는 경우 그 양도소득에 대해서는 증여자와 증여받은 자가 연대하여 납세의무를 진다(소법 2의2 ③).

06 소득세법령상 납세지에 관한 설명으로 옳지 않은 것은? ▶ CTA 2024

① 거주자는 납세지가 변경된 경우에는 변경된 날부터 30일 이내에 그 변경 전의 납세지 관할 세무서장에게 신고하여야 한다.

② 납세조합이 그 조합원의 사업소득에 대한 소득세를 징수하는 경우 그 소득세의 납세지는 그 납세조합의 소재지로 한다.

③ 비거주자가 납세관리인을 둔 경우 그 비거주자의 소득세 납세지는 그 국내사업장의 소재지 또는 그 납세관리인의 주소지나 거소지 중 납세관리인이 대통령령으로 정하는 바에 따라 그 관할 세무서장에게 납세지로서 신고하는 장소로 한다.

④ 국내에 주소가 없는 공무원의 소득세 납세지는 그 가족의 생활근거지 또는 소속기관의 소재지로 한다.

⑤ 거주자의 소득세 납세지는 그 주소지로 하되, 주소지가 없는 경우에는 그 거소지로 한다.

해설 거주자는 납세지가 변경된 경우에는 변경된 날부터 15일 이내에 그 변경 후의 납세지 관할 세무서장에게 신고하여야 한다(소법 10).

07 「소득세법」 상 납세의무자 및 과세소득의 범위에 관한 설명으로 옳지 않은 것은? ▶ CTA 2019

① 과세기간 종료일 10년 전부터 국내에 주소나 거소를 둔 기간의 합계가 5년 이하인 외국인 거주자에게는 과세대상 소득 중 국외에서 발생한 소득의 경우 국내에서 지급되거나 국내로 송금된 소득에 대해서만 과세한다.

② 「소득세법」 상 거주자란 국내에 주소를 두건 183일 이상의 거소를 둔 개인을 말한다.

③ 「국세기본법」에 따른 법인 아닌 단체 중 법인으로 보는 단체 외의 법인 아닌 단체가 구성원 간 이익의 분배방법이나 분배비율이 정하여져 있지 않거나 확인되지 않는 경우에는 해당 단체를 1거주자 또는 1비거주자로 보아 과세한다.

④ 내국법인이 발생주식총수 100%를 간접출자한 해외현지법인에 파견된 당해 내국법인의 직원이, 생계를 같이 하는 가족이나 자산상태로 보아 파견기간 종료 후 재입국할 것으로 인정되는 경우라면, 외국의 국적 취득과는 관계없이 거주자로 본다.

⑤ 국내에 거소를 둔 기간은 입국하는 날부터 출국하는 날까지로 한다.

해설 국내에 거소를 둔 기간은 입국하는 날의 다음날부터 출국하는 날까지로 한다(소령 4).

01 ⑤ 02 ① 03 ③ 04 ③ 05 ③ 06 ① 07 ⑤

03 거주자의 납세의무

01절 과세소득의 구분과 계산절차

01 과세소득의 구분

소득세는 소득을 과세물건으로 하고 있다. 그러나 우리나라의 경우에는 모든 소득을 과세물건으로 하고 있는 것은 아니다. 과세소득을 규정하는 방식에는 포괄주의와 열거주의(schedule system)가 있는데, 우리나라에서는 원칙적으로 열거주의를 채택함으로써 과세대상이 되는 소득을 제한적으로 열거하고 있다.

따라서 개인에게 귀속하는 경제적 이익이라 할지라도 「소득세법」에 과세소득으로 열거하지 아니한 소득에 대해서는 소득세를 부과할 수 없게 되는 것이다. 다만, 예외적으로 이자·배당·사업·근로·연금소득의 경우에는 법령에 열거되지 않은 것이라도 유사한 소득에 대해서는 과세대상으로 규정하고 있다.

「소득세법」에 소득의 구분은 소득의 성격과 그 발생형태 등에 따라 종합소득·퇴직소득·양도소득으로 분류하고, 종합소득은 다시 소득의 발생원천에 따라 이자소득·배당소득·사업소득·근로소득·연금소득과 기타소득으로 구분한다(소법 4 ①).

이와 같이 소득을 구분할 때 다음의 신탁을 제외한 신탁의 이익은 「신탁법」에 따라 수탁자에게 이전되거나 그 밖에 처분된 재산권에서 발생하는 소득의 내용별로 구분한다(소법 4 ②).

① 「법인세법」에 따라 신탁재산에 귀속되는 소득에 대하여 그 신탁의 수탁자가 법인세를 납부하는 신탁
② 투자신탁
③ 집합투자업겸영보험회사의 특별계정
④ 수익증권이 발행된 신탁

과세대상소득 중 이자소득·배당소득·사업소득·근로소득·연금소득과 기타소득은 매년 반복적으로 발생하므로 이를 종합하여 과세하나, 소득이 비교적 장기간에 걸쳐 발생하는 퇴직·양도소득을 다른 소득과 종합하여 과세하게 되면 누진세율로 인하여 조세

부담이 중과되므로 「소득세법」은 퇴직소득 · 양도소득을 종합소득과 합산하지 아니하고 별도로 분류과세하도록 하고 있다.

따라서 이와 같은 소득의 구분과 종류에 관한 규정은 소득세의 과세대상이 되는 소득을 한정하는 의미를 가짐과 동시에 소득의 발생원천에 따른 차별과세가 가능하도록 소득의 구분 또는 종류를 명확히 하는 의미를 가지고 있다.

또한 소득세는 납세의무자가 거주자이냐 또는 비거주자이냐에 따라 과세소득의 범위와 과세방식에 차이를 두고 있다.

가. 거주자의 소득구분

거주자의 과세소득은 종합과세대상인 이자소득 · 배당소득 · 사업소득 · 근로소득 · 연금소득 및 기타소득과 분류과세대상인 퇴직소득 · 양도소득으로 나눈다(소법 4 ①, 14 ①). 그리고 분리과세되는 이자소득 · 배당소득 · 주택임대소득 · 연금소득 · 기타소득 · 일용근로자의 급여는 종합과세대상에서 제외된다(소법 14 ③).

나. 비거주자의 소득구분

비거주자에 대하여 과세하는 소득세는 해당 국내원천소득을 종합하여 과세하는 경우와 분류하여 과세하는 경우 및 그 국내원천소득을 분리하여 과세하는 경우로 구분하여 계산한다(소법 121 ①).

(1) 종합과세하는 경우

국내사업장이 있거나 국내에 있는 부동산 또는 부동산상의 권리와 국내에서 취득한 광업권 · 조광권 · 지하수의 개발 · 이용권 · 어업권 또는 토사석 채취에 관한 권리의 양도 · 임대 기타 운영으로 인하여 발생하는 소득(양도소득은 제외)이 있는 비거주자는 국내원천소득인 이자소득 · 배당소득 · 부동산소득 · 선박 등 임대소득 · 사업소득 · 인적용역소득 · 사용료소득 · 유가증권 양도소득 · 근로소득 · 기타소득을 종합하여 과세한다(소법 121 ②).

(2) 분류과세하는 경우

국내원천소득으로 퇴직소득 · 양도소득은 거주자와 동일하게 분류과세한다(소법 4 ③, 121 ②).

(3) 분리과세하는 경우

국내사업장이 없는 비거주자의 국내원천소득(퇴직 · 양도소득 제외)의 소득별로 분리하여 과세한다(소법 121 ③). 그리고 국내사업장이 있는 비거주자의 국내원천소득으로 법령에 따라 원천징수되는 소득에 대해서는 소득별로 분리하여 과세한다.(소법 121 ④). 그러나 인적용역소득이 있는 비거주자가 종합소득과세표준 확정신고를 하는 경우에는 국내원천소득(퇴직 · 양도소득 제외)에 대하여 종합하여 과세할 수 있다(소법 121 ⑤).

과세소득의 구분

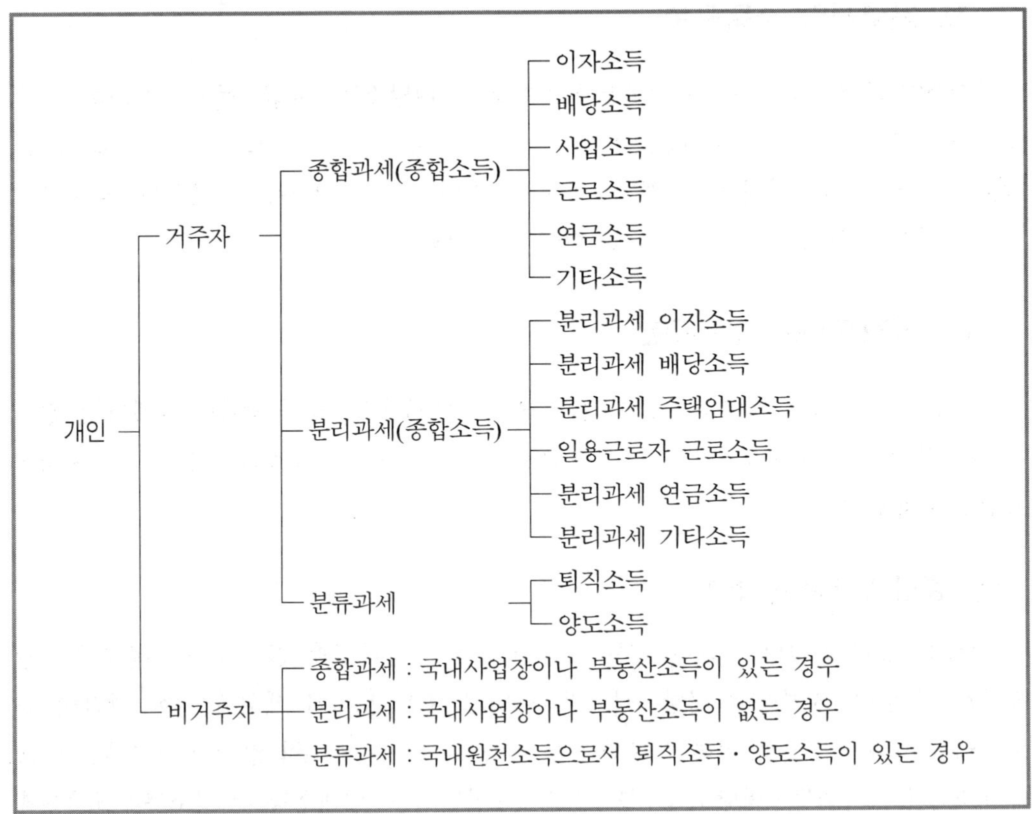

※ 비거주자는 국내원천소득에 한하여 과세한다.

과세방법

가. 종합과세

소득세 과세대상이 되는 소득금액은 소득별 총수입금액에서 필요경비를 공제하여 소득을 합산하여 종합소득금액을 산정한다. 그러나 이자소득 · 배당소득의 계산에는 필요경비가 인정되지 아니하며, 근로소득과 연금소득의 계산에는 필요경비는 인정되지 아니하나 근로소득공제와 연금소득공제 등을 하여 소득금액을 계산한다. 그리고 소득금액에서 「소득세법」의 소득공제와 「조세특례제한법」의 소득공제를 한 금액을 과세표준으로 한다.

과세표준 = 종합소득금액 − 「소득세법」의 소득공제 − 「조세특례제한법」의 소득공제

나. 분리과세

이자소득 · 배당소득 · 사업소득 · 연금소득 · 기타소득 및 근로소득은 원칙적으로 종합과세대상인 소득이다. 그러나 이러한 종합과세대상인 소득중에서 일부는 종합하여 과세하지 아니하고 소득원천별로 그 소득지급자가 원천징수함으로써 납세의무가 종결되는 분리과세소득이라고 한다. 이때의 과세표준은 지급금액이나, 일부 소득은 필요경비를 공제하여 계산한다. 이에 대하여는 해당 소득별로 뒤에서 다시 설명하기로 한다.

다. 분류과세

퇴직소득과 양도소득은 장기간에 걸쳐서 발생한 소득이다. 그러므로 이들 소득을 해당 과세기간에 발생한 소득과 합산과세하는 것은 과세의 불공평을 가져오게 된다. 따라서 이들 소득은 종합소득으로 합산하지 아니하고 개별적으로 분류과세한다. 과세표준 계산 방식은 소득별로 달리한다. 이에 대하여는 해당 소득별로 뒤에서 다시 설명하기로 한다.

 소득세의 계산구조

소득세의 계산구조

총수입금액	비과세소득, 분리과세소득 제외
− 필요경비	이월결손금공제 포함(사업소득의 경우)
소득금액	8가지 종류별로 계산한 후 6가지 소득은 합산하여 종합소득금액 계산
− 소득공제	종합소득공제, 퇴직소득공제, 양도소득기본공제 등
= 과세표준	종합소득, 퇴직소득, 양도소득으로 분류하여 계산
× 세율	기본세율(6%~45%), 양도소득세율(6%~70%)
= 산출세액	종합과세되는 금융소득이 있는 경우 비교산출세액 적용
− 세액공제	「소득세법」 또는 「조세특례제한법」의 세액공제
− 세액감면	「소득세법」 또는 「조세특례제한법」의 세액감면
= 결정세액	
+ 가산세	「국세기본법」 또는 「소득세법」의 가산세
= 총결정세액	
− 기납부세액	중간예납세액, 원천납부세액, 예정신고납부세액, 수시부과세액, 납세조합징수세액
= 자진납부할세액	

과세표준 및 세액의 계산

가. 과세소득 및 과세표준의 계산

현행 「소득세법」의 과세소득과 과세표준의 계산절차를 그림으로 표시하면 다음과 같다.

과세소득 및 과세표준 계산의 절차

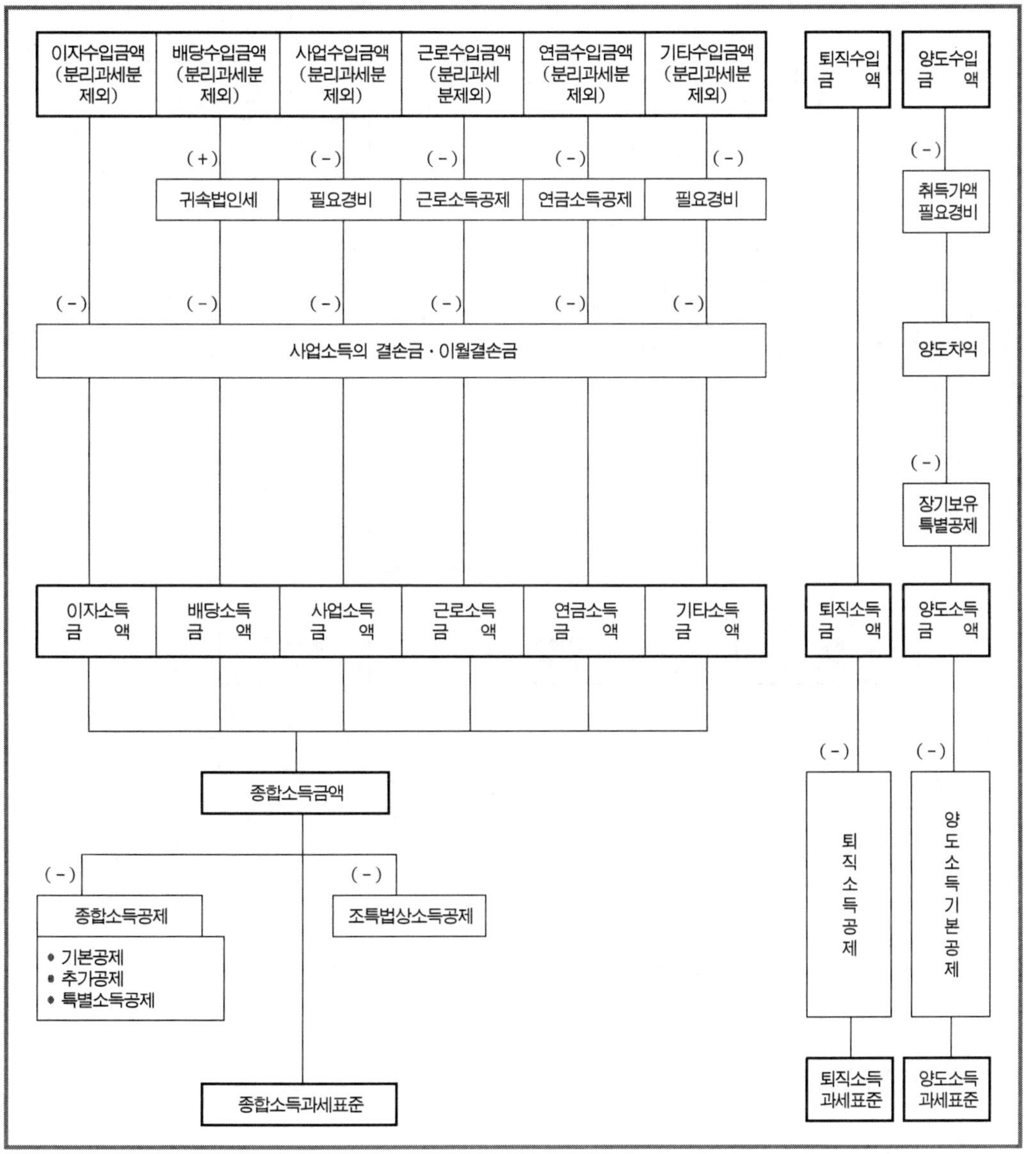

이자수입금액 (분리과세분 제외)
배당수입금액 (분리과세분 제외)
사업수입금액 (분리과세분 제외)
근로수입금액 (분리과세분제외)
연금수입금액 (분리과세분 제외)
기타수입금액 (분리과세분 제외)
퇴직수입 금 액
양도수입 금 액

(+) 귀속법인세
(−) 필요경비
(−) 근로소득공제
(−) 연금소득공제
(−) 필요경비
(−) 취득가액 필요경비

(−) (−) (−) (−) (−) (−)
사업소득의 결손금 · 이월결손금
양도차익

(−) 장기보유 특별공제

이자소득 금 액
배당소득 금 액
사업소득 금 액
근로소득 금 액
연금소득 금 액
기타소득 금 액
퇴직소득 금 액
양도소득 금 액

종합소득금액

(−) 종합소득공제
• 기본공제
• 추가공제
• 특별소득공제

(−) 조특법상소득공제

(−) 퇴직소득공제
(−) 양도소득기본공제

종합소득과세표준
퇴직소득 과세표준
양도소득 과세표준

나. 세액의 계산

현행 「소득세법」에 세액계산의 절차를 그림으로 표시하면 다음과 같다.

세액계산의 절차

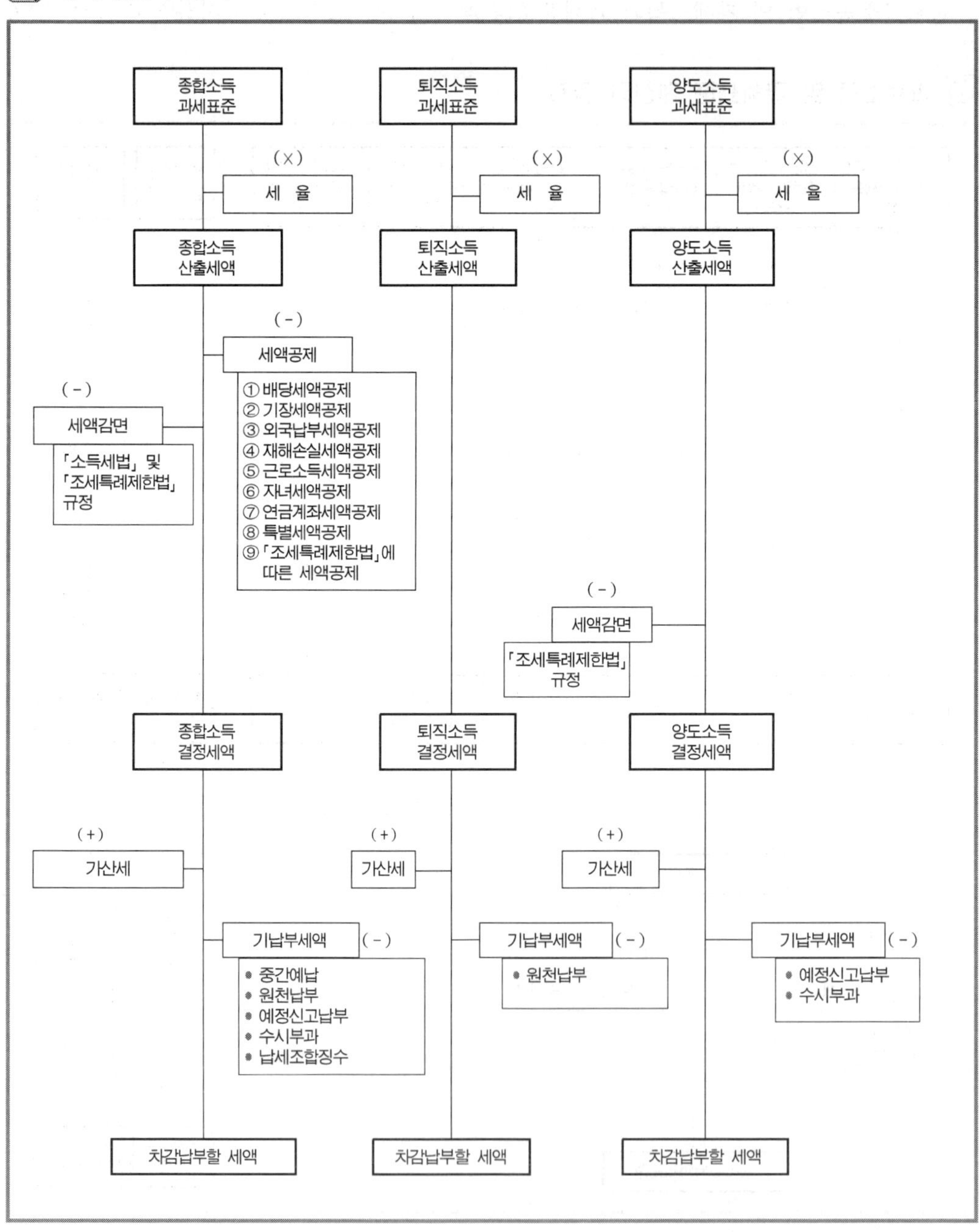

소득세와 법인세의 비교

가. 소득세법과 법인세법의 소득금액과 세액계산 구조

「소득세법」과 「법인세법」의 소득금액과 세액계산 구조를 비교하면 다음과 같다.

소득금액 계산구조 비교

소 득 세 법	법 인 세 법
총수입금액[1]	익금
(−) 필요경비[2]	(−) 손금
소득별소득금액	사업연도소득금액
	(−) 이월결손금
(−) 소득공제	(−) 비과세소득
	(−) 소득공제
소득별과세표준	과세표준
(×) 세율	(×) 세율
산출세액	산출세액
(−) 세액공제	(−) 세액공제
(−) 세액감면	(−) 세액감면
결정세액	결정세액
(+) 가산세	(+) 가산세
총결정세액	총결정세액
(−) 기납부세액	(−) 기납부세액
자진납부세액	자진납부세액

1) 비과세소득, 분리과세소득 제외
2) 이월결손금공제 포함

나. 과세소득개념의 차이

「법인세법」은 순자산을 증가시킨 거래로 인하여 발생하는 수익의 금액을 익금으로 정의함으로써 순자산증가설에 입각하고 있는 반면에 「소득세법」은 소득을 발생원천에 따라 구분하고 있으므로 기본적으로는 소득원천설에 의하고 있다. 그러나 양도소득·기타소득과 같이 비규칙적·비반복적·비경상적인 소득도 과세대상으로 하고 있으므로 순자산증가설을 일부 수용하고 있다고 할 수 있다. 이와 같은 과세소득의 개념차이로 인하여 「법인세법」은 포괄주의, 「소득세법」은 원칙적으로 열거주의, 예외적으로 이자·배당·사업·근로·연금소득은 유형별 포괄주의 방식으로 소득을 규정하고 있다.

법인세와 소득세를 비교하면 아래 표와 같다.

법인세와 소득세의 비교

	법 인 세	소 득 세
1. 과세소득 개념	순자산증가설	소득원천설+순자산증가설가미(비규칙·비반복·비경상적 소득 포함 : 양도·기타소득 등)
2. 소득의 규정	포괄주의	열거주의(이자·배당·사업·근로·연금소득은 유형별 포괄주의)
3. 비과세소득 처리	① 익금에 산입 후 ② 과세표준계산시 공제 예 공익신탁재산소득	① 총수입금액에서 제외
4. 이월결손금 처리	사업연도소득에서 이월결손금을 공제	이월결손금을 필요경비에 포함하여 공제

○ 소득세법

연습문제

01 개인소득에 대하여 분류과세하는 이유 및 분리과세하는 이유에 대하여 설명하시오.

02 소득세의 계산구조에 대하여 설명하시오.

03 소득세와 법인세를 비교 설명하시오.

04 소득세의 과세방법을 설명하시오.

05 과세소득 계산절차에 대하여 설명하시오.

06 거주자와 비거주자의 소득구분에 대하여 설명하시오.

07 「소득세법」에서 포괄주의를 도입하고 있는 소득의 종류를 나열하고 그 도입의 취지를 설명하시오.

01 「소득세법」의 과세방법에 관한 설명으로 옳지 않은 것은? ▶ 공무원, 2007

① 피상속인의 소득금액에 대한 소득세를 상속인에게 과세할 것은 이를 상속인의 소득금액에 대한 소득세와 구분하여 계산하여야 한다.

② 개인사업자의 유가증권처분이익은 사업소득의 총수입금액에 포함하지 아니한다.

③ 퇴직금으로 인하여 받는 소득으로서 퇴직소득에 속하지 않는 급여는 근로소득에 포함된다.

④ 수시부과 후 추가로 발생한 소득이 없는 경우에도 과세표준 확정신고는 하여야 한다.

해설 ④ 수시부과 후 추가로 발생한 소득이 없을 경우에는 과세표준확정신고를 하지 아니할 수 있다(소법 73 ⑤).

02 「소득세법」과 「법인세법」상 과세소득의 범위 및 계산에 관한 설명으로 옳지 않은 것은? ▶ CTA, 2011

① 「소득세법」은 직계존비속에게 주택을 무상으로 사용하게 하고 직계존비속이 그 주택에 실제 거주하는 경우 부당행위계산부인대상에서 제외하지만, 「법인세법」은 소액주주가 아닌 출자임원에게 사택을 무상으로 제공하는 경우 부당행위계산부인대상이 된다.

② 「소득세법」은 일시상각충당금의 신고조정을 허용하지만, 「법인세법」은 일시상각충당금의 신고조정을 허용하지 않는다.

③ 「소득세법」은 개인기업체의 사업주에 대한 급여를 필요경비에 산입하지 않으나, 「법인세법」은 법인의 대표자에 대한 급여를 원칙적으로 손금에 산입한다.

④ 「소득세법」은 개인의 사업소득금액 계산에서 유가증권처분손익을 총수입금액 또는 필요경비에 산입하지 않지만, 「법인세법」은 유가증권처분손익을 법인의 각사업연도소득금액 계산에서 익금 또는 손금에 산입한다.

⑤ 「소득세법」은 개인의 과세대상소득의 범위를 원칙적으로 소득원천설에 따라 정하지만, 「법인세법」은 영리법인의 과세대상소득의 범위를 순자산증가설에 따라 정하고 있다.

해설 「법인세법」은 일시상각충당금의 신고조정을 허용하나 「소득세법」은 허용하지 않는다.

01 ④ 02 ②

02절 종합소득금액의 계산

01 개 요

가. 종합소득의 내용

종합소득이란 소득세 납세의무자별로 이자소득, 배당소득, 사업소득, 근로소득, 연금소득 및 기타소득을 합한 소득을 뜻한다.

나. 종합소득금액의 계산

종합소득금액은 이자소득금액, 배당소득금액, 사업소득금액, 근로소득금액, 연금소득금액 및 기타소득금액의 합계액이다. 「소득세법」에 소득금액은 총수입금액에서 필요경비를 공제하여 산출하는 것이 원칙이나 소득에 따라서는 필요경비를 전혀 인정하지 아니하고 총수입금액을 소득금액으로 계산하는 것도 있고, 또 필요경비를 인정하지 않지만 그 대신 필요경비적 성질과 흡사한 것을 정하여 소득공제로 하고 이를 총수입금액에서 공제하여 소득금액을 계산하는 경우도 있다.

즉, 이자소득과 배당소득에 대하여 필요경비를 인정하지 아니하고 총수입금액 전액(배당소득의 경우 귀속법인세를 가산)을 소득금액으로 하며, 근로소득과 연금소득에 대해서는 필요경비 계산의 어려움 때문에 필요경비 대신 일정금액을 공제하여 주는 근로소득공제 제도와 연금소득공제제도를 각각 두고 있는 것이다.

종합소득금액 = 소득별 총수입금액(비과세소득 · 분리과세소득 제외) − 필요경비(이월결손금 포함)

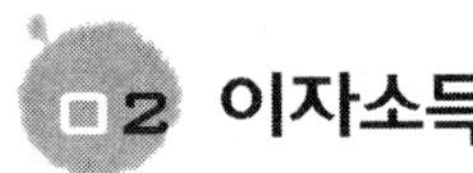

02 이자소득

가. 의 의

이자소득은 일반적으로 타인자본의 사용에 대한 대가인 점에서 자기자본에 대한 투자의 대가인 배당소득과 성질상 유사성과 차이점이 있다. 이자는 일정기간의 경과로 약정된 이율에 따라 발생되는 법정과실이나, 배당은 투자의 위험부담이 높고 소득의 보장성이 없는 불규칙적인 성질이 있다.

양자는 전형적인 자산소득으로서 자본축적을 위한 경제정책상 많은 부분이 분리과세되고 있다.

나. 이자소득의 범위

이자소득은 해당 과세기간에 발생한 다음의 소득으로 한다(소법 16 ①).

① 국가 · 지방자치단체 · 내국법인이 발행한 채권 또는 증권의 이자와 할인액*
② 국내에서 받는 예금(적금 · 부금 · 예탁금과 우편대체를 포함)의 이자
③ 「상호저축은행법」에 따른 신용계 또는 신용부금으로 인한 이익
④ 외국법인의 국내지점 또는 국내영업소에서 발행한 채권 또는 증권의 이자와 할인액
⑤ 외국법인이 발행한 채권 또는 증권의 이자와 할인액
⑥ 국외에서 받는 예금의 이자
⑦ 채권 또는 증권의 환매조건부 매매차익
⑧ 저축성보험의 보험차익
⑨ 직장공제회 초과반환금
⑩ 비영업대금의 이익
⑪ '①~⑩'의 소득과 유사한 소득으로서 금전 사용에 따른 대가로서의 성격이 있는 것
⑫ '①~⑪'의 규정 중 어느 하나에 해당하는 소득을 발생시키는 거래 또는 행위와 「자본시장과 금융투자업에 관한 법률」에 따른 파생상품이 소령으로 정하는 바에 따라 결합된 경우 해당 파생상품의 거래 또는 행위로부터의 이익

* 공개시장에서 통합발행(일정기간 동안 추가하여 발행할 채권의 표면금리와 만기 등 발행조건을 통일하여 발행하는 것)하는 국채 · 산업금융채권 · 예금보험기금채권과 예금보험기금채권상환기금채권 · 한국은행통화안정증권의 매각가액과 액면가액과의 차액은 제외한다(소령 22의2 ②).
그러나 국가가 발행한 채권이 원금과 이자가 분리되는 경우에는 원금에 해당하는 채권 및 이자에 해당하는 채권의 할인액은 포함한다(소령 22의2 ①).

(1) 환매조건부 매매차익

「소득세법」은 채권시장을 육성하기 위하여 채권·증권의 매매차익에 과세하지 않지만, 금융기관 등이 환매기간에 따른 사전약정 이율을 적용하여 환매수 또는 환매도 하는 조건으로 매매하는 채권 또는 증권의 매매차익은 이를 이자소득으로 과세한다(소령 24).

(2) 저축성보험의 보험차익

"저축성보험의 보험차익"이란 보험계약에 따라 만기 또는 보험의 계약기간 중에 받는 보험금·공제금 또는 계약기간 중도에 해당 보험계약이 해지됨에 따라 받는 환급금[1](이하 "보험금"이라 한다)에서 납입보험료 또는 납입공제료(이하 "보험료"라 한다)를 뺀 금액을 말한다. 다만, 다음의 하나에 해당하는 보험의 보험차익은 제외한다(소법 16 ①(9), 소령 25 ①).

① 최초로 보험료를 납입한 날부터 만기일 또는 중도해지일까지의 기간이 10년 이상으로서 보험계약 체결시점부터 다음의 하나에 해당하는 보험(소령 25 ③(1)(2))

> ㉠ 계약자 1명당 납입할 보험료 합계액이 2017년 4월 1일부터 체결하는 보험계약의 경우 1억원[2] 이하인 저축성보험
> ㉡ 다음의 요건을 모두 갖춘 월적립식 저축성보험
> ⓐ 최초납입일부터 납입기간이 5년 이상인 월적립식 보험계약일 것
> ⓑ 최초납입일부터 매월 납입하는 기본보험료가 균등하고, 기본보험료의 선납기간이 6개월 이내일 것
> ⓒ 계약자 1명당 매월 납입하는 보험료 합계액이 150만원 이하일 것[3]

② 보험계약 체결시점부터 다음의 요건을 모두 갖춘 종신형 연금보험(소령 25 ③(3))

> ⓐ 계약자가 보험료 납입 계약기간 만료 후 55세 이후부터 사망시까지 보험금·수익 등을 연금으로 지급받을 것
> ⓑ 연금 외의 형태로 보험금·수익 등을 지급하지 아니할 것
> ⓒ 사망시 보험계약 및 연금재원이 소멸할 것
> ⓓ 계약자와 피보험자 및 수익자가 동일하고 최초 연금지급개시 이후 사망일 전에 중도해지할 수 없을 것

---

1) 피보험자의 사망·질병·부상 그 밖의 신체상의 상해로 인하여 받거나 자산의 멸실 또는 손괴로 인하여 받는 것이 아닌 것으로 한정한다.

2) 2017년 3월 31일까지 체결하는 보험계약의 경우 : 2억원

3) 2017년 4월 1일부터 체결하는 보험계약으로 한정한다.

ⓔ 매년 수령하는 연금액이 다음의 계산식에 따라 계산한 금액을 초과하지 아니할 것

$$\frac{\text{연금수령 개시일 현재 연금계좌 평가액}}{\text{연금수령 개시일 현재 기대여명연수}} \times 3$$

보험차익은 다음 산식에 의하여 계산한다.

보험차익 = 보험금−(납입보험료 · 납입공제료−배당금 수취액)

위 산식의 납입보험료를 계산함에 있어서 보험계약기간 중에 보험계약에 의하여 받은 배당금, 기타 이와 유사한 금액이 있는 경우에는 이를 납입보험료에서 차감하되, 그 배당금 등으로 납입할 보험료를 상계한 경우에는 배당금 등을 받아 보험료를 납입한 것으로 본다(소령 25 ⑧).

(3) 직장공제회 초과반환금

직장공제회 초과반환금에 대한 소득세 과세규정은 1994년말 「소득세법」 개정시 신설된 규정이나 경과조치에 따라 1999년 1월 1일 이후에 직장공제조합에 가입하고 퇴직 또는 탈퇴로 인하여 받는 것부터 소득세를 과세한다(법률 4803, 소법 부칙 4). “직장공제회”란 「민법」과 그 밖의 법률에 따라 설립된 공제회 · 공제조합(이와 유사한 단체를 포함)으로서 동일직장이나 직종에 종사하는 근로자들의 생활안정, 복리증진 또는 상호부조 등을 목적으로 구성된 단체를 말한다(소령 26 ①).

직장공제회 초과반환금 = [① + ②]

① 납입금 초과이익 = 근로자가 퇴직 · 탈퇴로 인하여 직장공제회로부터 받는 반환금 − 납입공제료

② 반환금 추가이익 = 반환금을 분할하여 지급하는 경우 그 지급하는 기간동안 추가로 발생하는 이익

(4) 비영업대금의 이익

비영업대금(非營業貸金)의 이익은 금전의 대여를 사업목적으로 하지 아니하는 자가 일시적 · 우발적으로 금전을 대여함에 따라 지급받는 이자 또는 수수료 등으로 한다(소령 26 ③).

대금업을 하는 거주자임을 대외적으로 표방하고 불특정다수인을 상대로 금전을 대여

하는 경우에는 금융업으로 보아 사업소득에 해당한다. 그러나, 대외적으로 대금업을 표방하지 아니한 거주자의 금전대여는 비영업대금의 이익으로서 이자소득에 해당한다. 여기서 일시적으로 사용하는 전화번호만을 신문지상에 공개하는 것은 대금업의 대외적인 표방으로 보지 아니한다(소기통 16-26…1).

다. 이자소득으로 보지 아니하는 경우

(1) 사업소득으로 보는 경우

다음의 소득은 이자소득으로 보지 않으며 사업소득에 포함된다(소기통 16-1).

① 물품을 매입할 때 대금의 결제방법에 따라 에누리되는 금액
② 외상매입금이나 미지급금을 약정기일 전에 지급함으로써 받는 할인액
③ 물품을 판매하고 대금의 결제방법에 따라 추가로 지급받는 금액
④ 외상매출금이나 미수금의 지급기일을 연장하여 주고 추가로 지급받는 금액(이 경우 그 외상매출금이나 미수금이 소비대차로 전환된 경우에는 예외로 한다)
⑤ 장기할부판매조건으로 판매함으로써 현금거래 또는 통상적인 대금의 결제방법에 의한 거래의 경우보다 추가로 지급받는 금액. 다만, 당초 계약내용에 따라 매입가액이 확정된 후 그 대금의 지급지연으로 실질적인 소비대차로 전환되어 발생하는 이자는 이자소득으로 본다.

(2) 손해배상금에 대한 법정이자

법원의 판결 및 화해에 따라 받는 손해배상금에 대한 법정이자도 이자소득으로 보지 아니한다. 다만, 위약 또는 해약을 원인으로 법원의 판결에 따라 받는 손해배상금에 대한 법정이자는 기타소득으로 본다(소기통 16-0…2).

라. 비과세 이자소득

(1) 비과세의 개념 · 유형 및 성격

비과세소득이란 일반적으로 과세대상이 되는 소득을 그 소득의 성질이나 국가정책상 과세에서 제외하는 것으로 과세제외소득이라고도 한다.

비과세소득의 유형을 보면 소득에는 해당되지만 소득세의 과세대상이 되는 소득으로 규정하지 않은 것과 「소득세법」 등에서 비과세소득으로 명시적으로 규정하고 있는 것이

있다.

비과세소득의 법적성격을 보면 개인의 귀속소득에는 해당하지만 과세권 주체가 과세권을 포기한 소득이다. 또한 비과세소득은 원칙적으로 납세의무자의 신청 또는 신고가 없더라도 당연히 과세에서 제외하며, 아울러 과세관청도 비과세소득을 소득세의 과세물건에서 제외시키기 위하여 특별한 절차나 별개의 행정처분을 행할 필요가 없다.

비과세소득과 면세소득의 개요도

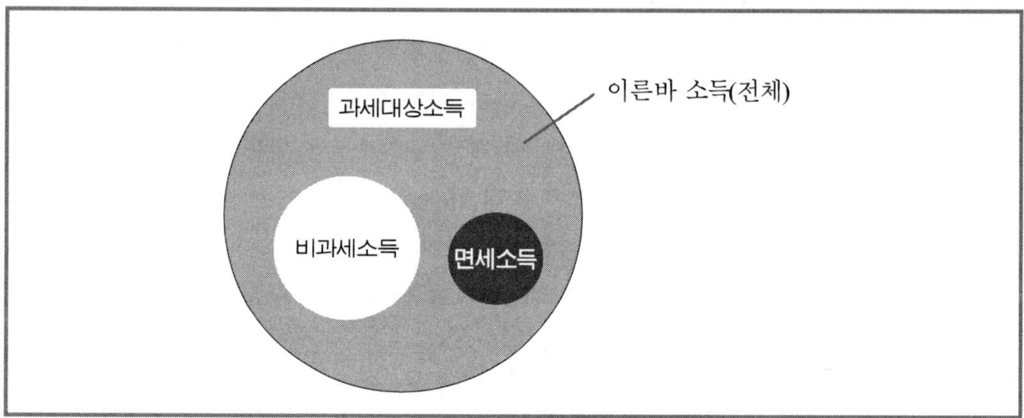

(2) 「소득세법」의 비과세 이자소득

「소득세법」의 비과세 이자소득은 다음과 같다.

① 「신탁법」에 따른 공익신탁의 이익(소법 12 (1))

② 1981년 12월 31일 이전에 한국주택은행이 발행한 국민주택채권과 전신전화채권의 이자와 할인액(법률 3472, 소법 부칙 15)

③ 1982년 12월 31일 이전에 발행된 산업부흥국채, 징발보상증권, 국가가 발행한 국민주택채권, 도로공채, 상수도공채, 지하철공채, 토지개발채권의 이자와 할인액(법률 3576, 소법 부칙 7)

(3) 「조세특례제한법」의 비과세 이자소득

「조세특례제한법」의 비과세 이자소득은 다음과 같다.

구 분	법조문	비 고
(1) 청년우대형주택청약종합저축에 대한 이자소득	조특법 87, 조특령 81	• 가입대상 : 연간 총급여액 3,600만원 이하 무주택세대주등인 청년 • 비과세한도 : 이자소득 500만원 • 적용기간 : 2028년 12월 31일까지 가입
(2) 농어가목돈마련저축의 이자소득	조특법 87의2	2028년 12월 31일까지 가입
(3) 비과세종합저축에서 발생하는 이자소득	조특법 88의2	65세 이상인 거주자 등이 1명당 저축원금이 5천만원 이하인 비과세종합저축에 2028년 12월 31일까지 가입하는 경우 해당 저축에서 발생하는 이자소득
(4) 농협 · 수협 등의 조합에 대한 예탁금의 이자소득	조특법 89의3	가입 당시 20세 이상인 거주자가 1명당 3천만원 이하의 조합 등 예탁금에서 2007년 1월 1일부터 2025년 12월 31일까지 발생하는 이자소득
(5) 재형저축에서 발생하는 이자소득	조특법 91의14	• 재형저축에 2015년 12월 31일까지 가입 • 직전 과세기간이 총급여액이 5천만원 이하 • 종합소득금액이 3천 5백만원 이하 • 계약기간이 7년이고 1명당 분기별 300만원 이내에 납입할 것
(6) 개인종합자산관리계좌의 이자소득	조특법 91의18	• 가입대상 : 근로소득자 · 사업소득자 · 농어민 • 인출시 200만원 또는 400만원 비과세 • 납입한도 : 1억원
(7) 장병내일준비적금의 이자소득	조특법 91의19	• 가입대상 : 현역병, 상근예비역, 전환복무자, 사회복무요원, 대체복무요원 • 납입한도 : 월 40만원 (2025년 1월 1일 이후 : 월 55만원) • 비과세기간 : 군복무기간 • 적용기한 : 2026년 12월 31일까지 가입
(8) 청년희망적금의 비과세	조특법 91의21	• 가입연령 : 19세 이상 34세 이하 • 소득요건 : 총급여액 3,600만원 이하 또는 종합소득금액 2,600만원 이하 • 적용기한 : 2022년 12월 31일까지 가입
(9) 청년미래적금의 비과세	조특법 91의25	• 가입연령 : 19세 이상 34세 이하 • 소득요건 : 총급여액 7,500만원 이하 또는 종합소득금액 6,300만원 이하 • 적용기한 : 2028년 12월 31일까지 가입

마. 이자소득의 수입시기

이자소득의 수입시기는 다음에 따른 날로 한다(소령 45).

이자소득의 종류	수입시기
(1) 증권 및 채권 등 이자와 할인액 ① 기명 ② 무기명	 • 약정에 의한 지급일 • 그 지급을 받은 날
(2) 예금의 이자 ① 보통예금, 정기예금 · 적금 또는 부금의 이자	 • 실제로 이자를 지급받는 날 • 원본에 전입하는 뜻의 특약이 있는 이자는 그 특약에 의한 원본전입된 날. • 해약에 의하여 지급되는 이자는 그 해약일 • 계약기간을 연장하는 경우에는 그 연장하는 날 • 정기예금연결 정기적금의 경우 정기예금의 이자는 정기예금 또는 정기적금이 해약되거나 정기적금의 저축기간이 만료되는 날
② 통지예금의 이자	• 인출일
(3) 채권 또는 증권의 환매조건부 매매차익	• 약정에 의한 당해 채권 또는 증권의 환매수일 또는 환매도일. 다만, 기일 전에 환매수 또는 환매도하는 경우에는 그 환매수일 또는 환매도일
(4) 저축성보험의 보험차익	• 보험금 또는 환급금의 지급일. 다만, 기일 전에 해지하는 경우는 그 해지일
(5) 채권 등의 보유기간이자 등 상당액	• 해당 채권 등의 매도일 또는 이자 등의 지급일
(6) 비영업대금의 이익	• 약정에 의한 이자지급일. 다만, 이자지급일의 약정이 없거나 약정에 의한 이자지급일 전에 이자를 지급받는 경우 또는 총수입금액 계산에서 제외하였던 이자를 지급받는 경우에는 그 이자지급일로 한다.
(7) 직장공제회 초과반환금	• 약정에 따른 납입금 초과이익 및 반환금 추가이익의 지급일. 다만, 반환금을 분할하여 지급하는 경우 원본에 전입하는 뜻의 특약이 있는 납입금 초과이익은 특약에 따라 원본에 전입된 날로 한다.
(8) 위 열거된 소득과 유사한 소득으로 금전의 사용에 따른 대가의 성격이 있는 것	• 약정에 따른 상환일. 다만, 기일 전에 상환하는 때에는 그 상환일
(9) '(1)～(8)'의 이자소득이 발생하는 상속재산이 상속되거나 증여되는 경우	• 상속개시일 또는 증여일

바. 이자소득금액의 계산

이자소득에 대하여는 필요경비를 인정하지 아니한다. 따라서 이자소득의 총수입금액은 전액 이자소득금액이 된다(소법 16 ②). 타인으로부터 차입한 돈을 제3자에게 빌려주고 받은 이자의 경우에도 차입금의 이자와 대여금의 이자는 서로 상계하지 아니한다(소득 1234－2046, 1978.9.12).

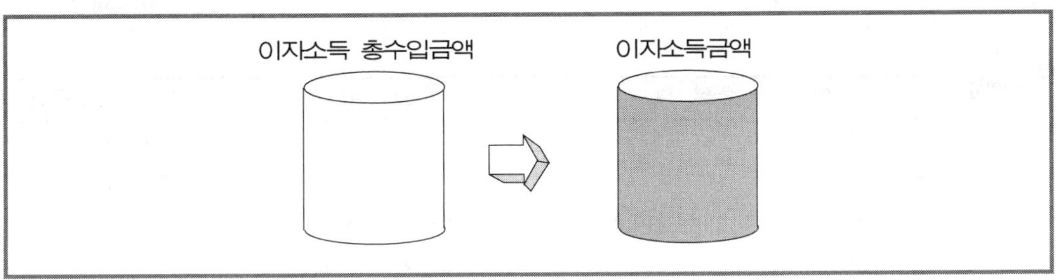

이자소득금액 ＝ 총수입금액(비과세소득 · 분리과세소득 제외)

한편, 비영업대금의 이익의 총수입금액을 계산할 때 과세표준확정신고 또는 과세표준과 세액의 결정 · 경정 전에 해당 비영업대금이 채무자의 사망 등으로 인하여 회수할 수 없는 채권에 해당하여 채무자 또는 제3자로부터 원금 및 이자의 전부 또는 일부를 회수할 수 없는 경우에는 회수한 금액에서 원금을 먼저 차감하여 계산한다. 이 경우 회수한 금액이 원금에 미달하는 때에는 총수입금액은 이를 없는 것으로 한다(소령 51 ⑦).

1

거주자 강남대 씨의 2026년도 이자소득 자료에서 금융소득 종합과세 여부를 고려치 말고 과세대상 이자소득금액을 계산하시오.

1. 상환기간 3년인 회사채의 이자	6,000,000원
2. 정기예금이자	3,500,000원
3. 개인종합자산관리계좌의 이자	1,500,000원
4. 금전투자신탁의 이익(투자증권 중 주식투자비율 40%)	1,000,000원
5. 「신탁업법」에 따른 공익신탁의 이익	2,000,000원
6. 채권 · 증권의 환매조건부 매매차익	2,000,000원

7. 외상매출금의 회수지연에 따른 연체이자 600,000원
(그 연체이자는 부가가치세 과세표준에서 제외)
8. 법원판결에 따라 받은 손해배당금에 대한 법정이자 2,700,000원
9. 계약기간 3년 저축성보험의 만기환급금(총납입보험료는 25,000,000원) 30,000,000원
10. ㈜강남상사에 일시적으로 자금을 대여하고 회수한 금액(40,000,000원을 대여하고 원금과 그 동안 이자 5,000,000원의 합계액 45,000,000원 중 일부를 회수한 것이다. 나머지는 회수불능상태) 42,000,000원
11. 미국의 은행으로부터 받은 이자 5,000,000원

 해답

이자소득 항목	상세 풀이	이자소득금액
1. 회사채의 이자		6,000,000원
2. 정기예금이자		3,500,000원
3. 개인종합자산관리계좌의 이자	「조세특례제한법」의 비과세 이자소득	
4. 금전투자신탁의 이익	배당소득에 해당	
5. 공익신탁의 이익	비과세소득	
6. 환매조건부 매매차익		2,000,000원
7. 외상매출금의 연체이자	사업소득에 해당	
8. 손해배상금에 대한 법정이자	이자소득이 아님	
9. 저축성보험의 보험차익	30,000,000－25,000,000＝5,000,000	5,000,000원
10. ㈜강남상사로부터 받은 이자	42,000,000－40,000,000＝2,000,000	2,000,000원
11. 미국은행으로부터 받은 이자		5,000,000원
합 계		23,500,000원

03 배당소득

가. 의 의

배당이란 법인이나 법인격이 없는 사단·재단·그 밖의 단체로부터 주주나 출자자들이 투자비율에 따라 분배받는 이익을 말한다. 배당은 그 형태에 따라 일반적인 이익배당에 속하는 것, 세법에서 배당으로 간주하여 과세하는 의제배당, 「법인세법」에 따라 배당으로 처분된 금액으로 나누어 볼 수 있다.

「소득세법」에서 '이익처분에 의한 배당' 이외에 「상법」에 배당은 아니지만 경제적으

로 이익배당을 받은 것과 같은 결과가 나타나는 의제배당이나 「법인세법」에 따라 처분된 배당 등도 과세대상으로 하고 있는 것은 실질내용에 따른 과세로서 과세의 실효를 거두기 위한 것이다.

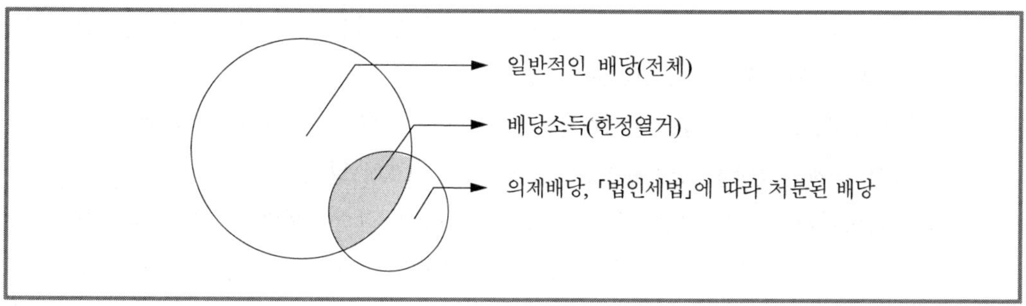

나. 배당소득의 범위

배당소득은 해당 과세기간에 발생한 다음의 소득으로 한다(소법 17 ①).

① 내국법인으로부터 받는 이익이나 잉여금의 배당 또는 분배금
② 법인으로 보는 단체로부터 받는 배당 또는 분배금
③ 법인과세 신탁재산으로부터 받는 배당금 또는 분배금
④ 의제배당
⑤ 「법인세법」에 따라 배당으로 처분된 금액
⑥ 국내 또는 국외에서 받는 집합투자기구로부터의 이익
⑦ 국내 또는 국외에서 받는 대통령령으로 정하는 파생결합증권 또는 파생결합사채로부터의 이익
⑧ 금전이 아닌 재산의 신탁계약에 의한 수익권이 표시된 수익증권으로서 대통령령으로 정하는 수익증권으로부터의 이익
⑨ 투자계약증권으로서 대통령령으로 정하는 투자계약증권으로부터의 이익
⑩ 외국법인으로부터 받는 이익이나 잉여금의 배당 또는 분배금
⑪ 특정외국법인의 각사업연도 말 현재 배당가능한 유보소득 중 배당받은 것으로 간주된 금액
⑫ 공동사업에서 발생한 소득금액 중 출자공동사업의 손익분배비율에 해당하는 금액
⑬ '①~⑫'에 소득과 유사한 소득으로서 수익분배의 성격이 있는 것
⑭ '①~⑬'의 규정 중 어느 하나에 해당하는 소득을 발생시키는 거래 또는 행위와 파생상품이 소령으로 정하는 바에 따라 결합된 경우 해당 파생상품의 거래 또는 행위로부터의 이익

(1) 집합투자기구로부터의 이익

1) 집합투자기구의 요건

집합투자기구로 분류되기 위해서는 다음의 요건을 모두 갖춘 집합투자기구를 말한다(소령 26의2 ①). 다만, 국외에서 설정된 집합투자기구는 다음의 요건을 갖추지 아니하는 경우에도 집합투자기구로 본다(소령 26의2 ②).

① 「자본시장과 금융투자업에 관한 법률」에 따른 집합투자기구(보험회사의 특별계정은 제외하되, 금전의 신탁으로서 원본을 보전하는 것을 포함)일 것

② 해당 집합투자기구의 설정일부터 매년 1회 이상 결산·분배할 것. 다만, 다음 중 하나에 해당하는 이익금은 분배를 유보할 수 있으며, 「자본시장과 금융투자업에 관한 법률」에 따른 이익금이 0보다 적은 경우에도 분배를 유보할 수 있다(집합투자규약에서 정하는 경우에 한정).

㉠ 「자본시장과 금융투자업에 관한 법률」에 따른 상장지수집합투자기구가 지수 구성종목을 교체함에 따라 계산되는 이익

㉡ 「자본시장과 금융투자업에 관한 법률」에 따라 평가한 집합투자재산의 평가이익

③ 금전으로 위탁받아 금전으로 환급할 것(금전외의 자산으로 위탁받아 환급하는 경우로서 해당 위탁가액과 환급가액이 모두 금전으로 표시된 것을 포함)

2) 집합투자기구로부터의 이익에 대한 과세범위

집합투자기구로부터의 이익에는 집합투자기구가 "①" 하나의 방법으로 취득한 "②" 하나("①"의㉢ 경우에는 "②"의㉡에 따른 증권을 취득하는 경우로 한정한다)에 해당하는 증권 또는 「자본시장과 금융투자업에 관한 법률」에 따른 장내파생상품의 거래나 평가로 발생한 손익을 포함하지 않는다. 다만, 비거주자 또는 외국법인이 「자본시장과 금융투자업에 관한 법률」에 따른 일반 사모집합투자기구나 「조세특례제한법」에 따른 동업기업과세특례를 적용받지 않는 기관전용 사모집합투자기구를 통하여 취득한 주식 또는 출자증권(증권시장에 상장된 주식 또는 출자증권으로서 양도일이 속하는 연도와 그 직전 5년의 기간 중 그 주식 또는 출자증권을 발행한 법인의 발행주식 총수 또는 출자총액의 25% 이상을 소유한 경우로 한정한다)의 거래로 발생한 손익은 집합투자기구로부터의 이익에 포함한다(소령 26의2 ④).

① 증권 또는 장내파생상품 취득 방법

㉠ 집합투자기구가 직접 증권을 취득

㉡ 집합투자기구가 「자본시장과 금융투자업에 관한 법률」에 따는 집합투자기구에 투자하여 증권을 취득(상장지수증권에 투자한 경우에는 그 상장지수증권의 지수를 구

성하는 기초자산에 해당하는 증권을 말한다)

㉢ 집합투자기구가 「벤처투자 촉진에 관한 법률」에 따는 벤처투자조합 또는 「여신전문금융업법」에 따는 신기술사업투자조합의 출자지분에 투자하여 증권을 취득

② 취득 대상 증권 또는 장내파생상품

㉠ 증권시장에 상장된 증권. 단, 채권등과 외국 법령에 따라 설립된 외국 집합투자기구의 주식 또는 수익증권의 것은 제외한다.

㉡ 「벤처기업육성에 관한 특별조치법」에 따른 벤처기업의 주식 또는 출자지분

㉢ 증권시장에 상장된 증권을 대상으로 하는 장내파생상품

여기서 집합투자기구로부터의 이익은 「자본시장과 금융투자업에 관한 법률」에 따른 각종 보수·수수료 등을 뺀 금액으로 한다(소령 26의2 ⑥).

3) 집합투자기구로 보지 않는 경우

「자본시장과 금융투자업에 관한 법률」에 따른 사모집합투자기구로서 다음의 요건을 모두 갖춘 집합투자기구에 대하여는 집합투자기구의 요건을 모두 충족하는 경우에도 집합투자기구로 보지 아니하고 재산권에서 발생하는 소득의 내용별로 소득을 적용한다(소령 26의2 ⑧).

① 투자자가 거주자(비거주자와 국내사업장이 없는 외국법인을 포함) 1인이거나 거주자 1인 및 그와 「국세기본법 시행령」에 따른 친족 그 밖의 특수관계인(비거주자와 외국법인인 경우에는 다음 중 하나에 해당하는 관계에 있는 자)로 구성된 경우

㉠ 비거주자와 그의 배우자·직계혈족 및 형제자매인 관계

㉡ 일방이 타방의 의결권 있는 주식의 50% 이상을 직접 또는 간접으로 소유하고 있는 관계

㉢ 제3자가 일방 또는 타방의 의결권 있는 주식의 50% 이상을 직접 또는 간접으로 각각 소유하고 있는 경우 그 일방과 타방간의 관계

② 투자자가 사실상 자산운용에 관한 의사결정을 하는 경우

(2) 의제배당

1) 개 념

(가) 의제배당의 의의

영리법인인 회사는 기업의 이익을 회사의 구성원인 주주 등에게 분배하는 것을 그 본질

로 하고 있다. 이와 같이 회사가 기업이익을 그 구성원인 주주 등에게 분배하는 것을 배당이라고 하며, 금전으로 지급하는 것을 원칙으로 하되 주식배당도 허용하고 있다(상법 462의2).

한편 회사가 주주 등에게 배당의 형태로 금전 또는 주식을 지급 또는 교부하지는 아니하였지만, 배당을 한 것과 같은 경제적 이익을 주는 경우가 있다. 예를 들면, 회사가 주식을 소각하거나 법인이 해산 또는 합병하면서 해당 주주 등에게 경제적 이익을 주는 경우 등이 있다. 이와 같이 금전 또는 주식으로 배당을 받은 경우를 제외하고 주주 등이 회사로부터 얻는 경제적 이익을 의제배당이라고 한다.

(나) 제도적 취지

앞에서도 설명한 바와 같이 의제배당은 해당 주주 등에게 이익이나 잉여금의 배당 등과 다를 바 없는 경제적 이익을 주게 된다. 이와 같은 경제적 이익에 대하여 소득세를 과세하지 아니한다면 과세의 형평을 침해하게 된다.

따라서 회사로부터 배당금 또는 주식배당의 형태로 지급 또는 교부받지는 아니하였지만, 주주 등에게 귀속하는 경제적 이익이 있는 경우에는 이를 배당으로 의제하고 소득세를 과세하게 되는 것이다.

2) 의제배당의 종류

(가) 주식의 소각이나 자본의 감소의 경우(감자로 인한 배당)

주식의 소각(특정한 발행주식을 소멸시키는 것으로 특정한 주주의 권리가 소멸됨)이나 자본의 감소로 인하여 주주가 취득하는 금전, 그 밖의 재산의 가액 또는 퇴사·탈퇴나 출자의 감소로 인하여 사원이나 출자자가 취득하는 금전, 그 밖의 재산의 가액이 주주·사원이나 출자자가 그 주식 또는 출자지분을 취득하기 위하여 사용한 금액을 초과하는 금액을 의제배당으로 한다(소법 17②(1)).

$$\text{의제배당금액} = \begin{pmatrix} \text{주식의 소각·자본의 감소·퇴사·} \\ \text{탈퇴로 주주 등이 취득하는 재산가액} \end{pmatrix} - \begin{pmatrix} \text{주식의 취득·} \\ \text{출자지분의 취득 사용액} \end{pmatrix}$$

(나) 법인이 해산하는 경우

해산한 법인(법인으로 보는 단체를 포함)의 주주·사원·출자자 또는 구성원이 그 법인의 해산으로 인한 잔여재산의 분배로 취득하는 금전이나 그 밖의 재산의 가액이 해당 주식·출자지분 또는 자본을 취득하기 위하여 사용된 금액을 초과하는 금액을 의제배당으로 한다. 다만, 내국법인이 조직변경하는 경우로서 다음 중 하나에 해당하는 경우는 의제배당에서 제외한다(소법 17 ②(3), 소령 27의2).

① 「상법」에 따라 조직변경하는 경우

② 특별법에 따라 설립된 법인이 해당 특별법의 개정 또는 폐지에 따라 「상법」에 따른 회사로 조직변경하는 경우

③ 「변호사법」에 따라 법무법인이 법무법인(유한)으로 조직변경하는 경우

④ 「관세사법」에 따라 관세사법인이 관세법인으로 조직변경하는 경우

⑤ 「변리사법」에 따라 특허법인이 특허법인(유한)으로 조직변경하는 경우

의제배당금액 = 해산으로 분배받은 재산가액 − 주식 등의 취득사용액

(다) 법인이 합병하는 경우

합병으로 소멸한 법인의 주주·사원 또는 출자자가 합병 후 존속하는 법인 또는 합병으로 설립된 법인으로부터 그 합병으로 취득하는 주식 또는 출자지분의 가액과 금전 또는 그 밖의 재산가액의 합계액이 그 합병으로 소멸한 법인의 주식 또는 출자지분을 취득하기 위하여 사용한 금액을 초과하는 금액을 의제배당으로 한다(소법 17 ②(4)).

의제배당금액 =	합병으로 취득하는 주식 또는 출자지분의 가액과 금전 또는 그 밖의 재산가액의 합계액 등의 가액	−	소멸법인의 주식 등의 취득사용액

2

A 법인은 B 법인을 합병하여 B법인은 소멸하였다. 이 경우 B법인의 주주인 서재빈 씨에 대한 의제배당액을 계산하시오(동 합병은 과세이연요건을 충족하였다).

1. 서재빈 씨가 소유하고 있던 B법인의 주식
   (1) 주식수 : 5,000주
   (2) 주당 액면금액 : 5,000원
   (3) 주당 취득가액(시가) : 7,000원
2. 서재빈 씨가 A법인으로부터 받은 주식 등의 내용
   (1) A법인의 주식 7,000주(액면가액 : 5,000원, 시가 : 15,000원)
   (2) 합병교부금 B법인 주식 1주당 1,000원씩 받음.

 **해답** 1. A법인으로부터 받은 주식 · 합병교부금
Min[7,000주×15,000원, 5,000주×7,000원]* + 5,000주×1,000원 = 40,000,000원
2. B법인의 주식취득가액 계산 : 5,000주×7,000원 = 35,000,000원
3. 의제배당액(1 - 2) : 40,000,000 - 35,000,000 = 5,000,000원

* 피합병법인등의 주식등의 취득가액. 다만, 합병 또는 분할에 따른 주식등과 금전, 그 밖의 재산을 함께 받은 경우로서 해당 주식등의 시가가 피합병법인등의 주식등의 취득가액보다 작은 경우에는 시가로 한다(소령 27 ①(1)).

(라) 법인이 분할하는 경우

분할되는 법인(이하 '분할법인') 또는 소멸한 분할합병의 상대방법인의 주주가 분할로 설립되는 법인 또는 분할합병의 상대방 법인으로부터 분할로 취득하는 주식의 가액과 금전, 그 밖의 재산가액의 합계액(이하 '분할대가')이 그 분할법인 또는 소멸한 분할합병의 상대방법인의 주식(분할법인이 존속하는 경우에는 소각 등으로 감소된 주식)을 취득하기 위하여 사용한 금액을 초과하는 금액을 의제배당으로 한다(소법 17 ②(6)).

의제배당금액 = 분할 및 분할합병의 대가 - 소멸법인의 주식 등의 취득사용액

(마) 잉여금의 자본전입의 경우(무상주 배당)

법인이 잉여금의 전부 또는 일부를 자본 또는 출자에 전입함으로써 취득하는 주식 또는 출자지분의 가액을 의제배당이라 한다. 다만, 다음에 해당하는 금액을 자본에 전입하는 경우에는 의제배당으로 보지 아니한다(소법 17 ②(2), 소령 27 ④).

① 자본준비금(채무의 출자전환으로 주식 등을 발행하는 경우로서 그 주식 등의 시가를 초과하여 발행한 금액은 제외하며, 자기주식 또는 자기출자지분의 소각이익의 경우에는 소각 당시 시가가 취득가액을 초과하지 아니하는 경우로서 소각일부터 2년이 지난 후 자본에 전입하는 것만 해당).

② 「자산재평가법」에 따른 재평가적립금(토지의 재평가분 중 1% 재평가세율을 적용하는 토지의 재평가차액에 상당하는 금액은 제외).

의제배당금액 = 교부받은 주식수 × 액면가액

여기에서 무상단주를 처분하여 현금으로 주주에게 지급하는 경우에도 현금액과는 관계

없이 잉여금의 자본전입액을 기준으로 하여 의제배당액을 계산한다. 따라서 무상단주의 액면가액과 처분가액과의 차이는 소득금액계산에 영향을 미치지 아니한다(소기통 17－0…3).

(바) 잉여금 자본전입시 자기주식 배정분을 타인이 배정받은 경우

법인이 자기주식 또는 자기출자지분을 보유한 상태에서 의제배당으로 보지 아니하는 자본준비금·재평가적립금을 자본전입을 함에 따라 그 법인 외의 주주 등의 지분비율이 증가한 경우 증가한 지분비율에 상당하는 주식 등의 가액을 의제배당으로 한다(소법 17②(5)).

○ 잉여금 자본전입시 자기주식 배정분을 타인이 배정받는 경우

A법인은 주권상장법인이며, 주식발행자본금은 100억원이고 주식의 주주간 소유분포는 다음과 같다고 가정한다. 그리고 주식의 액면가액은 주당 10,000원이다(발행주식은 1,000,000주). 이 법인은 자본준비금과 재평가적립금의 합계액 20억원을 자본전입하면서 무상주를 발행하되 법인이 소유한 자기주식에 대하여는 무상증자로 발행하는 주식을 배정하지 아니하기로 결의했다. 위와 같은 경우의 무상주인 신주의 배정은 다음과 같이 될 것이다.

무상주의 배정표

단위 : 주식수

주주	소유주식수	비율%	배정－원칙	배정－예외	비율%	초과배정
갑	400,000	40	80,000	100,000	41.66	20,000
을	300,000	30	60,000	75,000	31.25	15,000
병	100,000	10	20,000	25,000	10.42	5,000
A법인	200,000	20	40,000	－	16.67	－
계	1,000,000	100	200,000	200,000	100	40,000

* 법인소유주식 200,000주는 A법인의 자기주식이다.

① 자본준비금 등을 자본전입하는 경우에 있어서 주주의 소유주식 비율에 따라 무상주를 배정했다면 모든 주주가 받는 무상주는 배당으로 의제되지 않는다. 그러한 근거에서 법인의 자기주식에 대하여 무상주를 배정하지 아니하는 경우에도 주주 갑, 을, 병이 받는 무상주 80,000주, 60,000주 및 20,000주는 배당으로 의제되지 아니한다.

② 주주 갑, 을, 병이 초과하여 배정받은 무상주 20,000주, 15,000주와 5,000주 합계 40,000주는 각 주주가 A법인으로부터 배당받은 것으로 의제한다. 이 초과배정된 40,000주의 액면가액 상당액은 원래 자기주식을 소유한 주식발행법인에게 배정되어 그 법인의 자산을 구성했어야 했는데 그 경제가치 상당액이 A법인에게 귀속되지 않고 주주 등에게 귀속된 것이다. 그러므로 이를 배당으로 의제한 것은 합리성이 있다.

③ 각 주주 등에게 귀속된 경제가치는 취득한 그 무상주의 액면가액으로 과세평가한다(소령 27①). 그러므로 각 주주의 의제배당액은 주주가 받은 무상주의 액면가액에 의하여 다음과 같이 계산되는 것이다.

- 갑 : 10,000원×20,000주 = 200,000천원
- 을 : 10,000원×15,000주 = 150,000천원
- 병 : 10,000원× 5,000주 = 50,000천원

3) 의제배당 금액의 계산

(가) 주주등이 받은 재산가액의 평가

의제배당에 있어서 주주 등이 취득한 재산 중 금전 외의 재산가액은 다음의 금액에 의한다(소령 27 ①).

<table>
<tr><th colspan="4">취득한 재산의 구분</th><th>취득한 재산의 가액</th></tr>
<tr><td rowspan="6">1) 주식 또는 출자지분</td><td colspan="3">① 잉여금의 자본전입</td><td>액면가액 또는 출자금액
(주식배당의 경우에는 발행가액)</td></tr>
<tr><td rowspan="3">② 합병 ·분할</td><td rowspan="2">과세이연 요건 충족*</td><td>주식만 받은 경우</td><td>피합병법인등 주식의 취득가액</td></tr>
<tr><td>주식과 교부금을 받은 경우</td><td>Min(① 시가, ② 피합병법인등 주식등의 취득가액)</td></tr>
<tr><td colspan="2">과세이연요건 불충족</td><td rowspan="4">취득 당시의 시가</td></tr>
<tr><td colspan="3">③ 해산</td></tr>
<tr><td colspan="3">④ 자본감소</td></tr>
<tr><td colspan="4">2) 그 밖의 재산</td></tr>
</table>

* 다음의 요건을 충족하는 경우를 말한다(법법 44, 46 ① (1) · (2)).
① 1년 이상(분할의 경우에는 5년 이상) 사업을 영위하던 내국법인간의 합병(또는 분할)일 것
② 합병대가(또는 분할대가) 중 주식이 차지하는 비율이 80% 이상(단순분할의 경우에는 전액)일 것
③ 사업연도 종료일까지 피합병법인(또는 분할법인) 승계받은 사업을 계속할 것

(나) 해당 주식 등을 취득하기 위해 사용한 금액의 평가

주주 등이 해당 주식 등을 취득하거나 해당 법인에 출자하기 위하여 사용한 금액은 다음과 같이 평가한다.

구 분	취득가액
① 주식을 매입한 경우	실제 매입한 가액
② 무상주를 취득한 경우 • 취득시 의제배당으로 과세된 경우 • 취득시 의제배당으로 과세되지 않은 경우	 액면가액 수정된 장부가액*(소령 27 ②)
③ 주식배당으로 취득한 주식	발행가액
④ 과세되지 않은 무상주를 취득한 후 2년 이내에 주식의 소각이 있는 경우	과세되지 않은 해당 주식이 먼저 소각된 것으로 보고 그 취득가액은 '0'으로 함

* 수정된 1주당 장부가액 $= \dfrac{\text{구주식 1주당 장부가액}}{1+\text{구주식1주당 신주식배정수}}$

(다) 재평가적립금의 자본전입으로 인한 무상주 금액의 평가

재평가적립금의 일부를 자본금 또는 출자금에 전입하는 경우 재평가세율이 1%인 토지의 재평가차액에 상당하는 금액은 다음 산식에 의하여 계산한다(소령 27 ⑤).

$$\text{의제배당금액} = \text{해당 자본금 또는 출자금에 전입된 재평가적립금} \times \frac{\text{재평가세율 1\%인 토지의 재평가차액}}{\text{자산재평가차액}}$$

4) 의제배당에 대한 과세와 원천징수

의제배당은 소득자의 종합소득을 구성하며 이와 같이 의제배당이 종합소득에 합산되는 경우에는 배당세액공제를 적용받게 된다(소법 56 ④).

한편, 의제배당에 해당하는 소득금액을 지급하는 자는 의제배당이 귀속하는 시기에 소득금액을 지급한 것으로 의제하여 소득세를 원천징수하고, 이를 세무서장에게 납부하여야 한다.

다. 비과세 배당소득

현행 「소득세법」은 비과세 배당소득에 대하여 규정하고 있지 않으며, 다만 「조세특례제한법」에서 다음 배당에 대하여 비과세하도록 하고 있다.

① 영농조합법인의 조합원이 받는 1,200만원 이하의 배당소득(조특법 66 ②)

② 영어조합법인의 조합원이 받는 1,200만원 이하의 배당소득(조특법 67 ②)

③ 노인·장애인 등의 5천만원 이하인 비과세종합저축에 대한 배당소득(조특법 88의2)

④ 우리사주조합원이 보유하고 있는 1천8백만원 이하의 우리사주에 대한 배당소득(조특법 88의4)

⑤ 농협·수협 등의 조합에 1천만원 이하의 출자함으로 인해 발생하는 출자금에 대한 배당소득(조특법 88의5)

⑥ 재형저축에서 발생하는 배당소득(조특법 91의14)

⑦ 해외주식 투자전용집합투자기구에서 발생하는 배당소득(조특법 91의17)

⑧ 개인종합자산관리계좌에서 발생하는 배당소득(조특법 91의18)

라. 배당소득의 수입시기

배당소득의 수입시기는 다음에 따른 날로 한다(소령 46).

배당소득의 종류	수입시기
(1) 무기명 주식의 이익이나 배당	• 그 지급을 받은 날
(2) 잉여금의 처분에 의한 배당	• 당해 법인의 잉여금처분 결의일
(3) 의제배당 ① 주식소각, 자본감소, 퇴사·탈퇴 ② 법인의 합병 ③ 법인의 해산 ④ 법인의 분할 또는 분할합병 ⑤ 잉여금의 자본전입	 • 주식의 소각, 자본의 감소, 퇴사·퇴직한 날 • 합병등기를 한 날 • 잔여재산의 가액이 확정된 날 • 그 분할등기 또는 분할합병등기를 한 날 • 자본전입 결정일
(4) 「법인세법」에 의하여 처분된 배당	• 당해 법인의 당해 사업연도의 결산확정일
(5) 집합투자기구로부터의 이익	• 이익을 지급받은 날 • 전입하는 뜻의 특약이 있는 분배금 : 원본전입일
(6) 출자공동사업자의 배당	• 과세기간 종료일
(7) 파생결합증권 또는 파생결합사채의 이익	• 그 이익을 지급받은 날 • 원본에 전입하는 뜻의 특약이 있는 분배금 : 원본전입일
(8) 위 열거된 소득과 유사한 소득으로서 수익분배의 성격이 있는 것	• 그 지급을 받은 날

마. 배당소득금액의 계산

배당소득은 이자소득과 같이 필요경비가 인정되지 아니하므로 해당 과세기간의 총수입금액의 전액이 배당소득금액이 된다. 다만, 이중과세 조정대상이 되는 배당소득의 경우에는 해당 과세기간의 총수입금액에 그 배당소득의 10%(2027년 1월 1일 이후 : 11%)에 해당하는 금액을 더한 금액으로 한다(소법 17 ③).

배당소득금액 = 총수입금액(비과세소득 · 분리과세소득 제외) + 귀속법인세

3

다음 자료에 의하여 거주자 강남대 씨의 금융소득 종합과세를 고려치 말고, 2026년 귀속 배당소득 총수입금액을 계산하시오.

1. 2026년에 수령한 배당금 내역은 다음과 같다.

배당금 내역	금 액
(1) 갑사로터 받은 금전배당	1,000,000원
(2) 을사의 해산으로 인해 받은 잔여재산분배액(주식취득가액은 24,000,000원)	26,000,000원
(3) 병사의 재평가적립금 자본전입으로 인해 취득한 신주의 액면가액 (토지의 재평가차액은 포함되어 있지 않음)	2,000,000원
(4) 정사의 이익준비금 자본전입으로 인해 취득한 신주의 액면가액	2,000,000원
(5) 무사의 자기주식소각이익 자본전입으로 인해 취득한 신주의 액면가액 (소각일부터 2년 내에 자본전입 함)	3,000,000원
합 계	34,000,000원

2. 갑사의 소득금액계산상 익금산입된 금액 중 거주자 강남대 씨의 배당으로 처분된 금액은 다음과 같다.

사업연도	결산확정일	강남대 씨의 배당으로 처분된 금액
2025. 1. 1～2025. 12. 31	2026. 3. 31	1,500,000원
2026. 1. 1～2026. 12. 31	2027. 3. 31	3,000,000원

해답

배당금 명세	상세 풀이	총수입금액
1. 갑사의 금전배당		1,000,000원
2. 을사의 해산에 따른 의제배당	잔여재산분배액－소멸주식 취득가액 ＝26,000,000－24,000,000	2,000,000원
3. 병사의 재평가적립금 자본전입	자본잉여금의 자본전입의 무상주	－
4. 정사의 이익준비금 자본전입	이익잉여금의 자본전입의 무상주	2,000,000원
5. 무사의 자기주식소각익 자본전입	소각일부터 2년 이내 자본전입함으로 인해 교부받은 무상주	3,000,000원
6. 갑사의 인정배당	인정배당의 수입시기는 해당 법인의 결산확정일임	1,500,000원
합 계		9,500,000원

(1) Gross-up 제도의 의의

동 규정은 종전의 수취배당세액공제방법에 의하던 배당세액공제제도를 Gross-up 방법으로 전환함에 따른 것이다. 즉, Gross-up 방법은 법인단계에서 법인이 지급한 법인세를 주주의 배당소득으로 보아 과세소득에 합산하고, 합산된 배당소득을 산출세액에서 공제하는 제도이다. 이 방법은 주주가 실제 수취한 배당소득을 일정률로 Gross-up을 시킨다는 특징이 있다.

지금까지 설명한 배당소득과 관련된 소득금액의 계산절차를 요약하면 그림과 같다.

배당소득금액의 계산절차

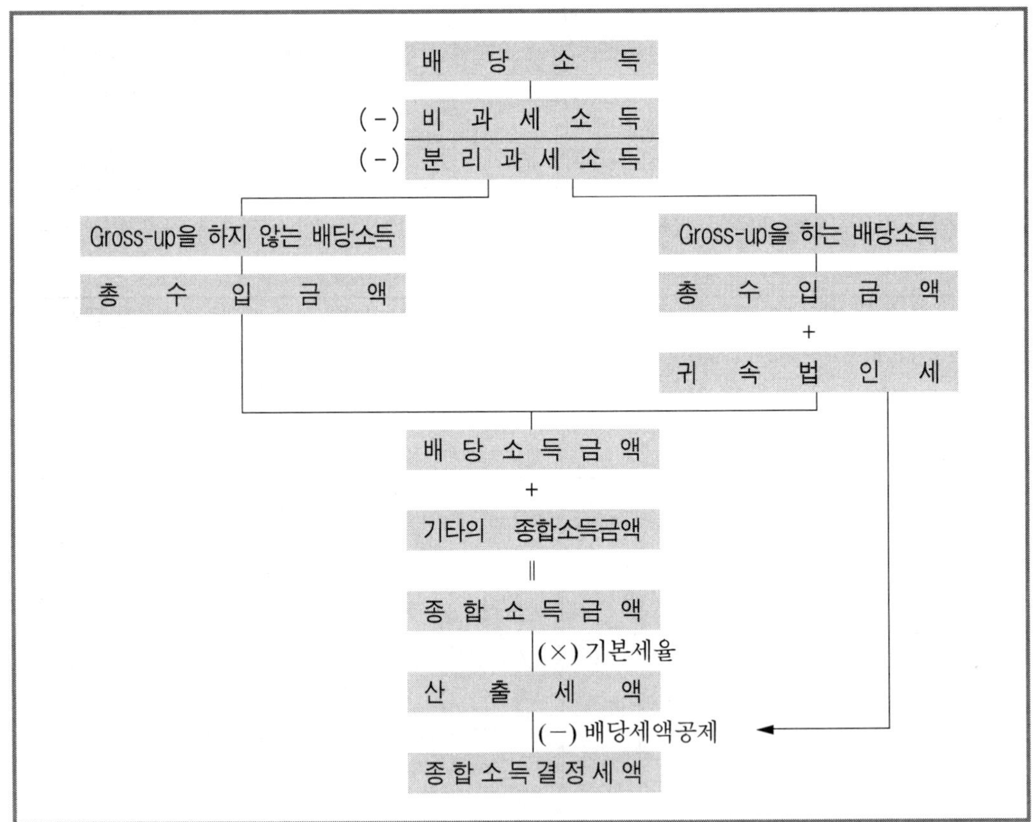

(2) Gross-up을 하는 배당소득의 구분

종합소득에 합산되어 누진세율을 적용받는 배당소득의 경우에는 해당 과세기간의 총수입금액에 그 배당소득의 10%(2027년 1월 1일 이후 : 11%)에 해당하는 금액을 더한 금액을 배당소득금액으로 한다(소법 17 ③).

Gross-up은 배당소득에 대한 이중과세의 조정을 목적으로 하는 것이므로 다음 3가지 요건을 모두 충족하는 경우에만 적용한다.

① 내국법인으로부터의 배당소득일 것

② 종합과세되는 배당소득 중 기본세율이 적용되는 배당소득일 것

③ 법인세가 과세된 소득을 재원으로 하는 배당소득일 것

따라서 Gross-up대상이 아닌 소득을 살펴보면 다음과 같다.

① 소각 당시 시가가 취득가액을 초과하거나 자기주식소각이익을 소각일로부터 2년 이내에 자본에 전입함으로 인하여 받는 의제배당(무상주)

② 토지의 재평가차액(재평가세율 1% 해당분) 중 의제배당(무상주)

③ 본래 의제배당에 해당하지 않는 잉여금의 자본전입을 함에 있어서 법인이 보유한 자기주식 또는 자기출자지분에 대한 주식 또는 출자의 가액을 그 법인이 배정받지 아니함에 따라 다른 주주 또는 출자자가 이를 배정받은 경우의 의제배당(무상주)

④ 3% 재평가적립금을 감액하여 받은 배당

⑤ 합병차익과 분할차익 중 재평가적립금을 감액하여 받은 배당

잉여금의 자본전입으로 인한 의제배당 및 Gross-up 여부

잉여금의 자본전입의 재원				의제배당 여부	Gross-up 여부
자본잉여금	주식발행 액면초과액	일반적인 주식발행액면초과액		×	×
		채무의 출자전환시 채무면제이익		○	○
	주식의 포괄적 교환차익·이전차익			×	×
	감자차익	일반적인 감자차익		×	×
		자기주식소각이익	원칙	×	×
			요건 충족*	○	×
	합병차익 ·분할차익	일반적인 합병차익·분할차익		×	×
		합병평가차익 등, 분할평가차익 등		○	○
	재평가적립금	3% 적용분 재평가적립금	자본전입	×	×
			감액배당	○	×
		1% 적용분 재평가적립금		○	×
	기타자본잉여금(자기주식처분이익)			○	○
본래 의제배당에 해당하지 않는 잉여금의 자본전입의 경우로서 자기주식 보유상태에서 자본전입을 함으로 인하여 주주의 지분비율이 증가한 경우				○	×
이익잉여금	법정적립금, 임의적립금, 처분전이익잉여금			○	○

* 소각당시 시가가 취득가액을 초과하거나 소각일로부터 2년 이내 자본전입분

⑥ 외국법인으로부터 받은 배당소득

⑦ 투자신탁의 이익

⑧ 분리과세 배당소득 및 종합과세 배당소득 중 원천징수세율이 적용되는 소득

여기서 '종합과세 배당소득 중 원천징수세율이 적용되는 소득'이란 금융소득 중 2천만원 이하분에 해당되는 소득을 말한다. 따라서 Gross-up 대상 배당소득을 판정하기 위해서 종합과세되는 금융소득은 다음의 순서에 따라 순차로 구성된 것으로 본다(소령 116의2).

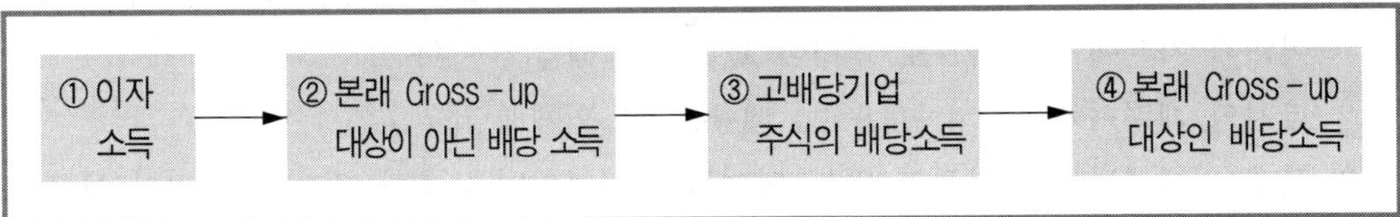

⑨ 출자공동사업자에 대한 배당소득

⑩ 법인과세 신탁재산으로부터 받는 배당금 · 분배금

한편, 최저한세가 적용되지 아니하는 법인세의 비과세 · 면제 · 감면 또는 소득공제를 받은 다음의 법인으로부터 받은 배당소득이 있는 경우에는 감면 등으로 인하여 실제 법인세부담이 없는 다음의 경우에도 Gross-up을 적용하지 아니한다.

배당소득을 지급한 법인	Gross-up 대상에서 제외되는 금액
① 지급배당에 대한 소득공제를 적용받는 유동화전문회사 · 투자회사, 투자목적회사, 투자유한회사 및 투자합자회사 등(법법 51의2)	배당소득 총수입금액×100%
② 지급배당에 대한 소득공제를 적용받는 동업기업(조특법 100의16)	
③ 공장 및 본사를 수도권 밖으로 이전하는 경우 법인세 감면을 적용받는 법인(조특법 63의2)	배당소득 총수입금액× $\left(\dfrac{\text{직전 2개사업연도의 감면대상 소득금액의 합계액}\times\text{감면비율}}{\text{직전 2개사업연도의 총소득금액의 합계액}}\right)$
④ 법인세의 감면을 적용받는 외국법인투자법인(조특법 121의2, 121의4)	
⑤ 법인세의 감면을 적용받는 제주첨단과학기술단지 · 제주투자진흥지구 및 제주자유무역지역 입주법인(조특법 121의8, 121의9)	

바. 금융소득에 대한 과세방법

(1) 원천징수

국내에서 거주자 또는 비거주자에게 이자소득금액 또는 배당소득금액(귀속법인세는 제외)을 지급하는 자는 그 거주자 또는 비거주자에 대한 소득세를 원천징수하여 그 징수일이 속하는 달의 다음달 10일까지 원천징수 관할 세무서, 한국은행 또는 체신관서에 납부하여야 한다(소법 127 ①(1)·(2), 128).

따라서 국내에서 거주자 및 비거주자에게 지급되는 모든 이자소득과 배당소득(귀속법인세는 제외)은 원천징수의 대상이 되는데 반하여, 국외에서 지급되는 이자소득은 원칙적으로 원천징수대상이 되지 않는다. 다만, 예외적으로 외국법인이 발행한 채권·증권에서 발생하는 이자소득 또는 배당소득을 거주자에게 지급하는 경우에는 국내에서 그 지급을 대리하거나 그 지급 권한을 위임 또는 위탁받은 자가 원천징수한다(소법 127 ⑤). 이러한 이자·배당소득에 대한 원천징수세율은 원칙적으로 14%로 한다.

(2) 종합과세와 분리과세

1) 기본적 구조

2001년부터는 그 동안 보류해 왔던 금융소득 종합과세제도가 다시 부활되었다. '금융소득 종합과세'란 이자·배당소득을 종합소득에 합산하여 누진세율로 과세하는 제도인데, 그 구체적인 과세방법은 다음과 같다(소법 14 ③(3)~(6), 129 ①(1)·(2)).

과세방법	금융소득 범위	원천징수세율
㈎ 무 조 건 분리과세	국내에서 지급받은 다음의 이자·배당소득은 종합소득에 합산하지 않고 원천징수로 과세를 종결한다.	
	① 직장공제회 초과반환금	기본세율
	② 비실명 이자·배당소득	45%(90%)
	③ 법인으로 보는 단체 외의 단체가 받는 이자소득·배당소득*	14%
	④ 법원보관금의 이자소득	14%
	⑤ 「조세특례제한법」에 따라 분리과세되는 소득	14%(25%, 9%, 5%)
㈏ 무 조 건 종합과세	① 원천징수되지 않은 이자·배당소득	
	㉠ 국내에서 지급되는 이자·배당**	14(25)%
	㉡ 국외에서 받는 이자·배당	–
	② 출자공동사업자의 배당소득	25%

과세방법	금융소득 범위	원천징수세율
㈐ 조 건 부 종합과세	위 '㈎' 외의 이자·배당소득으로서 거주자의 당해소득(배당가산액과 출자공동사업자의 배당소득 제외)의 합계액이 ① 2천만원 이하인 경우 : 분리과세 ② 2천만원을 초과하는 경우 : 종합과세***	14% (단, 비영업대금의 이익은 25%)

* 법인으로 보는 단체 외의 단체 중 수익을 구성원에게 배분하지 아니하는 단체로서 단체명을 표기하여 금융거래를 하는 단체가 금융회사 등으로부터 받는 이자소득과 배당소득을 말한다.

** 원천징수대상이나 징수되지 않은 이자·배당소득은 2천만원 이하인 경우에도 다른 종합소득에 합산하여 종합과세한다. 따라서 원천징수가 누락된 비영업대금의 이익을 종합소득에 합산하여 소득세를 신고하지 않으면 관할세무서장이 그 소득자에게 직접 다른 종합소득에 합산하여 종합과세한다.

*** 2천만원을 초과하는 경우에는 그 초과하는 이자·배당소득금액만 종합과세하는 것이 아니라 전액 종합과세한다.

이처럼 이자·배당소득금액의 합계액이 2천만원을 초과하는 소득자에 대하여만 종합과세하도록 한 것은 아직은 종합과세의 초기단계인 점을 감안하여 금융저축 등에 미치는 영향을 최소화하고 지나친 행정부담을 피하기 위한 것이다.

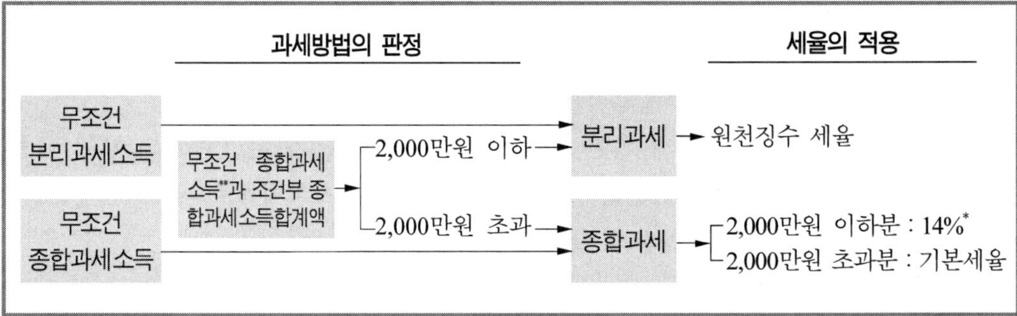

* 종합과세대상 소득이라 할지라도 2,000만원 이하분에 대해서는 14%의 세율을 적용하고, 고배당기업으로부터 받은 배당소득에 대하여는 9%를 적용한다.

** 배당가산액과 출자공동사업자의 배당소득은 포함되지 않는다.

2) 금융소득 종합과세의 적용방법

무조건 종합과세소득과 조건부 종합과세소득 합계액(배당가산액과 출자공동사업자의 배당소득을 제외)이 2천만원 이하인 경우 조건부 종합과세 금융소득은 분리과세되며, 원천징수세율 14%(비영업대금의 이익은 25%)가 적용된다.

한편 무조건 종합과세소득과 조건부 종합과세소득 합계액이 2천만원 이하인 경우에도 원천징수되지 않은 금융소득만 종합과세되며, 원천징수되었을 경우를 가정하여 14%(비영업대금의 이익은 25%)의 세율을 적용한다.

그러나 무조건 종합과세소득과 조건부 종합과세소득 합계액이 2천만원을 초과하는 경우에는 종합과세되는 금융소득 전액에 대해 기본세율(6%~45%)을 적용하면 2천만원을 분기점으로 하여 세부담이 급격히 증가하는 문제점이 있게 되므로, 분리과세되는 경우와 과세형평을 위해서는 종합과세되는 금융소득 중 2천만원까지는 14%(9%)의 세율을 적용하고 2천만원 초과분만을 다른 종합소득과 합산하여 기본세율을 적용하는 것이다.

<table>
<tr><th>구분</th><th colspan="2">종합과세 금융소득</th><th>세 율</th></tr>
<tr><td>무조건+조건부≤2천만원</td><td colspan="2">원천징수되지 않은 금융소득</td><td>14(25)%</td></tr>
<tr><td rowspan="2">무조건+조건부>2천만원</td><td rowspan="2">조건부+무조건 종합과세 금융소득</td><td>2천만원</td><td>14(9*)%</td></tr>
<tr><td>2천만원 초과분</td><td>기본세율</td></tr>
</table>

* 고배당기업으로부터 받은 배당소득에 대하여는 9%를 적용한다.

4

거주자 김영애 씨의 2026년 귀속 이자 · 배당 소득 자료는 다음과 같다.

(1) 정기예금이자	₩4,000,000
(2) 상환기간이 4년인 공채의 이자	8,000,000
(3) 상환기간이 12년인 공채의 이자(분리과세 신청함)	9,000,000
(4) 이칭찬 씨에게 자금을 대여하고 받은 이자	5,000,000
(5) 주권상장법인 A사로부터 받은 배당소득(주식보유기간 10개월)	10,000,000
(6) 협회등록법인 B사로부터 받은 배당소득(주식보유기간 3년이고, 액면금액의 합계 1억원)	2,500,000
(7) 비상장 법인인 C사로부터 받은 배당소득	5,000,000
(8) 비상장 법인인 D사가 자기주식 소각이익을 소각일로부터 2년 내에 자본전입함에 따라 교부받은 무상주식 액면가액(주식보유기간 11개월)	7,000,000
(9) 외국법인인 E사가 발행한 채권의 이자(국내지점에서 지급을 대리함)	2,000,000
(10) 외국법인인 F사로부터 받은 배당소득	6,000,000
(11) 「조세특례제한법」의 분리과세 배당소득(원천징수 세율은 9%)	1,000,000
합 계	₩59,500,000

● 요구사항

거주자 김영애 씨의 2026년 종합과세 대상이 되는 금융소득금액을 계산하고, 김영애 씨가 원천징수 당한 금액을 계산하여라.

 **해답** 1. 거주자 김영애 씨의 금융소득 과세부분

구 분	무조건 분리과세	무조건 종합과세	조건부 종합과세	원천징수세율
(1) 이자소득				
① 정기예금이자			₩4,000,000	14%
② 상환기간 4년인 공채의 이자			8,000,000	14%
③ 상환기간 12년인 공채의 이자	₩9,000,000			30%
④ 이씨로부터 받은 이자			5,000,000	25%
⑤ 외국법인 E사 채권의 이자			2,000,000	14%
(2) 배당소득				
① A사 현금배당			10,000,000*	14%
② B사 현금배당			2,500,000*	14%
③ C사 현금배당			5,000,000*	14%
④ D사 무상주 배당			7,000,000	14%
⑤ 외국법인 F사 배당		6,000,000		–
⑥ 조특법상 분리과세 배당	1,000,000			9%
합 계	₩10,000,000	₩6,000,000	₩43,500,000	

* Gross−up 대상 배당소득

2. 과세방법 판정

무조건 종합과세소득 및 조건부 종합과세소득의 합계금액(49,500,000원)이 20,000,000원을 초과하므로 종합과세 대상이 된다.

3. 종합과세되는 금융소득금액 : ①+②+③ = 51,250,000원

① 이자소득 : 4,000,000+8,000,000+5,000,000+2,000,000 = 19,000,000

② 배당소득 : 10,000,000+2,500,000+5,000,000+7,000,000+6,000,000 = 30,500,000

③ 배당가산액(Gross−up) : Min[29,500,000, 17,500,000]×10% = 1,750,000

4. 원천징수당한금액 : ①+② = 9,430,000원

① 완납적 원천징수금액 : 9,000,000×30%+1,000,000×9%
= 2,790,000원

② 예납적 원천징수금액 : (4,000,000+8,000,000+2,000,000+10,000,000+2,500,000
+5,000,000+7,000,000)×14%+5,000,000×25%
= 6,640,000원

04 사업소득

가. 의 의

사업소득은 영리를 목적으로 독립된 지위에서 계속적으로 영위하는 사업에서 발생하는 소득을 말한다. 즉, 사업이란 영리성·독립성·계속·반복성을 그 속성으로 한다. 이상과 같은 기본적 속성을 모두 갖춘 사업이라 할지라도 작물재배업 등과 같은 사업은 「소득세법」에 사업의 범위에서 제외된다.

사업활동으로 발생되는 소득

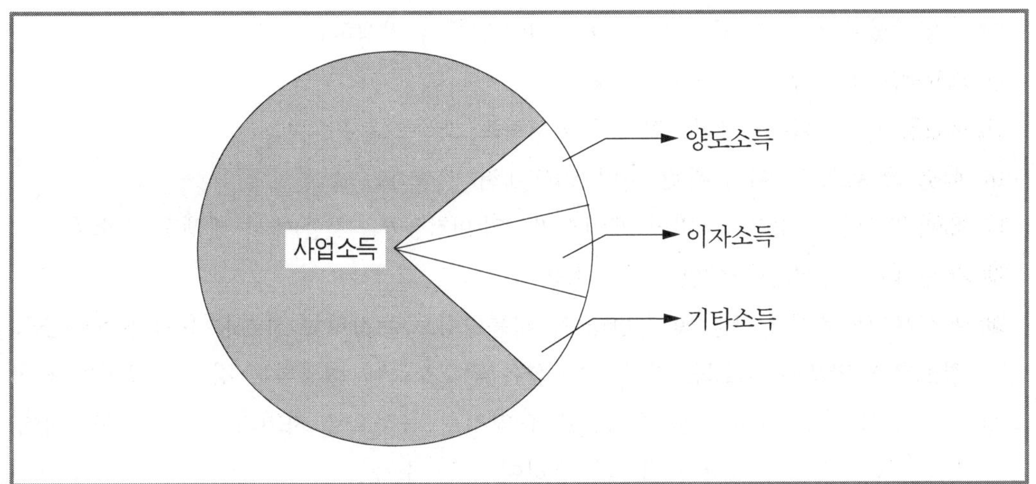

나. 사업소득의 범위

사업소득은 해당 과세기간에 다음의 열거된 사업에서 발생한 소득으로 한다(소법 19, 소령 31~37).

① 농업(작물재배업 중 곡물 및 기타 식량작물 재배업은 제외)·임업 및 어업에서 발생하는 소득

② 광업에서 발생하는 소득

③ 제조업4)에서 발생하는 소득

4) 자기가 제품을 직접 제조하지 아니하고 제조업체에 의뢰하여 제조하는 경우로서 다음의 요건을

④ 전기, 가스, 증기 및 공기조절공급업에서 발생하는 소득
⑤ 수도, 하수 및 폐기물 처리, 원료 재생업에서 발생하는 소득
⑥ 건설업에서 발생하는 소득
⑦ 도매업 및 소매업에서 발생하는 소득
⑧ 운수 및 창고업에서 발생하는 소득
⑨ 숙박 및 음식점업에서 발생하는 소득
⑩ 정보통신업에서 발생하는 소득
⑪ 금융 및 보험업에서 발생하는 소득
⑫ 부동산업에서 발생하는 소득(지역권 등 권리를 대여함으로써 발생하는 소득은 제외)
⑬ 전문, 과학 및 기술서비스업(연구개발업은 제외)에서 발생하는 소득
⑭ 사업시설관리, 사업 지원 및 임대 서비스업에서 발생하는 소득
⑮ 교육서비스업에서 발생하는 소득
⑯ 보건업 및 사회복지서비스업에서 발생하는 소득
⑰ 예술, 스포츠 및 여가 관련 서비스업[5]에서 발생하는 소득
⑱ 협회 및 단체, 수리 및 기타 개인서비스업(인적용역을 포함)에서 발생하는 소득
⑲ 가구 내 고용활동에서 발생하는 소득
⑳ 복식부기의무자가 차량 및 운반구 등 대통령령으로 정하는 사업용 유형자산을 양도함으로써 발생하는 소득. 다만, 부동산은 양도소득에 해당하는 경우는 제외한다.
㉑ '①~⑳'의 소득과 유사한 소득으로서 영리를 목적으로 자기의 계산과 책임 하에 계속·반복적으로 행하는 활동을 통하여 얻는 소득

위에서 열거한 사업의 범위에 관하여는 「소득세법」에 특별한 규정이 있는 경우 외에는 「통계법」에 따라 통계청장이 고시하는 한국표준산업분류에 따르고, 그 밖의 사업소득의 범위에 관하여 필요한 사항은 소령으로 정한다(소법 19 ③).

충족하는 경우에는 이를 제조업으로 본다(소령 31).
㉠ 생산할 제품을 직접 기획(고안 및 디자인, 견본제작 등을 포함한다)할 것
㉡ 그 제품을 자기명의로 제조할 것
㉢ 그 제품을 인수하여 자기 책임하에 직접 판매할 것

5) 연예인 및 직업운동선수 등이 사업활동과 관련하여 받는 전속계약금은 사업소득으로 한다(소령 37 ①).

다. 비과세 및 과세제외 사업소득

(1) 비과세소득

1) 전답의 임대소득

농업소득세와의 이중과세를 피하기 위해서 논·밭을 작물 생산에 이용하게 함으로써 발생하는 소득에 대해서는 소득세를 과세하지 아니한다(소법 12(2)).

2) 주택의 임대소득

1개의 주택을 소유하는 자의 주택임대소득은 과세하지 아니한다. 다만, 고가주택의 임대소득과 국외에 소재하는 주택의 임대소득은 주택수에 관계없이 과세한다(소법 12(2)).

3) 농어가부업소득

농·어민이 영위하는 축산·고공품 제조·민박(「농어촌정비법」에 따른 농어촌 민박사업)·음식물판매·특산물제조·전통차 제조 및 그밖에 이와 유사한 활동에서 발생한 농어가부업소득에 대해서는 소득세를 비과세한다(소법 12(2)). 다만, 부업적인 소득으로서 소득금액의 합계금액이 연 3,000만원을 초과하는 경우에 그 초과하는 금액에 대하여는 소득세를 과세한다. 그러나 다음의 농어가부업 규모의 축산업에서 발생하는 소득은 연 3,000만원을 초과하여도 소득금액의 제한없이 소득세를 비과세한다(소령 9).

농어가부업규모의 축산은 가축별로 이를 적용한다. 다만, 농어가부업규모를 초과하는 사육두수에서 발생한 소득이 있는 경우에는 그 초과소득과 기타 부업에서 발생한 소득을 합산하여 연 3,000만원을 한도로 비과세한다(소칙 6).

농어가부업소득

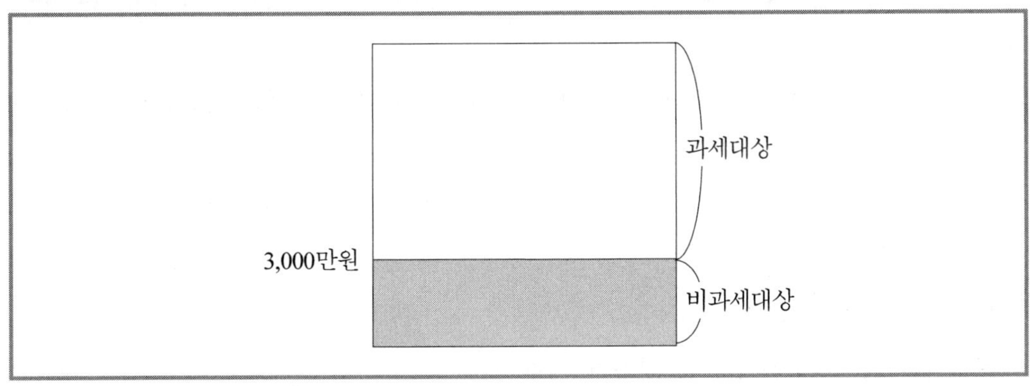

농어가부업적인 축산업의 범위

가 축 별	규 모	비 고
젖소	50마리	① 성축을 기준으로 한다. 다만, 육성우의 경우에는 2마리를 1마리로 본다.
소	50마리	② 사육두수는 매월 말 현황에 의한 평균 두수로 한다.
돼지	700마리	
산양	300마리	
면양	300마리	
토끼	5,000마리	
닭	15,000마리	
오리	15,000마리	
양봉	100군	
개	400마리(단, 2027년말까지 발생하는 소득으로 한정)	

4) 전통주의 제조소득

다음에 해당하는 전통주류를 수도권지역 외의 읍·면지역에서 제조함으로써 발생하는 소득으로서 소득금액의 합계액이 연 1,200만원 이하인 것은 소득세를 비과세한다(소법 12 (2), 소령 9의2).

① 「주세법 시행령」의 주류 중 비과세 대상
  ㉠ 농림수산식품부장관이 추천하는 농·임업인, 생산자단체가 스스로 생산하는 농산물을 주원료로 하여 제조하는 주류
  ㉡ 전통문화의 전수·보전에 필요하다고 인정하여 「문화재보호법」에 의하여 문화재청장 또는 특별시장·광역시장·도지사(특별시·광역시·도 지정문화재에 한한다)가 추천하는 주류
  ㉢ 「식품산업진흥법」에 따라 지정된 주류부문의 전통식품명인에 대하여 농림수산식품부장관이 추천하는 주류
② 관광진흥을 위하여 국토해양부장관이 추천하여 기획재정부령이 정하는 절차를 거친 주류(1991년 6월 30일 이전에 추천한 것)
③ 종전의 「제주도개발특별법」에 의하여 제주도지사가 국세청장과 협의하여 제조허가를 한 주류(1999년 2월 5일 이전에 허가한 것)

5) 임목 벌채·양도소득

조림기간 5년 이상인 임지의 임목의 벌채 또는 양도로 발생하는 소득으로 연 3,000만

원 이하의 금액에 대해서는 소득세를 비과세한다(소법 12(2)).

이 때 조림기간의 계산은 다음과 같이 계산한다(소령 9의3 ①).

① 자기가 조림한 임목에 대하여는 그 식림을 완료한 날부터 이를 벌채 또는 양도한 날까지의 기간

② 도급에 의하여 식림한 임목에 대하여는 그 임목을 인도받은 날부터 이를 벌채 또는 양도한 날까지의 기간

③ 타인이 조림한 임목을 매입한 경우에는 그 매입한 날부터 이를 벌채 또는 양도한 날까지의 기간

④ 증여받은 임목에 대하여는 증여를 받은 날부터 이를 벌채 또는 양도한 날까지의 기간

⑤ 상속받은 임목에 대하여는 피상속인의 '①~④'에 따른 조림개시일부터 상속인의 벌채 또는 양도한 날까지의 기간

⑥ 분수계약(분수계약 : 산지의 소유자, 비용부담자 및 조림을 하는 자가 당사자가 되어 조림을 하고, 그 조림한 산림의 벌채 또는 양도에 의한 수익을 일정률에 따라 나누기로 하는 계약)에 의한 권리를 취득한 경우에는 그 권리의 취득일부터 양도일까지의 기간

6) 작물재배업에서 발생하는 소득

작물재배업에서 발생하는 소득으로서 해당 과세기간의 수입금액 합계액이 10억 이하의 금액에 대해서는 소득세를 비과세한다(소령 9의4 ①).

5

농민 서정우의 연간소득이 다음과 같은 경우 과세대상 소득금액은?

1. 작물재배업 중 곡물재배소득 : 15,000,000원
2. 축산부업소득(매월 말 현황에 의한 평균 젖소 35마리 규모) : 21,000,000원
3. 고공품소득 : 34,000,000원

해답 작물재배업 중 곡물 및 기타 식량작물 재배업에서 발생한 소득은 소득세가 과세되지 않고, 축산부업소득도 농가부업적인 축산업의 범위에 해당되므로 과세되지 아니한다. 다만, 농·어민이 부업으로 영위하는 축산·고공품제조·민박·음식물판매·특산물제조·전통차 제조·어로·양어 및 그밖에 이와 유사한 소득은 합계액이 연간 30,000,000원까지의 소득이 사업소득 중 비과세소득이 되므로 4,000,000원(34,000,000−30,000,000)이 과세대상 소득이 된다.

6

다음 자료에 의해 과세되는 소득을 계산하시오.

1. 축산부업(매월말 현황에 의한 평균 젖소 60마리 : 기준두수는 50마리)에서 발생하는 소득이 연간 37,500,000원 있다.
2. 위의 축산업소득 외에 고공품소득이 26,000,000원 있다.

 해답 1. 37,500,000×(60마리－50마리)/60 ＝ 6,250,000원(축산업소득 비과세 기준 초과분)

2. (6,250,000＋26,000,000)－30,000,000 ＝ 2,250,000원(과세)

* 농가부업규모를 초과하는 사육 두수에서 발생한 소득이 있는 경우에는 그 초과소득과 기타 부업에서 발생한 소득을 합산하여 연 30,000,000원을 한도로 비과세한다(소칙 6).

3. 과세소득(1＋2)＝8,500,000원

7) 어로어업에서 발생하는 소득

어로어업 또는 양식어업에서 발생하는 소득이란 한국표준산업분류에 따른 연근해어업과 내수면어업에서 발생하는 소득으로서 해당 과세기간의 소득금액이 5,000만원 이하인 금액에 대해서는 소득세를 비과세한다(소령 9의5 ①).

(2) 과세 제외

「소득세법」에서는 과세대상 사업소득을 열거하고 있으면서 다음의 경우 사업의 범위에서 제외하고 있으므로 소득세 과세대상이 아니다.

1) 곡물 및 기타 식량작물 재배법

한국표준산업분류상 작물재배업은 농업에 포함되나 「소득세법」은 작물재배업 중 곡물 및 기타 식량작물 재배업을 농업소득에서 제외하고 있다(소법 19 ①(1)).

2) 연구개발업

연구개발업이란 계약 등에 따라 그 대가를 받고 연구 또는 개발용역을 제공하는 것을 제외한 연구개발업을 말한다(소령 33).

3) 교육기관

「유아교육법」에 따른 유치원, 「초·중등교육법」 및 「고등교육법」에 따른 학교, 「근로자직업능력개발법」에 의하여 사업주가 근로자의 직업능력의 개발·향상을 위하여 설치·운영하는 직업능력개발훈련시설, 한국표준산업분류상 달리 분류되지 않은 기타 교육기관 중 노인학교는 교육서비스업에 포함하지 아니하므로 소득세를 과세하지 아니한다(소령 35, 소칙 15).

4) 사회복지사업 및 장기요양사업

사회복지사업 및 장기요양사업은 사회복지를 위한 것이므로 이에 대해서는 소득세를 과세하지 아니한다(소령 36).

5) 소령으로 정하는 협회 및 단체

"소령으로 정하는 협회 및 단체"란 한국표준산업분류의 중분류에 따른 협회 및 단체를 말한다. 다만, 해당 협회 및 단체가 특정사업을 경영하는 경우에는 그 사업의 내용에 따라 분류한다(소령 37 ②).

라. 사업소득의 귀속연도

(1) 개　요

기업회계에서는 손익의 귀속시기에 관하여 발생주의를 채택하고 있다. 수익인식의 기준은 다음 두 가지(동시 충족)로 구분된다.

① 실현되었거나 실현가능해야 한다(realized or realizable).

② 가득되어야 한다(earned).

실현 또는 실현가능이란 현금 또는 현금청구권으로의 교환 또는 교환으로 수취한 자산이 현금 또는 현금청구권으로 용이하게 전환가능함(채권확보)을 의미하고, 가득이란 수익을 얻기 위한 제반 의무의 실질적인 수행(수익창출과정의 실질적인 완료)을 의미한다. 수익창출과정의 실질적인 완료란 수익창출과정에서 가장 결정적인 사건(critical event)이 완료되었음을 의미한다. 비용은 관련되는 수익이 인식되는 시점에 함께 인식된다(수익·비용대응의 원칙).

그러나 기업회계와는 달리 세무회계의 결과는 곧바로 조세법률관계를 성립시키는 특징이 있음을 감안하여 「소득세법」은 소득측정의 보다 확실한 검증을 도모하기 위해 납세의무자의 재산상의 권리나 의무의 확정시점을 귀속시기로 하고 있는 것이다.

거주자의 과세기간 총수입금액 및 필요경비의 귀속연도는 그 총수입금액과 필요경비가 확정된 날이 속하는 과세기간으로 하되(소법 39 ①), 일부의 예외가 있다. 따라서 일반적으로 세법은 기업회계기준과 달리 총수입금액 및 필요경비의 인식기준을 권리의무확정주의에 의한다고 할 수 있다.

(2) 권리의무확정주의

권리의무확정주의는 법률적인 측면에서 수입할 권리의 확정 또는 지급할 의무의 확정이라는 확실한 증거에 의하여 총수입금액 및 필요경비의 귀속연도를 결정하려는 입장이다.

「소득세법」은 제39조 제1항에서 권리의무확정주의를 선언하고 「소득세법 시행령」 제48조에서 거래유형에 따라 권리의무확정주의에 관한 예시규정들을 두고 있다.

권리의 확정이란 「민법」에서 말하는 계약내용의 확정만으로는 불충분하며, 계약의 성립과 효력의 발생에서 한걸음 더 나아가 권리를 실행할 수 있는 상태가 되어야 한다.[6)]

의무의 확정이란 채무의 확정을 의미하며 채무성립의 요건을 갖출 뿐 아니라, 더 나아가서 현실적으로 납부를 계상하여야 할 원인이 되는 사실이 있어야 한다. 그러므로 일반적으로 채무를 이행하여야 할 날이 확정일이 될 것이다.

(3) 기업회계기준 등의 우선적용과 그 예외

거주자가 각 과세기간의 소득금액을 계산할 때 총수입금액 및 필요경비의 귀속연도와 자산·부채의 취득 및 평가에 대하여 일반적으로 공정·타당하다고 인정되는 기업회계의 기준을 적용하거나 관행을 계속 적용하여 온 경우에는 「소득세법」 및 「조세특례제한법」에서 달리 규정하고 있는 경우 외에는 그 기업회계의 기준 또는 관행에 따른다(소법 39 ⑤).

---

6) 대법원 판례는 "소득이 발생하였다고 하기 위하여는 소득이 현실적으로 실현된 것까지는 필요없다고 하더라도 적어도 소득이 발생할 권리가 그 실현의 가능성에 있어 상당히 높은 정도로 성숙·확정되어야 한다고 할 것이고, 따라서 그 권리가 이런 정도에 이르지 아니하고 단지 성립된 것에 불과한 단계로서는 아직 소득세의 과세대상으로서의 소득발생이 있다고 볼 수 없다"(대판 76누25, 1977. 12. 27 선고 ; 대판 79누296, 1980. 4. 22 선고)고 한다.
확정시기는 거래의 유형마다 검토하고 각각의 유형에 따라 타당한 결론을 추출하여야 할 것이다. 대법원 판례도 "구체적으로 어떠한 사실을 가지고 소득이 발생할 권리가 성숙·확정되었다고 할 것인가는 반드시 일률적으로 말할 수는 없고, 다만, 개개의 구체적인 권리의 성질과 내용 및 법률상·사실상의 여러 조건을 종합적으로 고려하여 이를 결정하여야 함이 상당하다"(대판 79누441, 1981. 2. 10 선고)고 보고 있다.

(4) 사업소득의 수입시기

사업소득의 수입시기는 다음에 따른 날로 한다(소령 48).

사업소득의 종류	수입시기
(1) 상품(건물건설업과 부동산 개발 및 공급업의 경우의 부동산을 제외) · 제품 또는 그 밖의 생산품의 판매	그 상품 등을 인도한 날
(2) 상품 등의 시용판매	상대방이 구입의 의사를 표시한 날. 다만, 일정기간 내에 반송하거나 거절의 의사를 표시하지 아니하는 한 특약 또는 관습에 의하여 그 판매가 확정되는 경우에는 그 기간의 만료일로 한다.
(3) 상품 등의 위탁판매	수탁자가 그 위탁품을 판매하는 날
(4) 장기할부조건에 의한 상품 등의 판매	그 상품 등을 인도한 날. 다만, 그 장기할부조건에 따라 수입하였거나 수입하기로 약정한 날이 속하는 과세기간에 당해 수입금액과 이에 대응하는 필요경비를 계상한 경우에는 그 장기할부조건에 따라 수입하였거나 수입하기로 약정된 날. 이 경우 인도일 이전에 수입하였거나 수입할 금액은 인도일에 수입한 것으로 보며, 장기할부기간중에 폐업한 경우 그 폐업일 현재 총수입금액에 산입하지 아니한 금액과 이에 상응하는 비용은 폐업일이 속하는 과세기간의 총수입금액과 필요경비에 이를 산입한다.
(5) 건설 · 제조 기타 용역(도급공사 및 예약매출을 포함하며, 이하에서 '건설 등'이라 한다)의 제공	용역의 제공을 완료한 날(목적물을 인도한 날). 다만, 계약기간이 1년 이상인 경우로서 기획재정부령이 정하는 경우에는 작업진행률을 기준으로 하여야 하며, 계약기간이 1년 미만인 경우로서 기획재정부령이 정하는 경우에는 작업진행률을 기준으로 할 수 있다.
(6) 무인판매기에 의한 판매	당해 사업자가 무인판매기에서 현금을 인출하는 때
(7) 인적용역의 제공	용역대가를 지급받기로 한 날 또는 용역의 제공을 완료한 날 중 빠른 날. 다만, 연예인 및 직업운동선수 등이 계약기간 1년을 초과하는 일신전속계약에 대한 대가를 일시에 받는 경우에는 계약기간에 따라 해당 대가를 균등하게 안분한 금액을 각 과세기간 종료일에 수입한 것으로 하며, 월수의 계산은 해당 계약기간의 개시일이 속하는 달이 1개월 미만인 경우에는 1개월로 하고 해당 계약기간의 종료일이 속하는 달이 1개월 미만인 경우에는 이를 산입하지 아니한다.
(8) 어음의 할인(금융업)	그 어음의 만기일. 다만, 어음의 만기 전에 그 어음을 양도하는 때에는 그 양도일로 한다.
(9) 금융보험업에서 발생하는 이자 및 할인액	실제로 수입된 날

사업소득의 종류	수입시기
⑽ 자산을 임대하거나 지역 · 지상권을 설정하여 발생하는 소득	① 계약 또는 관습에 따라 지급일이 정해진 것 : 그 정해진 날 ② 계약 또는 관습에 따라 지급일이 정해지지 아니한 것 : 그 지급을 받은 날 ③ 임대차계약 및 지역권 · 지상권 설정에 관한 쟁송(미지급금임대료 및 미지급금지역권 · 지상권의 설정대가의 청구에 관한 쟁송은 제외)에 대한 판결 · 화해 등으로 소유자 등이 받게 되어 있는 이미 지난 기간에 대응하는 임대료상당액(지연이자와 그 밖의 손해배상금을 포함) : 판결 · 화해 등이 있은 날. 다만, 임대료에 관한 쟁송의 경우에 그 임대료를 변제하기 위하여 공탁된 금액에 대해서는 그 지급일이 정해진 날로 한다.
⑾ 그 밖의 자산의 매매	대금을 청산한 날. 다만, 대금을 청산하기 전에 소유권 등의 이전에 관한 등기(등록을 포함)를 하거나 해당 자산을 사용수익하는 경우에는 그 등기 · 등록일 또는 사용수익일로 한다.

* 장기할부조건 등에 의하여 자산을 판매하거나 양도함으로써 발생한 채권에 대하여 기업회계기준이 정하는 바에 따라 현재가치로 평가하여 현재가치할인차금을 계상한 경우 당해 현재가치할인차금상당액은 그 계상한 과세기간의 총수입금액에 산입하지 아니하며, 당해 채권의 회수기간 동안 기업회계기준이 정하는 바에 따라 환입하였거나 환입할 금액은 이를 각 과세기간의 총수입금액에 산입한다(소령 48 (10의2)).

7

다음 자료에 의하여 식료품사업을 영위하는 이세상 씨의 2026년도 종합소득금액에 합산될 금액은 얼마인가?

1. 제품을 2027년 2월 4일에 인도하기로 하고 선수금 2,000,000원을 받았다.
   2026년 12월 31일 기말재고는 매가 3,000,000원, 원가 1,500,000원이 있다.
2. 거래상대방인 오소리 씨는 시용판매액 중 매가 2,000,000원, 원가 1,500,000원인 시용품을 2026년 7월 8일에 구입의사를 표시했으나 2026년 12월 31일까지 대금을 지불하지 않고 있다.
3. 2026사업연도 기간 무인판매기에 의한 제품의 판매내역은 다음과 같다.
   무인판매기에서 매가 1,500,000원, 원가 800,000원의 제품을 판매하고 2027년도에 현금을 인취하였다.
4. 남원지역 성춘향 씨에게 위탁판매를 한 내역은 다음과 같다.
   (1) 2026년 10월 1일 발송 : 매가 2,500,000원(원가 2,000,000원)
   (2) 2026년 12월 7일 발송 : 매가 1,000,000원(원가 700,000원)
   (3) 성춘향 씨의 판매내역
      ① 2026년 12월 3일에 2026년 10월 1일분 전부 판매함.
      ② 2026년 12월 20일에 2026년 12월 7일분 1/2 판매함.
      ③ 2027년 1월 17일에 2027년 12월 7일분 1/2 판매함.

 해답

구분	총수입금액	필요경비	근 거
1	–	–	상품 · 제품 또는 기타의 생산품 그 상품 등의 인도한 날 ∴ 2027년도 수입금액임.
2	2,000,000	1,500,000	시용판매 : 상대방이 구입의사를 표시한 날
3	–	–	무인판매기에서 현금을 인취한 때 : 2027년도 귀속임.
4	2,500,000 500,000	2,000,000 350,000	위탁판매 : 수탁자가 그 위탁품을 판매한 날 2026년 12월 7일 발송분 중 1/2은 2026년도 귀속임.
계	5,000,000	3,850,000	

∴ 사업소득금액 : 5,000,000－3,850,000 ＝ 1,150,000원

1) 장기할부조건

장기할부조건이라 함은 상품 · 제품 또는 생산품의 판매, 자산의 양도(국외거래에 있어서의 소유권이전조건부약정에 의한 자산의 임대를 포함)로서 판매금액 또는 수입금액을 월부 · 연부 · 그 밖의 지급방볍에 따라 2회 이상으로 분할하여 수입하는 것 중 해당 목적물의 인도일의 다음날부터 최종의 할부금의 지급기일까지의 기간이 1년 이상인 것을 말한다(소칙 19).

8

다음 자료에 의하여 물음에 답하시오.

1. 2026년 5월 1일 할부판매금액 : 8,000,000원
2. 동 매출원가 : 6,400,000원
3. 회수조건 5월 말일부터 매월 말 500,000원씩 16회 회수

(물음 1) 회사가 인도기준에 의거 계상할 경우 2026년도 총수입금액과 필요경비를 구하라.

(물음 2) 회사가 수입하기로 약정한 날에 총수입금액과 필요경비를 계상한 경우 2026년도, 2027년도 총수입금액과 필요경비를 구하라.

해답 (물음 1) 장기할부판매이지만 회사가 인도기준에 의거 계상할 경우 세법에서 수용한다.

⑴ 2026년도 총수입금액 : 8,000,000원

⑵ 2026년도 필 요 경 비 : 6,400,000원

(물음 2) 장기할부판매이지만 회사가 회수기준에 의거 장부에 계상한 경우 세법에서 수용한다.

구 분	총수입금액	필요경비
2026년도 2027년도	500,000원×8개월 = 4,000,000원 500,000원×8개월 = 4,000,000원	4,000,000원×0.8% = 3,200,000원 4,000,000원×0.8% = 3,200,000원
합 계	8,000,000원	6,400,000원

* 매출원가비율$=\frac{6,400,000}{8,000,000}=0.8$

2) 건설 또는 제조에 관한 장기도급계약

건설 또는 제조에 관하여 계약기간이 1년 이상의 장기도급계약을 체결한 경우에는 각 연도의 총수입금액에 산입할 금액은 계약금액에 작업진행률을 곱하여 계산한 금액에서 직전 과세기간까지 총수입금액으로 계상한 금액을 차감한 금액으로 한다(소칙 20 ①).

작업진행률은 다음 산식에 의하여 계산한다. 다만, 공사수익의 실현이 작업시간이나 작업일수 또는 기성공사의 면적이나 물량 등과 비례관계가 있고, 전체공사에서 이미 투입되었거나 완성된 부분이 차지하는 비율을 객관적으로 산정할 수 있는 도급공사의 경우에는 그 비율을 적용할 수도 있다(소칙 20 ③).

해당 과세기간의 총수입금액 = 계약금액 × 작업진행률* − 직전과세기간까지의 총수입금액산입 누적액

* 작업진행률 $=\frac{\text{해당 과세기간말까지 발생한 필요경비 총누적액}}{\text{필요경비 총예정액}}$

필요경비 총예정액은 건설업회계처리기준을 적용 또는 준용하여 도급계약 당시 추정한 공사원가에 해당 과세기간말까지의 변동상황을 반영하여 합리적으로 추정한 공사원가를 말한다(소칙 20 ④).

9

아래와 같은 경우 용인건설이 2026년도에 계상하여야 할 총수입금액을 계산하라.

1. 공 사 명 : 기홍천 하천공사
2. 공사기간 : 2026년 7월 1일~2027년 12월 31일
3. 도급금액 : 100,000,000원
4. 필요경비 총예정액 : 89,600,000원
5. 당기 필요경비 : 4,480,000원

해답 1. 총수입금액 = 도급금액×작업진행률
= 100,000,000×5% = 5,000,000원

2. 작업진행률 $= \frac{\text{해당 과세기간말까지 발생한 필요경비 총누적액}}{\text{필요경비 총예정액}} = \frac{4,480,000}{89,600,000} = 5\%$

마. 사업소득금액의 계산

사업소득금액은 해당 과세기간의 총수입금액에서 이에 사용된 필요경비를 공제한 금액으로 하며, 필요경비가 총수입금액을 초과하는 경우 그 초과하는 금액을 "결손금"이라 한다(소법 19 ②). 전년도에 사업소득에서 발생한 이월결손금이 있는 경우에는 이를 공제한 금액으로 하며, 비과세소득은 합산하지 아니한다.

사업소득금액 = 총수입금액(비과세소득 제외)－필요경비－이월결손금

그러나 소득원천설을 따르는 개인의 사업소득 계산은 법인의 각 사업연도소득 계산과 차이가 있다. 예를 들면 매매목적이 아닌 유가증권의 처분손익과 평가손익을 각각 총수입금액과 필요경비로 보지 아니한다. 그런데, 복식부기의무자가 사업용 유형자산을 양도하는 경우 차량 및 운반구 등 모든 사업용 유형자산(양도소득으로 과세되는 부동산은 제외)의 처분손익을 사업소득으로 과세한다(소법 19 ① ⒇).

바. 총수입금액 · 필요경비 · 필요경비 불산입의 계산

총수입금액의 계산, 필요경비의 계산, 필요경비불산입의 계산은 법인세 계산원리와 같으므로 「법인세법」에서 공부하기로 한다.

사. 법인세법에 각 사업연도소득과 소득세법에 사업소득의 차이

(1) 과세소득 범위 및 과세방법에서의 차이

「소득세법」은 원칙적으로 소득원천설에 입각하여 일정한 원천에서 경상적 · 계속적으로 발생하는 것만을 과세소득으로 열거하고 있으며, 불규칙적 · 우발적으로 발생하는 것은 과세소득의 범위에 포함시키지 않고 있다.

이에 반하여 「법인세법」은 순자산증가설에 입각하고 있기 때문에 경상적 · 계속적인 소득뿐 아니라 불규칙적 · 우발적으로 발생하는 소득도 과세소득에 포함한다. 또한 소득을 발생원천별로 구별함이 없이 무차별적으로 종합하여 소득금액을 계산한다.

이러한 점 때문에 구체적으로 다음과 같은 차이가 초래된다.

과세소득 범위 및 과세방법에서의 차이

구 분	소 득 세 법	법 인 세 법
(1) 수입이자와 수입배당금	사업소득에서 제외	각 사업연도소득에 포함
(2) 부동산임대소득	사업소득에 포함	각 사업연도소득에 포함
(3) 농업 중 곡물 및 기타 식량작물 재배업에서 발생하는 소득	사업소득에서 과세제외	각 사업연도소득에 포함 * 농업소득세는 기납부세액으로 공제
(4) 대손충당금	① 정상적인 영업거래에서 발생하는 채권에 대하여만 설정가능(따라서 금융업의 경우를 제외하고는 대여금에 대해 설정 불가능) ② 설정률 : Max [1%, 직전과세기간의 대손실적률]	① 정상적인 영업거래에서 발생하는 채권이 아니라 하더라도 설정가능(따라서 대여금에 대하여도 설정 가능) ② 설정률 : Max [1%(금융기관은 2%), 직전 사업연도의 대손실적률]
(5) 유형자산의 임의평가차익	총수입금액 불산입	익금불산입 * 관계법령에 의한 경우에는 익금으로 인정
(6) 유가증권처분손익과 유형자산처분손익	① 원칙 : 총수입금액 · 필요경비에 불산입 ② 예외 : 복식부기의무자의 사업용 유형자산(양도소득으로 과세되는 부동산은 제외)의 처분손익을 사업소득으로 과세함	익금 또는 손금에 산입
(7) 시설개체 등으로 인한 생산설비 폐기손실	(장부가액－처분가액)을 필요경비로 인정(소령 67 ⑥)	(장부가액－1,000원)을 손금인정

구 분	소 득 세 법	법 인 세 법
(8) 일시상각충당금과 압축기장충당금	① 토지에 대한 압축기장충당금 설정 불가능 ② 공사부담금으로 취득한 유형자산가액의 손금산입 : 없음 ③ 결산조정 강제	① 토지에 대한 압축기장충당금 설정 가능 ② 공사부담금으로 취득한 유형자산가액의 손금산입 : 있음 ③ 신고조정 허용
(9) 결손금과 이월결손금의 공제	① 결손금의 공제 : 있음(소급공제 가능) ② 이월결손금의 공제 : 있음(사업소득의 이월결손금을 다른 소득에서 공제할 수 있음)	① 결손금의 공제 : 있음(소급공제 가능) ② 이월결손금의 공제 : 있음(다른 소득에서 공제하는 제도는 있을 수 없음)

(2) 개인과 법인의 차이

개인은 출자금을 등기하지 않고 사업주는 별도 절차없이 직접 사업소득의 귀속주체가 되므로 출자금이 수시로 변동한다. 이러한 점 때문에 구체적으로 다음과 같은 차이가 초래된다.

그러나 법인은 출자자로부터 독립한 별개의 실체로서, 자본금을 등기하고 출자를 초과하는 순자산 증가분은 잉여금으로 계상하며, 출자자에 대한 이익분배는 법정절차에 의해야 한다.

개인과 법인의 차이

구 분	소 득 세 법	법 인 세 법
(1) 대표자 · 사업주에 대한 급여 및 퇴직급여충당금	① 사업주에 대한 급여 : 필요경비 불산입 ② 사업주에 대하여는 퇴직급여충당금의 설정이 불가능	① 대표자에 대한 급여 : 손금인정 ② 대표자도 퇴직급여충당금의 설정대상
(2) 재고자산의 자가소비	자가소비액을 총수입금액에 산입 * 그 원가는 필요경비로 인정 * 다른 제품의 원재료 등으로 사용한 부분은 총수입금액 불산입	규정 없음
(3) 가사관련경비	필요경비 불산입	규정 없음

구 분	소득세법	법인세법
(4) 자기자본 또는 출자금의 계산	출자금 = 자산−부채 * 과세기간 종료일 현재의 재무상태표에 의하여 계산 * (−) : 초과인출금 * 사업주의 인출금과 사업주에 대한 가지급금 : 자산에서 제외(인정이자도 계산하지 않음) * 사업주로부터의 가수금 : 부채에서 제외	자기자본 = 자산−부채 * 사업연도 종료일 현재의 재무상태표에 의해 계산
(5) 소득처분	① 세무조정금액이 기업 외부로 유출된 경우 : 귀속자의 소득으로 처분하지 않음(사업주가 인출하여 증여한 것으로 본다) ② 세무조정금액이 기업 내부에 남아 있는 경우 : 명문규정은 없으나 실무상 유보처분하여 관리함	① 세무조정금액이 사외유출된 경우 : 귀속자의 소득으로 처분하여 귀속자의 소득세 납세의무 유발 ② 세무조정금액이 사내에 남아 있는 경우 : 유보로 처분하여 관리함

10

다음 자료에 의하여 문구류 제조업을 영위하는 강남상사의 2026년도 분의 사업소득금액을 계산하시오.

손 익 계 산 서

강남상사 제10기(2026. 1. 1.~12. 31.)

매출원가	672,750,000	매출액	750,262,000
급료	36,750,000	이자수익	1,875,000
상여금	5,700,000	배당금수익	3,000,000
퇴직금	1,368,000		
세금과공과	4,500,000		
지급수수료	1,874,000		
소모품비	3,675,000		
감가상각비	1,500,000		
수선비	825,000		
기업업무추진비	3,600,000		
잡비	1,875,000		
지급이자와할인료	3,750,000		
잡손실	600,000		
유가증권처분손실	150,000		
당기순이익	16,220,000		
	755,137,000		755,137,000

<세무조정사항>

1. 급료 중 사업주의 급여 4,000,000원과 그의 배우자에게 지급한 급료 2,000,000원이 포함되어 있으나 사업주의 배우자는 해당 공장에서 근무하고 있다.
2. 기업업무추진비 중 340,000원의 해외기업업무추진비가 포함되어 있다.
3. 세금과 공과금의 내역은 다음과 같다.

① 종합소득세	2,700,000원
② 자동차세	112,000원
③ 대납한 원천징수세	765,000원
④ 업무와 관련하여 발생한 교통사고벌과금	563,000원
⑤ 산재보험료의 가산금	360,000원
계	4,500,000원

4. 감가상각비 중 필요경비 한도초과액 1,000,000원이 있다.
5. 배당금수익은 상장법인의 주주로서 받은 금액이다.
6. 이자수익 1,875,000원을 정기적금이자이다.
7. 지급이자 중 750,000원은 채권자불분명 차입금이자이다.
8. 잡손실 600,000원은 사업용 자동차 매각손실이다.
9. 과세기간 종료일 현재의 출자총액은 10,000,000원이다.
10. 당해 사업자는 상기의 손익계산서상 계상되어 있는 소득 이외의 다른 소득은 없다.
11. 강남상사는 「조세특례제한법」의 중소기업이다.

 해답

1. 회사결산상 당기순이익		16,220,000원
2. 총수입금액산입 및 필요경비 불산입		10,288,000원
① 사업주급여	4,000,000*	
② 종합소득세	2,700,000***	
③ 대납한 원천징수세	765,000***	
④ 업무관련발생 교통사고벌과금	563,000***	
⑤ 산재보험료 가산금	360,000***	
⑥ 감가상각비	1,000,000	
⑦ 채권자불분명 차입금이자	750,000	
⑧ 유가증권처분손실	150,000	
3. 필요경비 산입 및 총수입금액 불산입		4,875,000원
① 배당금수익	3,000,000****	
② 이자수익	1,875,000****	

4. 사업소득금액

16,220,000 + 10,288,000 − 4,875,000 = 21,633,000원

* 사업주의 급여는 사업소득금액 계산시 필요경비에 산입하지 아니한다. 다만, 사업주의 배우자 또는 부양가족이 오로지 그 사업주의 사업에 직접 종사하고 있는 경우에는 이를 사용인으로 보아 동 배우자 또는 부양가족에게 지급한 급료는 필요경비에 산입한다(소칙 24 ① · 소기통 27-3).

** 기업업무추진비한도액 계산

1. 기업업무추진비한도액

$$36,000,000 \times \frac{12}{12} + (750,262,000) \times \frac{30}{10,000} = 38,250,786\text{원}$$

2. 기업업무추진비한도미달액

3,600,000－38,250,786 = △34,650,786(한도미달액)

*** 세금과공과 중 사업주 종합소득세, 대납한 원천징수세(소기통 33－1), 업무와 관련하여 발생한 교통사고벌과금, 산재보험료가산금(소기통 33－2)은 필요경비에 산입하지 않는다.

**** 상장법인의 주주로서 받은 수입배당금과 은행의 정기적금이자는 조건부 종합과세로 과세되고 사업소득금액계산상 총수입금액에 불산입하여야 하며, 종합소득금액계산에 합산해야 할지 여부는 별도로 판정을 해야 된다.

05 부동산임대업에서 발생한 사업소득

가. 부동산임대업 사업소득의 범위

부동산임대업에서 발생하는 사업소득은 다음에 해당하는 사업에서 발생하는 소득을 말한다(소법 45 ②, 소령 101 ① · ②).

① 부동산 또는 부동산상의 권리를 대여하는 사업. 다만, 「공익사업을 위한 토지 등의 취득 및 보상에 관한 법률」에 따른 공익사업과 관련하여 지역권 · 지상권(지하 또는 공중에 설정된 권리를 포함한다)을 설정하거나 대여함으로써 발생하는 기타소득으로 과세하고, 그 밖의 지역권 · 지상권의 설정 · 대여소득은 사업소득으로 구분하여 과세한다.

② 공장재단 또는 광업재단을 대여하는 사업

③ 광업권자 · 조광권자 또는 덕대가 채굴 시설과 함께 광산을 대여하는 사업을 말한다. 다만, 광업권자등이 자본적 지출이나 수익적 지출의 일부 또는 전부를 제공하는 것을 조건으로 광업권 · 조광권 또는 채굴에 관한 권리를 대여하고 덕대 또는 분덕대로부터 분철료를 받는 것은 제외한다. 이러한 분철료는 광업에서 발생하는 사업소득에 해당한다.

여기서 "대여"란 전세권 기타 권리를 설정하고 그 대가를 받는 것과 임대차계약과 그 밖의 방법에 의하여 물건 또는 권리를 사용 또는 수익하게 하고 그 대가를 받는 것을 말한다.

나. 부동산임대업의 비과세 사업소득

(1) 의 의

전답을 작물생산에 이용하게 함으로 인하여 발생하는 소득과 1개의 주택을 소유하는 자가 해당 주택(주택부수토지를 포함)을 임대하고 지급받는 소득(고가주택의 임대소득은 제외)에 대해서는 소득세를 과세하지 아니한다. 다만, 국외에 소재하는 주택의 임대소득은 주택 수에 관계없이 과세한다(소법 12 (2), 소령 8의2 ①). 전답 임대소득은 농업소득세와의 이중과세를 피하고, 주택 임대소득을 정상과세하기 위하여 1주택 소유자 주택 임대소득에 대해서는 소득세를 비과세하는 것이다. 그러나 1개의 고가주택 소유자에 대한 임대소득에 과세하며, "고가주택"이란 과세기간 종료일 또는 해당 주택의 양도일 현재 「소득세법」에 따른 기준시가(개별주택가격 및 공동주택가격)가 12억원을 초과하는 주택을 말한다(소령 8의2 ⑤).

▼ 주택임대소득 과세대상

주택수(부부합산)	월 세	보증금
1주택	비과세*	비과세
2주택	과세	비과세
3주택 이상	과세	과세**

* 기준시가가 12억원을 초과하는 주택 및 국외에 소재하는 주택의 임대소득은 과세한다(소법 12).
** 전용면적 40㎡ 이하로서 해당 과세기간 기준시가 2억원 이하인 주택은 2026.12.31.까지 간주임대료 계산대상 주택 수 산정시 제외한다(소법 25 ①).

(2) 주택수의 계산

주택수의 계산은 다음과 같이 한다(소령 8의2 ②).

① 다가구주택은 1개의 주택으로 보되, 구분 등기된 경우에는 각각을 1개의 주택으로 계산한다.

② 공동소유하는 주택은 지분이 가장 큰 사람의 소유로 계산(지분이 가장 큰 사람이 2인 이상인 경우로서 그들이 합의하여 그들 중 1인을 당해 주택의 임대수입의 귀속자로 정한 경우에는 그의 소유로 계산한다). 다만, 다음 중 어느 하나에 해당하

는 사람은 전단에 따라 해당 공동소유하는 주택을 소유하는 것으로 계산되지 아니하는 경우라도 그 사람의 소유로 계산한다.

㉠ 해당 공동소유하는 주택을 임대하여 얻은 수입금액이 연간 600만원 이상인 사람

㉡ 해당 공동소유하는 주택의 기준시가가 12억원을 초과하는 경우로서 그 주택의 지분을 30%를 초과하여 보유하는 사람

③ 임차 또는 전세받은 주택을 전대하거나 전전세하는 경우에는 당해 임차 또는 전세받은 주택을 임차인 또는 전세받은 자의 주택으로 계산한다.

④ 본인과 배우자가 각각 주택을 소유하는 경우에는 이를 합산. 다만, 공동소유하는 주택 하나에 대하여 본인과 배우자가 각각 소유하는 주택으로 계산되는 경우 다음에 따라 본인과 배우자 중 1인의 주택으로 보아 합산한다.

㉠ 본인과 배우자 중 지분이 더 큰 사람의 소유로 계산

㉡ 본인과 배우자의 지분이 같은 경우, 그들 중 1인을 당해 주택의 임대수입의 귀속자로 합의하여 정할 때에는 그의 소유로 계산

(3) 주택과 주택부수토지의 범위

"주택"이란 상시 주거용(사업을 위한 주거용의 경우는 제외)으로 사용하는 건물을 말하고, "주택부수토지"란 주택에 딸린 토지로서 다음에 해당하는 면적 중 넓은 면적 이내의 토지를 말한다(소령 8의2 ②).

① 건물의 연면적(지하층의 면적, 지상층의 주차용으로 사용되는 면적, 피난안전구역의 면적 및 주민공동시설의 면적은 제외)

② 건물이 정착된 면적에 5배(도시지역 밖의 토지의 경우 : 10배)를 곱하여 산정한 면적

또한, 주택과 부가가치세가 과세되는 사업용 건물이 함께 설치되어 있는 경우 그 주택과 주택부수토지의 범위는 다음의 구분에 따른다. 이 경우 주택과 주택부수토지를 2인 이상의 임차인에게 임대한 경우에는 각 임차인의 주택 부분의 면적(사업을 위한 거주용은 제외)과 사업용건물 부분의 면적을 계산하여 각각 적용한다(소령 8의2④).

① 주택 부분의 면적이 사업용건물 부분의 면적보다 큰 때에는 그 전부를 주택으로 본다. 이 경우 해당 주택의 주택부수토지의 범위는 건물의 연면적과 건물 정착면적 5배(10배) 면적 중 넓은 면적 이내의 토지를 말한다.

② 주택 부분의 면적이 사업용건물 부분의 면적과 같거나 그 보다 작은 때에는 주택 부분 외의 사업용건물 부분은 주택으로 보지 아니한다. 이 경우 해당 주택의 주택

부수토지의 면적은 총토지면적에 주택 부분의 면적이 총건물면적에서 차지하는 비율을 곱하여 계산하며, 그 범위는 건물의 연면적과 건물 정착면적 5배(10배) 면적 중 넓은 면적 이내의 토지를 말한다.

다. 부동산임대업 사업소득의 수입시기

부동산임대업 사업소득의 수입시기는 다음에 따른 날로 한다(소령 48 (10의4)).

구 분	수입시기
(1) 계약 또는 관습에 의하여 지급일이 정하여진 것	그 정하여진 날
(2) 그 지급일이 정하여지지 아니한 것	그 지급을 받은 날
(3) 임대차계약 및 지역권 · 지상권 설정에 관한 쟁송(미지급금임대료 및 미지급금지역권 · 지상권의 설정대가의 청구에 관한 쟁송을 제외함)에 대한 판결 · 화해 등으로 인하여 소유자 등이 받게 되어 있는 이미 경과한 기간에 대응하는 임대료 상당액(지연이자와 그 밖의 손해배상금을 포함)	그 판결 · 화해 등이 있는 날. 다만, 임대료에 관한 쟁송의 경우에 그 임대료를 변제하기 위하여 공탁된 금액에 대해서는 그 지급일이 정하여진 날

라. 부동산임대업 사업소득의 소득금액 계산

부동산임대업 사업소득금액은 해당 과세기간의 총수입금액에서 이에 사용된 필요경비를 공제한 금액으로 하고, 비과세소득과 분리과세 주택임대소득은 합산하지 아니한다(소법 19 ②). 여기서 분리과세 주택임대소득은 주거용 건물 임대업에서 발생하는 수입금액 합계액이 2천만원 이하인 경우 종합과세와 분리과세 중 선택 가능하다.

부동산임대업 사업소득금액 = 총수입금액(비과세 · 분리과세 소득 제외) − 필요경비

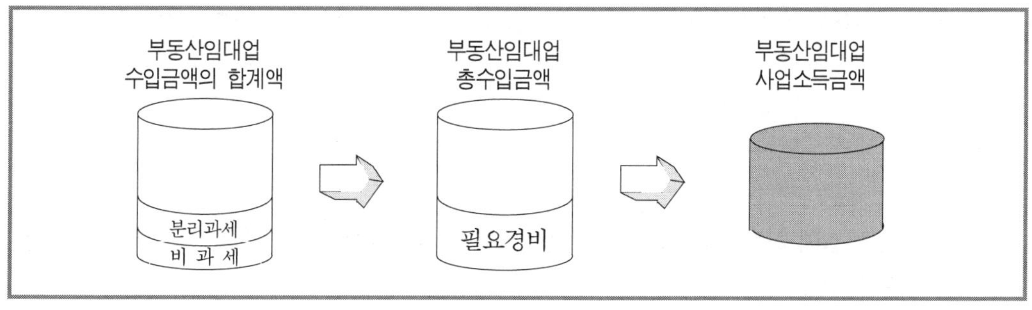

(1) 부동산임대업 총수입금액의 계산

1) 일반적인 경우

부동산임대업의 총수입금액은 부동산 등을 대여하고 그 대가로 해당 과세기간에 수입하였거나 수입할 금액의 합계액으로 한다(소법 24 ①).

부동산임대사업자가 부동산을 임대하고 임대료 이외에 유지비나 관리비 등의 명목으로 지급받는 금액 중 전기료·수도료 등의 공공요금을 제외한 청소비·난방비 등은 부동산임대업의 총수입금액에 산입한다. 이 경우 전기료·수수료 등의 공공요금의 명목으로 지급받은 금액이 공공요금의 납부액을 초과할 때에는 그 초과하는 금액은 부동산임대업의 총수입금액에 산입한다(소기통 24－51…1).

구　분	원　칙	예　　외
(1) 공공요금(전기료·수도료 등)	총수입금액 불포함	공공요금 납부액을 초과하여 받는 금액은 부동산임대업의 총수입금액에 산입한다.
(2) 관리비	총수입금액 포함	청소·난방 등의 사업이 부동산임대사업과 객관적으로 구분되는 경우에는 청소·난방 관련 사업소득 총수입금액에 산입한다.

2) 선세금의 경우

부동산을 임대하거나 지역권·지상권을 설정 또는 대여하고 받은 선세금(先貰金)에 대한 총수입금액은 그 선세금을 계약기간의 월수로 나눈 금액의 각 과세기간의 합계액을 총수입금액으로 한다. 이 경우에 월수의 계산은 해당 계약기간의 개시일이 속하는 달이 1월 미만인 경우에는 1월로 하고 해당 계약기간의 종료일이 속하는 달이 1월 미만인 경우에는 이를 산입하지 아니한다(소령 51 ③, 소칙 21).

$$\text{해당 과세기간 총수입금액} = \frac{\text{선세금}}{\text{계약기간의 월수}} \times \text{해당 과세기간의 대여기간의 월수}$$

11

2026년 6월 15일에 2년 계약으로 선세금 24,000,000원을 받은 경우 2026년도 부동산임대업의 사업소득의 총수입금액은?

해답 총수입금액 $= \frac{\text{선세금}}{\text{계약기간의 월수}} \times$ 해당 과세기간의 대여기간의 월수 $= \frac{24,000,000}{24} \times 7$
$= 7,000,000$원

3) 보증금 · 전세금 등의 간주임대료 계산

(가) 적용대상

거주자가 부동산 또는 그 부동산상의 권리 등을 대여하여 보증금·전세금 또는 이와 유사한 성질의 금액을 받은 경우에는 간주임대료를 계산하여 총수입금액에 산입한다.

다만, 주택(주거의 용도로만 쓰이는 면적이 1호(戶) 또는 1세대당 40㎡ 이하인 주택으로서 해당 과세기간의 기준시가가 2억원 이하인 주택은 2026년 12월 31일까지는 주택 수에 포함하지 아니한다)을 대여하고 보증금등을 받은 경우에는 다음의 어느 하나에 해당하는 경우를 말한다(소법 25 ①).

① 3주택 이상을 소유하고 해당 주택의 보증금등의 합계액이 3억원을 초과하는 경우

② 2주택(해당 과세기간의 기준시가가 12억원 이하인 주택은 주택 수에 포함하지 아니한다)을 소유하고 해당 주택의 보증금등의 합계액이 12억원을 초과하는 경우

(나) 간주임대료의 계산

총수입금액에 산입할 간주임대료는 다음 산식에 의하여 계산한다. 이 경우 총수입금액에 산입할 금액이 영(0)보다 적은 때에는 이를 없는 것으로 보며, 적수의 계산은 매월 말 현재 보증금등의 잔액에 경과일수를 곱하여 계산할 수 있다(소령 53 ③).

① 소득금액을 장부기장에 따라 계산하는 경우

㉠ 주택과 주택부수토지를 임대하는 경우(주택부수토지만 임대하는 경우는 제외)

총수입금액에 산입할 금액=(해당 과세기간의 보증금등−3억원의 적수*)×60/100 ×1/365**×정기예금이자율−(해당 과세기간의 해당 임대사업부분에서 발생한 수입이자와 할인료 및 배당금의 합계액)

* 보증금등을 받은 주택이 2주택 이상인 경우에는 보증금등의 적수가 가장 큰 주택의 보증금등부터 순서대로 뺀다.

** 윤년의 경우에는 366

㉡ 그 밖의 경우

총수입금액에 산입할 금액=(해당 과세기간의 보증금등의 적수−임대용부동산의 건설비 상당액의 적수)×1/365*×정기예금이자율−(해당 과세기간의 해당 임대사업부 분에서 발생한 수입이자와 할인료 및 배당금의 합계액)

* 윤년의 경우에는 366

② 소득금액을 추계신고 또는 추계조사결정하는 경우

㉠ 주택과 주택부수토지를 임대하는 경우(주택부수토지만 임대하는 경우는 제외)

총수입금액에 산입할 금액=(해당 과세기간의 보증금등−3억원의 적수*)×60/100 ×1/365**×정기예금이자율

* 보증금등을 받은 주택이 2주택 이상인 경우에는 보증금등의 적수가 가장 큰 주택의 보증금등부터 순서대로 뺀다.

** 윤년의 경우에는 366

㉡ 그 밖의 경우

총수입금액에 산입할 금액=해당 과세기간의 보증금등의 적수×1/365*×정기예금이자율

* 윤년의 경우에는 366

위 산식에서 '정기예금이자율'은 과세기간 종료일 현재 「은행법」에 따라 인가를 받은 은행으로서 서울특별시에 본점을 둔 은행의 계약기간 1년의 정기예금이자율의 평균을 감안하여 국세청장이 정하는 이자율을 말한다(소칙 23①).

'임대용 부동산의 건설비상당액'이라 함은 다음에 해당하는 금액을 말하며, 임대사업부분에서 발생한 수입이자 · 할인료 및 배당금은 비치 · 기장한 장부나 증빙서류에 의하여 당해 임대보증금 등으로 취득한 것이 확인되는 금융자산으로부터 발생한 것에 한한다(소령 53⑤ · ⑥).

㉠ 지하도를 건설하여 국유재산법 기타 법령에 의하여 국가 또는 지방자치단체에 기부채납하고 지하도로 점용허가(1차 무상점용허가기간에 한한다)를 받아 이를 임대하는 경우에는 다음 산식에 의한 지하도 건설비 상당액(소칙 23②(1))

$$\text{건설비 상당액} = \text{지하도의 건설비} \times \frac{\text{임대면적}}{\text{임대가능면적}}$$

㉡ 그 밖의 임대용 부동산에 있어서는 다음 산식에 의한 당해 임대용 부동산의 건설비 상당액(토지가액과 재평가차액을 제외하나 건축물의 취득가액은 자본적지출액을 포함한다)(소칙 23②(2))

$$\text{건설비 상당액} = \text{임대용 부동산의 매입} \cdot \text{건설비} \times \frac{\text{임대면적}}{\text{건축물의 연면적}}$$

12

다음에 주어진 자료에 의하여 부동산임대업자인 서민자 씨의 2026년도 부동산임대업에 대한 사업소득의 총수입금액을 계산하면?

1. 부동산계약내용은 다음과 같다.

임대내용	계약일자	보증금	월임대료	관 리 비	공공요금	비 고
점 포	2025.12.31	10,000,000	500,000	매월 100,000	연 240,000	
사무실	2026. 3. 1	없음	1,000,000	매월 150,000	연 1,200,000	
고 가 주 택	2026. 4. 1	300,000,000	4,000,000	없음	임차자가 스스로 부담	계약기간 (2026.4.1 ~ 2027.3.31)

2. 장부는 비치되어 있지 않다.
3. 사무실의 1년간 공공요금은 1,000,000원이나 초과금액 200,000원을 임차자에게 돌려주지 아니하였다.
4. 공공요금은 전기료 · 수도료 등이며, 관리비는 청소비 · 난방비 등을 말한다.
5. 서민자 씨는 주택을 3채(주택의 기준시가 모두 3억원을 초과함) 보유하고 있으며 고가주택 1채를 임대하고 있으며, 고가주택에 대한 임대료는 계약기간 동안의 1년분 48,000,000원 전액을 2026년 4월 1일 영수하였다. 또한 고가주택의 과세기간 종료일 현재의 개별주택가격이 13억이다.
6. 2026년 정기예금이자율은 10%(1년간 불변)이다.
7. 1년은 365일로 한다.

 해답

1. 점포분
   (1) 월임대료 : 500,000 × 12월 = 6,000,000원
   (2) 관 리 비 : 100,000 × 12월 = 1,200,000원
   (3) 간주임대료 계산 : $10,000,000 \times 365 \times \frac{1}{365} \times 10\% = 1,000,000$원
   (4) 계 : (1)+(2)+(3) = 8,200,000원
2. 사무실분
   (1) 월임대료 : 1,000,000 × 10월 = 10,000,000원
   (2) 관 리 비 : 150,000 × 10월 = 1,500,000원
   (3) 공공요금초과액 : 1,200,000 − 1,000,000 = 200,000원
   (4) 계 : (1)+(2)+(3) = 11,700,000원
3. 고가주택분
   $48,000,000 \times \frac{9}{12} = 36,000,000$원
   * 주택보증금 합계액이 3억원을 초과해야 간주임대료가 적용된다.
4. 서민자 씨의 총수입금액(1+2+3) : 8,200,000 + 11,700,000 + 36,000,000 = 55,900,000원

(다) 간주임대료에 대한 「법인세법」과 「소득세법」의 규정 비교

부동산 등을 임대하고 받은 임대료는 익금 또는 총수입금액에 해당하지만, 임대보증금이나 전세금을 받는 경우 그 금액은 부채에 해당할 뿐 익금 또는 총수입금액이 될 수 없다. 따라서 이를 방치한다면 임대보증금 등의 운용수입이 포착되어 과세되지 않는 한, 임대료를 받는 경우와 임대보증금을 받는 경우 사이에 과세의 형평이 실현되지 않는 결과가 발생하게 된다. 그리하여 「법인세법」과 「소득세법」은 임대보증금 등에 대해서는 그 정기예금이자 상당액을 임대료로 간주하여 익금 또는 총수입금액에 산입하도록 하고 있다. 그러나 구체적인 적용대상이나 임대료계산에 있어서는 「법인세법」과 「소득세법」의 규정 사이에 차이가 있다.

특히 「소득세법」과 「법인세법」에 간주임대료 규정 중 적용대상자의 차이는 개인과 법인간의 납세의무범위에 영향을 미치므로 과세형평상 문제가 있다고 볼 수 있다.

간주임대료의 「법인세법」·「소득세법」 및 「부가가치세법」의 비교

구 분	법 인	개 인	부가가치세법
1. 적용대상자	① 추계시에는 모든 법인에게 적용 ② 추계 외의 경우에는 부동산임대업을 주업으로 하면서 차입금이 과다한 영리내국법인에게만 적용	주업 여부를 불문하고 모든 부동산임대업자에게 적용	수입여부 불문하고 모든 부동산 임대업자에게 적용
2. 주택임대보증금의 간주임대료 적용	주택(부수토지 포함)의 임대는 적용대상에서 제외됨*	3주택*** 이상을 소유하고 보증금등의 합계액이 3억원을 초과하는 경우 간주임대료 적용함**	주택(부수토지)와 전답 등은 적용대상에서 제외
3. 건설비 상당액의 공제	추계시에는 건설비 상당액을 공제하지 않음	법인과 동일	공제하지 아니함
4. 차감되는 금융수익의 범위	① 수입이자와 할인료 ② 배당금 ③ 신주인수권처분이익 ④ 유가증권처분이익	① 수입이자와 할인료 ② 배당금	차감하지 아니함

* 추계결정·경정하는 경우에는 주택의 임대에 대해서도 간주임대료를 계산한다.

** 주택임대보증금 간주임대료는 2011년 이후 적용한다.

*** 40㎡ 이하인 주택으로서 해당 과세기간의 기준시가가 2억원 이하인 주택은 2026년 12월 31일까지는 주택수에 포함하지 아니한다. 다만, 2주택이 기준시가 12억원을 초과하고 주택 임대보증금 합계액이 12억원을 초과한 경우 간주임대료 적용한다.

(2) 부동산임대업에 대한 필요경비의 계산

부동산임대업 사업소득금액을 계산할 때 필요경비에 산입할 금액은 해당 과세기간의 총수입금액에 대응하는 비용으로서 일반적으로 용인되는 통상적인 것의 합계액으로 한다(소법 27 ①). 다만, 그 과세기간 전에 총수입금액에 대응하는 비용으로서 그 과세기간에 확정된 것은 해당 과세기간 전에 필요경비로 계상하지 아니한 것에 한하여 그 과세기간의 필요경비로 본다(소법 27 ②). 따라서 필요경비의 계산에 관하여는 법인세 계산원리와 같으므로 「법인세법」에서 공부하기로 한다.

06 근로소득

가. 의의와 특성

(1) 의 의

근로소득이란 근로자가 고용관계에 의하여 근로를 제공하고 그 대가로서 지급받는 급료·봉급·세비·임금·수당·상여금 등의 급여를 말한다. 근로제공의 법률관계는 근로계약이나 고용계약이 일반적이지만, 회사의 이사·감사와 같이 위임계약에 준하는 경우 또는 공무원과 같이 공법상의 근무계약인 경우도 있다. 어느 경우이든 정도의 차이는 있으나 근로자의 종속성을 그 특질로 하고 있다. 따라서 고용관계를 기초로 지급되면 그 명칭이나 지급방법 여하에 불구하고 근로소득이 된다.

근로소득은 자산소득이나 사업소득에 비하여 인적노동을 자본으로 하는 것이기 때문에 소득간 공평과세의 견지에서 우대되어야 한다. 이 점은 근로소득은 과세방법상으로도 원천징수의 대상이 되어 세원이 누락될 수 없는 특징이 있음을 아울러 고려하여야 한다.

「소득세법」은 근로소득에 대하여 비과세제도, 일용근로소득에 대한 분리과세제도, 근로소득세액공제제도를 통하여 조정하고 있다. 근로소득금액을 계산하기 위하여 근로소득자의 수입인 봉급 등에서 공제되는 근로소득공제 등은 필요경비적 공제에 상당하는 것이다.

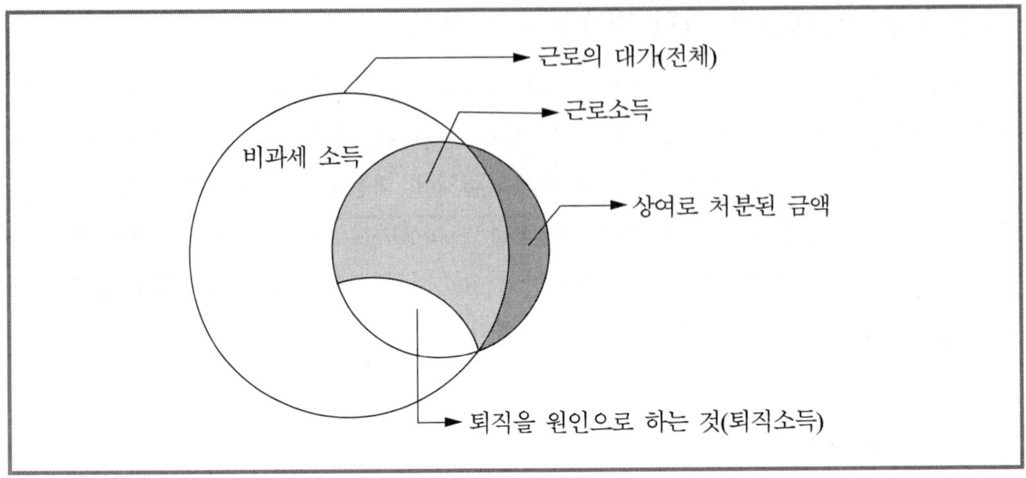

(2) 특 성

근로소득자에게 부과되는 근로소득세는 다음과 같은 특성을 가지고 있다.

① 근로소득세는 개인소득세로서 직접세에 속한다. 따라서 개인의 가계소비를 직접 과세에 반영하기 위하여 최저생활비, 신체장애 등 개인이 처한 인적 상황을 고려하여야만 담세력이 적정하게 측정된다.

② 과세방법상 원천징수 대상소득으로 원천징수의무자는 납세자의 위치에서 원천징수한 소득세의 납세의무를 지며, 구체적으로는 그 원천징수의 대상이 되는 소득금액을 지급할 때 소득세를 원천징수해야 하는 의무를 이행하는 것이므로 국가의 입장에서 보면 징세비를 최소화하고 복잡한 신고절차 없이 세원을 관리할 수 있다.

③ 근로소득세는 많은 납세의무자를 가지고 있다. 경제활동 인구의 대부분이 임금근로자인 현대의 자본주의 경제체제하에서는 필연적으로 많은 납세의무자를 가지게 되고, 따라서 근로소득세는 경제적으로나 사회적으로 그 비중이 크다고 할 수 있다.

④ 근로소득세는 사업소득에 비하여 인적 노동을 자본으로 하는 것이므로 과세상 특별히 취급되어야 한다.

한편, 근로소득세가 과세상 특별히 고려되어야 하는 근거에는

① 근로소득이 갖는 특징인 불안정성과 비항구성에 입각하여 노후에 생활에 대비한 저축을 뒷받침해야 한다는 저축공제세

② 다른 소득에 대해서 필요경비를 인정하는 것과 같은 맥락에서 취업에 필요한 경비 상당액이 근로소득에서 공제되어야 한다는 경비세

③ 국가가 근로소득자의 근로의욕을 고취하기 위하여 근로소득공제 등의 정책적 배려를 하여야 한다는 정책세 등이 있다.

나. 근로소득의 구분

근로소득은 해당 과세기간에 발생한 다음의 소득으로 한다(소법 20 ①).

① 근로를 제공함으로써 받는 봉급·급료·보수·세비·임금·상여·수당과 이와 유사한 성질의 급여

② 법인의 주주총회·사원총회 또는 이에 준하는 의결기관의 결의에 따라 상여로 받는 소득

③ 「법인세법」에 따라 상여로 처분된 금액

④ 퇴직함으로써 받는 소득으로서 퇴직소득에 속하지 아니하는 소득

⑤ 종업원등 또는 대학의 교직원이 지급받는 직무발명보상금

⑥ 사업자나 법인이 생산·공급하는 재화 또는 용역을 그 사업자나 법인(계열회사를 포함한다)의 사업장에 종사하는 임원등에게 대통령령으로 정하는 바에 따라 시가보다 낮은 가격으로 제공하거나 구입할 수 있도록 지원함으로써 해당 임원등이 얻는 이익

다. 일반급여자와 일용근로자

(1) 일반급여자(상용근로자)

일반급여자란 계속적으로 고용되어 월정액에 의하여 급여를 지급받는 근로자를 말한다. 따라서 근로계약상 근로제공에 대한 시간 또는 일수나 그 성과에 의하지 아니하고, 월정액에 의하여 급여를 지급받는 경우에는 그 고용기간에 불구하고 일반급여에 의한 근로소득으로 본다(소기통 20−0…1).

또한 학교 등과의 근로계약에 의하여 정기적으로 일정한 과목을 담당하고 강의를 한 시간 또는 날에 따라 강사료를 지급받는 경우에는 동일한 학교에서 3월 이상 계속하여 강사료를 지급받는 경우에 한하여 「소득세법」 제20조에 규정하는 일반급여에 해당하는 근로소득으로 본다(소기통 20−0…2).

(2) 일용근로자

일용근로자란 근로를 제공한 날 또는 시간에 따라 급여를 계산하거나 근로를 제공한 날 또는 시간의 근로성과에 따라 급여를 계산하여 받는 사람으로서 다음에 규정된 사람을 말한다(소령 20).

1) 건설공사에 종사하는 자

건설공사에 종사하는 자로서 통상 동일한 고용주에게 계속하여 고용된 다음에 해당하지 아니하는 자는 일용근로자로 본다(소령 20 (1)).

① 작업준비를 하고 노무자를 직접 지휘·감독하는 자

② 기술자·사무원·타자수·취사부·경비원 등으로서 작업장에서 고용된 자

③ 건설기계의 운전을 하거나 그 정비업무에 종사하는 자

④ 동일한 고용주에게 계속하여 1년 이상 고용된 자

2) 하역작업, 항만작업에 종사하는 자

하역작업, 항만작업에 종사하는 자로서 다음에 해당하지 아니하는 자는 일용근로자로 본다(소령 20 (2)).

① 작업준비를 하고 노무자를 직접 지휘·감독하는 자

② 주된 기계를 운전하거나 그 정비업무에 종사하는 자

③ 통상 근로를 제공한 날에 급여를 지급받지 아니하고 정기적으로 근로대가를 받는 자

3) 그 밖의 경우

또한 그 밖의 업무에 종사하는 자로서 근로계약에 따라 동일한 고용주에게 3월 이상 계속하여 고용되어 있지 아니한 자는 일용근로자로 본다. 건설공사종사자·하역작업종사자·항만작업종사자가 근로계약에 따라 일정한 고용주에게 3월 이상(건설공사종사자는 1년 이상) 계속하여 고용되어 있지 아니하고 근로단체를 통하여 여러 고용주의 사용인으로 취업하는 경우에는 일용근로자로 본다(소령 20 (3)·소칙 11).

라. 근로소득의 범위

근로소득의 범위는 다음의 소득이 포함되는 것으로 한다(소법 20 ③, 소령 38 ①).

그러나, 퇴직급여로 지급되기 위하여 적립되는 급여는 근로소득에 포함하지 아니한다(소령 38 ②).

(1) 근로의 제공으로 인하여 받는 봉급 등과 유사한 성질의 급여

① 기밀비(판공비 포함) · 교제비 기타 이와 유사한 명목으로 지급한 것으로서 업무를 위하여 사용된 것이 분명하지 아니한 급여

② 종업원이 받는 공로금 · 위로금 · 개업축하금 · 학자금 · 장학금(종업원의 수학중인 자녀가 사업자로부터 받는 학자금 · 장학금을 포함) 기타 이와 유사한 성질의 급여

③ 근로수당 · 가족수당 · 전시수당 · 물가수당 · 출납수당 · 직무수당 기타 이와 유사한 성질의 급여

④ 보험회사 · 투자매매업자 또는 투자중개업자 등 금융기관의 내근사원이 받는 집금수당과 보험가입자의 모집, 증권매매의 권유, 또는 저축의 권장으로 인한 대가 기타 이와 유사한 성질의 급여

⑤ 급식수당 · 주택수당 · 피복수당 기타 이와 유사한 성질의 급여

⑥ 주택을 제공받음으로써 얻는 이익.

⑦ 종업원이 주택(부수된 토지 포함)의 구입 · 임차에 소요되는 자금을 저리 또는 무상으로 대여받음으로써 얻는 이익

⑧ 기술수당 · 보건수당 · 연구수당 기타 이와 유사한 성질의 급여.

⑨ 시간 외 근무수당 · 통근수당 · 개근수당 · 특별공로금 기타 이와 유사한 성질의 급여

⑩ 여비의 명목으로 받는 연액 또는 월액의 급여

⑪ 벽지수당 · 해외근무수당 기타 이와 유사한 성질의 급여

⑫ 종업원이 계약자이거나 종업원 또는 그 배우자 기타의 가족을 수익자로 하는 보험 · 신탁 또는 공제와 관련하여 사용자가 부담하는 보험료 · 신탁부금 또는 공제부금.

⑬ 손금에 산입되지 아니하고 지급받는 퇴직급여(임원퇴직금 한도초과액)

⑭ 계약기간 만료전 또는 만기에 종업원에게 귀속되는 단체환급부보장성보험의 환급금

⑮ 법인의 임원 또는 종업원이 당해 법인 또는 당해 법인과 특수관계에 있는 법인으로부터 부여받은 주식매수선택권을 당해 법인 등에서 근무하는 기간중 행사함으로써 얻은 이익. 다만, 벤처기업의 임직원이 2024년까지 부여받은 주식매수선택권의 행사이익에 대하여 연간 2억원을 한도로 비과세한다(조특법 16의2).

⑯ 휴가비 기타 이와 유사한 성질의 급여

⑰ 임원의 퇴직소득 중 근로소득으로 간주되는 금액(소법 22 ③).

⑱ 공무원이 국가 또는 지방자치단체로부터 공무수행과 관련하여 받는 상금과 부상

(2) 법인의 의결기관의 결의에 따라 상여로 받는 소득

법인의 주주총회·사원총회 또는 이에 준하는 의결기관의 결의에 따라 상여로 받는 소득은 근로소득으로 한다.

(3) 「법인세법」에 따라 상여로 처분된 금액

법인세의 과세표준을 신고·결정 또는 경정함에 있어서 임원 또는 사용인에게 상여로 처분한 금액은 그 임원 등의 근로소득으로 한다.

(4) 기 타

① 근로자가 부담하여야 할 급여에 대한 소득세 등을 사용자가 부담한 경우에는 이를 당해 근로자의 근로소득으로 본다(소기통 20−0…4).

② 근로자가 법원의 판결·화해 등에 의하여 부당해고기간의 급여를 일시에 지급받는 경우에는 해고기간에 근로를 제공하고 지급받는 근로소득으로 본다(소기통 20−38…3).

③ 사원신규채용시험이나 사내교육을 위한 출제·감독·채점 또는 강의교재 등을 작성하고 근로자가 지급받는 수당·강사료·원고료 명목의 금액은 근무의 연장 또는 특별근무에 대한 대가로서 근로소득으로 본다(소기통 20−38…2).

④ 종업원에게 지급하는 부임수당은 각 과세연도의 소득금액 계산상 필요경비에 산입하나 그 수당 중 이사에 소요되는 비용 상당액은 여비교통비로 보며 이를 초과하는 부분은 급여로 본다(소기통 27−55…6).

⑤ 퇴직함으로써 받는 소득으로서 퇴직소득에 속하지 아니하는 소득(소법 20 ① (4))

⑥ 종업원등 또는 대학의 교직원이 지급받는 직무발명보상금(소법 20 ① (5))

⑦ 사업자나 법인이 생산·공급하는 재화 또는 용역을 그 사업자나 법인(계열회사를 포함한다)의 사업장에 종사하는 임원등에게 대통령령으로 정하는 바에 따라 시가보다 낮은 가격으로 제공하거나 구입할 수 있도록 지원함으로써 해당 임원등이 얻는 이익(소법 20 ① (6))

마. 근로소득으로 보지 아니하는 경우

다음의 소득은 근로소득으로 보지 아니한다.

① 우리사주조합원이 우리사주조합에 출자하고 그 조합을 통하여 자사주를 취득하는 경우 그 주식의 취득가액과 시가와의 차액에 대한 소득세 과세는 다음에 따른다

(조특법 88의4 ⑧).

㉠ 출자금액이 400만원(벤처기업등의 우리사주조합원의 경우에는 1천500만원) 이하인 경우에는 해당 차액에 대하여 과세하지 아니한다.

㉡ 출자금액이 400만원(벤처기업등의 우리사주조합원의 경우에는 1천500만원)을 초과하는 경우 그 초과금액으로 취득한 자사주의 취득가액이 기준가액보다 낮은 경우에는 해당 취득가액과 기준가액과의 차액에 대하여 근로소득으로 보아 과세한다.

② 「선원법」에 의한 선원의 재해보상을 위하여 선박소유자가 자기를 보험계약자 및 수익자로 하고 선원을 피보험자로 한 보험의 보험료는 당해 선원이 보험계약에 의해 직접 이익을 받는 것이 아니므로 당해 선원의 근로소득으로 보지 아니한다(소기통 20－38…1). 사용주가 납부한 보험료가 근로소득이 되기 위해서는 사용인이 당해 보험의 계약자이거나 사용인 또는 그 가족이 수익자가 되어야 한다.

③ 사업자가 근로소득자에게 지급하는 경조금 중 사회통념상 타당하다고 인정되는 범위 안의 금액은 이를 지급받은 자의 소득으로 보지 않으며, 사업자에게는 필요경비인 복리후생비로 본다(소칙 10 ① · 24 ②).

바. 비과세 근로소득

다음의 어느 하나에 해당하는 근로소득은 소득세를 부과하지 아니한다. 또한 비과세되는 퇴직소득도 이와 동일하다(소법 12 (3)).

① 징집 · 소집 또는 지원에 의하여 복무중인 자로서 병장급 이하의 현역병(본인이 지원하지 아니하고 임용된 하사 포함), 전투경찰순경, 교정시설 경비교도 기타 이에 준하는 자가 받는 급여(소령 10)

② 법률에 따라 동원된 자가 그 동원 직장에서 받는 급여

③ 「산업재해보상보험법」에 따라 수급권자가 받는 요양급여, 휴업급여, 장해급여, 간병급여, 유족급여, 유족특별급여, 장해특별급여 및 장의비 또는 근로의 제공으로 인한 부상 · 질병 · 사망과 관련하여 근로자나 그 유족이 받는 배상 · 보상 또는 위자의 성질이 있는 급여

④ 「근로기준법」 또는 「선원법」에 따라 근로자 · 선원 및 그 유족이 받은 요양보상금, 휴업보상금, 상병보상금, 일시보상금, 장해보상금, 유족보상금, 행방불명보상금, 소지품유실보상금, 장의비 및 장제비

⑤ 「고용보험법」에 따라 받는 실업급여, 육아휴직급여, 육아기 근로시간 단축급여, 출산전후휴가급여 등, 「제대군인 지원에 관한 법률」에 따른 전직지원금, 「국가공무원법」·「지방공무원법」에 따른 공무원 또는 「사립학교교직원 연금법」·「별정우체국법」의 적용을 받는 자가 관련 법령에 따라 받는 육아휴직수당

⑥ 「공무원연금법」·「군인연금법」·「사립학교교원연금법」·「별정우체국법」에 따라 받는 요양비·요양일시금·장해보상금·사망조위금·사망보상금·유족보상금·유족일시금·유족연금 일시금·유족연금부가금·유족연금 특별부가금·재해부조금·재해보상금 또는 신체·정신상의 장해·질병으로 인한 휴직기간에 받는 급여

⑦ 「초·중등교육법」 및 「고등교육법」에 의한 학교(외국에 있는 이와 유사한 교육기관을 포함)와 「근로자직업능력개발법」에 의한 직업능력개발훈련시설의 입학금·수업료 기타 공납금 등의 학자금. 비과세되는 학자금은 다음 요건에 해당하는 금액으로써 당해 연도에 납입할 금액을 한도로 한다(소령 11).

㉠ 당해 근로자가 종사하는 사업체의 업무와 관련있는 교육·훈련을 위하여 받는 것일 것

㉡ 당해 근로자가 종사하는 사업체의 규칙 등에 의하여 정하여진 지급기준에 따라 받는 것일 것

㉢ 교육·훈련기간이 6월 이상인 경우 교육·훈련 후 당해 교육기간을 초과하여 근무하지 아니하는 때에는 지급받은 금액을 반납할 것을 조건으로 하여 받는 것일 것

⑧ 실비변상적인 성질의 급여 : 근로소득 중 사회통념상 업무수행에 따르는 경비의 성격이 강한 다음의 급여는 실비변상적인 급여로 보아 비과세하고 있다(소령 12).

㉠ 「선원법」에 의하여 받는 식료. 승선중인 선원에게 공급하는 식료품을 말하며, 휴가기간 동안에 지급받는 급식비는 이에 포함하지 아니한다(소기통 12－2).

㉡ 일직료·숙직료 또는 여비로서 실비변상 정도의 지급액(종업원이 소유하거나 본인 명의로 임차한 차량을 종업원이 직접 운전하여 사용자의 업무수행에 이용하고 시내출장 등에 소요된 실제여비를 지급받는 대신에 그 소요경비를 해당 사업체의 규칙 등에 의하여 정하여진 지급기준에 따라 받는 금액 중 월 20만원 이내의 금액을 포함한다).

㉢ 법령·조례에 의하여 제복 착용을 요하는 자가 받는 제복·제모 및 제화

㉣ 병원·시험실·금융기관·공장이나 광산에서 근무하는 자 또는 특수한 작업이나 역무에 종사하는 자가 받는 작업복이나 그 직장에서만 착용하는 피복

㉤ 특수분야에 종사하는 군인이 받는 낙하산강하위험수당·수중파괴작업위험수당·잠수부위험수당·고전압위험수당·폭발물위험수당·항공수당(유지비행훈련수당 포

함) · 비무장지대근무수당 · 전방초소근무수당 · 함정근무수당(유지항해훈련수당 포함) · 수륙양용궤도차량승무수당, 특수분야에 종사하는 경찰공무원이 받는 경찰특수전술업무수당과 경호공무원이 받는 경호수당

ⓗ 「선원법」의 규정에 의한 선원으로서 기획재정부령이 정하는 자(국외근로자 비과세 및 생산직근로자 비과세의 규정을 적용받는 자를 제외한다)가 받는 월 20만원 이내의 승선수당과 경찰공무원이 받는 함정근무수당 · 항공수당 및 소방공무원이 받는 함정근무수당 · 항공수당 · 화재진화수당

ⓢ 광산근로자가 받는 입갱수당 및 발파수당

ⓞ 다음의 하나에 해당하는 자가 받는 연구보조비 또는 연구활동비중 월 20만원 이내의 금액

ⓐ 「유아교육법」, 「초 · 중등교육법」, 「고등교육법」 및 특별법에 의한 교육기관과 이에 준하는 학교의 교원

ⓑ 「특정연구기관 육성법」의 적용을 받는 연구기관, 특별법에 의하여 설립된 정부출연연구기관, 「지방자치단체 출연 연구원의 설립 및 운영에 관한 법률」에 의하여 설립된 지방자치단체출연연구원에서 연구활동에 직접 종사하는 자(대학교원에 준하는 자격을 가진 자에 한한다) 및 기획재정부령이 정하는 직접적으로 연구활동을 지원하는 자

ⓒ 「기술개발촉진법 시행령」의 중소기업 · 벤처기업의 기업부설연구소와 연구개발전담부서에서 연구활동에 직접 종사하는 자

ⓙ 「방송법」에 따른 방송, 「뉴스통신진흥에 관한 법률」에 따른 뉴스통신, 「신문 등의 자유와 기능보장에 관한 법률」에 따른 통신 · 신문(일반 · 특수 · 외국어일간신문 및 인터넷신문을 말하며, 해당 신문을 경영하는 기업이 직접 발행하는 정기간행물을 포함)을 경영하는 언론기업 및 「방송법」에 따른 발송채널 사용사업에 종사하는 기자(상시고용되어 취재활동을 하는 논설위원 및 만화가 포함)가 취재활동과 관련하여 지급받는 취재수당으로서 월 20만원 이내의 금액. 이 경우 취재수당을 급여에 포함하여 받는 경우에는 월 20만원에 상당하는 금액을 취재수당으로 본다.

ⓒ 근로자가 벽지에 근무하므로 인하여 지급받는 월 20만원 이내의 벽지수당.

ⓚ 근로자가 천재 · 지변 기타 재해로 인하여 지급받는 급여

ⓣ 수도권 외의 지역으로 이전하는 「국가균형발전 특별법」에 따른 공공기관의 소속 공무원이나 직원에게 한시적으로 지급하는 월 20만원 이내의 이전지원금

ⓟ 종교관련종사자가 소속 종교단체의 규약 또는 소속 종교단체의 의결기구의 의

결·승인 등을 통하여 결정된 지급 기준에 따라 종교 활동을 위하여 통상적으로 사용할 목적으로 지급받은 금액 및 물품

⑨ 외국정부(외국의 지방자치단체 및 연방국가인 외국의 지방정부를 포함) 또는 국제연합과 그 소속기구의 기관에 근무하는 대한민국국민이 아닌 자가 그 직무수행의 대가로 받는 급여. 다만, 그 외국정부가 그 나라에서 근무하는 우리나라 공무원의 급여에 대하여 소득세를 부과하지 아니하는 경우만 해당한다.

⑩ 「국가유공자등 예우 및 지원에 관한 법률」에 따라 받는 보상금·학자금 및 전직대통령예우에 관한 법률에 따라 받는 연금

⑪ 작전임무를 수행하기 위하여 외국에 주둔중인 군인·군무원이 받는 급여

⑫ 종군한 군인·군무원이 전사(전상으로 인한 사망을 포함)한 경우의 그 전사한 날이 속하는 과세기간의 급여

⑬ 국외 또는 「남북교류협력에 관한 법률」에 따른 북한지역에서 근로를 제공하고 받는 다음의 급여(소령 16)

구 분		비과세한도
국외 등*에서 근로를 제공하고 받는 급여	① 원양어업선박 또는 국외 등을 항행하는 선박 또는 국외 등의 건설현장(감리·설계업무 포함) 등에서 근로를 제공하고 받는 보수	월 500만원 이내의 금액
	② 그 밖의 보수	월 100만원 이내의 금액
공무원·재외공관에 근무하는 행정직원, 대한무역투자진흥공사·한국관광공사·한국국제협력단·한국국제보건의료재단·산업인력공단·중소벤처기업진흥공단의 종사자가 국외 등에 근무하고 받는 수당		국외근무수당 중 국내에서 근무할 경우 지급받을 금액 초과액 중 실비변상적 성격의 급여로서 협의하여 고시하는 금액

* 근로대가를 국내에서 받는 경우에도 해당된다.

⑭ 생산직 및 그 관련직. 즉, 어선에 승무하는 선원(선장 제외)과 시행규칙 별표 2에 규정된 직종에 종사하는 자로서 월정액급여 260만원 이하로서 직전 과세기간의 총급여액이 3,700만원 이하인 근로자(일용근로자를 포함)가 다음에 해당하는 연장근로·야간근로 또는 휴일근로를 하여 받는 급여(소령 17).

㉠ 연장근로·야간근로·휴일근로를 하여 통상임금에 가산하여 받는 급여 중 연간 240만원 이내의 금액(광산근로자 및 일용근로자의 경우에는 당해 급여총액)

㉡ 「선원법」에 의하여 받는 생산수당(비율급으로 받는 경우에는 월 고정급을 초과하는 비율급) 중 연간 240만원 이내의 금액

13

2026년 9월 급여명세가 다음 자료와 같은 생산직근로자의 월정액급여와 연장근로수당 등의 비과세 여부를 설명하시오(직전과세기간의 총급여액이 2,300만원).

① 기 본 금	100만원
② 가족수당	6만원
③ 상　여	100만원
④ 연장근로수당	10만원
⑤ 야간근로수당	10만원
⑥ 휴일근로수당	5만원
⑦ 자가운전 보조금	20만원
⑧ 식　대	10만원
합　계	261만원

 **해답** 월정액급여 116만원으로 야간근로수당 등 25만원은 비과세 적용된다.

〈월정액급여의 계산〉

- 생산직근로자가 받은 야간근로수당 등의 비과세급여 계산시의 월정액급여는 「소득세법시행령」 제17조 제4항의 '월정액급여(상여 등 부정기적 급여와 실비변상적 성질의 급여 제외)'에서 연장근로·야간근로 또는 휴일근로수당 및 선원법에 의한 생산수당을 차감한 급여로 말하는 것이므로 다음과 같다.
  261만원 − 100만원(상여) − 20만원(자가운전보조금 : 실비변상적 급여) − 25만원(야간근로수당 등) = 116만원
- 따라서 2026년 9월의 월정급여가 260만원을 초과하지 아니하므로 2026년 9월에 받은 야간근로수당 등은 비과세할 수 있다.

* 식대(10만원)는 매월 지급받는 급여 항목으로서 월 20만원까지는 비과세이나 「소득세법시행령」 제12조의 실비변상적 급여로서의 비과세소득이 아니므로 월정급여액에 포함된다.

여기서 생산직근로자 등의 야간근로수당 등 비과세여부 판단요건에 적용하는 월정액급여는 다음 계산식에 의한다.

> 생산직근로자의 월정액급여(소령 17④) = 급여총액 − 상여 등 부정기적인 급여
> − 실비변상적인 급여* − 야간근로수당 등**

* 「소득세법시행령」에 따라 비과세 되는 실비변상적 급여 및 복리후생적 성질의 급여를 말한다.

** 「근로기준법」에 의한 연장근로, 야간근로 또는 휴일근로를 하여 통상임금에 가산하여 받는 급여 및 「선원법」에 의하여 받는 생산수당(비율급으로 받는 경우에는 월 고정급을 초과하는 비율급)을 말한다.

생산직근로자 등의 야간근로수당 등 비과세 급여 범위

구 분	비과세 대상 수당	비 과 세 한 도
• 공장에서 근로를 제공하는 생산 및 관련종사자 • 운전원 및 관련종사자와 배달 및 수하물 운반종사자 • 청소·경비 관련 단순 노무직 종사자 • 조리·음식 서비스직, 매장 판매직, 기타 단순 노무직 등 종사자 • 돌봄서비스, 미용관련서비스, 숙박시설 서비스 등 단순 노무직	「근로기준법」에 연장근로, 야간근로 또는 휴일근로를 하여 통상임금에 가산하여 받는 급여	연 240만원(초과하는 경우 초과분만 과세)
• 광산에서 근로를 제공하는 생산 및 관련종사자 • 생산직 일용근로자		전액 비과세
• 어업을 영위하는 자에게 고용되어 근로를 제공하는 자	「선원법」에 따라 받는 생산수당(비율급으로 받는 경우에는 월 고정급을 초과하는 비율급)	연 240만원(초과하는 경우 초과분만 과세)

⑮ 「국민건강보험법」·「고용보험법」·「노인장기요양보험법」에 따라 국가·지방자치단체 또는 사용자가 부담하는 보험료

⑯ 근로자가 사내급식 또는 이와 유사한 방법으로 제공받는 식사 기타 음식물이나 식사 또는 기타 음식물을 제공받지 아니하는 근로자가 받는 월 20만원 이하의 식사대

⑰ 근로자 또는 그 배우자의 출산이나 자녀의 보육과 관련하여 사용자로부터 지급받는 다음의 급여

㉠ 근로자(사용자와 대통령령으로 정하는 특수관계에 있는 자는 제외한다) 또는 그 배우자의 출산과 관련하여 자녀의 출생일 이후 2년 이내에 사용자로부터 대통령령으로 정하는 바에 따라 최대 두 차례에 걸쳐 지급받는 급여(2021년 1월 1일 이후 출생한 자녀에 대하여 2024년 1월 1일부터 2024년 12월 31일 사이에 지급받은 급여를 포함한다) 전액

㉡ 근로자 또는 그 배우자의 해당 과세기간 개시일을 기준으로 6세 이하(6세가 되는 날과 그 이전 기간을 말한다)인 자녀의 보육과 관련하여 사용자로부터 지급받는 급여로서 해당 자녀 1명당 월 20만원 이내의 금액

⑱ 「국군포로 대우 등에 관한 법률」에 따른 국군포로가 받은 보수 및 퇴직일시금
⑲ 「교육기본법」에 따라 받는 장학금 중 대학생이 근로를 대가로 지급받는 장학금
⑳ 「발명진흥법」에 따른 직무발명으로 받는 다음의 연 700만원 이하의 직무발명보상금
㉠ 「발명진흥법」에 따른 종업원등이 사용자등으로부터 받는 보상금. 다만, 보상금을 지급한 사용자등과 특수관계에 있는 자가 받는 보상금은 제외한다.
㉡ 대학의 교직원 또는 대학과 고용관계가 있는 학생이 소속 대학에 설치된 「산업교육진흥 및 산학연협력촉진에 관한 법률」에 따른 산학협력단으로부터 받는 보상금
㉑ 국가 또는 지방자치단체가 지급하는 다음의 하나에 해당하는 것(소령 12 ⒀)
㉠ 「영유아보육법 시행령」에 따른 비용 중 보육교사의 처우개선을 위하여 지급하는 근무환경개선비
㉡ 「유아교육법 시행령」에 따른 사립유치원 수석교사·교사의 인건비
㉢ 전문과목별 전문의의 수급 균형을 유도하기 위하여 전공의(專攻醫)에게 지급하는 수련보조수당
㉒ 복리후생적 성질의 급여란 아래의 것을 말한다(소령 17의4).
㉠ 다음의 어느 하나에 해당하는 사람이 사택을 제공받음으로써 얻는 이익
ⓐ 주주 또는 출자자가 아닌 임원
ⓑ 소액주주인 임원
ⓒ 임원이 아닌 종업원(비영리법인 또는 개인의 종업원을 포함한다)
ⓓ 국가 또는 지방자치단체로부터 근로소득을 지급받는 사람
㉡ 중소기업 종업원이 주택(주택에 부수된 토지를 포함한다)의 구입·임차에 소요되는 자금을 저리 또는 무상으로 대여 받음으로써 얻는 이익. 다만, 특수관계에 해당하는 종업원이 얻은 이익은 제외한다.
㉢ 종업원이 계약자이거나 종업원 또는 그 배우자 및 기타의 가족을 수익자로 하는 보험·신탁 또는 공제와 관련하여 사용자가 부담하는 보험료·신탁부금 또는 공제부금(이하 이 호에서 "보험료등"이라 한다) 중 다음의 보험료등
ⓐ 종업원의 사망·상해 또는 질병을 보험금의 지급사유로 하고 종업원을 피보험자와 수익자로 하는 보험으로서 만기에 납입보험료를 환급하지 아니하는 보험(이하 "단체순수보장성보험"이라 한다)과 만기에 납입보험료를 초과하지 아니하는 범위 안에서 환급하는 보험(이하 "단체환급부보장성보험"이라 한다)의

보험료 중 연 70만원 이하의 금액

ⓑ 임직원의 고의(중과실을 포함한다) 외의 업무상 행위로 인한 손해의 배상청구를 보험금의 지급사유로 하고 임직원을 피보험자로 하는 보험의 보험료

㉣ 공무원이 국가 또는 지방자치단체로부터 공무 수행과 관련하여 받는 상금과 부상 중 연 240만원 이내의 금액

㉤ 직장어린이집을 설치하거나 지역의 어린이집과 위탁계약을 맺은 사업주가 부담하는 보육비용

㉓ 임원 등에 대한 할인금액 소득 중 다음의 요건을 모두 충족하는 소득으로서 대통령령으로 정하는 금액 이하의 금액

㉠ 임원 또는 종업원(이하 "임원등"이라 한다) 본인이 소비하는 것을 목적으로 제공받거나 지원을 받아 구입한 재화 또는 용역으로서 대통령령으로 정하는 기간 동안 재판매가 허용되지 아니할 것

㉡ 해당 재화 또는 용역의 제공과 관련하여 모든 임원등에게 공통으로 적용되는 기준이 있을 것

14

월정액급여액이 다음 자료와 같은 근로자에게 지급되는 식대의 과세 여부에 대하여 각각 설명하시오.

회사별	성 명	월급여	식사제공 여부	중식대(월)	비 고
A회사	갑	2,000,000원	제 공	50,000원	
B회사	을	2,500,000원	제공 않음	220,000원	

해답 갑 : 월 50,000원 전액 과세(식사를 제공받기 때문)
을 : 200,000원 초과금액 월 20,000원만 과세

사. 근로소득의 수입시기

근로소득의 수입시기는 다음에 따른 날로 한다(소령 49 ①).

근로소득의 종류	수입시기
(1) 급 여	근로를 제공한 날
(2) 잉여금처분에 의한 상여	해당 법인의 잉여금처분결의일
(3) 해당 사업연도의 소득금액을 법인이 신고하거나 세무서장이 결정 · 경정함에 있어서 발생한 그 법인의 임원 또는 주주 · 사원 그 밖의 출자자에 대한 상여	해당 사업연도 중의 근로를 제공한 날. 이 경우 월평균금액을 계산한 것이 2년도에 걸친 때에는 각각 해당 사업연도 중 근로를 제공한 날로 한다.
(4) 임원의 퇴직소득금액 초과금액	지급받거나 지급받기로 한 날
(5) 도급 기타 이와 유사한 계약에 의하여 받는 급여	해당 과세기간의 과세표준 확정신고기간 개시일 전에 해당 급여가 확정되지 아니한 때에는 근로를 제공한 날에 불구하고 그 확정된 날. 다만, 그 확정된 날 전에 실제로 받은 경우는 그 받은 날
(6) 주식매수선택권	주식매수선택권을 행사한 날

아. 근로소득금액의 계산

(1) 의 의

근로소득에 대한 필요경비공제제도는 실액공제제도와 개산공제제도의 두 가지로 나누어진다. 실액공제제도는 근로소득에 대한 실제 필요경비가 입증되는 경우에 이를 근로소득에서 공제하는 제도인 반면, 개산공제제도는 실제 필요경비에 관계없이 급여액의 일정액을 필요경비로 공제하는 제도이다. 그러나 근로소득 또는 퇴직소득에 대한 필요경비는 사업소득 등의 필요경비와 같이 개별적인 증명서류를 갖추기가 곤란하고, 설사 개별적인 증빙서류를 갖춘 경우라 하더라도 증명서류의 확인에 많은 행정력이 소요되어 효익보다 비용이 크다. 현행 「소득세법」은 개산공제제도인 근로소득공제만 인정하고 있으므로 실액 필요경비를 공제할 수는 없다. 따라서 총급여액(비과세를 제외)에서 근로소득공제를 차감하여 근로소득금액을 계산한다.

(2) 근로소득공제대상자 및 금액

근로소득이 있는 거주자에 대하여 근로소득을 얻기 위해 소요되는 필요경비를 계산하여 공제하여 주는 제도로서 해당 과세기간의 총급여액(정기급여 이외에 상여 등 부정기적인 급여는 포함하되, 비과세소득은 제외)에서 다음의 금액을 공제한다. 다만, 공제액이 2,000만원을 초과하는 경우에는 2,000만원을 공제한다(소법 47 ①).

근로소득공제는 신청을 요건으로 하지 않으므로 근로소득자면 누구나 근로소득공제를 받을 수 있다.

근로소득공제(공제한도 : 2,000만원)

총급여액	근로소득공제액
500만원 이하	총급여액×70%
500만원 초과 1,500만원 이하	350만원+(총급여액− 500만원)×40%
1,500만원 초과 4,500만원 이하	750만원+(총급여액−1,500만원)×15%
4,500만원 초과 1억원 이하	1,200만원+(총급여액−4,500만원)× 5%
1억원 초과	1,475만원+(총급여액−1억원)× 2%

15

근로소득이 다음과 같을 때 2026년도 근로소득금액은 얼마인가?

1. 1년간 월정급여총액(매월 2,000,000원)	24,000,000원
2. 근로제공으로 인한 상여금 수령액	6,000,000원
3. 주주총회의 결의(2027년 3월 10일)에 의한 잉여금처분상여 수령액	700,000원
4. 「법인세법」에 따른 인정상여(2026사업연도 결산시 세무조정 내역)	300,000원
5. 「소득세법」에 따른 실비변상적 급여인 숙직비	400,000원

 해설 1. 총급여액 계산 : 24,000,000+6,000,000+300,000=30,300,000원*

2. 근로소득공제 : 7,500,000+(30,300,000−15,000,000)×15%=9,795,000원

3. 근로소득금액 계산 : 30,300,000−9,795,000=20,505,000원

* 근로소득의 수입시기(소령 49)

1. 급여의 경우 : 근로를 제공한 날
2. 잉여금처분에 의한 상여의 경우 : 해당 법인의 잉여금 처분결의일
   자료 3은 2027년도 근로소득금액임.
3. 인정상여 : 해당 법인의 결산사업연도 중 근로를 제공한 날

과세기간이 1년 미만이거나 해당 과세기간 중 근속기간이 1년 미만인 경우에도 월할 공제하지 아니하고 위와 같이 계산한 금액을 전액 공제한다.

한편, 일용근로자 아닌 자가 2인 이상으로부터 근로소득을 받는 경우에는 그 근로소득의 합계액을 총급여액으로 하여 근로소득공제액을 주된 근무지의 근로소득에서 공제

한다. 다만, 근로소득공제액이 주된 근무지의 근로소득을 초과하는 경우 그 초과하는 금액은 종된 근무지의 근로소득에서 공제한다(소법 47 ⑤).

주된 근무지는 신고한 주된 근무지로 한다. 다만, 그 신고가 없는 경우에는 각 근무지 중 가장 많은 근로소득을 받는 근무지를 그 주된 근무지로 한다(소법 47 ⑥).

(3) 근로소득공제액의 한도액

근로소득이 있는 거주자의 해당 과세기간의 총급여액이 근로소득공제액에 미달하는 경우에는 그 총급여액을 공제액으로 한다(소법 47 ③).

16

다음 자료에 의하여 초등학교 교사인 오명숙 씨의 2026년 귀속 근로소득금액을 계산하라.

1. 소득상황
   (1) 급여총액 : 48,000,000원
   (2) 상여 : 3,300,000원
   (3) 연월차수당 : 1,850,000원
   (4) 교원연구보조비 : 월 300,000원
2. 근로기간은 2026. 1. 1～12. 31이다.

 해답 1. 총급여액 계산

48,000,000＋3,300,000＋1,850,000＋(100,000*×12) ＝ 54,350,000원

* 실비변상적인 급여인 교원연구보조비는 월 20만원까지 비과세한다(소령 12).

2. 근로소득공제액 계산

12,000,000＋(54,350,000－45,000,000)×5% ＝ 12,467,500원

3. 근로소득금액 계산

54,350,000－12,467,500 ＝ 41,882,500원

(4) 일용근로자의 경우

일용근로자에 대하여는 근로소득공제로 1일 150,000원을 공제한다(소법 47②). 일용근로자에 대하여 근로소득공제를 함에 있어 '일'의 계산은 당일 오전 0시부터 오후 12시까지를 1일로 한다(소기통 47－104…1).

자. 근로소득 과세표준계산

(1) 근로소득 과세표준계산의 흐름

1) 일반급여자

근로소득 과세표준계산 흐름

근로소득금액	=	총급여총액(비과세 제외)	-	근로소득공제	
근로소득과세표준	=	근로소득금액	-	종합소득공제	기본공제
					추가공제
					특별소득공제
근로소득산출세액	=	근로소득과세표준	×	기본세율	(6%~45%)

17

강남㈜의 종업원 서연세 씨의 2026년도 갑종근로소득세 연말정산을 위한 다음 자료를 정리하고 근로소득 과세표준을 구하라.

1. 급여 등의 내역
   ① 월급여합계액(매월 2,000,000) : 24,000,000원
   ② 상여금 : 6,000,000원
   ③ 비과세 학자금 : 200,000원
   ④ 식권에 의한 식사대 : 200,000원
   ⑤ 「국민건강보험법」에 따라 회사가 부담한 보험료 : 200,000원
2. 건강보험지급보험료 월 50,000원, 공제대상 생명보험보험료 월 30,000원, 자녀교육비 중학교 200,000원과 고등학교 400,000원, 연중 적십자회비 500,000원을 지출하였다.
3. 서연세 씨의 생계를 같이하고 소득활동이 없는 부양가족은 배우자와 자녀(20세 이하) 2명 및 부(70세)로 구성되어 있다.

해답 1. 근로소득 총급여액 계산

① 월급여액		24,000,000원
② 상 여 금		6,000,000원
계		30,000,000원
2. 근로소득공제 : [7,500,000+(30,000,000−15,000,000)×15%]		△9,750,000원
3. 근로소득금액		20,250,000원
4. 종합소득공제 : (1)+(2)+(3)		△9,100,000원
(1) 기본공제		
① 본인공제	1,500,000원	
② 배우자공제	1,500,000원	
③ 부양가족공제(부 1명, 자녀 2명)	4,500,000원	
계	7,500,000원	
(2) 추가공제		
① 경로우대공제	1,000,000원	
(3) 특별소득공제		
① 보험료공제(50,000×12월)	600,000원*	
5. 과세표준(근로소득금액 - 종합소득공제)		11,150,000원

* 건강보험료는 공제한도 없음.

2) 일용근로자

일용근로자는 세율, 분리과세 여부 등에서 일반급여자와 다르다. 즉 일용근로자에게는 근로소득공제만 1일 150,000원을 공제한다. 세율도 6%로 비례세이며, 종합소득에 합산하지 아니하고 원천징수로서 납세의무를 종결한다. 그 원천징수세액은 소득세 산출세액에서 근로소득세액공제(산출세액의 55%)를 한 금액으로 한다.

> 근로소득 과세표준 = 일용근로소득−근로소득공제(1일 150,000원)
> 산출세액 = 근로소득 과세표준×원천징수세율(6%)
> 원천징수세액 = 산출세액−산출세액×55%

18

다음 자료와 같은 경우 2026년도 일용근로자에 대해 소득세 원천징수할 세액은?

1. 5월 8일부터 5월 15일까지는 일당 200,000원으로 근로 제공
2. 5월 15일에 금액을 일시에 지급받았다.

해답 1. 원천징수할 과세표준 계산

5월 8일~5월 15일간의 일당은 150,000원 초과분만 과세된다.

200,000－150,000 = 50,000원

50,000원×8일 = 400,000원

2. 산출세액 계산 : 400,000원×6% = 24,000원
3. 근로소득 세액공제 계산 : 24,000×55% = 13,200원
4. 소득세 원천징수액(2－3) : 24,000－13,200 = 10,800원

차. 근로소득에 대한 과세방법

(1) 원천징수대상 근로소득

원천징수의무자가 매월분의 근로소득을 지급하는 때에는 간이세액표에 따라 소득세를 원천징수하고 해당 과세기간의 다음 연도 2월분의 근로소득 또는 퇴직하는 달의 근로소득을 지급할 때에는 기본세율에 의한 연말정산을 실시한 후, 종합소득에 합산과세한다(소법 134 ①·②).

원천징수의무자가 일용근로자의 근로소득을 지급할 때에는 그 근로소득에서 근로소득공제를 적용한 금액에 원천징수세율(6%)을 적용하여 계산한 산출세액에서 근로소득세액공제을 적용한 소득세를 원천징수함으로써 분리과세로 종결된다(소법 134 ③).

(2) 원천징수 제외대상 근로소득

다음에 해당하는 근로소득이 있는 자의 납세조합은 소득세를 징수할 때 그 조합원의 매월분의 소득에 대해서는 근로소득에 대한 원천징수의 예에 따르되, 근로소득 간이세액표에 따라 계산한 소득세에서 납세조합공제를 적용한 금액을 징수한다(소법 127 ①⑷, 152 ②).

① 외국기관 또는 우리나라에 주둔하는 국제연합군(미군은 제외)으로부터 받는 근로

소득

② 국외에 있는 비거주자 또는 외국법인(국내지점 또는 국내영업소는 제외)으로부터 받는 근로소득. 다만, 비거주자의 국내사업장과 외국법인의 국내사업장의 국내원천소득금액을 계산할 때 필요경비 또는 손금으로 계상되는 소득은 제외한다.

그러나 납세조합을 조직하지 못한 경우에는 위의 근로소득자 자신이 다음 연도 5월에 소득세 확정신고납부를 하여야 한다.

근로소득의 과세방법

근로소득 구분		원천징수	연말정산	확정신고
원천징수대상	일반근로자	○(간이세액)	○	×*
	일용근로자	○(분리과세)	×	×
원천징수 제외대상	납세조합 가입	○(간이세액)	○	×*
	납세조합 미가입	×	×	○

* 종합과세되는 다른 소득이 없이 근로소득만 있는 경우에 연말정산만으로 종결된다.

카. 우리나라의 근로장려세제

(1) 근로장려세제 개요

EITC(Earned Income Tax Credit)는 근로소득 수준에 따라 산정된 근로장려금을 세금 환급 형태로 지급하여 근로빈곤층의 근로유인을 제고하고 실질소득을 지원하기 위한 근로연계형 소득지원제도이다. EITC를 1975년도에 처음 도입한 미국은 지속적으로 확대·발전시켜 현재 저소득 근로계층을 위한 가장 중요한 소득지원제도로 자리잡혀 있다.

우리나라도 최근 증가하고 있는 근로빈곤층이 일을 하면서도 빈곤에서 벗어나지 못하는 점에서 일자리 창출과 함께 근로장려세제를 적용하여 저소득 근로자의 근로를 장려하고 소득을 지원하기 위하여 「조세특례제한법」에 따른 근로장려세제를 적용하여 근로장려금을 결정·환급한다(조특법 100의2).

(2) 근로장려금의 신청자격

1) 신청자격

소득세 과세기간 중에 「소득세법」에 따른 사업소득(전문직 제외), 근로소득 또는 종교인소득이 있는 거주자는 다음의 요건을 모두 갖춘 경우 해당 소득세 과세기간의 근로장려금을 신청할 수 있다(조특법 100의3 ①, 소특령 137 ①).

① 거주자(그 배우자를 포함)의 연간 총소득의 합계액이 거주자를 포함한 1가구의 가구원의 구성에 따라 정한 다음 표의 총소득기준금액 미만일 것. 여기서 "연간 총소득의 합계액"이란 「소득세법」에 따른 이자소득·배당소득·사업소득·근로소득·연금소득·기타소득 금액을 모두 합한 금액을 말한다. 다만, 비과세소득을 제외한다(조특령 100의3 ①).

가구원 구성	총소득 기준
단독가구	2,200만원
홑벌이 가구	3,200만원
맞벌이 가구	4,400만원

② 가구원이 소유하고 있는 토지·건물·자동차·예금 등 재산의 합계액이 2억 4천만원 미만일 것

2) 신청자격의 배제

해당 소득세 과세기간 중 다음 중 하나에 해당하는 거주자는 근로장려금을 신청할 수 없다(조특법 100의3 ②).

① 대한민국 국적을 보유하지 아니한 사람. 다만, 대한민국 국적을 가진 사람과 혼인한 사람 또는 대한민국 국적의 부양자녀가 있는 사람을 제외한다.

② 다른 거주자의 부양자녀인 자

(3) 근로장려금의 산정

1) 근로장려금 산정방법

근로장려금은 전문직을 제외한 사업소득의 금액과 근로소득의 금액(비과세소득은 제외) 총급여액 등을 기준으로 다음의 구분에 따라 계산한 금액으로 한다(조특법 100의5 ①).

가구원의 구성	총급여액 등	근로장려금
단독가구	400만원 미만	총급여액 등×(165/400)
	400만원 이상 900만원 미만	165만원
	900만원 이상 2,200만원 미만	165만원－(총급여액 등－900만원)×(165/1,300)

가구원의 구성	총급여액 등	근로장려금
홑벌이 가구	700만원 미만	총급여액 등×(285/700)
	700만원 이상 1,400만원 미만	285만원
	1,400만원 이상 3,200만원 미만	285만원－(총급여액 등－1,400만원)×(285/1,800)
맞벌이 가구	800만원 미만	총급여액 등×(330/800)
	800만원 이상 1,700만원 미만	330만원
	1,700만원 이상 4,400만원 미만	330만원－(총급여액 등－1,700만원)×(330/2,700)

2) 거주자와 그 배우자의 총급여액을 합산

거주자의 배우자(비거주자는 제외)가 사업소득, 근로소득 또는 종교인소득이 있을 때에는 해당 거주자와 그 배우자 중 근로장려금을 신청한 자의 총급여액 등에 그 배우자의 총급여액 등을 합산하여 총급여액 등을 산정한다(조특법 100의5 ③).

07 연금소득

가. 의 의

'연금소득'이란 개인이 소득활동을 할 때 조금씩 보험료를 납입하여 모아두었다가 나이가 들거나, 갑작스런 사고나 질병으로 사망 또는 장애를 입어 소득활동이 중단된 경우, 본인이나 유족이 지급받는 각종 연금을 말한다.

「소득세법」이 개정되기 전에는 연금보험료를 납입할 때 납입자의 종합소득과세표준을 계산함에 있어서 납입액에 대해서는 연금보험료공제를 허용하지 않고, 아울러 연금을 받을 때에도 연금소득에 대해서 소득세를 과세하지 않았다.

그러나 「소득세법」 개정에 따라 연금보험료의 납입액을 종합소득·세액공제를 하고 나중에 연금을 받을 때에 연금소득에 대해서 소득세를 과세하는 것으로 전환하였다. 이러한 과세체계의 전환의 취지는 소득활동 중에 납입한 연금보험료를 종합소득금액·산출세액에서 공제하여 세부담을 완화하고, 나중에 연금소득에 대한 소득세를 과세함으로써 소득간 과세형평을 제고하기 위한 데 있다.

나. 연금소득의 범위

연금소득은 해당 과세기간에 발생한 다음의 소득으로 한다(소법 20의3 ①).

(1) 공적연금소득

공적연금관련법에 따라 연금기여금을 납부하면 소득공제하고, 연금을 수령하면 수령방법에 따라 연금으로 수령한 경우에는 연금소득으로 과세하고, 연금외수령한 경우에는 퇴직소득으로 과세한다(소법 20의3 ①(1)). 이러한 공적연금소득은 2002년 1월 1일(과세기준일)을 기준으로 지급일자별로 다음의 계산식에 따라 계산한 금액(과세기준금액)으로 한다(소령 40 ①).

① 국민연금과 연계노령연금

$$\text{과세기간 연금수령액} \times \frac{\text{과세기준일 이후 납입기간의 환산소득누계액}}{\text{총 납입기간의 환산소득누계액}}$$

② 그 밖의 공적연금소득

$$\text{과세기간 연금수령액} \times \frac{\text{과세기준일 이후 기여금 납입월수}}{\text{총 기여금 납입월수}}$$

한편, 이러한 연금소득은 2002년 1월 1일 이후에 납입된 연금기여금 및 사용자부담금(국가 또는 지방자치단체의 부담금을 포함)을 기초로 하거나 2002년 1월 1일 이후 근로의 제공을 기초로 하여 받는 연금소득으로 한다(소법 20의3 ②). 따라서 기존납입액을 기초로 지급받는 연금소득은 기득권을 인정하여 연금소득으로 과세하지 아니하고, 2002년 1월 1일 이후 납입하여 연금보험료공제를 적용받는 분에서 발생하는 연금소득에 대해서만 과세한다.

(2) 사적연금소득

다음에 해당하는 금액을 그 소득의 성격에도 불구하고 연금계좌에서 연금형태로 인출(이하 "연금수령"이라 하며, 연금수령 외의 인출은 "연금외수령"이라 한다)하는 경우의 그 연금을 말한다(소법 20의3 ①(2)). 연금계좌에서 연금형태로 인출하는 경우에는 연금소득으로 과세하고, 연금외수령하는 경우에는 "①"은 퇴직소득, "②"와 "③"은 기타소득으로 과세한다.

① 원천징수되지 아니한 퇴직소득
② 세액공제를 받은 연금계좌 납입액
③ 연금계좌의 운용실적에 따라 증가된 금액
④ 그 밖에 연금계좌에 이체 또는 입금되어 해당 금액에 대한 소득세가 이연(移延)된 소득으로서 대통령령으로 정하는 소득

1) 연금계좌

연금계좌란 다음의 어느 하나에 해당하는 계좌를 말한다(소령 40의2 ①).

① 연금저축계좌 : 금융회사 등(신탁업자, 투자중개업자, 보험회사)과 체결한 계약에 따라 "연금저축"이라는 명칭으로 설정하는 계좌

② 퇴직연금계좌 : 퇴직연금을 지급받기 위하여 가입하여 설정하는 다음의 어느 하나에 해당하는 계좌

㉠ 「근로자퇴직급여 보장법」에 따른 확정기여형퇴직연금제도에 따라 설정하는 계좌

㉡ 「근로자퇴직급여 보장법」에 따른 개인형퇴직연금제도에 따라 설정하는 계좌

㉢ 「과학기술인공제회법」에 따른 퇴직연금급여를 지급받기 위하여 설정하는 계좌

㉣ 「근로자퇴직급여 보장법」에 따른 중소기업퇴직연금기금제도에 따라 설정하는 계좌

2) 연금보험료 납입요건

연금계좌의 가입자는 다음의 요건을 갖추어 연금보험료를 납입할 수 있다(소령 40의2 ②).

① 다음의 금액을 합한 금액 이내(연금계좌가 2개 이상인 경우에는 그 합계액)의 금액을 납입할 것. 이 경우 해당 과세기간 이전의 연금보험료는 납입할 수 없으나, 보험계약의 경우에는 최종납입일이 속하는 달의 말일부터 3년 2개월이 경과하기 전에는 그 동안의 연금보험료를 납입할 수 있다.

㉠ 연 1,800만원

㉡ 개인종합자산관리계좌 만기시 연금계좌 전환금액

② 연금수령 개시를 신청한 날(연금수령 개시일을 사전에 약정한 경우에는 약정에 따른 개시일을 말한다) 이후에는 연금보험료를 납입하지 않을 것

3) 연금수령과 연금외수령의 구분

연금형태로 인출이란 연금계좌에서 다음의 요건을 모두 갖추어 인출을 연금수령이라 하고, 연금수령 외의 인출을 연금외수령이라고 한다(소령 40의2 ③). 여기서 연금계좌를 중도인출하는 경우에도 가입자의 사망 · 해외이주 등 부득이한 사유가 있는 경우에는 연금수령으로 보고 있으나, 이연퇴직소득의 경우 부득이한 사유에 해당하는 해외이주의 범위를 연금계좌에 입금한 날로부터 3년 이후 해외이주하는 경우로 한정하여 연금수령으로 본다(소령 40의2 ③ 단서). 연금외수령하는 경우 원천징수되지 않는 퇴직소득인 경우에는 퇴직소득으로 과세하고, 그 밖에는 기타소득으로 과세한다.

① 가입자가 55세 이후 연금계좌취급자에게 연금수령 개시를 신청한 후 인출할 것
② 연금계좌의 가입일부터 5년이 경과된 후에 인출할 것. 다만, 이연퇴직소득이 연금계좌에 있는 경우에는 그러하지 아니한다.
③ 과세기간 개시일(연금수령 개시일이 속하는 과세기간에는 연금수령 개시일) 현재 다음의 계산식에 따라 계산된 금액(연금수령한도) 이내에서 인출할 것. 연금계좌에서 연금수령한도를 초과하여 인출하는 금액은 연금외수령하는 것으로 본다(소령 40의2 ⑤).

$$\text{연금한도} = \left(\frac{\text{연금계좌의 평가액}}{11 - \text{연금수령연차}^{*}} \right) \times 120\%$$

* 연금수령연차란 최초로 연금수령할 수 있는 날이 속하는 과세기간을 기산연차로 하여 그 다음 과세기간을 누적 합산한 연차를 말하며, 연금수령연차가 11년 이상인 경우에는 그 계산식을 적용하지 아니한다. 다만, 다음의 어느 하나에 해당하는 경우의 기산연차는 아래에 따른다(소령 40의2 ④).
① 2013년 3월 1일 전에 가입한 연금계좌(2013년 3월 1일 전에 확정급여형퇴직연금제도에 가입한 사람이 퇴직하여 퇴직소득 전액이 새로 설정된 연금계좌로 이체되는 경우를 포함)의 경우 : 6년차
② 연금계좌의 가입자가 사망하여 그 배우자가 연금계좌를 승계한 경우 : 사망일 당시 피상속인의 연금수령연차

4) 연금계좌의 인출순서

연금계좌에서 일부 금액이 인출되는 경우에는 다음의 금액이 순서(①→②→③)에 따라 인출되는 것으로 본다. 다만, 인출된 금액이 연금수령한도를 초과하는 경우에는 연금수령분이 먼저 인출되고 그 다음으로 연금외수령분이 인출되는 것으로 본다(소령 40의3).

① 과세제외금액
과세제외금액은 다음의 순서에 따라 인출되는 것으로 본다. 다만, "㉢"은 확인되는 금액만 해당하며, 확인되는 날부터 과세제외금액으로 본다.
㉠ 인출된 날이 속하는 과세기간에 해당 연금계좌에 납입한 연금보험료
㉡ 인출한 날이 속하는 과세기간에 해당 연금계좌에 납입한 개인자산종합관리계좌전환금액
㉢ 해당 연금계좌만 있다고 가정할 때 해당 연금계좌에 납입된 연금보험료로서 연금계좌세액공제한도액을 초과하는 금액이 있는 경우 그 초과하는 금액
㉣ 그 밖에 해당 연금계좌에 납입한 연금보험료 중 연금계좌세액공제를 받지 아니한 금액
② 이연퇴직소득
③ 그 밖에 연금계좌에 있는 금액

그러나, 연금계좌의 운용에 따라 연금계좌에 있는 금액이 원금에 미달하는 경우 연금계좌에 있는 금액은 원금이 인출순서와 반대의 순서(③→②→①)로 차감된 후의 금액으

로 본다(소령 40의3 ⑤).

5) 연금계좌의 이체

연금계좌에 있는 금액이 연금수령이 개시되기 전의 다른 연금계좌로 이체되는 경우에는 이를 인출로 보지 아니한다. 다만, 다음의 어느 하나에 해당하는 경우에는 그러하지 아니하다. 일부 금액이 이체("③"의 경우를 제외)되는 경우에는 연금계좌 인출순서에 따라 이체되는 것으로 본다(소령 40의4).

① 연금저축계좌와 퇴직연금계좌 상호 간에 이체되는 경우(연금수령요건을 충족하는 경우 제외함)

② 2013년 3월 1일 이후에 가입한 연금계좌에 있는 금액이 2013년 3월 1일 전에 가입한 연금계좌로 이체되는 경우

③ 퇴직연금계좌에 있는 일부 금액이 이체되는 경우

다. 비과세 연금소득

연금소득 중 다음에 해당하는 소득에 대해서는 소득세를 과세하지 아니한다(소법 12 (4)).

① 「국민연금법」, 「공무원연금법」, 「군인연금법」, 「사립학교교직원연금법」, 「별정우체국법」 또는 「국민연금과 직역연금의 연계에 관한 법률」("공적연금 관련법"이라 한다)에 따라 받는 유족연금, 장애연금, 장해연금, 상이연금(傷痍年金), 연계노령유족연금 또는 연계퇴직유족연금

② 「산업재해보상보험법」에 따라 받는 각종 연금

③ 「국군포로의 송환 및 대우 등에 관한 법률」에 따른 국군포로가 받는 연금

라. 연금소득금액의 계산

(1) 개 요

연금소득금액은 총연금액(연금소득 제외소득과 비과세소득 제외)에서 연금소득공제를 적용한 금액으로 한다(소법 20의3 ③).

연금소득금액 = 총연금액 − 연금소득공제

'총연금액'이란 연금소득의 합계액에서 과세제외소득과 비과세소득을 제외한 금액을 말한다. 여기서 '과세제외소득'은 국민연금 · 특수직연금으로서 2001년 12월 31일 이전에 납입된 연금기여금 및 사용자부담금(국가 또는 지방자치단체의 부담금 포함) 또는 2001년 12월 31일 이전 근로의 제공을 기초로 하여 받는 연금소득으로 한다(소법 20의3 ②).

총연금액 = 연금소득의 합계액－과세제외소득－비과세소득

(2) 연금소득공제

연금소득이 있는 거주자에 대해서는 해당 과세기간에 받은 총연금액에서 다음 표에 규정된 금액을 공제한다. 다만, 공제금액이 900만원을 초과하는 경우에는 900만원을 공제한다(소법 47의2 ①). 이것을 '연금소득공제'라고 한다.

총연금액	공 제 액
350만원 이하	총연금액
350만원 초과 700만원 이하	350만원+(총연금액－ 350만원)×40%
700만원 초과 1,400만원 이하	490만원+(총연금액－ 700만원)×20%
1,400만원 초과	630만원+(총연금액－1,400만원)×10%

이러한 연금소득공제는 노후생활에 있어서 연금소득이 주된 소득원이고 급여 수준이 높지 않은 점을 감안하여 총연금액의 일정액을 공제하는 것이다.

마. 연금소득의 수입시기

연금소득의 수입시기는 다음의 구분에 따른 날로 한다(소령 50 ⑤).

① 공적연금소득 : 공적연금 관련법에 따라 연금을 지급받기로 한 날

② 연금계좌에서 받는 연금소득 : 연금수령한 날

③ 그 밖의 연금소득 : 해당 연금을 지급받은 날

19

다음 자료에 따라 거주자 노윤아의 해당 과세기간 연금소득금액을 계산하시오. 노윤아 씨는 2026년 5월부터 국민연금을 수령하기 시작하였다. 국민연금을 납입한 내역과 국민연금을 수령한 내역은 다음과 같다.

① 총납입기간 동안 환산소득누계액은 10억원이며, 2002년 1월 1일 이후 납입기간의 환산소득누계액은 8억원이다.
② 2002.1.1 이후에 납입한 국민연금 중 과세제외금액은 5,000,000원이다.
③ 2026년에 국민연금을 원천징수하기 전의 금액으로 30,000,000원을 수령하였다.

 해답 1. 총연금액의 계산

$$= 30{,}000{,}000 \times \frac{8\text{억원}}{10\text{억원}} - 5{,}000{,}000 = 19{,}000{,}000$$

2. 연금소득공제 = 6,300,000 + (19,000,000 − 14,000,000) × 10% = 6,800,000원
3. 연금소득금액 = 19,000,000 − 6,800,000 = 12,200,000원

바. 연금소득에 대한 과세방법

(1) 원천징수

1) 매월분 원천징수

국내에서 거주자에게 연금소득금액을 지급하는 자는 그 거주자에 대한 소득세를 원천징수하여 그 징수일이 속하는 달의 다음달 10일까지 납부하여야 한다(소법 127 ①, 128). 이 경우 원천징수의무자가 지급하는 연금소득금액에 대하여 적용하는 세율은 다음과 같다(소법 129 ① (5), (5의2), (5의3)).

① 공적연금소득 : 연금소득간이세액표
② 사적연금 : 연금지급액에 다음의 세율을 적용하여 원천징수하여야 하며, 공적연금소득과 같이 연말정산을 할 필요는 없다.
㉠ 연금계좌세액공제를 받은 연금계좌 납입액이나 운용실적에 따라 증가된 금액을 연금수령한 연금소득에 대해서는 다음의 구분에 따른 세율. 이 경우 ⓐ와 ⓑ의 요건을 동시에 충족하는 때에는 낮은 세율을 적용한다.

ⓐ 연금소득자의 나이에 따른 다음의 세율

나이(연금수령일 현재)	세 율
70세 미만	5%
70세 이상 ~ 80세 미만	4%
80세 이상	3%

ⓑ 사망할 때까지 연금수령하면서 중도해지할 수 없는 종신계약에 따라 받는 연금소득 : 3%

㉡ 원천징수 이연분 퇴직소득을 연금수령하는 연금소득에 대해서는 다음의 구분에 따른 세율

ⓐ 연금 실제 수령연차가 10년 이하인 경우 : 연금외수령 원천징수세율의 70%

ⓑ 연금 실제 수령연차가 10년을 초과하고 20년 이하인 경우 : 연금외수령 원천징수세율의 60%

ⓒ 연금 실제 수령연차가 20년 초과하는 경우 : 연금외수령 원천징수세율의 50%

위에서 매월분의 공적연금소득에 대하여 원천징수를 하는 경우 연금소득간이세액표를 적용한다(소법 129 ③).

2) 공적연금소득에 대한 연말정산

공적연금소득에 대한 원천징수의무자가 해당 과세기간의 다음 연도 1월분의 공적연금소득을 지급할 때에는 다음 산식에 따라 계산한 남은 금액을 원천징수한다(소법 143의4 ①).

> 종합소득과세표준 = 연금소득금액 − 종합소득공제
> 종합소득산출세액 = 종합소득과세표준 × 기본세율(6% ~ 45%)
> 연말정산세액 = 종합소득산출세액 − 원천징수하여 납부한 소득세

이 경우에 해당 과세기간에 이미 원천징수하여 납부한 소득세가 해당 종합소득 산출세액을 초과할 때에는 그 초과액은 해당 연금소득자에게 환급하여야 한다(소법 143의4 ②).

(2) 종합과세와 분리과세

1) 종합과세

해당 과세기간 연금소득금액은 종합소득과세표준에 합산하여 과세한다(소법 14 ②).
다만, 다음의 경우에는 과세표준 확정신고를 하지 아니할 수 있다(소법 73 ①).

① 공적연금소득만 있는 자
② 무조건 분리과세 사적연금소득만 있는 자
③ '②'외의 사적연금의 연금소득 합계액이 연 1,500만원 이하로 분리과세를 선택한 자

2) 분리과세

사적연금소득의 합계액이 다음에 해당하는 사적연금소득은 종합소득과세표준에 이를 합산하지 않는다(소법 14 ③ (9)). 다만, 사적연금소득의 합계액이 연 1,500만원 이하인 경우에도 거주자가 종합소득과세표준의 계산에 있어서 이를 합산하고자 하는 경우에는 종합과세한다. 따라서 해당 과세기간 사적연금소득의 합계액이 연 1,500만원 이하인 경우에는 분리과세와 종합과세를 선택할 수 있는 것이다.

① 원천징수이연분 퇴직소득을 연금수령하는 연금소득
② 의료목적, 천재지변이나 그 밖에 부득이한 사유 등으로 법정요건을 갖추어 인출하는 연금소득
③ '①' 및 '②' 외의 연금소득의 합계액이 연 1,500만원 이하인 경우 그 연금소득

 기타소득

가. 의 의

기타소득은 이자소득 · 배당소득 · 사업소득 · 근로소득 · 연금소득 · 퇴직소득 및 양도소득 외의 소득으로 「소득세법」에서 기타소득으로 열거하고 있는 소득을 말한다(소법 21 ①). 이는 단지 소득을 구분함에 있어서 어떤 소득이 기타소득에도 해당되고 동시에 다른 소득(이자소득 등 7가지 유형)에도 해당하는 경우에는 우선적으로 다른 소득(이자소득 등)으로 구분 과세한다는 것이다.

기타소득으로 열거된 소득은 일시적 또는 우발적 소득들이며, 계속적으로 발생하는 장기소득은 아니다. 기타소득은 소득발생시에 20%로 원천징수되고 종합소득에 합산하여 과세되는데, 연간 300만원 이하의 소득은 납세자가 분리과세를 선택할 수 있다(소법 14 ③ (5)).

열거주의의 과세방식에 따르는 현행 「소득세법」의 어떤 소득이 열거된 기타소득에 해당되지 않고 다른 소득(유형별 포괄주의를 적용하는 이자 · 배당 · 근로 · 연금 · 사업소득은 제외)에도 해당하지 않으면 과세대상소득이 아니다.

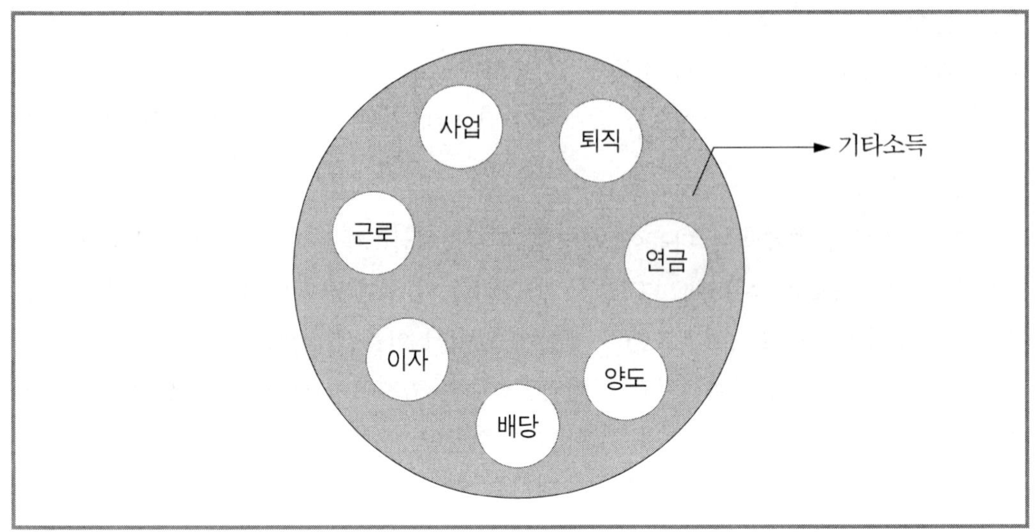

나. 기타소득의 범위

기타소득은 이자소득 · 배당소득 · 사업소득 · 근로소득 · 연금소득 · 퇴직소득 · 양도소득 외의 소득으로 다음의 것으로 한다(소법 21 ①).

① 상금, 현상금, 포상금, 보로금 또는 이에 준하는 금품

② 복권, 경품권, 그 밖의 추첨권에 의하여 받는 당첨되어 받는 금품

③ 「사행행위등규제및처벌특례법」에서 규정하는 행위(직접 또는 불법 여부는 고려하지 않음)에 참가하여 얻는 재산상의 이익

④ 「한국마사회법」에 따른 승마투표권, 「경륜 · 경정법」에 따른 승자투표권, 「전통 소싸움 경기에 관한 법률」에 따른 소싸움경기투표권 및 「국민체육진흥법」에 따른 체육진흥투표권의 구매자가 받는 환급금(발생원인이 되는 행위의 적법 또는 불법 여부는 고려하지 않음)

⑤ 저작자 또는 실연자 · 음반제작자 · 방송사업자 외의 자가 저작권 또는 저작인접권의 양도 또는 사용의 대가로 받는 금품 : 저작자 등이 받는 저작권 또는 저작인접권의 사용료는 자유직업소득으로 사업소득에 해당하나, 저작권 또는 저작인접권을 양도 · 상속 · 증여받은 자와 같이 저작자 이외의 자가 그 저작권 또는 저작인접권을 타인에게 양도하거나 사용하게 하고 받는 대가는 기타소득이다(소령 41 ①).

⑥ 영화필름과 라디오 · 텔레비전 방송용 테이프 또는 필름과 그 밖에 이와 유사한 자산이나 권리의 양도 · 대여 또는 사용의 대가로 받는 금품

⑦ 광업권 · 어업권 · 산업재산권 · 산업정보, 산업상 비밀, 상표권 · 영업권(대통령령이 정하는 점포임차권을 포함) · 토사석의 채취허가에 따른 권리, 지하수의 개발 · 이용권 그 밖에 이와 유사한 자산이나 권리를 양도하거나 대여하고 그 대가로 받는 금품

㉠ '상표권'은 「상표법」에 따른 상표, 서비스표, 단체표장, 지리적 표시, 동음이의어 지리적 표시, 지리적 표시 단체표장, 등록상표 및 업무표장에 관한 권리를 말한다(소령 41 ②).

㉡ '영업권'에는 행정관청으로부터 인가 · 허가 · 면허등을 받음으로써 얻는 경제적 이익을 포함하되, 사업용 고정자산(토지와 건물 및 부동산에 관한 권리의 자산)과 함께 양도하는 영업권은 포함되지 아니한다(소령 41 ③).

㉢ '점포임차권'이란 거주자가 사업소득(기획재정부령이 정하는 사업소득을 제외)이 발생하는 점포를 임차하여 점포 임차인으로서의 지위를 양도함으로써 얻는 경제적 이익(점포임차권과 함께 양도하는 다른 영업권을 포함)을 말한다(소령 41 ④).

㉣ '토사석의 채취허가에 따른 권리와 지하수개발 · 이용권'에는 토지 등과 함께 양도하는 토사석의 채취허가에 따른 권리 · 지하수개발 · 이용권을 포함한다(소령 41 ⑤⑥).

⑧ 물품 또는 장소를 일시적으로 대여하고 사용료로서 받는 금품

⑧의2 「전자상거래 등에서의 소비자보호에 관한 법률」에 따라 통신판매중개를 하는 자를 통하여 물품 또는 장소를 대여하고 연 수입금액 500만원 이하의 사용료로서 받은 금품

⑨ 「공익사업을 위한 토지 등의 취득 및 보상에 관한 법률」에 따른 공익사업과 관련하여 지역권 · 지상권(지하 또는 공중에 설정된 권리를 포함한다)을 설정하거나 대여함으로써 발생하는 소득

⑩ 계약의 위약 또는 해약으로 인하여 받는 위약금 · 배상금 · 부당이득 반환시 지급받는 이자

⑪ 유실물의 습득 또는 매장물의 발견으로 인하여 보상금을 받거나 새로 소유권을 취득하는 경우 그 보상금 또는 자산

⑫ 소유자가 없는 물건의 점유로 소유권을 취득하는 자산

⑬ 거주자 · 비거주자 또는 법인의 특수관계인이 그 특수관계로 인하여 그 거주자 · 비거주자 또는 법인으로부터 받는 경제적 이익으로서 급여 · 배당 또는 증여로 보지 아니하는 금품.

여기서 '경제적 이익'은 다음에 해당하는 이익으로 한다(소령 41 ⑨).

㉠ 「법인세법」에 따라 법인의 소득금액을 법인이 신고하거나 세무서장이 결정 · 경

정할 때 처분되는 배당・상여 외에 법인의 자산 또는 개인의 사업용으로 제공되어 소득발생의 원천이 되는 자산(이하 "사업용자산")을 무상 또는 저가로 이용함으로 인하여 개인이 받는 이익으로서 그 자산의 이용으로 인하여 통상 지급하여야 할 사용료 또는 그 밖에 이용의 대가(통상 지급하여야 할 금액보다 저가로 그 대가를 지급한 금액이 있는 경우에는 이를 공제한 금액)

㉡ 「노동조합 및 노동관계 조정법」을 위반하여 지급받는 급여

⑭ 슬롯머신(비디오게임 포함) 및 투전기 그 밖의 이와 유사한 기구를 이용하는 행위에 참가하여 받는 당첨금품・배당금품 또는 이에 준하는 금품

⑮ 문예・학술・미술・음악 또는 사진에 속하는 창작품에 대한 원작자로서 받는 소득으로 다음에 해당하는 것

㉠ 원고료

㉡ 저작권사용료인 인세

㉢ 미술・음악 또는 사진에 속하는 창작품에 대하여 받는 대가

⑯ 재산권에 관한 알선수수료

⑰ 사례금

⑱ 소기업・소상공인 공제부금의 해지일시금

⑲ 다음에 해당하는 인적용역('⑮~⑰' 용역은 제외)을 일시적으로 제공하고 지급받는 대가

㉠ 고용관계 없이 다수인에게 강연하고 강연료 등의 대가를 받는 용역

㉡ 라디오・텔레비전 방송 등을 통하여 해설・계몽 또는 연기의 심사 등을 하고 보수 또는 이와 유사한 성질의 대가를 받는 용역

㉢ 변호사・공인회계사・세무사・건축사・측량사・변리사 그 밖의 전문적 지식 또는 특별한 기능을 가진 자가 당해 지식 또는 기능을 활용하여 보수 또는 기타 대가를 받고 제공하는 용역(대학이 자체 연구관리비 규정에 따라 대학에서 연구비를 관리하는 경우에 교수가 제공하는 연구용역이 포함)

㉣ 그 밖에 용역으로서 고용관계 없이 수당 또는 이와 유사한 성질의 대가를 받고 제공하는 용역

⑳ 「법인세법」에 따라 기타 소득으로 처분된 소득

㉑ 연금소득공제를 받은 금액 및 연금계좌의 운용실적에 따라 증가된 금액을 그 소득의 성격에도 불구하고 연금외수령한 소득

㉒ 퇴직 전에 부여받은 주식매수선택권을 퇴직 후에 행사하거나 고용관계 없이 주식매수 선택권을 부여받아 이를 행사함으로써 얻는 이익

㉓ 뇌물

㉔ 알선수재 및 배임수재에 의하여 받는 금품

㉕ 서화 · 골동품의 양도로 발생하는 소득은 다음 중 하나에 해당하는 것으로서 개당 · 점당 또는 조(2개 이상이 함께 사용되는 물품으로서 통상 짝을 이루어 거래되는 것)당 양도가액이 6천만원 이상인 것을 말한다. 다만, 양도일 현재 생존해 있는 국내 원작자의 작품은 제외한다(소령 41 ⑭).

㉠ 서화 · 골동품 중 다음 중 하나에 해당하는 것

ⓐ 회화, 데생, 파스텔(손으로 그린 것에 한정하며, 도안과 장식한 가공품은 제외) 및 콜라주와 이와 유사한 장식판

ⓑ 오리지널 판화 · 인쇄화 및 석판화

ⓒ 골동품(제작 후 100년을 넘은 것에 한정)

㉡ 그 밖에 역사상 · 예술상 가치가 있는 서화 · 골동품으로서 기획재정부장관이 문화체육관광부장관과 협의하여 기획재정부령으로 정하는 것

그리고, 다음의 어느 하나에 해당하는 경우에는 사업소득으로 과세한다(소령 41 ⑱).

㉠ 서화 · 골동품의 거래를 위하여 사업장 등 물적시설(인터넷 등 정보통신망을 이용하여 서화 · 골동품을 거래할 수 있도록 설정된 가상의 사업장을 포함한다)을 갖춘 경우

㉡ 서화 · 골동품을 거래하기 위한 목적으로 사업자등록을 한 경우

㉖ 종교관련종사자가 종교의식을 집행하는 등 종교관련종사자로서의 활동과 관련하여 종교를 목적으로 「민법」 제32조에 따라 설립된 비영리법인(그 소속 단체를 포함)인 종교단체로부터 받은 소득(2018.1.1. 시행)

㉗ 종업원등 또는 대학의 교직원이 퇴직한 후에 지급받는 직무발명보상금

㉘ 가상자산을 양도하거나 대여함으로써 발생하는 소득(2027년 1월 1일 이후 적용)

다. 비과세 기타소득

다음에 열거하는 기타소득에 대해서는 소득세를 비과세한다(소법 12 ⑸, 소령 18).

① 「국가유공자 등 예우에 관한 법률」에 따라 받는 보훈급여금 · 학습보조비 및 「북한이탈주민의 보호 및 정착지원에 관한 법률」에 따라 받는 정착금 · 보로금 및 그 밖의 금품

② 「국가보안법」에 따라 지급받는 상금과 보로금

③ 「상훈법」에 따른 훈장과 관련하여 받는 부상과 다음에 해당하는 상금과 부상(소령 18 ①)

㉠ 「대한민국학술원법」에 의한 학술원상 또는 「대한민국예술원법」에 의한 예술원상의 수상자가 받는 상금과 부상

㉡ 노벨상 또는 외국정부·국제기관·국제단체 기타 외국의 단체나 기금으로부터 수여받는 상금과 부상

㉢ 「문화예술진흥법」에 의한 대한민국문화예술상과 문화예술진흥기금으로 한국문화예술진흥원이 수여하는 각종 상과 관련하여 받는 상금과 부상

㉣ 대한민국 미술전람회의 수상작품에 대하여 수여받는 부상

㉤ 「국민체육진흥법」에 의한 체육상의 수상자가 지급받는 부상

㉥ 과학기술부가 개최하는 과학전람회의 수상작품에 대하여 수여받는 부상

㉦ 특별법에 의하여 설립된 법인이 주무관청의 승인을 얻어 지급하는 상금과 부상

㉧ 「품질경영촉진법」에 의하여 품질 명장으로 선정된 자(분임을 포함)가 받는 상금과 부상

㉨ 직장새마을운동·산업재해예방운동 등 정부시책의 추진실적에 따라 중앙 행정기관장 이상의 표창을 받은 종업원이나 주무관청의 장이 인정하는 국내외 기능경기대회에 입상한 종업원이 그 표창 또는 입상과 관련하여 사용자로부터 받는 상금 중 1인당 15만원 이내의 금액

㉩ 「국민제안 규정」 또는 「공무원제안 규정」에 따라 채택된 제안의 제안자가 받는 부상

㉪ 위에 열거한 것 이외에 국가 또는 지방자치단체로부터 수여받는 상금과 부상(공무원이 공무수행에 따라 받는 포상금 제외)

④ 종업원등 또는 대학의 교직원이 퇴직한 후에 지급받거나 대학의 학생이 소속 대학에 설치된 산학협력단으로부터 받는 직무발명보상금으로서 연 700만원 이하의 금액. 다만, 직무발명보상금을 지급한 사용자등 또는 산학협력단과 특수관계에 있는 자가 받는 직무발명보상금은 제외한다.

⑤ 「국군포로의 송환 및 대우 등에 관한 법률」에 따라 국군포로가 받는 정착금 그 밖의 금품

⑥ 「문화재보호법」에 따라 국가지정문화재로 지정된 서화·골동품의 양도로 발생하는 소득

⑦ 서화·골동품을 박물관 또는 미술관에 양도함으로써 발생하는 소득

⑧ 종교인소득 중 다음의 어느 하나에 해당하는 소득(소령 19)

㉠ 한국표준직업분류에 따른 종교관련종사자가 소속된 종교단체의 종교관련종사자

로서의 활동과 관련있는 교육·훈련을 위하여 받는 학교 또는 시설의 입학금·수업료·수강료 또는 그 밖의 공납금

㉡ 종교관련종사자가 받는 아래의 식사 또는 식사대

ⓐ 소속 종교단체가 종교관련종사자에게 제공하는 식사나 그 밖의 음식물

ⓑ 식사나 그 밖의 음식물을 제공받지 아니하는 종교관련종사자가 소속 종교단체로부터 받는 월 20만원 이하의 식사대

㉢ 종교관련종사자가 받는 아래의 실비변상적 성질의 지급액

ⓐ 일직료·숙직료 및 그 밖에 이와 유사한 성격의 급여

ⓑ 여비로서 실비변상 정도의 금액(종교관련종사자가 본인 소유의 차량을 직접 운전하여 소속 종교단체의 종교관련종사자로서의 활동에 이용하고 소요된 실제 여비 대신에 해당 종교단체의 규칙 등에 정하여진 지급기준에 따라 받는 금액 중 월 20만원 이내의 금액을 포함한다)

ⓒ 종교관련종사자가 종교의식 등 종교관련종사자로서의 활동을 위하여 통상적으로 사용하는 의복 및 그 밖의 물품

ⓓ 종교관련종사자가 천재·지변이나 그 밖의 재해로 인하여 받는 지급액

㉣ 종교관련종사자 또는 그 배우자의 출산이나 6세 이하(해당 과세기간 개시일을 기준으로 판단한다) 자녀의 보육과 관련하여 종교단체로부터 받는 금액으로서 해당 자녀 1명당 월 20만원 이내의 금액

㉤ 종교관련종사자가 종교단체가 소유·임차한 사택을 제공받아 얻는 이익

⑨ 법령·조례에 따른 위원회 등의 보수를 받지 아니하는 위원(학술원 및 예술원의 회원을 포함한다) 등이 받는 수당

라. 기타소득의 수입시기

기타소득의 수입시기는 다음에 따른 날로 한다(소령 50 ①).

기타소득의 종류	수입시기
(1) 광업권·어업권 등의 양도로 인한 기타소득	그 대금을 청산한 날, 자산을 인도한 날 또는 사용·수익일 중 빠른 날. 다만, 대금을 청산하기 전에 자산을 인도 또는 사용·수익하였으나 대금이 확정되지 아니한 경우에는 그 대금 지급일로 한다.
(2) 「법인세법」에 따른 기타소득	그 법인의 해당 사업연도 결산확정일
(3) 연금외수령한 기타소득	연금외수령한 날
(4) 일반적인 기타소득	그 지급을 받은 날

마. 기타소득의 지급시기(원천징수시기)

(1) 일반적인 경우

원천징수의무자는 기타소득을 지급할 때 기타소득금액에 원천징수세율을 적용하여 계산한 소득세를 원천징수한다(소법 145 ①).

(2) 「법인세법」에 따라 결정·경정시 처분되는 기타소득

법인소득금액을 결정 또는 경정하는 세무서장이 그 결정 또는 경정일로부터 15일 이내에 소득금액변동통지서에 의하여 당해 법인에게 통지하여야 하며, 당해 법인이 통지를 받은 날에 그 소득금액을 지급한 것으로 본다(소령 192 ①·②).

이 경우 당해 법인의 주소가 분명하지 아니하여 그 통지서를 송달할 수 없는 때에는 당해 기타소득의 처분을 받은 거주자에게 통지하여야 한다(소령 192 ① 단서).

(3) 법인의 소득금액을 신고함에 있어서 처분되는 기타소득

그 법인의 해당 사업연도의 결산확정일 지급한 것으로 본다(소령 50 ①).

바. 기타소득금액의 계산

기타소득금액은 해당 과세기간의 총수입금액에서 이에 사용된 필요경비를 공제하여 계산하되, 비과세소득과 분리과세소득은 합산하지 아니한다(소법 21 ②).

기타소득금액 = 총수입금액(비과세소득·분리과세소득 제외) − 필요경비

사. 기타소득의 수입금액

다음에 해당하는 자산이나 권리의 양도 또는 대여로 인한 기타소득의 수입금액은 원칙적으로 장부 기타 증빙서류에 의해 확인되는 실지거래가액으로 한다. 다만, 장부 기타 증빙서류에 의하여 계산할 수 없는 경우에는 추계결정·경정하는데, 그 구체적인 방법은 다음과 같다(소령 144 ②).

구 분	재 산 가 액
(1) 영업권	「상속세 및 증여세법 시행령」에 따라 평가한 금액 * (최근 3년간 가중평균순이익×1/2－평가기준일 현재 자기자본×10%)×5년
(2) 점포임차권	①－② ① 양도시의 임대보증금 상당액＋양도하는 사업자의 영업권 평가액 ② 취득시의 임대보증금 상당액＋(①－취득시의 임대보증금 상당액)×1/2
(3) 산업재산권 등(영업권과 점포 임차권 제외)	어업권 · 특허권 · 상표권 · 광업권 · 채석권 등에 대한 「상속세 및 증여세법」에 따른 평가액

아. 기타소득의 필요경비

기타소득금액을 계산할 때 거주자의 해당 과세기간의 필요경비에 산입할 금액은 다음에 따른다(소법 37).

(1) 승마투표권 등의 구매자에게 지급하는 환급금

승마투표권 · 승자투표권 · 소싸움경기투표권 · 체육진흥투표권의 구매자가 받는 환급금에 대해서는 그 구매자가 구입한 적중된 투표권의 단위투표금액을 필요경비로 한다(소법 37 (1)). 또한 슬롯머신 등의 당첨금품 등에 대해서는 그 당첨금품 등의 당첨 당시에 슬롯머신 등에 투입한 금액을 필요경비로 한다. 또한, 2027년 1월 1일 이후 취득하는 가상자산의 실제 취득가액을 확인하기 곤란한 경우에는 해당 가상자산과 같은 종류의 가상자산 전체의 양도에 따른 필요경비를 그 가상자산 전체의 총양도가액에 50% 이하의 범위에서 대통령령으로 정하는 비율을 곱한 금액으로 할 수 있다. 이 경우 부대비용은 필요경비에 산입하지 아니한다(소법 37).

(2) 가상자산의 필요경비

가상자산소득에 대해서는 그 양도되는 가상자산의 실제 취득가액과 취득 · 양도 또는 대여를 위하여 소요된 부대비용을 필요경비로 한다. 여기서 필요경비를 계산할 때 2027년 1월 1일 전에 이미 보유하고 있던 가상자산의 취득가액은 2026년 12월 31일 당시의 시가와 그 가상자산의 취득가액 중에서 큰 금액으로 한다. 또한, 2027년 1월 1일 이후 취득하는 가상자산의 실제 취득가액을 확인하기 곤란한 경우에는 해당 가상자산과 같은 종류의 가상자산 전체의 양도에 따른 필요경비를 그 가상자산 전체의 총양도가액에 50% 이하의 범위에서 대통령령으로 정하는 비율을 곱한 금액으로 할 수 있다. 이 경우

부대비용은 필요경비에 산입하지 아니한다(소법 37).

(3) 기타소득의 필요경비율

다음의 어느 하나에 해당하는 기타소득에 대해서는 거주자가 받은 금액의 아래에 상당하는 금액을 필요경비로 한다. 다만, 실제 소요된 필요경비가 아래에 상당하는 금액을 초과하면 그 초과하는 금액도 필요경비에 산입한다(소령 87 (1)).

<table>
<tr><th>기타소득 종류</th><th colspan="2">필요경비율</th></tr>
<tr><td>① 공익법인이 주무관청의 승인을 받거나, 순위 경쟁 대회에서 시상하는 상금과 부상
② 주택입주 지체상금</td><td colspan="2">80%</td></tr>
<tr><td>③ 공익사업과 관련된 지상권 등의 설정 · 대여소득
④ 광업권, 어업권, 상표권, 영업권 등의 양도 · 대여소득
⑤ 원고료, 인세 등
⑥ 일시적 강연료, 자문료 등</td><td colspan="2">60%</td></tr>
<tr><td rowspan="2">⑦ 서화 · 골동품의 양도소득</td><td>1억원 이하</td><td>90%</td></tr>
<tr><td>1억원 초과</td><td>80%*</td></tr>
</table>

* 서화 · 골동품의 보유기간이 10년 이상인 경우에는 90%

(4) 종교인소득의 필요경비

종교인소득에 대해서는 종교관련종사자가 해당 과세기간에 받은 금액(비과세소득은 제외한다) 중 다음 표에 따른 금액을 필요경비로 한다. 다만, 실제 소요된 필요경비가 다음 표에 따른 금액을 초과하면 그 초과하는 금액도 필요경비에 산입한다(소령 87 (3)).

종교인소득	필요경비
2천만원 이하	종교인소득×80%
2천만원 초과 4천만원 이하	1,600만원+(종교인소득−2천만원)×50%
4천만원 초과 6천만원 이하	2,600만원+(종교인소득−4천만원)×30%
6천만원 초과	3,200만원+(종교인소득−6천만원)×20%

(5) 그 밖의 경우

위에서 설명한 '(1)~(3)' 이외의 기타소득에 대하여는 실제로 지급된 경비만을 필요경비로 한다.

20

다음 자료에 의하여 거주자 김영애 씨의 2026년 7월 이후 지급받은 종합소득금액에 포함될 기타소득금액을 계산하시오. 거주자 김영애 씨는 장부를 비치하지 않고 있다.

1. 채석의 채석허가에 따른 권리를 대여하고 받은 금액	2,000,000원
2. 일시문예 창작수입	500,000원
3. 로또복권 당첨소득	1,000,000원
4. 경품권 당첨금액	5,000,000원
5. 특허품을 개발하여 사용자로부터 지급받은 직무발명보상금	5,000,000원
6. 저작자로서 지급받은 저작권 사용료	800,000원
7. 일시 강연료 수입	300,000원
8. 회사업무와 관련하여 지급받은 사보게재 원고료	300,000원

해답

항 목	총수입금액	필요경비	소득금액
채석 · 채취허가권리대여소득	2,000,000원	1,200,000원*1	800,000원
일 시 문 예 창 작 소 득	500,000원	300,000원*2	200,000원
경 품 권 당 첨 소 득	5,000,000원	—	5,000,000원
일 시 강 연 료 소 득	300,000원	180,000원	120,000원
계	7,800,000원	1,680,000원	6,120,000원

*1 해당 과세기간에 받은 금액의 60%에 해당하는 금액을 필요경비로 본다(소령 87).
*2 지급받는 금액의 60%를 필요경비로 인정한다(소령 87).
*3 로또복권 당첨소득은 분리과세하며, 사보 원고료는 업무와 관련 있는 경우에 근로소득이며 저작권사용료는 저작자가 받는 경우에 자유직업소득임.
*4 사용인이 직무와 관련하여 「발명진흥법」에 따라 사용자로부터 받는 직무발명보상금으로서 7,000,000원까지 비과세한다(소법 12 (3)).

자. 기타소득에 대한 과세방법

기타소득은 지급하는 자가 소득세을 원천징수하고 종합소득에 합산하여 과세함이 원칙이다. 그러나 아래와 같은 과세방법으로 한다(소법 14).

(1) 분리과세방법

다음에서 열거한 경우에는 원천징수로서 납세의무가 소멸하는 분리과세하고 있다.

① 연금외수령한 소득 : 15%

② 서화 · 골동품 양도소득 : 20%

③ 복권당첨금, 경마환급금등, 슬롯머신등 당첨금품 : 20%(소득금액 3억원 초과분은 30%)

(2) 신고과세방법

뇌물, 알선수재 · 배임수재에 의하여 받는 금품은 원천징수 하지 않고 종합과세한다. 그러나 가상자산 거래에서 발생하는 기타소득은 원천징수 하지 않고 세율 20%로 분리과세한다.

(3) 선택과세방법

다음에서 열거한 기타소득금액의 연간 합계액이 300만원 이하의 소득은 거주자의 선택에 의하여 분리과세 또는 종합과세를 받을 수 있는 것이다.

① 계약금이 대체된 위약금 · 배상금 : 원천징수 미대상

② 소기업 · 소상공인 공제부금의 해지일시금 : 15%

③ 그 밖의 기타소득 : 20%

○ 소 득 세 법

연습문제

01 대금의 이익에 대하여는 사업성이 있으면 대금업, 사업성이 없으면 비영업대금으로 분류한다. 대금업과 비영업대금에 대한 과세상 차이는 무엇인가?

02 배당소득에 대한 과세방법을 설명하시오.

03 「소득세법」의 간주임대료를 「법인세법」의 간주임대료와 비교 설명하시오.

04 기타소득금액을 계산할 경우 필요경비가 일정률로 공제되는 소득에 대하여 설명하시오.

05 이자소득 및 배당소득의 수입시기에 대하여 설명하시오.

06 「법인세법」상 각 사업연도의 소득과 「소득세법」상 사업소득의 차이를 설명하시오.

07 근로소득에 대한 소득세 과세방법에 대하여 설명하시오.

08 금융소득 종합과세제도에 대하여 설명하시오.

09 「소득세법」의 의제배당에 대하여 설명하시오.

10 연금소득의 과세방법에 대해서 설명하시오.

11 기타소득에 대한 과세방법에 대하여 설명하시오.

01 소득세법령상 이자소득에 포함되지 않는 것은? ▶ CTA, 2023

① 국가가 발행한 채권으로서 그 원금이 물가에 연동되는 채권의 경우 해당 채권의 원금증가분

② 국외에서 받는 예금의 이자

③ 「신용협동조합법」에 따른 조합이 환매기간에 따른 사전약정이율을 적용하여 환매수하는 조건으로 매매하는 증권의 매매차익

④ 국가가 발행한 채권이 원금과 이자가 분리되는 경우 원금에 해당하는 채권의 할인액

⑤ 국채를 공개시장에서 통합발행하는 경우 그 매각가액과 액면가액과의 차액

해설 국채를 공개시장에서 통합발행하는 경우 그 매각가액과 액면가액과의 차액은 비열거소득으로 과세하지 않는다.

02 다음은 야구선수 김종범이 2026년도 7월 이후에 받은 기타소득수입금액에 관한 자료이다. 이 자료에 의하여 김종범의 2026년도 기타소득금액을 계산하면? ▶ CTA, 1999 수정

> (1) 주택입주지체상금 : 1억원
> (2) 월간스포츠(월간잡지)에 수필을 기고하고 받은 원고료 : 1백만원
> (3) 어업권을 대여함에 따라 받은 대가 : 1천만원
> (4) 음료회사의 일시적 강연료 : 5백만원
> ※ 음료회사로부터 받은 강연료에 대응하는 필요경비는 200,000원이며, 그 외의 기타소득은 필요경비를 확인할 수 없다.

① 26,400,000원 ② 32,500,000원 ③ 32,050,000원
④ 29,000,000원 ⑤ 정답 없음

해설

구 분	계산근거	기타소득금액
(1) 주택입주지체상금	100,000,000×(1−80%)	20,000,000
(2) 일시적인 문예창작소득	1,000,000×(1−60%)	400,000
(3) 어업권 대여소득	10,000,000×(1−60%)	4,000,000
(4) 일시적 강연료	5,000,000×(1−60%)	2,000,000
합 계		26,400,000

03 「소득세법」에 따른 기타소득 중 최소한 총수입금액의 80%를 필요경비로 인정하는 것은? ▶ CTA 2009

① 계약의 위약 또는 해약으로 인하여 받는 위약금과 배상금 중 주택입주 지체상금
② 뇌물
③ 재산권에 관한 알선수수료
④ 유실물 습득으로 인하여 받은 보상금
⑤ 복권에 따라 받는 당첨금품

해설 주택입주 지체상금은 실발생 필요경비와 총수입금액의 80% 중 큰 금액을 필요경비로 인정한다.

04 소득세법령상 기타소득에 관한 설명으로 옳지 않은 것은? (서화·골동품의 양도로 발생하는 소득은 고려하지 아니함) ▶ CTA, 2023

① 이자소득·배당소득·사업소득·근로소득·연금소득·퇴직소득 및 양도소득 외의 소득이어야 한다.
② 노동조합업무종사자로서 근로시간면제자가 「노동조합 및 노동관계 조정법」상의 근로시간면제한도를 초과하는 범위에서 지급받는 급여는 기타소득에 해당한다.
③ 특정 소득이 기타소득으로 법령에 열거된 것 중 어떤 소득에 해당하는지 여부는 기타소득금액에 영향을 미치지 아니한다.
④ 뇌물은 위법소득이지만 기타소득으로 과세된다.
⑤ 종교인소득에 대하여 근로소득으로 원천징수한 경우에는 해당소득을 근로소득으로 본다.

해설 기타소득의 경우 소득별로 필요경비 의제규정이 달리 적용되므로 기타소득으로 법령에 열거된 것 중 어떤 소득에 해당하는지 여부가 기타소득금액에 영향을 미친다.

05 위법소득의 과세에 관한 설명으로 옳지 않은 것은? (다툼이 있으면 판례에 따름) ▶ CTA 2017

① 회사의 부사장이 회사소유 부동산을 매각하여 그 처분대금을 횡령한 경우 경제적 측면에서 보아 현실로 이득을 지배관리하면서 이를 향수하고 있어 담세력이 있는 것으로 판단되므로 과세소득에 해당한다.
② 매매가 위법한 것이어서 무효임에도 당사자 사이에서 그 매매계약이 유효한 것으로 취급되어 매도인이 매매대금을 수수하여 그대로 보유하고 있는 경우 양도소득세 과세대상이 된다.

③ 법인의 피용자의 지위에 있는 자가 법인의 자금을 횡령하여 법인이 그 자에 대한 손해배상채권을 취득하는 경우에는 그 금원 상당액이 곧바로 사외유출된 것으로 볼 수는 없어 소득처분에 의한 근로소득으로 과세될 수 없다.

④ 위법소득에 대한 납세의무가 성립한 후에는 「형법」에 따른 몰수가 이루어진 경우라 하더라도 「국세기본법」상 후발적 경정청구의 대상이 되지 않는다.

⑤ 법인과 이사 사이에 이익이 상반되는 금전소비대차라 하더라도 그 소비대차에서 발생한 이자소득은 과세대상이 된다.

해설 몰수나 추징과 같은 위법소득에 내재되어 있던 경제적 이익의 상실가능성이 현실화되는 후발적 사유가 발생하여 소득이 실현되지 아니하는 것으로 확정됨으로써 경정청구 대상이다.

06 다음은 거주자 甲의 2026년 금융거래에서 발생한 소득 관련 자료이다. 甲의 종합소득금액에 합산할 이자소득금액과 배당소득금액의 합계액은? (단, 원천징수는 적법하게 이루어졌으며 제시된 금액은 원천징수 전의 금액이다. 주어진 자료 외의 다른 사항은 고려하지 않음) ▶ CTA, 2022 수정

(1) 국내 상장법인으로부터 받은 현금배당	8,000,000원
(2) 공개시장에서 통합발행한 국채의 매각가액과 액면가액의 차액	6,000,000원
(3) 국내은행으로부터 받은 정기예금이자	3,000,000원
(4) 외국법인이 발행한 채권의 이자	7,000,000원
(5) 비영업대금의 이익	5,000,000원
(6) 법인과세 신탁재산으로부터 받는 배당금	3,000,000원

① 23,330,000원 ② 26,600,000원 ③ 26,000,000원
④ 26,880,000원 ⑤ 32,880,000원

해설 종합과세되는 금융소득 : ①+②+③=26,600,000원
① 이자소득 : 3,000,000+7,000,000+5,000,000=15,000,000원
② 배당소득 : 8,000,000+3,000,000=11,000,000원
③ 배당가산액 : Min[8,000,000, (26,000,000−20,000,000)]×10%=600,000원

07 「소득세법」에 따른 다음 공제항목 중 근로소득이 있는 거주자만이 공제받을 수 있는 것은? ▶ CTA, 2005 수정

① 거주자의 형제자매로서 20세 이하인 자에 대한 기본공제
② 기본공제대상이 되는 자가 70세 이상인 경우의 추가공제
③ 기본공제대상이 되는 자가 배우자가 있는 여성인 경우의 추가공제

④ 기본공제 대상인 장애인을 위하여 지출한 보험료

⑤ 기부금으로서 사업소득 계산시 필요경비에 산입한 기부금을 차감한 금액의 공제

해설 보험료는 근로소득이 있는 거주자만이 세액공제 받을 수 있다(소법 52).

08 거주자 甲의 2026년도 종합소득에 관한 자료가 다음과 같을 경우 분리과세 주택임대소득에 대한 사업소득금액은? ▶ CTA, 2021

(1) 甲이 임대하고 있는 주택은 「소득세법 시행령」 제122조의2에 의한 등록임대주택이 아니다.

(2) 甲의 주택임대와 관련된 자료는 다음과 같다.

구 분	A주택	B주택
임대료 수입 간주임대료	10,000,000원 4,000,000원	– 4,000,000원
합 계	14,000,000원	4,000,000원

(3) 甲의 종합소득금액은 상기의 주택임대소득을 제외하고 2천만원을 넘지 않는다.

① 3,200,000원 ② 5,000,000원 ③ 5,200,000원

④ 7,000,000원 ⑤ 9,000,000원

해설 18,000,000×(1−50%)−2,000,000=7,000,000원

09 다음은 거주자 이나라 씨가 소유하고 있는 상가건물임대에 관한 자료이다. 거주자 이나라 씨가 2026년도 부동산임대로 인한 사업소득을 장부에 기장하여 신고하는 경우와 추계하는 경우에 부동산임대로 인한 사업소득 총수입금액의 차이는 얼마인가? ▶ CTA, 2005 수정

(1) 임대기간 : 2026. 1. 1～2026. 12. 31

(2) 월임대료 : 3백만원

(3) 임대보증금 : 8억원

(4) 임대부동산 :

• 건물취득가액	4억원
• 토지취득가액	3억원
• 건물에 대한 재평가로 인한 증가액	2억원
• 건물에 대한 자본적 지출로 인한 증가액	1억원
• 감가상각누계액	(2억원)
합 계	8억원

(5) 국세청장이 고시한 정기예금이자율은 연 5%이며 1년은 365일이고, 이나라 씨는 부동산임대업을 주업으로 하지 않는다.
(6) 임대보증금 운용수익 : 배당금수익 1백5십만원, 이자수익 3백만원, 유가증권처분이익 1백만원

① 0원 ② 34,500,000원 ③ 29,500,000원
④ 55,500,000원 ⑤ 80,000,000원

해설 (1) 장부에 기장하여 신고하는 경우의 간주임대료
{8억×365 − (4억 + 1억)×365}×5%×1/365 − (1,500,000 + 3,000,000) = 10,500,000
(2) 추계하는 경우 : {8억×365}×5%×1/365 = 40,000,000
(3) 부동산임대소득 총수입금액 차이 : 40,000,000 − 10,500,000 = 29,500,000

10 소득세법령상 이자소득과 배당소득의 수입시기에 관한 설명으로 옳지 않은 것은?

▶ CTA 2024

① 잉여금의 처분에 의한 배당 : 당해 법인의 과세기간 종료일
② 통지예금의 이자 : 인출일
③ 저축성보험의 보험차익 : 보험금 또는 환급금의 지급일(기일전에 해지하는 경우에는 그 해지일)
④ 무기명주식의 이익이나 배당 : 그 지급을 받은 날
⑤ 법인세법에 의하여 처분된 배당 : 당해 법인의 당해 사업연도의 결산확정일

해설 잉여금의 처분에 의한 배당 : 당해 법인의 잉여금처분 결의일

11 다음 중 이자소득에서 제외되는 사업소득으로 옳지 않은 것은?

① 할부판매 등으로 통상적인 거래의 경우보다 추가로 지급받는 금액
② 국내에서 지급받는 투자신탁이익
③ 외상매입금이나 미지급금을 약정기일 전에 지급함으로써 받는 할인액
④ 물품을 매입할 때 대금의 결제방법에 따라 에누리되는 금액

해설 ①, ③, ④ 성격은 이자소득이지만 사업소득으로 분류된다.
② 배당소득에 해당한다.

12 법인세와 사업소득세를 비교 설명한 것으로 옳지 않은 것은?

① 법인세와 소득세 모두 사업용 유형고정자산의 감가상각부인액은 소멸계산된다.

② 지급이자 부인대상에는 법인세와 소득세 모두 채권자 불분명 사채이자가 있다.

③ 「소득세법」상 일시상각충당금에는 국고보조금과 보험차익만이 있다.

④ 사업용 고정자산 처분이익은 「법인세법」에서는 익금이고, 「소득세법」에서는 총수입금액에 산입한다.

해설 ① 법인세와 소득세 모두 사업용 유형고정자산의 상각부인액은 손금산입된다.

13 「소득세법」의 총수입금액에 대한 설명으로 옳지 않은 것은?

① 매출액은 총수입금액에 산입하는데 매출할인은 제외하고 환입액과 에누리는 포함한다.

② 전년도로부터 이월된 소득금액은 총수입금액에 불산입한다.

③ 부가가치 매출세액은 부채성격이므로 총수입금액에 산입하지 아니한다.

④ 필요경비로 지출된 세액의 환입액은 총수입금액에 산입한다.

해설 ① 매출액은 총수입금액에 산입한다. 단, 매출할인 · 환입액 · 에누리는 제외한다.

14 「소득세법」 상 생산직 근로자가 연장근로 · 야간근로 또는 휴일근로를 하여 통상임금에 더하여 받는 급여에 대한 비과세 규정을 적용할 때, 다음의 비과세 급여 중 월정액급여 계산시 매월 직급별로 받는 급여의 총액에서 차감하는 항목을 모두 고른 것은?

▶ CTA 2025

ㄱ. 월 20만원 이내의 자기차량운전보조금
ㄴ. 식사 기타 음식물을 제공받지 아니하는 근로자가 받는 월 20만원 이하의 식사대
ㄷ. 임원이 아닌 종업원이 사택을 제공받음으로써 얻는 이익
ㄹ. 광산근로자가 받는 입갱수당 및 발파수당
ㅁ. 근로자 또는 그 배우자가 6세 이하인 자녀의 보육과 관련하여 사용자로부터 지급받는 급여로서 월 20만원 이내의 금액

① ㄱ, ㅁ　　② ㄱ, ㄴ, ㄹ　　③ ㄴ, ㄷ, ㅁ

④ ㄱ, ㄷ, ㄹ　　⑤ ㄷ, ㄹ, ㅁ

해설 ④ 부정기적인 급여와 실비변상적 성실의 급여 및 복리후생적 성질의 급여는 월정액급여 산정시 차감한다.

15 사업소득에 관한 설명으로 옳지 않은 것은? ▶CTA 2014

① 연예인이 사업활동과 관련하여 받는 전속계약금은 사업소득이다.

② 부동산 임대업에서 하는 소득은 사업소득이지만, 부동산 임대업에서 발생한 결손금은 종합소득 과세표준계산시에 공제하지 아니한다.

③ 총수입금액을 계산할 때 금전 이외의 것은 그 거래 당시의 가액에 의하여 수입금액을 계산한다.

④ 작물재배업(농업) 중 곡물재배업에서 발생하는 소득은 사업소득으로 과세된다.

⑤ 거주자의 각 과세기간 총수입금액의 귀속연도는 총수입금액이 확정된 날이 속하는 과세기간으로 한다.

해설 ④ 곡물재배업에서 발생하는 소득은 사업소득에서 제외한다(소법 19 ① (1)).

16 다음 중 비과세 근로소득을 설명한 것으로 옳지 않은 것은?

① 종업원차량으로 사용주의 업무를 수행하고 그 소요경비를 사업체의 지급기준에 따라 지급받는 자가운전보조금 중 20만원 이내의 금액

② 고등학교 과학교사가 받는 연구보조비로서 월 20만원 이내의 금액

③ 신문사 기자가 받는 취재수당으로서 월 20만원 이내의 금액

④ 근로자가 사내급식 등으로 현물급식을 식사대로서 월 20만원 내의 식사대 명목으로 받는 금액

해설 ④ 근로자가 사내급식 등으로 제공받은 식사가 있으면 식사대는 과세된다.

17 「소득세법」의 연금 과세에 관한 설명으로 옳지 않은 것은? ▶공무원, 2007

① 「국민연금법」에 따라 사용자가 부담하는 부담금은 종업원의 근로소득으로 보아 과세한다.

② 「공무원연금법」에 의하여 받는 연금으로서 2002년 1월 1일 이후에 납입된 연금기여금 및 사용자부담금을 기초로 한 것은 「소득세법」의 연금소득에 해당된다.

③ 「군인연금법」에 의하여 2002년 1월 1일 이후 납입한 연금을 일시금으로 지급받으면 퇴직소득으로 과세한다.

④ 「근로자퇴직급여 보장법」에 따라 받는 연금은 「소득세법」의 연금소득이다.

해설 「국민연금법」에 따라 사용자가 부담하는 부담금은 근로소득으로 소득세를 부과하지 아니한다(소법 12(4) 너).

18 거주자 갑의 2026년 국내에서 발생한 이자소득 및 배당소득과 관련한 자료는 다음과 같다. 갑의 2026년의 종합소득 과세표준을 계산할 때 합산되는 금액은 얼마인가? ▶ CTA 2019

> (1) 을에게서 받은 비영업대금의 이익 : 13,000,000원(원천징수되지 아니함)
> (2) 주권상장법인 ㈜A로부터 받은 현금배당금 : 5,000,000원
> (3) 비상장내국법인 ㈜B가 자기주식소각이익을 2026.5.1. 자본전입 결의하고, 그에 따라 2026.7.1. 갑에게 무상주를 교부하였음. 세법상 수입시기 현재 갑이 교부받은 무상주의 액면가액은 3,000,000원이고, 시가는 6,000,000원임. 주식소각일은 2017.1.5.이며, 소각 당시 자기주식의 시가는 취득가액을 초과함.

① 18,000,000원 ② 21,100,000원 ③ 21,550,000원
④ 21,880,000원 ⑤ 24,000,000원

 **해설** 종합과세되는 금융소득 : ①+②+③=21,100,000원
① 이자소득 : 13,000,000원
② 배당소득 : 5,000,000+3,000,000=8,000,000원
③ 배당가산액 : Min[1,000,000, 5,000,000]×10%=100,000원

19 「소득세법」상 거주자의 연금소득에 관한 설명으로 옳지 않은 것은 ▶ CPA 2023

① 공적연금소득을 지급하는 자가 연금소득의 일부 또는 전부를 지연하여 지급하면서 지연지급에 따른 이자를 함께 지급하는 경우 해당 이자는 공적연금소득으로 본다.
② 연금수령이 개시되기 전에 연금저축계좌에서 퇴직연금계좌로 일부가 이체되는 경우 이를 인출로 본다.
③ 연금계좌에서 인출된 금액이 연금수령한도를 초과하는 경우에는 연금외수령분이 먼저 인출되고 그 다음으로 연금수령분이 인출되는 것으로 본다.
④ 이연퇴직소득을 연금수령하는 연금소득의 금액은 종합소득과세표준을 계산할 때 합산하지 아니한다.
⑤ 원천징수의무자가 공적연금소득을 지급할 때에는 연금소득 간이세액표에 따라 소득세를 원천징수한다.

해설 연금계좌에서 인출된 금액이 연금수령한도를 초과하는 경우에는 연금수령분이 먼저 인출되고 그 다음으로 연금외수령분이 인출되는 것으로 본다.

01 ⑤ 02 ① 03 ① 04 ③ 05 ④ 06 ② 07 ④ 08 ④ 09 ③ 10 ①
11 ② 12 ① 13 ① 14 ④ 15 ④ 16 ④ 17 ① 18 ② 19 ③

03절 소득금액계산의 특례

01 부당행위계산의 부인

가. 의 의

출자공동사업자에 대한 배당소득·사업소득·기타소득 또는 양도소득이 있는 거주자의 행위 또는 계산이 그 거주자와 특수관계인과의 거래로 인하여 해당 소득에 대한 조세의 부담을 부당히 감소시킨 것으로 인정되는 때의 그 행위 또는 계산을 '부당행위계산'이라고 한다. 이와 같은 부당행위계산에 대하여는 해당 거주자의 행위 또는 계산에 관계없이 납세지 관할세무서장 또는 지방국세청장이 해당 과세기간의 소득금액을 계산하게 된다. 이것이 부당행위계산의 부인인 것이다.

이 규정은 기업회계기준·회계관행 및 객관적인 사실에 합치되고 법률상으로도 유효 적법하게 성립된 행위 또는 계산이라 하더라도 세법의 관점에서 보아 그 행위 및 계산을 부인하고 경제인의 행위 또는 계산으로 바꾸어 세법상의 기준에 의하여 새로이 과세소득을 계산함으로써 과세의 공평과 적정을 기하는 데 있으며 실질과세원칙에 대한 하나의 보충적인 규정이라고 할 수 있다.

나. 부당행위계산의 부인 요건

(1) 적용대상자

부당행위계산의 부인은 출자공동사업자에 대한 배당소득·사업소득·기타소득 또는 양도소득이 있는 거주자에게만 적용된다. 따라서 이자소득·배당소득(출자공동사업자에 대한 배당소득은 제외)·근로소득·연금소득 또는 퇴직소득만 있는 거주자에 대하여는 본 규정을 적용하지 아니한다.

(2) 특수관계인과의 거래

특수관계에 있는지의 여부는 거래 당시를 기준으로 판단하여야 할 것이다.

(3) 부당행위계산

부당행위계산은 납세의무자가 통상적이라고 생각되는 행위 또는 형식을 선택하지 아니하고 이상성을 띤 행위 또는 계산을 선택하는 경우에 성립한다.

대법원은 부당의 개념을 '경제적 합리성을 결여한 거래' 등으로 판시하고 있다. 경제적 합리성은 경제인이 통상적으로 선택할 거래가 판단기준이 된다. 「소득세법」은 부당을 시가초과 · 시가미달 · 무상 기타 낮은 이율 · 높은 이율 등으로 표현하고 있다.

(4) 소득세 부담의 감소

해당 소득에 대한 조세의 부담을 감소시킨 것으로 인정되어야 한다. 따라서 납세의무자가 선택한 행위 · 계산이 비록 이상성이 있다고 하더라도 이와 같은 행위 · 계산에 의하여 소득세의 회피, 즉 소득세의 배제나 경감을 초래하지 않았거나 오히려 소득세 부담의 증가를 초래한 경우에는 부당행위계산에 해당하지 아니한다.

다. 특수관계인의 범위

특수관계인이란 다음에 해당하는 자를 말한다(소령 98 ①).

(1) 혈족 · 인척 등 친족관계(국기령 1의2 ①)

① 4촌 이내의 혈족

② 3촌 이내의 인척

③ 배우자(사실상의 혼인관계에 있는 자를 포함)

④ 친생자로서 다른 사람에게 친양자 입양된 자 및 그 배우자 · 직계비속

⑤ 혼외 출생자의 생부 · 생모(본인의 금전이나 그 밖의 재산으로 생계를 유지하는 자 또는 생계를 함께하는 자로 한정)

(2) 임원 · 사용인 등 경제적 연관관계(국기령 1의2 ②)

① 임원과 그 밖의 사용인

② 본인의 금전이나 그 밖의 재산으로 생계를 유지하는 자

③ "① 및 ②"의 자와 생계를 함께하는 친족

(3) 경영 · 출자자 등 경영지배관계(국기령 1의2 ③)

① 본인이 직접 또는 그와 친족관계 또는 경제적 연관관계에 있는 자를 통하여 법인의 경영에 대하여 지배적인 영향력을 행사하고 있는 경우7) 그 법인

② 본인이 직접 또는 그와 친족관계, 경제적 연관관계 또는 경영지배관계에 있는 자를 통하여 법인의 경영에 대하여 지배적인 영향력을 행사하고 있는 경우 그 법인

이상의 특수관계에 있는 경우를 도표로 그리면 다음과 같다.

특수관계인 범위

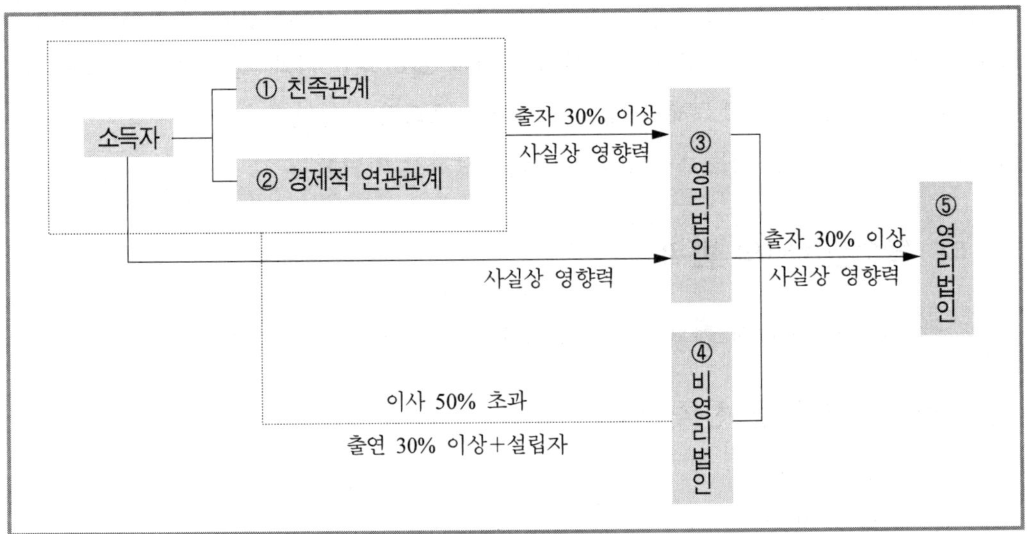

---

7) 법인의 경영에 대하여 지배적인 영향력을 행사하고 있는 경우(국기령 1의2 ④)
  1. 영리법인인 경우
    ㉠ 법인의 발행주식총수 또는 출자총액의 30% 이상을 출자한 경우
    ㉡ 임원의 임면권의 행사, 사업방침의 결정 등 법인의 경영에 대하여 사실상 영향력을 행사하고 있다고 인정되는 경우
  2. 비영리법인인 경우
    ㉢ 법인의 이사의 과반수를 차지하는 경우
    ㉣ 법인의 출연재산(설립을 위한 출연재산만)의 30% 이상을 출연하고 그 중 1인이 설립자인 경우

라. 조세부담금을 부당하게 감소시키는 행위

'조세의 부담을 부당하게 감소시킨 것으로 인정되는 때'라 함은 다음에 해당하는 때를 말한다. 다만 아래의 '①'~'③' 및 '⑤'('①'~'③'에 준하는 행위)는 시가와 거래가액의 차액이 3억원 이상이거나 시가의 5% 이상인 경우에 한한다(소령 98②). 이와 같은 규정은 부당행위계산 중 그 전형적인 유형을 적시한 예시적 규정이며, 부당행위계산의 유형을 제한적으로 한정하는 열거적 규정은 아니다.

① 특수관계인으로부터 시가를 초과하여 자산을 매입하거나 특수관계인에게 시가에 미달하게 자산을 양도한 때
② 특수관계인에게 금전 기타 자산 또는 용역을 무상 또는 낮은 이율 등으로 대부하거나 제공한 때. 다만, 직계존비속에게 주택을 무상으로 사용하게 하고 직계존비속이 당해 주택에 실제 거주하는 경우를 제외한다.
③ 특수관계인으로부터 금전 기타 자산 또는 용역을 높은 이율 등으로 차용하거나 제공받는 때
④ 특수관계인으로부터 무수익자산을 매입하여 그 자산에 대한 비용을 부담하는 때
⑤ 특수관계인과의 거래로 인하여 당해 연도의 총수입금액 또는 필요경비의 계산에 있어서 조세의 부담을 부당하게 감소시킨 것으로 인정되는 때

이상과 같이 행위·계산의 부당성 여부의 판정은 주로 시가를 기준으로 이루어진다. 여기서 '시가'란 당해 거래와 유사한 상황에서 당해 법인이 특수관계인 외의 불특정다수인과 계속적으로 거래한 가격 또는 특수관계인이 아닌 제3자간에 일반적으로 거래된 가격이 있는 경우에는 그 가격을 말하는데, 시가가 불분명한 경우에는 「부동산가격공시 및 감정평가에 관한 법률」에 의한 감정평가법인이 감정한 가액(주식 등을 제외하며, 감정가액이 2 이상인 경우에는 평균액)에 의하고, 감정한 가액이 없는 경우에는 「상속세 및 증여세법」의 규정(상증법 38·39의2·61~64)을 준용하여 평가한 가액에 의한다.

이 경우 준용함에 있어 직전 6월(증여세가 부과되는 주식 등의 경우에는 3월)은 "직전 6월"로 본다(법령 89).

마. 양도소득과 부당행위계산의 부인

거주자가 특수관계인(배우자 및 직계존비속의 경우는 제외)에게 자산을 증여한 후 그 자산을 증여받은 자가 그 증여일부터 10년 이내에 다시 타인에게 양도한 경우로서 아래의

‘①’에 따른 세액이 ‘②’에 따른 세액보다 적은 경우에는 증여자가 그 자산을 직접 양도한 것으로 본다. 다만, 양도소득이 해당 수증자에게 실질적으로 귀속된 경우에는 그러하지 아니하다(소법 101 ②).

① 증여받은 자의 증여세(「상속세 및 증여세법」에 따른 산출세액에서 공제·감면세액을 뺀 세액)와 양도소득세(산출세액에서 공제·감면세액을 뺀 결정세액)를 합한 세액

② 증여자가 직접 양도하는 경우로 보아 계산한 양도소득세

이 경우 10년이 경과하였는지 여부는 등기부상의 소유기간에 의하며, 증여자에게 양도소득세가 과세되는 경우에는 당초 증여 받은 자산에 대하여는 증여세를 부과하지 아니한다(소법 101 ③).

바. 부인의 효과

(1) 소득금액의 계산(부인금액의 총수입금액 산입)

부당행위계산부인의 요건에 해당하게 되면 해당 소득자의 행위 또는 계산에 불구하고 납세지 관할세무서장 또는 지방국세청장이 해당 과세기간의 소득금액을 계산할 수 있다.

(2) 부인금액의 소득처분

부인금액은 그 특수관계인에게 이익을 분여한 것으로 취급된다. 따라서 그 금액은 이익귀속자에 따라 배당·상여·기타사외유출 또는 기타소득으로 처분되며 그 귀속자는 이에 따라 소득세 등의 납세의무를 지게 된다.

(3) 기존 사법상 행위의 무영향

부당행위계산부인규정은 당사자간에 약정한 법률행위의 효과를 부인하거나 새로운 법률행위의 창설이나 기존 법률행위의 변경·소멸을 가져오게 할 수는 없다. 부인의 효과는 단지 과세소득 계산상의 범위 내에만 국한될 뿐이다.

(4) 조세포탈범의 문제

부당행위계산과 같은 조세회피행위는 법에 의한 소득금액 결정에 있어서 세무회계와 기업회계와의 차이로 인하여 생긴 금액에 해당하므로 조세포탈범의 구성요건인 사기 기타 부정한 행위에서 제외되는 것이다(처벌법 3 ⑥).

 비거주자 등과의 거래에 대한 소득금액계산의 특례

가. 의 의

조세의 이중과세방지를 위하여 체결한 조세조약의 상대국과 그 조세조약의 상호합의 규정에 따라 거주자가 국외에 있는 비거주자 또는 외국법인과 거래한 그 금액에 대하여 권한있는 당국간에 합의를 하는 경우에는 그 합의에 따라 그 거주자의 각 과세기간의 소득금액을 조정하여 계산할 수 있다(소법 42 ①).

나. 통보 및 신청

기획재정부장관 또는 국세청장은 상호합의절차가 종결된 경우에는 과세당국, 지방자치단체의 장, 조세심판원장 기타 관련기관 및 상호합의절차 개시 신청인에게 그 결과를 상호합의절차의 종료일의 다음 달부터 15일 내에 통보하여야 한다(국조법 27 ②).

소득금액 및 결정세액의 조정을 받고자 하는 거주자는 통지를 받은 날부터 2월 이내에 기획재정부령이 정하는 소득금액계산특례신청서에 국세청장이 발급한 상호합의종결통보서를 첨부하여 납세지 관할세무서장에게 수정신고 또는 경정청구를 하여야 한다. 경정청구를 받는 납세지 관할세무서장은 경정청구를 받은 날부터 2월 이내에 과세표준 및 세액을 경정할 수 있다. 이 경우 경정하여야 할 이유가 없는 경우에는 이를 경정청구한 자에게 통지하여야 한다(국조령 17).

 공동사업장에 대한 소득금액 계산 등의 특례

가. 의 의

(1) 공동소유 등의 개념

공동소유 등이란 사업자가 자산을 공유 또는 합유하거나, 공동으로 사업을 경영하는 것을 말한다. 공유 · 합유는 둘 다 공동소유의 형태이다. 공유는 공유자가 각자의 지분을 공동으로 소유하기는 하나 각 공동소유자의 의사에 의하여 자기의 지분을 자유로이 양도할 수 있는 것인 반면, 합유는 각 공동소유자는 합유물에 대한 권리를 가지나 공동목적을 위한 통제에 복종하며, 단독으로 또는 자유로이 각자의 지분을 처분할 수 없다.

(2) 공동사업의 개념

공동사업이란 민법상의 조합계약 등에 의하여 2인 이상의 거주자가 서로 출자하여 사업소득이 발생하는 사업을 공동으로 경영하는 것을 말한다.

또한 법인격이 없는 단체로서 법인으로 분류되지 않고 개인으로 분류된 단체에 있어서 당해 단체의 대표자와 관리인이 선임되어 있지 않고 손익의 분배방법이나 비율이 정하여지지 않는 경우에는 당해 단체의 구성원이 공동으로 사업을 영위하는 것으로 보고 있다.

(3) 특례규정의 배경

공동사업에 대해서는 단위사업과 다른 특수성으로 인하여 신고기장, 과세표준의 결정 등에 대한 특례제도를 인정하고 있다. 이는 행정력의 낭비 또는 징세비를 절감하고 납세자의 편의를 도모하려는 목적과 함께 위장공동사업자에 대한 엄격한 관리도 병행하기 위한 입법적 배려라고 볼 수 있다.

나. 소득금액의 계산

(1) 공동사업장에 대한 소득금액 계산

사업소득이 발생하는 사업을 공동으로 경영하고 그 손익을 분배하는 공동사업(출자공동사업자가 있는 공동사업을 포함)의 경우에는 해당 사업을 경영하는 장소를 1거주자로 보아 공동사업장별로 그 소득금액을 계산한다(소법 43 ①).

여기서 '출자공동사업자'라 함은 공동사업의 경영에 참여하지 아니하고 출자만 한 자로서 다음 중 어느 하나에 해당하지 아니하는 자를 말한다(소령 100 ①).

① 공동사업에 성명 또는 상호를 사용하게 한 자

② 공동사업에서 발생한 채무에 대하여 무한책임을 부담하기로 약정한 자

(2) 소득의 분배 및 결손금 통산과 이월결손금 공제

사업소득이 있는 거주자의 공동사업에서 발생한 소득금액은 먼저 공동사업장의 소득금액을 계산한 후 해당 공동사업을 경영하는 각 거주자(출자공동사업자를 포함하며, 이하 '공동사업자'라 한다)간에 약정된 손익분배비율(약정된 손익분배비율이 없는 경우에는 지분비율을 말하며, 이하 '손익분배비율'이라 한다)에 의하여 분배되었거나 분배될 소득금액에 따

라 각 공동사업자별로 분배한다(소법 43 ②). 또한, 공동사업장의 결손금 통산과 이월결손금 공제는 다음과 같이 처리한다(소기통 45-0…1).

① 공동사업장에서 발생한 결손금은 각 공동사업자별로 분배된 금액의 범위 내에서 각 공동사업자의 다른 사업장의 동일소득 또는 다른 종합소득과 통산한다. 이 경우 결손금은 종합소득금액에서 먼저 공제하고 종합소득 중에서는 근로소득·연금소득·기타소득·이자소득·배당소득의 순위에 따라 공제한다. 다만, 부동산임대업에서 발생한 결손금은 다른 소득과 이를 통산하지 아니한다.

② 이월결손금이 있는 공동사업장의 소득금액계산에 있어서는 이월결손금을 공제하지 아니한 당해 과세기간소득금액을 공동사업자별로 분배한 후 직전과세기간의 소득에 통산하지 아니한 공동사업자의 이월결손금을 공제한다. 따라서 직전과세기간에 이월결손금을 다른 소득에서 공제한 공동사업자에 대하여는 이월결손금을 공제하지 아니한다. 이 경우 이월결손금은 각 과세연도 개시일 전 15년 이내에 개시한 과세연도에서 발생한 것으로서 이월결손금이 발생한 당해 소득에서 공제한다. 이하 이월결손금 공제에 관하여는 뒤에서 상술하기로 한다.

(3) 공동사업장 소득금액 조사 결정·경정

공동사업에서 발생하는 소득금액의 결정 또는 경정은 대표공동사업자의 주소지 관할 세무서장이 행한다. 그러나 국세청장이 특히 중요하다고 인정하는 것에 대하여는 사업장 관할세무서장 또는 주소지 관할지방국세청장이 이를 행한다(소령 150 ①).

공동사업장의 소득금액을 공동사업자의 납세지 관할세무서장이 제각기 결정 또는 경정하게 되는 경우에는 행정력의 낭비를 초래할 뿐만 아니라 납세자에게 중복적인 세무조사를 실시함으로써 상당한 번거로움과 부담을 안겨주게 된다.

(4) 원천징수세액의 배분

공동사업장에서 발생한 소득금액에 대하여 원천징수된 세액은 각 공동사업자의 손익분배비율에 따라 배분한다(소법 87 ①).

(5) 가산세의 배분

공동사업장에 관련되는 가산세액은 각 공동사업자의 손익분배비율에 따라 배분한다(소법 87 ②).

이 경우 공동사업장에 관련되는 가산세액이라 함은 당해 공동사업장을 1사업자로 본 경우의 지급명세서미제출가산세・계산서미교부가산세 및 계산서합계표미제출가산세와 원천징수납부불성실가산세 등을 말한다. 신고・납부불성실가산세와 무기장가산세는 공동사업자별로 적용되므로 공동사업장에 대하여는 신고・납부불성실가산세와 무기장가산세는 적용되지 아니한다.

(6) 공동소유자산 양도

공동소유자산을 양도한 경우에는 양도가액・필요경비 및 장기보유특별공제는 당해 공동소유를 1거주자로 보아 계산하고, 양도소득기본공제는 각 거주자별로 계산한다. 양도소득기본공제는 양도자별로 1년에 250만원을 공제하므로 각 공유자의 양도소득금액에서 각자 250만원씩 공제받을 수 있다.

① 공동소유자산 양도시의 양도소득금액 계산

양도소득금액 = 양도가액－필요경비－장기보유특별공제

② 공유자별 양도소득금액

공유자별 양도소득금액 = 양도소득금액×손익분배비율

다. 공동사업 합산과세

(1) 요 건

거주자 1인과 그의 특수관계인이 공동사업자에 포함되어 있는 경우로서 손익분배비율을 거짓으로 정하는 등 다음의 사유가 있는 경우에는 그 특수관계인의 소득금액은 그 손익분배비율이 큰 공동사업자(손익분배비율이 동일한 경우에는 주된 공동사업자)의 소득금액으로 본다(소법 43 ③, 소령 100 ⑤).

① 공동사업자가 제출한 과세표준확정신고서와 첨부서류에 기재한 사업의 종류, 소득금액내역, 지분율, 약정된 손익분배비율 및 공동사업자간의 관계 등이 사실과 현저하게 다른 경우

② 공동사업자의 경영참가, 거래관계, 손익분배비율 및 재무상태 등을 고려할 때 조세를 회피하기 위하여 공동으로 사업을 경영하는 것이 확인되는 경우

(2) 특수관계인의 범위

여기서 '특수관계인'이란 거주자 1인과 「국세기본법 시행령」 제1조의2 제1항부터 제3항까지 관계에 있는 자로서 생계를 같이 하는 자를 말하며, 특수관계인의 해당 여부의 판정은 해당 과세기간 종료일 현재의 상황에 의한다(소령 100 ②·③).

(3) 주된 공동사업자

'주된 공동사업자'란 다음 중 하나에 해당하는 자를 말한다(소령 100 ⑤).

① 공동사업소득 이외의 종합소득금액이 많은 자

② 공동사업소득 이외의 종합소득도 같으면 직전 과세기간의 종합소득금액이 많은 자

③ 직전 과세기간의 종합소득금액이 동일한 경우에는 해당 사업에 대한 종합소득과세표준을 신고한 자. 다만, 종합소득과세표준을 신고하지 아니한 경우에는 납세지 관할세무서장이 정하는 자로 한다.

(4) 연대납세의무

공동사업에 관한 소득금액을 계산하는 경우에는 해당 거주자별로 납세의무를 진다. 다만, 주된 공동사업자에게 합산과세되는 경우 그 합산과세되는 소득금액에 대해서는 주된 공동사업자의 특수관계인은 그의 손익분배비율에 해당하는 그의 소득금액을 한도로 주된 공동사업자와 연대하여 납세의무를 진다(소법 2의2 ①).

21

다음 자료에 의하여 사례별로 갑·을·병의 소득금액을 계산하면?

1. 공동사업자 출자현황

공동사업자	출 자 액	
	금 액	손익분배비율
갑	20,000,000원	20%
을	30,000,000원	30%
병	50,000,000원	50%
계	100,000,000원	100%

2. 공동사업장 : 총수입금액 500,000,000원
필요경비 300,000,000원
소득금액 200,000,000원

〈사례 Ⅰ〉: 갑, 을, 병이 특수관계인이 아닐 경우
〈사례 Ⅱ〉: 갑과 을이 과세기간 종료일 현재 부자지간이면서 공동사업 합산과세요건을 충족하는 경우

해답 1. 〈사례 Ⅰ〉

공동사업자	손익분배비율	소 득 금 액	산출근거
갑	20%	40,000,000원	200,000,000×20%
을	30%	60,000,000원	200,000,000×30%
병	50%	100,000,000원	200,000,000×50%
계	100%	200,000,000원	

2. 〈사례 Ⅱ〉
① 갑의 소득금액 : 없음(을의 소득금액으로 합산)
② 을의 소득금액 : 100,000,000원
[∵ 2억원×(20%+30%), 특수관계인의 소득은 손익분배비율이 큰 공동사업자의 소득금액으로 보아 합산과세한다(소법 43③)]
③ 병의 소득금액 : 100,000,000원

라. 공동사업장의 관리

(1) 기장의무

공동사업장에 대하여는 공동사업장을 1거주자로 보아 기장의무규정을 적용한다. 따라서 공동사업장별로 총수입금액과 필요경비를 기장하여야 하며 공동사업자가 각자 기장할 필요는 없다.

(2) 사업자등록과 납세번호

공동사업자가 그 공동사업장에 대한 사업자등록을 하는 때에는 공동사업자(출자공동사업자 해당 여부에 관한 사항을 포함), 약정한 손익분배비율, 대표공동사업자, 지분 · 출자내역 그밖에 필요한 사항을 사업장소재지 관할세무서장에게 신고하여야 한다(소법 87④).

여기서 '대표공동사업자'란 출자공동사업자외의 자로서 다음 중 하나에 해당하는 자를 말한다(소령 150 ①).

① 공동사업자들 중에서 선임된 자

② 선임되어 있지 않은 경우에는 손익분배비율이 가장 큰 자로 하되, 그 비율이 같은 경우에는 사업장 소재지 관할세무서장이 결정하는 자

또한 이러한 신고한 내용에 변동사항이 발생한 경우 대표공동사업자는 그 사유가 발생한 날이 속하는 과세기간의 종료일로부터 15일 이내에 공동사업장 등 이동신고서에 의하여 당해 사업장관할세무서장에게 그 변동내용을 신고하여야 한다(소법 87 ⑤, 소령 150 ④).

이 경우 공동사업장의 사업자등록은 대표공동사업자가 공동사업장 등 이동신고서에 의하여 당해 사업장소재지 관할세무서장에게 하여야 한다(소령 150 ③). 공동사업장에 대하여는 당해 사업장을 1거주자로 보아 납세번호를 따로 부여한다.

(3) 공동사업장 등록 · 신고 불성실 가산세

공동사업장에 관한 사업자등록 및 신고와 관련하여 다음 중 하나에 해당하는 때에는 다음에 해당하는 금액을 해당 과세기간의 결정세액에 가산한다(소법 81의4, 소령 147의4). 여기서 해당 가산세는 산출세액이 없는 경우에도 적용한다.

① 공동사업자가 사업자등록을 하지 아니하거나 공동사업자가 아닌 자가 공동사업자로 거짓으로 등록한 때 : 미등록하거나 거짓등록에 해당하는 각 과세기간의 총수입금액×0.5%

② 공동사업자가 사업자등록신청 또는 변동신고하는 경우에 신고하여야 할 내용을 신고하지 아니하거나 거짓으로 신고한 경우로서 다음에 해당하는 때 : 미신고하거나 거짓신고에 해당하는 각 과세기간의 총수입금액×0.1%

㉠ 공동사업자가 아닌 자를 공동사업자로 신고하는 때

㉡ 출자공동사업자에 해당하는 자를 신고하지 아니하거나 출자공동사업자가 아닌 자를 출자공동사업자로 신고하는 때

㉢ 손익분배비율을 공동사업자 간에 약정된 내용과 다르게 신고하는 때

㉣ 공동사업자 · 출자공동사업자 또는 약정한 손익분분배비율이 변동된 경우 변동신고를 하지 아니한 때

(4) 공동사업장에 대한 재고자산 평가방법 등의 신고

공동사업장에 대한 재고자산 평가방법의 신고와 감가상각방법의 신고는 이를 대표공동사업자의 주소지 관할세무서장에게 한다(소령 150 ⑤).

(5) 공동사업자의 과세표준 확정신고

공동사업자가 과세표준확정신고를 하는 때에는 과세표준확정신고서와 함께 당해 공동사업장에서 발생한 소득과 그 이외의 소득을 구분한 계산서를 첨부하여 제출하여야 한다. 이 경우에 대표공동사업자는 당해 공동사업장에서 발생한 소득금액과 가산세액 및 원천징수된 세액의 각 공동사업자별 분배명세서를 제출하여야 한다(소령 150 ⑥).

04 상속의 경우 소득금액의 구분결정

거주자가 사망한 경우 그 피상속인의 소득금액에 대한 소득세로서 상속인에게 부과할 것과 상속인의 소득금액에 대한 소득세는 구분하여 계산하여야 한다(소법 44 ①). 따라서 정부는 피상속인의 소득금액과 상속인의 소득금액을 합산하여 상속인에게 일괄하여 소득세를 부과할 수 없다. 그러나, 연금계좌의 가입자가 사망하였으나 그 배우자가 연금외 수령 없이 해당 연금계좌를 상속으로 승계하는 경우에는 해당 연금계좌에 있는 피상속인의 소득금액은 상속인의 소득금액으로 보아 소득세를 계산한다(소법 44 ②).

피상속인이 해당 과세기간의 다음 연도 1월 1일부터 5월 31일까지의 사이에 신고를 하지 아니하고 사망한 때에는 피상속인의 소득세에 대하여는 상속인 또는 납세관리인이 상속개시일로부터 6월 이내 신고하여야 한다.

05 결손금과 이월결손금의 공제

가. 결손금과 이월결손금

(1) 결손금

「소득세법」에 따른 결손금이란 사업자의 소득별 소득금액계산시 필요경비가 해당 과세기간에 속하거나 속하게 될 총수입금액을 초과하는 경우의 그 초과액을 말한다(소령 101 ①).

그러므로 결손금이란 사업소득이 있는 거주자의 필요경비가 총수입금액을 초과하는 금액인 것이다. 「소득세법」에 따른 결손금은 사업소득에서만 발생한다.[8)]

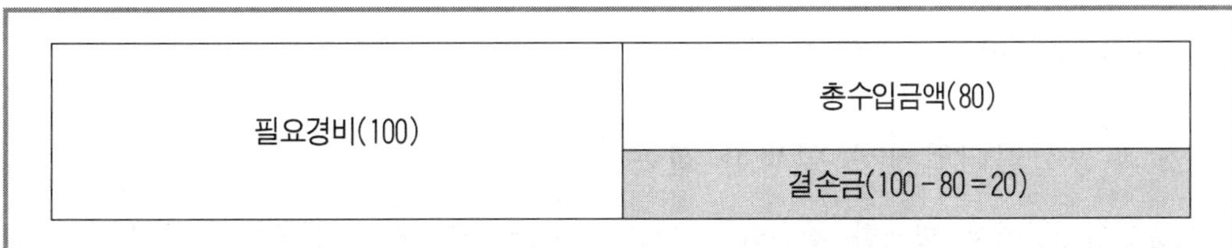

(2) 이월결손금

이월결손금이란 해당 과세기간 이전에 발생한 결손금으로서 공제되지 못하고 해당 과세기간으로 이월되어 온 결손금을 말하며, 이월결손금으로서 각 과세연도 개시일 전 15년 이내에 개시된 연도에서 발생한 것은 해당 소득에서 공제된다.

소득세는 누진세율구조를 채택하고 있기 때문에 '생애소득'이 동일할지라도 과세기간의 임의적 구분으로 인해서 소득금액이 평균적으로 발생하는 납세의무자와 과세기간별로 소득금액의 크기에 현저한 변동이 생기는 임시소득 등이 있는 납세의무자와의 사이에는 부담의 불공평을 초래하게 되므로 불합리하다.

따라서 한 과세기간의 결손금을 소급공제하거나 또는 이월공제할 필요가 있다. 현행 세법은 소급공제와 이월공제를 모두 인정하고 있다.

나. 결손금의 통산

(1) 사업소득 계산에서 발생한 결손금의 통산

종합소득금액을 산정함에 있어서 사업소득 계산에서 발생한 결손금은 순차로 다음과 같이 통산공제한다(소법 45 ①)(결손금의 외부통산). 만약에 공동사업장의 사업소득 계산상 발생한 결손금으로서 자기에게 배분된 결손금이 있고, 자기의 다른 단독사업장에서 발생한 사업소득이 있는 경우에는 먼저 사업소득간에 통산을 하게 된 것이다(결손금의 내부통산).

① 근로소득금액

8) 양도소득을 계산하는 경우에도 필요경비가 양도가액을 초과할 수 있으나, 동 초과액은 양도차손이라 한다. 양도차손은 결손금과는 달리 양도차익에서만 공제할 수 있으며, 양도차익을 초과하는 금액은 소멸계산된다. 따라서 양도차손이 결손금과 다른 점은 양도차손은 양도차익에서만 공제될 뿐 다른 소득과는 통산할 수 없고, 이월공제되지 않는다는 점이다.

② 연금소득금액
③ 기타소득금액
④ 이자소득금액
⑤ 배당소득금액

(2) 부동산임대업에서 발생한 결손금

부동산임대업에서 발생한 결손금은 다른 종합소득금액과 통산공제를 하지 못한다. 다만, 주거용 건물 임대업의 경우에는 다른 종합소득금액과 통산공제한다. 즉, 주거용 건물 임대업 제외한 결손금은 외부통산은 할 수 없고, 결손금의 내부통산만 허용하는 것이다. 만약에 공동사업장의 부동산임대업에서 발생한 결손금으로서 자기에게 배분된 결손금이 있고, 자기의 다른 부동산임대업이 있는 경우에는 이를 상호 통산할 수 있다.

다. 이월결손금 공제

(1) 사업소득 계산에서 발생한 이월결손금 공제

사업자의 사업소득 계산에서 발생한 이월결손금과 주거용 건물 임대업에서 발생한 이월결손금은 해당 이월결손금이 발생한 과세기간의 종료일부터 15년 이내에 끝나는 과세기간의 소득금액을 계산할 때 먼저 발생한 과세기간의 이월결손금부터 순서대로 다음의 구분에 따른 순서로 공제한다. 다만, 「국세기본법」에 따른 국세부과의 제척기간이 지난 후에 그 제척기간 이전 과세기간의 이월결손금이 확인된 경우 그 이월결손금은 공제하지 아니한다(소법 45 ③).

① 사업소득금액
② 근로소득금액
③ 연금소득금액
④ 기타소득금액
⑤ 이자소득금액
⑥ 배당소득금액

(2) 부동산임대업에서 발생한 이월결손금 공제

주거용 건물 임대업을 제외한 부동산임대업에서 발생한 이월결손금은 그 발생한 과세연도 종료일로부터 15년 내에 종료하는 과세연도의 부동산임대업의 소득금액에서 공제한다(소법 45 ③). 즉, 주거용 건물 임대업을 제외한 부동산임대업에서 발생한 이월결손금은 다른 종합소득에서는 이를 공제하지 못하는 것이다.

(3) 자산수증익 등에 충당된 이월결손금

자산의 수증익(복식부기 의무자인 개인사업자가 지급받는 국고보조금 등은 제외)과 채무면제익은 과세소득 계산상 총수입금액에 해당하는데, 이를 이월결손금의 보전(자산수증익 등과 이월결손금과의 상계)한 경우에는 자산수증익과 채무면제익을 총수입금에 산입하지 아니한다. 이 경우 이월결손금은 세무상의 이월결손금(15년이 경과하지 아니한 이월결손금)을 말한다(소법 26 ②).

이와 같이 자산의 수증익 등에 의해 보전된 이월결손금은 이미 과세소득을 감소시키는데 사용되었으므로 위의 각 이월결손금 공제의 대상에서 제외된다.

(4) 이월결손금의 공제배제

해당 과세기간의 소득금액에 대해서 추계신고를 하거나 추계조사결정하는 경우에는 이월결손금을 적용하지 아니한다. 다만, 천재지변 그 밖의 불가항력으로 장부 그 밖의 증명서류가 멸실되어 추계신고하거나 추계조사결정 하는 경우에는 그러하지 아니하다(소법 45 ④).

결손금 및 이월결손금의 공제에 관한 내용을 요약하면 아래 표와 같다.

결손금의 공제방법

결손금 등 발생한 소득	결 손 금	이월결손금
⑴ 일반사업의 사업소득 (주거용 건물 임대업 포함)	(순차적 공제) ① 근로소득 ② 연금소득 ③ 기타소득 ④ 이자소득 ⑤ 배당소득	(순차적 공제) ① 일반사업의 사업소득 ② 근로소득 ③ 연금소득 ④ 기타소득 ⑤ 이자소득 ⑥ 배당소득
⑵ 부동산임대업의 사업소득	부동산임대업의 사업소득에서 공제	부동산임대업의 사업소득에서 공제

22

다음 자료에 의하여 2026. 1. 1～12. 31의 이월결손금을 계산하면?

〈연도별 제조업의 사업소득금액〉

연 도 별	사 업 소 득 금 액
2020	△2,000,000
2021	△1,000,000
2022	△2,000,000
2023	3,000,000
2024	△1,000,000
2025	2,000,000

해답

연도별	이월결손금발생액	공제액							잔 액
		1차연도	2차연도	3차연도	4차연도	5차연도	소멸	계	
2020	2,000,000			2,000,000				2,000,000	0
2021	1,000,000		1,000,000					1,000,000	0
2022	2,000,000			2,000,000				2,000,000	0
2023									0
2024	1,000,000								1,000,000
2025									0
2026									1,000,000

라. 결손금 소급공제에 의한 환급

중소기업을 경영하는 거주자가 그 중소기업의 사업소득금액을 계산함에 있어서 해당 과세기간의 이월결손금(부동산임대업에서 발생한 이월결손금은 제외)이 발생한 경우에는 이를 소급공제하여 직전 과세기간의 그 중소기업의 사업소득에 대한 종합소득세액을 환급받을 수 있다. 이 경우 소급공제한 이월결손금에 대해서는 이월결손금 공제규정을 적용함에 있어서 이를 공제받은 금액으로 본다(소법 85의2 ①).

(1) 환급세액의 계산(소령 149의2 ②)

환급세액 =	① 환급대상액 =	직전연도 사업장별 종합소득 산출세액* − 소급공제 후 직전연도 사업장별 종합소득산출세액**
	② 환급한도액 =	직전연도의 사업장별 종합소득결정세액***

* 종합소득산출세액 $\times \dfrac{\text{사업장별 소득금액}}{\text{종합소득금액}}$

** $\left(\begin{matrix}\text{종합소득}\\\text{과세표준}\end{matrix} - \begin{matrix}\text{소급공제}\\\text{결손금액}\end{matrix}\right) \times \begin{matrix}\text{직전연도}\\\text{소득세율}\end{matrix} \times \dfrac{\text{소급공제 후 사업장별 소득금액}}{\text{소급공제 후 종합소득금액}}$

*** 종합소득결정세액 $\times \dfrac{\text{사업장별 소득금액}}{\text{종합소득금액}}$

(2) 환급신청

이처럼 결손금 소급공제세액을 환급받으려는 자는 과세표준 확정신고기한까지 납세지 관할세무서장에게 환급신청을 하여야 하며, 이러한 신청을 받은 납세지 관할세무서장은 지체없이 환급세액을 결정하여 「국세기본법」에 따라 환급하여야 한다(소법 85의2 ②·③).

한편 이러한 환급규정은 해당 거주자가 결손금이 발생한 과세기간과 그 직전 과세기간의 소득에 대한 소득세 과세표준 및 세액을 각각 과세표준 확정신고기한까지 신고한 경우에만 적용한다(소법 85의2 ④).

(3) 환급세액의 추징

납세지 관할 세무서장은 소득세를 환급받은 자가 다음의 하나에 해당하는 경우에는 아래의 환급취소세액에 이자상당액을 가산한 금액을 그 이월결손금이 발생한 과세기간의 소득세로서 징수한다(소법 85의2 ⑤, 소령 14의2 ④).

① 결손금이 발생한 과세기간에 대한 소득세의 과세표준과 세액을 경정함으로써 이월결손금이 감소된 경우

② 결손금이 발생한 과세기간의 직전 과세기간에 대한 종합소득과세표준과 세액을 경정함으로써 환급세액이 감소된 경우

③ 중소기업 요건을 갖추지 아니하고 환급을 받은 경우

$$\text{환급취소세액} = \text{당초 환급세액} \times \frac{\text{감소된 결손금} - \text{소급공제받지 않은 결손금}^{*}}{\text{소급공제한 결손금액}}$$

* 이월결손금 중 그 일부 금액만을 소급공제 받은 경우에는 소급공제 받지 않은 결손금이 먼저 감소된 것으로 본다.

이 때 가산하는 이자상당액은 다음과 같다.

$$\text{이자상당액} = \text{환급취소세액} \times \text{기간}^{*} \times \frac{22}{100,000}$$

* 기간은 결손금 소급공제세액 환급세의 통지일 다음날부터 징수하는 소득세액의 고지일까지의 일수를 말한다.

납세지 관할세무서장은 결손금소급공제세액계산의 기초가 된 직전 과세기간의 종합소득과세표준과 세액이 경정 등에 의하여 변경되는 경우에는 즉시 당초 환급세액을 재결정하여 결손금소급공제세액으로 환급한 세액과 재결정한 환급세액의 차액을 환급하거나 징수하여야 하며, 환급한 세액이 재결정한 환급세액을 초과하여 그 차액을 징수하는 때에는 위와 같이 계산한 이자상당액을 가산하여 징수하여야 한다(소령 149의2 ⑤).

마. 결손금 및 이월결손금 공제의 금융소득에 대한 특례

배당소득 및 이자소득이 종합과세되는 경우 그 중 원천징수세율을 적용받는 부분은 결손금 또는 이월결손금의 공제대상에서 제외하며, 이자소득 및 배당소득 중 기본세율을 적용받는 부분에 대해서는 납세자가 그 소득금액의 범위에서 공제여부 및 공제금액을 결정할 수 있다(소법 45 ⑤).

예를 들면 사업소득에서는 40,000,000원의 결손금이 발생했고, 종합합산과세되는 은행이자가 50,000,000원이 있는 경우, 외부적 통산을 하면 종합소득금액은 10,000,000원이 된다. 여기에 기본세율(6%)을 적용하면 소득세 산출세액이 600,000원인데, 이자・배당소득이 다른 소득과 종합과세되는 경우 세액계산에 비교과세방법(소법 62)을 적용하기 때문에 이자소득 50,000,000원 전액에 대한 원천징수 세율 14%가 적용되어 소득세 산출세액이 7,000,000원으로 산출된다.

이 경우 결손금의 외부통산으로 이월공제할 수 있는 결손금액은 감소하면서도 부담세액은 감소하지 않는 모순이 발생된다. 이월결손금 공제의 경우에도 마찬가지이다. 이러한 모순을 극복하기 위해 납세의무자가 결손금의 통산과 이월결손금의 공제 여부 및 공제금액을 결정할 수 있도록 한 것이다.

06 채권 등에 대한 소득금액계산과 지급명세서의 제출 등에 대한 특례

종전에는 채권 또는 증권을 만기 전에 매각하는 경우에는 이를 채권·증권의 매매차익으로 보아 소득세를 과세하지 아니하였다. 그러나 1996년 금융소득 종합과세가 다시 실시됨에 따라 채권이나 증권을 만기 전에 매각하는 경우에는 보유기간의 이자상당액을 이자소득으로 보도록 「소득세법」이 개정되어 금융소득 종합과세의 실효성을 제고하였다.

하지만 보유기간이자에 대한 원천징수세액은 채권의 매매가격에 반영되어 거래되는 점을 감안하여 중도매매시 원천징수하는 것을 일시적으로 폐지하였었다. 그러나 2005년부터는 다시 채권이 매도될 때마다 채권보유기간동안 발생한 이자소득세를 중도매매자가 각각 원천징수하여 납부하도록 하였다.

가. 의 의

거주자 또는 비거주자가 일정한 채권등의 발행법인으로부터 해당 채권등에서 발생하는 이자, 할인액 및 집합투자기구로부터의 이익(이하 "이자등")을 지급(전환사채의 주식전환 및 교환사채의 주식교환의 경우를 포함)받거나 해당 채권등을 매도(증여·변제 및 출자 등으로 채권등의 소유권 또는 이자소득의 수급권의 변동이 있는 경우와 매도를 위탁하거나 중개 또는 알선시키는 경우를 포함하되, 환매조건부채권매매거래 등 대통령령으로 정하는 경우는 제외)하는 경우에는 거주자등에게 그 보유기간별로 귀속되는 이자등 상당액을 해당 거주자등의 이자소득 또는 배당소득으로 보아 소득금액을 계산한다(소법 46 ①).

보유기간 중 매도시 원천징수의무자

매도자	매수자	원천징수의무자
법 인	법 인	매도하는 법인
법 인	개 인	매도하는 법인
개 인	법 인	매수하는 법인
개 인	개 인	원천징수하지 않음

나. 채권 등의 범위

채권 등의 범위는 이자, 할인액 및 집합투자기구로부터의 이익을 발생시키는 다음의 증권을 말한다. 다만, 법률의 규정에 의하여 소득세가 면제된 채권 등을 제외한다(소령 102 ①).

① 금융기관이 발행한 예금증서 및 이와 유사한 증서. 다만, 금융기관이 당해 증서의 발행일부터 만기까지 계속하여 보유하는 예금증서(양도성 예금증서 제외)는 포함하지 아니한다.

② 「자본시장과 금융투자업에 관한 법률」에 따라 발행한 집합투자증권 및 수익증권(양도소득세 과세대상의 주식 또는 출자지분은 제외)으로서 설정 및 환매의 방법으로 거래되지 아니하고 계좌간 이체, 계좌의 명의변경, 집합투자증권 및 수익증권의 실물양도의 방법으로 거래되는 것. 다만, 증권시장에서의 거래는 제외한다.

③ 어음(금융기관이 발행·매출 또는 중개하는 어음을 포함하며, 상업어음을 제외)

금융기관의 승낙을 받아 채권 등을 매도하는 경우에는 당해 금융기관이 매도를 중개한 것으로 본다(소령 102 ⑩).

다. 보유기간별 이자등 상당액의 계산

(1) 이자 등 상당액 계산

채권과 증권(이하 '채권 등')의 보유기간별 이자 등 상당액은 당해 채권 등의 매수일부터 매도일까지 보유기간에 대하여 이자계산 기간에 약정된 이자계산 방식에 따른 약정이자율을 적용하여 계산한 금액으로 한다(소령 102 ⑤).

$$\text{보유기간 이자 등 상당액} = \text{채권 등의 액면가액} \times \text{약정이자율} \times \frac{\text{보유기간일수}}{\text{이자계산기간}}$$

다만, 전환사채 또는 교환사채를 발행한 법인의 부도가 발생한 이후 주식으로 전환 또는 교환하는 경우로서 전환 또는 교환을 청구한 날의 전환 또는 교환가액 보다 주식의 시가가 낮은 경우에는 전환 또는 교환하는 자의 보유기간 이자 등 상당액은 이를 없는 것으로 한다(소령 102 ⑤).

(2) 약정이자율

약정이자율이란 다음에 해당하는 율을 말한다. 다만, 전환사채·교환사채 또는 신주인수권부사채에 대한 이자율을 적용함에 있어서 만기보장수익률이 별도로 있는 경우에는 그 만기보장수익률을 이자율로 하되, 조건부 이자율이 있는 경우에는 그 조건이 성취된 날부터는 그 조건부 이자율을 이자율로 하며, 주식으로 전환청구 또는 교환청구를 한 후에도 이자를 지급하는 약정이 있는 경우에는 전환청구일 또는 교환청구일부터는 기획재정부령이 정하는 바에 의하여 당해 약정이자율을 적용한다(소령 102 ⑤).

① 국채, 산업금융채권, 예금보험기금채권, 예금보험기금채권상환기금채권은 표면이자율
② 기타의 채권 등의 경우에는 당해 채권 등의 표면이자율에 발행시의 할인율을 가산하고 할증률을 차감한 율

(3) 개인보유기간 계산 및 입증

보유기간은 당해 채권 등의 발행일 또는 직전 원천징수일(매수일)의 다음날부터 매도일(법인에게 매도를 위탁·중개·알선시킨 경우에는 실제로 매도된 날) 또는 이자 등의 지급일까지의 기간을 말하며 일수로 계산한다(소령 102 ④). 채권을 중도에 매매한 경우에는 원천징수기간 동안의 채권 등의 보유기간을 입증하여야 하나 이를 입증하지 못하는 경우에는 원천징수기간의 이자등 상당액이 해당 거주자 등에게 귀속되는 것으로 보아 소득금액을 계산한다(소법 46 ②). 이 경우 채권 등의 보유기간은 다음의 방법에 의하여 입증하여야 한다(소령 102 ⑧).

① 채권 등을 금융기관에 개설된 계좌에 의하여 거래하는 경우 : 당해 금융기관의 전산처리체계 또는 통장원장에 의하여 확인하는 방법
② 위 '①' 이외의 경우 : 법인으로부터 채권 등을 매수한 때에는 당해 법인이 발급하는 채권 등 매출확인서에 의하며, 개인으로부터 채권 등을 매수한 경우에는 「공증인법」의 규정에 의한 공증인이 작성한 공정증서에 의하여 확인하는 방법

라. 환매조건부채권 매매거래 등의 원천징수 및 환급방법

(1) 의　의

다음 중 어느 하나에 해당하는 거래로서 동 거래에 해당하는 사실이 「자본시장과 금융투자업에 관한 법률」에 따라 설립된 한국예탁결제원의 환매채권예탁계좌부를 통하여

확인되거나 기획재정부령이 정하는 바에 따라 확인되는 경우에는 위에서 살펴본 채권보유기간에 대한 일반적인 원천징수 규정을 적용하지 아니한다(소령 102조의3 ①).

① 거주자가 일정기간 후에 일정가격으로 환매수할 것을 조건으로 하여 채권등을 매도하는 환매조건부채권매매거래

② '①'과 유사한 거래로서 기획재정부령이 정하는 것

(2) 원천징수 방법 및 환급신청

환매조건부채권 매매 등을 통해 채권등을 매수한 자가 채권 등을 환매일 이전에 제3자에게 매도하는 경우에는 매수자가 당해 채권 등을 매입한 날 또는 직전 원천징수일의 다음 날부터 제3자에게 매도한 날(매도를 위탁·중개·알선시킨 경우에는 실제로 매도한 날)까지의 보유기간 이자상당액에 대한 세액을 매수자에게 원천징수하여야 하며, 당해 원천징수당한 세액을 환급받고자 하는 매수자는 원천징수된 세액의 납부일이 속하는 달의 다음 달 10일까지 납세지관할세무서장에게 환급신청서를 제출하여야 한다(소령 102조의3 ②).

(3) 제출서류 및 환급결정

매수자가 환급신청서를 제출하는 경우에는 환매조건부채권 매매 등의 거래임을 입증할 수 있는 환매조건부 채권매매거래 확인서를 첨부하여야 하고, 환급신청을 받은 관할세무서장은 거래사실 및 환급신청내용을 확인한 후 즉시 환급하여야 한다(소령 102조의3 ③).

07 중도해지로 인한 소득금액계산의 특례

종합소득과세표준 확정신고 후 예금 또는 신탁계약의 중도 해지로 인하여 이미 지난 과세기간에 속하는 이자소득금액이 감액된 경우에는 그 이자소득금액의 계산에 있어서는 중도 해지일이 속하는 과세기간의 종합소득금액에 포함된 이자소득금액에서 그 감액된 이자소득금액을 뺄 수 있다. 다만, 「국세기본법」에 따라 과세표준 및 세액의 경정을 청구한 경우에는 그러하지 아니한다(소법 46조의2).

08 동업기업에 대한 과세특례

가. 동업기업 과세특례의 의의

미국, 영국 등의 선진국에서는 인적회사 기업에 대해 법률상 법인격 유무와 달리 법인세를 과세하지 아니하고, 동업자들에게 과세하는 파트너십 과세제도(Partnership Taxation)로 동업기업과 동업자의 이중과세문제를 해결하고 있다. 우리나라는 2009년 1월 1일부터 「조세특례제한법」에서 인적회사 등의 동업기업의 소득에 대해서 과세하지 않고 그 소득을 손익배분비율에 따라 각 동업자에게 배분하여 과세하여 이중과세문제를 해결하는 '동업기업 과세특례'제도를 도입하였다.

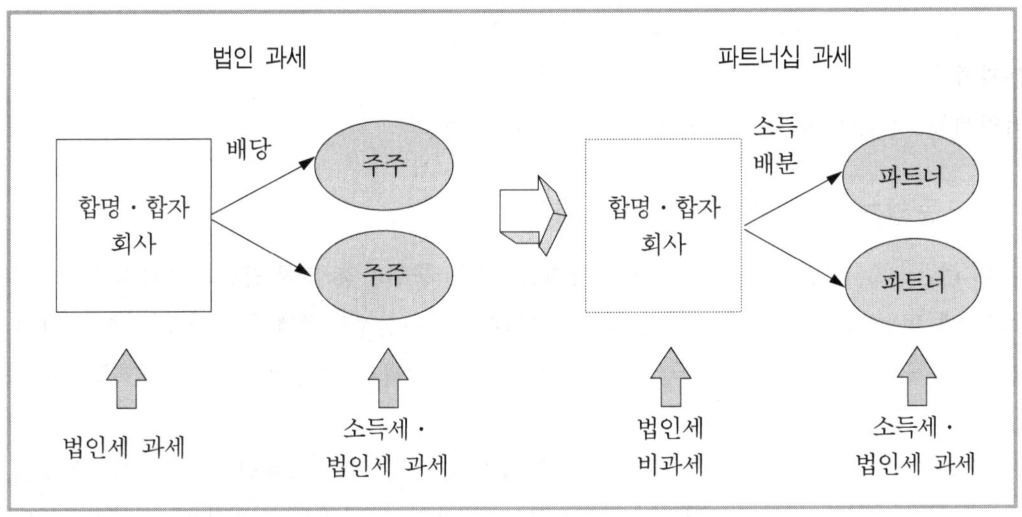

나. 동업기업의 적용범위

동업기업과세특례는 동업기업으로서 다음에 해당하는 단체가 동업기업과세특례 적용신청을 한 경우 해당 동업기업 및 그 동업자에 대하여 적용한다. 다만, 동업기업과세특례를 적용받는 동업기업의 동업자는 동업기업의 자격으로 동업기업과세특례를 적용받을 수 없으며, 외국단체의 경우 국내사업장을 하나의 동업기업으로 보아 해당 국내사업장과 실질적으로 관련되거나 해당 국내사업장에 귀속하는 소득으로 한정하여 동업기업과세특례를 적용한다(조특법 100의15 ①, 조특령 100의15).

① 「민법」에 따른 조합(「자본시장과 금융투자업에 관한 법률」의 투자조합은 제외)
② 「상법」에 따른 익명조합(「자본시장과 금융투자업에 관한 법률」의 투자익명조합은 제외)
③ 「상법」에 따른 합명회사 및 합자회사(「자본시장과 금융투자업에 관한 법률」의 투자합자회사 중 사모투자전문회사가 아닌 것은 제외)
④ 법무법인 및 법무조합, 특허법인, 노무법인, 법무사합동법인, 법무법인(유한), 회계법인, 세무법인, 관세법인
⑤ 외국법인 또는 비거주자로 보는 법인 아닌 단체 중 국내동업기업과 유사한 외국단체

다. 동업기업 및 동업자의 납세의무

(1) 동업기업 및 동업자의 납세의무

동업기업에 대하여는 「소득세법」 및 「법인세법」의 소득에 대한 소득세 또는 법인세를 부과하지 아니한다. 그러나 동업자는 배분받은 동업기업의 소득에 대하여 소득세 또는 법인세를 납부할 의무를 진다(조특법 100의16 ①·②).

(2) 동업기업 전환법인의 납세의무

내국법인이 동업기업과세특례를 적용받는 경우 동업기업 전환법인은 「법인세법」의 "해산에 의한 청산소득"의 금액에 준하여 아래의 준청산소득금액에 따라 계산한 과세표준에 「법인세법」에 따른 세율을 적용하여 계산한 금액을 준청산소득에 대한 법인세로 납부할 의무가 있다(조특법 100의16 ③).

① 준청산소득금액은 해당 내국법인이 동업기업과세특례를 적용받는 최초 사업연도의 직전 사업연도의 종료일(이하 "준청산일") 현재의 잔여재산의 가액에서 자기자본의 총액을 공제한 금액으로 한다(조특령 100의16 ③).
② "잔여재산의 가액"은 자산총액에서 부채총액을 공제한 금액으로 한다. 이 경우 자산총액 및 부채총액은 장부가액으로 계산한다(조특령 100의16 ④).
③ "자기자본의 총액"은 자본금 또는 출자금과 잉여금의 합계액으로 한다. 이 경우 준청산일 이후 「국세기본법」에 따라 환급되는 법인세액이 있는 경우 이에 상당하는 금액은 준청산일 현재의 자기자본의 총액에 가산하고, 준청산일 현재의 이월결손금의 잔액은 준청산일 현재의 자기자본의 총액에서 그에 상당하는 금액과 상계한다. 다만, 상계하는 이월결손금의 금액은 자기자본의 총액 중 잉여금의 금액을 초과하지 못하며, 초과하는 이월결손금은 없는 것으로 본다(조특령 100의16 ⑤).

여기서 동업기업 전환법인은 동업기업과세특례를 적용받는 최초 사업연도의 직전 사업연도 종료일 이후 3개월이 되는 날까지 준청산일 현재의 해당 내국법인의 재무상태표와 자본금과 적립금조정명세서를 첨부하여 준청산소득에 대한 법인세의 과세표준과 세액을 납세지 관할세무서장에게 신고하여야 한다(조특법 100의16 ④, 조특령 100의16 ⑦). 또한 동업기업 전환법인은 준청산소득에 대한 법인세의 세액을 준청산소득에 대한 법인세 신고기한부터 3년간 균등액 이상 납부하여야 한다(조특법 100의16 ⑤).

라. 동업기업 소득금액의 계산 및 배분

(1) 소득금액의 계산 및 배분방법

아래와 같은 절차에따라 동업자군별 배분대상 소득금액 또는 결손금은 각 과세연도의 종료일에 해당 동업자군에 속하는 동업자들에게 동업자간의 손익배분비율에 따라 배분한다(조특법 100의18 ①).

- [1단계] 동업자군의 구분
  동업자를 과세체계가 동일한 거주자, 내국법인, 비거주자 및 외국법인의 동업자군으로 구분
- [2단계] 동업자군별 동업기업 소득금액 또는 결손금 계산
  동업자군별로 동업기업을 각각 하나의 거주자, 비거주자, 내국법인 및 외국법인으로 보아 소득세법 또는 법인세법에 따라 해당 과세연도의 소득금액 또는 결손금을 계산
- [3단계] 동업자군별 손익배분비율 계산
  동업군별로 해당 군에 속하는 동업자들의 손익배분비율을 합한 비율
- [4단계] 동업자군별 배분대상 동업기업 소득금액 또는 결손금 계산
  동업자군별 배분대상 동업소득금액 또는 결손금 = 동업군별 동업기업 소득금액 또는 결손금×동업자군별 손익배분비율
- [5단계] 각 동업자의 소득금액 또는 결손금 계산
  동업자의 소득금액 또는 결손금=동업자군별 배분대상 소득금액 또는 결손금×해당 군의 동업자간 손익배분비율

(2) 결손금 배분

1) 배분한도 및 이월배분

각 동업자에게 배분되는 결손금은 동업기업의 해당 과세연도의 종료일 현재 해당 동업자의 지분가액을 한도로 한다.

이 경우 지분가액을 초과하는 해당 동업자의 결손금(이하 "배분한도 초과결손금")해당 과세연도의 다음 과세연도 개시일 이후 15년 이내에 종료하는 각 과세연도에 이월하여 배분한다(조특법 100의18 ②).

배분한도 초과결손금은 이월된 각 과세연도에 배분하는 동업기업의 각 과세연도의 결손금이 지분가액에 미달할 때에만 그 미달하는 금액의 범위에서 추가로 배분한다. 이 경우 배분한도 초과결손금에 해당하는 금액은 「소득세법」 및 「법인세법」에 따라 이월결손금의 공제를 적용할 때 해당 배분한도 초과결손금이 발생한 동업기업의 과세연도의 종료일에 발생한 것으로 본다(조특령 100의18 ②).

2) 수동적동업자

동업기업의 경영에 참여하지 아니하고 출자만 하는 자로서 다음에 해당하는 수동적동업자에게는 결손금을 배분할 수 없다(조특법 100의18 ① 단서, 조특령 100의18 ①).

① 다음의 요건을 모두 갖춘 동업자
- ㉠ 동업기업에 성명 또는 상호를 사용하게 하지 아니할 것
- ㉡ 동업기업의 사업에서 발생한 채무에 대하여 무한책임을 부담하기로 약정하지 아니할 것
- ㉢ 「법인세법 시행령」에 따른 임원 또는 이에 준하는 자가 아닐 것

② 해당 동업기업이 사모투자전문회사인 경우에는 그 유한책임사원

다만, 해당 과세연도의 종료일부터 15년 이내에 끝나는 각 과세연도에 그 수동적동업자에게 소득금액을 배분할 때 배분되지 않은 결손금을 그 배분대상 소득금액에서 대통령령으로 정하는 바에 따라 공제하고 배분한다(조특법 100의18 ① 단서).

(3) 동업자의 소득구분

동업자는 동업기업의 과세연도의 종료일이 속하는 과세연도의 소득세 또는 법인세 과세표준을 계산할 때 배분받은 소득금액 또는 결손금을 다음과 같이 구분에 따른 익금

또는 손금으로 보아 계산한다. 다만, 수동적동업자의 경우에는 배분받은 소득금액을 배당소득으로 본다(조특법 100의18 ③, 조특령 100의18 ④, ⑤).

동업군별	배분받은 소득금액	배분받은 결손금
거주자 동업군	거주자의 소득 구분과 같음. 다만 근로소득, 연금소득, 퇴직소득 제외	사업소득, 양도소득 결손금
비거주자 동업군	비거주자의 국내원천소득 구분과 같음. 다만, 근로소득, 퇴직소득 제외	이자소득, 배당소득, 기타소득을 제외한 소득의 결손금
내국법인 동업군	각 사업연도 소득	각 사업연도 결손금
외국법인 동업군	외국법인의 국내원천소득 구분과 같음	이자소득, 배당소득, 기타소득을 제외한 소득의 결손금

(4) 손익배분비율

1) 손익배분비율 원칙

손익배분비율은 동업자 간 약정한 단일의 손익배분비율(이하 "약정손익배분비율")로서 납세지 관할세무서장에게 신고한 비율에 따른다. 다만, 약정손익배분비율로서 납세지 관할세무서장에게 신고한 비율이 없는 경우에는 출자지분의 비율에 따른다(조특령 100의17 ①).

2) 손익배분비율 특례

① 조세회피의 우려가 있다고 인정되어 기획재정부령으로 정한 사유가 발생하면 해당 사유가 발생한 과세연도에 대하여는 직전 과세연도의 손익배분비율에 따른다(조특령 100의17 ②).

② 손익배분비율을 적용할 때 어느 동업자의 출자지분과 그와 특수관계에 있는 자인 동업자의 출자지분의 합계가 해당 동업기업의 출자총액의 50% 이상인 경우에는 그 동업자와 특수관계인인 동업자 간에는 출자지분의 비율에 따른다(조특령 100의17 ③).

③ 해당 동업기업이 「자본시장과 금융투자업에 관한 법률」의 사모투자전문회사인 경우로서 정관, 약관 또는 투자계약서에서 정한 비율, 순서 등에 따라 결정된 이익의 배당률 또는 손실의 배분율을 약정손익배분비율로 신고한 때에는 해당 비율에 따른다. 이 경우 성과보수는 업무집행사원에 대한 이익의 우선배당으로 본다(조특령 100의17 ④).

④ 과세연도 중 동업자가 가입하거나 탈퇴하여 손익배분비율이 변경되면 변경 이전과

이후 기간별로 산출한 동업자군별 배분대상 소득금액 또는 결손금을 각각의 해당 손익배분비율에 따라 계산한다(조특령 100의17 ⑤).

마. 지분가액의 조정

"지분가액"이란 동업자가 보유하는 동업기업 지분의 세무상 장부가액으로서 동업기업 지분의 양도 또는 동업기업 자산의 분배시 과세소득의 계산 등의 기초가 되는 가액을 말한다(조특법 100의14 (7)).

(1) 지분가액의 증액조정

동업자가 동업기업으로부터 소득을 배분받는 경우 등 다음에 정하는 사유가 발생하면 각각 사유별로 정하는 방법으로 동업자의 지분가액을 증액 조정한다(조특법 100의20 ①, 조특령 100의21 ②).

① 동업기업에 자산을 출자하는 경우 : 출자일 현재의 자산의 시가
② 동업기업의 지분을 매입하는 경우 또는 상속 · 증여받는 경우 : 지분의 매입가액 또는 상속 · 증여일 현재의 지분의 시가
③ 동업기업으로부터 소득금액을 배분받는 경우 : 소득금액(비과세소득을 포함)

(2) 지분가액의 감액조정

동업자가 동업기업으로부터 자산을 분배받는 경우 등 다음에 정하는 사유가 발생하면 각각 사유별로 정하는 방법으로 동업자의 지분가액을 감액 조정한다(조특법 100의20 ②, 조특령 100의21 ③). 여기서 지분가액을 감액조정하는 경우 지분가액의 최저금액은 영(零)으로 한다(조특령 100의21 ⑤).

① 동업기업의 자산을 분배받는 경우 : 분배일 현재의 자산의 시가
② 동업기업의 지분을 양도하거나 상속 · 증여하는 경우 : 지분의 양도일 또는 상속 · 증여일 현재의 해당 지분의 지분가액
③ 동업기업으로부터 결손금을 배분받는 경우 : 결손금의 금액

(3) 지분가액의 조정순서

둘 이상의 지분가액 조정사유가 동시에 발생하면 다음의 순서에 따른다. 다만, 동업기업이 해산에 따른 청산, 분할, 합병 등으로 소멸되는 경우 또는 동업자가 동업기업을 탈

퇴하는 경우로 인한 자산분배에 따른 감액조정은 '②' 보다 '③ 또는 ④'를 먼저 적용한다(조특령 100의21 ④, 조특령 100의23).

① 자산 출자 등에 따른 증액조정
② 자산 분배 등에 따른 감액조정
③ 소득금액 배분에 따른 증액조정
④ 결손금 배분에 따른 감액조정

바. 동업기업 지분의 양도

동업자가 동업기업의 지분을 타인에게 양도하는 경우 해당 지분의 양도소득에 대하여는 양도소득세 과세대상인 주식 또는 특정주식을 양도한 것으로 보아 「소득세법」 또는 「법인세법」에 따라 양도소득세 또는 법인세를 과세한다(조특법 100의21). 여기서 지분의 양도소득은 양도일 현재의 해당 지분의 지분가액을 취득가액으로 보아 계산한다(조특령 100의22).

양도소득 = 양도가액 − 취득가액(양도일 현재의 해당 지분의 지분가액)

사. 동업기업 자산의 분배

(1) 분배받은 자산의 시가 > 지분가액

동업자가 동업기업으로부터 자산을 분배받은 경우 분배받은 자산의 시가가 분배일의 해당 동업자의 지분가액을 초과하면 동업자는 분배일이 속하는 과세연도의 소득금액을 계산할 때 그 초과하는 금액을 「소득세법」에 따른 배당소득으로 본다(조특법 100의22 ①).

(+) 배당소득 = 분배받은 자산의 시가 − 분배일의 지분가액

(2) 분배받은 자산의 시가 < 지분가액

동업기업이 해산에 따른 청산, 분할, 합병 등으로 소멸되는 경우 또는 동업자가 동업기업을 탈퇴하는 경우가 발생함에 따라 동업기업으로부터 자산을 분배받은 경우 분배받은 자산의 시가가 분배일의 해당 동업자의 지분가액에 미달하면 동업자는 분배일이 속하는 과세연도의 소득금액을 계산할 때 그 미달하는 금액을 양도소득세 과세대상인 주식 또는 특정주식을 양도함에 따라 발생한 손실로 본다(조특법 100의22 ②, 조특령 100의23).

(−) 지분의 양도손실 = 분배받은 자산의 시가 − 분배일의 지분가액

아. 신청·신고 및 기타사항

(1) 동업기업과세특례의 적용신청

동업기업과세특례를 적용받으려는 기업은 동업기업과세특례를 적용받으려는 최초의 과세연도의 개시일 이전(기업을 설립하는 경우로서 기업의 설립일이 속하는 과세연도부터 적용받으려는 경우에는 그 과세연도의 개시일부터 1개월 이내)에 동업기업과세특례 적용신청서를 납세지 관할 세무서장에게 제출하여야 한다(조특령 100의16 ①).

(2) 동업기업과세특례의 포기신청

동업기업과세특례를 적용받고 있는 동업기업이 동업기업과세특례의 적용을 포기하려면 동업기업과세특례를 적용받지 아니하려는 최초의 과세연도의 개시일 이전에 동업기업과세특례 포기신청서를 납세지 관할 세무서장에게 제출하여야 한다(조특령 100의16 ②).

다만, 동업기업과세특례를 최초로 적용받은 과세연도와 그 다음 과세연도의 개시일부터 4년 이내에 종료하는 과세연도까지는 동업기업과세특례의 적용을 포기할 수 없다(조특법 100의17 ②).

(3) 동업기업 세액의 계산 및 배분

동업기업과 관련된 다음의 금액은 각 과세연도의 종료일에 동업자간의 손익배분비율에 따라 동업자에게 배분한다. 다만, '④'의 금액의 배분은 내국법인 및 외국법인인 동업자에 한정하여 적용한다(조특법 100의18 ④).

① 「법인세법」 및 「조세특례제한법」에 따른 세액공제 및 세액감면금액
② 동업기업에서 발생한 소득에 대하여 「법인세법」에 따라 원천징수된 세액
③ 「법인세법」에 따른 가산세 및 「조세특례제한법」에 따른 가산세
④ 「법인세법」에 따른 토지 등 양도소득에 대한 법인세

(4) 동업기업의 소득의 계산 및 분배명세 신고

동업기업은 각 과세연도의 종료일이 속하는 달의 말일부터 3개월이 되는 날이 속하는 달의 15일까지 해당 과세연도의 소득의 계산 및 배분명세를 관할 세무서장에게 신고하여야 하며, 각 과세연도의 소득금액이 없거나 결손금이 있는 동업기업의 경우에도 신고하여야 한다(조특법 100의23 ①, ②). 신고할 때 동업기업 소득 계산 및 배분명세 신고서와 다음의 서류를 제출하여야 한다. 이 경우 '① 및 ②'의 서류를 첨부하지 아니하면 적법한 신고로 보지 아니한다(조특령 100의24).

① 기업회계기준을 준용하여 작성한 재무상태표와 손익계산서
② 지분가액조정명세서
③ 그 밖에 기획재정부령으로 정하는 서류

(5) 신고불성실가산세

관할 세무서장은 동업기업이 해당 과세연도의 소득계산 및 배분명세 신고를 하지 아니하거나 신고하여야 할 소득금액보다 적게 신고한 경우 다음의 금액을 가산세로 징수하여야 한다(조특법 100의25 ①). 이 경우 신고하여야 할 소득금액은 동업자군별 배분대상 소득금액의 합계액으로 한다(조특령 100의26 ①).

① 신고하지 아니한 경우 : 무신고 소득금액×4%
② 신고하여야 할 소득금액보다 적게 신고한 경우 : 과소신고 소득금액×2%

(6) 법인이 아닌 동업기업의 준용규정

법인이 아닌 동업기업의 경우 과세연도, 납세지, 사업자등록, 세액공제, 세액감면, 원천징수, 가산세, 토지 등 양도소득에 대한 법인세 등 대통령령으로 정하는 사항에 대하여는 해당 동업기업을 하나의 내국법인으로 보아 「법인세법」과 「조세특례제한법」의 해당 규정을 준용한다(조특법 100의26).

○ 소 득 세 법

연습문제

01 「소득세법」의 결손금에 대한 세무처리를 설명하시오.

02 「소득세법」에 공동사업자의 납세의무를 설명하시오.

03 「소득세법」에 부당행위계산의 부인제도를 「법인세법」과 비교 설명하시오.

04 「소득세법」에 결손금과 이월결손금통산제도를 「법인세법」과 비교 설명하시오.

05 부당행위계산의 부인요건에 대하여 설명하시오.

06 부당행위계산부인제도에 있어 특수관계인의 범위에 대하여 설명하시오.

07 중도매매채권에 대한 원천징수방법에 대해서 설명하시오.

01 거주자 김주식과 이사채는 음식점업을 공동으로 영위하고 손익분배비율은 7 : 3이다. 김주식과 이사채는 상대방에 대하여 특수관계인에 포함하지 아니한다. 위의 경우에 당해 공동사업에서 발생한 소득에 대한 과세상의 취급 예는?

① 공동사업장에서 발생한 소득금액의 전액을 손익분배비율이 큰 김주식의 소득금액으로 보아 당해 소득금액에 김주식의 다른 소득금액을 합산하여 소득세 납세의무를 진다.

② 공동사업체를 1거주자로 보아 그 공동사업체에게 직접 소득세 납세의무를 지운다.

③ 공동사업장으로부터 각자의 손익분배비율에 따라 실제로 분배받은 소득금액에 대하여 그들의 다른 소득금액을 합산하여 각 거주자별로 소득세 납세의무를 지운다.

④ 공동사업장을 1거주자로 보아 산정한 소득금액을 그 소득금액의 분배 여부와는 관계없이 각자의 손익분배비율에 따라 배분하고 그 배분한 소득금액에 그들의 다른 소득금액을 합산하여 각 거주자별로 소득세 납세의무를 지운다.

⑤ 공동사업장을 1거주자로 보아 소득세과세표준과 세액을 산정하고 당해 세액을 손익분배비율에 따라 각자에게 배분하여 각각 납세고지한다.

해설 ① 특수관계인에 해당하지 않으므로 공동사업합산과세가 적용될 수 없다.
② 손익분배비율이 정해져 있으므로 공동사업체를 1거주자로 보아 그 공동사업체에게 직접 소득세 납세의무를 지울 수는 없다.
③ 공동사업장의 소득금액을 공동사업자들에게 할당하는 것은 실제로 분배된 금액에 의하는 것이 아니라 실제의 분배 여부에 관계없이 손익분배비율에 의한다.
④ 올바른 설명이다.
⑤ 소득금액을 분배하는 것이지 세액을 분배하는 것은 아니다.

02 「소득세법」에 따른 공동사업에 대한 소득금액계산의 특례에 관한 설명으로 옳지 않은 것은? ▶ CTA 2009

① 사업소득이 발생하는 사업을 공동으로 경영하고 그 손익을 분배하는 공동사업(법령이 정하는 출자공동사업자가 있는 공동사업 포함)의 경우에는 공동사업장을 1거주자로 보아 공동사업장별로 그 소득금액을 계산한다.

② 공동사업에서 발생한 소득금액은 공동사업자간(특수관계인 아님)에 약정된 손익분배비율(약정된 손익분배비율이 없는 경우에는 지분비율)에 따라 분배되었거나 분배될 소득금액에 따라 각 공동사업자별로 분배한다.

③ 거주자 1인과 특수관계인이 공동사업자에 포함되어 있는 경우로서 손익분배비율을 거짓으로 정하는 등 법령이 정하는 사유가 있는 때에는 해당 특수관계인의 소득금액은 주된 공동사업자의 소득금액으로 본다.

④ 공동사업자의 소득금액을 계산하는 경우 접대비 한도액, 지정기부금 한도액은 공동사업에 출자한 공동사업자별로 각각 계산한다.

⑤ 공동사업장에서 발생한 사업소득의 결손금은 각 공동사업자별로 분배된 금액의 범위 내에서 각 공동사업자의 다른 사업장의 동일 소득 또는 다른 종합소득과 통산한다.

해설 공동사업자의 소득금액을 계산하는 경우 접대비 한도액・지정기부금 한도액은 공동사업에 출자한 개인별로 계산하지 아니하고 공동사업장을 1거주자로 보고 계산한다.

03 「소득세법」상 결손금 또는 이월결손금에 관한 설명으로 옳은 것은? ▶ CTA 2021

① 사업소득금액을 계산할 때 발생한 결손금은 이자소득금액・배당소득금액・근로소득금액・연금소득금액・기타소득금액에서 순서대로 공제한다.

② 소득금액을 추계신고하는 경우에는 이월결손금 공제규정을 적용하지 않는다. 다만, 천재지변으로 장부가 멸실되어 추계신고를 하는 경우라면 이월결손금 공제규정을 적용한다.

③ 부동산임대업을 제외한 일반업종 사업소득에서 발생한 결손금은 부동산임대업에서 발생한 소득금액이 있는 경우에도 그 부동산임대업의 소득금액에서 공제하지 않는다.

④ 부동산임대업(주거용 건물 임대업 포함)에서 발생한 결손금은 종합소득 과세표준을 계산할 때 공제하지 않는다.

⑤ 해당 과세기간 중 발생한 결손금과 이월결손금이 모두 존재하는 경우에는 이월결손금을 먼저 소득금액에서 공제한다.

해설 ① 사업소득금액을 계산할 때 발생한 결손금은 근로소득금액・연금소득금액・기타소득금액・이자소득금액・배당소득금액에서 순서대로 공제한다.

③ 일반업종 사업소득에서 발생한 결손금은 부동산임대업에서 발생한 소득금액이 있는 경우에는 그 부동산임대업의 소득금액에서 공제한다.

④ 부동산임대업(주거용 건물 임대업 제외)에서 발생한 결손금은 종합소득 과세표준을 계산할 때 공제하지 않는다.

⑤ 해당 과세기간 중 발생한 결손금과 이월결손금이 모두 존재하는 경우에는 그 과세기간의 결손금을 먼저 소득금액에서 공제한다.

04 다음 중 사업소득과 이월결손금의 공제순서가 바르게 연결된 것은?

㉠ 이자소득금액	㉡ 배당소득금액	㉢ 사업소득금액
㉣ 근로소득금액	㉤ 연금소득금액	㉥ 기타소득금액

① ㉠-㉡-㉢-㉣-㉤-㉥　　② ㉢-㉠-㉡-㉣-㉥-㉤

③ ㉢-㉣-㉥-㉤-㉠-㉡　　④ ㉢-㉣-㉤-㉥-㉠-㉡

해설 결손금과 이월결손금의 차이는 사업소득이 공제순서와 관련이 있느냐, 없느냐의 차이에 있다. 즉, 결손금은 근로소득에서 먼저 공제하지만 이월결손금은 사업소득에서부터 공제를 시작한다.

05 「소득세법」 상 소득금액계산의 특례 등에 관한 설명으로 옳지 않은 것은? ▶CTA 2025

① 「소득세법」 상 부당행위계산의 부인 대상 소득은 출자공동사업자의 배당소득, 사업소득, 기타소득, 양도소득에 한한다.

② 공동사업합산과세의 대상은 공동사업장에서 발생한 사업소득에 한하며 공동사업장에서 발생한 이자소득과 배당소득은 합산과세하지 아니한다.

③ 주거용 건물임대업을 포함한 부동산임대업에서 발생한 이월결손금(결손금을 다른 소득에서 공제하고 남은 금액을 말함)은 소급공제가 적용되지 아니한다.

④ 공동사업합산과세규정에 따라 특수관계인의 소득금액이 주된 공동사업자에게 합산과세되는 경우 그 합산과세되는 소득금액에 대해서는 주된 공동사업자의 특수관계인은 손익분배비율에 해당하는 그의 소득금액에 대한 소득세를 한도로 주된 공동사업자와 연대하여 납세의무를 진다.

⑤ 피상속인의 소득금액에 대한 소득세로서 상속인에게 과세할 것과 상속인의 소득금액에 대한 소득세는 구분하여 계산하여야 한다.

해설 ④ 손익분배비율에 해당하는 그의 소득금액을 한도로 주된 공동사업자와 연대하여 납세의무를 진다.

06 「소득세법」에 부당행위계산의 부인에 대한 설명으로 옳지 않은 것은?

① 특수관계인에는 당해 거주자의 종업원 또는 그 종업원과 생계를 같이 하는 친족이 포함된다.

② 사업상 업무를 수행하기 위하여 초청된 외국인에게 사택 등을 무상으로 제공하는 때에는 부당행위 계산부인의 대상이 되지 아니한다.

③ 특수관계인과의 거래로 인하여 조세의 부담을 부당하게 감소시킨 것으로 인정되는 때에는 조세의 부담을 감소시킬 의도가 있었는가에 대하여는 묻지 않는다.

④ 부당행위 계산부인의 적용대상에는 사업소득·배당소득이 있다.

해설 배당소득은 출자공동사업자에 대한 배당소득만 포함하나 일반적으로 배제소득에 해당한다.

07 「소득세법」 상 소득금액 계산의 특례에 관한 설명으로 옳지 않은 것은? ▶CTA, 2018

① 종합소득과세표준 확정신고 후 예금 또는 신탁계약의 중도 해지로 이미 지난 과세기간에 속하는 이자소득금액이 감액된 때에는, 경정청구를 하지 아니한 경우라면 그 중도 해지일이 속하는 과세기간의 종합소득금액에 포함된 이자소득금액에서 그 감액된 이자소득금액을 뺄 수 있다.

② 우리나라가 조세조약의 상대국과 그 조세조약의 상호 합의 규정에 따라 거주자가 국외에 있는 비거주자와 거래한 그 금액에 대하여 권한 있는 당국 간에 합의를 하는 경우에는 그 합의에 따라 납세지 관할 세무서장은 그 거주자의 각 과세기간의 소득금액을 조정하여 계산할 수 있다.

③ 사업소득이 발생하는 사업을 공동으로 경영하고 그 손익을 분배하는 공동사업의 경우에는 각 공동사업자별로 소득금액을 계산한다.

④ 연금계좌의 가입자가 사망하였으나 그 배우자가 연금외수령 없이 해당 연금계좌를 상속으로 승계하는 경우에는 그 연금계좌에 있는 피상속인의 소득금액은 상속인의 소득금액으로 보아 소득세를 계산한다.

⑤ 결손금 및 이월결손금을 공제할 때 해당 과세기간에 결손금이 발생하고 이월결손금이 있는 경우에는 그 과세기간의 결손금을 먼저 소득금액에서 공제한다.

해설 사업소득이 발생하는 사업을 공동으로 경영하고 그 손익을 분배하는 공동사업의 경우에는 해당 사업을 경영하는 장소를 거주자로 보아 공동사업장별로 그 소득금액을 계산한다(소법 43 ①).

01 ④ 02 ④ 03 ② 04 ④ 05 ④ 06 ④ 07 ③

04절 종합소득공제

01 의 의

가. 종합소득공제의 의의

종합소득공제란 조세의 응능부담의 원칙에 입각하여 납세의무자의 개인적 사정을 고려한 최저생계비를 보장하기 위하여 일정한 금액(법이 정한 금액)을 과세소득에서 공제하는 제도를 말한다. 이 제도는 영세한 저소득층을 과세대상에서 제외하고 소득세의 누진성에 기여함으로써 개인의 담세능력에 따라 조세부담의 공평을 기하려는 데에 그 의의가 있다.

종합소득공제 중 기본공제와 추가공제는 납세의무자의 인적 사정을 고려한 공제제도라는 점에서 이를 인적공제라고도 말한다. 종합소득공제는 거주자별로 연간소득에서 공제하므로 종합소득에서 한번만 공제하며, 소득발생기간이 1년이 안되는 경우에도 월할 공제하지 아니한다.

나. 종합소득공제의 기능

종합소득공제제도는 다음과 같은 기본적 기능을 가지고 있다.

(1) 과세최저한의 결정

종합소득공제는 최저생활 수준의 유지에 필요한 소득에 과세하지 않고 영세한 소득생활자를 과세대상에서 제외함으로써 소득세를 부담하여야 하는 소득계층의 한계를 결정하는 기능을 한다.

그러나 최저생계비와 종합소득공제금액이 반드시 일치하는 것은 아니다. 왜냐하면 최저생활비 자체도 보는 관점에 따라 다를 뿐 아니라 일정규모의 국가 세수는 반드시 확보하여야 하므로 최저생계비 이하의 소득자에게도 세부담을 지울 수밖에 없는 것이다. 또 세금은 국민 누구나가 부담을 해야 한다는 측면에서도 최저생계비와 종합소득공제금액은 직접 관련이 있는 것은 아니다. 그러므로 종합소득공제 금액의 수준은 모든 소득계급의 세부담을 조정하는 효과를 갖게 된다.

(2) 세율의 누진성 완화

종합소득공제는 그 금액을 공제함에 따라 저소득계층의 실제 적용세율이 완만한 누진성을 갖는 기능을 갖는다.

(3) 부양가족수에 따른 세부담의 조정

소득이 동일한 납세의무자라 할지라도 부양가족의 수나 부양가족의 특수한 사정 등과 같은 인적구성에 따라서 담세력에 상당한 차이가 있을 수 있다. 이러한 인적사항을 고려하여 세부담을 조정하기 위한 장치가 종합소득공제제도인 것이다.

종합소득공제는 부양가족수에 따라 공제금액이 다르므로 부양가족의 수가 늘어남에 따라 세부담의 완화기능을 갖는다.

(4) 소득재분배기능

종합소득공제는 단일세대에 귀속되는 소득에서 최저생계비를 공제하여 줌으로써 과세소득 중 담세능력있는 소득을 과세하여 응능부담원칙에 의한 소득재분배기능을 갖는다.

(5) 업무량의 축소와 세무행정비용의 절감

종합소득공제는 영세한 계층의 납세의무자를 과세에서 제외함으로써 납세의무자수를 감소시키는 기능을 수행하며, 이를 통하여 과세관청의 집행면에서의 부담을 경감시키며 세무행정비용을 절감할 수 있게 되는 것이다.

2 인적공제

가. 의 의

인적공제라 함은 납세의무자의 최저생계비에 해당하는 소득을 과세에서 제외시키기 위하여 과세소득에서 공제하는 금액이다. 인적공제는 소득세의 과세원칙인 최저생활비 면세의 원칙을 실현하는 수단이다. 이는 다른 담세력을 갖는 사람은 다르게 취급한다는 수직적 공평의 한 예가 될 수 있고 납세자의 지급능력에 따라 부담해야 하는 능력설에 근거를 둔 것이다.

따라서 인적공제의 기능으로는 능력설의 장점인 소득재분배기능의 강화, 실효세율의 누진도 강화, 인적 구성의 차이에 따른 세부담의 차등 및 업무량의 축소와 세무행정비용의 절감을 들 수 있다. 그러나 국가로부터 받은 이익의 크기에 따라 결정되는 이익설에 근거를 둔 효율성이 침해되어 자원배분의 효율성은 실현할 수 없다는 단점이 있다.

인적공제의 유형에는 기본공제와 추가공제가 있다.

나. 기본공제

종합소득이 있는 거주자(자연인만 해당)에 대해서는 다음 중 어느 하나에 해당하는 자의 수에 1명당 연 150만원을 곱하여 계산한 금액을 그 거주자의 해당 과세기간의 종합소득금액에서 공제한다(소법 50 ①).

<table>
<tr><th>구 분</th><th>공제대상자</th><th>나이요건*</th><th>소득금액 요건</th></tr>
<tr><td>(1) 본인공제</td><td>해당 거주자</td><td>없음</td><td>없음</td></tr>
<tr><td>(2) 배우자공제</td><td>해당 거주자의 배우자</td><td>없음</td><td rowspan="2">연간소득금액의
합계액이 100만원
이하인 경우
(총급여액
500만원 이하의
근로소득만 있는
배우자 · 부양가족
포함)</td></tr>
<tr><td>(3) 부양가족공제</td><td>해당 거주자(배우자 포함)와
생계를 같이하는 부양가족
① 직계존속**
② 직계비속***
③ 동거입양자****
④ 형제자매
⑤ 「국민기초생활보장법」에 의한 보호대상자*****
⑥ 「아동복지법」에 따른 위탁아동******</td><td>

60세 이상
20세 이하
20세 이하
20세 이하 또는 60세 이상
없음

18세 미만</td></tr>
</table>

* 장애인은 나이의 제한을 받지 않는다. 또한 해당 과세기간의 과세기간 중에 해당 나이에 해당되는 날이 있는 경우에 공제대상자로 본다(소법 53⑤).

** 직계존속이 재혼한 경우에는 그 배우자로서 당해 거주자의 직계존속과 혼인(사실혼을 제외함)중임이 증명되는 사람과 거주자의 직계존속이 사망한 경우에는 해당 직계존속의 사망일 전날을 기준으로 혼인(사실혼은 제외함) 중에 있었음이 증명되는 사람을 포함한다(소령 106 ⑤).

*** 다음에 해당하는 자를 말한다.

① 거주자의 직계비속 또는 직계비속과 그 배우자가 모두 장애인에 해당하는 경우에는 그 배우자를 포함

② 거주자의 배우자가 재혼한 경우로서 당해 배우자가 종전의 배우자와 혼인(사실혼을 제외함) 중에 출산한 자

**** '입양자'란 입양한 양자 및 사실상 입양상태에 있는 자로서 거주자와 생계를 같이하는 자를 말한다(소령 106 ⑦). 그리고 입양자와 그 배우자가 모두 장애인에 해당하는 경우에는 그 배우자를 포함한다.

***** 「국민기초생활보장법」에 의한 수급자를 말한다(소령 106 ⑧).

****** '위탁아동'이란 해당 과세기간에 6개월 이상 직접 양육한 위탁아동(보호기간이 연장된 경우로서 20세 이하의 위탁아동을 포함)을 말한다. 다만, 직전 과세기간에 소득공제를 받지 못한 경우에는 해당 위탁아동에 대한 직전 과세기간의 위탁기간을 포함하여 계산한다(소령 106 ⑨).

23

거주자의 생계를 같이하는 부양가족이 배우자(근로소득금액이 90만원, 양도소득금액이 50만원인 경우), 20세 미만인 자녀 2명, 2026년도에 만 20세인 자녀 1명, 60세 이상 직계존속 2명이 있으며 거주자 본인 및 배우자 이외는 소득이 없는 경우 2026년도 기본공제액은?

 해답 기본공제액＝9,000,000원(본인포함 공제대상가족수 6명×1,500,000원)

- 배우자의 종합소득금액, 퇴직소득금액, 양도소득금액을 포함(단, 비과세ㆍ분리과세소득은 제외)하여 연간소득금액의 합계액이 140만원으로 100만원을 초과하였으므로 배우자공제 불가함.
- 직계비속인 자녀의 인원수에는 제한 없고, 해당 과세기간 중에 만20세에 도달하더라도 공제 가능함

다. 추가공제

(1) 의 의

기본공제대상자가 다음의 사유에 해당하는 경우에는 거주자의 해당 과세기간의 종합소득금액에서 기본공제 외에 다음의 사유별로 정해진 금액을 추가로 공제한다. 다만, 한부모가족공제와 여성근로자공제가 중복되는 경우에는 한부모가족공제를 적용한다(소법 51 ①).

구 분	대상자	요 건	공제액
① 경로우대자공제	기본공제대상자	70세 이상	100만원
② 장애인공제	기본공제대상자	장애인인 경우	200만원
③ 여성근로자공제	해당 거주자	㉠ 배우자가 없는 여성*으로서 공제대상 부양가족이 있는 세대주 ㉡ 배우자가 있는 여성 * 여성근로자공제를 적용받을 수 있는 거주자는 해당 과세기간에 종합소득과세표준을 계산할 때 합산하는 종합소득금액이 3천만원 이하인 거주자로 한정한다.	50만원

구 분	대상자	요 건	공제액
④ 한부모가족공제	해당 거주자	배우자가 없고 기본공제대상인 자녀가 있는 거주자	100만원

(2) 장애인의 범위

1) 대상 장애인

장애인은 다음에 해당하는 자로 한다(소령 107 ①).

① 「장애인복지법」에 의한 장애인 및 「장애아동 복지지원법」에 따른 장애아동

② 「국가유공자 등 예우 및 지원에 관한 법률」에 의한 상이자 및 이와 유사한 사람으로서 근로능력이 없는 사람

③ 중증질환, 희귀난치성 질환 또는 이와 유사한 질병·부상으로 인해 중단 없이 주기적인 치료를 요하는 자로서 의료기관의 장이 취업·취학 등 일상적인 생활에 지장이 있다고 인정하는 자

2) 증명서 제출

장애인공제를 받고자 할 때에는 장애인증명서를 다음과 같이 제출하여야 한다. 다만, 「국가유공자 등 예우 및 지원에 관한 법률」에 의한 상이자의 증명을 받은 자 또는 「장애인복지법」에 의한 장애인등록증을 교부받은 자에 대하여는 당해 증명서·장애인등록증의 사본, 기타 장애사실을 증명하는 서류를 제출하여야 하며, 이 경우 장애인증명서는 제출하지 않을 수 있다(소령 107 ②).

① 과세표준확정신고를 하는 때에는 그 신고서에 첨부하여 납세지 관할세무서장에게 제출한다.

② 연말정산하는 근로소득이 있는 자는 근로소득자소득공제신고서에 첨부하여 연말정산을 하는 원천징수의무자에게 제출한다.

③ 연말정산되는 사업소득이 있는 자는 소득공제신고서에 첨부하여 연말정산을 하는 원천징수의무자에게 제출한다.

장애인으로서 당해 장애의 상태가 1년 이상 지속될 것으로 예상되는 경우 그 장애기간이 기재된 장애인증명서를 제출한 때에는 그 장애기간 동안은 이를 다시 제출하지 아니하여도 된다. 다만, 그 장애기간 중 납세지관할세무서 또는 사용자를 달리하게 된 때에는 장애인증명서를 제출하여야 한다(소령 107 ③). 이 경우 전 납세지관할세무서장 또

는 전원천징수의무자로부터 이미 제출한 장애인증명서를 반환받아 이를 제출할 수 있다(소령 107 ④).

(3) 여성근로자공제 등 확인방법

배우자의 유무 및 부양가족이 있는 세대주인지의 여부는 당해 과세기간종료일 현재의 주민등록표등본 또는 가족관계등록부 증명서에 의한다. 이 경우 납세지 관할 세무서장은 「전자정부법」에 따른 행정정보의 공동이용을 통하여 거주자의 주민등록표 등본을 확인하여야 하며, 거주자가 확인에 동의하지 아니하거나 그의 주민등록표 등본으로 배우자의 유무 및 부양가족이 있는 세대주인지의 여부를 판단할 수 없는 경우 또는 근로소득자가 소득공제신고를 하는 경우에는 주민등록표 등본 또는 가족관계등록부 증명서를 제출하도록 하여야 한다(소령 108).

24

다음 사례별로 물음에 답하시오.

사례1. 거주자와 생계를 같이하는 직계비속 중 소득이 없는 20세 이상인 장애인이 있을 때 기본공제(부양가족공제)와 추가공제(장애인공제)가 얼마인가?

사례2. 근로소득자의 공제대상배우자가 공제대상 장애인에도 해당되며, 연간 급여액이 8,000,000원(비과세소득 제외)이 있는 경우 기본공제(배우자공제), 추가공제(장애인공제)를 받을 수 있는가?

사례3. 거주자가 소득이 없는 장인(만71세), 장모(만66세)를 실제 부양하다가 연도 중에 장인이 사망한 경우 장인・장모에 대한 기본공제(부양가족 공제)와 추가공제(경로우대자공제)금액은 얼마인가?

사례4. 근로자의 공제대상 부양가족 중 6세 이하의 손자가 있는 경우 기본공제(부양가족 공제)는 얼마인가?

사례5. 올해 출생한 본인의 자녀에 대하여 받을 수 있는 기본공제 금액이 얼마인가?

 해답 사례1. 해당 직계비속에 대해 3,500,000원 공제

➲ 장애인이 부양가족인 경우 연령에 관계없이 기본공제(부양가족공제) 1,500,000원과 추가공제(장애인공제) 2,000,000원 공제가능

사례2. 배우자에 대해 기본공제와 추가공제 모두 받을 수 없음

➲ 총급여액 500만원이 넘는 근로소득만 있는 배우자이므로 기본공제 (배우자공제) 대상이 될 수 없으므로 추가공제(장애인공제)도 받을 수 없음

사례3. 장인 · 장모에 대해 4,000,000원 공제[기본공제(3,000,000원)+추가공제(1,000,000원)]

- 연도 중에 사망한 경우 사망일 전일 상황에 의해 공제대상 여부를 판단하는 것임
  - ➤ 배우자의 직계존속도 기본공제(부양가족공제 : 3,000,000원=2명×1,500,000원)와 추가공제(경로우대자공제 : 1,000,000원=1명×1,000,000원)이며, 기본공제 중 부양가족공제는 만60세 직계존속에 대하여 1명당 1,500,000원, 추가공제 중 경로우대자공제는 만70세 이상 1,000,000원임

사례4. 손자에 대해 1,500,000원 공제

- 근로자의 부양가족공제 대상자가 6세 이하의 직계비속에 해당하면 기본공제(부양가족공제 1,500,000원)를 적용받을 수 있음

사례5. 해당 과세기간 중에 출생한 자녀에 대하여 총 1,500,000원 공제

- 과세기간 중에 출생한 직계비속에 대해서는 기본공제(부양가족공제) 1,500,000원 소득공제를 받을 수 있다.

25

생계를 같이하는 부양가족이 있는 아래 거주자의 2026년도 종합소득 인적공제액을 계산하라.

구 분	나 이	소득금액
① 본 인	50	사업소득금액 5,000만원
② 부 (父)	79	
③ 모 (母)	78	
④ 배 우 자	47	
⑤ 장 남	22	
⑥ 장 녀	20	
⑦ 차 녀	18	장애인

1. 부양가족의 소득금액이 없는 경우
2. 부(父)의 사업소득이 2,000만원 있는 경우

 해설 1. 부양가족의 소득금액이 없는 경우

(1) 기본공제 : 9,000,000원

본인, 부, 모, 배우자, 장녀, 차녀(6명)×1,500,000 = 9,000,000원

* 장남은 20세 초과로 해당 없음.
해당 과세기간에 20세가 되어도 공제대상이 된다.

(2) 추가공제 : 4,000,000원

① 경로우대 공제 : 부, 모(2명)×1,000,000 = 2,000,000원

② 장애인 공제 : 차녀(1명)×2,000,000 = 2,000,000원

(3) 인적공제액 : (1)+(2)=13,000,000원

2. 부의 사업소득이 2,000만원 있는 경우

(1) 기본공제 : 7,500,000원
본인, 모, 배우자, 장녀, 차녀(5명)×1,500,000 = 7,500,000원
* 부(父)는 소득금액 1,000,000원 이상으로 해당 없음.

(2) 추가공제 : 3,000,000원
① 경로우대 공제 : 모(1명)×1,000,000 = 1,000,000원
② 장애인 공제 : 2,000,000원
* 부(父)는 기본공제대상자가 아니므로 해당 없음.

(3) 인적공제액 : (1)+(2)=10,500,000원

라. 인적공제대상자의 범위 등

(1) 공제대상자의 범위와 판정

1) 생계를 같이하는 자의 범위

생계를 같이 하는 부양가족은 주민등록표의 동거가족으로서 해당 거주자의 주소 또는 거소에서 현실적으로 생계를 같이 하는 자로 한다. 다만, 직계비속·입양자의 경우에는 동거하지 않더라도 생계를 같이 하는 것으로 본다(소법 53 ①).

2) 일시퇴거자

거주자 또는 동거가족(직계비속·입양자는 제외)이 취학·질병의 요양·근무상 또는 사업상의 형편으로 본래의 주소 또는 거소에서 일시퇴거한 경우에도 아래의 사유에 해당할 때에는 생계를 같이 하는 자로 본다(소령 114 ①).

① 취학을 위하여 일시퇴거한 경우에는 학교(학원을 포함)장이 발행하는 재학증명서
② 질병의 요양을 위하여 일시퇴거한 경우에는 의료기관의 장이 발행하는 의료증명서
③ 근무를 위하여 일시퇴거한 경우(영내에 기거하는 군인을 포함)에는 근무처의 장이 발행하는 재직증명서

일시퇴거자에 대한 종합소득공제를 받고자 하는 자는 일시퇴거자 동거가족상황표에 본래의 주소지 및 일시퇴거지의 주민등록표 등본 각 1통과 다음에 해당하는 서류를 첨부하여 원천징수의무자 또는 주소지 관할세무서장에게 제출하여야 한다(소령 114 ②).

3) 직계존속에 대한 특례

거주자의 직계존속이나 배우자의 직계존속이 거주 형편상 별거하는 경우에도 생계를 같이 하는 자로 본다(소법 53 ③). 따라서 배우자의 부모도 공제대상이 되는 것이다.

(2) 공제대상자의 판정시기

공제대상자에 해당하는지 여부의 판정은 해당 과세기간의 과세기간 종료일 현재의 상황에 따른다. 다만, 과세기간 종료일 전에 사망한 자 또는 장애가 치유된 자에 대하여는 사망일 전날 또는 치유일 전날의 상황에 따른다(소법 53 ④).

공제대상자의 적용대상 연령이 정하여진 경우에는 해당 과세기간의 과세기간 중에 해당 나이에 해당되는 날이 있는 경우에는 공제대상자로 한다(소법 53 ⑤).

(3) 인적공제 한도

위의 기본공제와 추가공제를 인적공제라 하며, 이 인적공제의 합계액이 종합소득금액을 초과하는 공제액은 없는 것으로 한다(소법 51 ③ · ④).

인적공제 공제한도와 요건

<table>
<tr><th>항목</th><th>구 분</th><th>공제한도</th><th colspan="21">요 건</th></tr>
<tr><td rowspan="5">인적공제</td><td rowspan="3">기본공제</td><td rowspan="3">1명당
150만원</td><td>부양가족</td><td colspan="4">직계존속</td><td colspan="4">직계비속</td><td colspan="4">형제자매</td><td colspan="4">위탁아동</td><td colspan="4">수급자</td></tr>
<tr><td>나이요건*</td><td colspan="4">60세 이상</td><td colspan="4">20세 이하**</td><td colspan="4">60세 이상
20세 이하</td><td colspan="4">18세 미만</td><td colspan="4">없음</td></tr>
<tr><td>소득요건</td><td colspan="20">연간소득금액 합계액 100만원 이하
(근로소득만 있는 자는 총급여액 500만원 이하)</td></tr>
<tr><td rowspan="2">추가공제</td><td rowspan="2">대상별
차이</td><td>공제대상</td><td colspan="5">경로우대
(70세 이상)</td><td colspan="5">장애인
(소득세법)</td><td colspan="5">여성 근로자
(부양/기혼)</td><td colspan="5">한부모
가족공제</td></tr>
<tr><td>공제금액</td><td colspan="5">100만원</td><td colspan="5">200만원</td><td colspan="5">50만원</td><td colspan="5">100만원</td></tr>
</table>

* 장애인의 경우 나이요건 적용하지 않음

** 20세가 되는 날과 그 이전 기간을 말한다.

마. 인적공제의 배제 및 특례

(1) 인적공제의 배제

분리과세 이자소득, 분리과세 배당소득, 분리과세 연금소득과 분리과세 기타소득만이 있는 자에 대해서는 인적공제 및 특별공제를 적용하지 아니한다(소법 54 ①).

과세표준확정신고를 하여야 할 자가 소득공제를 증명하는 서류를 제출하지 아니한 경우에는 기본공제 중 거주자 본인에 대한 분(分)과 표준공제만을 공제한다. 다만, 과세표준확정신고 여부에 관계없이 그 서류를 나중에 제출한 경우에는 그러하지 아니하다(소법 54 ②).

(2) 중복공제의 배제

거주자의 인적공제대상자가 동시에 다른 거주자의 공제대상가족에 해당되는 경우에는 해당 과세기간의 과세표준확정신고서, 근로소득자소득공제신고서, 연말정산사업소득자 소득공제신고서 또는 연금소득자 소득공제신고서에 기재된 바에 따라 그 중 1인의 공제대상가족으로 한다. 다만, 거주자의 기본공제대상자가 다른 거주자의 자녀양육비 공제대상자에 해당하는 경우에는 다른 거주자의 해당 추가공제대상자로 할 수 있다(소령 106 ①).

(3) 인적공제의 특례

1) 비거주자에 대한 특례

국내사업장이 있거나 부동산임대소득이 있는 비거주자로서 국내원천소득을 종합하여 과세하는 경우 또는 국내사업장이 없는 비거주자의 근로소득에 대한 과세표준을 산정함에 있어서 기본공제와 추가공제(비거주자 본인에 대한 공제를 제외) 및 특별공제는 적용하지 아니한다. 즉 본인에 대한 기본공제(150만원)와 본인에 대한 추가공제(경로우대자 · 장애인 등)만을 허용할 뿐이다.

2) 수시부과 결정시의 특례

수시부과 결정의 경우에는 기본공제 중 거주자 본인에 대한 분(150만원)을 공제한다(소법 54 ③). 그 후에 소득세 과세표준과 세액을 확정신고하거나 확정결정을 할 때에 종합소득공제의 전액을 공제한다.

3) 공제대상 가족이 2 이상 거주자에 해당하는 때 소득공제

2 이상의 거주자가 위의 공제대상가족을 서로 자기의 공제대상가족으로 신고하거나 누구의 공제대상가족으로 할 것인지 알 수 없는 때에는 다음에 의하여 판단하게 된다(소령 106 ②).

① 공제대상 배우자가 다른 소득자의 공제대상 부양가족에 해당하는 때에는 공제대상

배우자로 하여 소득공제를 한다.

② 소득자의 공제대상 부양가족이 다른 소득자의 공제대상 부양가족에 해당하는 때에는 직전연도의 소득공제를 한 소득자의 공제대상 부양가족으로 한다. 그러나 직전연도에 공제대상 부양가족이 없는 때에는 해당 과세기간의 종합소득금액이 가장 많은 소득자의 공제대상 부양가족으로 하여 소득공제를 한다.

③ 소득자의 추가공제 대상자가 다른 소득자의 추가공제 대상자에 해당될 때에는 기본공제를 하는 소득자의 추가공제대상자로 한다.

4) 사망자 또는 출국자의 소득공제

거주자가 연도 중에 사망하거나 외국에 영주할 목적으로 출국할 경우에 그 공제대상가족으로서 그 거주자의 상속인 등 다른 거주자의 공제대상가족에 해당하는 경우에는 먼저 피상속인 또는 출국한 거주자의 소득금액에서 소득공제를 하고, 피상속인 또는 출국한 거주자에 대한 소득공제액이 소득금액을 초과하는 경우에 그 초과하는 부분은 상속인 또는 다른 거주자의 해당 과세기간의 소득금액에서 공제할 수 있다(소령 106 ③ · ④).

(4) 과세기간 또는 부양기간 1년 미만인 경우의 소득공제액 계산

과세기간 또는 부양기간이 1년 미만인 경우에 소득공제는 월할계산하지 아니하고 연액으로 공제한다(소기통 50－0…1).

바. 인적공제제도의 문제점 및 개선방안

(1) 인적공제제도의 문제점

1) 상이한 가족 수에 따른 적절한 공제액의 결정

가족구성이 다른 과세단위간의 세부담은 주로 인적공제와 세율표에 의하여 조정되어 왔다. 그러나 대부분의 국가 즉, 단일세율표를 채택하고 있는 국가는 가족구성에 따른 세부담의 차이를 주로 인적공제라는 수단에 의하여 수행되어 왔다. 따라서 가족수가 1명, 2명, 3명, 4명, 또는 그 이상인 경우에 동등한 생활수준을 유지하기 위한 적절한 공제액이 얼마인지가 문제가 되어 왔다.

또한 인적공제에 있어서 부양가족의 나이 및 건강상태 등 특수한 인적사항을 고려하여 공평과세를 실현한다는 측면과 복잡한 공제제도는 세제를 더욱 혼란스럽게 한다는 측면을 종합적으로 고려하여 결정하여야 하는 문제인 것이다.

2) 인적공제의 수준

인적공제의 수준은 대체로 과세최저한 또는 면세점의 크기와 일치한다. 과세최저한이란 소득세가 과세되는 한계선상의 소득금액 즉, 소득세가 과세되는 최저의 소득금액을 의미한다. 이러한 과세최저한은 인간이 최소한의 생활을 유지하기 위하여 필요로 하는 최저생계비를 기준으로 하여 정하는 것이 일반적이나, 대체적으로 재정수요, 조세체계, 국민의 납세의식수준, 일반의 최저생활비에 대한 사고방식 및 과세관청의 집행능력 등을 함께 고려하여 결정하여야 할 것이다.

3) 공제수단의 선택

인적공제의 수단에는 소득공제와 세액공제가 있다. 소득공제는 소득금액에서 일정액을 공제하여 과세표준을 감액시킴으로 세부담을 경감시키는 제도이나, 세액공제는 과세소득에 따라 산출한 세액에서 일정액을 감소시키는 제도이다.

소득공제나 세액공제나 세부담의 경감이라는 측면에서는 동일하나 소득공제의 경우 같은 금액의 소득공제를 하더라도 적용되는 세율의 차이에 따라 세부담의 감소액에 차이가 있게 되어 고액소득자에게는 세액공제보다는 소득공제가 유리하게 된다. 따라서 공평과세의 측면에서는 세액공제제도가 우세하나 세액공제제도가 갖는 문제점 즉, 계산의 복잡성이나 행정력의 낭비를 초래하기 때문에 소득공제제도를 채택한다.

(2) 인적공제제도의 개선방안

인적공제란 인간이 생활하는데 소요되는 최소한의 비용을 과세대상에서 제외하기 위한 방안의 하나로 설정된 것이다. 이러한 면세점을 어떻게 결정하느냐의 문제는 차치하고라도 현실적으로 인정되어질 수 있는 수준은 되어야 할 것이다.

현행 세법상 최저생계비로 보장되는 인적공제금액이 4인 가족을 기준으로 할 때 600만원이 된다. 도시근로자의 최저생계비를 얼마라고 확정지어 말할 수는 없겠지만 이것은 현실적으로 매우 무리한 금액이다. 최저생계소득을 과세해서는 안된다는 데에 대하여는 누구도 이론이 있을 수 없으며 이에 대한 학설도 무수하다.

그런데도 불구하고 세수감소, 복지재원 및 국민개세주의 등의 이유로 최저생계소득의 보장을 외면하는 것은 고려할 필요가 있다. 왜냐하면 이로 인해 세수감소액이 얼마나 되는지 계산할 필요가 있으며 그 효과를 분석해 볼 필요가 있기 때문이다.

세수감소는 재정수요의 조정이나 다른 세수의 조정을 통하여 해결되어야 할 문제이지

오직 소득세에 한정할 문제가 아니며, 복지재원조달은 고소득층에서 재원을 구해야 할 것임에도 불구하고 최저생계소득의 일부에 대한 세수로써 충당하려는 것은 합리적이라 하기 곤란하다.

또한 물가상승으로 인한 세부담의 과중이 소득수준이 낮은 저소득자에게 더욱 크다는 것을 생각할 때 인적공제 등을 물가에 연동시킴으로써 물가상승으로 인한 부당한 세부담의 과중과 불공평을 막아야 한다는 주장에 대하여도 깊은 연구가 있어야 하겠다.

한편 공제대상 부양가족에 대하여도 판정의 어려움이 있겠지만 직계비속의 경우 만 20세 이하라는 등으로 획일적으로 정할 것이 아니라 일정한 조건 즉, 20세를 초과하였다 하더라도 생활비 및 교육비의 반 이상을 납세의무자가 부담하고 있는 경우 또는 병역에 종사하고 있는 자녀로서 병역에 종사하기 전에 생활비 및 교육비의 반 이상을 납세의무자가 부담하였던 자녀 등에 해당하는 경우에는 인적공제대상에 포함시키도록 하여야 할 것이다.

03 연금보험료공제 및 주택담보노후연금 이자비용공제

가. 연금보험료공제

종합소득이 있는 거주자가 공적연금 관련법에 따른 기여금 또는 개인부담금(이하 "연금보험료"라 함)을 납입한 경우에는 해당 과세기간의 종합소득금액에서 그 과세기간에 납입한 연금보험료를 공제한다(소법 51의3 ①).

구 분	연금보험료	공제액
① 공적연금보험료	공적연금 관련법에 따른 기여금 또는 개인부담금	전액 소득공제
② 사적연금보험료	거주자가 연금계좌에 납입하는 금액*	연 600만원 한도내에서 세액공제

* 연금보험료공제 되지 않는 금액
  ① 소득세가 원천징수되지 아니한 퇴직소득 등 과세가 이연된 소득
  ② 연금계좌에서 다른 연금계좌로 계약을 이전함으로써 납입되는 금액

다음에 해당하는 공제를 모두 합한 금액이 종합소득금액을 초과하는 경우 그 초과하는 금액을 한도로 연금보험료공제를 받지 아니한 것으로 본다(소법 51의3 ③).

① 인적공제

② 연금보험료공제
③ 주택담보노후연금 이자비용공제
④ 특별소득공제
⑤ 「조세특례제한법」에 따른 소득공제

나. 주택담보노후연금 이자비용공제

(1) 요 건

연금소득이 있는 거주자가 다음의 요건에 해당하는 주택담보노후연금을 받은 경우에는 그 받은 연금에 대해서 해당 과세기간에 발생한 이자비용 상당액을 해당 과세기간 연금소득금액에서 공제한다(소법 51의4 ①, 소령 108의3 ①).

① 「한국주택금융공사법」에 따른 주택담보노후연금보증을 받아 지급받거나 금융기관의 주택담보노후연금일 것
② 주택담보노후연금 가입 당시 「소득세법」에 따른 주택(연금소득이 있는 거주자의 배우자 명의의 주택을 포함)의 기준시가가 12억원 이하인 주택을 담보로 하여 지급받은 주택담보노후연금일 것

(2) 소득공제금액

공제할 이자 상당액이 200만원을 초과하는 경우에는 200만원을 공제하고, 연금소득금액을 초과하는 경우 그 초과금액은 없는 것으로 한다(소법 51의4 ①). 주택담보노후연금 이자비용공제는 해당 거주자가 신청한 경우에 적용한다(소법 51의4 ②).

(3) 증명서의 제출

주택담보노후연금 이자상당액은 동 연금을 취급하는 금융기관 또는 「한국주택금융공사법」에 따른 한국주택금융공사가 발급한 주택담보노후연금 이자비용증명서에 기재된 금액으로 한다(소령 108의3 ②).

주택담보노후연연금 이자비용공제를 받고자 하는 자는 과세표준확정신고서에 주택담보노후연금 이자비용증명서를 첨부하여 납세지관할세무서장에게 제출하여야 한다(소령 108의3 ③).

04 특별소득공제

가. 의 의

(1) 개 념

특별소득공제는 근로소득이 있는 거주자가 보험료와 주택자금을 지출한 것으로 과세소득에 대응이 되어서 비용으로 공제해 주는 것이 아니라 담세력의 감손을 초래하는 지출항목으로 과세표준에서 공제된다.

특별소득공제의 취지는 사회적 보장제도를 세제면에서 지원하여 조세부담의 공평과 소득재분배정책을 강화하고자 하는 것이다.

나. 보험료공제

(1) 공제대상보험료

근로소득이 있는 거주자(일용근로자는 제외한다)가 해당 과세기간에 「국민건강보험법」, 「고용보험법」 또는 「노인장기요양보험법」에 따라 근로자가 부담하는 보험료를 지급한 경우 그 금액을 해당 과세기간의 근로소득금액에서 공제한다(소법 52 ①).

(2) 소득공제액

보험료공제액 = 건강보험료(전액) + 고용보험료(전액) + 노인장기요양보험료(전액)

26

근로자가 매월 국민건강보험료 2만원, 국민연금 2만원, 고용보험료 5천원을 납부하였으며, 기본공제대상 배우자(처)의 명의로 계약(피보험자 : 근로자)한 자동차 종합보험료 납부영수증(연간 120만원)과 자녀(장애인)을 피보험자로 계약체결한 장애인전용 보장성보험료 납입영수증(연간 120만원 중 장애인전용 보험료 70만원, 일반보장성 보험료 50만원)을 회사에 제출하였을 경우 보험료공제대상 금액은?

 **해답** 보험료공제대상 금액=240,000+60,000=300,000원

① 국민건강보험료 : 월20,000원×12개월=240,000원(전액 공제대상임)

② 고용보험료 : 월5,000원×12개월=60,000원(전액 공제대상임)

③ 국민연금 : 특별소득공제인 보험료공제 대상 아님

※ 연간 240,000원(20,000원×12개월) 납입액 전액이 연금보험료공제 대상임

④ 자동차종합보험료 : 1,000,000원은 보험료세액공제 대상임

⑤ 장애인전용보장성보험료 : 700,000원은 보험료세액공제 대상임

다. 주택자금공제

(1) 소득공제액

근로소득이 있는 거주자가 해당연도에 주택자금을 지출한 경우에는 다음의 금액을 근로소득금액에서 공제한다(소법 52 ④·⑤). 이러한 주택자금공제는 세대주에 한하여 적용받을 수 있으며, 세대주인지의 여부는 과세기간 종료일 현재의 상황에 의한다. 여기서 세대란 거주자와 그 배우자, 거주자와 같은 주소 또는 거소에서 생계를 같이 하는 거주자와 그 배우자의 직계존비속(그 배우자를 포함) 및 형제자매를 모두 포함한 세대를 말한다. 이 경우 거주자와 그 배우자는 생계를 달리하더라도 동일한 세대로 본다(소령 112 ①).

공 제 종 류	공 제 요 건	주택자금공제액
① 주택마련 저축공제 (조특법 87 ②)	과세연도 중 주택을 소유하지 않은 세대의 세대주 또는 세대주의 배우자가 해당 과세연도에 청약저축 또는 주택청약종합저축에 납입한 금액(연 300만원을 납입한도)	저축납입금액 ×40%
② 주택임차차입금 상환공제 (소법 52 ④)	과세기간 종료일 현재 주택을 소유하지 아니한 세대의 세대주(세대주가 주택자금공제를 받지 아니하는 경우에는 세대의 구성원을 말하며, 외국인을 포함)로서 근로소득이 있는 거주자가 국민주택규모의 주택을 임차하기 위하여 주택임차자금 차입금*의 원리금 상환액을 지급하는 경우	전세금 원리금 상환액×40%
③ 장기주택저당 차입금 이자 상환공제 (소법 52 ⑤)	주택을 소유하지 아니하거나 1주택을 보유한 세대의 세대주(세대주가 주택자금공제를 받지 아니하는 경우에는 세대의 구성원을 말하며, 외국인을 포함)가 취득 당시 주택의 기준시가가 6억원 이하인 주택을 취득하기 위하여 그 주택에 저당권을 설정하고 금융회사 등 또는 국민주택기금으로부터 차입한 장기주택저당차입금의 이자**를 지급하는 경우	이자상환액 ×100%

* "주택임차자금 차입금"이란 다음에 해당하는 차입금을 말한다. 다만, ②의 차입금의 경우 해당 과세기간의 총급여액이 5천만원 이하인 사람만 해당한다(소령 112④).

① 대출기관으로부터 차입한 자금으로서 다음의 요건을 모두 갖춘 것

㉠ 임대차계약증서의 입주일과 주민등록표 등본의 전입일 중 빠른 날부터 전후 3개월 이내에 차입한 자금일 것

㉡ 차입금이 대출기관에서 임대인의 계좌로 직접 입금될 것

② 대부업등을 경영하지 아니하는 거주자로부터 차입한 자금으로서 다음의 요건을 모두 갖춘 것

㉠ 임대차계약증서의 입주일과 주민등록표 등본의 전입일 중 빠른 날부터 전후 1개월 이내에 차입한 자금일 것

㉡ 3.5% 이자율보다 낮은 이자율로 차입한 자금이 아닐 것

** "장기주택저당차입금"이란 다음의 요건을 모두 갖춘 차입금을 말한다. 이 경우 해당 요건을 충족하지 못하게 되는 경우에는 그 사유가 발생한 날부터 적용하지 아니한다.

① 차입금의 상황기간이 15년 이상일것. 이 경우 해당 주택의 전소유자가 해당 주택에 저당권을 설정하고 차입한 장기주택저당차입금에 대한 채무를 해당 주택의 양수인이 주택취득과 함께 인수하는 때에는 해당 주택의 전소유자가 해당 차입금을 최초로 차입한 때를 기준으로 하여 상환기간을 계산한다.

② 주택소유권이전등기 또는 보존등기일부터 3월 이내에 차입한 장기주택저당차입금일 것

③ 장기주택저당차입금의 채무자가 당해 저당권이 설정된 주택의 소유자일 것

(2) 소득공제액 한도액

주택임차차입금 원리금상환액 소득공제하는 금액과 「조세특례제한법」 주택마련저축 소득공제하는 금액의 합계액이 연 400만원을 초과하는 경우 한도초과금액은 없는 것으로 한다. 또한, 장기주택저당차입금 이자상환액 소득공제하는 금액과 주택임차차입금 원리금상환액 소득공제하는 금액과 「조세특례제한법」 주택마련저축 소득공제하는 금액의 합계액이 아래의 장기주택저당차입금의 공제한도를 초과하는 경우 그 초과하는 금액은 없는 것으로 한다(소법 52 ④ · ⑤ 단서, ⑥).

① 상환기간이 15년 이상인 장기주택저당차입금의 이자를 고정금리 방식으로 지급하고, 그 차입금을 비거치식 분할상환 방식으로 상환하는 경우 : 2,000만원

② 상환기간이 15년 이상인 장기주택저당차입금의 이자를 고정금리로 지급하거나 그 차입금을 비거치식 분할상환으로 상환하는 경우 : 1,800만원

③ 상환기간이 15년 이상인 장기주택저당차입금 : 800만원

④ 상환기간이 10년 이상인 장기주택저당차입금의 이자를 고정금리로 지급하거나 그 차입금을 비거치식 분할상환으로 상환하는 경우 : 600만원

<table>
<tr><th colspan="2">공 제 종 류</th><th colspan="3">공제금액(한도액)</th></tr>
<tr><td colspan="2">주택마련저축공제(조특법상 공제)</td><td>저축 납입액×40%</td><td rowspan="2">400만원
한도</td><td rowspan="3">600만원
~
2,000만원
한도</td></tr>
<tr><td rowspan="2">주택자금
공 제</td><td>주택임차차입금 원리금상환액공제</td><td>원리금 상환액×40%</td></tr>
<tr><td>장기주택저당차입금 이자상환액공제</td><td colspan="2">이자상환액[600만원(2,000만원)한도]</td></tr>
</table>

종합소득공제 요약

구 분		공 제 대 상	공제액
기본공제 (소법 50)	본인공제	납세의무자 본인	150만원
	배우자공제	거주자의 배우자로서 연간 소득금액의 합계액이 100만원 이하인 자	150만원
	부양가족공제	납세의무자와 생계를 같이 하는 다음의 부양가족 ① 본인 및 배우자의 직계존속(부, 모, 조부모, 장인, 장모, 재혼부모)으로서 과세기간 종료일 현재 60세 이상인 자 ※ 거주 형편상 동거하지 않는 경우에도 공제대상이 됨. ② 직계비속(자녀 · 자손)으로서 20세 이하인 자 ③ 입양자로서 20세 이하인 자 ④ 본인 및 배우자의 형제자매로서 20세 이하 또는 60세 이상인 자 ※ 장애인은 나이에 관계없이 공제대상이 됨. ※ 소득금액이 연간 100만원 초과한 자는 제외됨. ⑤ 「국민기초생활보장법」에 따른 수급권자 ⑥ 「아동복지법」에 따른 위탁아동	150만원
추가공제 (소법 51)	경로우대공제	기본공제대상자가 70세 이상인 경우	100만원
	장애인공제	기본공제대상자가 장애인인 경우	200만원
	여성근로자 공제	해당 거주자가 배우자가 없는 여성으로서 부양가족이 있는 세대주이거나 배우자가 있는 여성	50만원
	한부모가족 공제	배우자가 없고 기본공제대상자인 자녀가 있는 거주자	100만원
특별소득 공제 (소법 52)	보험료공제	건강보험료 · 고용보험료 · 노인장기요양보험	전액
	주택자금공제	① 무주택자의 주택마련저축납입액 또는 국민주택 임차자금 차입금의 원리금 상환액×40%	400만원 한도
		② 장기주택저당차입금 이자상환공제 : 해당 과세기간의 이자상환액×100%	'①' 포함 600만원~2,000만원 한도

라. 공동사업에 대한 소득공제 등 특례

연금보험료공제 또는 「조세특례제한법」에 따른 소득공제(신용카드등소득공제, 중소기업창업투자조합출자소득공제)를 적용하거나 연금계좌 세액공제를 적용하는 경우 공동사업소득으로서 소득금액이 주된 공동사업자의 소득금액에 합산과세되는 특수관계인이 지출 · 납입 · 투자 · 출자 등을 한 금액이 있으면 주된 공동사업자의 소득에 합산과세되는 소득금액의 한도에서 주된 공동사업자가 지출 · 납입 · 투자 · 출자 등을 한 금액으로 보아 주된 공동사업자의 합산과세되는 종합소득금액 또는 종합소득산출세액을 계산할 때에 소득공제 또는 세액공제를 받을 수 있다(소법 54의2).

마. 신청 및 적용특례

(1) 신 청

특별소득공제는 해당 거주자가 신청한 경우에 적용하며, 공제액이 그 거주자의 해당 과세기간의 합산과세되는 종합소득금액을 초과하는 경우 그 초과하는 금액은 없는 것으로 한다(소법 52 ⑧).

신청서류는 다음에 규정된 날까지 원천징수의무자·납세조합 또는 납세지 관할세무서장에게 제출하여야 한다. 다만, 보험료와 원천징수의무자가 급여액에서 일괄공제하는 기부금에 대하여는 그러하지 아니한다(소령 113 ①).

① 연말정산하는 근로소득자 중 납세조합에 가입한 자는 당해 연도의 다음 연도 2월분의 급여를 받는 날(퇴직한 경우에는 퇴직한 날이 속하는 달의 급여를 받는 날)

② 근로소득자 중 납세조합에 가입하지 아니한 자는 종합소득 과세표준확정신고기한

(2) 적용특례

근로자가 부담하는 건강보험료·고용보험료 또는 노인장기요양보험료는 당해 보험료 계산의 기초가 된 급여를 지급하는 원천징수의무자가 이를 공제한다(소령 113 ③).

27

다음 ㈜강남대에 근로소득만 있는 여성근로자 유은경 씨의 2026년 귀속 소득세를 계산하기 위한 자료이다. 관련된 지출은 공제 가능한 기간에 이루어졌다. 아래 자료를 이용하여 유은경 씨의 종합소득공제액을 구하면 얼마인가? 단, 모든 공제신청은 적법하게 신청되었다.

▶ CTA, 2007 수정

1. 동거가족 현황(생계를 같이 함)

관 계	나 이	비 고
본 인	40세	총급여액은 40,000,000원이고, 근로소득금액은 28,750,000원임
부 친	71세	소득 없음
배 우 자	47세	근로자로서 총급여액은 7,100,000원임
딸	5세	소득 없음

2. 의료비 지급내역
   (1) 본인의 치료를 위한 한약구입비 500,000원
   (2) 부친의 질병치료비 1,500,000원
   (3) 배우자의 입원수술비(유은경 씨가 직접 지급) 3,000,000원
3. 교육비 지급내역
   (1) 본인의 야간대학원 수업료 7,200,000원
   (2) 딸의 유치원 수업료(유은경 씨가 직접 지급) 4,800,000원
4. 「국민연금법」에 따라 본인이 부담하는 연금보험료 납부액 2,250,000원

 **해답** 1. 인적공제

① 기본공제 : 3명(본인, 부친, 딸)×1,500,000원	4,500,000원
② 추가공제 : 1,000,000원(경로우대)	
+500,000원(여성근로자)	1,500,000원
합계	6,000,000원

* 배우자의 경우 근로자로서 총급여액이 500만원을 초과하므로 기본공제대상자에서 제외된다.

2. 특별소득공제

* 의료비와 교육비지급액은 세액공제를 받는 것으로 개정되었다.

3. 연금보험료공제	2,250,000원
4. 종합소득공제액(1+2+3) : 6,000,000원+2,250,000원	8,250,000원

바. 조세특례제한법 소득공제

「조세특례제한법」에서 규정하고 있는 종합소득에 적용되는 소득공제로는 신용카드 사용금액에 대한 소득공제 등이 있다.

(1) 신용카드 등 사용금액에 대한 소득공제

1) 의 의

근로소득자가 사업자로부터 2028년 12월 31일까지 재화 또는 용역을 제공받고 신용카드 등으로 대금을 결제하는 경우 일정한 금액을 근로소득금액에서 공제하는데, 이를 '신용카드 등 사용금액에 대한 소득공제'라고 한다(조특법 126의2). 그 취지는 근로소득의 경우는 사업소득에 비하여 상대적으로 세원포착률이 높은 점을 감안하여 근로소득자의 세부담을 경감하고 사업자의 매출액을 양성화하는데 있다.

2) 공제액(조특법 126의2 ②)

신용카드 등 사용금액 소득공제액 : 1)+2)

1) 기본공제액 : Min[㉠, ㉡]

㉠ 공제금액 : ①+②+③+④+⑤−⑥

① 전통시장사용분(신용카드 · 현금영수증 · 직불카드 · 선불카드)×40%

② 대중교통이용분(신용카드 · 현금영수증 · 직불카드 · 선불카드)×40%

③ 문화체육사용분×30%

④ 현금영수증, 직불 · 선불카드사용분(전통시장사용분 · 대중교통이용분 제외)×30%

⑤ 신용카드사용분(전통시장사용분 · 대중교통이용분 제외)×15%

⑥ 아래의 하나에 해당하는 금액

ⓐ 최저사용금액(총급여액의 25%)≤신용카드사용분 : 최저사용금액×15%

ⓑ 최저사용금액(총급여액의 25%)>신용카드사용분 : 신용카드사용분×15%+(최저사용금액−신용카드사용분)×30%

㉡ 공제한도 : Min[연간 300만원, 총급여액×20%]

2) 추가공제액 : Min[㉠, ㉡]

㉠ 기본공제액 한도초과액 : 공제금액−공제한도

㉡ Min[(대중교통이용분×80%+전통시장 · 대중교통이용분×40%+문화체육사용분×30%), 300만원(총급여액이 7천만원 초과하는 경우 200만원)]

공제한도 \ 총급여		7천만원 이하자	7천만원 초과자
기본공제	기본	300만원	250만원
	자녀등 1명	350만원	275만원
	자녀등 2명 이상	400만원	300만원
추가공제	전통시장 대중교통	300만원	200만원
	도서공연등	300만원	없음

사 례 : 신용카드소득공제액 계산

총급여액 5,000만원인 부양자녀 없는 근로자가 신용카드 등으로 3,000만원 사용한 경우

1. 신용카드 등 사용액 분석

① 전통시장 사용분	250만원	250만원×40%=100만원
② 대중교통 하반기 이용분	150만원	150만원×40%= 60만원
③ 직불카드 사용분	500만원	500만원×30%=150만원
④ 현금영수증 사용분	600만원	600만원×30%=180만원
⑤ 신용카드 사용분	1,500만원	250만원×15%=37.5만원
		최저사용금액 : 1,250만원(5,000만원×25%)

2. 신용카드소득공제액 : 300만원+160만원=460만원
   1) 기본공제액 : Min[㉠, ㉡]=300만원
      ㉠ 공제액=100만원+60만원+150만원+180만원+37.5만원=527.5만원
      ㉡ 한도액=Min[300만원, 5,000만원×20%]=300만원
   2) 추가공제액 : Min[㉠, ㉡]=160만원
      ㉠ 한도초과액=527.5만원-300만원=227.5만원
      ㉡ Min[(250만원×40%+150만원×40%)=160만원, 300만원]=160만원

3) 공제대상 카드사용자의 범위

본인, 배우자 및 동거하는 직계존비속의 신용카드 등 사용액을 공제대상으로 한다. 다만, 연간 소득금액이 100만원을 초과하는 자가 사용한 신용카드 등 사용액은 제외한다(조특령 121의2 ②).

4) 공제대상에서 제외되는 신용카드 사용액

다음 중 어느 하나에 해당하는 신용카드 등 사용금액은 위의 '신용카드 등 사용금액'에 포함하지 않는다(조특법 126의2 ④, 조특령 121의2 ⑥).

① 사업소득과 관련된 비용 또는 법인의 비용에 해당하는 경우
② 다음 중 어느 하나의 비정상적인 카드·현금영수증의 사용행위에 해당하는 경우
   ㉠ 물품 또는 용역의 거래 없이 이를 가장하거나 실제 매출금액을 초과하여 신용카드 등의 거래를 하는 행위
   ㉡ 신용카드 등을 사용하여 대가를 지급하는 자가 다른 신용카드 등 가맹점 명의가 거래가 이루어진 것을 알고도 신용카드 등 거래를 하는 행위. 이 경우 상호가 실제와 달리 기재된 매출전표를 교부받은 때에는 그 사실을 알고 거래한 것으로 본다.
③ 자동차를 구입하는 경우(단, 중고자동차 구입액의 10%를 공제적용금액에 포함)
④ 「국민건강보험법」 또는 「고용보험법」에 의하여 부담하는 보험료, 「국민연금법」에 의한 연금보험료, 「소득세법 시행령」 규정에 의한 보험계약의 보험료 또는 공제료
⑤ 「유아교육법」, 「초·중등교육법」, 「고등교육법」 또는 특별법에 의한 학교(대학원을 포함) 및 「영유아보육법」에 의한 보육시설에 납부하는 수업료·입학금·보육비용 기타 공납금
⑥ 정부 또는 지방자치단체에 납부하는 국세·지방세, 전기료·수도료·가스료·전화료(정보사용료·인터넷이용료 등을 포함)·아파트관리비·텔레비전시청료(「종합유선방송법」에 의한 종합유선방송의 이용료를 포함) 및 고속도로통행료

⑦ 상품권 등 유가증권 구입비

⑧ 리스료(「여객자동차 운수사업법」에 의한 자동차대여사업의 자동차대여료를 포함)

⑨ 「지방세법」에 의하여 취득세 또는 등록세가 부과되는 재산의 구입비용

⑩ 「부가가치세법 시행령」에 해당하는 업종 외의 업무를 수행하는 국가·지방자치단체 또는 지방자치단체조합(「의료법」에 따른 의료기관 및 「지역보건법」에 따른 보건소는 제외)에 지급하는 사용료·수수료 등의 대가

⑪ 차입금 이자상환액, 증권거래수수료 등 금융·보험용역과 관련한 지급액, 수수료, 보증료 및 이와 비슷한 대가

⑫ 「정치자금법」에 따라 정당(후원회 및 각 급 선거관리위원회를 포함)에 신용카드 또는 직불카드로 결제하여 기부하는 정치자금(세액공제 및 소득공제를 적용받은 경우)

⑬ 그 밖에 '④'부터 '⑫'까지의 규정과 비슷한 것으로서 기획재정부령으로 정하는 것

28

근로소득자 부양자녀 없는 노윤아 씨의 2026년도 총급여액이 4,800만원이며 신용카드 사용금액 2,000만원(전통시장사용분 400만원 포함), 직불카드 사용금액 400만원, 현금영수증 사용금액 500만원인 경우 신용카드 등 사용금액에 대한 소득공제액은 얼마인가?

해답 신용카드소득공제액 : 1)+2)=300만원+100만원=400만원

1) 기본공제액 : Min[㉠, ㉡]=300만원
   - ㉠ 공제액=160만원+270만원+240만원−180만원=490만원
     - ① 전통시장사용분=400만원×40%=160만원
     - ② 대중교통이용분=0
     - ③ 현금영수증, 직불·선불카드사용분=900만원×30%=270만원
     - ④ 신용카드사용분=1,600만원×15%=240만원
     - ⑤ 최저사용액=1,200만원×15%=180만
   - ㉡ 한도액=Min[300만원, 4,800만원×20%]=300만원

2) 추가공제액 : Min[㉠, ㉡]=100만원
   - ㉠ 한도초과액=490만원−300만원=190만원
   - ㉡ Min[100만원, 400만원×40%]=100만원

(2) 중소기업창업투자조합 출자에 대한 소득공제

거주자가 벤처투자조합, 민간재간접벤처투자조합, 신기술사업투자조합 또는 전문투자

조합에 출자하거나 벤처기업투자신탁의 수익증권 및 벤처기업에 투자하는 경우에는 2028년 12월 31일까지 다음의 금액을 출자일(투자일)이 속하는 과세연도부터 출자 후 2년이 되는 날이 속하는 과세연도까지 거주자가 선택하는 1과세연도의 종합소득금액에서 공제한다(조특법 16).

> 중소기업창업투자조합 출자소득공제 = Min[①, ②]
> ① 해당 출자액(투자액)×10%*
> ② 해당 과세연도의 종합소득금액×50%

* 벤처기업 등에 투자한 경우에는 투자(출자)한 금액 중 3,000만원 이하분은 100%, 3,000만원 초과 5천만원 이하분은 70%, 5천만원 초과분은 30%로 한다.

(3) 소기업·소상공인 공제부금에 대한 소득공제

거주자가 「중소기업협동조합법」에 따른 소기업·소상공인공제로서 연 1,800만원 이하의 공제부금을 불입하는 공제부금에 가입하여 납부하는 공제부금에 대하여는 해당 연도의 공제부금 납부액과 아래의 금액 중 적은 금액을 해당 연도의 사업소득금액(법인의 대표자로서 해당 과세기간의 총급여액이 8천만원 이하인 거주자의 경우에는 근로소득금액으로 한다)에서 부동산임대업의 소득금액을 차감한 금액이 사업소득금액에서 차지하는 비율을 곱한 금액을 해당 과세연도의 사업소득금액에서 공제한다(조특법 86의3, 조특령 80의3 ①).

사업소득금액/근로소득금액	공제한도
4천만원 이하	600만원
4천만원~1억원	400만원
1억원 초과	200만원

(4) 우리사주조합출자금에 대한 소득공제

「근로자복지기본법」에 따른 우리사주조합원이 자사주를 취득하기 위하여 우리사주조합에 출자하는 경우에는 해당 연도의 출자금액과 400만원(벤처기업등의 우리사주조합원의 경우에는 1천500만원) 중 적은 금액을 해당 연도의 근로소득금액에서 공제한다(조특법 88의4 ①).

> 근로소득공제액 = Min [① 해당 연도의 출자금액, ② 400만원(1,500만원)]

(5) 장기집합투자증권 저축에 대한 소득공제

근로소득이 있는 거주자(일용근로자는 제외한다)가 다음의 요건인 장기집합투자증권저축에 2015년 12월 31일까지 가입하는 경우 가입한 날로부터 10년 동안 각 과세기간에 납입한 금액의 40%에 해당하는 금액을 해당 과세기간의 근로소득금액에서 공제한다(조특법 91의16 ①).

① 장기집합투자증권저축 가입자가 가입 당시 직전 과세기간의 총급여액이 5천만원 이하인 근로소득이 있는 거주자일 것(직전 과세기간에 근로소득만 있거나 근로소득 및 종합소득과세표준에 합산되지 않는 종합소득이 있는 경우로 한정한다)

② 자산총액의 40% 이상을 국내에서 발행되어 국내에서 거래되는 주식에 투자하는 집합투자기구의 집합투자증권 취득을 위한 저축일 것

③ 장기집합투자증권저축 계약기간이 10년 이상이고 저축가입일부터 10년 미만의 기간 내에 원금·이자·배당·주식 또는 수익증권 등의 인출이 없을 것

④ 적립식 저축으로서 1인당 연 600만원 이내(해당 거주자가 가입한 모든 장기집합투자증권저축의 합계액을 말한다)에서 납입할 것

장기집합투자증권저축 소득공제액 = Min[①, ②] ① 각 과세기간에 납입한 금액×40% ② 근로소득금액

사. 소득공제의 종합한도

거주자의 종합소득에 대한 소득세를 계산할 때 다음의 어느 하나에 해당하는 공제금액 및 필요경비의 합계액이 2천500만원을 초과하는 경우에는 그 초과하는 금액은 없는 것으로 한다(조특법 132의2).

① 「소득세법」에 따른 특별소득공제 중 주택자금공제

② 중소기업창업투자조합 출자 등에 대한 소득공제

③ 소기업·소상공인 공제부금에 대한 소득공제

④ 청약저축 등에 대한 소득공제

⑤ 우리사주조합 출자에 대한 소득공제

⑥ 장기집합투자증권저축 소득공제

⑦ 성실사업자의 월세액 소득공제

⑧ 신용카드 등 사용금액에 대한 소득공제

○ 소 득 세 법

연습문제

01 종합소득공제는 기본공제, 추가공제로 나누어진다. 기본공제와 추가공제에 대하여 설명하시오.

02 특별세액공제와 표준세액공제에 대하여 설명하시오.

03 소득공제대상자의 판정기준일에 대하여 설명하고, 연도 중 출생자 및 사망자에 대한 소득공제를 설명하시오.

04 종합소득공제 배제사유에 대하여 설명하시오.

05 「소득세법」의 인적공제제도에 대하여 설명하시오.

06 「소득세법」의 특별세액공제제도에 대하여 설명하시오.

07 「소득세법」의 교육비세액공제제도에 대하여 설명하시오.

08 인적공제제도의 문제점 및 개선방안에 대하여 설명하시오.

09 종합소득공제의 의의와 기능에 대하여 설명하시오.

01 거주자의 종합소득 · 퇴직소득 및 산림소득에 관한 설명으로 잘못된 것은? ▶CTA, 2001 수정

① 거주자의 종합소득 · 퇴직소득에 대한 과세표준은 각기 구분하여 계산한다.

② 거주자의 종합소득 · 퇴직소득에 대하여는 과세표준의 계산에서 일정한 종합소득공제, 퇴직소득공제가 인정된다.

③ 종합소득 중 소득금액의 계산에서 필요경비 대신에 일정한 소득공제가 인정되는 항목은 근로소득과 연금소득에 한정된다.

④ 「소득세법」에서는 거주자의 종합소득 · 퇴직소득에 대하여 모두 동일한 세율을 적용하도록 하고 있다.

⑤ 특별세액공제는 근로소득이 있는 거주자에 한하여 그리고 신청한 경우에 한도내의 실액공제를 인정한다.

해설 특별세액공제 중 기부금세액공제는 근로소득이 없는 거주자도 공제받을 수 있다.

02 「소득세법」에 거주자의 종합소득 공제항목에 대한 설명으로 올바른 것은? ▶CTA, 2002 수정

① 근로소득 연말정산을 위하여 관련 공제항목을 입증하는 자료를 소득 · 세액공제 신고서와 함께 원천징수의무자에게 제출하여야 하나, 「국민건강보험법」과 「고용보험법」에 의한 보험료와 원천징수의무자가 급여에서 일괄 공제하는 기부금의 공제를 입증하는 자료는 제출할 의무가 없다.

② 근로소득 연말정산을 위하여 관련 공제항목을 입증하는 자료를 소득 · 세액공제 신고서와 함께 원천징수의무자에게 제출하지 못한 경우에는 소득 · 세액공제를 허용하고 있지 않다.

③ 관련 증빙을 제출하지 아니하는 자에 대하여는 표준세액공제를 허용하고있으나, 이 표준세액공제는 근로소득자에 한하여 이를 인정하고 근로소득이 없는 자로서 종합소득이 있는 자에는 인정되지 아니한다.

④ 주택자금공제나 장기주택저당차입금공제는 모두 일정한 차입금의 이자에 허용되는 공제이므로 이들 항목은 중복하여 적용이 되지 아니한다.

⑤ 신용카드사용금액 소득공제는 신용카드의 연간사용금액의 합계액에는 국내 사용분과 국외 사용분의 합계액을 기준으로 하여 계산한다.

 **해설** ② 거주자 본인에 대한 기본공제와 표준세액공제를 공제한다.
③ 근로소득이 없는 종합소득자에게도 적용한다.
④ 중복하여 적용하되 한도를 두고 있다.
⑤ 국외에서 사용한 신용카드 사용금액은 공제대상이 아니다.

03 「소득세법」 규정상 납세자의 생계비 등 최저생활이나 인간다운 생활을 보장하는 공제제도가 아닌 것은? ▶ 공무원, 2005

① 소득세의 기장세액공제 ② 소득세의 교육비세액공제
③ 소득세의 의료비세액공제 ④ 소득세의 부양가족 인적공제

해설 「소득세법」상 인적공제는 납세의무자의 최저생활을 보장하는데 있으며, 물적공제는 인간다운 생활을 보장하는 사회보장제도를 세제면에서 지원하기 위한 제도이다.
① 기장세액공제는 기장능력이 부족한 소규모사업자의 성실한 기장을 유도하기 위하여 간편장부대상자가 복식부기로 기장한 경우에 세액을 공제하는 것이다.

04 다음 자료에 따라 거주자 갑의 2026년도 귀속 종합소득과세표준의 계산시 인적공제의 합계액을 계산하면 얼마인가? ▶ CTA 2009

> (1) 갑(남, 48세)의 총급여액 : ₩80,000,000
> (2) 부양가족 현황 : 처(48세), 아들(22세, 장애인), 아들(15세), 딸(5세), 부친(69세), 장인(71세)
> (3) 부양가족은 생계를 같이하며 소득이 없다.

① ₩13,500,000 ② ₩16,500,000 ③ ₩17,000,000
④ ₩17,500,000 ⑤ ₩18,000,000

해설 (1) 기본공제 : 본인, 배우자, 큰 아들, 작은 아들, 딸, 부친, 장인(7명) × ₩1,500,000 = ₩10,500,000
* 큰 아들은 장애인이므로 나이에 상관없이 소득요건만 충족하면 기본공제대상에 포함된다.
(2) 추가공제 : ₩2,000,000(큰 아들 : 장애인 공제)
\+ 1,000,000(장인 : 경로우대자 공제) = ₩3,000,000
(3) 계 : ₩10,500,000 + 3,000,000 = ₩13,500,000

05 다음 자료를 이용하여 거주자 갑의 2026년도 종합소득공제액을 계산하면 얼마인가?

▶ CTA 2019

(1) 본인 및 가족현황(소득현황란에 기재된 소득 이외의 소득은 없음)

구분	연령	소득현황	비고
본인	51세	총급여액 60,00,000원	무주택자 아니고 부녀자 아님
배우자	47세	총급여액 4,000,000원의 근로소득	별거중임
부친	80세	사업소득금액 10,000,000원	
모친	75세	작물재배업에서 발생하는 소득 15,000,000원	2026.2.8. 사망
장녀	21세	소득금액 합계액 2,000,000원	장애인
장남	18세	소득 없음	장애인

※ 가족들은 모두 갑과 생계를 같이한다.

(2) 기타 갑이 지출하였거나 갑이 근무하고 있는 회사가 부담한 사항은 다음과 같다.

가. 「국민건강보험법」에 따른 국민건강보험료 3,600,000원(본인 부담분 1,800,000원, 회사 부담분 1,800,000원)

나. 「고용보험법」에 따른 고용보험료 1,000,000원(본인 부담분 500,000원, 회사 부담분 500,000원)

다. 생명보험 보험료 1,000,000원

① 11,300,000원 ② 12,300,000원 ③ 12,348,000원
④ 13,600,000원 ⑤ 14,800,000원

해설 종합소득공제액 : ①+②+③=11,300,000원
① 기본공제 : 1,500,000×4명=6,000,000원
② 추가공제 : 1,000,000(경로자)+2,000,000(장애인)=3,000,000원
③ 특별소득공제 : 1,800,000(건강보험료)+500,000(고용보험료)=2,300,000원

06 「소득세법」의 종합소득공제에 대한 설명이다. 옳지 않은 것은? ▶ CPA 2008

① 경로우대자공제를 받기 위한 최소한의 나이는 70세이다.

② 종합소득이 있는 거주자와 생계를 같이 하면서 소득이 없는 장애인 아들은 나이에 관계없이 그 거주자의 기본공제대상자가 된다.

③ 기본공제대상자가 아닌 자는 추가공제대상자가 될 수 없다.

④ 기본공제대상자에 해당하는 자녀가 2명인 사업소득이 있는 거주자는 자녀세액공제를 받을 수 있다.

⑤ 거주자 갑의 배우자가 양도소득금액만 8백만원이 있는 경우 종합소득금액이 2천만원인 갑은 배우자공제를 받을 수 있다.

해설 배우자는 연간소득금액의 합계액(종합소득금액, 퇴직소득금액 및 양도소득금액을 합산한 금액임)이 100만원 이하인 경우에 한하여 배우자공제 대상이 된다. 따라서 양도소득금액이 800만원 있는 배우자는 배우자공제를 적용받을 수 없다.

01 ⑤ 02 ① 03 ① 04 ① 05 ① 06 ⑤

05절 세액의 계산

01 세 율

가. 의 의

세율은 과세표준에 이를 곱하여 산출세액을 계산하는 비율이다. 소득세의 세율은 초과누진세율로 되어 있다. 초과누진세율은 과세표준이 증가함에 따라 추가되는 과세표준에는 점차로 높은 세율을 적용시키는 세율구조이며, 비례세율은 과세표준이 증가하여도 세율의 변동이 없이 같은 세율로 적용되는 것을 말한다.

누진세율을 적용함에 있어서 누진도와 최고세율을 어느 정도로 결정할 것인가의 문제는 그 사회의 소득계급별 분포와 공평의 관념에 대한 시대적 가치판단의 기준에 따라 설정되어질 성질의 것이다.

실효세율은 현행법상 과세표준별로 가정된 세율을 현실적으로 소득금액에 대한 최종부담세액의 비율로 비교해 보는 세율이다. 이것은 소득공제제도나 각종 세액공제제도 또는 감면제도 등이 많이 있기 때문에 표면세율보다 낮은 것이 보통이다.

현행 「소득세법」의 세율은 종합소득·퇴직소득 과세표준에 적용되는 기본세율과 양도소득세율의 두 가지가 있다.

나. 과세표준과 세액계산 구조

종합소득세의 과세표준과 세액의 계산은 다음과 같은 구조로 되어 있다.

과세표준 = 종합소득금액－「조세특례제한법」의 소득공제－종합소득공제
산출세액 = 과세표준×기본세율
결정세액 = 산출세액－감면세액－세액공제
총결정세액 = 결정세액＋가산세
고지(또는 환급)세액 = 총결정세액－기납부세액

다. 기본세율 구조

현행 「소득세법」의 종합소득 등에 대한 기본세율은 아래 표와 같이 최저 6%에서 최고 45%에 이르기까지 8단계로 나누어지는 초과누진세율에 의하고 있다(소법 55 ①). 다만, 퇴직소득에 대한 소득세의 산출세액은 평균과세의 방법으로서 연분연승법을 채택하여 계산한다.

종합소득 기본세율

과 세 표 준	세 율
1,400만원 이하	6%
1,400만원 초과 5,000만원 이하	84만원＋ 1,400만원을 초과하는 금액의 15%
5,000만원 초과 8,800만원 이하	624만원＋ 5,000만원을 초과하는 금액의 24%
8,800만원 초과 1억 5천만원 이하	1,536만원＋ 8,800만원을 초과하는 금액의 35%
1억 5천만원 초과 3억원 이하	3,706만원＋1억 5천만원을 초과하는 금액의 38%
3억원 초과 5억원 이하	9,406만원＋ 3억원을 초과하는 금액의 40%
5억원 초과 10억원 이하	17,406만원＋ 5억원을 초과하는 금액의 42%
10억원 초과	38,406만원＋ 10억원을 초과하는 금액의 45%

2 세액계산의 특례

가. 금융소득종합과세시 세액계산의 특례

정부는 금융실명제와 더불어 과세의 형평과 지하경제의 양성화를 위하여 금융소득에 대하여 종합소득에 포함시켜 과세표준을 산정하기에 이르렀다. 그러나 급격한 과세방법의 변동으로 인한 혼란을 막기 위하여 일정금액을 초과할 경우에만 종합과세하도록 하였다.

그동안 1998년 1월 1일 이후 소득분부터는 「금융실명거래및비밀보장에관한법률」 부칙 제12조에 의거 금융소득종합과세를 유보하였으나 2001년 1월 1일 귀속분부터 재시행되었다.

(1) 비교과세제도의 의의

소득세율구조가 과세표준 1,400만원 이하의 6%에서 10억원 초과액의 45%인 누진세율 구조로 되어 있어서, 종합소득종합과세를 하는 경우의 산출세액이 오히려 원천징수시의 세액보다 적을 경우가 발생할 수 있다. 이는 종합과세기준금액을 초과하는 금융소득을 종합소득과세표준에 합산하여 누진세율로 종합과세하려는 기본취지에 어긋나는 것이다.

그러므로 금융소득종합과세시 종합과세기준금액을 초과하는 이자소득 등에 대하여 최소한 원천징수세액보다 적게 세액을 부담하는 모순이 없도록 비교과세제도가 도입되었다.

(2) 비교과세에 의한 종합소득세 산출세액의 계산

종합소득과세표준에 이자소득과 배당소득이 포함되어 있지 않은 경우에는 종합소득산출세액은 종합소득과세표준에 기본세율(6%~45%)을 적용하여 계산한다(소법 55 ①). 그러나 이자소득과 배당소득(출자공동사업자에 대한 손익분배비율에 상당하는 배당소득 제외) 중 조건부 종합과세 대상금액이 2천만원을 초과하여 종합과세 됨으로서 종합소득과세표준에 포함되는 경우에는 금융소득에 대한 종합과세시 세액계산의 특례가 다음과 같이 적용된다(소법 62). 다만, 출자공동사업자에 대한 배당소득이 있는 경우 해당 배당소득은 이자소득 등으로 보지 아니한다(소법 62 단서).

1) 종합과세 되는 금융소득이 2천만원을 초과하는 경우

종합소득과세표준에 포함된 이자소득과 배당소득이 종합과세 기준금액(2천만원)을 초과하는 경우에 종합소득과세표준과 그 산출세액을 다음과 같이 계산한다.

종합소득산출세액 = Max (① 일반산출세액, ② 비교산출세액)
① (종합소득과세표준* − 2천만원) × 기본세율 + 2천만원 × 14%**
② Max
- ㉠ (종합소득과세표준 − 금융소득금액***) × 기본세율 + 금융소득 총수입금액**** × 14%(비영업대금이익은 25%, 고배당소득은 9%)
- ㉡ (종합소득과세표준 − 금융소득금액 − 출자공동사업자에 대한 배당소득) × 기본세율 + 금융소득 총수입금액 × 14%(비영업대금이익은 25%, 고배당소득은 9%) + 출자공동사업자에 대한 배당소득 × 14%

* 종합소득과세표준 = 금융소득금액중 2천만원 + 2천만원 초과분 금융소득금액 + 그 귀속법인세 + 다른 종합소득금액 − 종합소득공제

** 고배당기업으로부터 받는 배당소득이 있을 경우 그 배당소득에 대해서는 9%를 적용한다.

*** 귀속법인세를 포함한 금액이고, 인적회사로부터의 배당 및 출자공동사업자의 분배금은 금융소득으로 보지 아니한다.

**** 여기에는 귀속법인세를 포함하지 않는다.

2) 종합과세되는 금융소득이 2천만원 이하인 경우

원천징수되지 않은 금융소득은 그 금액이 종합과세 기준금액(2천만원) 이하인 경우에도 이를 종합소득 과세표준에 합산하는데, 이 경우 종합소득 과세표준과 그 산출세액은 다음과 같이 계산한다.

종합소득 산출세액	=Max	㉠ (종합소득과세표준* − 금융소득금액)×기본세율+금융소득 총수입금액** ×14%(비영업대금이익은 25%, 고배당소득은 9%)
		㉡ (종합소득과세표준−금융소득금액−출자공동사업자에 대한 배당소득) ×기본세율+금융소득 총수입금액×14%(비영업대금이익은 25%, 고배당소득은 9%)+출자공동사업자에 대한 배당소득×14%

* 종합소득과세표준=원천징수대상이 아닌 금융소득+다른 종합소득금액−종합소득공제
** 원천징수 되지 않은 금융소득이며, 비영업대금이익은 25% 세율을 적용한다.

위 산식은 원천징수되지 않은 금융소득이 2천만원 이하인 경우에도 종합과세하지만, 기본세율을 적용하지 않고 원천징수 될 경우를 가정하여 14%(비영업대금이익 25%, 고배당소득은 9%)의 세율을 적용하는 것이다. 또한 출자공동사업자의 배당소득도 25%의 세율로 원천징수하지만, 산출세액을 계산할 때에는 14%의 세율로 비교과세한다는 것이다.

29

다음의 자료는 거주자 노윤아 씨의 2026년에 귀속되는 종합소득 산출세액을 계산하기 위한 자료이다.

1. 소득자료

구 분	〈상황1〉	〈상황2〉
① 비영업대금의 이익(원천징수되지 않았음)	₩4,000,000	₩4,000,000
② 은행정기예금이자	5,000,000	17,000,000
③ 국외배당(원천징수되지 않았음)	1,000,000	10,000,000
④ 상장법인배당(보유기간 1년 미만이며, 주식액면금액합계 2억)	2,000,000	20,000,000
⑤ 비상장법인배당	5,000,000	15,000,000
소 계	17,000,000	66,000,000
⑥ 사업소득 금액	10,000,000	10,000,000
합 계	₩46,000,000	₩76,000,000

2. 노윤아 씨의 종합소득 공제액이 5,000,000원이라 가정한다.
3. 세율은 다음과 같다.

과세표준	세 율
1,400만원 이하	6%
1,400만원 초과 5,000만원 이하	84만원+1,400만원 초과금액의 15%
5,000만원 초과 8,800만원 이하	624만원+5,000만원 초과금액의 24%

요구사항

<상황1>과 <상황2>의 경우에 종합소득 산출세액을 계산하여라.

 **해답** 1. 〈상황1〉의 경우

(1) 금융소득의 과세구분

구 분	무조건분리과세	무조건종합과세	조건부종합과세	원천징수세율
① 비영업대금이익		4,000,000		25%
② 은행정기예금이자			5,000,000	14%
③ 국외배당		1,000,000		–
④ 상장법인배당			2,000,000	14%
⑤ 비상장법인배당			5,000,000	14%
합 계		5,000,000	12,000,000	

(2) 종합소득금액

1) 무조건 종합과세 금융소득금액 5,000,000
2) 조건부 종합과세 금융소득금액 – *
3) 사업소득 금액 10,000,000
합계 15,000,000

* 종합과세 대상금액(17,000,000원)이 2천만원에 미달하므로 분리과세한다.

(3) 과세표준 : 15,000,000 − 5,000,000 = 10,000,000

(4) 산출세액 : (10,000,000 − 5,000,000) × 기본세율 + 4,000,000 × 25% + 1,000,000 × 14%
= 1,440,000원

2. 〈상황2〉의 경우

(1) 금융소득의 과세구분

구 분	무조건분리과세	무조건종합과세	조건부종합과세	원천징수세율
① 비영업대금이익		4,000,000		25%
② 은행정기예금이자			17,000,000	14%
③ 국외배당		10,000,000		–
④ 상장법인배당			20,000,000	14%
⑤ 비상장법인배당			15,000,000	14%
합 계		14,000,000	52,000,000	

(2) 종합소득금액

1) 무조건 종합과세 대상 금융소득금액 14,000,000
2) 조건부 종합과세 대상 금융소득금액 52,000,000*
3) 귀속법인세 : 35,000,000** × 10% 3,500,000
4) 사업소득 금액 10,000,000
합계 ₩79,500,000

* 종합과세 대상금액(66,000,000원)이 2천만원을 초과하므로 종합과세 한다.
종합과세기준금액(2천만원) 초과 여부를 판정할 때에는 배당소득에 귀속법인세액을 가산하지 아니한 금액에 의한다.

** 20,000,000(상장법인배당)+15,000,000(비상장법인배당)=35,000,000

(3) 과세표준 : 79,500,000−5,000,000 = 74,500,000

(4) 산출세액 : Max [①, ②] = 10,120,000원

① 일반산출세액 : (74,500,000−20,000,000)×기본세율+20,000,000×14%
= 10,120,000원

② 비교산출세액 : (74,500,000−69,850,000)×기본세율+(4,000,000×25%
+62,000,000×14%) = 9,959,000원

나. 직장공제회 초과반환금에 대한 세액계산의 특례

직장공제회 초과반환금에 대한 산출세액은 동일 직장이나 직종 등에 종사하는 근로자들로 구성된 직장공제회로부터 받는 당해 공제회반환금 중 납입원금을 초과하는 금액에서 그 초과하는 금액의 40%를 공제한 후 공제회 납입연수(1년 미만인 때에는 1년)에 따라 정한 다음의 금액을 공제한 금액을 납입연수로 나눈 금액에 기본세율을 적용하여 계산한 세액에 납입연수를 곱한 금액을 그 산출세액으로 한다(소법 63).

납입연수	특별공제액
5년 이하	30만원×납입연수
5년 초과 10년 이하	150만원+ 50만원×(납입연수− 5년)
10년 초과 20년 이하	400만원+ 80만원×(납입연수−10년)
20년 초과	1,200만원+120만원×(납입연수−20년)

$$\text{직장공제회 초과반환금에 대한 산출세액} = \left(\text{직장공제회 초과반환금} - \text{초과 반환금} \times 40\% - \text{특별 공제액}\right) \times \frac{1}{\text{납입연수}} \times \text{기본 세율} \times \text{납입 연수}$$

다. 부동산매매업자에 대한 세액계산의 특례

(1) 의 의

부동산매매업을 경영하는 거주자로서 종합소득금액에 주택등 매매차익이 있는 자의 종합소득산출세액은 다음 세액 중 많은 것으로 한다(소법 64 ①).

종합소득산출세액 = Max[①, ②]
① 종합소득산출세액 = 종합소득과세표준×기본세율
② (종합소득과세표준－주택등 사업소득금액)×기본세율+(주택등매매차익×양도소득세율)

(2) 주택등 매매차익의 계산

주택등 매매차익은 다음과 같이 계산한다(소령 122 ②).

주택등 매매차익 = 주택등 매매가액－양도자산의 필요경비
－양도소득기본공제금액－장기보유특별공제

라. 주택임대소득에 대한 세액 계산의 특례

(1) 분리과세 주택임대소득

분리과세 주택임대소득은 해당 과세기간에 주거용 건물 임대업에서 발생한 총수입금액의 합계액이 2,000만원 이하인 자의 주택임대소득을 말한다(소법 14 ③(7)). 여기서 총수입금액의 합계액은 사업자가 공동사업자인 경우에는 공동사업장에서 발생한 주택임대수입금액의 합계액을 손익분배비율에 의하여 공동사업자에게 분배한 수입금액을 합산한 금액을 말한다(소령 20).

(2) 세액 계산의 특례

분리과세 주택임대소득이 있는 거주자의 종합소득 결정세액은 다음과 같이 계산한다(소법 64의2 ①).

종합소득 결정세액 : Min[①, ②]
① 종합과세 방식 : 분리과세 주택임대소득 사업소득금액*을 종합소득과세표준에 합산하여 계산한 종합소득 결정세액－소형주택임대사업자 세액감면**
② 분리과세 방식 : ㉠+㉡
㉠ 분리과세 주택임대소득 사업소득금액*×14%－소형주택임대사업자 세액감면**
㉡ 분리과세 주택임대소득을 종합소득과세표준에 제외하여 계산한 종합소득 결정세액

* 분리과세 주택임대소득 사업소득금액 = 총수입금액－총수입금액×60%(미등록사업자 : 40%)
－400만원(미등록사업자 : 200만원)

** 감면율
1호 임대시 임대기간에 따라 4년 이상 30%(10년 이상 75%)
2호 이상 임대시 임대기간에 따라 4년 이상 20%(10년 이상 50%)

마. 연금소득에 대한 세액 계산의 특례

사적연금소득 중 분리과세연금소득 외의 연금소득이 있는 거주자의 종합소득 결정세액은 다음과 같이 계산한다(소법 64의4).

종합소득 결정세액 : Min[①, ②]
① 종합과세 방식 : 분리과세연금소득 외의 연금소득을 종합소득과세표준에 합산하여 계산한 종합소득 결정세액
② 분리과세 방식 : ㉠+㉡
㉠ 분리과세연금소득 외의 연금소득×15%
㉡ 분리과세연금소득 외의 연금소득을 종합소득과세표준에서 제외하여 계산한 종합소득 결정세액

바. 최저한세

(1) 적용대상자

과세소득이 있는 거주자와 국내사업장에서 발생한 사업소득이 있는 비거주자에 대하여 최저한세의 규정을 적용한다.

(2) 최저한세 금액 계산

사업소득에 대한 소득세는 최저한세 적용대상 조세특례 및 감면을 적용한 후의 세액과 최저한세 적용대상 손금산입 및 소득공제를 하지 아니한 경우의 사업소득(준비금을 관련 규정에 의하여 손금불산입한 경우 동 금액을 포함)에 대한 산출세액의 45%(산출세액이 3천만원 이하인 부분은 35%)를 곱하여 계산한 세액 중 많은 것으로 한다(조특법 132 ②).

조세특례 및 감면적용 후의 세액	중 많은 금액
손금산입 및 소득공제 전 사업소득의 산출세액×45%(35%)	

최저한세인 소득세는 가산세 및 추징세액을 제외하며, 외국납부세액공제 · 재해손실세액공제 · 의제외국납부세액공제를 하지 아니한 소득세를 말한다. 이 경우 추징세액은 법인세의 최저한세와 같이 준비금을 익금에 산입하는 경우의 이자상당가산액과 감면세액을 추징하는 경우의 그 추징세액을 말한다. 사업소득에 대하여 최저한세가 적용되는 경우 총부담세액은 다음과 같다.

$$\text{사업소득에 대한 총 부담세액} = \text{최저한세} - \begin{pmatrix} \text{외국납부세액공제} \\ \text{재해손실세액공제} \\ \text{의제외국납부세액공제} \end{pmatrix} + \begin{pmatrix} \text{가산세} \\ \text{추징세액} \end{pmatrix}$$

(3) 최저한세 적용대상 조세특례 및 감면

최저한세의 적용대상인 조세특례 및 감면은 다음과 같다.

① 다음의 특별상각비와 준비금

㉠ 「조세특례제한법」의 규정에 의한 특별상각

㉡ 「조세특례제한법」의 규정에 의한 준비금

② 「조세특례제한법」의 규정에 의한 소득공제

③ 「조세특례제한법」의 규정에 의한 면제 및 감면

(4) 최저한세 경정시 감면배제순위

납세의무자가 신고(「국세기본법」에 의한 수정신고 및 경정 등의 청구를 포함)한 소득세액이 최저한세의 규정에 의하여 계산한 세액에 미달하여 소득세를 경정하는 경우에는 다음의 순서(동일한 순위에서는 법에 열거된 조문순서)에 따라 다음의 감면을 배제하여 세액을 계산한다(조특령 126 ⑤).

① 특별감가상각비

② 준비금의 손금산입

③ 필요경비산입 및 총수입금액불산입

④ 세액공제. 이 경우 동일 조문에 의한 감면세액 중 이월된 공제세액이 있는 경우에는 나중에 발생한 것부터 적용배제한다.

⑤ 소득세의 면제 및 감면

⑥ 소득공제 및 비과세

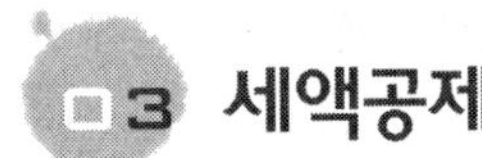

세액공제

가. 의 의

(1) 세액공제의 의의

세액공제란 과세관청이 소득세납부세액을 계산함에 있어서 법에 의하여 계산한 일정금액을 소득세산출세액에서 직접 공제하여 주는 제도이며, 조세의 면제행위의 일종으로서 준법률행위적 행정행위인 확인행위에 해당하는 것이다.

(2) 세액공제의 취지

세액공제를 하는 취지는 다음과 같다.

① 저축의 증대 등과 같은 공익목적의 실현

② 동일 소득에 대한 국가간 또는 세목간 이중과세의 방지

③ 재해손실업체 등 담세력이 약한 자에 대한 조세부담경감

(3) 세액공제의 종류

구 분	종 류	비 고
소득세법	① 외국납부세액공제	10년간 이월공제
	② 재해손실세액공제	–
	③ 배당세액공제	–
	④ 기장세액공제	–
	⑤ 전자계산서발급전송세액공제	2027년 12월 31일까지
	⑥ 근로소득세액공제	–
	⑦ 자녀세액공제	–
	⑧ 연금계좌세액공제	–
	⑨ 특별세액공제	–
조세특례제한법	① 전자신고세액공제	–
	② 현금영수증발행세액공제	–
	③ 월세액세액공제	–
	④ 정치자금세액공제	–
	⑤ 혼인세액공제	2026년 12월 31일 이전
	⑥ 기타의 세액공제	10년간 이월공제

나. 배당세액공제

(1) 의 의

법인원천소득에는 법인세가 과세된 후 소득을 주주에게 분배하는 단계에서 다시 소득세가 부과된다. 이와 같이 법인원천소득에 대하여는 법인세와 소득세가 이중으로 과세되어 법인기업이 개인기업보다 조세부담에 있어 불리하다. 따라서 배당세액공제제도는 동 소득에 대한 법인단계과세와 주주 개인단계과세의 이중부담을 조정하여 주기 위한 제도이다. 다만, 법인단계에서 최저한세 적용배제로 법인세를 전혀 납부하지 않은 소득에 대하여는 배당세액공제를 배제한다.

(2) 배당세액공제액

거주자의 종합소득금액에 Gross－up 대상 배당소득금액이 합산되어 있는 경우에는 귀속법인세를 종합산출세액에서 공제한다. 이 경우 공제대상이 되는 배당소득금액은 종합소득 과세표준에 포함된 배당소득금액으로서 이자소득 등의 종합과세 기준금액을 초과하는 것으로 한다(소법 56 ①·④).

> 배당세액 공제액 = Min ┌ ① 귀속법인세 = Gross－up 대상 배당소득 총수입금액 × 10%(2027년 1월 1일 이후 : 11%)
> 　　　　　　　　　　　└ ② 한도액* = 일반산출세액－비교산출세액

* 한도액이 부수(－)인 경우에는 '0'으로 한다.

(3) 세액공제의 신청

배당세액공제는 신청이 없는 경우에도 공제대상임이 확인되면 세액공제가 가능하다.

30

앞의 '예제 29'에서 각 상황에 따라 배당세액 공제액을 계산한 후 그에 따른 배당세액 공제 후 종합소득 결정세액을 계산하라.

해답 1. 〈상황1〉의 경우

(1) Gross－up금액이 없는 경우로서 배당세액 공제 대상이 아니다.

(2) 배당세액 공제 후 종합소득결정세액 : 1,000,000원

2. 〈상황2〉의 경우

(1) 배당세액 공제액 : Min (①, ②)=161,000

① 귀속법인세=35,000,000×10%=3,500,000

② 한도액 : 10,204,000−9,959,000=161,000

(2) 배당세액 공제 후 종합소득 결정세액 : 10,120,000−161,000=9,959,000원

다. 기장세액공제

(1) 의　의

간편장부대상자인 사업자가 복식기장에 따라 소득금액을 계산하는 경우 산출세액의 20%를 공제하여 복식기장을 유도하고 있으나 간편장부에 따라 소득금액을 계산하는 경우에도 산출세액의 10%를 공제해 주고 있어 복식기장 유인효과가 적었다. 따라서 간편장부대상자가 복식기장하고 그에 따라 소득금액을 계산하는 경우 산출세액의 20%를 공제한다.

(2) 대상자

간편장부대상자가 과세표준확정신고를 할 때 복식부기에 따라 기장하여 소득금액을 계산하고 재무상태표·손익계산서와 그 부속서류, 합계잔액시산표 및 세무조정계산서를 제출하는 경우에는 종합소득산출세액에서 그 세액에 해당 장부에 의하여 계산한 사업소득금액을 합산한 금액이 종합소득금액에서 차지하는 비율을 곱하여 계산한 금액의 20%에 상당하는 금액을 기장세액공제를 한다(소법 56의2 ①).

(3) 세액공제액

기장세액공제는 다음 산식에 의하여 계산하되, 세액공제액이 100만원을 초과하는 경우에는 100만원을 공제한다(소법 56의2 ① 단서, 소령 116의3 ①).

● 사업소득에 대한 기장세액공제 = Min (①, ②)

① 종합소득 산출세액[(종합소득금액−소득공제액)×기본세율]$\times\dfrac{\text{복식기장된 종합소득금액}}{\text{종합소득금액}}\times 20\%$

② 100만원

(4) 적용배제

다음에 해당하는 경우에는 기장세액공제를 적용하지 아니한다(소법 56의2 ②).

① 비치 · 기록한 장부에 의하여 신고하여야 할 소득금액의 20% 이상을 누락하여 신고한 경우

② 기장세액공제와 관련된 장부 및 증명서류를 당해 확정신고기간 종료일부터 5년간 보관하지 아니한 경우. 다만, 천재지변, 화재 · 전화 기타의 재해를 입거나 도난을 당한 경우 및 이에 준하는 사유가 있는 경우에는 그러하지 아니한다(소령 116의3 ②).

(5) 신 청

기장세액공제를 받고자 하는 자는 과세표준확정신고서에 기장세액공제신청서를 첨부하여 납세지 관할세무서장에게 신청하여야 한다(소령 116의3 ③).

라. 전자계산서 발급 전송에 대한 세액공제

(1) 세액공제액

직전 과세기간의 사업장별 총수입금액이 3억원 미만인 사업자(해당 연도에 신규로 사업을 시작한 사업자 포함)가 전자계산서를 2027년 12월 31일까지 발급하고, 전자계산서 발급명세를 국세청장에게 전송하는 경우에는 전자계산서 발급 건수에 따라 200원을 해당 과세기간의 사업소득에 대한 종합소득산출세액에서 공제할 수 있다. 이 경우 공제한도는 100만원으로 한다(소법 56의3 ①).

● 전자계산서발급전송 세액공제액 = Min(①, ②)	
① 전자계산서 발급 건수×200원	② 100만원

(2) 신 청

전자계산서 발급 전송에 대한 세액공제를 적용받으려는 사업자는 과세표준확정신고를 할 때 전자계산서 발급 세액공제신고서를 납세지 관할 세무서장에게 제출하여야 한다(소법 56의3 ②).

마. 외국납부세액공제

(1) 의 의

특정한 납세의무자에게 귀속되는 과세물건에 대하여 둘 이상의 국가에서 유사한 종목의 조세가 부과되는 현상을 국제적 이중과세라고 한다.

거주자의 소득금액에 국외원천소득이 합산되어 있고 외국에서 동 국외원천소득에 대한 소득세를 납부한 경우에는 국제적인 이중과세문제가 발생하며, 이는 거주자에 대하여 거주지국 과세원칙을 적용하고 비거주자에 대하여 원천지국 과세원칙을 적용하는 국가간의 거래에서 이루어지는 이중과세형태이다. 이를 해결하기 위하여 외국납부세액공제제도를 두고 있다.

외국납부세액공제 적용대상자는 거주자의 종합소득금액 또는 퇴직소득금액 국외원천소득이 합산되어 있는 경우에 그 국외원천소득에 대하여 외국소득세액을 납부하였거나 납부하여야 할 것이 있는 자에 한한다(소법 57 ①).

여기서 "외국소득세액"이란 외국정부에 납부했거나 납부할 다음의 세액(가산세는 제외한다)을 말한다. 다만, 해당 세액이 조세조약에 따른 비과세·면제·제한세율에 관한 규정에 따라 계산한 세액을 초과하는 경우에는 그 초과하는 세액은 제외하되 러시아 정부가 비우호국과의 조세조약의 이행중단을 내용으로 하는 자국법령에 근거하여 조세조약에 따른 비과세·면제·제한세율에 관한 규정에 따라 계산한 세액을 초과하여 과세한 세액은 포함한다(소령 117 ①).

① 개인의 소득금액을 과세표준으로 하여 과세된 세액과 그 부가세액
② 위와 유사한 세목에 해당하는 것으로서 소득 외의 수입금액 또는 기타 이에 준하는 것을 과세표준으로 하여 과세된 세액

한편 국외원천소득이 있는 거주자가 조세조약의 상대국에서 그 국외원천소득에 대하여 소득세를 감면받은 세액의 상당액은 그 조세조약이 정하는 범위에서 세액공제의 대상이 되는 외국소득세액으로 본다(소법 57 ③).

이 때 외국소득세액의 원화환산은 외국세액을 납부한 때의 「외국환거래법」에 의한 기준환율 또는 재정환율에 의한다(소칙 60 ②).

(2) 공제방법

1) 세액공제액에 의한 방법

(가) 공제세액 계산 및 한도

외국납부세액공제는 다음의 금액을 한도로 하여 외국소득세액을 해당 과세기간의 종합소득 산출세액 또는 퇴직소득산출소득에서 공제하는 방법을 말한다(소법 57 ①).

$$세액공제\ 한도액 = 종합소득산출세액 \times \frac{국외원천소득금액}{종합소득금액}$$

* 국외원천소득이 종합소득 · 퇴직소득 또는 양도소득으로 구분하여 과세되지 아니한 외국납부세액에 대한 세액공제액은 종합소득금액 · 퇴직소득금액 또는 양도소득금액에 의하여 안분계산한다(소칙 60 ①).

Reference 세액감면을 받는 경우의 세액공제 한도액

「조세특례제한법」 기타 법률에 의하여 면제 또는 세액감면을 적용받는 경우에는 다음과 같이 공제한도를 계산한다(소령 117 ②, 소칙 60 ③).

$$공제한도액 = 종합소득산출세액 \times \left(\frac{국외원천소득 - 감면대상국외원천소득금액 \times 감면비율}{당해\ 과세기간의\ 종합소득금액}\right)$$

공제한도를 계산함에 있어서 국외사업장이 2 이상의 국가에 있는 경우에는 사업자가 국가별로 구분하여 계산한다(소령 117⑦).

31

다음의 경우 외국납부세액공제 한도액은?

1. 국내근로소득	1,200만원
2. 국외근로소득	1,800만원 (비과세분 600만원 포함)
3. 외국에서 납부한 세액	80만원
4. 종합소득공제금액	400만원

 **해답** 1. 과세대상 근로소득 : 12,000,000 + 18,000,000 − 6,000,000(비과세) = 24,000,000원

2. 근로소득금액 계산 : 24,000,000 − 8,850,000 = 15,150,000원
   * 근로소득공제액 계산 : 7,500,000 + (24,000,000 − 15,000,000) × 15% = 8,850,000원

3. 국외근로소득금액 계산

$$(18{,}000{,}000 - 6{,}000{,}000) - (8{,}850{,}000 \times \frac{12{,}000{,}000}{24{,}000{,}000}) = 7{,}575{,}000\text{원}$$

4. 외국납부세액공제한도액 계산

$$669{,}000 \times \frac{7{,}575{,}000}{15{,}150{,}000} = 334{,}500\text{원}$$

** 근로소득 산출세액 계산
(15,150,000 − 4,000,000) × 6% = 669,000원

(나) 외국납부세액공제신청서 제출

외국납부세액공제를 받고자 하는 거주자는 외국납부세액 공제신청서를 국외원천소득이 산입된 연도의 과세표준확정신고 또는 연말정산을 할 때에 납세지 관할세무서장 또는 원천징수의무자에게 제출하여야 한다(소령 117 ③).

그러나 외국정부의 국외원천소득에 대한 과세표준 확정신고와 함께 외국납부세액 공제신청서를 제출할 수 없는 때에는 그 소득세의 결정통지를 받은 날로부터 45일 이내에 이를 제출할 수 있다. 이는 외국정부의 동 소득에 대한 소득세액의 결정을 경정함으로써 외국납부세액에 변동이 생긴 경우에도 준용된다(소령 117 ④ · ⑤).

(다) 외국납부세액의 이월

외국정부에 납부하였거나 납부할 외국소득세액이 해당 과세기간의 공제한도금액을 초과하는 경우 그 초과하는 금액은 해당 과세기간의 다음 과세기간 개시일부터 10년 이내에 끝나는 과세기간으로 이월하여 그 이월된 과세기간의 공제한도금액 내에서 공제받을 수 있다(소법 57 ②).

2) 필요경비에 산입하는 방법

외국정부에 납부하였거나 납부할 외국소득세액을 이월공제기간 내에 공제받지 못한 경우 그 공제받지 못한 외국소득세액은 필요경비 불산입도 불구하고 이월공제기간의 종료일 다음 날이 속하는 과세기간의 소득금액을 계산할 때 필요경비에 산입할 수 있다(소법 57 ②). 그러나 사업소득 외의 종합소득에 대한 외국납부세액은 필요경비산입이 불가능하다(소령 117 ⑥). 따라서 이들 소득에 대해서는 세액공제제도에 의한 조정만이 허용된다.

바. 재해손실세액공제

(1) 적용대상자

재해로 인하여 사업용 자산(토지는 제외) 총액의 20% 이상에 해당하는 자산을 상실한 거주자는 사업소득에 대한 소득세액 중 상실비율에 따라 계산한 금액(상실된 자산의 가액을 한도)을 공제한다(소법 58 ①). 재해손실세액공제는 신청이 없는 경우에도 적용할 수 있다.

(2) 세액공제액의 계산

세액공제액의 계산은 다음에 의한다(소칙 61).

1) 재해발생일 현재 부과되지 아니한 소득세와 부과된 소득세로서 미납된 소득세액

$$\text{재해손실세액공제액} = \text{미납부세액} \times \frac{\text{사업소득금액}}{\text{종합소득금액}} \times \text{재해상실비율}$$

2) 재해발생일이 속하는 연도의 소득에 대한 소득세액

$$\text{재해상실세액공제액} = \{\text{소득세산출세액} - (\text{세액공제액} + \text{감면세액}) + \text{가산세액}\} \times \frac{\text{사업소득금액}}{\text{종합소득금액}} \times \text{재해상실비율}$$

3) 재해상실비율의 계산

재해상실비율은 재해발생일 현재의 장부가액에 의하여 계산하되, 장부가 소실 또는 분실되어 장부가액을 알 수 없는 경우에는 납세지 관할세무서장이 조사·확인한 재해발생일 현재의 가액에 의하여 이를 계산한다(소령 118 ②).

$$\text{재해상실비율} = \frac{\text{상실자산가액}}{\text{상실 전 자산가액(토지 제외)}}$$

4) 상실자산의 범위

위 산식에서 상실 전 자산이란 다음 자산을 말한다(소령 118 ①).

① 사업용 자산(토지 제외)

② 상실한 타인 소유의 자산으로서 그 상실로 인한 변상책임이 당해 거주자에게 있는 것

③ 재해손실세액공제를 하는 소득세의 과세표준금액에 이자소득금액 또는 배당소득금액이 포함되어 있는 경우에는 그 소득금액에 관련되는 예금·주식 기타 자산

32

거주자 김용환 씨는 건설업을 영위하는 자로서 수해로 인하여 자산손실이 있었다. 다음 자료에 의하여 재해손실에 대한 세액공제액을 계산하여라.

1. 손실내역

구　분	화재발생전가액	재해발생후가액	재해손실
자산가액	10억원	3억원	7억원

2. 소득세 미납액 : 25,000,000원
3. 해당 사업소득금액 : 60,000,000원(종합소득공제 : 12,000,000원)
4. 해당 과세연도 종합소득과세표준 : 48,000,000원
5. 장부를 비치·기장하고 있으며, 소유자산 중 토지는 없다.
6. 4,600만원 초과 8,800만원 이하의 세율 : 582만원+4,600만원을 초과하는 금액 24%
7. 간편장부대상자이다.

 **해답** 1. 수해발생일 현재 미납소득세에 대한 재해손실 세액공제

$$25{,}000{,}000 \times \frac{7억원}{10억원} = 17{,}500{,}000원$$

2. 해당 과세연도 사업소득금액에 대한 재해손실 세액공제

① 종합소득산출세액 : 5,820,000+(48,000,000−46,000,000)×24% = 6,300,000원

② 재해손실세액 공제액 : $6{,}300{,}000 \times \frac{7억원}{10억원} = 4{,}410{,}000원$

(3) 재해손실세액공제의 신청과 통지

재해손실세액공제는 신청이 없는 경우에도 적용하나 신청을 하는 경우에는 다음의 기한 내에 재해손실세액공제신청서를 납세지 관할세무서장에게 제출하여야 한다(소령 118 ③).

그러나 집단적으로 재해가 발생한 경우에는 관할세무서장이 집단재해지역 자산상실비율을 조사하여 관할지방국세청장의 승인을 얻어 공제한다(소법 58 ⑦, 소령 118 ④).

① 재해발생일 현재 과세표준신고기한이 경과되지 않은 소득세는 그 신고기한. 다만, 재해발생일로부터 신고기한까지의 기간이 3개월 미만인 경우는 재해발생일로부터 3개월

② 재해발생일 현재 미납부된 소득세와 납부해야 할 소득세의 경우에는 재해발생일부터 3개월

관할세무서장이 공제신청서를 받았을 때에는 그 공제할 세액을 결정하여 신청인에게 알려야 한다(소법 58 ⑤).

사. 근로소득세액공제

(1) 의　의

근로소득세액공제는 근로소득자의 세부담을 경감하기 위한 제도이다. 근로소득의 경우에는 사업소득에 비하여 과세소득 누락이 거의 없으며, 과세포착률이 높고, 또한 원천징수제도에 의하여 당해 소득의 수령시에 소득세액을 조기 납부하게 되므로 이에 대한 배상적 성격으로 과세형편을 고려하여 근로소득세액공제제도를 두고 있다.

(2) 근로소득세액공제액의 계산

근로소득세액공제는 당해 근로소득에 대한 종합소득산출세액 중 130만원 이하분에 대하여는 55%, 130만원 초과분에 대하여는 30%로 한다(소법 59 ①).

근로소득에 대한 종합소득산출세액*	근로소득세액공제액
130만원 이하	55%
130만원 초과	715,000원+(산출세액−130만원)×30%

* 근로소득산출세액=종합소득산출세액$\times\frac{\text{근로소득금액}}{\text{종합소득금액}}$

다만, 공제세액이 다음의 구분에 따른 금액을 초과하는 경우에 그 초과하는 금액은 없는 것으로 한다(소법 59 ②).

총급여액	근로소득세액공제의 한도
3,300만원 이하	74만원
3,300만원 초과 7,000만원 이하	Max [74만원－[(총급여액－3,300만원)×0.8%] 66만원
7,000만원 초과 1억 2천만원 이하	Max [66만원－[(총급여액－7,000만원)×50%] 50만원
1억 2천만원 초과	Max [50만원－[(총급여액－1억 2천만원)×50%] 20만원

33

총급여액이 5천만원인 근로자의 근로소득 산출세액이 다음과 같은 경우 근로소득 세액공제 금액은?

① 90만원　　　② 200만원

해답 1. 산출세액이 90만원인 경우 : Min[①, ②]＝495,000원

① 900,000×55%＝495,000원

② 공제한도액 : Max[㉠, ㉡]＝660,000원

㉠ 740,000－[(5,000만원－3,300만원)×0.8%]＝604,000원

㉡ 660,000원

2. 산출세액이 200만원인 경우 : Min[①, ②]＝660,000원

① 715,000＋(2,000,000－1,300,000)×30%＝925,000원

② 공제한도액＝Max[㉠, ㉡]＝660,000원

㉠ 740,000－[(5,000만원－3,300만원)×0.8%]＝604,000원

㉡ 660,000원

⇨ 근로소득세액공제액이 925,000원으로 계산되지만 공제한도금액이 660,000원이므로 660,000원이 근로소득세액공액임

(3) 일용근로자의 근로소득 세액 공제

일용근로자에 대해서 원천징수하는 경우에는 산출세액의 55%를 공제하며(소법 59 ③), 일용근로자에 대하여는 근로소득세액공제의 한도액은 없다. 근로소득세액 공제를 요약하면 다음과 같다.

근로소득세액공제 요약

구 분	공 제 액	한 도 액
연말정산자	산출세액 중 130만원 이하분 : 산출세액×55% 산출세액 중 130만원 초과분 : 산출세액×30%	20만원~74만원
일용근로자	산출세액×55%	없 음

아. 자녀세액공제

종합소득이 있는 거주자의 기본공제대상자에 해당하는 자녀(입양자 및 위탁아동을 포함한다) 및 손자녀로서 8세 이상의 사람에 대해서는 다음의 금액을 종합소득산출세액에서 공제한다(소법 59조의2).

기본공제대상자인 자녀수	자녀세액공제액
1명인 경우 2명인 경우 3명 이상인 경우	연 25만원 연 55만원 연 55만원+(자녀수−2명)×40만원

또한, 해당 과세기간에 출산하거나 입양 신고한 공제대상자녀가 있는 경우 아래의 금액을 종합소득산출세액에서 공제한다(소법 59의2 ③).

추가공제 사유	추가공제금액
출산·입양신고한 자녀가 있음	① 첫째인 경우 : 연 30만원 ② 둘째인 경우 : 연 50만원 ③ 셋째 이상인 경우 : 연 70만원

자. 연금계좌세액공제

종합소득이 있는 거주자가 연금계좌에 납입한 금액 중 다음에 해당하는 금액을 제외한 금액의 12%[종합소득금액 4천 500만원 이하(근로소득만 있는 경우는 총급여액 5천5백만원 이하)인 거주자는 15%]에 해당하는 금액을 해당 과세기간의 종합소득산출세액에서 공제한다.

① 소득세가 원천징수되지 아니한 퇴직소득 등 과세가 이연된 소득

② 연금계좌에서 다른 연금계좌로 계약을 이전함으로써 납입되는 금액

다만, 연금계좌 중 연금저축계좌에 납입한 금액이 연 600만원을 초과하는 경우에는 그 초과하는 금액은 없는 것으로 하고, 연금저축계좌에 납입한 금액 중 600만원 이내의 금액과 퇴직연금계좌에 납입한 금액을 합한 금액이 연 900만원을 초과하는 경우에는 그 초과하는 금액은 없는 것으로 한다(소법 59의3 ①).

종합소득금액별 공제한도 및 공제비율

종합소득금액(총급여액)	한도액(퇴직연금 포함)	공제율
4천 500만원(5천 500만원) 이하	600만원(900만원)	15%
4천 500만원(5천 500만원) 초과	600만원(900만원)	12%

차. 특별세액공제

(1) 보험료세액공제

근로소득이 있는 거주자(일용근로자는 제외한다)가 해당 과세기간에 만기에 환급되는 금액이 납입보험료를 초과하지 아니하는 보험의 보험계약에 따라 지급하는 다음의 보험료를 지급한 경우 그 금액의 12%(①의 경우에는 15%)에 해당하는 금액을 해당 과세기간의 종합소득산출세액에서 공제한다. 다만, 다음의 보험료별로 그 합계액이 각각 연 100만원을 초과하는 경우 그 초과하는 금액은 각각 없는 것으로 한다(소법 59조의4 ①).

① 기본공제대상자 중 장애인을 피보험자 또는 수익자로 하는 장애인전용보장성보험료

② 기본공제대상자를 피보험자로 하는 보장성보험료(주택임차보증금 반환보증료 포함)

보험료세액공제액=[①+②]

① Min[장애인전용 보장성보험료, 연 100만원]×15%

② Min[일반보장성보험료, 연 100만원]×12%

(2) 의료비세액공제

근로소득이 있는 거주자가 기본공제대상자(나이 및 소득의 제한을 받지 아니한다)를 위하여 해당 과세기간에 대통령령으로 정하는 의료비를 지급한 경우 다음의 금액의 15%(미숙아 · 선천성이상아 의료비 : 20%, 난임시술비 : 30%)에 해당하는 금액을 해당 과세기간의 종합소득산출세액에서 공제한다(소법 59조의4 ②).

① 기본공제대상자를 위하여 지급한 의료비("②"의 의료비는 제외한다)로서 총급여액에 3%를 곱하여 계산한 금액을 초과하는 금액. 다만, 그 금액이 연 700만원을 초과하는 경우에는 연 700만원으로 한다.

② 해당 거주자, 과세기간 개시일 현재 6세 이하인 사람, 과세기간 종료일 현재 65세 이상인 사람, 장애인, 중증질환 · 희귀난치성질환 · 결핵으로 진단받아 본인부담 산정특례대상자로 등록한 자를 위하여 지급한 의료비와 난임시술비. 다만, "① 일반공제액"의 의료비가 총급여액에 3%를 곱하여 계산한 금액에 미달하는 경우에는 그 미달하는 금액을 뺀다.

> 의료비세액공제액＝[①＋②]×15%＋③×20%＋④×30%
> ① 일반공제액 : Min [(일반공제대상자 의료비 지급액－총급여액×3%), 700만원]
> ② 추가공제액* : 본인 · 6세 이하인 자 · 65세 이상인 자 · 장애인 · 중증질환자 · 희귀난치성질환자 · 결핵환자를 위하여 지급한 의료비
> ③ 미숙아 · 선천성이상아 의료비
> ④ 난임시술비

* "①"의 의료비가 총급여액에 3%를 곱하여 계산한 금액에 미달하는 경우에는 그 미달하는 금액을 "②"~"④"의 금액에서 뺀다.

(3) 교육비세액공제

근로소득이 있는 거주자가 그 거주자와 기본공제대상자(나이 및 소득의 제한을 받지 아니하되, 장애인의 특수교육기관에 대해서는 과세기간 종료일 현재 18세 미만인 사람만 해당한다)를 위하여 해당 과세기간에 대통령령으로 정하는 교육비를 지급한 경우 다음의 금액의 15%에 해당하는 금액을 해당 과세기간의 종합소득 산출세액에서 공제한다. 다만, 소득세 또는 증여세가 비과세되는 대통령령으로 정하는 교육비는 공제하지 아니한다(소법 59조의4 ③).

구 분	교육비세액공제 대상	교육비 지급액 한도
부양가족 교육비	기본공제대상자인 배우자 · 직계비속 · 형제자매 · 입양자 및 위탁아동을 위하여 지급한 다음의 교육비를 합산한 금액 ① 「유아교육법」, 「초 · 중등교육법」, 「고등교육법」 및 특별법에 따른 학교에 지급하거나 시험응시를 위하여 지급한 교육비 ② 다음의 평생교육시설 또는 과정을 위하여 지급한 교육비 ㉠ 「평생교육법」에 따라 고등학교졸업 이하의 학력이 인정되는 학교형태의 평생교육시설, 전공대학의 명칭을 사용할 수 있는 전공대학과 원격대학 형태의 원격대학 ㉡ 「학점인정 등에 관한 법률」 및 「독학에 의한 학위취득에 관한 법률」에 따른 학위취득과정 ③ 대통령령으로 정하는 국외교육기관(국외교육기관의 학생을 위하여 교육비를 지급하는 거주자가 국내에서 근무하는 경우에는 대통령령으로 정하는 학생만 해당한다)에 지급한 교육비 ④ 초등학교 취학 전 아동을 위하여 「영유아보육법」에 따른 어린이집, 「학원의 설립 · 운영 및 과외교습에 관한 법률」에 따른 학원 또는 대통령령으로 정하는 체육시설에 지급한 교육비 ⑤ 과세기간 종료일 현재 9세 미만 또는 2학년 이하인 초등학생을 위하여 「학원의 설립 · 운영 및 과외교습에 관한 법률」에 따른 학원 중 예능을 교습하는 학원 또는 체육시설에 지급한 교육비	다만, 대학원에 지급하거나 직계비속등이 학자금 대출을 받아 지급하는 교육비는 제외하며, 대학생인 경우에는 1명당 연 900만원, 초등학교 취학 전 아동과 초 · 중 · 고등학생인 경우에는 1명당 연 300만원을 한도로 한다.
본인 교육비	해당 거주자를 위하여 지급한 다음의 교육비를 합산한 금액 ① 부양가족 교육비의 "①"~"③"까지의 규정에 해당하는 교육비 ② 대학(전공대학, 원격대학 및 학위취득과정을 포함한다) 또는 대학원의 1학기 이상에 해당하는 교육과정과 「고등교육법」 제36조에 따른 시간제 과정에 지급하는 교육비 ③ 「근로자직업능력 개발법」 제2조에 따른 직업능력개발훈련시설에서 실시하는 직업능력개발훈련을 위하여 지급한 수강료. 다만, 대통령령으로 정하는 지원금 등을 받는 경우에는 이를 뺀 금액으로 한다. ④ 학자금 대출의 원리금 상환에 지출한 교육비. 다만, 대출금의 상환 연체로 인하여 추가로 지급액은 제외한다.	없음
장애인 특수교육비	기본공제대상자인 장애인을 위하여 다음의 어느 하나에 해당하는 자에게 지급하는 대통령령으로 정하는 특수교육비 ① 대통령령으로 정하는 사회복지시설 및 비영리법인 ② 장애인의 기능향상과 행동발달을 위한 발달재활서비스를 제공하는 대통령령으로 정하는 기관 ③ "①"의 시설 또는 법인과 유사한 것으로서 외국에 있는 시설 또는 법인	없음

(4) 기부금세액공제

거주자(사업소득만 있는 자는 제외하되 연말정산되는 사업소득만 있는 자는 포함한다)가 해당 과세기간에 지급한 기부금이 있는 경우 다음의 기부금을 합한 금액에서 사업소득금액을 계산할 때 필요경비에 산입한 기부금을 뺀 금액의 15%(1천만원 초과 : 30%)에 해당하는 금액을 해당 과세기간의 합산과세되는 종합소득산출세액(필요경비에 산입한 기부금이 있는 경우 사업소득에 대한 산출세액은 제외한다)에서 공제한다(소법 59조의4 ④). 여기서 거주자 본인이 지급한 기부금 뿐만 아니라 배우자 및 부양가족으로서 거주자의 기본공제를 적용받는 사람(나이의 제한을 받지 아니하며, 다른 거주자의 기본공제를 적용받은 사람은 제외한다)이 지급한 기부금도 포함한다.

① 특례기부금

② 일반기부금. 이 경우 일반기부금의 한도액은 다음의 구분에 따른다.

㉠ 종교단체에 기부한 금액이 있는 경우 한도액=소득금액×10%+Min [소득금액×20%, 종교단체 외에 기부한 금액] ㉡ 종교단체에 기부한 금액이 없는 경우 한도액=소득금액×30% * 소득금액=종합소득금액−원천징수세율을 적용받는 금융소득−법정기부금

기부금세액공제액=[①+②−③]×15%(30%) ① 특례기부금 ② Min [일반기부금, 한도액] ③ 사업소득금액 계산시 필요경비에 산입한 기부금

* 이월된 기부금을 적용할 때 특례기부금 및 일반기부금 필요경비 산입한도액의 범위에서 특례기부금과 일반기부금을 구분하여 이전 과세기간에 발생하여 이월된 기부금의 금액부터 필요경비에 산입한 다음 해당 과세기간에 발생한 기부금을 필요경비에 산입한다. 이 경우 먼저 발생하여 이월된 기부금의 금액부터 차례대로 필요경비에 산입한다(소령 79 ④).

(5) 표준세액공제 및 세액공제특례

① 거주자가 다음의 어느 하나에 해당하는 경우 다음의 구분에 따른 금액을 종합소득산출세액에서 공제(이하 "표준세액공제"라 한다)한다(소법 59의4 ⑨). 다만, 해당 과세기간의 합산과세되는 종합소득산출세액이 공제액에 미달하는 경우에는 그 종합소득산출세액을 공제액으로 한다.

구 분		표준세액공제 적용방법
㉠ 근로소득이 있는 자		특별세액공제, 월세세액공제 및 특별소득공제 또는 표준세액공제(13만원) 중 선택
㉡ 근로소득이 없는 자	성실사업자	표준세액공제(12만원) 적용
	사업소득만 있는 자	표준세액공제(7만원) 적용
	이외의 자	기부금세액공제+표준세액공제(7만원) 적용

② 보험료·의료비·교육비세액공제의 규정을 적용할 때 과세기간 종료일 이전에 혼인·이혼·별거·취업 등의 사유로 기본공제대상자에 해당되지 아니하게 되는 종전의 배우자·부양가족·장애인 또는 과세기간 종료일 현재 65세 이상인 사람을 위하여 이미 지급한 금액이 있는 경우에는 그 사유가 발생한 날까지 지급한 금액에 해당 세액공제율(12% 또는 15%)을 적용한 금액을 해당 과세기간의 종합소득산출세액에서 공제한다(소법 59조의4 ⑤).

카. 조세특례제한법에 따른 세액공제

(1) 전자신고에 대한 세액공제

납세자가 직접 「국세기본법」에 따른 전자신고의 방법으로 소득세 또는 법인세과세표준 신고를 하는 경우에는 해당 납부세액에서 2만원을 공제한다. 이 경우 납부할 세액이 음수인 경우에는 이를 없는 것으로 한다(조특법 104의8 ①).

(2) 현금영수증가맹점에 대한 세액공제

현금영수증가맹점이 현금영수증(거래건별 5천원 미만의 거래만 해당하며, 발급승인 시 전화망을 사용한 것)을 발급하는 경우 해당 과세기간별 현금영수증 발급건수에 20원을 곱한 금액을 해당 과세기간의 소득세 산출세액에서 공제받을 수 있다. 이 경우 공제세액은 산출세액을 한도로 한다(조특법 126의3 ②).

현금영수증발급 공제세액=건당 5천원 미만 현금영수증 발급건수×20원

(3) 혼인에 대한 세액공제

거주자가 2026년 12월 31일 이전에 혼인신고를 한 경우에는 1회(혼인신고 후 그 혼인이 무효가 되어 신고를 한 경우는 제외한다)에 한정하여 혼인신고를 한 날이 속하는 과세기간의 종합소득산출세액에서 50만원을 공제한다(조특법 92 ①).

(4) 월세액에 대한 세액공제

과세기간 종료일 현재 주택을 소유하지 아니한 세대의 세대주(세대주가 주택마련저축, 주택임차차입금 원리금상환액 및 장기주택저당차입금 이자상환액 공제를 받지 아니하는 경우에는 세대의 구성원을 말하며, 외국인을 포함)로서 해당 과세기간의 총급여액이 8천만원 이하인 근로소득이 있는 근로자(해당 과세기간에 종합소득과세표준을 계산할 때 합산하는 종합소득금액이 7천만원을 초과하는 사람은 제외한다)가 월세액을 지급하는 경우 그 금액의 15%(17%)에 해당하는 금액을 해당 과세기간의 종합소득산출세액에서 공제한다(조특법 95의2 ①).

1) 공제대상자

과세기간 종료일 현재 주택을 소유하지 아니한 세대의 세대주(세대주가 주택마련저축, 주택임차차입금 원리금상환액 및 장기주택저당차입금 이자상환액 공제를 받지 아니한 경우에는 세대의 구성원 중 근로소득자)로서 해당 과세기간의 총급여액이 7천만원 초과하는 근로자와 종합소득금액이 6천만원을 초과하는 사람은 제외한다.

2) 공제대상금액

해당 과세기간에 지급한 월세액은 임대차계약증서상 주택임차 기간 중 지급하여야 하는 월세액의 합계액을 주택임대차 계약기간에 해당하는 일수로 나눈 금액에 해당 과세기간의 임차일수를 곱한 금액이 세액공제 대상금액이 된다. 다만, 해당 월세액이 1,000만원을 초과하는 경우 그 초과하는 금액은 없는 것으로 한다.

> 월세액세액공제=Min(①, ②)×15% (17%*)
> ① 지급하여야 하는 월세액×해당 과세기간의 임차일수/주택임대차 계약기간 일수
> ② 1,000만원

* 총급여액이 5천500만원 이하인 근로소득이 있는 근로자(종합소득금액이 4,500만원을 초과하는 사람은 제외)

(5) 정치자금에 대한 세액공제

거주자가 「정치자금법」에 따라 정당(후원회 및 선거관리위원회를 포함한다)에 기부한 정치자금은 이를 지출한 해당 과세연도의 소득금액에서 10만원까지는 그 기부금액의 100/110

을, 10만원을 초과한 금액에 대해서는 해당 금액의 15%(해당 금액이 3천만원을 초과하는 경우 그 초과분에 대해서는 25%)에 해당하는 금액을 종합소득산출세액에서 공제한다. 다만, 사업자인 거주자가 정치자금을 기부한 경우 10만원을 초과한 금액에 대해서는 이월결손금을 뺀 후의 소득금액의 범위에서 손금에 산입한다(조특법 76 ①).

> 정치자금세액공제＝①＋②＋③
> ① 10만원 이하 : 해당 기부금액×100/110
> ② 10만원 초과분 : 해당 기부금액×15%
> ③ 3천만원 초과분 : 해당 기부금액×25%

(6) 그 밖의 세액공제

개인사업자도 법인사업자와 같이 「조세특례제한법」에 따라 연구·인력개발비에 대한 세액공제와 임시투자세액 공제 등을 적용받을 수 있으며, 그 구체적인 내용과 그 밖의 세액공제 내용은 「법인세법」과 동일하게 적용된다.

타. 세액감면 및 세액공제시 적용순위 등

조세에 관한 법률을 적용할 때 소득세의 감면에 관한 규정과 세액공제에 관한 규정이 동시에 적용되는 경우 그 적용순위는 다음의 순서로 한다(소법 60 ①).

① 해당 과세기간의 소득에 대한 소득세의 감면
② 이월공제가 인정되지 아니하는 세액공제
③ 이월공제가 인정되는 세액공제. 이 경우 해당 과세기간 중에 발생한 세액공제액과 전과세기간에서 이월된 미공제액이 함께 있는 때에는 이월된 미공제액을 먼저 공제한다.

04 세액의 감면

가. 의 의

세액감면이란, 특정한 요건이 충족되는 경우에 이미 납세의무가 성립·확정된 특정한 소득에 대하여 별개의 행정처분으로 납세자의 신청에 의하여 조세의 납부의무를 소멸시켜 주는 행정행위를 말한다.

실정법상으로는 세액의 감면이라는 용어 이외에도 세액의 면제 등으로 혼용하고 있다.

세액감면이 세액공제와 마찬가지로 급부의무의 소멸이라는 법적 효과가 수반되는 확인행위임은 이미 세액공제에서 설명한 바와 같다. 그리고 감면은 비과세와 구별해 보면 다음과 같다.

세액감면의 대상이 된 소득은 소득세의 과세물건을 구성하므로 총수입금액에 산입되며 그 결과 과세표준을 구성하게 된다. 그러나 비과세는 일반적으로 과세대상소득을 특별한 이유에 의하여 과세소득에서 제외되므로 소득세의 과세물건을 구성하지 않고 과세표준을 구성하지도 않는다. 따라서 비과세를 정부의 과세권이 입법단계에서 배제되는 감면이라고 정의하기도 한다.

구체적으로 감면소득을 과세소득에 포함하여 세액을 계산하고 그 소득에 상당하는 세액을 산출세액에서 공제한다.

이러한 세액감면의 제도적 취지는 기술개발의 촉진, 자본시장의 육성, 기간산업과 중소기업의 보호육성, 외화획득사업의 지원 등과 같은 공익목적의 달성에 있다. 세액의 감면은 「소득세법」과 「조세특례제한법」에서 규정하고 있다.

나. 소득세법의 감면

(1) 감면대상 및 세액의 계산

1) 감면대상소득

① 정부간의 협약에 의하여 우리나라에 파견된 외국인이 그 양쪽 또는 한쪽 당사국의 정부로부터 받은 급여(소법 59의2 ①(1))

② 거주자 중 대한민국의 국적을 가지지 아니한 자와 비거주자가 선박과 항공기의 외국항행사업으로부터 얻은 소득. 다만, 그 비거주자 등의 국적지국에서 대한민국 국민이 운용하는 선박과 항공기에 대하여 동일한 면제를 하는 경우만 해당한다(소법 59의2 ①(2)).

2) 감면세액계산

종합소득금액에 감면대상의 소득금액이 합산되어 있는 때에는 종합소득산출세액에서 그 세액에 해당 근로소득금액 또는 사업소득금액이 종합소득금액에서 차지하는 비율을 곱하여 계산한 금액 상당액을 감면한다(소법 59의2 ①).

$$\text{감면세액} = \text{종합소득산출세액} \times \frac{\text{감면대상 소득금액}}{\text{종합소득금액}} \times \text{감면비율}$$

(2) 세액감면신청

소득세를 감면받으려는 거주자는 세액감면신청서를 납세지 관할 세무서장에게 신청하여야 하나, 신청이 없는 경우에도 적용한다(소법 75 ①).

1) 근로소득에 해당되는 경우

세액감면신청서를 국내에서 근로소득금액을 지급하는 자를 거쳐 그 감면을 받고자 하는 달의 다음달 10일까지 원천징수 관할세무서장에게 제출하여야 한다(소법 75 ②, 소령 138 ②).

2) 외국항행소득에 해당되는 경우

외국항행사업소득세액감면신청서에 소득구분계산서를 첨부하여 과세표준확정신고서와 함께 주소지 관할세무서장에게 제출하여야 한다(소령 138 ①).

다. 조세특례제한법의 감면

구 분	감 면 대 상 소 득
(1) 배당소득에 대한 감면	영농조합법인의 조합원이 영농조합법인으로부터 받는 배당소득 중 다음의 금액(조특법 66 ②) ① 농지소득에서 발생한 배당소득 : 전액 ② 농지소득 외의 소득에서 발생한 배당소득 : 과세기간별로 1,200만원까지 총소득에 안분한 소득
(2) 사업소득에 대한 감면	① 일정기간에만 적용되는 세액감면 ㉠ 창업중소기업에 대한 세액감면(조특법 6) ㉡ 지방이전 중소기업에 대한 세액감면(조특법 63) ㉢ 농공단지 입주기업에 대한 세액감면(조특법 64) ② 중소기업에 대한 특별세액감면(조특법 7)
(3) 근로소득에 대한 감면	일정한 외국인기술자가 국내에서 내국인에게 근로를 제공하고 지급받은 근로소득(조특법 18) : 10년간 50% 감면
(4) 기타소득에 대한 감면	기술이전소득에 대한 세액감면(조특법 12) : 전액 면제 또는 50% 감면

라. 세액감면 및 세액공제의 산출세액 초과시의 적용방법

① 보험료 · 의료비 · 교육비 · 월세액 세액공제액의 합계액이 그 거주자의 해당 과세기간의 근로소득에 대한 종합소득산출세액을 초과하는 경우 그 초과하는 금액은 없는 것으로 한다.

② 자녀세액공제액, 연금계좌세액공제액, 특별세액공제액, 정치자금세액공제액 및 우리사주조합기부금 따른 세액공제액의 합계액이 그 거주자의 해당 과세기간의 합산과세되는 종합소득산출세액(원천징수세율을 적용받는 이자소득 및 배당소득에 대한 산출세액은 제외하며, 이하 이 조에서 "공제기준산출세액"이라 한다)을 초과하는 경우 그 초과하는 금액은 없는 것으로 한다. 다만, 그 초과한 금액에 기부금 세액공제액이 포함되어 있는 경우 해당 기부금과 세액공제 대상 지정기부금 한도액을 초과하여 공제받지 못한 기부금은 해당 과세기간의 다음 과세기간의 개시일부터 10년 이내에 끝나는 각 과세기간에 이월하여 세액공제율 15%(25%)을 적용한 기부금 세액공제액을 계산하여 그 금액을 공제기준산출세액에서 공제한다.

③ 세액감면액 및 세액공제액의 합계액이 해당 과세기간의 합산과세되는 종합소득산출세액을 초과하는 경우 그 초과하는 금액은 없는 것으로 보고, 그 초과하는 금액을 한도로 연금계좌세액공제를 받지 아니한 것으로 본다. 다만, 재해손실세액공제액이 종합소득산출세액에서 다른 세액감면액 및 세액공제액을 뺀 후 가산세를 더한 금액을 초과하는 경우 그 초과하는 금액은 없는 것으로 본다.

○ 소 득 세 법

연습문제

01 「소득세법」의 과세표준과 세액 계산구조에 대하여 설명하시오.

02 현행 「소득세법」의 근로소득세액공제제도에 대하여 설명하시오.

03 현행 「소득세법」의 배당세액공제제도를 설명하시오.

04 현행 세법상의 국제적 이중과세 조정제도를 설명하시오.

01 소득세 관련 세액감면 및 세액공제에 관한 설명이다. 옳지 않은 것은? ▶CPA 2014

① 거주자의 종합소득금액에 국외원천사업소득이 합산되어 있는 경우 그 국외원천사업소득에 대하여 국외에서 외국소득세액을 납부하였거나 납부할 것이 있을 때에는 외국납부세액공제와 외국납부세액의 필요경비 산입 중 하나를 선택하여 적용받을 수 있다.

② 연말정산 사업소득 제외한 사업소득만 있는 거주자는 기부금세액공제를 적용받을 수 없다.

③ 종합소득이 있는 거주자의 기본공제대상자에 해당하는 자녀(입양자 및 위탁아동을 포함)가 2명인 경우 연 35만원을 종합소득산출세액에서 공제한다.

④ 세액감면을 적용받는 사업자가 해당 과세기간에 산출세액이 없어 감면을 받지 못하는 경우 그 감면세액 상당액을 해당 과세기간의 다음 과세기간부터 5년 이

내에 끝나는 과세기간으로 이월하여 그 이월된 과세기간의 산출세액 범위에서 공제받을 수 있다.

⑤ 기장세액공제액은 100만원을 초과하지 못한다.

해설 ④ 세액감면은 당기에 감면 받지 못한 금액을 이월할 수 없다.

02 ㈜강남에서 회계과장으로 근무중인 거주자 노윤아의 2026년 귀속 근로소득 연말정산 관련 자료이다. 근로소득 산출세액에서 공제되는 세액의 합계액은 얼마인가? ▶ CTA, 2004

(1) 2026년 귀속 근로소득금액은 30,000,000원이며, 근로소득 산출세액은 3,000,000원
(2) 2026년 중에 노윤아를 피보험자로 하는 생명보험의 보험료(보험료세액공제대상) 지급액은 2,000,000원
(3) 2026년 중에 기본공제대상인 자녀의 대학등록금(교육비세액공제대상) 지출액은 8,000,000원
(4) 기본공제대상인 8세 이상인 자녀는 4명이고, 근로소득세액공제액은 660,000원

① 660,000원 ② 2,480,000원 ③ 2,930,000원
④ 2,760,000원 ⑤ 2,960,000원

해설 1. 보험료세액공제=Min[2,000,000원, 1,000,000원]×12%=120,000원
2. 교육비세액공제=Min[8,000,000원, 9,000,000원]×15%=1,200,000원
3. 자녀세액공제=350,000+300,000×2명=950,000원
4. 근로소득세액공제=660,000원
5. 세액공제액 합계액=120,000원+1,200,000원+950,000원+660,000원
=2,930,000원

03 「소득세법」과 「법인세법」의 세액공제 중 공통적인 세액공제에 해당하는 것은?

① 외국납부세액공제 ② 배당세액공제
③ 기장세액공제 ④ 근로소득세액공제

해설 「법인세법」의 세액공제 중 재해손실세액공제와 외국납부세액공제는 「소득세법」의 세액공제에도 해당한다.

04 거주자인 근로자 甲(2026년도 중 계속근로자임)의 2026년도 자료를 기초로 의료비세액공제액을 계산하면 얼마인가? ▶CTA, 2015

(1) 갑의 급여총액 40,000,000원(비과세소득 2,400,000원 포함)
(2) 의료비 지출내역은 다음과 같다.
  ① 본인의 정밀 건강진단비 500,000원, 미용·성형수술비 1,000,000원
  ② 부친(70세)의 질병 치료비 2,000,000원
  ③ 배우자(장애인)의 장애재활치료비 5,000,000원
  ④ 대학생인 장남(22세)의 시력보정용 안경과 콘텍트렌즈 구입비 1,200,000원
  ⑤ 외국 유학중인 장녀(20세)의 국외에서의 치료비 1,500,000원

① 1,030,800원　② 1,125,000원　③ 1,135,800원
④ 1,200,000원　⑤ 1,360,800원

 **해설** 의료비세액공제액＝(①＋②)×15%＝1,030,800
① 500,000＋2,000,000＋5,000,000＝7,500,000
② Min(㉠, ㉡)＝△628,000
㉠ 500,000*－(40,000,000－2,400,000)×3%＝△628,000
㉡ 7,000,000
* 시력보정용 안경 또는 콘텍트렌즈 구입을 위한 지출액은 기본공제대상자 1명당 연 50만원 이내의 금액

01 ④ 02 ③ 03 ① 04 ①

06절 퇴직소득금액의 계산

01 총 설

가. 의 의

퇴직소득은 오랜 재직기간에 걸쳐 누적적으로 발생된 소득을 퇴직하는 시점에서 일시에 지급하게 되는 소득이다. 퇴직소득을 지급된 연도의 일반소득에 합산하여 종합과세하게 되면, 소득세의 세율이 누진율로 되어 있기 때문에 매 연도에 발생한 퇴직소득에 대하여 각 연도별로 계산하여 합계한 세액보다 많아지는 모순이 생긴다.

따라서 이러한 모순을 해결하기 위하여 퇴직소득은 일반소득과 구분하여 별도로 과세하게 된다. 퇴직소득에 대한 과세방법은 근로소득의 경우와 같이 원천징수 등의 방법에 의한다.

나. 퇴직소득의 구분

퇴직소득이란 거주자·비거주자 또는 법인의 사용인이 현실적으로 퇴직함으로 인하여 퇴직금지급규정에 의하여 지급받는 퇴직금, 기타 이와 유사한 성질의 급여와 「근로기준법」에 따른 해고예고수당·공무원의 명예퇴직수당·단체퇴직보험금·퇴직전환금 등을 의미한다.

또한 퇴직소득은 다음에 해당하는 금액을 포함한다(소령 42의2 ①).

① 퇴직금을 미리 지급한 것으로 보는 금액

② 불특정다수의 퇴직자에게 적용되는 퇴직급여지급규정·취업규칙 또는 노사합의에 의하여 지급 받는 퇴직수당·퇴직위로금 기타 이와 유사한 성질의 급여

③ 퇴직급여지급규정·취업규칙의 개정 등으로 퇴직금지급제도가 변경됨에 따라 「근로자퇴직급여 보장법」 규정에 의하여 퇴직금정산액을 지급하면서 퇴직금지급제도 변경에 따른 손실보상을 위하여 지급되는 금액

④ 「근로자퇴직급여 보장법」에 따라 지급받는 일시금으로서 다음에 해당하는 퇴직연금일시금과 「과학기술인공제회법」에 따른 퇴직연금급여로서 일시금

㉠ 퇴직연금제도에서 지급받는 일시금
㉡ 개인퇴직계좌에서 지급받는 일시금
㉢ 확정기여형퇴직연금제도 및 개인퇴직계좌에서 중도인출되는 금액
㉣ 연금을 수급하던 자가 연금계약의 중도해지 등으로 지급받는 일시금

그러나 퇴직급여지급규정에 의하여 지급하는 것이라도 퇴직급여지급규정상의 퇴직금 한도액을 초과하여 지급하는 금액이나 재직기간 중의 특수한 공로에 의하여 지급하는 공로금은 근로소득으로서 퇴직소득이 아니다. 사용자가 국민연금기금에 납부하는 종업원의 퇴직금전환금은 해당 종업원이 퇴직할 때 사용자로부터 지급받을 퇴직소득의 선급금으로 본다.

한편 사용자가 30일 전에 예고를 하지 아니하고 근로자를 해고하는 경우 근로자에게 지급하는 「근로기준법」에 따른 해고예고수당은 퇴직소득으로 본다(소기통 22−0…2).

다. 퇴직소득의 특성

퇴직소득의 특성은 다음과 같다.

① 퇴직소득은 근로관계 등의 종료로 인하여 지급받는 급여로서 현실적인 퇴직을 하는 때에 받는 일시적 급여
② 퇴직소득은 후불적 성격의 급여라는 후불급여성
③ 퇴직소득은 근로소득이 있는 자가 퇴직에 따라 받는 급여로서 근로자 후생복지 성질의 급여

02 퇴직소득의 범위

퇴직소득은 해당 과세기간에 발생한 다음의 소득으로 한다(소법 22 ①). 퇴직소득금액은 다음에 따른 소득의 금액의 합계액(비과세소득의 금액은 제외)으로 한다(소법 22 ③).

① 공적연금 관련법에 따라 받는 일시금
공적연금 일시금의 퇴직소득은 2002년 1월 1일 이후에 납입된 연금 기여금 및 사용자 부담금을 기초로 하거나 2002년 1월 1일 이후 근로의 제공을 기초로 하여 받은 일시금으로 한다(소법22 ②). 또한, 공적연금 일시금은 다음의 금액 중 적은 금액으로 한다. 이 경우 과세제외기여금등이 있는 경우에는 과세제외기여금등을 뺀 금액으로 한다(소령 42의2 ①).

㉠ 과세기준일 이후 납입한 기여금 또는 개인부담금(사용자부담분을 포함)의 누계액과 이에 대한 이자 및 가산이자
㉡ 실제 지급받은 일시금에서 과세기준일 이전에 납입한 기여금 또는 개인부담금을 뺀 금액
② 사용자 부담금을 기초로 하여 현실적인 퇴직을 원인으로 지급받는 소득
다만, 현실적인 퇴직을 원인으로 지급받는 소득자가 다음에 해당하는 사유가 발생했으나 퇴직급여를 실제로 받지 않은 경우는 퇴직으로 보지 않을 수 있다(소령 43 ①).
㉠ 종업원이 임원이 된 경우
㉡ 합병 · 분할 등 조직변경, 사업양도 또는 직 · 간접으로 출자관계에 있는 법인으로의 전출 또는 동일한 고용주의 다른 사업장으로 전출이 이루어진 경우
㉢ 법인의 상근임원이 비상근임원이 된 경우
㉣ 비정규직 근로자에서 정규직 근로자로 전환된 경우
③ 그 밖에 유사한 소득으로서 아래에서 정하는 소득(소령 42의2 ②)
㉠ 공적연금 일시금의 소득을 지급하는 자가 퇴직소득의 일부 또는 전부를 지연하여 지급하면서 지연지급에 대한 이자를 함께 지급하는 경우 해당 이자
㉡ 「과학기술인공제회법」에 따라 지급받는 과학기술발전장려금
㉢ 「건설근로자의 고용개선 등에 관한 법률」에 따라 지급받는 퇴직공제금

또한, 계속근로기간 중에 다음에 해당하는 사유로 퇴직급여를 미리 지급받은 경우(임원인 근로소득자를 포함하며, 이하 "퇴직소득중간지급"함)에는 그 지급받은 날에 퇴직한 것으로 본다(소령 43 ②).

① 「근로자퇴직급여 보장법 시행령」의 아래에 퇴직금의 중간정산 사유 해당하는 경우

㉠ 무주택자인 근로자가 본인 명의로 주택을 구입하는 경우
㉡ 무주택자인 근로자가 주거를 목적으로 전세금 또는 보증금을 부담하는 경우
㉢ 근로자, 근로자의 배우자 또는 생계를 같이하는 부양가족이 질병 또는 부상으로 6개월 이상 요양을 하는 경우
㉣ 퇴직금 중간정산을 신청하는 날부터 역산하여 5년 이내에 근로자가 파산선고를 받은 경우
㉤ 퇴직금 중간정산을 신청하는 날부터 역산하여 5년 이내에 근로자가 개인회생절차개시 결정을 받은 경우
㉥ 임금피크제를 실시하여 임금이 줄어드는 경우
㉦ 그 밖에 천재지변 등으로 피해를 입는 등 고용노동부장관이 정하여 고시하는 사유와 요건에 해당하는 경우

② 「근로자퇴직급여 보장법」에 따라 퇴직연금제도가 폐지되는 경우

다만, 임원의 퇴직소득금액(공적연금의 일시금은 제외하며, 2011년 12월 31일에 퇴직하였다고 가정할 때 지급받을 퇴직소득금액이 있는 경우에는 그 금액을 뺀 금액)이 다음 계산식에 따라 계산한 금액을 초과하는 경우에는 그 초과하는 금액은 근로소득으로 본다(소법 22 ③단서).

$$\left(A\times\frac{1}{10}\times\frac{\text{2012. 1. 1부터 2019. 12. 31 근무기간}}{12}\times 3\right)+\left(B\times\frac{1}{10}\times\frac{\text{2020. 1. 1 이후의 근무기간}}{12}\times 2\right)$$

A＝2019년 12월 31일부터 소급하여 3년(2012년 1월 1일부터 2019년 12월 31일까지의 근무기간이 3년 미만인 경우에는 해당 근무기간*) 동안 지급받은 총급여**의 연평균환산액
B＝퇴직한 날부터 소급하여 3년(2020년 1월 1일부터 퇴직한 날까지의 근무기간이 3년 미만인 경우에는 해당 근무기간) 동안 지급받은 총급여의 연평균환산액

* 근무기간은 개월 수로 계산하며, 1개월 미만의 기간이 있는 경우에는 이를 1개월로 본다.
** 총급여는 근로를 제공함으로써 받는 봉급과 의결기관의 결의에 따는 상여 등 근로소득을 합산하고, 비과세근로소득은 제외한다.

위에서 "2011년 12월 31일에 퇴직하였다고 가정할 때 지급받을 퇴직소득금액"이란 퇴직소득금액에 2011년 12월 31일 이전 근무기간(개월 수로 계산하며, 1개월 미만의 기간이 있는 경우에는 1개월로 본다)을 전체 근무기간으로 나눈 비율을 곱한 금액(2011년 12월 31일에 정관 또는 정관의 위임에 따른 임원 퇴직급여지급규정이 있는 법인의 임원이 2011년 12월 31일에 퇴직한다고 가정할 때 해당 규정에 따라 지급받을 퇴직소득금액을 적용하기로 선택한 경우에는 해당 퇴직소득금액)을 말한다(소령 42의2 ⑥).

여기서, 임원이란 다음의 직무에 종사하는 사람을 말한다(법법 20 ①⑷).

㉠ 법인의 회장, 사장, 부사장, 이사장, 대표이사, 전무이사 및 상무이사 등 이사회의 구성원 전원과 청산인
㉡ 합명회사, 합자회사 및 유한회사의 업무집행사원 또는 이사
㉢ 유한책임회사의 업무집행자
㉣ 감사
㉤ 그 밖에 위의 규정에 준하는 직무에 종사하는 자

34

「소득세법」㈜A의 대표이사인 거주자 甲이 2026. 12. 31.자로 퇴직하면서 6억원의 퇴직금을 지급받고 관련 자료가 다음과 같은 경우, 甲의 2026년 과세기간의 퇴직소득금액은 얼마인가?

(1) 甲의 입사일은 2010.8.1.이고 과세기간별 총급여액은 다음과 같다.

과세기간	총급여액
2017년	9천만원
2018년	1억5천만원
2019년	1억2천만원
2023년	1억2천만원
2024년	1억5천만원
2025년	1억5천만원
2026년	1억5천만원

(2) 甲이 2011.12.31.에 퇴직했을 경우 지급받았을 퇴직금은 2억원이다.

 **해답** 1. 2012년 1월 1일 이후 퇴직소득금액 : Min (①, ②)=400,000,000원

① 2012년 1월 1일 이후 퇴직금

600,000,000−200,000,000=400,000,000원

② 임원의 퇴직소득금액 한도액

$$(90{,}000{,}000+150{,}000{,}000+120{,}000{,}000)\times\frac{12}{36}\times\frac{1}{10}\times\frac{96}{12}\times 3$$
$$+(150{,}000{,}000+150{,}000{,}000+150{,}000{,}000)\times\frac{12}{36}\times\frac{1}{10}\times\frac{84}{12}\times 2=498{,}000{,}000\text{원}$$

2. 甲의 퇴직소득금액=200,000,000+400,000,000
=600,000,000원

03 비과세 퇴직소득

퇴직소득 중 비과세 퇴직소득의 범위는 다음과 같다(소법 12 (3)).

① 「산업재해보상보험법」에 따라 수급권자가 받는 요양급여 · 휴업급여 · 장해급여 · 간병급여 · 유족급여 · 유족특별급여 · 장해특별급여 및 장의비 또는 근로의 제공으로 인한 부상 · 질병 · 사망과 관련하여 근로자나 그 유족이 지급받는 배상 · 보상 또는 위자의 성질이 있는 급여

② 「근로기준법」 또는 「선원법」에 따라 근로자 · 선원 및 그 유족이 받는 요양보상금 · 휴업보상금 · 상병보상금 · 일시보상금 · 장해보상금 · 유족보상금 · 행방불명보상금 · 소지품유실보상금 · 장의비 및 장제비

③ 「고용보험법」에 따라 받는 실업급여 · 육아휴직급여 · 산전후휴가 급여 · 「제대군인 지원에 관한 법률」에 따른 전직지원금, 「국가공무원법」 · 「지방공무원법」에 따른 공무원

또는 「사립학교교직원 연금법」·「별정우체국법」을 적용받는 자가 관련 법령에 따라 받는 육아휴직수당

④ 「국민연금법」에 따라 받는 반환일시금(사망으로 받는 것만 해당) 및 사망일시금

⑤ 「공무원연금법」·「군인연금법」·「사립학교교직원연금법」 또는 「별정우체국법」에 따라 받는 요양비·요양일시금·장해보상금·사망조위금·사망보상금·유족보상금·유족일시금·유족연금일시금·유족연금부가금·유족연금특별부가금·재해부조금 및 재해보상금 또는 신체·정신상의 장해·질병으로 인한 휴직기간에 받는 급여

⑥ 「국가유공자등 예우 및 지원에 관한 법률」에 의하여 받는 보훈급여금 및 학습보조비

⑦ 「전직대통령 예우에 관한 법률」에 따라 받는 연금

⑧ 「국군포로의 송환 및 대우 등에 관한 법률」에 따른 국군포로가 받는 퇴직 일시금

4 퇴직소득의 수입시기

퇴직소득에 대한 총수입금액의 수입할 시기는 퇴직을 한 날로 한다. 다만, 「국민연금법」에 따른 일시금과 퇴직공제금의 경우에는 소득을 지급받는 날로 한다(소령 50 ②).

5 퇴직소득세의 계산구조

가. 2015년 12월 31일 이전 퇴직소득세

(1) 계산구조

퇴직소득세의 계산구조는 다음과 같다(구소법 14 ⑦, 55 ②).

퇴직급여액	비과세 퇴직소득은 제외
= 퇴직소득금액	
− 퇴직소득공제	기본공제+근속연수에 따른 공제
= 퇴직소득과세표준	$\left[\left(\text{퇴직소득과세표준}\times\frac{5}{\text{근속연수}}\right)\times\text{기본세율}\right]\times\frac{\text{근속연수}}{5}$
× 세율	
= 퇴직소득산출세액	
− 외국납부세액공제	
= 퇴직소득결정세액	원천징수할 세액

(2) 퇴직소득공제

퇴직소득이 있는 거주자에 대해서는 해당 과세기간의 퇴직소득금액에서 다음의 금액을 순서대로 공제한다. 해당 과세기간의 퇴직소득금액이 공제금액에 미달하는 경우에는 그 퇴직소득금액을 공제액으로 한다(구소법 48 ①·②).

1) 기본공제

퇴직소득금액의 40%의 퇴직소득공제가 적용된다.

2) 근속연수에 따른 공제

근속연수에 따라 다음과 같이 공제한다.

근 속 연 수	공 제 액
5년 이하	100만원×근속연수
5년 초과 10년 이하	500만원+200만원×(근속연수- 5년)
10년 초과 20년 이하	1,500만원+250만원×(근속연수-10년)
20년 초과	4,000만원+300만원×(근속연수-20년)

근속연수는 근로를 제공하기 시작한 날 또는 퇴직소득중간지급일의 다음 날부터 퇴직한 날까지로 한다. 다만, 퇴직급여를 산정할 때 근로기간에 포함되지 아니한 기간은 근속연수에서 제외한다(소령 105 ①). 또한 근속연수는 1년 미만의 기간이 있는 경우에는 이를 1년으로 보며, 공적연금 일시금은 아래에서 정하는 방법에 따라 계산한 연수를 말한다(소법 48 ①). 이 경우 납입연수 또는 재직기간이 1년 미만인 경우에는 1년으로 본다(소령 105 ②).

① 「국민연금법」에 의하여 지급받는 일시금의 경우에는 연금보험료 총불입월수를 12로 나누어 계산한 불입연수
② 「공무원연금법」·「군인연금법」·「사립학교교직원연금법」 또는 「별정우체국법」에 의하여 지급받는 일시금의 경우에는 각 해당 법률의 퇴직급여산정에 적용되는 재직기간
③ 공적연금 일시금의 퇴직소득 중 「공무원연금법」·「군인연금법」·「사립학교교직원연금법」 또는 「별정우체국법」에 따른 일시금 및 현실적 퇴직의 퇴직소득을 함께 지급받는 경우에는 각 해당 법률의 퇴직급여산정에 적용되는 재직기간과 실제 재직기간 중 긴 기간
④ 공적연금 일시금을 반납하고 재직기간을 합산한 후 지급받는 일시금의 경우에는 재임용일 또는 재가입일 이후의 재직기간

또한, 「건설근로자의 고용개선 등에 관한 법률」에 따라 지급받는 퇴직공제금의 근속연수는 공제부금의 납부월수를 12로 나누어 계산한 불입연수로 한다(소령 105 ③).

근속연수 = 퇴직한 근무지의 근속연수의 합계(월수) − 중복기간(월수)

(3) 퇴직소득 산출세액

1) 2013년 1월 1일 이전 퇴직자

거주자의 퇴직소득에 대한 소득세는 해당 과세기간의 퇴직소득과세표준을 근속연수로 나눈 금액에 기본세율을 적용하여 계산한 금액에 근속연수를 곱한 금액으로 한다(구소법 55 ②). 근속연수의 계산시 1년 미만의 기간이 있는 때에는 1년으로 한다.

퇴직소득 산출세액 = [(퇴직소득과세표준/근속연수) × 기본세율] × 근속연수

2) 2013년 1월 1일 이후 퇴직자

2013년 1월 1일 이후 거주자의 퇴직소득에 대한 소득세는 다음 산식에 따라 계산한 금액을 퇴직소득 산출세액으로 한다(소법 55 ②). <개정 2013.1.1>

$$\text{퇴직소득 산출세액} = \left[\left(\text{퇴직소득과세표준} \times \frac{5}{\text{근속연수}}\right) \times \text{기본세율}\right] \times \frac{\text{근속연수}}{5}$$

그리고 2013년 1월 1일 이전에 근무를 시작하여 2013년 1월 1일 이후 퇴직한 자의 경우 해당 퇴직소득과세표준에 2012년 12월 31일까지의 근속연수를 전체 근속연수로 나눈 비율을 곱하여 계산한 금액에 대해서는 종전의 규정에 따른다(소법 부칙 11611호, 2013.1.1).

① 2012년 12월 31일까지 퇴직소득 산출세액

$$\left\{\left[\left(\text{퇴직소득과세표준} \times \frac{\text{2012년 말까지 근속연수}}{\text{전체근속연수}}\right) \times \frac{1}{\text{2012년 말까지 근속연수}}\right] \times \text{기본세율}\right\} \times \text{2012년 말까지 근속연수}$$

② 2013년 1월 1일 이후 퇴직소득 산출세액

$$\left\{\left[\left(\text{퇴직소득과세표준}\times\frac{\text{2013년 이후 근속연수}}{\text{전체근속연수}}\right)\times\frac{5}{\text{2013년 이후 근속연수}}\right]\times\text{기본세율}\right\}\times\frac{\text{2013년 이후 근속연수}}{5}$$

나. 2016년 1월 1일 이후 퇴직소득세

(1) 퇴직소득과세표준

퇴직소득이 있는 거주자에 대해서는 해당 과세기간의 퇴직소득금액에서 근속연수 공제액을 공제하고, 그 금액에 근속연수(1년 미만의 기간이 있는 경우에는 이를 1년으로 본다)를 나누고 12를 곱한 후의 금액(이하 "환산급여"라 한다)에서 환산급여 공제액을 공제한다. 여기서 해당 과세기간의 퇴직소득금액이 근속연수 공제금액에 미달하는 경우에는 그 퇴직소득금액을 공제액으로 한다(소법 48 ①·②).

퇴직소득과세표준 : ①환산급여 − ②환산급여 공제액

① 환산급여 $=$ (퇴직소득금액 $-$ 근속연수 공제액*) $\times \frac{12}{\text{근속연수}}$

* 근속연수 공제액

근속연수	공제액
5년 이하	100만원×근속연수
5년 초과 10년 이하	500만원+200만원×(근속연수− 5년)
10년 초과 20년 이하	1,500만원+250만원×(근속연수−10년)
20년 초과	4,000만원+300만원×(근속연수−20년)

② 환산급여 공제액

환산급여	공제액
800만원 이하	환산급여의 100%
800만원 초과 7,000만원 이하	800만원+(800만원 초과분의 60%)
7,000만원 초과 1억원 이하	4,520만원+(7,000만원 초과분의 55%)
1억원 초과 3억원 이하	6,170만원+(1억원 초과분의 45%)
3억원 초과	1억 5,170만원+(3억원 초과분의 35%)

(2) 퇴직소득산출세액

위에서 퇴직소득과세표준을 계산후 거주자의 퇴직소득에 대한 소득세는 아래의 산식에 따라 계산한 금액을 퇴직소득 산출세액이라 한다(소법 55 ②).

$$\text{퇴직소득산출세액} : (\text{퇴직소득과세표준} \times \text{기본세율}^{*}) \times \frac{\text{근속연수}}{12}$$

* 퇴직소득세 세율

퇴직소득과세표준	2023년 이후	
	세율	누진공제
1,400만원 이하	6%	–
1,400만원 초과 5,000만원 이하	15%	1,260,000
5,000만원 초과 8,800만원 이하	24%	5,760,000
8,800만원 초과 1억5천만원 이하	35%	15,440,000
1억5천만원 초과 3억원 이하	38%	19,940,000
3억원 초과 5억원 이하	40%	25,940,000
5억원 초과 10억원 이하	42%	35,940,000
10억원 초과	45%	65,940,000

다. 퇴직소득세액의 정산

(1) 대상자

퇴직자가 퇴직소득을 지급받을 때 이미 지급받은 다음의 퇴직소득에 대한 원천징수영수증을 원천징수의무자에게 제출하는 경우 원천징수의무자는 퇴직자에게 이미 지급된 퇴직소득과 자기가 지급할 퇴직소득을 합계한 금액에 대하여 정산한 소득세를 원천징수하여야 한다(소법 148 ①, 소령 203 ③).

① 해당 과세기간에 이미 지급받은 퇴직소득

② 근로제공을 위하여 사용자와 체결하는 계약으로서 사용자가 같은 하나의 근로계약에서 이미 지급받은 퇴직소득

또한, 2012년 12월 31일 이전에 퇴직하여 지급받은 퇴직소득을 퇴직연금계좌에 이체 또는 입금하여 퇴직일에 퇴직소득이 발생하지 아니한 경우 소득이연퇴직소득의 소득발생과 소득세의 징수이연 특례에도 불구하고 해당 퇴직일에 해당 퇴직소득이 발생하였다

고 보아 해당 퇴직소득을 근로계약에서 이미 지급받은 퇴직소득의 이미 지급받은 퇴직소득으로 보고 퇴직소득세액의 정산을 적용할 수 있다(소법 148 ②).

(2) 정산방법

퇴직소득세는 이미 지급된 퇴직소득과 자기가 지급할 퇴직소득을 합계한 금액에 대하여 퇴직소득세액을 계산한 후 이미 지급된 퇴직소득에 대한 세액을 뺀 금액으로 하며, 여기서 퇴직소득세를 정산하는 경우의 근속연수는 이미 지급된 퇴직소득에 대한 근속연수와 지급할 퇴직소득의 근속연수를 합산한 월수에서 중복되는 기간의 월수를 뺀 월수에 따라 계산한다(소법 203 ①, ②).

6 퇴직소득의 과세방법

가. 퇴직소득 원천징수

원천징수의무자가 퇴직소득을 지급할 때에는 그 퇴직소득과세표준에 원천징수세율을 적용하여 계산한 소득세를 원천징수하여 그 징수일이 속하는 달의 다음달 10일까지 정부에 납부하여야 한다. 또한 퇴직소득을 지급하는 원천징수의무자는 그 지급일이 속하는 달의 다음 달 말일까지 퇴직소득의 금액과 그 밖에 필요한 사항을 적은 원천징수영수증을 퇴직소득을 받는 사람에게 발급하여야 한다(소법 146 ①, ③).

나. 퇴직소득 원천징수이연

거주자의 퇴직소득이 다음의 어느 하나에 해당하는 경우에는 해당 퇴직소득에 대한 소득세를 연금외수령하기 전까지 원천징수하지 아니한다. 이 경우 소득세가 이미 원천징수된 경우 해당 거주자는 원천징수세액에 대한 환급을 신청할 수 있다(소법 146 ②).

① 퇴직일 현재 연금계좌에 있거나 연금계좌로 지급되는 경우

② 퇴직하여 지급받은 날부터 60일 이내에 연금계좌에 입금되는 경우

다. 퇴직소득 과세표준확정신고

해당 과세기간의 퇴직소득금액이 있는 거주자는 그 퇴직소득과세표준을 그 과세기간

의 다음 년도 5월 1일부터 5월 31일까지 납세지 관할세무서장에게 신고하여야 한다(소법 71 ①). 그리고 해당 과세기간의 퇴직소득과세표준이 없는 때에도 적용한다. 다만, 퇴직소득 원천징수의 규정에 의하여 소득세를 납부한 자에 대하여는 그러하지 아니하다(소법 71 ②). 그러므로 다음에 해당하는 퇴직소득은 원칙적으로 퇴직소득 과세표준확정신고를 하여야 하나 납세조합에 가입하여 원천징수된 경우에는 퇴직소득 과세표준확정신고를 하지 아니하여도 된다(소법 73 ③).

① 외국기관 또는 우리나라에 주둔하는 국제연합군(미군은 제외)으로부터 받는 퇴직소득
② 국외에 있는 비거주자 또는 외국법인(국내지점 또는 국내영업소는 제외)으로부터 받는 퇴직소득 다만, 비거주자의 국내사업장과 외국법인의 국내사업장의 국내원천소득금액을 계산할 때 필요경비 또는 손금으로 계상되는 소득은 제외한다.

○ 소득세법

연습문제

01 퇴직소득 범위에 대하여 설명하시오.

02 퇴직소득세 계산구조에 대하여 설명하시오.

03 퇴직소득의 수입시기에 대하여 설명하시오.

04 퇴직소득과 근로소득을 비교 설명하시오.

05 퇴직소득공제에 대하여 설명하시오.

06 현실적인 퇴직의 범위에 대하여 설명하시오.

01 다음 중 퇴직소득에 대한 설명으로 옳지 않은 것은?

① 퇴직소득 과세표준확정신고 여부는 원천징수유무와 관계가 있다.
② 각종 공무원에게 지급되는 명예퇴직수당은 퇴직소득이다.
③ 「근로기준법」에 의하여 지급되는 해고예고수당도 퇴직소득이다.
④ 퇴직소득의 수입시기는 퇴직으로 인하여 퇴직금을 지급받는 날이다.

해설 ④ 퇴직소득의 수입시기는 현실적인 퇴직으로 인하여 그 퇴직을 한 날이다.

02 「소득세법」 상 퇴직소득이 아닌 것은? ▶ CTA 수정, 2015

① 공적연금 관련법에 따라 받는 일시금

② 「과학기술인공제회법」에 따라 지급받는 과학기술발전장려금

③ 「건설근로자의 고용개선 등에 관한 법률」에 따라 지급받는 퇴직공제금

④ 「한국교직원공제회법」에 따라 설립된 한국교직원공제회로부터 지급받는 초과반환금

⑤ 사용자 부담금을 기초로 하여 현실적인 퇴직을 원인으로 지급받은 소득

해설 한국교직원공제회로부터 지급받는 초과반환금은 이자소득이다.

03 거주자 乙은 A법인에서 2023년 1월 1일 입사하여 경리과장으로 근무한 후 2026년 12월 31일자에 퇴직하였다. 퇴직금 지급규정에 의해 산출된 퇴직소득은 150,000,000원이다. 노사합의서에 의거 조기퇴직자를 위한 퇴직자위로금 50,000,000원을 추가로 지급 받았다. 乙의 퇴직소득 산출액은 얼마인가? ▶ CPA 수정, 2007

① 24,840,000 ② 22,248,000 ③ 8,416,000

④ 36,086,666 ⑤ 6,152,000

 **해설**

구 분	계산내역
퇴직소득금액	200,000,000
근속연수공제액	1,000,000×4=4,000,000
환산급여	$(200{,}000{,}000-4{,}000{,}000)\times\frac{12}{4}=588{,}000{,}000$
환산급여공제액	151,700,000+288,000,000×35%=252,500,000
퇴직소득과세표준	588,000,000−252,500,000=335,500,000
퇴직소득산출세액	$(335{,}500{,}000\times 40\%-25{,}940{,}000)\times\frac{4}{12}=36{,}086{,}666$

04 다음 자료를 이용하여 내국법인인 ㈜A에서 경리과장으로 근무하던 거주자 甲의 2026년 퇴직소득산출세액을 계산하면 얼마인가? (단, 주어진 자료 이외에는 고려하지 않음)

▶ CTA, 2016 수정

(1) 퇴직소득금액 : 150,000,000원

(2) 근무기간 : 2019.1.1.~2026.3.31.(퇴직일)
(근무기간 중 근로기간으로 보지 않는 기간은 없음)

(3) 기본세율

종합소득 과세표준	세 율
1,400만원 이하	과세표준의 6%
1,400만원 초과 5,000만원 이하	84만원+(1,400만원을 초과하는 금액의 15%)
5,000만원 초과 8,800만원 이하	624만원+(5,000만원을 초과하는 금액의 24%)
8,800만원 초과 1억5천만원 이하	1,536만원+(8,800만원을 초과하는 금액의 35%)

(4) 근속연수에 따른 공제액

근속연수	근속연수에 따른 공제액
5년 초과 10년 이하	500만원+200만원×(근속연수−5년)

(5) 환산급여공제액

환산급여	환산급여공제액
7천만원 초과 1억원 이하	4천520만원+(7천만원 초과분의 55퍼센트)
1억원 초과 3억원 이하	6천170만원+(1억원 초과분의 45퍼센트)

① 8,874,000원　② 14,467,500원　③ 11,111,400원

④ 12,567,500원　⑤ 21,701,250원

 해설

구 분	계산내역
퇴직소득금액	150,000,000
근속연수공제액	5,000,000+2,000,000×(8년−5년)=11,000,000
환산급여	$(150,000,000-11,000,000)\times\frac{12}{8년}=208,500,000$
환산급여공제액	61,700,000+108,500,000×45%=110,525,000
퇴직소득과세표준	208,500,000−110,525,000=97,975,000
퇴직소득산출세액	$(15,360,000+9,975,000\times35\%)\times\frac{8년}{12}=12,567,500$

05 퇴직소득과 관련된 설명이다. 옳지 않은 것은? ▶ CPA 2008

① 종업원이 임원으로 취임하면서 노사합의에 의하여 퇴직금을 받는 경우, 동 퇴직금은 퇴직소득에 해당하지 아니한다.

② ㈜A가 12월에 퇴직한 갑의 퇴직급여액을 다음연도 1월 31일까지 지급하지 아니한 때에는 그 퇴직급여액은 1월 31일에 지급한 것으로 본다.

③ 외국인 근로소득자가 퇴직으로 인하여 받는 소득은 퇴직소득에 포함된다.

④ 「근로자퇴직급여 보장법」에 따른 확정기여형퇴직연금 및 개인퇴직계좌에서 중도인출하는 일시금은 퇴직소득에 해당된다.

⑤ 「근로자퇴직급여 보장법」에 따라 연금을 수급하던 자가 연금계약의 중도해지 등으로 지급받는 일시금은 퇴직소득에 해당된다.

해설 종업원이 임원으로 취임한 경우는 현실적인 퇴직에 해당하므로 불특정 다수의 퇴직자에게 적용되는 노사합의에 의하여 퇴직금을 받은 경우 동 퇴직금은 퇴직소득에 해당한다.

01 ④ 02 ④ 03 ④ 04 ② 05 ①

07절 예정신고와 세액납부

1 중간예납

가. 의 의

거주자의 종합소득에 대한 과세는 과세기간 종료시 납세의무가 확정되고 과세기간이 종료된 후에 납세의무자가 자기의 과세표준과 세액을 스스로 확정하여 신고함과 아울러 세액을 자진납부하도록 하고 있다.

이와 같이 연간 소득세를 일시에 납부하게 되면 납세자측에서는 납세자금의 부담으로 인하여 납세가 심히 곤란하게 되고, 또한 정부측 입장에서도 과세기간 도중에 그 일부를 미리 납부하게 하여 납세자의 부담을 분담시켜 세수평균화와 조세수입의 확보를 위하여 중간예납제도를 두고 있다.

중간예납세액을 예납적으로 결정하여 징수하고, 그 후에 과세기간을 단위로 확정한 소득세액에서 이미 납부한 중간예납세액 등을 공제하여 납부세액을 계산하고 있다.

현행 중간예납제도 이외에 수시부과제도, 예정신고납부 · 결정 그리고 원천징수 등도 같은 취지의 제도로 볼 수 있다.

나. 중간예납대상자

종합소득이 있는 거주자는 중간예납의무가 있다. 다만, 임시소득만 있는 자와 신규사업자는 예외로 한다.

1) 임시소득만 있는 자

다음의 소득만이 있는 자는 중간예납의무를 지지 않는다(소법 65 ①, 소령 123, 소칙 64).

① 이자소득 · 배당소득 · 근로소득 · 연금소득 또는 기타소득

② 사업소득 중 속기 · 타자 등 한국표준산업분류상의 사무관련 서비스업에서 발생하는 소득

③ 분리과세 주택임대소득

④ 사업소득 중 수시부과하는 소득

⑤ 저술가 · 화가 · 배우 · 가수 · 영화감독 · 연출가 · 촬영사 등 자영예술가

⑥ 직업선수 · 코치 · 심판 등 자영경기업

⑦ 보험가입자의 모집 · 증권매매의 권유 · 저축의 권장 · 집금 등을 행하고 그 실적에 따라 받는 모집수당 · 권장수당 · 집금수당 등을 받는 업

⑧ 방문판매업자를 대신하여 방문판매업무를 수행하고 그 실적에 따라 판매수당 등을 받는 업(직전연도에 대한 사업소득세액의 연말정산을 한 것에 한함).

2) 신규사업자

해당 과세기간의 개시일 현재 사업자가 아닌 자로서 그 과세기간 중에 사업을 시작한 자는 중간예납의무를 지지 않는다(소법 65 ①).

다. 중간예납기간과 납부기간

중간예납기간 · 중간예납추계액신고기간 · 중간예납세액의 통지기간 및 납부기간은 다음과 같다.

중간예납기간	추계액신고기간	세액통지기간	세액납부기간
1. 1～6. 30	11. 1～11. 30	11. 1～11. 15	11. 16～11. 30

라. 중간예납세액의 계산

(1) 결정에 의한 중간예납

1) 중간예납세액의 결정

직전 과세기간에 종합소득에 대한 소득세로서 납부하였거나 납부할 세액(이를 ‘중간예납기준액’이라 한다)의 2분의 1에 해당하는 금액을 중간예납세액으로 한다(소법 65 ①).

$$\text{중간예납세액} = \text{중간예납기준액}^{*} \times \frac{1}{2} - \text{중간예납기간 중의 토지 등 매매차익 예정신고 납부세액}^{**}$$

* [직전 과세기간의 중간예납세액 + 확정신고 납부세액 + 결정 · 경정에 의한 추가납부세액 (가산세 포함) + 기한후신고 · 수정신고 추가자진납부세액 (가산세 포함)] − 환급세액

** 부동산 매매업자가 중간예납기간 중에 매도한 토지 · 건물에 대하여 토지 등 매매차익 예정신고납부

를 한 경우에 그 신고납부한 금액을 말한다. 이 경우 그 예정신고납부세액이 중간예납기준액의 1/2을 초과하는 경우에는 중간예납세액이 없는 것으로 한다(소법 65 ⑩).

2) 고지된 중간예납세액의 분납

고지된 중간예납세액을 납부하여야 할 거주자가 11월 30일까지 그 세액의 일부 또는 전부를 납부하지 아니한 경우에는 납부하지 아니한 세액 중 분할납부할 수 있는 세액에 대해서는 납부의 고지가 없었던 것으로 보며, 납세지 관할세무서장은 해당 과세기간의 다음 연도 1월 1일부터 1월 15일까지의 기간에 그 분할납부할 수 있는 세액을 납부할 세액으로 하는 납부고지서를 발급하여야 한다(소법 65 ②).

35

다음 자료에 의하여 소득세 중간예납세액을 계산하시오.

〈직전 과세기간 과세자료〉

1. 중간예납세액	3,000,000원
2. 원천징수세액	1,000,000원
3. 자진납부세액	4,000,000원
4. 추가납부세액	2,000,000원

 **해답** 중간예납세액 = {3,000,000(중간예납세액)+4,000,000원(자진납부세액)+2,000,000원(추가납부세액)} × 1/2 = 4,500,000원

(2) 신고에 의한 중간예납

다음의 경우에는 납세자의 신고에 의하여 중간예납신고·납부가 적용되는데 이때는 중간예납세액의 추계액을 중간예납세액으로 한다(소법 65 ③·⑤).

구 분	대 상
① 자진신고방법에 의하여야 하는 경우 (강제규정)	중간예납기준액이 없는 자로서 해당 과세기간의 중간예납기간 중 사업소득이 있는 거주자 중 복식부기의무자
② 자진신고방법에 의할 수 있는 경우 (임의규정)	중간예납을 하여야 할 거주자의 중간예납추계액이 중간예납기준액의 30%에 미달하는 경우*

* 이 경우 거주자가 중간예납추계액을 신고한 경우에는 이미 이루어진 중간예납세액의 결정은 이를 없었던 것으로 본다(소법 65 ④).

'중간예납추계액'이란 해당 중간예납기간 종료일까지의 종합소득금액에 대한 소득세액을 말하는데, 중간예납추계액의 계산은 다음의 순서에 따라 계산한다(소법 65 ⑧).

> 종합소득과세표준 = (중간예납기간의 종합소득금액×2) − 이월결손금 − 종합소득공제
> 종합소득산출세액 = 종합소득과세표준×기본세율
>
> 중간예납추계액 = 종합소득 산출세액 × $\frac{1}{2}$ − 중간예납기간 종료일까지의 종합소득에 대한 감면세액 · 세액공제액, 토지 등 매매차익예정신고산출세액 · 수시부과세액과 원천징수세액

마. 중간예납추계액의 신고와 결정

(1) 중간예납추계액의 신고

중간예납추계액신고서에 서류를 첨부하여 11월 1일부터 11월 30일까지의 기간 중에 납세지 관할세무서장에게 제출하여야 한다(소법 65 ③).

(2) 신고한 중간예납추계액의 납부

중간예납추계액을 신고한 거주자는 신고와 함께 그 중간예납세액을 11월 30일까지 납세지 관할세무서 · 한국은행(그 대리점 포함) 또는 체신관서에 납부하여야 한다(소법 65 ⑥).

(3) 중간예납추계액에 대한 결정 · 경정 및 징수

납세지 관할세무서장은 이처럼 중간예납추계액을 신고한 자의 신고내용에 탈루 또는 오류가 있거나, 반드시 중간예납추계액을 신고하여야 할 자가 신고를 하지 아니한 경우에는 중간예납세액을 경정하거나 결정할 수 있다. 이 경우 경정 또는 결정할 세액은 전술한 중간예납추계액의 계산방법을 준용하여 산출한 금액으로 한다(소법 65 ⑨, 소령 125 ②)

한편, 납세지 관할세무서장은 거주자가 중간예납세액을 신고 · 납부하여야 할 자가 그 세액의 전부 또는 일부를 납부하지 아니한 경우에는 그 미납된 부분의 소득세액을 그 납부기한이 경과한 날부터 3개월 이내에 징수한다(소법 85 ①). 이 경우 그 미납 또는 미달납부한 중간예납세액에 대해서는 납부불성실가산세가 부과된다.

바. 중간예납결정의 특례

(1) 긴급한 재정상 수요로 인한 중간예납결정

납세지 관할 세무서장은 내우외환등의 사유로 인하여 긴급한 재정상의 수요가 있다고 국세청장이 인정할 때에는 중간예납기준액 또는 중간예납추계액의 2배 범위에서 해당 과세기간의 중간예납세액을 결정할 수 있다(소법 65 ⑪).

(2) 납세조합원의 중간예납특례

납세조합이 중간예납기간 중 그 조합원의 해당 소득에 대한 소득세를 매월 징수하여 납부한 경우에는 그 소득에 대한 중간예납을 하지 아니한다(소법 68 ①).

(3) 중간예납의 소액부징수

중간예납의 경우 중간예납세액이 50만원 미만인 경우에는 중간예납세액을 징수하지 아니한다(소법 86 (4)).

사. 소득세법과 법인세법에 중간예납의 비교

「소득세법」과 「법인세법」에 중간예납규정을 비교하면 다음과 같다.

① 세액계산방법의 차이로서 「법인세법」의 중간예납은 직전사업연도 실적에 의한 방법과 가결산에 의한 방법 중 법인이 선택적용하는 것이 원칙이나, 「소득세법」의 중간예납은 직전 과세기간 실적에 의한 방법이 원칙이며 중간예납기간의 가결산에 의한 방법은 예외적으로 적용한다.

② 「소득세법」의 중간예납의무자는 종합소득이 있는 거주자에 한하나, 「법인세법」은 중간예납대상이 되는 소득을 한정하지 않는다.

③ 「소득세법」의 중간예납세액은 과세관청이 서면으로 통지하도록 되어 있으나, 「법인세법」의 중간예납세액은 예납기간이 경과한 날로부터 2월 내에 납부하여야 한다.

④ 분할납부기한이 「법인세법」은 1개월(중소기업은 2개월), 「소득세법」은 2개월이다.

 토지 등 매매차익 예정신고와 납부

가. 의 의

부동산매매업자가 토지 또는 건물(이하 '토지 등')을 매매하였을 때에는 그 토지 등 매매가액에서 취득가액 등 필요경비를 공제한 매매차익을 매매일이 속하는 달의 말일부터 2개월이 되는 날까지 신고하도록 예정신고제도를 취하고 있다. 즉 토지 등 매매차익을 그 매매일이 속하는 달의 말일부터 2개월이 되는 날까지 정부에 신고하여야 하며, 자산양도차익이 없거나 양도차손이 발생한 경우에도 신고하도록 하고 있는 바, 이를 토지 등 매매차익예정신고라 한다(소법 69).

예정신고의 법적 성격은 납세의무를 구체적으로 확정하는 효력을 부여하고 있지 않고 단지 과세관청이 과세처분을 함에 있어서 필요한 근거자료 또는 증빙서류를 제출하는 의미에 불과하다. 납세의무의 확정을 종합소득세는 신고납세제도를 채택하므로 확정신고에 의하여 확정된다.

나. 예정신고의 방법

부동산매매업자가 토지 등 매매차익예정신고를 하는 때에는 토지 등 매매차익예정신고서에 토지 등 매매차익예정신고 자진납부 계산서를 첨부하여 그 매매일이 속하는 달의 말일부터 2개월이 되는 날까지 납세지 관할세무서장에게 제출하여야 한다(소령 127).

다. 토지 등 매매차익의 예정신고와 납부세액계산

부동산매매업자는 토지 등 매매차익을 그 매매일이 속하는 달의 말일부터 2개월이 되는 날까지 정부에 신고하여야 납부하며, 토지 등 매매차익 예정신고는 토지 등 매매차익이 없거나 매매차손이 발생하였을 때에도 신고하여야 한다(소법 69 ①).

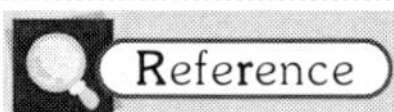

토지 등 매매차익에 대한 산출세액의 계산 및 결정·경정 및 환산가액 적용에 따른 가산세에 관하여는 양도소득에 대한 규정을 준용한다(소법 69 ⑤).

(1) 매매차익의 계산

부동산매매업자의 토지 등 매매차익은 다음과 같이 계산한다(소령 128 ①).

> 매매가액
> −양도자산의 필요경비에 상당하는 금액(취득가액, 자본적 지출액 및 양도비용)
> −당해 토지 등의 건설자금에 충당한 금액의 이자
> −토지 등의 매도로 인하여 법률에 의하여 지급하는 공과금
> −장기보유특별공제액
> ―――――――――――――――
> =토지 등 매매차익*

* 토지 등을 평가증하여 장부가액을 수정한 때에는 그 평가증을 하지 아니한 장부가액으로 매매차익을 계산한다(소령 128 ②).

한편 토지 등과 기타의 자산을 함께 매매하는 경우에는 이를 구분하여 기장하고 공통되는 필요경비가 있는 경우에는 당해 자산의 가액에 따라 안분계산하여야 한다(소령 128 ③).

(2) 산출세액의 계산

매매차익에 대한 산출세액은 그 매매차익에 양도소득세율을 곱하여 계산한다. 다만, 토지 등의 보유기간이 2년 미만인 경우에는 기본세율을 곱하여 계산한다(소법 69 ③).

36

다음 자료에 의하여 토지 등 매매차익예정신고 자진납부세액을 계산하면?

1. 양도 및 취득상황

구 분	취 득	양 도	자본적 지출	양도비용
일 자	1999. 6. 1	2026. 6. 30	1999. 4. 1	2026. 7. 3
금 액	2,600만원	5,000만원	330만원	70만원

2. 「조세특례제한법」에 따른 감면세액은 산출세액의 20%를 면제한다.
3. 해당 토지는 등기자산이다.
4. 양도소득세율 : 1,400만원 이하=6%

 **해답** 1. 부동산매매업자의 토지 등 매매차익(소령 128 ①)
매매가액－필요경비(취득가액, 자본적지출액, 양도비)－건설자금이자
－토지 등 매도로 인한 공과금－장기보유특별공제액
50,000,000－(26,000,000＋3,300,000＋700,000)－6,000,000 ＝ 14,000,000원

2. 장기보유특별공제(소법 95 ②)
양도차익×30% ＝ 20,000,000×30% ＝ 6,000,000원

3. 예정신고 산출세액
14,000,000×양도소득세율＝ 14,000,000×6% ＝ 840,000원

4. 예정신고 자진납부세액
840,000－840,000×20% ＝ 672,000원

라. 토지 등 매매차익의 결정방법

토지 등 매매차익과 세액은 다음과 같은 방법에 의하여 조사·결정한다.

(1) 증빙서류가 있는 경우

부동산매매업자가 매매차익예정신고시에 제출한 증빙서류 또는 비치·기장한 증빙서류에 의하여 매매차익을 계산할 수 있을 때에는 그에 의하여 조사·결정한다(소령 129 ① (1)).

(2) 증빙서류가 없는 경우

비치·기장한 장부의 증빙서류가 없는 등 추계조사·결정사유에 해당하는 경우에는 기준경비율(또는 단순경비율)을 적용하여 계산한 금액을 토지 등 매매차익으로 한다(소령 129 ① (2)). 이 경우 매도한 토지 등의 매매가액은 실지거래가액을 확인할 수 있는 경우에는 실지거래가액에 의하고, 확인할 수 없는 경우에는 기준시가에 의한다(소령 129 ②).

마. 토지 등 매매차익의 결정과 통지

납세지 관할세무서장은 토지 등 매매차익예정신고 또는 토지 등 매매차익예정신고자진납부를 한 자에 대하여는 그 신고 또는 자진신고납부를 한 날로부터 1월 내에, 매매차익예정신고를 하지 아니한 자에 대하여는 즉시 그 매매차익과 세액을 결정하고 당해 부동산매매업자에게 이를 통지하여야 한다(소령 129 ③).

○ 소 득 세 법

연습문제

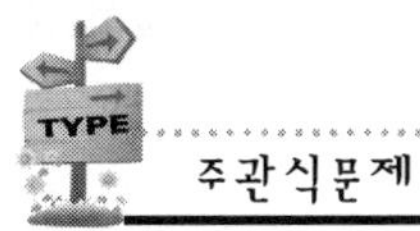

01 「소득세법」의 중간예납제도에 대해서 설명하시오.

02 토지 등 매매차익예정신고의 납부에 대해 설명하시오.

03 부동산매매업자가 토지를 매매할 경우 토지의 매매차익의 계산구조에 대하여 설명하시오.

04 「소득세법」과 「법인세법」에 중간예납제도를 비교 설명하시오.

01 다음 중 중간예납의무가 있는 자는?

① 사업소득이 있는 거주자

② 당해 과세기간 중 신규로 사업을 개시한 자

③ 속기 · 타자 등 사무관련 서비스업에서 발생하는 소득만이 있는 자

④ 자영예술업과 자영경기업을 영위하는 자

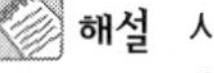

해설 사업소득이 있는 거주자는 중간예납의무가 있다. 다만, 다음은 중간예납의무가 없다(소법 65 ①).

① 신규사업자

② 사업소득 중 수시부과하는 소득

③ 사업소득 중 법소정 사업 : 속기 · 타자 등 사무관련 서비스업, 보험보집인, 자영예술업과 자영경기업, 방문판매인

01 ①

08절 확정신고와 세액납부

01 과세표준 확정신고와 자진납부

가. 과세표준 확정신고의무자

해당 과세기간의 종합소득금액 · 퇴직소득금액 또는 양도소득금액이 있는 거주자는 그 종합소득과세표준 · 퇴직소득과세표준 · 양도소득과세표준을 그 과세기간의 다음 연도 5월 1일부터 5월 31일까지 납세지 관할 세무서에 신고하여야 한다(소법 70 ①, 71 ①, 110 ①). 과세표준확정신고는 해당 과세기간의 과세표준이 없거나 결손금액이 있는 경우 및 분리과세 주택임대소득, 가상자산소득 및 계약금이 대체된 위약금 · 배상금이 있는 경우에도 적용된다.

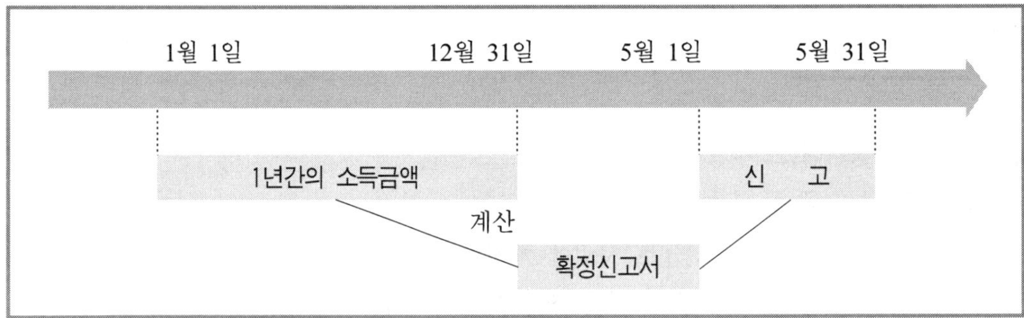

2인 이상으로부터 받는 근로소득 · 공적연금소득 · 퇴직소득 또는 연말정산되는 사업소득이 있는 자(일용근로자는 제외)에 대해서는 과세표준확정신고를 하여야 한다. 다만, 원천징수 또는 연말정산에 따라 소득세를 납부한 자는 과세표준확정신고를 하지 않아도 된다(소법 73 ② · ③).

나. 신고의 법적 성격

신고납세제도를 채택하고 있는 종합소득세 등의 납세의무는 납세의무자의 과세표준 신고행위에 의하여 구체적으로 확정되는데 이러한 조세확정신고납세제도하의 납세신고는 납세의무자가 자기의 과세표준과 세액을 과세관청에 신고하는 경우로서 그 신고하는 내용대로 납세의무가 확정되는 법적 효과가 부여되고 있으므로 사인의 공법행위이다.

다. 과세표준 확정신고의무가 없는 자

다음에 해당하는 거주자는 해당 소득에 대한 과세표준확정신고를 하지 아니할 수 있다(소법 73 ①).

① 근로소득만 있는 자
② 퇴직소득만 있는 자
③ 공적연금소득만 있는 자
④ 연말정산되는 사업소득만 있는 자
④의2 종교인소득만 있는 자
⑤ 근로소득 및 퇴직소득의 소득만 있는 자
⑥ 퇴직소득 및 공적연금소득만 있는 자
⑦ 퇴직소득 및 연말정산되는 사업소득만 있는 자
⑦의2 퇴직소득 및 종교인소득만 있는 자
⑧ 분리과세이자소득 · 분리과세배당소득 · 분리과세연금소득 및 분리과세기타소득만 있는 자
⑨ 위 '①~⑦'에 해당하는 자로서 분리과세이자소득 · 분리과세배당소득 · 분리과세연금소득 및 분리과세기타소득이 있는 자
⑩ 수시부과를 받은 후 추가로 발생된 소득이 없는 자(소법 73 ⑤)
⑪ 양도소득만이 있는 거주자로서 예정신고납부를 한 자
⑫ 2인 이상으로부터 받는 근로소득 · 공적연금소득 · 퇴직소득 · 종교인소득 또는 연말정산되는 사업소득이 있는 자로서 연말정산에 소득세를 납부한 자(소법 73 ② 단서)
⑬ 외국기관 또는 우리나라에 주둔하는 국제연합군 등으로부터 받는 근로소득과 퇴직소득이 있는 자로서 납세조합이 원천징수 연말정산에 의하여 소득세를 납부한 자(소법 73 ② 단서)
⑭ 위의 '④, ⑦, ⑫'에서 연말정산하는 사업소득자는 간편장부대상자로서 다음에 해당하는 자를 말한다(소령 137 ①).
  ㉠ 독립된 자격으로 보험가입자의 모집 및 이에 부수되는 용역을 제공하고 그 실적에 따라 모집수당 등을 받는 자

ⓛ 「방문판매 등에 관한 법률」에 따라 방문판매업자를 대신하여 방문판매업무를 수행하고 그 실적에 따라 판매수당을 받거나 후원방문판매조직에 판매원으로 가입하여 후원방문판매업을 수행하고 후원수당 등을 받는 자
ⓒ 독립된 자격으로 일반 소비자를 대상으로 사업장을 개설하지 않고 음료품을 배달하는 계약배달 판매 용역을 제공하고 판매실적에 따라 판매수당 등을 받는 자

라. 확정신고기한

과세표준의 확정신고는 해당 과세기간의 다음 연도 5월 1일부터 5월 31일까지로 한다. 다만, 다음의 경우에는 예외로 한다.

(1) 사망한 경우

거주자가 사망한 경우 그 상속인은 그 상속 개시일이 속하는 달의 말일부터 6개월이 되는 날(이 기간중 상속인이 주소 또는 거소의 국외이전을 위하여 출국하는 경우에는 출국일 전날)까지 사망일이 속하는 과세기간에 대한 그 거주자의 과세표준을 신고하여야 한다. 다만, 상속인이 승계한 연금계좌의 소득금액에 대해서는 그러하지 아니하다(소법 74 ①). 또한 1월 1일과 5월 31일 사이에 사망한 거주자가 사망일이 속하는 과세기간의 직전 과세기간에 대한 과세표준확정신고를 하지 아니한 경우에는 이를 준용한다(소법 74 ②).

(2) 출국하는 경우

과세표준확정신고를 하여야 할 거주자가 주소 또는 거소의 국외이전을 위하여 출국하는 경우에는 출국일이 속하는 과세기간의 과세표준을 출국일 전날까지 신고하여야 한다(소법 74 ④). 또한 거주자가 1월 1일과 5월 31일 사이에 주소 또는 거소의 국외이전을 위하여 출국하는 경우 출국일이 속하는 과세기간의 직전 과세기간에 대한 과세표준확정신고에 관하여 이를 준용한다(소법 74 ⑤).

(3) 추가신고

종합소득 과세표준확정신고를 한 자가 그 신고기한 내에 신고한 사항 중 정부의 허가·인가·승인 등에 의하여 물품가격이 인상됨으로써 신고기한이 지난 뒤에 당해 소득의 총수입금액이 변동되어 추가로 신고한 경우에는 정당하게 신고한 것으로 본다(소령 134 ②).

(4) 기한 후 신고

법정신고기한까지 과세표준신고서를 제출하지 아니한 자는 관할 세무서장이 세법에 따라 해당 국세의 과세표준과 세액(가산세를 포함)을 결정하여 통지하기 전까지 기한후과세표준신고서를 제출할 수 있다. 다만, 「자산재평가법」에 따른 재평가신고의 경우에는 그러하지 아니하다(국기법 45의3 ①).

또한, 기한후과세표준신고서를 제출한 자로서 세법에 따라 납부하여야 할 세액이 있는 자는 기한후과세표준신고서 제출과 동시에 그 세액을 납부하여야 한다(국기법 45의3 ②).

한편 정부는 법정신고기한이 지난 후 기한 후 신고·납부를 한 경우에는 무신고가산세액에서 다음에서 정하는 금액을 감면한다(국기법 48 ②(2)).

① 1개월 이내에 기한 후 신고·납부를 한 경우 : 가산세액의 50%

② 1개월 초과 3개월 이내에 기한 후 신고·납부를 한 경우 : 가산세액의 30%

③ 3개월 초과 6개월 이내에 기한 후 신고·납부를 한 경우 : 가산세액의 20%

(5) 수정신고

과세표준신고서를 법정신고기한까지 제출한 자는 다음의 하나에 해당할 때에는 관할 세무서장이 각 세법에 따라 해당 국세의 과세표준과 세액을 결정 또는 경정하여 통지를 하기 전까지 과세표준수정신고서를 제출할 수 있다(국기법 45 ①).

① 과세표준신고서에 기재된 과세표준 및 세액이 세법에 의하여 신고하여야 할 과세표준 및 세액에 미치지 못할 때

② 과세표준신고서에 기재된 결손금액 또는 환급세액이 세법에 따라 신고하여야 할 결손금이나 환급세액을 초과할 때

③ 원천징수의무자의 정산 과정에서의 누락, 세무조정 과정에서의 누락 등 사유로 불완전한 신고를 하였을 때(경정 등의 청구를 할 수 있는 경우는 제외)

또한 정부는 법정신고기한이 지난 후 수정신고한 경우(과세표준수정신고서를 제출한 과세표준과 세액을 경정할 것을 미리 알고 제출한 경우는 제외)에는 과소신고가산세 및 초과환급신고가산세에서 다음에서 정하는 금액을 감면한다(국기법 48 ②(1)).

① 1개월 이내에 수정신고한 경우 : 가산세액의 90%

② 1개월 초과 3개월 이내에 수정신고한 경우 : 가산세액의 75%

③ 3개월 초과 6개월 이내에 수정신고한 경우 : 가산세액의 50%

④ 6개월 초과 1년 이내에 수정신고한 경우 : 가산세액의 30%
⑤ 1년 초과 1년 6개월 이내에 수정신고한 경우 : 가산세액의 20%
⑥ 1년 6개월 초과 2년 이내에 수정신고한 경우 : 가산세액의 10%

(6) 경정 등의 청구

'경정 등의 청구'란 이미 신고·결정·경정된 과세표준 및 세액 등이 과대한 경우 과세관청으로 하여금 이를 정정하여 경정하도록 요구하는 청구를 말한다.

1) 통상적인 경정청구

과세표준신고서를 법정신고기한까지 제출한 자는 다음 중 어느 하나에 해당하는 때에는 최초신고 및 수정신고한 국세의 과세표준 및 세액 등(각 세법에 따른 결정 또는 경정이 있는 경우에는 당해 결정 또는 경정 후의 과세표준 및 세액)의 결정 또는 경정을 법정신고기한이 지난 후 5년(각 세법에 따른 결정 또는 경정이 있는 경우에는 이의신청·심사청구 또는 심판청구 기간) 이내에 관할세무서장에게 청구할 수 있다(국기 45의2 ①).

① 과세표준신고서에 기재된 과세표준 및 세액 등(각 세법에 따라 결정 또는 경정이 있는 경우에는 해당 결정 또는 경정 후의 과세표준 및 세액 등)이 세법에 의하여 신고하여야 할 금액을 초과할 때
② 과세표준신고서에 기재된 결손금액 또는 환급세액(각 세법에 따라 결정 또는 경정이 있는 경우에는 해당 결정 또는 경정 후의 결손금액 또는 환급세액)이 세법에 따라 신고하여야 할 결손금액 또는 환급세액에 미치지 못할 때

2) 후발적사유로 인한 경정청구

과세표준신고서를 법정신고기한까지 제출한 자 또는 국세의 과세표준 및 세액의 결정을 받은 자는 다음 중 어느 하나에 해당하는 사유가 발생하였을 때에는 위의 청구기간에도 불구하고 그 사유가 발생한 것을 안 날부터 3개월 이내에 결정 또는 경정을 청구할 수 있다(국기 45의2 ②).

① 최초 신고·결정 또는 경정에서 과세표준 및 세액의 계산근거가 된 거래 또는 행위 등이 그에 관한 소송에 대한 판결(판결과 같은 효력을 가지는 화해나 그 밖의 행위를 포함)에 의하여 다른 것으로 확정되었을 때
② 소득이나 그 밖의 과세물건의 귀속을 제3자에게로 변경시키는 결정 또는 경정이 있을 때

③ 조세조약에 따른 상호합의가 최초의 신고·결정 또는 경정의 내용과 다르게 이루어졌을 때

④ 결정 또는 경정으로 인하여 그 결정 또는 경정의 대상이 되는 과세기간(법인의 경우에는 사업연도) 외의 과세기간에 대하여 최초에 신고한 국세의 과세표준과 세액이 세법에 따라 신고하여야 할 과세표준 및 세액을 초과할 때

⑤ 위 '①~④'와 유사한 다음의 사유가 해당 국세의 법정신고기한이 지난 후에 발생하였을 때(국기령 25의2)

㉠ 최초의 신고·결정 또는 경정에 있어서 과세표준 및 세액의 계산근거가 된 거래 또는 행위 등의 효력에 관계되는 관청의 허가 기타의 처분이 취소된 때

㉡ 최초의 신고·결정 또는 경정에 있어서 과세표준 및 세액의 계산근거가 된 거래 또는 행위 등의 효력에 관계되는 계약이 해제권의 행사에 의하여 해제되거나 당해 계약의 성립 후 발생한 부득이한 사유로 인하여 해제되거나 취소된 때

㉢ 최초의 신고·결정 또는 경정에 있어서 장부 및 증빙서류의 압수 기타 부득이한 사유로 인하여 과세표준 및 세액을 계산할 수 없었으나 그 후 당해 사유가 소멸한 때

㉣ 기타 '㉠'~'㉢'에 준하는 사유에 해당하는 때

마. 확정신고시 제출서류

종합소득과세표준 확정신고를 할 때에는 그 신고서에 다음의 서류를 첨부하여 납세지 관할세무서장에게 제출하여야 한다. 이 경우 복식부기의무자가 '③'의 서류를 제출하지 아니한 경우에는 종합소득과세표준확정신고를 하지 아니한 것으로 본다(소법 70 ④, 소령 130 ②).

① 인적공제, 연금보험료공제, 주택담보노후연금이자비용공제, 특별소득공제, 자녀세액공제, 연금계좌세액공제 및 특별세액공제 대상임을 증명하는 해당 과세기간 종료일 현재 주민등록표등본 또는 호적등본, 입양기관 발행 입양증명서, 수급자증명서, 장애자증명서, 주택담보노후연금이자비용증명서, 특별공제 입증서류 일시퇴거자 동거가족 상황표, 개인연금저축납입증명서 및 연금저축납입증명서

② 종합소득금액 계산의 기초가 된 총수입금액과 필요경비의 계산에 필요한 서류로서 소득금액계산명세서 등 기획재정부령이 정하는 서류

③ 사업소득금액을 비치·기록된 장부와 증명서류에 의하여 계산한 경우에는 기업회계기준을 준용하여 작성한 재무상태표·손익계산서와 그 부속서류, 합계잔액시산표 및 조정계

산서. 다만, 간편장부에 의하여 기장을 한 사업자의 경우에는 간편장부소득금액계산서(소법 70 ④(3))

한편, 전자신고를 하는 경우에는 기획재정부령이 정하는 표준재무상태표 · 표준손익계산서 · 표준원가명세서 · 표준합계잔액시산표 및 조정계산서를 제출하는 것으로 위 재무제표 및 합계잔액시산표와 조정계산서의 제출을 갈음할 수 있다(소령 130 ④).

이 때 조정계산서는 사업자가 비치 · 기록한 장부 또는 증명서류에 의하여 작성하되, 국세청장이 성실한 납세를 위하여 필요하다고 인정하는 경우에는 세무사(「세무사법」에 따라 등록한 공인회계사를 포함)가 작성하여야 한다(소령 131 ①).

④ 대손 · 퇴직급여충당금과 보험차익에 의한 고정자산취득의 경우, 국고보조금으로 취득한 사업용자산가액을 필요경비로 계상한 때에는 그 명세서

⑤ 사업자(소규모사업자를 제외)가 사업과 관련하여 다른 사업자(법인을 포함)로부터 재화 또는 용역을 공급받고 계산서 · 세금계산서 · 신용카드매출전표 외의 증빙을 수취한 경우에는 영수증수취명세서

⑥ 사업소득금액을 비치 · 기록한 장부와 증명서류에 의하여 계산하지 아니한 경우에는 추계소득금액계산서

영수증수취명세서는 거래건당 3만원을 초과하고 계산서 · 세금계산서 및 신용카드매출전표(직불카드 · 선불카드를 사용하여 거래하는 경우 그 증빙서류를 포함) 및 현금영수증이 아닌 영수증을 기재한 것으로서 기획재정부령이 정하는 것으로 한다(소령 132 ③).

그리고 '소규모사업자'라 함은 다음 중 어느 하나에 해당하는 사업자를 말한다(소령 132 ④).

㉠ 해당 과세기간에 신규로 사업을 개시한 사업자

㉡ 직전 과세기간의 부동산임대소득 및 사업소득의 수입금액(결정 또는 경정에 의하여 증가된 수입금액을 포함)의 합계액이 4,800만원에 미달하는 사업자

㉢ 원천징수되는 사업소득만 있는 사업자로서 직전 과세기간의 수입금액이 7,500만원에 미달하는 사업자

바. 확정신고 자진납부

(1) 자진납부할 세액의 계산

거주자는 해당 과세기간의 과세표준에 대한 종합소득산출세액 또는 퇴직소득산출세액에서 감면세액과 세액공제액을 공제한 후 다음의 세액이 있는 때에는 이를 공제한 금액

을 과세표준확정신고기한까지 납세지 관할세무서 · 한국은행 또는 체신관서에 납부하여야 한다(소법 76).

① 중간예납세액
② 토지 등 매매차익 예정신고산출세액 또는 그 결정 · 경정한 세액
③ 수시부과세액
④ 원천징수세액(채권 등의 이자등 상당액에 대한 원천징수세액은 당해 거주자 등의 보유기간의 이자등 상당액에 대한 세액에 한함)
⑤ 납세조합의 징수세액과 그 공제액

그러나 확정신고납부세액이 음수가 되는 경우에는 부담할 소득세액보다 초과하여 납부하였기 때문에 초과한 세액은 환급받게 된다.

(2) 분할납부

거주자로서 중간예납 · 예정신고 · 확정신고시 납부할 세액이 각각 1천만원을 초과하는 자는 다음과 같이 납부할 세액(가산세 제외)의 일부를 납부기한이 지난 후 2개월 이내에 분할납부할 수 있다(소법 77, 소령 140).

납 부 할 세 액	분할납부 가능세액
① 2,000만원 이하인 경우	1,000만원을 초과하는 금액
② 2,000만원을 초과하는 경우	그 세액의 50% 이하의 금액

이때 「국세기본법」(천재 등으로 인한 기한연장)에 규정하는 기한연장 등의 사유로 소득세의 납부기한연장 승인을 받은 경우 그에 따른 소득세의 분납기한은 연장된 소득세의 납부기한 경과일로부터 계산한다(소기통 77-1).

37

납부할 세액이 950만원, 1,000만원, 1,200만원, 2,000만원, 2,500만원인 경우 분할납부할 세액을 계산하라.

 해답

사 례	구 분 납부할 세액	기한내 납부할 세액	분할납부할 세액	비 교
사례 1	9,500,000	9,500,000	–	1,000만원 이하로 분할납부 불가
사례 2	10,000,000	10,000,000	–	〃
사례 3	12,000,000	10,000,000	2,000,000	1,000만원 초과금액 분할납부
사례 4	20,000,000	10,000,000	10,000,000	〃
사례 5	25,000,000	12,500,000	12,500,000	2,000만원 초과로 50% 분할납부 가능

(3) 추가 신고

1) 인정상여 등에 의한 추가 신고

종합소득과세표준 확정신고기한 경과 후에 법인세과세표준의 신고·결정·경정으로 인하여 익금에 산입한 금액이 배당·상여 또는 기타소득으로 처분됨으로써 소득금액에 변동이 발생하여 종합소득 과세표준확정신고의무가 없었던 자, 세법에 의해 과세표준확정신고를 하지 아니하여도 되는 자 및 과세표준확정신고를 한 자가 소득세를 추가납부하여야 하는 경우에 있어서 당해 법인(거주자가 통지를 받은 경우에는 당해 거주자)이 소득금액변동통지서를 받은 날(「법인세법」에 의하여 법인이 신고함으로써 소득금액에 변동이 있는 경우에는 당해 법인의 법인세 신고기일)이 속하는 달의 다음 다음 달 말일까지 추가신고한 때에는 기한 내에 신고한 것으로 본다(소령 134 ①).

2) 정부의 인허가에 의한 수입금액 변동에 따른 추가신고

종합소득과세표준확정신고를 한 자가 그 신고기한 내에 신고한 사항 중 정부의 허가·인가·승인 등에 의하여 물품가격이 인상됨으로써 신고기한이 지난 뒤에 당해 소득의 총수입금액이 변동되어 추가로 신고한 경우에는 기한 내에 신고한 것으로 본다(소령 134 ②).

3) 국세청장이 제공한 자료의 오류로 인한 추가신고

국세청장이 제공한 기타소득지급명세서 내역에 따라 종합소득과세표준확정신고를 한 자가 그 제공받은 내용에 오류가 있어 소득세를 추가신고(오류정정사항에 따른 통지를 받고 그 받은 날이 속하는 달의 다음 다음달 말일까지 추가신고하는 경우를 포함)한 때에는 기한 내에 신고한 것으로 본다(소령 134 ③).

사업장 현황신고와 확인

가. 의 의

종합소득세 등에 관한 납세의무의 확정방법이 신고납세제도로 전환함에 따라 종합소득세는 납세자가 납세지 관할세무서에 확정신고를 함으로써 납세의무가 확정되기 때문에 부가가치세 면세사업자에 대한 총수입금액의 조사결정제도에 법리상 상당한 모순이 나타나고 있다.

즉, 현행 「소득세법」은 사업자의 종합소득 과세표준 확정신고와는 별도로 사업장 소재지 관할세무서장에게 사업장 현황신고서를 제출하게 하고, 사업장 소재지 관할세무서장은 사업장별로 사업장의 현황을 확인하도록 하고 있다. 이와 같은 사업장 현황신고와 확인은 사업자의 총수입금액을 파악하기 위한 것이다.

사업장 현황신고의 법적 성격은 과세관청이 납세의무자의 총수입금액을 확인함에 있어서 필요한 근거자료 또는 증빙서류를 제출하는 협력의무의 이행에 불과하다.

나. 사업장의 현황신고

사업자(사업소득이 있는 자)는 해당 사업장의 현황을 과세기간의 다음 연도 2월 10일까지 사업장 소재지 관할세무서장에게 사업장 현황신고서에 의하여 신고하여야 한다. 다만, 다음에 해당하는 경우에는 사업장 현황신고를 한 것으로 본다(소법 78).

① 사업자가 사망하거나 출국함에 따라 과세표준 확정신고특례가 적용되는 경우

② 「부가가치세법」에 따른 사업자가 부가가치세를 신고한 경우. 다만, 사업자가 「부가가치세법」상 과세사업과 면세사업등을 겸영(兼營)하여 면세사업 수입금액 등을 신고하는 경우에는 그 면세사업등에 대하여 사업장 현황신고를 한 것으로 본다.

따라서 사업장 현황신고의무를 지는 자는 결국 부가가치세 면세사업자에 국한되는 것이다. 사업장 현황신고를 하여야 하는 사업자는 사업자 인적사항, 업종별 수입금액 내역, 시설현황 및 다음의 사항이 포함된 신고서를 제출하여야 한다(소법 78 ②, 소령 141 ②).

① 수입금액별 결제수단별 내역

② 계산서 · 세금계산서 · 신용카드매출전표 및 현금영수증 수취내역

③ 임차료 · 매입액 및 인건비 등 비용 내역

④ 그 밖에 사업장의 현황과 관련된 사항

사업장 현황신고를 함에 있어서 2 이상의 사업장이 있는 사업자는 각 사업장별로 사업장 현황신고를 하여야 하며(소령 141 ③), 국세청장이 업종의 특성 및 세원관리를 위하여 필요하다고 인정하는 사업장의 경우에는 동 신고서에 수입금액명세서 및 관련 자료를 첨부하여야 한다(소령 141 ①).

다. 사업장 현황의 확인

사업장 현황신고를 받은 사업장소재지 관할세무서장 또는 지방국세청장은 다음의 사유가 있는 경우에는 사업장의 현황을 조사 · 확인할 수 있다(소령 141 ⑤).

① 사업장 현황신고를 하지 아니한 경우
② 사업장 현황신고내용 중 시설현황, 인건비 수입금액 등 기본사항의 중요부분이 미비하거나 허위라고 인정되는 경우
③ 매입 · 매출에 관한 계산서의 수수내역이 사실과 현저하게 다르다고 인정되는 경우
④ 사업자가 그 사업을 휴업 또는 폐업한 경우

라. 사업장 현황신고 불성실 가산세

주로 사업자가 아닌 소비자에게 재화 또는 용역을 공급하는 사업자로서 「의료법」에 따른 의료업, 「수의사법」에 따른 수의업 및 「약사법」에 따라 약국을 개설하여 약사(藥事)에 관한 업(業)을 행하는 사업자를 사업자가 사업장 현황신고를 하지 아니하거나 신고하여야 할 수입금액(경영사업자가 사업장 현황신고를 한 것으로 보는 경우 면세사업 등 수입금액)에 미달하게 신고한 경우에는 그 신고하지 아니한 수입금액 또는 미달하게 신고한 수입금액의 0.5%에 해당하는 금액을 해당 과세기간의 결정세액에 더한다(소법 81의3, 소령 147의3).

03 성실신고확인서 제출

가. 성실신고확인서 제출대상

성실한 납세를 위하여 필요하다고 인정되어 수입금액(사업용 유형자산을 양도함으로써 발생한 수입금액은 제외)이 업종별로 아래에서 정하는 일정 규모 이상의 성실신고확인대상사업자는 종합소득과세표준 확정신고를 할 때에 비치 · 기록된 장부와 증명서류에 의하여

계산한 사업소득금액의 적정성을 세무사 등이 확인하고 작성한 성실신고확인서를 납세지 관할 세무서장에게 제출하여야 한다(소법 70의2 ①).

업 종	해당년도 기준수입금액
농·임·어업, 광업, 도소매업, 부동산매매업, 기타 업종	15억원 이상
제조업, 음식숙박업, 전기·가스·증기 및 공기조절공급업, 수도·하수·폐기물처리·원료재생업, 건설업, 운수업 및 창고업, 정보통신업, 금융보험업, 상품중개업	7.5억원 이상
부동산임대업, 부동산업(부동산매매업은 제외), 과학 및 기술서비스업, 사업시설관리·사업지원 및 임대서비스업, 교육서비스업, 보건업 및 사회복지서비스업, 예술스포츠여가서비스업, 기타개인서비스업, 가구내 고용활동	5억원 이상

나. 성실신고확인서 제출기간

성실신고확인대상사업자가 성실신고확인서를 제출하는 경우에는 종합소득과세표준 확정신고를 그 과세기간의 다음 연도 5월 1일부터 6월 30일까지 하여야 한다(소법 70의2 ②).

다. 성실신고확인서 제출 불성실 가산세

성실신고확인대상사업자가 그 과세기간의 다음 연도 6월 30일까지 성실신고확인서를 납세지 관할 세무서장에게 제출하지 아니한 경우에는 아래의 가산세를 결정세액에 더한다. 이 경우 종합소득산출세액이 경정으로 0보다 크게 된 경우에는 성실신고확인서 미제출 가산세를 결정세액에 더하며, 종합소득산출세액이 없는 경우에도 적용한다(소법 81의2).

$$\text{미제출가산세} = \text{Max}[①,\ ②]$$

$$① \ \text{종합소득산출세액} \times \frac{\text{사업소득금액}}{\text{종합소득금액}} \times 5\%$$

$$② \ \text{총수입금액} \times \frac{2}{10{,}000}$$

라. 성실신고확인서 제출세액공제

성실신고확인대상사업자로서 성실신고확인서를 제출한 자가 의료비 및 교육비를 2026년 12월 31일이 속하는 과세연도까지 지출한 경우 그 지출한 금액의 15%(미숙아 및 선천성이상아 의료비 20%, 난임시술비 30%)에 해당하는 금액을 해당 과세연도의 소득세에서 공제한다. 이 경우 의료비등 세액공제금액이 해당 사업소득금액을 초과하는 경우 그 초과금액은 없는 것으로 한다(조특법 122의3 ①·④).

마. 성실신고확인서 제출세액공제

성실신고확인대상사업자가 성실신고확인서를 제출하는 경우에는 아래의 금액을 해당 과세연도의 사업소득에 대한 소득세에서 공제한다(조특법 126의6 ①).

제출세액공제액＝Min [① 성실신고확인비용×60%, ② 120만원]

○ 소 득 세 법

연습문제

01 확정신고의 법적 효력에 대하여 설명하시오.

02 확정신고기한에 대하여 설명하시오.

03 종합소득세 과세표준 확정신고·납부에 대해서 설명하시오.

04 사업장 현황신고제도에 대하여 설명하시오.

05 「소득세법」에 과세표준 확정신고의무자를 설명하시오.

01 「소득세법」의 확정신고에 대한 설명으로 옳지 않은 것은?

① 종합소득금액이 있는 거주자는 해당 과세기간의 다음 연도 5월 1일부터 5월 31일까지 신고하여야 한다.

② 사망한 경우에는 상속개시일로부터 3개월 이내에 신고하여야 한다.

③ 국외로 이주하는 경우에는 출국일 전날까지 신고하여야 한다.

④ 복식부기의무자는 확정신고시 재무상태표, 손익계산서, 합계잔액시산표 및 조정계산서를 반드시 제출하여야 하며 이를 제출하지 않는 경우에는 무신고로 본다.

해설 ② 사망한 경우에는 상속개시일이 속하는 달의 말일로부터 6개월이 되는 날까지 신고하여야 한다.

02 「소득세법」의 확정신고의무가 없는 자 중 다른 하나는?

① 근로소득과 퇴직소득만 있는 자

② 분리과세대상인 이자소득과 배당소득만이 있는 자

③ 공적연금소득만 있는 자

④ 연말정산대상 사업소득과 퇴직소득만 있는 자

해설 ①, ③, ④는 연말정산한 자이고, ② 분리과세를 원인으로 확정신고의무가 없다.

※ 확정신고의무가 없는 자

㉠ 연말정산한 자 : 근로소득만 있는 자, 퇴직소득만 있는 자, 근로소득과 퇴직소득만 있는 자, 연말정산대상인 사업소득만 있는 자, 연말정산대상인 공적연금소득만 있는 자, 연말정산대상인 사업소득과 퇴직소득만 있는 자

㉡ 분리과세소득이 있는 자 : 수시부과한 경우 수시부과후 추가로 발생한 소득이 없는 자, 양도소득이 있는 거주자로서 자산양도차익 예정신고를 한 자

03 소득세 성실신고확인제도에 관한 설명이다. 옳지 않은 것은? ▶ CPA 2020

① 성실신고확인대상사업자로서 성실신고확인서를 제출한 자가 법령상 의료비를 지출한 경우 의료비세액공제를 적용받을 수 있다.

② 성실신고확인대상사업자가 성실신고확인서를 제출하는 경우에는 종합소득과세표준 확정신고를 그 과세기간의 다음 연도 5월 1일부터 6월 30일까지 하여야 한다.

③ 세무사가 성실신고확인대상사업자에 해당하는 경우에는 자신의 사업소득금액의 적정성에 대하여 해당 세무사가 성실신고확인서를 작성·제출해서는 아니된다.

④ 납세지 관할 세무서장은 성실신고확인서에 미비한 사항이 있을 때에는 그 보정을 요구할 수 있다.

⑤ 제조업을 영위하는 사업자의 해당 과세기간의 수입금액의 합계액이 5억원인 경우 성실신고확인대상사업자에 해당한다.

해설 ⑤ 제조업자는 해당 과세기간의 수입금액이 7.5억원인 경우 성실신고확인대상사업자에 해당한다.

09절 결정과 징수

01 과세표준과 세액의 결정

가. 의 의

결정이란, 과세요건의 충족으로 성립되어 있는 납세의무를 구체적으로 확정시키는 절차를 말한다. 납세의무는 과세기간의 종료와 함께 성립되나 성립된 납세의무는 추상적인 의무이므로 구체적으로 확정시키는 절차가 있어야 한다.

소득세는 소득세제의 효율적인 운영을 위하여 1995년도 귀속소득부터 소득세의 결정방식을 부과과세제도에서 신고납세제도로 전환하였다. 이에 따라 납세의무자가 신고하면 과세표준과 세액이 확정되므로 정부는 확정신고하지 않은 납세의무자에 대하여만 결정한다. 또한 신고납세제도로 전환된 이후에는 신고하지 않은 납세의무자만 결정하므로 결정방법도 실지조사결정과 추계조사결정의 2가지이다.

과세표준과 세액을 결정하는 처분의 법적 성격은 이미 성립되어 있는 조세채무의 과세요건을 구체적으로 판단·확정하는 행위이기 때문에 확인행위 또는 확정처분이라고 한다.

나. 과세표준과 세액의 결정

종합소득·퇴직소득 및 양도소득은 신고납세제도로 전환되었으므로 납세의무자가 신고한 경우에는 과세표준과 세액이 자동 확정된다. 따라서 납세의무자가 신고하지 않은 경우에만 정부가 결정하며 신고한 경우에는 결정할 필요가 없다.

확정신고를 하지 않은 거주자에 대한 과세표준과 세액의 결정은 과세표준 확정신고기일부터 1년 내에 완료하여야 한다. 다만, 국세청장이 조사기간을 따로 정하거나 부득이한 사유로 국세청장의 승인을 얻은 경우에는 그러하지 아니한다(소법 80 ①, 소령 142 ②).

다. 경 정

(1) 성격 및 요건

납세지 관할세무서장 또는 지방국세청장은 과세표준확정신고를 한 자(아래 '②' 및 '③'의 경우에는 과세표준확정신고를 하지 아니한 자를 포함)가 다음의 어느 하나에 해당 과세기간의 과세표준과 세액을 경정한다(소법 80 ②). 또 경정 후 그 경정에 탈루나 오류가 있는 경우에는 즉시 이를 다시 경정한다. 따라서 경정의 성격은 납세신고 또는 결정에 의하여 구체적으로 확정된 납세의무의 크기를 다시 고쳐서 확정하는 처분이다.

① 신고내용에 탈루 또는 오류가 있는 경우

② 연말정산 내용에 탈루 또는 오류가 있는 경우로서 원천징수의무자의 폐업·행방불명 등으로 원천징수의무자로부터 징수하기 어렵거나 근로소득자의 퇴사로 원천징수의무자의 원천징수이행이 어렵다고 인정되는 경우

③ 근로소득자소득·세액공제신고서를 제출한 자가 사실과 다르게 기재된 영수증을 받는 등 다음에 정하는 부당한 방법으로 종합소득공제 및 세액공제를 받은 경우로서 원천징수의무자가 부당공제 여부를 확인하기 어렵다고 인정되는 경우(소령 142 ③)

㉠ 허위증거자료 또는 허위문서의 작성 및 제출

㉡ 허위증거자료 또는 허위문서의 수취(허위임을 알고 받는 경우) 및 제출

④ 매출·매입처별계산서합계표 또는 지급명세서의 전부 또는 일부를 제출하지 아니한 경우

⑤ 다음의 어느 하나에 해당하는 경우로서 시설규모나 영업상황으로 보아 신고내용이 불성실하다고 판단되는 경우

㉠ 사업용계좌를 이용하여야 할 사업자가 이를 이행하지 아니한 경우

㉡ 사업용계좌를 개설·신고하여야 할 사업자가 이를 이행하지 아니한 경우

㉢ 신용카드가맹점 가입요건에 해당하는 사업자가 정당한 사유 없이 신용카드가맹점으로 가입하지 아니한 경우

㉣ 신용카드가맹점이 정당한 사유 없이 신용카드에 의한 거래를 거부하거나 사실과 다르게 발급한 경우

㉤ 현금영수증가맹점으로 가입하여야 하는 사업자 및 현금영수증가맹점가입대상자로 지정받은 사업자가 정당한 사유 없이 현금영수증가맹점으로 가입하지 아니한 경우

ⓑ 현금영수증가맹점으로 가입한 사업자가 정당한 사유 없이 현금영수증의 발급을 거부하거나 사실과 다르게 발급한 경우

⑥ 과세표준과 세액을 결정 또는 경정한 후 그 결정 또는 경정에 탈루 또는 오류가 있는 것이 발견된 경우(소법 80 ④)

(2) 결정과 경정과의 법률관계

과세표준과 세액의 경정이 있는 경우에는 당초의 결정의 효력과 관련하여 논란이 일어난다. 즉, 당초의 결정과 경정, 경정과 재경정과의 효력에 관하여는 병존설 · 소멸설 · 흡수설 및 역흡수설 등의 견해가 대립되고 있다.

병존설이란 경정의 효력은 당해 처분으로 인하여 증감된 세액부분에만 미치며, 경정은 결정과는 서로 독립하여 별개의 과세처분으로 병존한다고 주장한다. 이에 대하여 소멸설은 결정은 경정에 흡수되어 소멸하고 경정의 효력은 경정에 의하여 다시 고쳐 확정한 과세표준 및 세액의 전체에 대하여 미친다고 주장한다. 이를 흡수설이라고도 한다. 이러한 학설의 대립은 결국 제척기간, 국세징수권의 기산시점에 차이를 나타내므로 그 의미하는 바는 크다.

대법원은 증액경정에 있어서는 소멸설, 감액경정의 경우에는 당초처분의 일부취소라는 견해를 취하고 있다.

2 과세표준과 세액의 결정 · 경정방법

가. 의 의

과세표준과 세액의 결정방법은 근거자료 또는 증거가 직접적인 것인지 아니면 간접적인 것인지에 따라서 실지조사결정방법과 추계조사결정방법 두 가지로 나누어진다.

자기부과의 원리와 근거과세의 원칙에 의한 신고를 존중하여 장부와 증명서류를 토대로 한 실지조사결정방법이 원칙적인 과세표준의 산정방법이다.

그러나 납세의무자가 과세표준을 산정할 수 있는 자료나 증거를 갖추고 있지 않거나 제시된 자료나 증거가 허위임이 명백한 경우에는 부득이 간접증거에 의하여 과세표준을 추정하여 산정할 수밖에 없다. 이를 추계조사결정방법이라고 한다.

과세표준의 결정방법은 그 방법 여하에 따라 납세의무자에게 세액계산상 크게 영향을 미치는 것이기 때문에 그 각 방법에 의하여야 할 적용요건을 정확히 판단하여야 한다.

나. 실지조사결정방법

납세지 관할세무서장 또는 지방국세청장은 해당 과세기간의 과세표준과 세액을 결정 또는 경정하는 경우에는 장부 그 밖의 증명서류를 근거로 하여야 한다(소법 80 ③). 다시 말하면 과세표준과 세액의 결정 또는 경정은 과세표준확정신고서 및 그 첨부서류에 의하거나 실지조사에 의함을 원칙으로 한다는 것이다(소령 142 ①).

또한 수입금액을 추계결정 또는 경정함에 있어서 거주자가 비치한 장부와 그 밖의 증명서류에 의하여 소득금액을 계산할 수 있는 때에는 당해 과세기간의 과세표준과 세액은 실지조사에 의하여 결정 또는 경정하여야 한다(소령 144 ④).

다. 추계조사결정 · 경정방법

(1) 의 의

추계조사결정 · 경정방법은 기준경비율(또는 단순경비율)에 의한 방법과 기장이 정당하다고 인정되어 기장에 의하여 조사결정한 동일 업종의 다른 사업자와의 권형에 의하여 소득금액을 결정하는 방법 등이 있다.

(2) 추계조사결정사유

다음의 사유로 장부 그 밖의 증명서류에 의하여 소득금액을 계산할 수 없는 경우에는 소득금액을 추계조사결정을 할 수 있다(소령 143 ①).

① 과세표준을 계산함에 있어서 필요한 장부와 증명서류가 없거나 중요한 부분이 미비 또는 허위인 경우

② 기장의 내용이 시설규모 · 종업원수 · 원자재 · 상품 또는 제품의 시가 · 각종 요금 등에 비추어 허위임이 명백한 경우

③ 기장의 내용이 원자재사용량 · 전력사용량 기타 조업상황에 비추어 허위임이 명백한 경우

(3) 추계방법

추계방법이란 다음의 하나에 해당하는 방법을 말한다(소령 143 ③).

1) 기준경비율에 따른 방법

수입금액에서 일정한 금액을 공제한 금액을 기준소득금액으로 결정 또는 경정하는 방법을 말한다(소령 143 ③(1)).

기준경비율에 따른 소득금액 = 수입금액 − 매입비용*과 사업용고정자산의 임차료 −종업원의 급여와 임금 및 퇴직급여 −수입금액 × 기준경비율(복식부기의무자 : 기준경비율 × 50%)

* 매입비용에는 사업용 유형자산 및 무형자산의 매입비용은 제외한다.

이 경우 공제할 금액이 수입금액을 초과하는 경우에는 그 초과금액은 없는 것으로 본다. 다만, 기준소득금액이 단순경비율을 적용하여 계산한 소득금액에 3.4배(간편장부대상자 2.8배)를 곱하여 계산한 금액 이상인 경우에는 2027년 12월 31일까지는 그 배율을 곱하여 계산한 금액을 소득금액으로 결정할 수 있다(소령 143 ③).

2) 단순경비율에 따른 방법

다음의 금액을 그 소득금액으로 결정 또는 경정하는 방법을 말한다(소령 143 ③(1의2)).

단순경비율에 따른 소득금액 = (수입금액 − 일자리안정자금) × (1 − 단순경비율)

3) 동업자권형 방법

기준경비율 또는 단순경비율이 결정되지 아니하였거나 천재 · 지변 기타 불가항력으로 장부 기타 증빙서류가 멸실된 때에는 기장이 가장 정확하다고 인정되는 동일 업종의 다른 사업자의 소득금액을 참작하여 그 소득금액을 결정 또는 경정하는 방법을 말한다.

한편 동일 업종의 다른 사업자가 없는 경우로서 과세표준확정신고 후에 장부 등이 멸실된 때에는 신고서 및 그 첨부서류에 의하고 과세표준확정신고 전에 장부 등이 멸실된 때에는 직전과세기간의 소득률에 의하여 소득금액을 결정 또는 경정한다(소령 143 ③(2)).

4) 기 타

기타 국세청장이 합리적이라고 인정하는 방법을 말한다(소령 143 ③(3)).

(4) 추계조사결정의 방법

1) 과세표준 계산(소령 143 ②)

과세표준 = 추계방법에 따른 소득금액−인적·특별소득공제

2) 추계조사결정과 충당금·준비금의 총수입금액산입

총수입금액에 산입할 충당금·준비금이 있는 자에 대한 소득금액을 추계결정 또는 경정하는 때에는 소득금액에 해당 과세기간의 총수입금액에 산입할 충당금·준비금 등을 가산한다(소령 143 ⑧).

3) 추계조사결정의 경우의 과세표준계산의 특례

추계조사결정의 경우에 이월결손금은 과세표준의 계산에 있어서 공제하지 아니한다. 다만, 천재지변이나 그 밖의 불가항력으로 장부 기타 증빙서류가 멸실되어 추계조사결정을 하는 경우에는 이월결손금을 공제한다(소법 45 ③).

라. 추계결정·경정시의 수입금액의 계산

(1) 사업자의 수입금액 결정

사업자의 수입금액을 장부 그 밖의 증명서류에 의하여 계산할 수 없는 경우 그 수입금액은 다음의 방법에 의하여 계산한 금액으로 한다(소령 144 ①).

① 기장이 정당하다고 인정되어 기장에 의하여 조사결정한 동일업황의 다른 사업자의 수입금액을 참작하여 계산하는 방법
② 국세청장이 사업의 종류, 지역 등을 고려하여 사업과 관련된 인적·물적시설(종업원·객실·사업장·차량·수도·전기 등)의 수량 또는 가액과 매출액의 관계를 정한 영업효율이 있는 때에는 이를 적용하여 계산하는 방법
③ 국세청장이 업종별로 투입원재료에 대하여 조사한 생산수율을 적용하여 계산한 생산량에 당해 과세기간 중에 매출한 수량의 시가를 적용하여 계산하는 방법
④ 국세청장이 사업의 종류별·지역별로 정한 다음의 기준 중의 하나에 따라 계산하

는 방법

㉠ 생산에 투입되는 원·부재료 중에서 일부 또는 전체의 수량과 생산량과의 관계를 정한 원단위투입량

㉡ 인건비·임차료·재료비·수도광열비 기타 영업비용 중에서 일부 또는 전체의 비용과 매출액의 관계를 정한 비용관계비율

㉢ 일정기간 동안의 평균재고금액과 매출액 또는 매출원가와의 관계를 정한 상품회전율

㉣ 일정기간 동안의 매출액과 매출총이익의 비율을 정한 매매총이익률

㉤ 일정기간 동안의 매출액과 부가가치액의 비율을 정한 부가가치율

⑤ 추계결정·경정대상사업자에 대하여 '②'~'④'의 비율을 산정할 수 있는 경우에는 이를 적용하여 계산하는 방법

⑥ 주로 최종소비자를 대상으로 거래하는 업종에 대하여는 국세청장이 정하는 입회조사기준에 의하여 계산하는 방법

위에 의한 수입금액은 다음의 금액을 가산한 것으로 한다(소령 144 ③).

① 해당 사업과 관련하여 국가·지방자치단체로부터 지급받은 보조금 또는 장려금

② 해당 사업과 관련하여 동업자단체 또는 거래처로부터 지급받은 보조금 또는 장려금

③ 「부가가치세법」의 규정에 의하여 신용카드매출전표를 교부함으로써 공제받은 부가가치세액

④ 복식부기의무자의 사업용 유형자산 양도가액

(2) 기타소득에 대한 수입금액결정

영업권의 양도 등으로 인한 기타소득에 대한 수입금액을 장부나 그 밖의 증명서류에 의하여 계산할 수 없는 경우 그 수입금액은 다음의 방법에 의하여 계산한 금액으로 한다(소령 144 ②).

① 영업권(점포임차권을 제외)은 「상속세 및 증여세법 시행령」의 규정에 따라 평가한 금액

② 점포임차권은 다음 '㉠'에 따라 계산한 금액에서 '㉡'에 따라 계산한 금액을 차감한 금액

㉠ 양도시의 임대보증금상당액+당해 자산을 양도하는 사업자의 영업권평가액

㉡ 취득시의 임대보증금상당액+('㉠'에 의하여 계산한 금액−취득시의 임대보증

금상당액)×1/2

③ 광업권 · 어업권 · 산업재산권 등의 자산이나 권리(영업권 및 점포임차권은 제외)는 「상속세 및 증여세법 시행령」의 규정에 따라 평가한 금액

38

다음 자료에 의하여 기타소득인 점포임차권의 수입금액을 계산하면?

1. 양도시의 임대보증금상당액 : 30,000,000원
2. 양도하는 사업자의 영업권평가액 : 6,000,000원
3. 취득시의 임대보증금상당액 : 20,000,000원
4. 추계결정 · 경정으로 소득금액을 계산한다.

 해답 1. 양도가액 : 30,000,000+6,000,000=36,000,000원

2. 취득가액 : $20{,}000{,}000+(36{,}000{,}000-20{,}000{,}000)\times\frac{1}{2}=28{,}000{,}000$원

3. 수입금액 : 36,000,000−28,000,000 = 8,000,000원

03 기준경비율 제도

가. 기준경비율의 의의

소득세 과세표준 즉, 과세 소득금액은 사업자가 모든 거래내용을 기장하고 기장한 수입금액에서 필요경비를 공제하여 계산하는 것이 원칙이다. 그러나 이전의 표준소득률 제도는 사업자가 지출한 실제경비는 고려하지 않고 수입금액에 표준소득률을 곱해 소득금액을 결정한다.

표준소득률 제도는 기장능력이 없는 소규모사업자에게 신고편의를 제공하고 대량의 무기장사업자에 대하여 간편하게 과세할 수 있게 하여 행정능률을 제고하는 역할도 하였지만 기장제도 확립을 저해하고, 세부담의 불공평을 초래하는 등 많은 문제점을 안고 있었다.

따라서 정직한 기장제도확립을 저해하는 표준소득률 제도를 2002년 1월 1일 이후 폐지하고, 그 대안으로서 무기장사업자도 사업실상을 반영하여 스스로 자기의 소득을 계산

하여 신고하는 기준경비율제도를 도입한 것이다.

그러므로 기준경비율제도는 무기장사업자도 기장자와 같이 수입금액에서 필요경비를 공제하여 정상적으로 소득금액을 계산하는 제도이다. 소득금액을 추계결정 또는 경정을 하는 경우에는 다음에 방법에 의한다.

(1) 기준경비율에 의한 소득금액 계산방법

소득금액 = Min (①, ②)

① 기준소득금액* = 수입금액－필요경비＋준비금・충당금 환입액

필요경비 = 실지지출을 인정하는 필요경비＋수입금액×기준경비율(복식부기의무자 : 기준경비율×50%)

② 비교소득금액** = (수입금액－수입금액×단순경비율)×3.4배(간편장부대상자 2.8배)

* 필요경비로 공제할 금액이 수입금액을 초과하는 경우에는 그 초과금액은 없는 것으로 본다(소령 143 ③).

** 기준소득금액이 단순경비율에 따른 소득금액에 3.4배(간편장부대상자 2.8배)를 곱하여 계산한 금액 이상인 경우 2027년 12월 31일까지는 그 배율을 곱하여 계산한 금액을 소득금액으로 결정할 수 있다(소령 143 ③).

(2) 단순경비율에 의한 소득금액 계산방법

소득금액 = 수입금액－필요경비＋준비금・충당금 환입액

필요경비 = 수입금액×단순경비율

나. 기준경비율에 의한 소득금액 계산방법

필요경비를 사업자가 실지 지출한 주요경비와 기준경비율에 의해 산정한 추계경비로 구분하여 인정한다. 그래서 주요경비는 사업자가 장부를 기장하지 않는 경우에도 당연히 증명서류를 수취하여야 하는 경비 및 용이하게 입증할 수 있는 가장 기본적인 경비를 말하며 종류는 다음과 같다.

(1) 실지지출을 인정하는 필요경비

① 매입비용(사업용 유형자산 및 무형자산의 매입비용을 제외)과 사업용고정자산에 대한 임차료로서 증빙서류에 의하여 지출하였거나 지출할 금액

② 종업원의 급여와 임금 및 퇴직급여로서 증빙서류에 의하여 지급하였거나 지급할 금액

(2) 기준경비율에 의한 필요경비

수입금액에 기준경비율을 곱하여 계산한 금액은 기준경비율에 의한 필요경비로 인정되어 수입금액에서 차감할 수 있다. 그래서 기준경비율은 기장신고자의 신고자료와 소득세 조사에서 산출한 필요경비부인율과 무기장자에게는 인정되지 않는 감가상각비 및 경제지표 및 재무분석자료를 감안하여 제정하게 된다.

> 기준경비율 = (동일업종의 평균 경비비율 − 소득세 조사에서 필요경비불산입된 경비비율
> − 추계신고의 경우 계상할 수 없는 필요경비평균비율)
> − (매입경비 평균비율 + 인건비 평균비율 + 지급임차료평균비율
> + 지급이자 평균비율) ± 경제지표 등을 감안한 조정

39

기계제조업을 경영하는 복식부기의무자가 무기장인 경우에 다음 자료에서 2026년 귀속소득금액을 계산하라? 단, 지출하는 주요경비의 증빙서류를 수취하여 비치, 보관하고 있다.

1. 해당 과세기간의 수입금액 : 500백만원
2. 해당 업종의 기준경비율 : 20%, 단순경비율 90%
3. 원재료 등 매입경비 : 280백만원(세금계산서 수취)
4. 인건비 : 60백만원(원천징수)
5. 임차료 : 30백만원(명세서 제출)
6. 지급이자 : 5백만원(은행차입금 이자)

 해답 1. 추계소득금액 : Min (①, ②) = 80,000,000원
① 기준경비율 : 500,000,000 − (280,000,000 + 60,000,000 + 30,000,000 + 500,000,000 × 0.2 × 50%) = 80,000,000원
② 단순경비율 한도 : (500,000,000 − 500,000,000 × 0.9) × 3.4배 = 170,000,000원
2. 주요경비의 증빙서류 수취 및 보관에 따라 소득금액이 달라진다.

다. 단순경비율에 의한 소득금액 계산방법

(1) 단순경비율의 필요성

「소득세법」은 모든 납세자를 복식기장의무자 · 간편장부대상자로 구분하여 기장의무를

부여하고 있으나 사실상 기장능력이 없는 소규모사업자가 존재한다. 이러한 소규모 사업자에게는 간편하게 소득세 납세의무를 이행할 수 있는 제도가 필요하다.

따라서 소규모사업자는 표준소득률과 유사한 방법으로 소득세를 신고할 수 있도록 단순경비율제도를 두고 있는 것이다.

(2) 단순경비율의 의의와 구조

단순경비율은 업종별로 수입금액에서 전체필요경비가 차지하는 비율로 계산하여, 소규모사업자는 수입금액(기업의 고용유지에 필요한 비용의 일부를 지원하기 위해 지급하는 금액 제외)에 단순기준경비율을 곱한 금액을 필요경비로 하여 간단하게 소득금액을 계산한다(소령 143 ③(1의2)). 단순기준경비율은 동일 업종의 평균경비비율에서 일정기간 소득세 조사결과 필요경비 불산입된 경비와 추계신고자는 필요경비로 인정받을 수 없는 경비를 차감하고 각종 경제지표 및 재무분석자료를 감안하여 제정한다.

(3) 단순경비율 적용대상자

'단순경비율 적용대상자'라 함은 다음에 해당하는 사업자로서 해당 과세기간의 수입금액이 복식부기의무자 기준금액에 미달하는 사업자를 말한다(소령 143 ④).

① 해당 과세기간에 신규로 사업을 개시한 사업자

② 직전 과세기간의 수입금액(결정 또는 경정으로 증가된 수입금액을 포함)의 합계액이 다음 금액에 미달하는 사업자

구 분	수입금액
㉠ 농업 및 임업, 어업, 광업, 도매업 및 소매업, 부동산매매업 그 밖에 '㉡' 및 '㉢'에 해당하지 아니하는 사업	6,000만원
㉡ 제조업, 숙박 및 음식점업, 전기·가스·증기 및 공기조절 공급업, 수도·하수·폐기물처리·원료재생업, 건설업(주거용 건물 개발 및 공급업을 포함), 운수업 및 창고업, 정보통신업, 금융 및 보험업, 상품중개업	3,600만원
㉢ 부동산임대업, 부동산업(부동산매매업 제외), 전문·과학 및 기술서비스업, 사업시설관리·사업지원 및 임대서비스업, 교육서비스업, 보건업 및 사회복지서비스업, 예술·스포츠 및 여가 관련 서비스업, 협회 및 단체, 수리 및 기타 개인서비스업*, 가구내 고용활동	2,400만원

* 수리 및 기타 개인서비스업 중 인적용역의 경우에는 수입금액을 3,600만원으로 한다.

다음 중 어느 하나에 해당하는 사업자는 단순경비율 적용대상자로 보지 아니한다(소령 143 ⑦).

① 「의료법」에 따른 의료업, 「수의사법」에 따른 수의업 및 「약사법」에 따라 약국을 개설하여 약사에 관한 업을 행하는 자
② 변호사업, 심판변론인업, 변리사업, 법무사업, 공인회계사업, 세무사업, 경영지도사업, 기술지도사업, 감정평가사업, 손해사정인업, 통관업, 기술사업, 건축사업, 도선사업, 측량사업 기타 이와 유사한 사업서비스업
③ 현금영수증가맹점에 가입하여야 하는 사업자가 현금영수증가맹점으로 가입하지 아니한 경우(가입하지 아니한 해당 과세기간에 한함)
④ 해당 과세기간에 신용카드나 현금영수증 발급 거부 · 사실과 다르게 발급하여 관할 세무서장으로부터 해당 과세기간에 3회 이상 통보받고 그 금액의 합계액이 100만원 이상이거나 5회 이상 통보받은 사업자(통보받은 내용이 발생한 날이 속하는 해당 과세기간에 한정)

(4) 단순기준경비율에 의한 소득금액 계산

소득금액 = (수입금액 − 일자리안정자금) × (1 − 단순경비율) + 준비금 · 충당금 환입액

(5) 단순기준경비율 구조

단순기준경비율 = (동일 업종의 평균 경비비율 − 소득세 조사에서 필요경비 불산입된 경비비율 − 추계신고의 경우 계상할 수 없는 필요경비 평균비율) ± 경제지표 등 기타사항 감안

40

기계제조업을 경영하는 사업자가 무기장인 경우에 다음 자료에 따라서 단순경비율에 따른 사업소득금액을 계산하시오.

① 해당 과세기간 수입금액이 40,000,000원
② 해당 업종의 단순경비율이 90%인 경우

 **해답** 소득금액 : 40,000,000 − 36,000,000(40,000,000 × 0.9) = 4,000,000원

라. 기준경비율제도의 장점과 문제점 및 해결방안

(1) 장 점

1) 신고납세제도와 부합

무기장사업자도 지출한 주요경비에 의해 스스로 소득을 계산하여 소득세를 신고함으로써 신고납세제도에 부합하며, 무기장자에게 1년간 지출된 모든 경비를 밝혀 소득금액을 계산하라는 것은 무리일 수 있다.

그러나 사업자라면 당연히 갖추어야 할 기본거래자료 및 종업원에 대한 인건비, 건물임차료 등 주요경비는 사업자가 필요경비임을 입증토록 의무를 부여하여, 지출증빙서류에 의해 소득을 계산하게 함으로써 표준소득률과 같은 획일적인 과세방법을 지양하고 납세자의 개인별 소득수준에 맞는 공평과세를 실현할 수 있다.

2) 기장유도 효과 확실

주요경비에 대한 정규증빙서류를 수취하여 보관하고 인건비 등 경비의 증빙을 갖추게 하여 기장능력을 배양하여, 증빙에 의해 필요경비를 인정받은 주요경비에 대하여는 기장사업자와 동일하게 소득세를 조사하게 된다.

그러므로 추계신고자도 소득세 조사로부터 자유로울 수가 없으므로 조사회피를 위한 기장기피 관행 근절할 수 있다. 또한, 기준경비율제도는 추계신고의 매력을 감소시키고 무기장자의 불이익이 커지게 하므로 기장이 빠르게 확대될 것이다.

3) 거래상대방의 과세자료 노출

기준경비율제도가 시행되면 사업자는 필요경비를 인정받기 위해 증빙서류를 수취하게 되므로 거래상대방의 매출자료를 노출시키는 효과가 있을 것이다. 이러한 현상이 사업자간에 확산되면 과세자료 노출의 상승효과가 있을 것이며, 과세자료 인프라 구축에 있어서 기업측면의 보완이 이루어질 것이다.

4) 기준경비율이 표준소득률보다 실소득률에 근접

표준소득률은 일부 업종의 표본조사와 경제지표에 의해 율을 제정하므로 실제 소득률과 상당한 괴리가 있고, 기준경비율도 실제경비율과 차이가 발생할 수 있으나 상대적으로 성실한 사업자의 실지 신고자료에 의해 제정하므로 표준소득률보다는 훨씬 실소득률에 근접할 수 있을 것이다.

따라서 매년 신고소득률 수준이 향상되는 신고자료에 의해 기준경비율을 제정·조정해 나가면 점진적으로 기준경비율이 현실화되어 객관성이 보장될 수 있을 것이다.

(2) 문제점 및 해결방안

1) 수입금액의 현실화 문제

수입금액이 현실화되지 않은 사업자가 지출비용은 모두 필요경비에 계상하여 소득금액을 대폭 줄여서 신고할 우려가 있고, 수입금액을 누락시킨 사업자가 대응되는 경비는 실지 지출액 전액을 공제할 경우 주요경비가 그만큼 많아져서 소득금액은 실제소득보다 적어지게 될 것이다.

따라서 조사대상 선정시 주요경비의 지출비율이 지나치게 높은 사업자는 우선 조사대상으로 선정하여 수입금액 누락여부를 조사하면 어느 정도 예방 가능하며, 동시에 과세자료 인프라 구축의 성과가 가시적으로 나타나고 있으므로 점진적으로 사업자의 수입금액이 현실화됨에 따라 기준경비율에 의한 소득도 실제소득에 가깝게 신고될 것이다.

2) 기준경비율에 사용하는 신고자료의 신빙성 문제

기준경비율 도입초기에는 표준소득률을 감안하여 소득을 조절하여 신고한 신고자료를 사용하므로 기준경비율의 조정이 필요하며, 기장신고자의 신고자료를 근간으로 하여 기준경비율을 제정하게 되므로 신고자료가 실제와 차이가 나는 경우에는 기준경비율을 조정해야 할 것이다.

그러므로 신고자료와 신고수준 등을 분석하여 기준경비율이 실제경비율에 근접하도록 기준경비율을 조정할 수 있는 기준을 마련하여, 기준경비율제도 도입으로 세부담이 급격히 증가하지 않도록 기준경비율을 연차적으로 조정하고 매년 신고소득률이 향상되는 자료에 의하여 기준경비율을 제정하게 되면 해가 거듭될수록 실제 경비율에 근접할 수 있을 것이다.

3) 소규모사업자의 신고불편

표준소득률에 의한 간편한 소득세 신고에 길들여져 있는 사업자가 기준경비율에 의해 소득세를 신고하는 데에는 상당한 불편이 따를 것이다.

그러나 복식기장의무자 등 기장능력이 있는 사업자는 장부를 기장하고 있는 기장사업자와 형평면에서도 기준경비율에 의한 신고불편을 당연히 감수해야 할 것이다. 다만, 소규모사업자는 달라진 제도에 적응하는데 상당한 시간이 필요하므로 기준경비율 적용대상을 단계적으로 확대해야 할 것이다.

4) 허위세금계산서 수수 문제

기준경비율제도하에서는 주요 경비에 대한 증빙서류의 수취는 소득세 부담과 직결되므로 실물거래 없는 세금계산서 수수 등이 성행할 우려가 있고, 정규 증빙서류의 수수를 소홀히 한 사업자는 세부담을 줄이기 위해 과세연도말에 어떠한 방법으로든 증빙서류를 구하려 할 것이므로 자료상이 발생할 수도 있다.

따라서 국세청 TIS(Tax Intergrated System)에 의하여 자료상이 발붙이지 못하도록 사전 감시가 필요하고, 자료상 혐의자 등에 대한 정기검색을 강화해야 할 것이다.

04 과세표준과 세액의 통지

가. 의 의

납세지 관할세무서장 또는 지방국세청장은 거주자의 과세표준과 세액을 결정 또는 경정한 때에는 이를 당해 거주자 또는 상속인에게 서면으로 통지하여야 한다. 다만, 비거주자 등과의 거래에 대한 소득금액계산의 특례규정에 의하여 과세표준과 세액의 결정 또는 경정을 한 때에는 지체없이 통지하여야 한다.

나. 과세표준과 세액의 통지

(1) 서면통지

납세지 관할세무서장 또는 관할지방국세청장이 과세표준과 세액을 통지하고자 하는 때에는 과세표준과 세율·세액 기타 필요한 사항을 서면으로 통지하여야 한다. 이 경우 납부할 세액이 없는 때에도 또한 같다(소령 149 ①).

(2) 상속인별 통지

납세지 관할세무서장 또는 관할지방국세청장이 피상속인의 소득금액에 대한 소득세를

2인 이상의 상속인에게 과세하는 경우에는 과세표준과 세액을 그 지분에 따라 배분하여 상속인별로 각각 통지하여야 한다(소령 149 ②).

05 가산세

가. 의의 및 성격

가산세란 세법에 규정하는 의무의 성실한 이행을 확보하기 위하여 그 세법에 의하여 산출된 세액에 가산하여 징수하는 금액으로서, 가산금을 제외한 것을 말한다(국기법 2 (4)).

정부조사결정에 의하여 세액을 추가적으로 징수하게 되는 경우에는 납세의무자가 세법상 규정하고 있는 제의무를 성실히 이행하지 아니하였기 때문에 생기는 것이므로, 「소득세법」에서는 이 의무를 불성실하게 이행한 것에 대하여 행정벌을 가하게 된다. 이것을 가산세라 하는데, 이 가산세의 종류에는 다음과 같이 여러 가지가 있다.

나. 무신고가산세

(1) 일반무신고가산세

종합소득 또는 퇴직소득 과세표준신고(예정신고 및 중간신고를 포함)를 하지 않은 때에는 다음의 금액을 납부할 세액에 가산하거나 환급받을 세액에서 공제한다(국기 47의2 ①).

구　분	일반무신고가산세
① 일반적인 무신고	무신고납부세액* × 20%
② 복식부기의무자의 무신고	Max [㉠ 무신고납부세액* × 20%, ㉡ 일반무신고 수입금액 × $\frac{7}{10,000}$]

복식부기의무자가 재무상태표 · 손익계산서 · 합계잔액시산표 및 조정계산서를 과세표준확정신고서에 첨부하여 제출하지 않은 경우에는 종합소득과세표준확정신고를 하지 않은 것으로 본다(소법 70 ④). 한편 양도소득세를 결정하는 경우로서 추가로 납부할 세액(가산세액은 제외)이 없는 경우에는 무신고가산세를 적용하지 않는다(국기법 47의2 ⑦).

(2) 부정무신고가산세

부정한 방법으로 무신고한 과세표준이 있는 경우에는 다음의 금액을 납부할 세액에 가산하거나 환급받을 세액에서 공제한다(국기 47의2 ②).

구　분	부정무신고가산세
① 일반적인 부정무신고	부정무신고납부세액×40%
② 복식부기의무자의 부정무신고	① Max [부정무신고납부세액×40%, 부정무신고수입금액×$\frac{14}{10,000}$]

(3) 부정한 방법

"부정행위"란 다음의 하나에 해당하는 행위로서 조세의 부과와 징수를 불가능하게 하거나 현저히 곤란하게 하는 적극적 행위를 말한다(조처벌 3 ⑥).

① 이중장부의 작성 등 장부의 거짓 기장
② 거짓 증빙 또는 거짓 문서의 작성 및 수취
③ 장부와 기록의 파기
④ 재산의 은닉, 소득·수익·행위·거래의 조작 또는 은폐
⑤ 고의적으로 장부를 작성하지 아니하거나 비치하지 아니하는 행위 또는 계산서, 세금계산서 또는 계산서합계표, 세금계산서합계표의 조작
⑥ 「조세특례제한법」에 따른 전사적 기업자원관리설비의 조작 또는 전자세금계산서의 조작
⑦ 그 밖에 위계(僞計)에 의한 행위 또는 부정한 행위

다. 과소신고가산세

(1) 일반과소신고가산세

납세의무자가 법정신고기한까지 세법에 따른 국세의 과세표준 신고(예정신고 및 중간신고를 포함)를 한 경우로서 과세표준 또는 납부세액을 과소신고한 경우에는 다음에 상당하는 금액을 가산세로 한다(국기 47의3 ①).

일반과소신고가산세 = 과소신고납부세액×10%

(2) 부정과소신고가산세

부정한 방법으로 과소신고한 과세표준이 있는 경우에는 다음의 금액을 가산세로 한다(국기 47의3 ②).

구 분	부정과소신고가산세
① 일반적인 부정과소신고	과소신고납부세액 × $\frac{\text{부당과소신고과세표준}}{\text{과세표준}}$ × 40%
② 복식부기의무자의 부정무신고	① Max [과소신고납부세액 × $\frac{\text{부당과소신고과세표준}}{\text{과세표준}}$ × 40%, 부당과소신고수입금액 × $\frac{14}{10,000}$]

라. 납부지연가산세

납세의무자(연대납세의무자, 제2차 납세의무자 및 보증인을 포함)가 세법에 따른 납부기한까지 국세의 납부(중간예납 · 예정신고납부 · 중간신고납부를 포함)를 하지 아니하거나 과소납부하거나 초과환급받은 경우에는 다음의 금액을 합한 금액을 가산세로 한다(국기 47의4 ①).

① 무납 또는 과소납부분 세액* × 법정납부기한의 다음 날부터 납부고지일**의 전날까지의 기간 × 0.022%
①의2 지정납부기한까지 무납 또는 과소납부분 세액* × 지정납부기한의 다음 날부터 납부일의 전날까지 경과한 개월 수 × 0.67%
② 초과환급받은 세액* × 환급받은 날의 다음 날부터 납부고지일**의 전날까지의 기간 × 0.022%
②의2 지정납부기한까지 초과환급받은 세액* × 지정납부기한의 다음 날부터 납부일의 전날까지 경과한 개월 수 × 0.67%
③ 법정납부기한까지 납부하여야 할 세액* 중 지정납부기한까지 무납 또는 과소납부분 세액 × 3%
④ 독촉장 송달비용

* 세법에 따라 가산하여 납부하여야 할 이자 상당 가산액이 있는 경우에는 그 금액을 더한다.
** 납부고지일 전에 납부한 경우에는 그 납부일

과세표준 확정신고를 한 자가 과세표준확정신고기한이 지난 후에 「법인세법」에 따라 법인의 소득금액을 법인이 신고하거나 정부가 결정 · 경정함에 있어서 배당 · 상여 또는 기타소득으로 처분됨으로써 소득금액에 변동이 발생함에 따라 추가납부하여야 할 소득세가 있는 경우에 소득금액변동통지서를 해당 법인(거주자가 통지를 받은 경우에는 당해 거주자)이 받은 날(「법인세법」에 따라 법인이 신고함으로써 소득금액에 변동이 있는 경우에는 당해 법인의 법인세 신고기일)이 속하는 달의 다음달 말일까지 추가신고 자진납부한 때에는 기한까지 신고납부한 것으로 본다(소령 134 ①).

마. 지급명세서 제출 불성실 가산세

지급명세서 또는 간이지급명세서를 제출하여야 할 자가 다음의 어느 하나에 해당하는 경우에는 다음 각 호의 구분에 따른 금액을 가산세로 해당 과세기간의 종합소득 결정세액에 더하여 납부하여야 한다(소법 81의11).

구 분	가 산 세
① 지급명세서	㉠ 미제출분의 지급금액×1%* * 제출기한이 지난 후 3개월 이내에 제출하는 경우 0.5%
	㉡ 일용근로소득 지급명세서의 경우 0.25%* * 제출기한이 지난 후 1개월 이내에 제출하는 경우 0.125%
	㉢ 불분명하거나 사실과 다른 분의 지급금액×1%* * 일용근로소득 지급명세서의 경우 0.25%
② 간이지급명세서	㉠ 미제출분의 지급금액×0.25%* * 제출기한이 지난 후 1개월 이내에 제출하는 경우 0.125%
	㉡ 불분명하거나 사실과 다른 분의 지급금액×0.25%

위에서 '지급명세서가 불분명한 경우'란 다음에 해당하는 경우를 말한다(소령 147의7 ①).

① 제출된 지급명세서에 지급자 또는 소득자의 주소·성명·납세번호(주민등록번호로 갈음하는 경우에는 주민등록번호)나 사업자등록번호·소득의 종류·소득의 귀속연도 또는 지급액을 기재하지 아니하였거나 잘못 기재하여 지급사실을 확인할 수 없는 경우

② 제출된 지급명세서 및 이자·배당소득 지급명세서에 유가증권표준코드를 적지 아니하였거나 잘못 적어 유가증권의 발행자를 확인할 수 없는 경우

③ 제출된 지급명세서에 이연퇴직소득세를 적지 아니하였거나 잘못 적은 경우

다만, 다음 금액은 불분명한 경우에 포함하지 아니한다(소령 147의7 ②).

① 지급일 현재 납세번호를 부여받은 자 또는 사업자등록증의 교부를 받은 자에게 지급한 금액

② 위의 '①' 이외의 지급금액으로서 지급 후에 그 지급받은 자의 소재가 불명된 것이 확인된 금액

바. 계산서 등 제출 불성실 가산세

사업자(소규모사업자 제외)가 다음에 해당하는 경우에는 다음의 구분에 따른 가산세를 결정세액에 더하거나, 산출세액 없는 경우에도 이 가산세를 적용한다. 다만, 증명서류 불비가산세 또는 「부가가치세법」에 따른 세금계산서 관련 가산세가 부과되는 부분에 대해서는 계산서 관련 가산세를 부과하지 않는다(소법 81의10).

<table>
<tr><th>계산서 관련 가산세 해당 사유</th><th>가산세</th></tr>
<tr><td>① 발급한 계산서에 필요적 기재 사항의 전부 또는 일부가 기재되지 아니하거나 사실과 다르게 기재된 경우(아래 '②'가 적용되는 분은 제외)</td><td>공급가액×1%</td></tr>
<tr><td>② 매출·매입처별 계산서합계표를 제출하지 아니한 경우 또는 제출한 합계표에 기재하여야 할 사항의 전부 또는 일부가 기재되지 아니하거나 사실과 다르게 기재된 경우(매출·매입처별 계산서합계표의 기재 사항이 착오로 기재된 경우로서 거래사실이 확인되는 분과 아래 '④'가 적용되는 분의 매출가액 또는 매입가액은 제외)</td><td rowspan="2">공급가액×0.5%
(제출기한이 지난 후 1개월 이내에 제출하는 경우 : 0.3%)</td></tr>
<tr><td>③ 매입처별 세금계산서합계표를 제출하지 아니하거나 제출한 경우로서 그 매입처별 세금계산서합계표에 기재하여야 할 사항의 전부 또는 일부가 기재되지 아니하거나 사실과 다르게 기재된 경우(매입처별 세금계산서합계표의 기재 사항이 착오로 기재된 경우로서 거래사실이 확인되는 분과 아래 '④'가 적용되는 분의 매입가액은 제외)</td></tr>
<tr><td>④ 다음 어느 하나에 해당하는 경우
㉠ 계산서(전자계산서 포함)를 발급시기에 발급하지 아니한 경우
㉡ 재화 또는 용역을 공급하지 아니하고 계산서등*을 발급한 경우
㉢ 재화 또는 용역을 공급받지 아니하고 계산서등을 발급받은 경우
㉣ 재화 또는 용역을 공급하고 실제로 재화 또는 용역을 공급하는 자가 아닌 자의 명의로 계산서등을 발급한 경우
㉤ 재화 또는 용역을 공급받고 실제로 재화 또는 용역을 공급하는 자가 아닌 자의 명의로 계산서등을 발급받은 경우</td><td>공급가액×2%
(전자계산서 발급의무자가 종이계산서 발급과 과세기간의 다음 연도 1월 25일까지 지연 발급 경우 : 1%)</td></tr>
</table>

* 계산서·신용카드매출전표·현금영수증을 계산서등이라 한다.

사. 증명서류 수취 불성실 가산세

사업자(소규모사업자 및 소득금액이 추계되는 자는 제외)가 사업과 관련하여 다른 사업자 또는 법인으로부터 재화 또는 용역을 공급받고 세금계산서, 계산서, 신용카드매출전표 또는 현금영수증의 증명서류를 받지 아니하거나 사실과 다른 증명서류를 받은 경우에는 그 받지 아니하거나 사실과 다르게 받은 금액(건별로 받아야 할 금액과의 차액)의 2%에 해당하는 금액을 결정세액에 더한다(소법 81의6).

다만, 세금계산서 등을 수취하지 아니하여도 되는 거래(예 거래 건당 3만원 이하 등)에 대하여는 증명서류 불비가산세를 적용하지 아니한다. 또한 필요경비에 산입되지 아니하는 증빙불비접대비에 대하여는 증명서류 불비가산세를 적용하지 아니한다(소법 81의6 단서).

아. 영수증 수취명세서 제출 · 작성 불성실 가산세

사업자(소규모사업자 및 소득금액이 추계되는 자는 제외)가 영수증 수취명세서를 과세표준 확정신고기한까지 제출하지 아니하거나 제출한 영수증수취명세서가 불분명하다고 인정되는 경우로서 그 제출하지 아니한 분의 지급금액 또는 불분명한 분의 지급금액의 1%에 해당하는 금액을 결정세액에 더한다(소법 81 ①). 기준경비율 적용대상자는 소득금액이 추계될지라도 주요경비에 대해서는 가산세를 적용한다(소령 147 ②).

'불분명하다고 인정되는 경우'란 제출된 영수증수취명세서에 거래상대방의 상호, 성명, 사업자등록번호, 거래일 및 지급금액을 기재하지 아니하였거나 사실과 다르게 기재하여 거래사실을 확인할 수 없는 경우를 말한다(소령 147 ③).

자. 사업장 현황신고 불성실 가산세

주로 사업자가 아닌 소비자에게 재화 또는 용역을 공급하는 사업자로서 다음의 사업자(겸영사업자 포함)가 사업장현황신고를 하지 아니하거나 신고하여야 할 수입금액에 미달하게 신고한 경우에는 그 신고하지 아니한 수입금액 또는 미달하게 신고한 수입금액의 0.5%에 해당하는 금액을 해당 과세기간의 결정세액에 더한다(소법 81의3, 소령 147의2).

① 「의료법」에 따른 의료업

② 「수의사법」에 따른 수의업

③ 「약사법」에 따라 약국을 개설하여 약사에 관한 업

차. 공동사업장 등록 · 신고 불성실 가산세

공동사업장에 관한 사업자등록 및 신고와 관련하여 다음의 어느 하나에 해당하는 경우에는 다음에 해당하는 금액을 해당 과세기간의 결정세액에 가산한다(소법 81의4).

구 분	공동사업장 등록신고 불성실가산세
① 공동사업자가 사업자등록을 하지 아니 하거나 공동사업자가 아닌 자가 공동사업자로 거짓으로 등록한 경우	등록하지 아니하거나 거짓등록에 해당하는 각 과세기간 총수입금액의 0.5%
② 공동사업자가 사업자등록신청 또는 변동신고시 신고하여야 할 내용을 신고하지 아니하거나 거짓으로 신고한 경우로서 대통령령이 정하는 경우*	신고하지 아니하거나 거짓신고에 해당하는 각 과세기간 총수입금액의 0.1%

* 대통령령이 정하는 경우(소령 147의3)
다음 중 어느 하나에 해당하는 경우를 말한다.
① 공동사업자가 아닌 자를 공동사업자로 신고하는 경우
② 출자공동사업자에 해당하는 자를 신고하지 아니하거나 출자공동사업자가 아닌 자를 출자공동사업자로 신고하는 경우
③ 손익분배비율을 공동사업자 간에 약정된 내용과 다르게 신고하는 경우
④ 공동사업자·출자공동사업자 또는 약정된 손익분배비율이 변동된 경우 변동신고를 하지 아니한 경우

카. 장부의 기록·보관 불성실 가산세

(1) 대상 및 가산세액

사업자(소규모사업자 제외)가 장부를 비치·기록하지 아니하였거나 비치·기록한 장부에 따른 소득금액이 기장하여야 할 금액에 미달한 경우에는 다음과 같이 계산한 금액을 결정세액에 더한다(소법 81의5).

$$\text{무기장 가산세} = \text{종합소득 산출세액} \times \frac{\text{무기장·미달기장 종합소득금액}}{\text{종합소득금액}} \times 20\%$$

(2) 적용제한 및 배제

무기장가산세는 무신고·과소신고 및 초과환급신고가산세와 동시에 해당하는 경우 그 중 큰 금액에 해당하는 가산세만을 적용하고 동액인 경우에는 무신고·과소신고 및 초과환급신고가산세만을 적용한다(국기 47의2 ⑦). 복식부기의무자의 경우 기장을 하지 아니하여 재무제표 등을 확정신고시 제출하지 아니하면 무신고로 보아 무신고가산세가 적용될 수 있지만 무기장가산세와 비교하여 큰 금액만을 가산세로서 부과한다.

따라서 간편장부대상자는 기장과 확정신고를 하지 아니하는 경우 무기장가산세와 무신고가산세 중 큰 금액이 부과될 뿐 아니라 기장세액공제를 적용받지 못하기 때문에 이중의 불이익을 받게 된다. 다만, 직전과세기간의 사업소득의 수입금액의 합계액이 4,800만원에 미달하거나 원천징수되는 사업소득만 있는 소규모사업자에 대하여는 무기장가산세를 적용하지 아니한다.

타. 사업용계좌 신고 · 사용 불성실 가산세

복식부기의무자가 다음 중 어느 하나에 해당할 때에는 다음에 해당하는 금액을 해당 과세기간의 결정세액에 더한다. 다만, 사업자가 사업장별 신고를 하지 아니하고 이미 신고한 다른 사업장의 사업용계좌를 사용한 경우에는 사업용계좌 미사용가산세를 적용하지 아니한다(소법 81의8).

구 분	사업용계좌 미사용가산세
① 사업용계좌를 사용하지 아니한 때	사업용계좌를 사용하지 아니한 금액×0.2%
② 사업용계좌를 신고*하지 아니한 때	Max [㉠ 해당과세기간 수입금액 × $\frac{\text{미신고기간}}{\text{365(윤년 366)}}$ × 0.2%, ㉡ 사업용계좌 사용대상인 거래금액×0.2%]

* 복식부기의무자는 복식부기의무자에 해당하는 과세기간의 개시일(사업 개시와 동시에 복식부기의무자에 해당되는 경우에는 다음 과세기간 개시일)부터 5개월 이내에 사업용계좌를 해당 사업자의 사업장 관할 세무서장에게 신고하여야 한다. 다만, 사업용계좌가 이미 신고되어 있는 경우에는 그러하지 아니하다(소법 160의5 ③).

파. 신용카드 발급 불성실 가산세

신용카드가맹점 가입요건에 해당하여 가맹한 신용카드가맹점이 신용카드에 의한 거래를 거부하거나 사실과 다르게 발급한 경우에는 관할세무서장으로부터 통보받은 경우에는 통보받은 건별 거부금액 또는 건별로 사실과 다르게 발급한 금액(건별로 발급하여야 할 금액과의 차액)의 5%에 해당하는 금액(건별로 계산한 금액이 5천원에 미달하는 경우에는 5천원)을 해당 과세기간의 결정세액에 더한다(소법 81의9 ①).

하. 현금영수증 발급 불성실 가산세

현금영수증가맹점으로 가입하여야 할 사업자가 이를 이행하지 아니하거나 현금영수증가맹점으로 가입한 사업자가 현금영수증을 발급하지 아니하거나 사실과 다르게 발급한 경우에는 다음 중 어느 하나에 해당하는 금액을 해당 과세기간의 결정세액에 더한다. 다만, '②'의 경우 현금영수증의 발급대상금액이 건당 5천원 미만인 경우는 그러하지 아니한다(소법 81의9 ②).

① 현금영수증가맹점으로 가입하지 아니한 경우

$$\text{해당 과세기간의 수입금액} \times \frac{\text{미가입기간}}{365(\text{윤년 } 366)} \times 1\%$$

② 현금영수증을 발급을 거부하거나 사실과 다르게 발급한 경우 : 통보받은 건별 발급거부 금액 또는 사실과 다르게 발급한 금액(건별로 발급하여야 할 금액과의 차액)× 5%(건별로 계산한 금액이 5천원에 미달하는 경우에는 5천원)

③ 현금영수증을 발급하지 아니한 경우(「국민건강보험법」에 따른 보험급여의 대상인 경우 등 대통령령으로 정하는 경우는 제외한다) : 미발급금액의 20%(착오나 누락으로 인하여 거래대금을 받은 날부터 10일 이내에 관할 세무서에 자진 신고하거나 현금영수증을 자진 발급한 경우에는 10%)

거. 기부금영수증 발급 · 작성 · 보관 불성실 가산세

기부금을 필요경비 또는 손금에 산입하거나 기부금세액공제를 받기 위해 필요한 기부금 영수증을 발급하는 거주자 또는 비거주자가 사실과 다르게 적었을 때 적힌금액의 5%, 기부자별 발급명세를 「소득세법」에 따라 작성 · 보관하지 아니한 경우에는 작성 · 보관하지 아니한 금액의 0.2%의 가산세를 발급자가 부담해야 한다(소법 81의7).

기부금 영수증 불성실 발급 가산세=적힌금액×5%
기부자별 발급명세 작성 · 보관 불이행가산세=작성 · 보관하지 아니한 금액×0.2%

너. 원천징수납부 등 불성실가산세

(1) 일반적인 경우

국세를 징수하여 납부할 의무를 지는 자가 징수하여야 할 세액을 법정납부기한까지 납부하지 아니하거나 과소납부한 경우에는 납부하지 아니한 세액 또는 과소납부분 세액의 50%(법정납부기한 다음 날부터 납세고지일까지의 기간에 해당하는 금액을 합한 금액은 10%)에 상당하는 금액을 한도로 하여 다음의 금액을 합한 금액을 가산세로 한다(국기법 47의 5 ①).

① 무납 또는 과소납부분 세액×3%
② 무납 또는 과소납부분 세액×법정납부기한의 다음 날부터 납부고지일(납부고지일 전에 납부한 경우에는 그 납부일)의 전날까지의 기간×0.022%
③ 지정납부기한까지 무납 또는 과소납부분 세액×지정납부기한의 다음 날부터 납부일의 전날까지 경과한 개월 수×0.67%
④ 독촉장 송달비용

여기서 "국세를 징수하여 납부할 의무"란 다음에 해당하는 의무를 말한다(국기법 47의5 ②).

① 소득세 또는 법인세를 원천징수하여 납부할 의무
② 납세조합이 소득세를 징수하여 납부할 의무
③ 용역 등을 공급받는 자가 부가가치세를 징수하여 납부할 의무

다만, 다음에 해당하는 경우에는 원천징수 납부불성실가산세를 적용하지 아니한다(국기법 47의5 ③).

① 소득세를 원천징수하여야 할 자가 우리나라에 주둔하는 미군인 경우
② 소득세를 원천징수하여야 할 자가 국민연금 · 공무원연금 등 연금소득 또는 퇴직소득을 지급하는 경우
③ 소득세 또는 법인세를 원천징수하여야 할 자가 국가, 지방자치단체 또는 지방자치단체조합인 경우

(2) 원천징수 납부불성실가산세 특례

원천징수의무자 또는 비거주자의 국내원천소득 · 채권등 · 연예인 등의 용역제공 특례의 규정에 따라 원천징수하여야 할 자가 국가 · 지방자치단체 또는 지방자치단체조합(이하 이 조에서 "국가등"이라 한다)인 경우로서 국가 등으로부터 근로소득을 받는 사람이 근로소득자 소득공제신고서를 사실과 다르게 기재하여 부당하게 소득공제를 받아 국가등이 원천징수하여야 할 세액을 정해진 기간에 납부하지 아니하거나 미달하게 납부한 경우에는 국가등은 징수하여야 할 세액에 원천징수 납부불성실가산세를 더한 금액을 그 근로소득자로부터 징수하여 납부하여야 한다(소법 128의2).

더. 성실신고확인서 제출 불성실 가산세

성실신고확인대상사업자가 그 과세기간의 다음 연도 6월 30일까지 성실신고확인서를 납세지 관할 세무서장에게 제출하지 아니한 경우에는 아래에 해당하는 금액을 결정세액에 더한다(소법 81의2).

$$\text{Max}\begin{cases} ①\ \text{종합소득산출세액} \times \dfrac{\text{사업소득금액}}{\text{종합소득금액}} \times 5\% \\ ②\ \text{총수입금액} \times \dfrac{2}{10{,}000} \end{cases}$$

러. 유보소득 계산 명세서 제출 불성실 가산세

특정외국법인의 유보소득 계산 명세서를 같은 조에 따라 제출하여야 하는 거주자가 그 제출기한까지 제출하지 아니하거나 제출한 명세서의 전부 또는 일부를 적지 아니하는 등 제출한 명세서가 배당 가능한 유보소득금액을 산출할 때 적어야 하는 금액의 전부 또는 일부를 적지 아니하거나 잘못 적어 배당 가능한 유보소득금액을 잘못 계산한 경우에 해당할 때에는 해당 특정외국법인의 배당 가능한 유보소득금액의 0.5%에 해당하는 금액을 해당 과세기간의 결정세액에 더한다(소법 81의13).

머. 주택임대사업자 미등록 가산세

주택임대소득이 있는 사업자가 제168조 제1항 및 제3항에 따라 「부가가치세법」 제8조 제1항 본문에 따른 기한까지 등록을 신청하지 아니한 경우에는 사업 개시일부터 등록을 신청한 날의 직전일까지의 주택임대수입금액의 0.2%에 해당하는 금액을 해당 과세기간의 결정세액에 더한다(소법 81의12).

주택임대사업자 미등록 가산세＝미등록기간 주택임대수입금액×0.2%

버. 업무용승용차 관련 비용 명세서 제출 불성실 가산세

업무용승용차 관련 비용 등을 필요경비에 산입한 복식부기의무자가 업무용승용차 관련 비용 등에 관한 명세서를 제출하지 아니하거나 사실과 다르게 제출한 경우에는 다음의 구분에 따른 금액을 가산세로 해당 과세기간의 종합소득 결정세액에 더하여 납부하여야 한다(소법 81의14).

① 명세서를 제출하지 아니한 경우 : 필요경비에 산입한 금액×1%

② 명세서를 사실과 다르게 제출한 경우 : 필요경비에 산입한 금액 중 해당 명세서에 사실과 다르게 적은 금액×1%

서. 가산세의 감면과 한도

(1) 가산세의 감면

정부는 국세기본법 또는 세법에 따라 가산세를 부과하는 경우 그 부과의 원인이 되는 사유가 기한연장사유에 해당하거나 납세자가 이행하지 아니한데 대한 정당한 사유가 있는 때에는 해당 가산세를 부과하지 아니한다(국기법 48 ①). 또한, 정부는 다음의 어느 하나에 해당하는 경우에는 해당 가산세액에서 다음에서 정하는 금액을 감면한다(국기법 48 ②).

감면사유		감면율
① 수정신고	㉠ 1개월 이내 수정신고한 경우	90%
	㉡ 1~3개월 이내 수정신고한 경우	75%
	㉢ 3~6개월 이내 수정신고한 경우	50%
	㉣ 6개월~1년 이내 수정신고한 경우	30%
	㉤ 1년~1년 6개월 이내 수정신고한 경우	20%
	㉥ 1년 6개월~2년 이내 수정신고한 경우	10%
② 기한후 신고・납부	㉠ 1개월 이내 기한 후 신고・납부를 한 경우	50%
	㉡ 1~3개월 이내 기한 후 신고・납부를 한 경우	30%
	㉢ 3~6개월 이내 기한 후 신고・납부를 한 경우	20%
③ 과세전적부심사 결정・통지기간에 그 결과를 통지하지 아니한 경우		50%
④ 세법에 따른 제출, 신고, 가입, 등록, 개설(이하 "제출등")의 기한이 지난 후 1개월 이내에 해당 세법에 따른 제출 등의 의무를 이행하는 경우		50%

다만, 수정신고하는 경우 과소신고가산세와 초과환급신고가세만 해당하며, 과세표준수정신고서를 제출한 과세표준과 세액을 경정할 것을 미리 알고 제출한 경우는 제외한다.

(2) 가산세의 한도

다음에 해당하는 가산세에 대해서는 그 의무위반의 종류별로 각각 5천만원(중소기업이 아닌 기업은 1억원)을 한도로 한다. 다만, 해당 의무를 고의적으로 위반한 경우에는 그러하지 아니하다(국기 49 ①).

① 지급명세서 제출불성실가산세

② 계산서 불성실가산세

③ 증명서류 불비가산세

④ 영수증수취명세서 미제출가산세

⑤ 사업장현황신고 불성실가산세

⑥ 기부금영수증 불성실가산세

지금까지 살펴본 가산세는 아래 요약된 금액의 합계액으로 한다. 다만, 무신고가산세와 증명서류 불비가산세가 동시에 적용되면 큰 가산세를 적용하며, 동액일 경우에는 무신고가산세를 적용한다.

소득세 가산세 요약

구 분	적용대상금액	가산세율
(1) 무신고가산세	① 일반적 무신고에 대한 산출세액	20%[주2)]
	② 부정무신고에 대한 산출세액	40%[주3)]
(2) 과소신고가산세	① 일반적 과소신고에 대한 산출세액	10%[주2)]
	② 부정과소신고에 대한 산출세액	40%[주3)]
(3) 납부지연가산세	미납 · 미달납부 · 초과환급세액	1일 0.022%
(4) 지급명세서 제출불성실가산세	미제출 · 불명액	1%[주4)]
(5) 계산서 불성실가산세[주1)]	① 계산서 미교부 · 불명액	1%
	② 계산서합계표 미제출 · 불명액	0.5%[주5)]
	③ 계산서 미발급, 가공 · 위장 수수	2%[주6)]
(6) 증명서류 불비가산세	세금계산서 등 이외의 증명서류수취액	2%
(7) 영수증수취명세서 미제출	미제출 · 불명액	1%
(8) 사업장현황신고 불성실가산세	무신고 또는 미달신고 수입금액	0.5%[주7)]
(9) 공동사업장등록 불성실가산세	① 공동사업자 거짓등록시 그 과세기간 총수입금액	0.5%
	② 거짓 신고시 그 과세기간 총수입금액	0.1%

구 분	적용대상금액	가산세율
⑽ 무기장가산세(소규모 사업자 적용 제외)	미기장 · 미달기장 소득금액에 대한 산출세액	20%
⑾ 사업용계좌 미사용가산세	① 미사용 금액	0.2%
	② 미신고시 총수입금액	0.2%
⑿ 신용카드매출전표 미발급가산세	발급거부금액 · 사실과 다른 발급금액	5%
⒀ 현금영수증 미발급가산세	① 가맹점미가입시 총수입금액	1%
	② 발급거부 또는 사실과 다른 발급 금액	5%
	③ 미발급금액	20%
⒁ 원천징수납부불성실가산세	미납 · 미달납부세액	1일 0.022%[주8)]
⒂ 기부금 영수증 불성실 발급가산세	기재금액	5%
⒃ 기부자 발급명세서 작성 · 보관 불이행 가산세	작성 · 보관해야 할 금액	0.2%

주1) 사업자(소규모사업자 제외)에 한하여 적용하며, 산출세액이 없는 경우에도 적용한다.
주2) 복식부기의무자인 경우 수입금액의 0.07%와 큰 금액을 적용한다.
주3) 복식부기의무자인 경우 수입금액의 0.14%와 큰 금액을 적용한다.
주4) 제출기한 경과후 3개월 이내 제출하면 0.5%를 적용한다.
주5) 계산서합계표 미제출 · 불명인 경우 제출기한 지난 후 1개월 이내 제출하면 0.3%를 적용한다.
주6) 전자계산서를 발급하여야 하는 자(직전연도 수입금액이 1억원 이상인 사업자)가 전자계산서 외의 계산서를 발급한 경우와 계산서의 발급시기가 지난 후 해당 재화 또는 용역의 공급시기가 속하는 과세기간의 다음 연도 1월 25일까지 계산서를 발급하는 경우 1%로 한다.
주7) 겸영사업자가 부가가치세 신고시 면세수입금액을 과소신고한 경우에도 가산세가 부과된다.
주8) 미납 · 미달납부세액의 3%를 최소한으로 하고, 10%를 한도로 한다.

06 수시부과

가. 의 의

소득세의 과세시기는 원칙적으로 과세기간이 끝나고 해당 과세기간의 1년분의 소득에 대한 과세표준을 다음 과세기간 5월 1일부터 5월 31일까지 확정신고를 하게 되어 있다. 그러나 납세보전을 위하여 필요한 경우 즉, 확정신고기한까지 기다려서는 조세채권을 확보할 수 없는 경우에는 기한의 이익을 박탈하여 미리 과세권을 행사하는 경우로서 과세기간 중에 수시로 과세표준을 결정하는 경우가 있는데, 이를 수시부과라고 한다.

나. 수시부과권자

수시부과결정은 일반적인 소득세의 관할관청과는 달리 사업장 관할세무서장(사업자 외의 자에 대하여는 납세지 관할세무서장)이 한다(소령 148 ①).

다. 수시부과 사유와 신청

수시부과결정은 과세관청의 조사결정권이 조기에 행사되는 것으로 납세의무자가 수시부과결정으로 인하여 불이익을 당하지 않도록 그 적용에 신중을 기하여야 한다. 또한 그 사유는 엄격하게 제한적으로 해석되어야 할 것이다.

(1) 수시부과사유

수시부과할 수 있는 사유는 다음과 같다(소법 82).

① 사업부진이나 그밖의 사유로 장기간 휴업 또는 폐업상태에 있는 때로서 소득세를 포탈할 우려가 있다고 인정되는 경우

② 주소·거소 또는 사업장의 이동이 빈번하다고 인정되는 지역의 납세의무 있는 자(소법 82 ④)

③ 사업자가 주한국제연합군 또는 외국기관으로부터 수입금액을 외국환은행을 통하여 외환증서 또는 원화로 영수할 때(소령 148 ③)

④ 부도발생 또는 채무누적 등의 사유로 인하여 법원에 의하여 소유부동산이 경매될 것이 예상되는 경우(소기통 82-3)

⑤ 그 밖에 조세를 포탈할 우려가 있다고 인정되는 상당한 이유가 있는 경우

(2) 가산세 적용의 배제

수시부과한 경우 해당세액 및 수입금액에 대해서는 무신고가산세 및 과소신고가산세를 적용하지 아니한다(소법 82 ③).

라. 수시부과세액의 계산

수시부과세액의 계산방법은 다음과 같다.

(1) 수시부과 산출세액

해당 과세기간의 사업시작일로부터 해당 사유가 발생한 날까지의 기간을 수시부과기간으로하여 다음과 같이 수시부과세액을 계산한다(소칙 69 (2)).

수시부과세액 = (종합소득금액 − 거주자 본인에 대한 기본공제) × 기본세율

(2) 주한국제연합군 등에 군납의 경우

군납시 수시부과세액은 다음 산식에 의하여 계산한다(소칙 69(1)).

수시부과세액 = 총수입금액 × (1 − 단순경비율) × 기본세율

41

우리나라 주둔 국제연합군으로부터 지급받은 것을 외국환은행을 통하여 외환증서로 받는 경우 수시부과세액은?

1. 총수입금액 : 8,000,000원
2. 단순경비율 : 90%
3. 세율 : 과세표준 1,200만원 이하는 6%

 해답 수시부과세액 : 총수입금액 × (1 − 단순경비율) × 기본세율
= 8,000,000 × (1 − 0.9) × 0.06 = 48,000원

마. 수시부과한 과세표준의 통산

수시부과결정은 확정결정을 전제로 하는 가결정 또는 수시결정, 부분적인 결정의 성격을 지니고 있다.

따라서 수시부과가 있는 때에는 당해 과세표준은 정기분 과세표준의 결정에 이를 통산한다. 그러므로 수시부과한 과세표준에 대하여는 그 수시부과결정으로서 종결되는 것이 아니다. 수시부과세액은 기납부세액으로 정기분 총결정세액에서 공제한다.

수시부과결정을 받은 경우에도 납세의무자는 확정신고의무를 진다. 다만, 수시부과를 받은 후에 추가로 발생한 소득이 없는 경우에는 종합소득 과세표준 확정신고를 하지 아니할 수 있다.

 세액의 징수와 환급

가. 소득세의 징수

(1) 미달납부세액의 징수

납세지 관할세무서장은 거주자가 다음에 해당하면 그 미납된 부분의 소득세를 「국세징수법」에 따라 징수한다(소법 85 ①).

① 중간예납세액을 신고·납부하여야 할 자가 그 세액의 전부 또는 일부를 납부하지 아니한 경우

② 해당 과세기간의 소득세로 납부하여야 할 세액의 전부 또는 일부를 납부하지 아니한 경우

(2) 결정·경정에 의한 세액의 징수

납세지 관할세무서장은 거주자의 해당 과세기간의 소득세액이 결정·경정세액에 미달할 때에는 그 미달세액을 징수한다. 중간예납세액의 경우에도 또한 같다(소법 85 ②).

(3) 원천징수세액

원천징수의무자가 징수하였거나 징수하여야 할 세액을 그 기한까지 납부하지 아니하였거나 미달하게 납부한 경우에는 그 징수하여야 할 세액을 가산세와 함께 원천징수의무자로부터 징수하여야 한다. 다만, 원천징수의무자가 원천징수를 하지 아니한 경우로서 다음 중 어느 하나에 해당하는 경우에는 원천징수납부불성실가산세액만을 징수한다(소법 85 ③).

① 납세의무자가 신고·납부한 과세표준금액에 원천징수하지 아니한 원천징수대상소득금액이 이미 산입된 경우

② 원천징수하지 아니한 원천징수대상소득금액에 대해서 납세의무자의 관할세무서장이 그 납세의무자에게 직접 소득세를 부과·징수하는 경우

(4) 납세조합의 징수세액

납세조합 관할 세무서장은 납세조합이 그 조합원에 대한 해당 소득세를 매월 징수하여 기한까지 납부하지 아니하였거나 미달하게 납부하였을 때에는 그 징수하여야 할 세

액에 원천징수납부 등 불성실가산세를 더한 금액을 세액으로 하여 해당 납세조합으로부터 징수하여야 한다(소법 85 ⑤).

나. 소득세액의 환급

(1) 결정세액의 환급

납세지 관할세무서장은 중간예납 · 토지 등 매매차익예정신고납부 · 수시부과 및 원천징수한 세액이 종합소득총결정세액과 퇴직소득총결정세액의 합계액을 각각 초과하는 경우에는 그 초과하는 세액은 환급하거나 다른 국세 및 강제징수비에 충당하여야 한다(소법 85 ④).

(2) 결손금소급공제에 의한 환급

중소기업을 경영하는 거주자가 그 중소기업의 사업소득금액을 계산할 때 해당 과세기간의 이월결손금이 발생한 경우에는 직전 과세기간의 그 중소기업의 사업소득에 부과된 소득세액을 한도로 하여 결손금소급공제세액을 환급신청할 수 있다(소법 85의2 ①).

'결손금소급공제에 의한 환급' 규정은 본서 제3장 제3절에서 자세히 설명하고 있다.

(3) 근로소득세액 연말정산의 경우 환급

근로소득세액에 대한 연말정산을 하는 경우에 원천징수의무자가 이미 원천징수하여 납부한 소득세에 과오납이 있어 근로소득자에게 환급하는 때에는 그 환급세액은 원천징수의무자가 원천징수하여 납부할 소득세에서 조정하여 환급한다(소령 201 ①).

이 경우 원천징수의무자가 환급할 소득세가 연말정산하는 달에 원천징수하여 납부할 소득세를 초과하는 경우에는 다음달 이후에 원천징수하여 납부할 소득세에서 조정하여 환급한다. 다만, 당해 원천징수의무자의 환급신청이 있는 경우에는 원천징수관할세무서장이 그 초과액을 환급한다(소칙 93 ①).

다. 과세최저한과 소액부징수

(1) 기타소득의 과세최저한

기타소득이 다음의 어느 하나에 해당하면 그 소득에 대한 소득세를 과세하지 아니한다(소법 84).

① 건별로 승마투표권, 승자투표권, 소싸움경기투표권, 체육진흥투표권의 권면에 표시된 금액의 합계액이 10만원 이하이고 다음의 어느 하나에 해당하는 경우
  ㉠ 적중한 개별투표당 환급금이 10만원 이하인 경우
  ㉡ 단위투표금액당 환급금이 단위투표금액의 100배 이하이면서 적중한 개별투표당 환급금이 200만원 이하인 경우
② 복권 당첨금 또는 슬롯머신등 당첨금품등이 건별로 200만원 이하인 경우
③ 해당 과세기간의 가상자산소득금액이 250만원 이하인 경우
④ 그 밖의 기타소득금액(연금외수령한 기타소득금액은 제외한다)이 건별로 5만원 이하인 경우

(2) 소액부징수

다음에 해당하는 경우에는 해당 소득세를 징수하지 아니한다(소법 86).

① 원천징수의무자가 징수하는 원천징수세액(이자소득과 인적용역 사업소득은 제외함)이 1,000원 미만인 때
② 납세조합의 징수세액이 1,000원 미만인 때
③ 중간예납세액이 50만원 미만인 때

○ 소 득 세 법

연습문제

01 현행「소득세법」에 종합소득의 과세표준과세액의 결정제도에 대해 설명하시오.

02 「소득세법」의 가산세 제도에 대하여 설명하시오.

03 「소득세법」의 수시부과제도에 대하여 설명하시오.

04 실지조사결정방법과 추계조사결정방법에 대하여 비교 설명하시오.

05 「소득세법」의 기준경비율에 대하여 설명하시오.

06 과세최저한과 소액부징수제도에 대하여 비교 설명하시오.

01 소득세의 신고 · 납부 · 결정 및 징수에 대한 설명이다. 옳지 않은 것은? ▶ CPA 2009

① 사업자가 장부를 비치 · 기록하지 아니하였거나 비치 · 기록한 장부에 따른 소득금액이 기장하여야 할 금액에 미달한 때에는 가산세를 부담함이 원칙이나, 해당 과세기간에 신규로 사업을 개시한 사업자의 경우에는 그렇지 않다.

② 이자소득 외의 소득에 대한 원천징수세액이 1,000원 미만인 때에는 해당 소득세를 징수하지 아니한다.

③ 비거주자의 중간예납에 관하여는 거주자의 신고와 납부에 관한 규정을 준용하지 아니한다.

④ 수시부과 후 추가로 발생한 소득이 없을 경우에는 과세표준 확정신고를 하지 아니할 수 있다.

⑤ 확정신고 납부할 세액이 2천만원을 초과하는 때에는 그 세액의 50% 이하의 금액을 납부기한이 지난 후 2개월 이내에 분할납부할 수 있다.

해설 비거주자의 중간예납에 대해서는 거주자의 신고와 납부에 관한 규정을 준용한다.

02 다음은 소득세에 관한 설명이다. 옳은 것은? ▶ CPA, 2002 수정

① 사업소득 외의 종합소득에 대한 외국납부세액은 필요경비산입방법에 의하여 공제한다.

② 토지 · 건물 및 부동산에 관한 권리의 양도가액과 취득가액은 원칙적으로 양도 당시 및 취득 당시의 기준시가에 의한다.

③ 기타소득금액의 연간 합계액이 300만원 이상인 경우 종합과세와 분리과세를 선택할 수 있다.

④ 특별세액공제신청자가 항목별세액공제를 신청하지 않는 경우에도 항목별세액공제를 적용하며, 공제액이 합산과세되는 종합소득금액을 초과하는 경우에는 이를 없는 것으로 한다.

⑤ 과세표준과 세액의 결정 또는 경정은 과세표준확정신고서 및 그 첨부서류에 의하거나 실지조사에 의함을 원칙으로 한다.

 **해설** ① 사업소득 외의 종합소득에 대한 외국납부세액은 세액공제만이 가능하다.
② 실거래가액에 의한다.
③ 기타소득금액이 연 300만원 이하인 경우 분리과세를 선택할 수 있다.
④ 항목별세액공제를 신청하지 않은 경우에는 표준세액공제금액을 공제한다.

03 「소득세법」에 따른 가산세에 대한 다음 설명 중 옳지 않은 것은? ▶CPA 2006 수정

① 지급명세서를 제출하여야 할 자(간편장부대상자 포함)가 지급명세서를 그 기한 내에 제출하지 아니한 경우에는 가산세가 부과된다.

② 신용카드가맹점이 신용카드매출전표의 발급을 거부한 경우에는 가산세가 부과된다.

③ 법인(중소기업 포함)의 대주주가 양도하는 주식에 대하여 거래내역을 기장하지 아니한 경우에는 기장불성실가산세가 적용된다.

④ 부동산을 양도한 거주자가 양도소득과세표준예정신고를 하지 않으면 가산세를 부담한다.

⑤ 간편장부대상자는 장부를 비치 · 기장하지 않더라도 무기장가산세를 부담하지 않는다.

해설 간편장부대상자(소규모 사업자 제외)도 장부를 비치 · 기장하지 않은 경우에는 무기장가산세가 부과된다.

04 과세표준의 확정신고와 납부 및 결정에 관한 설명으로 옳지 않은 것은? ▶CTA 2011

① 소득금액을 추계조사결정하는 경우 사업장현황신고불성실가산세의 적용대상자인 의료업을 영위하는 사업자는 직전과세기간의 수입금액이 업종별로 법령에 정한 금액에 미달하더라도 기준경비율적용대상자에 해당한다.

② 종합소득 · 양도소득 · 퇴직소득에 대한 소득세의 물납은 인정되지 않는다.

③ 해당 과세기간에 신규로 세무사업을 개시한 사업자의 소득금액을 추계조사결정하는 경우에는 단순경비율을 적용한다.

④ 과세표준확정신고를 하여야 할 거주자가 국외이주를 위하여 출국하는 경우에는 출국일이 속하는 과세기간의 과세표준을 출국일 전날까지 신고하여야 한다.

⑤ 종합소득 과세표준확정신고기한이 지난 후에 세무서장이 법인세과세표준을 경정하여 익금에 산입한 금액이 배당등으로 처분됨으로써 소득금액에 변동이 발생함에 따라 종합소득과세표준확정신고의무가 없었던 자가 소득세를 추가납부하여야 하는 경우 해당 법인등이 소득금액변동통지서를 받은 날이 속하는 달의 다음 다음 달 말일까지 추가신고납부한 때에는 확정신고기한까지 신고납부한 것으로 본다.

해설 변호사 등은 전문직 사업자로 「소득세법 시행령」 제143조 제1항에 따라 단순경비율이 적용되지 않는다.

05 「소득세법」상 거주자의 신고·납부 및 징수와 관련된 규정에 관한 설명으로 옳지 않은 것은? ▶ CPA 2013

① 중간예납기준액이 없는 거주자가 해당 과세기간의 중간예납기간 중 사업소득(중간예납의무가 있음)이 있는 경우에는 11월 1일부터 11월 30일까지의 기간에 중간예납추계액을 중간예납세액으로 하여 납세지 관할세무서장에게 신고하여야 한다.

② 2026년 4월 20일에 비상장주식을 양도한 거주자는 2026년 8월 31일까지 양도소득과세표준 예정신고를 하여야 한다.

③ 내국법인이 법인세 과세표준을 신고하는 때 「법인세법」에 따라 처분되는 배당에 대하여는 그 신고일에 그 배당소득을 지급한 것으로 보아 소득세를 원천징수한다.

④ 「부가가치세법」에 따른 간이과세자가 각 과세기간의 부가가치세 과세표준과 납부세액을 신고한 경우에는 해당 사업장의 현황을 해당 과세기간의 다음 연도 2월 10일까지 사업장 소재지 관할세무서장에게 신고하여야 한다.

⑤ 근로소득(일용근로소득은 제외)이 있는 자에 대하여 원천징수의무를 부담하는 자가 소득세를 원천징수하지 아니한 때에는 그 근로소득이 있는 자가 과세표준 확정신고를 하여야 한다.

해설 다음 연도 2월 10일까지 사업장현황신고를 해야하는 자는 「부가가치세법」상 면세사업자이다.

06 소득세법령상 과세표준의 확정신고와 납부에 관한 설명으로 옳은 것은? ▶ CTA 2022 수정

① 공적연금소득만 있는 거주자는 해당 소득에 대해 과세표준확정신고를 해야 한다.

② 세무사가 성실신고확인대상사업자에 해당하는 경우에도 자신의 사업소득금액의 적정성에 대하여 해당 세무사가 성실신고확인서를 작성·제출할 수 있다.

③ 해당 과세기간의 종합소득금액이 있는 거주자가 종합소득과세표준이 없는 경우에는 종합소득과세표준 확정신고 의무가 없다.

④ 과세표준확정신고를 하여야 할 거주자가 출국하는 경우에는 출국일이 속하는 과세기간의 과세표준을 출국일 전날까지 신고하여야 한다.

⑤ 거주자로서 과세표준의 확정신고에 따라 납부할 세액이 1천8백만원인 자는 9백만원을 납부기한이 지난 후 90일 이내에 분납할 수 있다.

해설 ① 과세표준확정신고를 하지 아니할 수 있다.
② 해당 세무사가 성실신고확인서를 작성·제출할 수 없다.
③ 종합소득과세표준이 없는 경우에도 종합소득과세표준 확정신고 의무가 있다.
⑤ 8백만원을 납부기한이 지난 후에 2개월 이내에 분납할 수 있다.

07 「소득세법」상 신고·납부절차에 관한 설명으로 옳지 않은 것은? ▶ CTA 2016

① 과세기간의 개시일 현재 사업자가 아닌 자로서 그 과세기간 중 신규로 사업을 시작한 거주자는 그 과세기간의 사업소득에 대하여 중간예납 의무가 없다.

② 중간예납세액이 50만원 미만인 경우에는 해당 세액을 징수하지 않는다.

③ 복식부기의무자가 아닌 농·축·수산물 판매업을 영위하는 거주자는 납세조합을 조직할 수 있다.

④ 금융업을 경영하는 사업자가 직전 과세기간의 상시고용인원의 평균인원수가 20인 이하인 원천징수의무자로서 관할 세무서장으로부터 승인을 얻은 경우에는 원천징수한 소득세를 그 징수일이 속하는 반기의 마지막 달의 다음 달 10일까지 납부할 수 있다.

⑤ 분리과세이자소득, 분리과세배당소득, 분리과세연금소득 및 분리과세기타소득만 있는 거주자는 과세표준확정신고를 하지 아니할 수 있다.

해설 금융·보험업자는 반기별 원천징수의무자에서 제외된다(소령 186 ①).

08 「소득세법」상 신고 및 납부에 관한 설명으로 옳지 않은 것은? ▶ CTA 2025

① 독립된 자격으로 보험가입자의 모집 및 이에 부수되는 용역을 제공하고 그 실적에 따 라 모집수당 등을 받는 자는 사업장 현황신고를 하지 아니할 수 있다.

② 근로소득 중 법령으로 정하는 일용근로자의 근로소득의 경우에는 그 지급일이 속하는 달의 다음 달 말일(휴업, 폐업 또는 해산한 경우에는 휴업일, 폐업일 또는 해산일이 속하는 달의 다음 달 말일)까지 지급명세서를 제출하여야 한다.

③ 성실신고확인대상사업자가 성실신고확인서를 제출하는 경우에는 종합소득과세표준 확정신고를 그 과세기간의 다음 연도 5월 1일부터 6월 30일까지 하여야 한다.

④ 해당 과세기간에 분리과세 주택임대소득이 있는 경우에는 확정신고를 하지 아니한다.

⑤ 분할납부에 관한 규정은 종합소득·퇴직소득은 물론 양도소득에 대한 소득세에도 적용하며, 확정신고시 자진납부할 세액은 물론 중간예납세액이나 예정신고세액에도 적용한다.

해설 ④ 해당 과세기간에 분리과세 주택임대소득이 있는 경우에는 확정신고하여야 한다.

01 ③ 02 ⑤ 03 ⑤ 04 ③ 05 ④ 06 ④ 07 ④ 08 ④

04 거주자의 양도소득에 대한 납세의무

01절 총 설

01 총 론

가. 양도소득세의 의의

양도소득세는 자산을 양도함으로써 발생하는 소득에 대하여 과세하는 소득세이다. 현행 「소득세법」은 부동산과 부동산에 관한 권리의 양도, 주식 및 출자지분, 기타 자산양도(국외자산 포함)를 과세대상으로 한다. 종합소득세가 원칙적으로 과세기간인 1년 내에 발생한 소득을 과세대상으로 하는데 대하여, 양도소득세는 취득일로부터 양도일까지 보유기간에 따라 형성된 소득을 과세대상으로 한다는 데 기본적인 특성이 있다.

토지 등의 양도소득에 대한 과세는 투기로 인한 이익이나 공공사업의 수행 또는 도시인구의 증가로 인한 지가상승분인 개발이익의 일부를 소득세로 징수함으로써 재정수입을 확보함과 아울러 토지 등으로부터 발생하는 부 또는 소득을 고르게 분배하고, 토지·건물 등 부동산의 수급에 관한 정책을 수행하는 등의 정책적인 목적에서도 매우 중요하다. 특히 비생산적인 부동산투자억제와 지가안정 등을 도모하기 위한 방법으로도 중요한 몫을 담당하고 있다.

나. 양도소득세계산 흐름도

양 도 차 익 = 양도가액 − 취득가액 − 기타 필요경비 양도소득금액 = 양도차익 − 장기보유특별공제액 과 세 표 준 = 양도소득금액 − 양도소득기본공제 산 출 세 액 = 과세표준 × 세율 결 정 세 액 = 산출세액 − 예정신고납부세액공제 − 감면세액 총 결 정 세 액 = 결정세액 + 가산세액 양도소득(자진)납부세액 = 총결정세액 − 기납부세액

양도소득세의 과세대상

양도소득세 과세대상

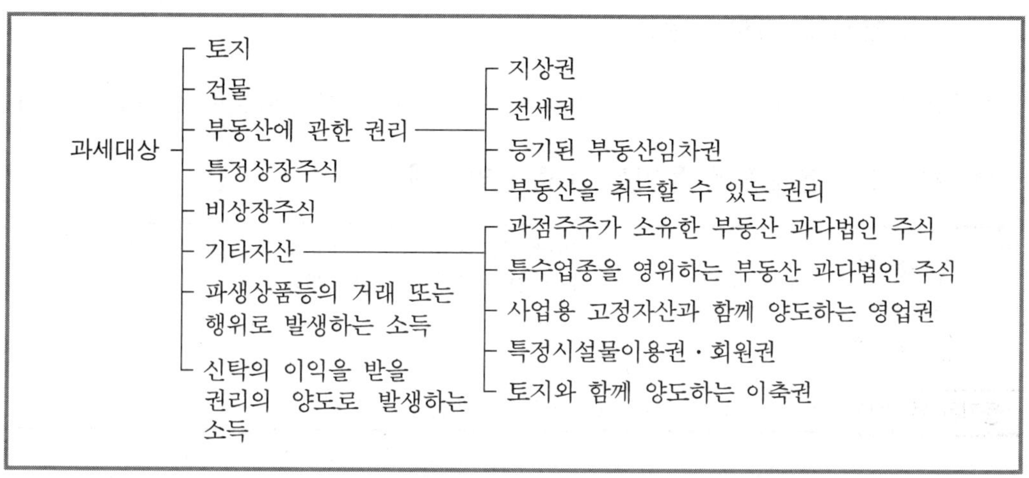

가. 토 지

토지란 「측량 · 수로조사 및 지적에 관한 법률」에 따라 지적공부에 등록하여야 할 지목에 해당하는 것을 말한다(소법 94 ①). 「측량 · 수로조사 및 지적에 관한 법률」에서는 지목을 토지의 주된 사용 목적 또는 용도에 따라 전 · 답 · 과수원 · 목장용지 · 임야 · 광천지 · 염전 · 대지 · 공장용지 · 학교용지 · 도로 · 철도용지 · 하천 · 제방 · 구거 · 유지 · 수도용지 · 공원 · 체육용지 · 유원지 · 종교용지 · 사적지 · 묘지 · 잡종지 등으로 구분하고 있다.

농지 · 임야 · 목장용지 및 그 밖의 토지의 판정은 특별한 규정이 있는 경우를 제외하고는 사실상의 현황에 의한다. 다만, 사실상의 현황이 분명하지 아니한 경우에는 공부상의 등재현황에 의한다(소령 168의7).

나. 건 물

현행 「소득세법」에서는 양도소득의 범위로서 건물(건물에 부속된 시설물과 구축물을 포함)의 양도로 인하여 발생하는 소득으로만 규정되어 있을 뿐 건물의 정의에 대해서는 언급이 없다. 다만, 「건축법」에서 "건축물이라 함은 토지에 정착하는 공작물 중 지붕과 기둥 또는 벽이 있는 것과 이에 부수되는 시설물, 지하 또는 고가의 공작물에 설치하는 사무소 · 공연장 · 점포 · 차고 · 창고를 말한다"고 규정하고 있다.

건물의 구분은 공부상의 용도구분에 관계없이 사실상의 용도에 의하여 과세하고, 사실상의 용도가 분명하지 아니한 경우에는 공부상의 용도구분에 따라 과세한다. 건물이 「건축법」에 위반되어 공부상 등재되지 않거나 무허가건물의 경우에도 과세대상이 된다.

다. 부동산에 관한 권리

부동산에 관한 권리로서 양도소득세의 과세대상이 되는 것은 다음과 같다(소법 94 ①).

(1) 지상권 · 전세권과 등기된 부동산임차권

지 상 권	타인의 토지에 건물이나 공작물을 축조하거나 또는 수목을 소유하기 위하여 토지를 사용할 수 있는 용익물권(민법 279)
전 세 권	전세권자가 전세금을 지급하고 타인(전세권설정자)의 부동산을 점유하여 그 부동산의 용도에 좇아 사용 · 수익하는 권리(민법 303)
등기된 부동산임차권	사용료를 지급하고 타인의 부동산을 사용 · 수익하는 권리의 등기

「소득세법」에서는 지상권과 전세권을 등기에 관계없이 사실에 따라 과세하고, 부동산임차권의 경우에는 등기된 부동산임차권의 양도에 한하여 양도소득세의 과세대상으로 하고, 등기되지 아니한 임차권에 대하여 과세대상으로 하지 않고 있다.

(2) 부동산을 취득할 수 있는 권리

부동산을 취득할 수 있는 권리란 건물이 완성되는 때에 그 건물과 이에 딸린 토지를 취득할 수 있는 권리 등으로, 취득시기가 도래하기 전에 당해 부동산을 취득할 수 있는 권리로서 그 예시는 다음과 같다.

① 건물이 완성되는 때에 그 건물과 이에 부수되는 토지를 취득할 수 있는 권리(아파트당첨권)

② 지방자치단체 · 한국토지개발공사가 발행하는 토지상환채권

③ 한국토지주택공사가 발행하는 주택상환채권

④ 부동산 매매계약을 체결한 자가 계약금만 지급한 상태에서 양도하는 권리

라. 주식 및 출자지분

다음에 해당하는 주식 또는 출자지분(신주인수권과 증권예탁증권 포함, 이하 '주식등')을 말한다(소법 94 ①(3)).

(1) 주권상장법인의 주식

주권상장법인의 주식등은 대주주가 양도하는 것과 증권시장에서의 거래에 의하지 아니하고 양도하는 것에 한하여 양도소득세가 과세된다. 다만, 소액주주가 「상법」에 따른 주식의 포괄적 교환·이전 또는 주식의 포괄적 교환·이전에 대한 주식매수청구권 행사로 양도하는 주식등은 양도소득의 범위에서 제외한다.

여기서 '대주주'란 주주 1인 및 그와 특수관계인이 주식등의 양도일이 속하는 사업연도의 직전사업연도 종료일 현재 소유주식의 비율 또는 시가총액이 아래의 구분에 따른 기준에 해당하는 경우에는 해당 주주 1인을 대주주로 본다. 그러나, '대주주' 판단에 있어서 합산해온 '기타주주'의 경우 만약 최대주주가 아니라면 합산대상에서 제외하여 각 인별로 보유 분만으로 적용하고, 최대주주인 경우는 친족 중 4촌혈족, 3촌인척, 배우자(사실혼포함), 친생자로서 친양자 입양된 자 및 그 배우자와 직계비속, 혼외출생자 생부모, 경영지배관계에 있는 법인의 주식 보유분도 합산하여 대주주 여부를 판정하여 양도소득세를 신고납부하여야 한다(소령 157).

구 분	소유주식의 비율	주식등의 시가총액
주권비상장법인	4% 이상	10억원 이상
거래소시장상장법인	1% 이상	50억원 이상
코스닥시장상장법인	2% 이상	50억원 이상
코넥스시장상장법인	4% 이상	50억원 이상
벤처기업	4% 이상	40억원 이상

(2) 주권비상장법인의 주식

주권비상장법인의 주식등에 대해서는 모두 양도소득세를 과세한다. 다만, 비상장주식등을 지분율 4% 이상 또는 시가총액 10억원 이상 보유한 대주주에 해당하지 아니하는 자가 「자본시장과 금융투자업에 관한 법률」에 따라 설립된 한국금융투자협회가 행하는 장외매매거래에 의하여 양도하는 대통령령으로 정하는 중소기업 및 대통령령으로 정하는 중견기업의 주식등은 제외한다(소법 94 ①, 소령 157 ③).

주식 및 출자지분의 과세여부

구 분	대주주		소액주주	
	1년 미만	1년 이상	거래시장외	거래시장내
대기업	30%	20%*		비과세**
중소기업	20%*		10%	

* 3억원 이하 20%, 3억원 초과 25%의 2단계 초과누진세율로 한다.
** 비상장 대기업 법인의 소액주주가 주식 등을 양도한 경우 10%로 과세한다.

(3) 국외주식

외국법인이 발행하였거나 외국에 있는 시장에 상장된 주식에 대해서는 양도소득세를 과세한다(소법 94 ①).

마. 기타자산

양도소득세의 과세대상이 되는 기타자산은 특정주식 · 영업권 및 특정시설물이용권으로 다음의 요건에 해당하는 경우이다(소법 94 ① (4)).

(1) 특정 주식

1) 특정지분비율 주식

다음의 요건을 모두 갖춘 법인의 주주 1인 및 기타주주가 그 법인의 주식 등의 합계액의 50% 초과하는 주주 1인 및 기타 주주 외의 자에게 양도하는 경우의 당해 주식 등을 말한다(소령 158 ① ② ③).

① 당해 법인의 자산총액 중 토지 · 건물 및 부동산에 관한 권리 등(지상권 등)의 합계액이 차지하는 비율이 50% 이상인 법인

$$\frac{\left(\text{㉠ 부동산등 가액} + \text{㉡ 법인이 경영지배하는 법인의 주식가액} \times \text{부동산등의 보유비율}\right)}{\text{자산총액}} \geq 50\%$$

여기에서 자산총액 및 자산가액은 당해 법인의 장부가액(토지와 건물로서 해당 자산의 기준시가가 장부가액보다 큰 경우에는 기준시가)에 의하며, 개발비 · 사용수익기부자산가액 등 무형고정자산가액과 양도일로부터 소급하여 1년이 되는 날부터 양도일까지의 기간 중에 차입금 또는 증자 등에 의하여 증가한 현금 · 금융재산 및 대

여금의 합계액은 자산총액에 포함하지 아니한다(소령 158 ④).

② 당해 법인이 주식 등의 합계액 중 주주 1인과 기타주주가 소유하고 있는 주식 등의 합계액이 차지하는 비율이 50% 초과하는 법인(주식비율)

$$\frac{\text{주주 1인과 기타주주 소유주식합계액}}{\text{주식등의 합계액}} > 50\%$$

위 '특정지분비율 주식'의 경우에 주주 1인과 기타주주가 주식 등을 수회에 걸쳐 양도하는 때에는 그들 중 1인이 주식 등을 양도하는 날로부터 소급하여 3년 내에 그들이 양도한 주식 등을 합산한다.

이 경우에 위에서 말하는 과세대상의 요건에 해당하는지의 여부 판정은 그들 중 1인이 주식 등을 양도하는 날로부터 소급하여 그 합산하는 기간의 초일 현재의 당해 법인의 주식 등의 합계액 또는 자산총액을 기준으로 하는 것이다(소령 158 ②).

2) 특정업종 영위 주식

'특정업종영위주식'이란 다음의 요건을 모두 충족한 법인의 주식(출자지분 포함)을 말한다(소령 158 ⑥, 소칙 76 ②).

구 분	구 체 적 요 건
① 부동산 등 비율	당해 법인의 자산총액 중 토지 · 건물 및 부동산에 관한 권리의 가액의 합계액이 80% 이상인 법인
② 업종기준	골프장 · 스키장 · 휴양콘도미니엄 또는 전문휴양시설을 건설 또는 취득하여 직접 경영하거나 분양 또는 임대하는 사업을 영위하는 법인

이러한 특정업종영위 주식은 양도자의 지분비율이나 양도비율에 관계없이 기타자산에 포함된다는 점에서 특정주식과는 비교가 된다.

자산가액의 계산방법과 자산총액에 포함하지 않는 자산의 범위는 특정지분비율주식의 경우와 같다(소령 158 ④). 한편 이러한 '부동산 등 비율'은 양도일 현재의 당해 법인의 자산총액을 기준으로 이를 판정하되, 양도일 현재의 자산총액을 알 수 없는 경우에는 양도일이 속하는 사업연도의 직전 사업연도 종료일 현재의 자산총액을 기준으로 한다(소칙 76 ①).

양도소득세가 과세되는 주식양도 등의 비교

관련법조항 적 요	특정지분비율 주식	특정업종영위 주식
(1) 당해 법인의 업종 요건	모든 업종에 적용함	다음의 업종에 한함 • 골프장업, 스키장업 등의 체육시설업 • 휴양시설관련업 • 부동산업, 부동산개발업
(2) 당해 법인의 자산가액 중 양도소득세가 과세되는 자산이 차지하는 비율요건	토지 · 건물 · 부동산에 관한 권리의 자산가액 합계액의 50% 이상	토지 · 자산 · 부동산에 관한 권리의 자산가액 합계액의 80% 이상
(3) 양도자의 주식소유비율 요건	주주 1인과 그 특수관계인이 당해 법인의 주식 등의 합계액의 50% 초과하여 소유	해당 없음
(4) 양도주식의 규모요건	일시(또는 분할양도의 경우는 3년 통산)에 그 법인의 주식 등의 합계액의 50% 이상을 양도	단, 1주만 양도하여도 과세됨

(2) 영업권

사업용 고정자산(토지 · 건물과 부동산에 관한 권리)과 함께 양도하는 영업권은 양도소득세 과세대상이 된다(소법 94 ①(4) 가).

이때 영업권을 별도로 평가하지 아니하였으나 사회통념상 자산에 포함되어 함께 양도된 것으로 인정되는 영업권과 행정관청으로부터 인가 · 허가 · 면허 등을 받음으로써 얻는 경제적 이익도 영업권으로 본다.

한편, 영업권이 아닌 광업권 · 어업권 · 산업재산권 등의 양도로 인하여 발생하는 소득은 양도소득으로 과세되지 않고 기타소득으로 과세된다(소법 21 ①(7)).

(3) 시설물의 이용권 · 회원권

다음의 권리를 양도하는 때에는 양도소득세의 과세대상이 된다(소법 94 ①(4) 나).

① 이용권 · 회원권 그 밖에 그 명칭과 관계없이 시설물을 배타적으로 이용하거나 일반이용자보다 유리한 조건으로 이용할 수 있도록 약정한 단체의 구성원이 된 자에게 부여되는 시설물이용권(골프장회원권 · 헬스클럽이용권 · 콘도미니엄회원권 · 사우나회원권 등)

② 법인의 주식등을 소유하는 것만으로 시설물을 배타적으로 이용하거나 일반이용자보

다 유리한 조건으로 시설물이용권을 부여받게 되는 경우 그 주식등

(4) **이축권**

토지 또는 건물과 함께 양도하는「개발제한구역의 지정 및 관리에 관한 특별조치법」에 따른 이축을 할 수 있는 권리(이하 "이축권"이라 한다). 다만, 해당 이축권 가액을 감정평가법인등이 감정한 가액이 있는 경우 그 가액(감정한 가액이 둘 이상인 경우에는 그 감정한 가액의 평균액)을 별도로 평가하여 신고하는 경우는 제외한다(소법 94 ① (4) 마, 소령 158의2).

03 양도의 정의

양도소득은 자산의 양도가 있어야만 발생한다.「소득세법」에서는 '양도'란 자산에 대한 등기 또는 등록과 관계없이 매도 · 교환 · 법인에 대한 현물출자 등으로 인하여 그 자산이 유상으로 사실상 이전되는 것으로 하고 있다(소법 88). 따라서 무상으로 이전되는 경우에는 양도소득세가 과세되는 것이 아니라 상속세 또는 증여세 과세대상이 된다.

가. 자산양도에 해당하는 경우

(1) **매 도**

거래당사자의 일방이 일정한 재산을 상대편에게 이전할 것을 약정하고 상대편은 그 대금을 지급할 것을 약정함으로써 효력이 발생하는 계약이다(민법 563).

(2) **교 환**

당사자 쌍방이 금전 이외의 재산권을 상호 이전할 것을 약정함으로써 그 효력이 생기는 계약이다(민법 596).

(3) **현물출자**

법인에 금전 이외의 자산을 출자하고 그 대가로 주식이나 출자지분을 취득하는 것은 양도로 본다. 그러나 자신의 개인사업체에 출자하는 것은 유상으로 이전되는 것이 아니므로 양도로 볼 수 없다.

(4) 부담부증여

부담부증여란 수증자가 증여를 받는 동시에 일정한 부담, 즉 채무를 부담하는 것을 부관(부관 : 법률 행위의 당사자가 그 행위에서 생기는 법률 효과에 일정한 제한을 가하기 위해 나타낸 사항 · 조건 · 기한 등)으로 하는 증여이다. 이때 증여자의 채무를 수증자가 인수하는 경우에는 증여가액 중 그 채무액에 상당하는 부분은 그 자산이 유상으로 사실상 이전된 것으로 본다(소법 88).

이처럼 부담부증여에 있어서 양도로 보는 부분에 대한 양도차익을 계산함에 있어서 그 양도가액과 취득가액은 다음 산식에 의하여 계산한 금액으로 한다(소령 159).

$$\text{양도가액} = \text{양도 당시 자산가액} \times \frac{\text{채무인수액}}{\text{증여가액}}$$

$$\text{취득가액} = \text{취득 당시 자산가액} \times \frac{\text{채무인수액}}{\text{증여가액}}$$

부담부증여에 대한 취급

구 분	증여세 과세가액을 계산할 때		양도소득세를 과세할 때
① 일반적인 부담부증여	인수채무액을 공제		채무인수에 상당하는 부분은 유상양도로 간주
② 배우자 · 직계존비속간 부담부증여	원칙	인수채무액을 공제하지 않음	채무인수에 상당하는 부분도 유상양도로 보지 않음
	예외	채무액이 객관적으로 인정되는 경우에는 인수채무액을 공제	채무인수에 상당하는 부분은 유상양도로 간주

42

갑은 을에게 기준시가 50,000,000원(시가는 확인되지 아니함)의 주택을 증여하였다. 동 주택에는 부채 20,000,000원이 담보되어 있으며, 을이 동 채무를 인수하기로 하였다. 동 주택의 취득시 기준시가 30,000,000원인 경우에 동 주택의 양도차익은 얼마인가?

해답

1. 주택의 양도가액 : $\left(50{,}000{,}000 \times \frac{20{,}000{,}000}{50{,}000{,}000}\right) = 20{,}000{,}000$원
2. 주택의 취득가액 : $\left(30{,}000{,}000 \times \frac{20{,}000{,}000}{50{,}000{,}000}\right) = 12{,}000{,}000$원
3. 주택의 양도차익(1－2) : 8,000,000원
   주택의 기준시가 중 20,000,000원에 대하여는 양도소득세가, 잔액 30,000,000원에 대하여는 수증자에게 증여세가 과세된다.

(5) 배우자, 직계존·비속에게 양도한 특수한 경우

배우자, 직계존·비속에게 재산을 양도한 경우는 증여한 것으로 추정하는 것이지만, 다음의 경우는 예외적으로 양도로 본다(상증법 44 ①·③, 상증령 33 ③).

① 법원의 결정으로 경매절차에 의하여 처분된 때
② 파산선고로 인하여 처분된 때
③ 「국세징수법」에 의하여 공매된 때
④ 한국증권거래소를 통하여 유가증권이 처분된 때
⑤ 권리의 이전이나 행사에 등기나 등록을 요하는 재산을 서로 교환한 경우
⑥ 당해 재산의 취득을 위하여 이미 과세(비과세 또는 감면받은 경우를 포함)받았거나 신고한 소득금액 또는 상속·수증재산의 가액으로 그 대가를 지출한 사실이 입증되는 경우
⑦ 당해 재산의 취득을 위하여 소유재산의 처분금액으로 그 대가를 지출한 사실이 입증되는 경우

(6) 미등기 양도

미등기 양도자산은 토지·건물·부동산에 관한 권리를 취득한 자가 그 자산의 취득에 관한 등기를 하지 아니하고 양도하는 자산을 말한다. 다만, 다음의 하나에 해당하는 자산은 제외한다(소령 168).

① 장기할부조건으로 취득한 자산으로서 그 계약조건에 의하여 양도 당시 그 자산의 취득에 관한 등기가 불가능한 자산
② 법률의 규정 또는 법원의 결정에 의하여 양도 당시 그 자산의 취득에 관한 등기가 불가능한 자산

③ 8년 이상 자경한 농지
④ 교환 또는 분합으로 양도되는 농지
⑤ 농지의 대토
⑥ 1세대 1주택으로서 「건축법」에 의한 건축허가를 받지 아니하여 등기가 불가능한 자산
⑦ 상속에 의한 소유권 이전 등기를 하지 아니한 자산으로써 「공익사업을 위한 토지 등의 취득 및 보상에 관한 법률」에 의하여 사업시행자에게 양도하는 것
⑧ 「도시개발법」에 따른 도시개발사업이 종료되지 아니하여 토지 취득등기를 하지 아니하고 양도하는 토지
⑨ 건설업자가 「도시개발법」에 따라 공사용역 대가로 취득한 보류지를 토지구획환지 처분공고 전에 양도하는 토지

(7) 유상양도로 보는 사례

다음의 경우에는 유상으로 양도된 경우로 본다.
① 위자료 지급에 갈음하여 당사자 일방이 소유하고 있던 부동산을 대물변제하는 경우(소기통 88－3)
② 개인 2인 이상이 상호출자하여 공동사업을 경영함에 있어 조합계약에 따라 조합원이 소유부동산을 출자한 경우 타인지분상당액(등기 여부에 불구하고 출자계약일에 양도한 것으로 봄)
③ 공동사업자가 유상으로 공동사업지분을 이전하는 경우의 공동사업에 속하는 부동산의 지분상당액
④ 채무불이행으로 인한 부동산의 소유권이 이전되는 경우
⑤ 타인의 채무보증을 목적으로 담보로 제공된 부동산이 채권자의 담보권 실행으로 인하여 소유권이 이전되는 경우

나. 자산양도에 해당하지 않는 경우

(1) 무상이전

상속 · 유증 · 증여 등은 양도가 아니다. 배우자 또는 직계존 · 비속에게 자산을 양도한 경우에는 증여한 것으로 추정하고 양도로 보지 않는 것은 앞에서 살펴본 바와 같다(상증법 34).

(2) 환지처분 등

「도시개발법」이나 그 밖의 법률에 따른 환지처분으로 지목·지번이 변경되거나 보류지로 충당되는 경우에는 양도로 보지 아니한다(소법 88). '환지처분'이란 「도시개발법」 등에 의하여 사업시행자가 사업종료 후 사업구역 내의 토지소유자 또는 관계인에게 종전의 토지 또는 건축물 대신에 그 구역내의 다른 토지 또는 사업시행자에게 처분할 권한이 있는 건축물의 일부와 그 건축물이 있는 토지의 공유지분으로 바꾸어 주는 것이며, 사업시행으로 인한 분할 · 합병 또는 교환을 포함한다(소령 152 ①).

여기서 "보류지(保留地)"란 사업시행자가 해당 법률에 따라 일정한 토지를 환지로 정하지 아니하고 다음의 토지로 사용하기 위하여 보류한 토지를 말한다(소령 152 ②).

① 해당 법률에 따른 공공용지

② 해당 법률에 따라 사업구역 내의 토지소유자 또는 관계인에게 그 구역 내의 토지로 사업비용을 부담하게 하는 경우의 해당 토지인 체비지

(3) 토지교환

토지의 경계를 변경하기 위하여 「측량 · 수로조사 및 지적에 관한 법률」에 따른 토지의 분할 등 다음의 요건을 모두 충족하는 토지 교환의 경우에는 양도로 보지 아니한다(소법 88, 소령 152 ③ · ④).

① 토지 이용상 불합리한 지상(地上) 경계(境界)를 합리적으로 바꾸기 위하여 「측량 · 수로조사 및 지적에 관한 법률」이나 그 밖의 법률에 따라 토지를 분할하여 교환할 것

② 분할된 토지의 전체 면적이 분할 전 토지의 전체 면적의 20%를 초과하지 아니할 것

③ 토지 소유자는 토지 교환의 요건을 모두 충족하였음을 입증하는 자료를 납세지 관할 세무서장에게 제출하여야 한다.

(4) 신탁재산

위탁자와 수탁자 간 신임관계에 기하여 위탁자의 자산에 신탁이 설정되고 그 신탁재산의 소유권이 수탁자에게 이전된 경우로서 위탁자가 신탁 설정을 해지하거나 신탁의 수익자를 변경할 수 있는 등 신탁재산을 실질적으로 지배하고 소유하는 것으로 볼 수 있는 경우에는 양도로 보지 아니한다(소법 88).

(5) 양도담보

채무자가 채무의 변제를 담보하기 위하여 담보목적물인 자산의 소유권을 채권자에게 이전하는 것을 말하는데, 다음의 요건을 갖춘 계약서의 사본 등으로 증명되어야 한다. 그러나 양도담보계약을 체결한 후 계약조건에 위배하거나 채무불이행으로 인하여 변제에 충당된 때에는 그 때에 양도된 것으로 본다(소령 151 ①·②).

① 당사자간에 채무의 변제를 담보하기 위하여 양도한다는 의사표시가 있을 것
② 당해 자산을 채무자가 원래대로 사용·수익한다는 의사표시가 있을 것
③ 원금·이율·변제기한·변제방법 등에 관한 약정이 있을 것

(6) 자산의 양도로 보지 않는 사례

다음의 경우는 자산양도로 보지 않는다(소기통 88−2).

① 법원의 확정판결에 의하여 신탁해지를 원인으로 소유권이전등기를 하는 경우
② 매매원인 무효의 소에 의하여 그 매매사실이 원인무효로 판시되어 소유권이 환원될 경우
③ 공동소유의 토지를 소유지분별로 단순히 분할만 하는 경우. 그러나 공유지분이 변경되는 경우에는 변경되는 부분은 양도로 본다.
④ 「신탁법」 또는 「신탁업법」에 의한 재산신탁은 사실상 유상으로 재산권이 이전되는 것이 아니기 때문에 양도한 것으로 보지 않는다.

4 양도 및 취득의 시기

가. 매매 등 일반적인 거래

(1) 원　칙

양도차익을 계산함에 있어서 양도시기와 취득시기는 대금(당해 자산의 양도에 대한 양도소득세 및 양도소득세의 부가세액을 양수자가 부담하기로 약정한 경우에는 당해 양도소득세 및 양도소득세의 부가세액을 제외)을 청산한 날을 원칙으로 한다(소령 162 ①). 한편 양도한 자산의 취득시기가 분명하지 아니한 경우에는 먼저 취득한 자산을 먼저 양도한 것으로 본다. 이 양도 및 취득시기 규정은 양도가액의 수입시기에 관하여 준용한다(소령 162 ⑤·⑧).

(2) 예 외

다음의 경우에는 예외로 한다.

1) 대금을 청산한 날이 분명하지 아니한 경우

등기부 · 등록부 또는 명부 등에 기재된 등기 · 등록 접수일 또는 명의 개서일

2) 대금을 청산하기 전에 소유권이전등기(등록 및 명의개서를 포함)를 한 경우

등기부 · 등록부 또는 명부에 기재된 등기접수일

3) 장기할부판매조건의 경우

소유권이전등기(등록 및 명의개서를 포함) 접수일 · 인도일 또는 사용수익일 중 빠른 날로 한다.

4) 자기가 건설한 건축물의 경우

사용검사필증교부일. 다만, 사용검사 전에 사실상 사용하거나 사용승인을 얻은 경우에는 그 사실상 사용일 또는 사용승인일로 하고 건축허가를 받지 아니하고 건축하는 건축물은 사실상의 사용일로 한다.

5) 상속 또는 증여에 의하여 취득한 자산의 경우

상속이 개시된 날 또는 증여를 받는 날을 취득시기로 한다.

6) 「민법」에 의하여 부동산의 소유권을 취득하는 경우

당해 부동산의 점유를 개시한 날로 한다.

7) 완성 또는 확정되지 아니한 자산을 양도 또는 취득한 경우에 당해 자산의 대금청산일까지 그 목적물이 완성 또는 확정되지 아니한 경우

그 목적물이 완성 또는 확정된 날을 양도 또는 취득시기로 한다(소령 162 ① (8)).

8) 「도시재개발법」 기타 법률에 의한 환지처분으로 취득한 경우

환지전 토지의 취득일로 한다(소령 162 ① (9)). 다만, 교부받은 토지면적이 환지처분에 의한 권리면적보다 증가 또는 감소된 경우에는 그 증가 · 감소면적은 환지처분 공고일의 다음 날로 한다.

9) 주주 1인과 기타 주주가 주식 등을 양도하여 양도소득세가 과세되는 경우

주식 등의 합계액이 50% 이상 양도되는 날. 다만, 그 양도가액은 그들이 사실상 주식 등을 양도한 날의 양도가액에 의한다(소령 162 ① ⑽).

10) 「공익사업을 위한 토지 등의 취득 및 보상에 관한 법률」이나 그 밖의 법률에 따라 공익사업을 위하여 수용되는 경우

대금을 청산한 날, 수용의 개시일 또는 소유권이전등기접수일 중 빠른 날로 한다. 다만, 소유권에 관한 소송으로 보상금이 공탁된 경우에는 소유권 관련 소송 판결 확정일로 한다(소령 162 ① ⑺).

11) 「지적재조사에 관한 특별법」에 따른 경계의 확정으로 지적공부상의 면적이 증가된 경우

그 증가된 면적의 취득시기는 지적공부상의 종전 토지를 취득한 날로 한다(소령 162 ① 9의2).

나. 의제취득일

1984년 12월 31일 이전에 취득한 부동산에 관한 권리 · 기타자산과 1985년 12월 31일 이전에 취득한 비상장주식 또는 출자지분은 다음과 같이 1985년 1월 1일과 1986년 1월 1일에 각각 취득한 것으로 의제한다(소령 162 ⑥).

① 1984년 12월 31일 이전 취득한 '②' 이외의 자산 : 1985년 1월 1일

② 1985년 12월 31일 이전 취득한 「소득세법」 제94조 제1항 제3호의 주식 또는 출자지분 등 : 1986년 1월 1일인 경우 의제취득일 현재의 시가(시가를 알 수 없는 경우에는 의제취득일 현재의 기준시가)에 의한 금액과 실제취득가액에 의제취득일 직전일까지의 양도소득특별공제액을 가산한 금액 중 큰 금액을 취득가액으로 한다(부칙 6, 대통령령 제13194호).

○ 소 득 세 법

연습문제

01 양도소득세의 의의에 대하여 설명하시오.

02 양도소득세의 과세대상을 설명하시오.

03 「소득세법」에 비상장주식(기타자산에 해당하는 것 제외)의 양도에 대한 과세를 설명하시오.

04 현행 세법상 개인 또는 법인이 주식 또는 출자지분을 양도하는 경우의 과세문제를 설명하시오.

05 부동산매매업 · 주택신축매매업 및 양도소득의 과세문제를 비교 설명하시오.

06 「소득세법」의 자산양도에 해당하지 않는 경우를 설명하시오.

07 양도 및 취득의 시기에 대하여 설명하시오.

08 양도소득세의 의제취득일에 대하여 설명하시오.

09 양도소득세 과세대상 중 기타자산에 대하여 설명하시오.

01 다음은 「소득세법」의 양도소득세에 관한 설명이다. 틀린 것은? ▶CPA, 2003 수정

① 장기보유특별공제는 미등기양도자산을 제외한 토지 또는 건물로서 보유기간이 3년 이상인 것에 한하여 적용한다.

② 사업용 고정자산(토지·건물 및 부동산에 관한 권리)과 함께 양도하는 영업권의 양도로 발생하는 소득에 대하여는 양도소득세가 과세된다.

③ 파산선고에 의한 처분으로 인하여 발생하는 소득에 대하여는 양도소득세가 과세되지 아니한다.

④ 대주주가 양도하는 상장주식의 양도차익에 대하여는 양도소득세가 과세되지 아니한다.

⑤ 국외자산 양도소득세의 납세의무자는 해당 자산의 양도일까지 계속 5년 이상 국내에 주소 또는 거소를 둔 거주자에 한한다.

해설 ④ 대주주가 양도하는 상장주식에 대해서는 양도소득세가 과세된다(소법 94 ①(3)).

02 다음 중 양도소득세 과세대상인 양도로 볼 수 있는 것은? ▶CTA, 2005 수정

① 채무를 변제하지 못하여 소유재산을 경매당하는 경우

② 법정요건을 만족하는 양도담보(단, 계약서의 사본을 과세표준확정신고서에 첨부하여 신고하는 경우)

③ 「도시개발법」에 의한 환지처분으로 지번이 변경된 경우

④ 공동소유의 토지를 소유지분별로 분할하는 경우

⑤ 명의신탁

해설 ② 채무자가 채무의 변제를 담보하기 위하여 자산을 양도하는 계약을 체결한 경우에 법정요건을 갖춘 계약서의 사본을 과세표준확정신고서에 첨부하여 신고하는 때에는 이를 양도로 보지 아니한다(소령 151 ①).

③ 「도시개발법」이나 그 밖의 법률에 따른 환지처분으로 지목 또는 지번이 변경되거나 보류지로 충당되는 경우에는 양도로 보지 아니한다(소법 88 ②).

④ 공동소유의 토지를 소유지분별로 단순히 분할하거나 공유자지분 변경없이 2개 이상의 공유토지로 분할하였다가 그 공유토지를 소유지분별로 단순히 재분할하는 경우에는 양도로 보지 아니한다(소기통 88-2 ③).

⑤ 법원의 확정판결에 의하여 신탁해지를 원인으로 소유권이전등기를 하는 경우에는 양도로 보지 아니한다(소기통 88-2 ①).

03 양도소득세의 과세대상이 아닌 것은? ▶ CTA, 2021

① 지상권의 양도로 발생하는 소득
② 등기된 부동산임차권의 양도로 발생하는 소득
③ 지역권의 양도로 발생하는 소득
④ 한국토지주택공사 발행 주택상환사채의 양도로 발생하는 소득
⑤ 가액을 별도로 평가하지 않고 토지 · 건물과 함께 양도하는 이축권(개발제한구역 내의 건축물을 법에 따른 취락지구 등으로 이축할 수 있는 권리)의 양도로 발생하는 소득

해설 지상권은 양도가능하나, 지역권은 양도가 불가능한 물권에 해당한다.

04 다음 중 「소득세법」에 따라 양도소득세가 과세되는 경우는? ▶ CPA 2017

① 거주자 C는 골프회원권을 채권자에게 양도담보로 제공하였다.
② 거주자 B(사업자)는 사업용으로 사용하던 기계장치를 처분하였다.
③ 거주자 A는 이혼위자료로 배우자에게 본인 명의의 비상장주식을 이전하였다.
④ 거주자 D는 건설업을 영위하고 있으며, 주택을 신축하여 판매하였다.
⑤ 거주자 E는 자녀에게 본인 소유의 토지를 무상으로 이전하였다.

해설 이혼위자료로 지급하기 위하여 배우자에게 비상장주식의 이전은 유상으로 양도된 경우로 본다.

05 다음 중에서 양도소득세가 과세되는 것은? ▶ CPA 2006

① 특허권 양도로 인하여 발생한 소득
② 영업권 양도(사업용 고정자산과 함께)로 인하여 발생한 소득
③ 유가증권시장을 통한 주권상장법인주식의 양도로 인하여 발생한 소득(대주주 아님)
④ 골동품 양도로 인하여 발생한 소득
⑤ 사업용 기계장치 양도로 인하여 발생한 소득

해설 사업용 고정자산과 함께 영업권을 양도함에 따라 발생하는 소득은 양도소득세가 과세된다. 특허권의 양도로 인하여 발생한 소득은 기타소득으로 과세되며, 유가증권시장을 통한 상장주식의 양도 · 골동품의 양도 및 사업용 기계장치의 양도로 인하여 발생한 소득은 소득세가 과세되지 아니한다.

01 ④ 02 ① 03 ③ 04 ③ 05 ②

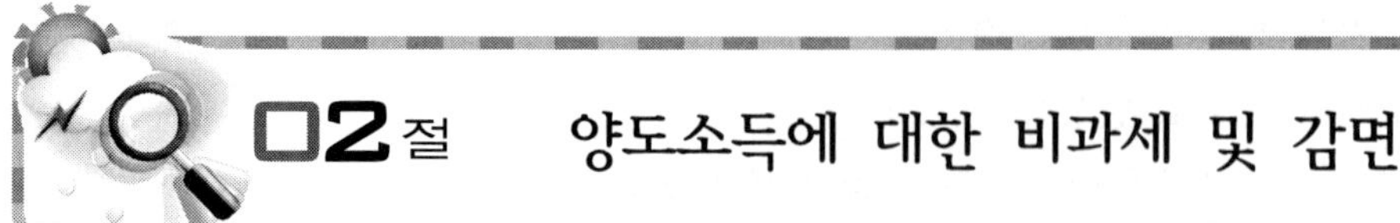

02절 양도소득에 대한 비과세 및 감면

01 비과세소득

가. 법원의 파산선고에 의한 처분으로 발생하는 소득

「파산법」에 의하여 파산재단에 속하는 재산을 매각처분하므로 인하여 발생하는 소득은 비과세된다. 파산선고란 「파산법」에 따라 채무자가 경제적으로 파산상태에 빠졌을 때 그 총재산으로 모든 채권자에게 공평하게 만족을 주는 재판상의 절차를 말한다.

파산선고에 의한 처분으로 발생하는 소득에 대하여는 파산자가 법인일 경우에는 특별부가세를, 개인일 경우에는 양도소득세를 과세하지 아니한다.

나. 농지의 교환 또는 분합으로 인하여 발생하는 소득

교환 또는 분합은 일반적으로 양도의 개념에 해당한다. '농지의 교환'이라 함은 자기의 농지와 타인의 농지를 서로 바꾸는 것이고, '분합'이란 분할과 합병의 합성어로서 「지적법」에서 '분할'은 지적공부에 등록된 1필지를 2필지 이상으로 나누어 등록하는 것을 말하며, '합병'은 지적공부에 등록된 2필지 이상을 1필지로 합하여 등록하는 것을 의미하는 것으로 정의하고 있다. 비과세되는 농지의 교환·분합은 다음 '(1)·(2)'의 요건에 해당하는 경우에 한한다(소법 89, 소령 153).

(1) 다음에 해당하는 교환·분합일 것

① 국가·지방자치단체가 시행하는 사업으로 인하여 교환 또는 분합하는 농지

② 국가·지방자치단체가 소유하는 토지와 교환 또는 분합하는 농지

③ 경작상 필요에 의하여 교환하는 농지. 다만, 교환에 의하여 새로이 취득하는 농지를 3년 이상 농지소재지에 거주하면서 경작하는 경우에 한한다. 한편, 새로운 농지의 취득 후 3년 이내에 「공익사업을 위한 토지 등의 취득 및 보상에 관한 법률」에 의한 협의매수·수용 및 그 밖의 법률에 의하여 수용되는 경우에는 3년 이상 농지

소재지에 거주하면서 경작한 것으로 본다(소령 153 ⑤). 이때 농지소재지란 다음에 해당하는 지역(경작개시 당시에는 당해 지역에 해당하였으나 행정구역의 개편 등으로 이에 해당하지 아니하게 된 지역을 포함)을 말한다.

㉠ 농지가 소재하는 시 · 군 · 구(자치구인 구를 말함) 안의 지역

㉡ '㉠'의 지역과 연접한 시 · 군 · 구 · 읍 · 면 안의 지역

④ 「농어촌정비법」 · 「농지법」 · 「농업기반공사 및 농지관리기금법」 또는 「농업협동조합법」에 의하여 교환 또는 분합하는 농지

(2) 교환 또는 분합하는 쌍방 토지가액의 차액은 가액이 큰 편의 1/4 이하일 것

교환 또는 분합하는 경우 양쪽 농지의 평가액이 동액이 아닌 경우 어느 한 쪽의 평가액이 큰 것에 대하여 현금 등으로 차액을 정산하게 되며, 그 차액이 큰 편의 1/4을 초과하면 전부 과세대상이 된다.

(3) 농지범위에서 제외되는 농지

그러나 농지의 범위에서 제외되는 다음의 농지에 대하여는 양도소득세가 과세된다(소령 153 ④).

① 양도일 현재 특별시 · 광역시(광역시에 있는 군 제외) 또는 시지역(도 · 농복합형태의 시의 읍 · 면지역 제외)에 있는 농지로서 「국토의 계획 및 이용에 관한 법률」에 의한 주거지역 · 상업지역 및 공업지역 내의 농지로서 이들 지역에 편입된 날로부터 3년이 지난 농지. 다만, 대규모 개발사업지역의 농지로서 사업시행자의 단계적 사업시행이나 보상지연으로 인한 것은 3년이 지나더라도 비과세된다.

② 환지처분 이전에 농지 외의 토지로 환지예정지의 지정이 있는 경우의 그 환지예정지 지정일로부터 3년이 지난 농지

다. 1세대 1주택과 그 부수토지의 양도로 발생하는 소득

(1) 의 의

1세대 1주택이란 거주자 및 배우자가 그들과 동일한 주소 또는 거소에서 생계를 같이 하는 가족과 함께 구성하는 1세대가 양도일 현재 국내에 1주택을 2년 이상(취득 당시에

조정대상지역에 있는 주택의 경우에는 해당 주택의 보유기간이 2년 이상이고 그 보유기간 중 거주기간이 2년 이상) 보유함으로써 해당 주택의 양도소득세가 비과세되는 요건을 말한다(소법 89 ① (3), 소령 154).

(2) 비과세의 제도적 취지

자산에 관한 등기·등록에 관계없이 매도, 교환, 법인에 대한 현물출자 등으로 인하여 그 자산이 유상으로 사실상 이전되어 양도소득이 발생하였다면 이는 과세대상이 될 것이다. 그러나 국가정책상의 필요에서 투기우려가 없고 국민의 주거생활의 안정과 거주·이전의 자유를 보장하기 위하여 1세대 1주택의 요건을 충족하고 있으면 비과세소득으로 규정하고 있다.

(3) 1세대 1주택의 요건

1) 1세대의 범위

"1세대"란 거주자 및 그 배우자(법률상 이혼을 하였으나 생계를 같이 하는 등 사실상 이혼한 것으로 보기 어려운 관계에 있는 사람을 포함)가 그들과 같은 주소 또는 거소에서 생계를 같이 하는 자[거주자 및 그 배우자의 직계존비속(그 배우자를 포함한다) 및 형제자매를 말하며, 취학, 질병의 요양, 근무상 또는 사업상의 형편으로 본래의 주소 또는 거소에서 일시 퇴거한 사람을 포함한다]와 함께 구성하는 가족단위를 말한다. 다만, 다음의 어느 하나에 해당하는 경우에는 배우자가 없어도 1세대로 본다(소법 88 (6), 소령 152의3).

① 해당 거주자의 나이가 30세 이상인 경우

② 배우자가 사망하거나 이혼한 경우

③ 해당 거주자의 나이가 30세 미만이면서 12개월간 경상적·반복적 소득이 중위소득을 12개월로 환산한 금액의 40% 수준 이상이고, 소유하고 있는 주택 또는 토지를 관리·유지하면서 독립된 생계를 유지할 수 있는 경우. 다만, 미성년자의 경우를 제외하되, 미성년자의 결혼, 가족의 사망 그 밖에 기획재정부령이 정하는 사유로 1세대의 구성이 불가피한 경우에는 그러하지 아니하다.

1세대가 주택을 소유하고 있으면 되므로 대지와 건물을 세대원이 각각 소유하고 있어도 1세대 1주택으로 보며, 1주택을 여러 세대가 공동으로 소유하고 있는 경우에는 각 세대가 각각 1주택을 소유하는 것으로 한다.

2) 고가주택이 아니어야 한다

'고가주택'이라 함은 주택 및 이에 부수되는 토지의 양도당시의 실지거래가액의 합계액(1주택의 일부를 양도하는 경우에는 실지거래가액 합계액에 양도하는 부분의 면적이 전체주택 면적에서 차지하는 비율을 나누어 계산한 금액)이 12억원을 초과하는 것을 말한다(소령 156 ①). 여기서 실지거래가액에는 겸용주택을 양도하는 경우에 주택으로 보는 부분(이에 부수되는 토지를 포함)에 해당하는 실지거래가액을 포함한다(소령 156 ②).

한편, 단독주택으로 보는 다가구주택의 경우에는 그 전체를 하나의 주택으로 보아 고가주택의 여부를 판정한다(소령 156 ③).

3) 2년 이상 보유

2년 이상 보유하여야 한다. 다만, 취득 당시에 조정대상지역에 소재하는 주택의 경우에는 2년 이상 보유요건에 더하여 2년 이상 실제 거주하여야 한다. 이 때 보유기간의 계산은 그 자산의 취득일부터 양도일까지로 한다. 다만, 주택이 아닌 건물을 사실상 주거용으로 사용하거나 공부상의 용도를 주택으로 변경하는 경우 보유기간은 그 자산을 사실상 주거용으로 사용한 날(사실상 주거용으로 사용한 날이 분명하지 않은 경우에는 그 자산의 공부상 용도를 주택으로 변경한 날)부터 양도한 날까지로 한다(소령 154 ⑤). 그러나 거주기간은 주민등록표 등본에 따른 전입일부터 전출일까지의 기간으로 한다(소령 154 ⑥).

여기서 거주기간 또는 보유기간을 계산할 때 다음의 기간을 통산한다(소령 154 ⑧).

① 거주하거나 보유하는 중에 소실 · 무너짐 · 노후 등으로 인하여 멸실되어 재건축한 주택인 경우에는 그 멸실된 주택과 재건축한 주택에 대한 거주기간 및 보유기간
② 비거주자가 해당 주택을 3년 이상 계속 보유하고 그 주택에서 거주한 상태로 거주자로 전환된 경우에는 해당 주택에 대한 거주기간 및 보유기간
③ 상속받은 주택으로서 상속인과 피상속인이 상속개시 당시 동일세대인 경우에는 상속개시 전에 상속인과 피상속인이 동일세대로서 보유한 기간

그러나, 1세대가 양도일 현재 국내에 1주택을 보유하고 있는 경우로서 "①~③"의 어느 하나에 해당하는 경우에는 그 보유기간 및 거주기간의 제한을 받지 않으며 "④"에 해당하는 경우에는 거주기간의 제한을 받지 않는다(소법 154 ① 단서).

① 민간건설임대주택 또는 공공건설임대주택을 취득하여 양도하는 경우로서 해당 건설임대주택의 임차일부터 해당 주택의 양도일까지의 기간 중 세대전원이 거주(취학, 근무상의 형편, 질병의 요양, 그 밖에 부득이한 사유로 세대의 구성원 중 일부가 거주

하지 못하는 경우를 포함한다)한 기간이 5년 이상인 경우

② 다음의 어느 하나에 해당하는 경우. 이 경우 "㉠"에 있어서는 그 양도일 또는 수용일부터 5년 이내에 양도하는 그 잔존주택 및 그 부수토지를 포함하는 것으로 한다.
   ㉠ 주택 및 그 부수토지(사업인정 고시일 전에 취득한 주택 및 그 부수토지에 한한다)의 전부 또는 일부가 「공익사업을 위한 토지 등의 취득 및 보상에 관한 법률」에 의한 협의매수·수용 및 그밖의 법률에 의하여 수용되는 경우
   ㉡ 「해외이주법」에 따른 해외이주로 세대전원이 출국하는 경우. 다만, 출국일 현재 1주택을 보유하고 있는 경우로서 출국일부터 2년 이내에 양도하는 경우에 한한다.
   ㉢ 1년 이상 계속하여 국외거주를 필요로 하는 취학 또는 근무상의 형편으로 세대전원이 출국하는 경우. 다만, 출국일 현재 1주택을 보유하고 있는 경우로서 출국일부터 2년 이내에 양도하는 경우에 한한다.

③ 1년 이상 거주한 주택을 취학, 근무상의 형편, 질병의 요양, 그 밖에 부득이한 사유로 양도하는 경우

④ 거주자가 조정지역의 공고가 있은 날 이전에 매매계약을 체결하고 계약금을 지급한 사실이 증빙서류에 의하여 확인되는 경우로서 해당 거주자가 속한 1세대가 계약금 지급일 현재 주택을 보유하지 아니하는 경우

위에서 설명한 부득이한 퇴거사유시에는 주민등록등본과 다음의 증명서로 확인되어야 한다(소칙 71 ④).

① 임대주택양도 : 임대차계약서 사본
② 「공익사업을 위한 토지 등의 취득 및 보상에 관한 법률」에 의한 협의 매수·수용 그 밖의 법률에 의하여 수용되는 경우 : 협의 매수 또는 수용된 사실을 확인할 수 있는 서류
③ 해외이주 : 외교통상부장관이 교부하는 해외이주 신고확인서
④ 1년 이상 국외거주를 필요로 하는 취학, 근무상의 형편, 질병의 요양으로 인한 출국 등으로 양도 : 재학증명서, 재적증명서, 요양증명서 등 당해 사실을 증명할 수 있는 서류

4) 1주택을 소유

"주택"이란 허가 여부나 공부(公簿)상의 용도구분과 관계없이 세대의 구성원이 독립된 주거생활을 할 수 있는 구조로서 세대별로 구분된 각각의 공간마다 별도의 출입문, 화장실, 취사시설이 설치되어 있는 구조를 갖추어 사실상 주거용으로 사용하는 건물을 말한

다(소법 88). 주택인지 여부는 실질에 의하므로 공부상 주택인 경우에도 사실상 영업용 건물(점포 · 사무실 등)로 사용하다가 양도하는 때에는 주택으로 보지 아니한다. 다음의 경우에도 주택에 해당하지 아니한다.

① 관광용 숙박시설인 콘도미니엄(소기통 89－16)

② 공장 내의 합숙소(소기통 89－11)

주택부수토지는 주택정착면적에 다음의 배율을 곱하여 산정한 면적을 한도로 하여 주택으로 본다(소령 154 ⑦).

① 수도권 내의 토지 중 주거지역, 상업지역 및 공업지역 내의 토지 : 3배

② 수도권 내의 토지 중 녹지지역 내의 토지 : 5배

③ 수도권 밖의 토지 : 10배(도시지역 5배)

한편 겸용주택과 같이 하나의 건물이 주택과 주택 외의 부분으로 복합되어 있는 경우와 주택에 딸린 토지에 주택 외의 건물이 있는 경우에는 그 전부를 주택으로 본다. 다만, 주택의 연면적이 주택 외의 부분의 연면적보다 적거나 같을 때에는 주택 외의 부분은 주택으로 보지 아니한다(소령 154 ③).

5) 취득 및 양도사실을 등기

미등기 양도자산은 1세대 1주택의 요건에 해당되어도 비과세되지 아니한다(소법 91). 다만, 건축허가를 받지 아니하여 등기가 불가능한 자산은 미등기양도자산으로 보지 아니한다.

6) 동시에 2주택 양도시 비과세 주택 판정

2개 이상의 주택을 같은 날에 양도하는 경우에는 당해 거주자가 선택한 순서에 따라 주택을 양도한 것으로 본다(소령 154 ⑨).

(4) 1세대 2주택을 비과세하는 경우

1) 일시적 2주택

국내에 1주택을 소유한 1세대가 종전의 주택을 양도하기 전에 신규 주택을 취득(자기가 건설하여 취득한 경우를 포함한다)함으로써 일시적으로 2주택이 된 경우 종전의 주택을 취득한 날부터 1년 이상이 지난 후 신규 주택을 취득하고 신규 주택을 취득한 날부터 3년 이내에 종전의 주택을 양도하는 경우에는 1세대1주택으로 보아 비과세를 적용한다(소령 155 ①).

또한 「수도권정비계획법」 규정에 따른 수도권에 소재한 법인 또는 「국가균형발전특별법」에 따른 공공기관이 수도권 외의 지역으로 이전하는 경우로서 법인의 임원과 사용인 및 공공기관의 종사자가 구성하는 1세대가 취득하는 다른 주택이 당해 공공기관 또는 법인이 이전한 시(광역시를 포함)·군 또는 이와 연접한 시·군 안의 지역에 소재하는 경우에는 다른 주택을 취득한 날부터 5년 이내에 종전의 주택을 양도하는 경우에는 1세대 1주택으로 보아 비과세 규정을 적용한다(소령 155 ⑯).

2) 상속받은 주택

상속받은 주택과 일반주택(상속개시 당시 보유한 주택 또는 상속개시 당시 보유한 조합원입주권에 의하여 사업시행 완료 후 취득한 신축주택만 해당하며, 상속개시일부터 소급하여 2년 이내에 피상속인으로부터 증여받은 주택 또는 증여받은 조합원입주권에 의하여 사업시행완료 후 취득한 신축주택은 제외한다)을 국내에 각각 1개씩 소유하고 있는 1세대가 일반주택을 양도하는 경우에는 국내에 1개의 주택을 소유하고 있는 것으로 보아 비과세 규정을 적용한다. 이 경우 조합원입주권을 상속받아 사업시행 완료 후 취득한 신축주택을 포함하며, 피상속인이 상속개시 당시 2 이상의 주택을 소유한 경우에는 다음의 순위에 따른 1주택에 대해서 비과세 규정을 적용한다. 다만, 상속인과 피상속인(배우자는 제외)이 상속개시 당시 1세대인 경우에는 1주택을 보유하고 1세대를 구성하는 자가 직계존속(배우자의 직계존속을 포함하며, 세대를 합친 날 현재 직계존속 중 어느 한 사람 또는 모두가 60세 이상으로서 1주택을 보유하고 있는 경우만 해당)을 동거봉양하기 위하여 세대를 합침에 따라 2주택을 보유하게 되는 경우로써 합치기 이전부터 보유하고 있었던 주택만 상속받은 주택으로 본다(소령 155 ②).

① 피상속인의 소유기간이 가장 오래된 1주택
② 피상속인의 소유기간이 동일한 주택이 2 이상일 경우에는 피상속인의 거주기간이 가장 오래된 1주택
③ 피상속인의 소유기간 및 거주기간이 동일한 주택이 2 이상일 경우에는 피상속인이 상속개시 당시 거주한 1주택
④ 피상속인이 거주사실이 없는 주택으로서 소유기간이 동일한 주택이 2 이상일 경우에는 기준시가가 가장 큰 1주택(기준시가가 동일한 경우에는 상속인이 선택하는 1주택)

공동상속주택[상속으로 여러 사람이 공동으로 소유하는 1주택을 말하며, 피상속인이 상속개시 당시 2 이상의 주택(상속받은 1주택이 재개발사업, 재건축사업 또는 소규모재건축사업의 시행으로 2 이상의 주택이 된 경우를 포함한다)을 소유한 경우에는 선순위 공동상속주택 1채에 대해서

만 적용함] 외의 다른 주택을 양도하는 때에는 당해 공동상속주택은 당해 거주자의 주택으로 보지 아니한다. 다만, 상속지분이 가장 큰 상속인의 경우는 그러하지 아니하며 이 경우 상속지분이 가장 큰 상속인이 2인 이상인 때에는 그 2인 이상의 자 중 다음의 순서에 따라 당해에 해당하는 자가 당해 공동상속주택을 소유한 것으로 본다(소령 155 ③).

① 당해 주택에 거주하는 자

② 호주승계인

③ 최연장자

3) 지정문화재·등록문화재 해당 주택

지정문화재 및 등록문화재에 해당하는 주택과 일반주택을 각각 1개씩 소유하고 있는 1세대가 일반주택을 양도하는 경우에는 국내에 1개의 주택을 소유하고 있는 것으로 본다(소령 155 ⑥).

4) 동거봉양 및 혼인주택

1주택을 보유하고 1세대를 구성하는 자가 1주택을 보유하고 있는 60세 이상의 직계존속(배우자의 직계존속을 포함하며, 직계존속 중 어느 한 사람이 60세 미만인 경우 포함)을 동거봉양하기 위하여 세대를 합침으로써 1세대가 2주택을 보유하게 되는 경우 합친 날부터 10년 이내에 먼저 양도하는 주택은 이를 1세대 1주택으로 본다(소령 155 ④). 1주택을 보유하는 자가 1주택을 보유하는 자와 혼인함으로써 1세대가 2주택을 보유하게 되는 경우 또는 1주택을 보유하고 있는 60세 이상의 직계존속을 동거봉양하는 무주택자가 1주택을 보유하는 자와 혼인함으로써 1세대가 2주택을 보유하게 되는 경우 각각 그 혼인한 날부터 10년 이내에 먼저 양도하는 주택은 이를 1세대 1주택으로 본다(소령 155 ⑤).

5) 농어촌주택 소유에 관한 특례

다음에 해당하는 주택으로서 수도권 외의 지역 중 읍지역(도시지역 안의 지역을 제외) 또는 면지역에 소재하는 농어촌주택과 일반주택을 국내에 각각 1개씩 소유하고 있는 1세대가 일반주택을 양도하는 경우에는 국내에 1개의 주택을 소유하고 있는 것으로 본다(소령 155 ⑦).

① 상속받은 주택(피상속인이 취득 후 5년 이상 거주한 사실이 있는 경우)

② 이농인(어업에서 떠난 자를 포함)이 취득일 후 5년 이상 거주한 사실이 있는 이농주택. '이농주택'이라 함은 영농 또는 영어에 종사하던 자가 전업으로 인하여 다른 시·구(특별시 및 광역시의 구)·읍·면으로 전출함으로써 거주자 및 그 배우자와 생

계를 같이하는 가족 전부 또는 일부가 거주하지 못하게 되는 주택으로서 이농인이 소유하고 있는 주택을 말한다(소령 155 ⑨).

③ 영농 또는 영어의 목적으로 취득한 귀농주택. '귀농주택'이라 함은 영농 또는 영어에 종사하고자 하는 자가 취득(귀농이전에 취득한 것을 포함)하여 거주하고 있는 주택으로서 다음의 요건을 갖춘 것을 말한다(소령 155 ⑩).
   ㉠ 고가주택에 해당하지 아니할 것
   ㉡ 대지면적이 660㎡ 이내일 것
   ㉢ 영농 또는 영어의 목적으로 취득하는 것으로서 다음에 해당할 것
      ⓐ 1,000㎡ 이상의 농지를 소유하는 자가 당해 농지의 소재지에 있는 주택을 취득하는 것일 것
      ⓑ 1,000㎡ 이상의 농지를 소유하기 전 1년 이내에 해당 농지소재지에 있는 주택을 취득하는 것일 것
      ⓒ 어업인이 취득하는 것일 것

귀농으로 인하여 세대 전원이 농어촌주택으로 이사하는 경우에는 귀농 후 최초로 양도하는 1개의 일반주택에 한하여 1세대 1주택의 규정을 적용하며, 귀농일(귀농주택에 주민등록을 이전하여 거주를 개시한 날)부터 계속하여 3년 이상 영농 또는 영어에 종사하지 아니하거나 그 기간 동안 당해 주택에 거주하지 아니한 경우 그 양도한 일반주택은 1세대 1주택으로 보지 아니한다. 이 경우 3년의 기간을 계산함에 있어 그 기간중에 상속이 개시된 때에는 피상속인의 영농 또는 영어의 기간과 상속인의 영농 또는 영어의 기간을 통산한다(소령 155 ⑪ · ⑫).

6) 취학, 근무, 질병요양 등으로 수도권 밖의 주택 소유 특례

기획재정부령으로 정하는 취학, 근무상의 형편, 질병의 요양, 학교폭력의 피해로 인한 전학, 그 밖에 부득이한 사유로 취득한 수도권 밖에 소재하는 주택과 일반주택을 국내에 각각 1개씩 소유하고 있는 1세대가 부득이한 사유가 해소된 날부터 3년 이내에 일반주택을 양도하는 경우에는 국내에 1개의 주택을 소유하고 있는 것으로 본다(소령 155⑧).

1세대 2주택 비과세특례

구 분	비과세대상
① 일시적인 2주택인 경우	주택취득일부터 3년 이내 양도하는 종전주택
② 노부모 동거봉양 위해 세대를 합친 경우	세대를 합한 날부터 10년 이내 먼저 양도하는 주택
③ 혼인하는 경우	혼인일부터 10년 이내 먼저 양도하는 주택
④ 상속받은 주택과 일반주택 보유시	일반주택을 양도하는 경우
⑤ 농어촌주택과 일반주택보유시	일반주택을 양도하는 경우
⑥ 지정문화재 또는 등록문화재주택과 일반주택보유시	일반주택을 양도하는 경우
⑦ 취학 등으로 수도권 밖 주택과 일반주택 보유시	부득이한 사유가 해소된 날부터 3년 이내에 일반주택을 양도하는 경우

(5) 비과세에서 제외되는 1세대 1주택

비과세에서 제외되는 1세대 1주택은 다음과 같다.

① 주택에 딸린 토지의 분할양도. 다만, 거주하던 주택 및 그 부수토지의 전부 또는 일부가 「공공용지의 취득 및 손실보상에 관한 특례법」이 적용되는 공공사업용으로 당해 공공사업의 시행자에게 양도되거나 「토지수용법」 기타 법률에 의하여 수용되는 경우를 제외한다(소칙 72 ②).

② 고가주택과 이에 딸린 토지(소령 156)

③ 1세대가 주택과 조합입주권 또는 분양권을 보유하다가 그 주택을 양도하는 경우(소법 89 ②)

(6) 조합원 입주권을 소유한 1세대 1주택의 과세와 비과세

'조합원입주권'이란 「도시 및 주거환경정비법」에 따른 관리처분계획의 인가 및 「빈집 및 소규모주택 정비에 관한 특례법」에 따른 사업시행인가로 인하여 입주자로 선정된 지위를 주택재건축사업 또는 주택재개발사업, 자율주택정비사업, 가로주택정비사업, 소규모재건축사업 또는 소규모재개발사업을 시행하는 정비사업조합의 조합원으로서 취득한 것 또는 그 조합원으로부터 취득한 것을 말한다(소법 88).

또한, "분양권"이란 「주택법」 등 대통령령으로 정하는 법률에 따른 주택에 대한 공급계약을 통하여 주택을 공급받는 자로 선정된 지위(해당 지위를 매매 또는 증여 등의 방법으로 취득한 것을 포함한다)를 말한다(소법 88).

이 같은 조합원입주권 또는 분양권을 소유한 자가 주택 또는 조합원입주권 또는 분양권을 양도하는 경우에는 양도일 현재의 상황에 따라서 과세하거나 비과세하고 있다.

(7) 겸용주택

하나의 건물이 주택과 주택 외의 부분으로 복합되어 있는 경우와 주택에 딸린 토지에 주택 외의 건물이 있는 경우에는 그 전부를 주택으로 본다. 다만, 주택의 연면적이 주택 외의 부분의 연면적보다 적거나 같을 때에는 주택 외의 면적은 주택으로 보지 아니하며, 이 경우 주택에 딸린 토지의 면적은 전체 토지면적에 주택의 연면적이 건물의 연면적에서 차지하는 비율을 곱하여 계산한다(소령 154 ③ · ④).

구 분	건 물	부수토지
(1) 주택연면적 > 주택 외의 건물연면적	전부를 주택으로 본다.	전부를 주택부수토지로 본다.*
(2) 주택연면적 ≦ 주택 외의 건물연면적	주택 외의 부분은 주택으로 보지 않는다.	전체 토지면적을 건물연면적비율로 안분계산하여 주택부수토지를 계산한다.**

* 겸용 고가주택과 부수토지의 주택 외의 부분은 주택으로 보지 않는다.

** 이렇게 계산된 주택부수토지 가운데 순수한 주택정착면적의 10배(3배 · 5배)를 초과하는 토지부분은 비과세가 적용되지 않는다.

(8) 비과세의 절차

1세대 1주택에 해당되면 별도의 신청없이 당연히 비과세되며, 1세대 1주택의 해당 여부는 세무공무원이 확인하여 결정한다. 그러나 실무적으로 1세대 1주택을 증명받기 위한 제반 증빙서류를 갖추어 세무관서에 제출하여야 하는 경우가 많다.

(9) 미등기 양도자산의 비과세의 배제

미등기양도자산에 대해서는 양도소득에 대한 소득세의 비과세에 관한 규정을 적용하지 아니한다(소법 91).

미등기양도자산이란 자산을 취득한 자가 그 자산의 취득에 관한 등기·등록을 하지 아니하고 양도하는 것을 말한다. 다만, 다음 각 호에 해당하는 자산은 제외한다(소법 104 ③, 소령 168).

① 장기할부조건으로 취득한 자산으로서 그 계약조건에 의하여 양도 당시 그 자산의 취득에 관한 등기가 불가능한 자산

② 법률의 규정 또는 법원의 결정에 의하여 양도 당시 그 자산의 취득에 관한 등기가

불가능한 자산

③ 8년 이상 경작한 자경농지

④ 교환 또는 분합으로 양도되는 농지

⑤ 농지의 대토

⑥ 1세대 1주택으로 「건축법」에 의한 건설허가를 받지 않으면 등기가 불가능한 자산

⑦ 「도시개발법」에 따른 도시개발사업이 종료되지 아니하여 토지 취득등기를 하지 아니하고 양도하는 토지

⑧ 건설업자가 「도시개발법」에 따라 공사용역 대가로 취득한 보류지를 토지구획환지 처분공고 전에 양도하는 토지

미등기양도

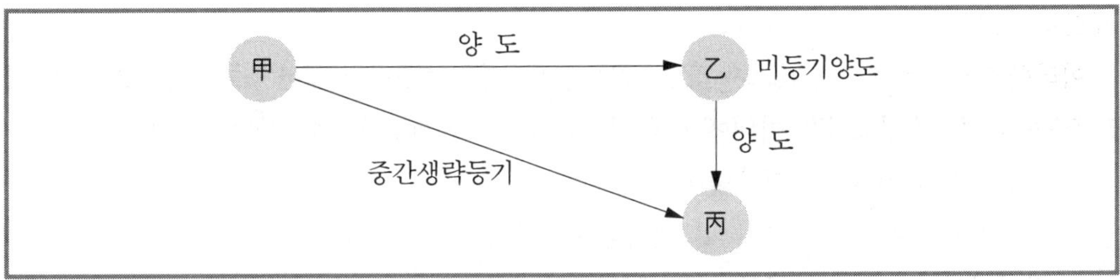

미등기양도자산에 대한 규제 요약

구　　분	규제의 내용
필요경비 개산공제	일반적으로는 3%(10%)이지만, 미등기양도자산의 경우에는 0.3%(1%)
장기보유특별공제와 양도소득기본공제	배 제
세 율	70%
비과세와 감면	배 제

라. 장기저당담보주택에 대한 1세대 1주택의 특례

(1) 의　의

국내에 1주택을 소유한 1세대가 다음의 요건을 갖춘 장기저당담보대출계약을 체결하고 장기저당담보주택을 양도하는 경우에는 1세대 1주택 비과세 규정을 적용함에 있어

거주기간의 제한을 받지 아니한다(소령 155조의2 ①).

① 계약체결일 현재 주택을 담보로 제공한 가입자가 60세 이상일 것
② 장기저당담보 계약기간이 10년 이상으로서 만기시까지 매월 또는 매분기별 기타 기획재정부령이 정하는 방법으로 대출금을 수령하는 조건일 것
③ 만기에 당해 주택을 처분하여 일시 상환하는 계약조건일 것

(2) 동거봉양으로 인한 2주택의 경우 거주요건 배제

1주택을 소유하고 1세대를 구성하는 자가 장기저당담보주택을 소유하고 있는 직계존속(배우자의 직계존속을 포함)을 동거봉양하기 위하여 세대를 합침으로써 1세대가 2주택을 소유하게 되는 경우 먼저 양도하는 주택에 대하여는 국내에 1개의 주택을 소유하고 있는 것으로 보아 1세대 1주택 비과세 판정을 적용하되, 장기저당담보주택은 거주기간의 제한을 받지 아니한다(소령 155조의2 ②).

이러한 특례규정을 적용받고자 하는 자는 장기저당담보주택에 대한 특례적용신고서를 양도소득세과세표준신고기한 이내에 다음의 서류와 함께 제출하여야 한다(소령 155조의2 ④).

① 일반주택의 토지 및 건축물대장 등본
② 장기저당담보주택의 토지 및 건축물대장 등본
③ 장기저당담보주택에 대한 연금대출 계약서

(3) 거주요건 특례규정의 배제

1세대가 장기저당담보주택을 연금대출 계약기간 만료 이전에 양도하는 경우에는 위 '(1)' 및 '(2)'의 규정을 적용하지 아니한다(소령 155조의2 ③).

2 조세특례제한법의 비과세소득

다음의 중소기업창업투자회사 등에 출자한 주식 또는 출자지분 등의 양도에 대해서는 소득세를 비과세한다(조특법 14). 다만, 타인소유의 주식 또는 출자지분을 매입에 의하여 취득하는 경우는 제외한다.

① 중소기업창업투자회사 또는 여신전문금융회사에 출자함으로써 취득한 주식 또는 출자지분
② 중소기업창업투자조합이 창업자 또는 벤처기업에 출자함으로써 취득한 주식 또는

출자지분

③ 한국벤처투자조합이 창업자 또는 벤처기업에 출자함으로써 취득한 주택 또는 출자지분

④ 신기술사업투자조합이 신기술사업자 또는 벤처기업에 출자함으로써 취득한 주식 또는 출자지분

⑤ 벤처기업에 출자함으로써 취득한(「벤처기업육성에 관한 특별조치법」에 의한 조합을 통하여 출자함으로써 취득하는 경우 포함) 다음의 요건을 모두에 적합한 출자에 의하여 취득한 주식 또는 출자지분으로서 그 출자일부터 5년이 경과된 것(조특령 12 ①)

㉠ 창업 후 3년 이내인 벤처기업 또는 벤처기업으로 전환한지 3년 이내인 벤처기업에 출자할 것

㉡ 개인이 그와 특수관계가 없는 벤처기업에 대하여 행한 출자이거나 「벤처기업육성에 관한 특별조치법」에 의한 조합이 그 조합원과 특수관계가 없는 벤처기업에 대하여 행한 출자할 것이 경우 법인세법의 특수관계 판정은 당해 법인에 30% 이상을 출자하고 있는 법인에 30%를 출자하고 있는 법인이나 개인을 특수관계가 있는 것으로 한다.

⑥ 부품·소재전문투자조합이 창업자, 신기술사업자 또는 벤처기업에 출자함으로써 취득한 주식 또는 출자지분

03 조세특례제한법의 감면과 과세특례

가. 농지의 양도에 대한 양도소득세 전액 감면

8년 이상 자경농지를 양도하거나 자경농민이 경작상 필요에 의하여 자기 소유농지를 양도하고, 그에 상응하는 다른 농지를 취득하는 농지 대토는 다음의 요건을 모두 갖춘 경우에만 양도소득세를 감면받을 수 있다.

구 분		8년 이상 자경농지의 양도	농지의 대토
요건	대상자	농지에 소재하는 시·군·구(자치구) 안의 지역, 이와 연접한 시·군·구(자치구) 안의 지역 또는 해당 농지로부터 직선거리 30㎞ 이내의 지역에 거주하면서 경작한 자	농지에 소재하는 시·군·구(자치구) 안이 지역 또는 이와 연접한 시·군·구(자치구) 안이 지역 또는 농지로부터 직선거리 30㎞ 이내에 있는 지역에 거주하면서 경작한 자

구 분		8년 이상 자경농지의 양도	농지의 대토
요건	농지	지적공부상의 지목에 관계없이 실지로 경작에 사용되는 전·답일 것	동일함
	거주 및 경작 기간	8년 이상 거주하면서 직접 경작할 것 다만, 경영이양직접지불보조금의 지급대상이 되는 농지를 한국농어촌공사 또는 농업법인에 2023. 12. 31까지 양도하는 경우에는 3년 이상 직접 경작한 토지	4년 이상 재촌·자경한 농지를 대토 취득일로부터 1년 이내에 양도하거나 양도일부터 1년 이내에 새로운 농지 취득할 것
	대토 요건	없 음	㉠ 새로운 농지(대토) 취득 후 통산 8년(종전+신규)이상 재촌·자경할 것 ㉡ 대토는 종전 농지 면적의 2/3이상 또는 종전 농지 가액의 1/2이상

(1) 대상에서 제외되는 농지

위의 대상농지에는 농지경영에 필요한 농막·퇴비사·양수장·지소·농도·수로 등을 포함하는 것으로 한다(조특칙 27 ①). 그러나 농지에 해당하더라도 「국토의 계획 및 이용에 관한 법률」에 의한 주거지역 등에 편입되거나 「도시개발법」 그 밖의 법률에 의하여 환지처분 전에 농지 외의 토지로 환지예정지 지정을 받은 토지로서 다음에 해당하는 경우에는 농지로 보지 아니한다(조특령 66 ④).

① 양도일 현재 특별시·광역시(광역시에 있는 군을 제외) 또는 시(「지방자치법」의 규정에 따른 도농복합형태의 시의 읍·면지역을 제외) 지역에 있는 「농지 중 국토의 계획 및 이용에 관한 법률」에 따른 주거지역·상업지역 또는 공업지역 안의 농지로서 이들 지역에 편입된 날부터 3년이 지난 농지. 다만, 사업시행지역 내의 토지소유자가 1천명 이상인 지역이거나 사업시행지역 면적이 기획재정부령이 정하는 규모 이상인 지역에 대규모 개발사업지역(사업인정고시일이 동일한 하나의 사업시행지역) 안에서 개발사업의 시행으로 인하여 「국토의 계획 및 이용에 관한 법률」에 따른 주거지역·상업지역 또는 공업지역에 편입된 농지로서 사업시행자의 단계적 사업시행 또는 보상지연으로 이들 지역에 편입된 날부터 3년이 지난 농지는 감면대상 농지로 본다.

② 당해 농지에 대하여 환지처분 이전에 농지 외의 토지로 환지예정지의 지정이 있는 경우로서 그 환지예정지 지정일부터 3년이 지난 농지

(2) 거주 및 경작기간 계산

위의 거주 및 경작기간을 계산함에 있어 경작을 개시할 당시에는 당해 지역에 해당하였으나 행정구역의 개편 등으로 이에 해당하지 아니하게 된 지역을 합산하여 거주 및 경작기간을 계산한다. 또한 상속받은 농지의 경작한 기간을 계산함에 있어서는 피상속인이 취득하여 경작한 기간을 상속인이 이를 경작한 기간으로 본다. 다만, 상속인이 상속받은 농지를 경작하지 아니한 경우에는 상속받은 날부터 3년이 되는 날까지 양도하는 경우에 한하여 피상속인이 취득하여 경작한 기간을 상속인이 경작한 기간으로 본다(조특령 66 ⑪).

(3) 직접 경작의 의미

위에서 '직접 경작'이라 함은 거주자가 그 소유 농지에서 농작물의 경작 또는 다년성 식물의 재배에 상시 종사하거나 농작업의 1/2 이상을 자기의 노동력에 의하여 경작 또는 재배하는 것을 말한다(조특령 66 ⑫).

나. 그 밖의 양도로 인한 양도소득세 감면 등

「조세특례제한법」에서는 8년 이상 자경농지 또는 농지의 대토로 인한 양도소득세 감면 이외에도 다음과 같은 감면 또는 특례세율을 적용하고 있다.

정책목적	내 용	법 조항
기업구조 조정	주주등의 자산 양도에 따른 양도	40
	구조조정대상 부동산의 취득자에 대한 양도	43
지역간의 균형발전	영농조합법인에 현물출자로 인한 양도	66 ④
	영어조합법인 등에 현물출자로 인한 양도	67 ④
	농업회사법인에 현물출자로 인한 양도소득세	68 ②
공익사업 지원	공익사업용 토지등에 대한 양도소득세	77
국민생활 안정	장기임대주택에 대한 양도소득세	97
	신축임대주택에 대한 양도소득세	97의2
	신축주택의 취득자에 대한 양도소득세	99
	신축주택의 취득자에 대한 양도소득세	99의3

다. 특례세율 적용 등

거주자가 「주택법」에 의하여 사업계획승인을 얻어 건설하는 주택(「임대주택법」에 의한 임대주택은 제외)으로서 당해 주택의 소재지 관할 시장·군수 또는 구청장이 1995년 10월 31일 현재 미분양주택임을 확인하고 주택건설업자로부터 최초로 분양받아 당해 주택이 완공된 후 다른 자가 입주한 사실이 없는 국민주택규모 이하의 주택 중 서울특별시 외의 지역에 소재한 주택을 1995년 11월 1일부터 1997년 12월 31일까지의 기간 중에 취득(1997년 12월 31일까지 매매계약을 체결하고 계약금을 납부한 경우 포함)하였거나 1998년 3월 1일부터 1998년 12월 31일까지 기간 중에 취득(1998년 12월 31일까지 매매계약을 체결하고 계약금을 납부한 경우 포함)하여 5년 이상 보유 임대한 후에 양도하는 경우 다음의 방법 중 하나를 선택하여 적용받을 수 있다(조특법 98 ①·③).

① 양도소득의 과세표준 및 세액계산 방식에 의하여 세율을 20% 비례세로 적용하여 양도소득세를 납부

② 종합소득의 과세표준 및 세액계산 방식에 의하여 종합소득세를 납부

라. 이월과세

"이월과세"란 개인이 당해 사업에 사용되는 종전 사업용고정자산 등을 법인에게 현물출자 등을 통하여 양도하는 경우 이를 양도하는 개인에 대하여는 양도소득세를 과세하지 아니하고, 그 대신 이를 양수한 법인이 당해 사업용고정자산등을 양도하는 경우 개인이 종전사업용고정자산등을 동법인에게 양도한 날이 속하는 과세기간에 다른 양도자산이 없다고 보아 계산한 양도소득산출세액 상당액을 법인세로 납부하는 것을 말한다(조특법 2 (6)).

「조세특례제한법」에서 이월과세되는 경우는 다음과 같다.

정책목적	내 용	법 조항
기업구조조정	중소기업간의 통합에 대한 양도소득세 이월과세	31
	법인전환에 대한 양도소득세 이월과세	32

마. 과세이연

"과세이연"이란 공장의 이전 등을 위하여 개인이 당해 사업에 사용되는 사업용고정자산 등(종전사업용고정자산 등)을 양도하고 그 양도가액으로 다른 사업용고정자산 등(신사업

용고정자산 등)을 대체취득한 경우 종전사업용고정자산 등의 양도에 따른 양도차익중 다음의 산식에 의하여 계산한 금액(신사업용고정자산 등의 취득가액이 종전사업용고정자산 등의 양도가액을 초과하는 경우에는 종전사업용고정자산 등의 양도에 따른 양도차익을 한도)을 과세이연 금액이라 하며, 이에 대하여는 양도소득세를 과세하지 아니하되, 신사업용고정자산 등을 양도하는 때에 취득가액에서 과세이연금액을 차감한 금액을 취득가액으로 보아 양도소득세를 과세하는 것을 말한다(조특법 2 (7)).

$$\text{과세이연금액} = \text{종전사업용 고정자산 등의 양도차익} \times \frac{\text{신사업용 고정자산 등의 취득가액}}{\text{종전사업용 고정자산 등의 양도가액}}$$

「조세특례제한법」에서 과세이연하는 경우는 다음과 같다.

정책목적	내　　용	법 조항
기업구조조정	내국법인과 공동으로 현물출자로 인한 양도	38
	지주회사 설립 등에 주식의 현물출자로 인한 양도	38의2
	기업집단의 기업간 주식교환 등	46
	벤처기업의 전략적 제휴를 위한 주식 교환 등	46의2
	물류기업의 전략적 제휴를 위한 주식 교환 등	46의3

 비과세와 감면의 배제 등

가. 감면의 중복지원 배제

거주자가 토지 등을 양도하여 둘 이상의 양도소득세의 감면규정을 동시에 적용받는 경우에는 그 거주자가 선택하는 하나의 감면규정만을 적용한다. 다만, 토지 등의 일부에 대하여 특정의 감면규정을 적용받는 경우에는 남은 부분에 대하여 다른 감면규정을 적용받을 수 있다(조특법 127 ⑦).

나. 미등기 양도자산의 비과세 · 감면 배제

미등기 양도자산에 대해서는 양도소득세의 비과세 및 감면에 관한 규정을 적용하지 아니한다(조특법 129).

다. 허위 매매계약서에 따른 양도소득세 비과세 또는 감면의 제한

토지·건물 및 부동산에 관한 권리를 매매하는 거래당사자가 매매계약서의 거래가액을 실지거래가액과 다르게 적은 경우에는 해당 자산에 대하여 「소득세법」 또는 「조세특례제한법」에 따른 양도소득세의 비과세 또는 감면에 관한 규정을 적용할 때 비과세 또는 감면받았거나 받을 세액에서 다음의 구분에 따른 금액을 뺀다(소법 91 ②, 조특법 129 ①).

구 분	비과세 또는 감면의 제한
(1) 비과세에 관한 규정을 적용받을 경우	Min [①, ②] ① 비과세에 관한 규정을 적용하지 아니하였을 경우의 양도소득 산출세액 ② 매매계약서의 거래가액과 실지거래가액과의 차액
(2) 감면에 관한 규정을 적용받았거나 받을 경우	Min [①, ②] ① 감면에 관한 규정을 적용받았거나 받을 경우의 해당 감면세액 ② 매매계약서의 거래가액과 실지거래가액과의 차액

라. 양도소득세 감면의 종합한도

(1) 과세기간별 감면의 종합한도

개인이 과세기간별로 감면받을 수 있는 양도소득세액의 합계액이 아래의 감면 한도를 초과하는 경우 그 초과하는 금액에 대해서는 감면받을 수 없다. 이 경우 양도소득세액의 합계액은 자산의 양도순서에 따라 합산한다(조특법 133 ① (1)).

과세기간별 양도소득세 감면의 종합한도는 다음과 같이 계산하며 아래의 감면 한도를 초과하는 금액에 대해서는 감면하지 아니한다.

감면한도	「조세특례제한법」 감면내용	조문
1억원 한도	사업전환 무역조정지원기업에 대한 과세특례	제33조
	구조조정대상 부동산 취득자에 대한 양도소득세의 감면 등	제43조
	자경농지에 대한 양도소득세의 감면	제69조

감면한도	「조세특례제한법」 감면내용	조문
1억원 한도	축사용지에 대한 감면	제69조의2
	어업용 토지등에 대한 양도소득세의 감면	제69조의3
	자경산지에 대한 양도소득세의 감면	제69조의4
	농지대토에 대한 양도소득세 감면	제70조
	국가에 양도하는 산지에 대한 양도소득세의 감면	제85조의10
	아파트형 공장 설립 후 5년 이상 임대 후 양도시 감면	제6538호 부칙 제29조
2억원 한도	공익사업용 토지 등에 대한 양도소득세 감면	제77조
	대토보상에 대한 양도소득세 과세특례	제77조의2
	개발제한구역 지정에 따른 매수대상 토지등에 대한 양도소득세의 감면	제77조의3

(2) 5개 과세기간 감면의 종합한도

5개 과세기간의 감면받을 양도소득세의 합계액은 당해 과세기간의 감면받을 양도소득세액의 합계액은 당해 과세기간에 감면받을 양도소득세액과 직전 4개 과세기간에 감면받은 양도소득세액을 합친 금액으로 계산한다.

감면한도		「조세특례제한법」 감면내용	조문
5년간 종합한도	2억원 한도	자경농지에 대한 양도소득세의 감면	제69조
		축사용지에 대한 감면	제69조의2
		어업용 토지등에 대한 양도소득세의 감면	제69조의3
		자경산지에 대한 양도소득세의 감면	제69조의4
		농지대토에 대한 양도소득세 감면	제70조
	3억원 한도	공익사업용 토지 등에 대한 양도소득세 감면	제77조
		대토보상에 대한 양도소득세 과세특례	제77조의2
		개발제한구역 지정에 따른 매수대상 토지등에 대한 양도소득세의 감면	제77조의3

(3) 토지 일부와 지분 양도의 종합한도

토지를 분할(해당 토지의 일부를 양도한 날부터 소급하여 1년 이내에 토지를 분할한 경우를 말한다)하여 그 일부를 양도하거나 토지의 지분을 양도한 후 그 양도한 날로부터 2년 이내에 나머지 토지나 그 지분의 전부 또는 일부를 동일인이나 그 배우자에게 양도하는 경우에는 1개 과세기간에 해당 양도가 모두 이루어진 것으로 본다(조특법 133 ②).

○ 소 득 세 법

연습문제

01 양도소득세 비과세소득에 대해 설명하시오.

02 1세대 1주택의 양도소득에 대한 비과세를 설명하시오.

03 농지의 대토로 인하여 발생하는 양도소득 감면에 대해 설명하시오.

04 「조세특례제한법」의 비과세 양도소득에 대해 설명하시오.

05 농지의 교환 또는 분합으로 인하여 발생하는 양도소득에 대해 설명하시오.

06 8년 이상 자경농지의 양도소득세 감면에 대해 설명하시오.

07 이월과세와 과세이연에 대하여 비교설명하시오.

01 「소득세법」상 거주자의 양도소득세에 관한 설명이다. 옳지 않은 것은? ▶ CPA 2014

① 사업용 고정자산인 토지와 함께 영업권을 양도함으로써 발생하는 소득은 양도소득에 해당한다.

② 파산선고에 의한 처분으로 발생하는 소득에 대해서는 양도소득세를 과세하지 아니한다.

③ 거주자가 양도일로부터 소급하여 1년 전에 그의 아버지로부터 증여받은 토지를 양도함에 따라 그 양도차익을 계산할 때, 취득가액은 그 아버지의 취득 당시를 기준으로 계산한다.

④ 토지의 양도로 발생한 양도차손은 지상권의 양도로 발생한 양도소득금액에서 공제될 수 없다.

⑤ 양도담보 계약을 체결한 후 채무불이행으로 인하여 양도담보 자산을 변제에 충당한 때에는 그 때에 이를 양도한 것으로 본다.

해설 ④ 양도차손은 동일 그룹내 양도소득금액에서 공제할 수 있다. 토지와 지상권은 동일 그룹이므로 토지의 양도차손은 지상권의 양도소득금액에서 공제할 수 있다.

02 1세대 1주택 양도소득세 비과세에 관한 설명으로 옳은 것은?(단, 당해 주택은 등기된 것으로 고가주택이 아니다) ▶ CTA, 2011

① 상속받은 주택으로서 상속인과 피상속인이 상속개시 당시 동일 세대인 경우에는 상속개시 전에 피상속인이 보유한 기간과 동일세대로서 상속인과 함께 보유한 기간을 통산하여 1세대 1주택 비과세규정을 적용한다.

② 1세대 1주택 비과세규정을 적용함에 있어서 2개 이상의 주택을 같은 날에 양도하는 경우에는 양도주택 중 실지거래가액이 가장 큰 주택을 먼저 양도한 것으로 본다.

③ 1주택을 보유하고 1세대를 구성하는 자가 70세의 아버지를 동거봉양하기 위하여 세대를 합침으로써 1세대가 2주택을 보유하게 되는 경우, 세대를 합친 날로부터 10년 이내에 양도하는 종전 아버지 소유였던 주택에 한하여 이를 1세대 1주택으로 보아 비과세규정을 적용한다.

④ 하나의 건물이 주택과 주택 외의 부분으로 복합되어 있는 겸용주택의 경우 주택의 연면적이 주택 외의 부분의 연면적보다 클 때에는 그 전부를 주택으로 본다.

⑤ 법령이 정하는 다가구 주택을 가구별로 분양하지 아니하고 그 다가구주택을 하나의 매매단위로 하여 1인에게 양도하는 경우에는 이를 각각 하나의 주택으로 보아 비과세 여부를 적용한다.

 **해설** ① 보유기간에 피상속인이 보유한 기간은 통산하지 않는다.
② 거주자가 선택한 순서에 따른다.
③ 먼저 양도하는 주택을 비과세처리한다.
⑤ 전체를 하나의 주택으로 본다.

03 양도소득세는 양도시점을 기준으로 1세대 2주택인 경우에도 1세대 1주택으로 보는 경우가 있다. 다음 중 옳지 않은 것은?

① 비조정지역에서 1주택을 보유한 1세대가 종전주택을 취득한 날부터 1년 이상이 지난 후 다른 주택을 취득한 후 3년 이내에 종전주택을 양도하는 경우 1세대 1주택으로 본다.

② 상속주택과 일반주택을 1채씩 소유하고 있는 1세대가 양도하는 일반주택은 1세대 1주택 규정을 적용한다.

③ 1주택을 보유하는 1세대가 직계존속을 동거봉양하기 위하여 세대를 합친 경우 2주택 중 10년 내에 먼저 양도하는 주택을 비과세규정을 적용한다.

④ 부동산 매매업자가 보유하는 재고자산인 주택은 주택수계산에서 포함한다.

해설 ④ 부동산 매매업자가 보유하는 재고자산인 주택은 주택수계산에 제외한다.

04 소득세법령상 양도소득에 관한 설명으로 옳은 것은? ▶ CPA 2009

① 「도시개발법」에 따른 환지처분으로 지목이 변경되는 경우는 양도로 본다.

② 취득에 관한 쟁송이 있는 자산에 대하여 그 소유권을 확보하기 위하여 직접 소요된 소송비용으로서 그 지출한 연도의 각 종합소득금액의 계산에 있어서 필요경비에 산입된 것은 양도차익 계산시 공제된다.

③ 파산선고에 의한 처분으로 발생하는 소득은 양도소득세가 과세된다.

④ 국가가 시행하는 사업으로 인하여 교환하는 농지로서 교환하는 쌍방 토지가액의 차액이 가액이 큰 편의 5분의 1인 농지의 교환으로 발생하는 소득은 양도소득세가 비과세된다.

⑤ 양도소득세 과세대상인 신탁 수익권을 양도한 경우 양도일이 속하는 반기의 말일부터 2개월 이내에 양도소득과세표준을 신고해야 한다.

해설 ① 양도로 보지 않는다.
② 필요경비에 산입된 것을 양도차익 계산시 공제하지 못한다.
③ 양도소득세가 비과세된다.
⑤ 달의 말일부터 2개월 이내에 양도소득과세표준을 신고해야 한다.

05 「소득세법」에 따른 1세대 1주택에 관한 설명으로 옳은 것은? ▶ 공무원, 2010

① 국내에 1주택을 소유한 1세대가 그 주택을 양도하기 전에 조합원 입주권을 취득함으로써 1주택과 1조합원 입주권을 소유하게 되는 경우 조합원 입주권을 취득한 날로부터 3년 이내에 종전의 주택을 양도하는 경우에는 이를 1세대 1주택으로 본다.

② 거주자가 그 배우자와 같은 주소에서 생계를 같이하고 있다면 1세대로 보되, 별거하고 있으면 각각 별도의 세대로 본다.

③ 상속받은 주택과 일반주택을 국내에 각각 1개씩 소유하고 있는 1세대가 상속주택을 양도하는 경우에는 국내에 1개의 주택을 소유하고 있는 것으로 본다.

④ 비과세되는 1세대 1주택에 있어서 부부가 각각 단독세대를 구성하였을 경우에는 동일한 세대로 보지 아니한다.

해설 ②, ④ 1세대는 원칙적으로 배우자를 포함하고 있기 때문에 별거나 세대분리를 통해서 각각 단독세대를 구성하였더라도 동일한 세대로 본다.
③ 일반주택을 양도하는 경우에 1개의 주택을 소유하고 있는 것으로 본다.

01 ④ 02 ④ 03 ④ 04 ④ 05 ①

03절 양도소득 과세표준의 계산

양도소득 과세표준 계산의 흐름

	총 수 입 금 액	(= 양도가액)
−	필 요 경 비	(= 취득가액+기타의 필요경비)
=	양 도 차 익	자산별로 계산(양도차손은 다른 자산의 양도차익에서 공제)
−	장기보유특별공제	양도차익×(6%~80%)
=	양 도 소 득 금 액	
−	양도소득기본공제	자산종류별로 각각 250만원 공제(동일한 자산은 1년에 250만원)
=	양도소득과세표준	세율별로 구분계산

01 양도차익의 계산방법

가. 양도차익의 계산방법

양도차익은 양도가액에서 취득가액 등과 같은 필요경비를 공제하여 계산한다. 양도차익의 계산방법은 크게 기준시가에 의한 방법과 실지거래가액에 의한 방법으로 나눌 수 있다. 기준시가에 의한 방법이란 실제 발생한 소득금액에 의해서가 아니고 기준시가와 같은 간접적인 증거자료에 의하여 양도차익을 산정하는 방법이다. 추계방법의 일종이다.

이에 대하여 실지거래가액에 의한 방법은 매매계약서·도급계약서 등과 같은 취득 또는 양도 등과 관련한 직접적인 증거자료를 바탕으로 양도자가 당해 자산을 양도함으로써 실제로 얻은 양도차익을 확인·산정하는 방법이다. 실액방법이라고도 한다.

나. 기준시가에 의한 결정원칙의 문제

기준시가에 의한 결정원칙은 다음과 같은 문제점을 발생시킨다.

첫째, 기준시가에 의한 결정방법은 특정자산의 양도로 인하여 얻은 실제의 소득금액과는 괴리된 '기준시가'라는 추정소득금액에 대하여 과세함으로써 응능부담의 원칙과 실질과세의 원칙에 위배된다는 점이다.

둘째, 양도자의 인격이 개인인가 아니면 법인인가에 따라 과세표준의 크기를 다르게 측정되므로 헌법상의 평등의 원칙에 위반될 소지가 있다. 즉, 현행법상 토지 등의 양도자가 개인인 경우에는 원칙적으로 기준시가에 의하여 양도차익을 결정하도록 하고 있지만, 토지 등의 양도자가 법인인 경우에는 원칙적으로 실지거래가액에 의하여 양도차익을 산정하게 하고 있는 것이다. 일반적으로 기준시가의 현실화율은 실지거래가액 또는 시가의 60~80% 수준에 머물러 있기 때문에 기준시가에 의하여 양도차익을 결정하는 경우에는 실지거래가액에 의하여 양도차익을 결정하는 경우보다 세부담이 경감될 수밖에 없는 것이다.

셋째, 기준시가에 의한 양도차익 결정방법의 채택은 주로 행정편의적인 사고에 바탕을 두고 있다. 즉 기준시가에 의한 양도차익 결정방법은 실지거래가액에 의한 양도차익의 결정방법과는 다르게 당사자간의 통정에 의한 세액의 면탈이나 세무부조리를 어느 정도 제거할 수 있다는 이점이 있다.

뿐만 아니라 과세표준과 세액의 결정과정을 전산처리시스템에 자동화할 수 있기 때문에 세무행정의 능률화에도 이바지할 수 있는 이점이 있다.

반면에 실지거래가액에 의한 양도차익 결정방법은 당사자간의 통정에 의한 허위계약서의 작성 및 세액의 면탈과 세무부조리를 유발할 개연성이 있음을 부정할 수 없다.

02 양도가액계산

양도차익을 계산할 때 양도가액을 실지거래가액에 따른 때에는 취득가액도 실지거래가액에 따르고, 양도가액을 기준시가에 따를 때에는 취득가액도 기준시가에 따른다(소법 100 ①). 따라서 양도차익을 계산하기 위해서는 양도가액의 산정방법을 먼저 살펴봐야 한다.

여기서 과세대상 자산의 양도가액은 그 자산의 양도 당시의 양도자와 양수자 간에 실지거래가액에 따른다(소법 96 ①). 그리고 거주자가 과세대상 자산을 양도하는 경우로서 다음의 어느 하나에 해당하는 경우에는 그 가액을 해당 자산의 양도 당시의 실지거래가액으로 본다(소법 96 ③).

① 「법인세법」에 따른 특수관계법인에 양도한 경우로서 해당 거주자의 상여·배당 등으로 처분된 금액이 있는 경우에는 「법인세법」에 따른 시가

② 특수관계법인 외의 자에게 자산을 시가보다 높은 가격으로 양도한 경우로서 다음의 어느 하나에 해당하는 금액이 있는 경우에는 그 양도가액에서 아래의 금액을 뺀 금액

㉠ 「상속세 및 증여세법」 제35조에 따라 해당 거주자의 증여재산가액

㉡ 「법인세법」 제67조에 따라 해당 거주자의 배당 등으로 처분된 금액

양도가액과 취득가액 결정원칙

구 분	원 칙	예 외
(1) 토지 · 건물 (2) 부동산에 관한 권리 (3) 기타자산 (4) 상장주식 중 대주주 양도분 (5) 비상장주식	실지거래가액*	실지거래가액을 인정 또는 확인할 수 없는 경우에는 매매사례가액 ⇨ 감정가액 ⇨ 환산가액 ⇨ 기준시가

* 상속 또는 증여받은 자산에 대하여는 상속개시일 또는 증여일 현재 「상속세 및 증여세법」의 규정에 의하여 평가한 가액을 취득 당시의 실지거래가액으로 본다(소령 163 ⑨).

다만, 매매계약서 등 증명서류에 따라 양도·취득 당시의 실지거래가액을 인정 또는 확인할 수 없는 경우에는 양도가액 또는 취득가액을 매매사례가액, 감정가액, 환산취득가액 또는 기준시가 등에 따라 추계조사하여 결정 또는 경정할 수 있다(소법 114 ⑦).

여기서 양도가액 또는 취득가액을 추계결정 또는 경정하는 경우에는 다음의 방법을 순차로 적용하여 산정한 가액에 의한다. 다만, 매매사례가액 또는 감정가액이 「소득세법」 부당행위 부인 규정에 의한 특수관계 있는 자와의 거래에 따른 가액 등으로서 객관적으로 부당하다고 인정되는 경우에는 이를 적용하지 아니한다(소령 176의2 ③).

① **매매사례가액** : 양도일 또는 취득일 전후 각 3월 이내에 당해 자산(주권상장법인 또는 코스닥상장법인의 주식 등을 제외)과 동일성 또는 유사성이 있는 자산의 매매사례가 있는 경우 그 가액

② **감정가액** : 양도일 또는 취득일 전후 각 3월 이내에 당해 자산(주식 등을 제외)에 대하여 2 이상의 감정평가법인등이 평가한 것으로서 신빙성이 있는 것으로 인정되는 감정가액(감정평가기준일이 양도일 또는 취득일 전후 각 3월 이내인 것)이 있는 경우에는 그 감정가액의 평균액

③ **환산가액** : 양도 당시의 실지거래가액 · 매매사례가액 또는 감정가액을 기준시가에 의하여 환산한 취득가액

④ **기준시가** : 「소득세법」에 따라 산정한 양도 · 취득 당시의 기준이 되는 가액

03 기준시가

가. 의 의

기준시가라 함은 토지·건물 등과 같은 자산의 양도가액과 취득가액을 계산하기 위한 기준이 되는 가액으로서 법정의 방법에 따라 평가한 것을 의미한다(소법 99).

기준시가계산은 양도자산의 종류에 따라 다음과 같이 각각 다르다(소법 99 ①, 소령 164).

나. 토지의 기준시가

(1) 의 의

토지의 기준시가는 「부동산가격공시 및 감정평가에 관한 법률」에 따른 개별공시지가를 말한다. 다만, 개별공시지가가 없는 토지의 가액은 납세지관할세무서장이 인근유사토지의 개별공시지가를 참작하여 「부동산가격공시 및 감정평가에 관한 법률」 규정에 의한 비교표에 의하여 평가한 금액으로 하고, 각종 개발사업 등으로 지가가 급등하거나 급등 우려가 있는 지역으로서 국세청장이 지정한 지역에 있어서는 개별공시지가에 국세청장이 정하는 배율을 곱하여 평가한 가액으로 한다(소법 99 ①(1) 가).

한편, 새로운 기준시가가 고시되기 전에 취득 또는 양도하는 경우에는 직전의 기준시가에 의한다(소령 164 ③).

(2) 취득 당시에 개별공시지가가 없는 경우

1990년 8월 30일 개별공시지가가 고시되기 전에 취득한 토지의 취득 당시의 기준시가는 다음 산식에 의하여 계산한 가액으로 한다. 이 경우 다음 산식 중 과세시가표준액은 법률 제4995호로 개정되기 전의 「지방세법」상 시가표준액을 말한다(소령 164 ④).

$$\text{기준시가} = \text{1990년 1월 1일을 기준으로 한 개별공시지가} \times \frac{\text{취득 당시의 시가표준액}}{(\text{1990년 8월 30일 현재의 시가표준액} + \text{그 직전에 결정된 시가표준액}) \div 2}$$

다. 건물의 기준시가

(1) 일반건물

건물의 기준시가는 건물의 신축가격 · 구조 · 용도 · 위치 · 신축연도 등을 참작하여 매년 1회 이상 국세청장이 산정 · 고시하는 가액으로 한다(소법 99 ①(1) 나).

(2) 오피스텔 및 상업용건물

건물에 딸린 토지를 공유로 하고 건물을 구분소유하는 것으로서 국세청장이 당해 건물의 용도 · 면적 및 구분소유하는 건물의 수 등을 감안하여 지정하는 지역에 소재하는 공동주택 · 오피스텔 및 상업용건물(이들에 딸린 토지를 포함)에 대해서는 건물의 종류 · 규모 · 거래상황 · 위치 등을 고려하여 매년 1회 이상 국세청장이 토지와 건물에 대하여 일괄하여 산정 · 고시하는 가액을 기준시가로 한다(소법 99 ①(1) 다).

(3) 주 택

「부동산 가격공시 및 감정평가에 관한 법률」에 따른 개별주택가격 및 공동주택가격. 다만, 공동주택가격의 경우 국세청장이 결정 · 고시한 공동주택가격이 있을 때에는 그 가격에 따르고 개별주택가격 및 공동주택가격이 없는 주택의 가격은 납세지 관할세무서장이 인근 유사주택의 개별주택가격 및 공동주택가격을 고려하여 정하는 다음의 가액으로 한다(소법 99 ①(1) 라). 이 경우 납세지 관할세무서장은 시장 · 군수가 산정한 가액을 평가한 가액으로 하거나 둘 이상의 감정평가법인등에게 의뢰하여 해당 주택에 대한 감정평가법인등의 감정가액을 고려하여 평가할 수 있다(소령 164 ⑪).

① 개별주택가격이 없는 단독주택의 경우에는 해당 주택과 구조 · 용도 · 이용상황 등 이용가치가 유사한 인근주택을 표준주택으로 보고 비준표에 따라 납세지 관할세무서장 또는 해당 주택의 소재지 관할세무서장이 평가한 가액

② 공동주택가격이 없는 공동주택의 경우에는 인근 유사공동주택의 거래가격 · 임대료 및 당해 공동주택과 유사한 이용가치를 지닌다고 인정되는 공동주택의 건설에 필요한 비용추정액 등을 종합적으로 참작하여 납세지 관할세무서장 또는 해당 주택의 소재지 관할 세무서장이 평가한 가액

(4) 취득당시에 국세청장 고시가액이 없는 경우

1) 일반건물의 경우

기준시가가 고시되기 전(2000년 12월 31일 이전 취득분)에 취득한 건물의 취득당시의 기준시가는 다음 산식에 의하여 계산한 가액으로 한다(소령 164 ⑤).

취득당시의 기준시가 = 최초고시가액 × 해당 건물의 취득연도 · 신축연도 · 구조 · 내용연수 등을 고려하여 국세청장이 고시한 기준율

2) 국세청장 지정지역 안에 있는 공동주택의 경우

기준시가가 고시되기 전에 취득한 공동주택 · 오피스텔 및 상업용건물(이들에 부수되는 토지를 포함)의 취득당시의 기준시가는 다음 산식에 의하여 계산한 가액으로 한다(소령 164 ⑥).

$$\text{취득당시의 기준시가} = \text{최초고시가액} \times \frac{\text{취득당시의 개별공시지가} + \text{일반건물 고시가액}}{\text{최초고시 당시의 개별공시지가} + \text{일반건물 고시가액}}$$

* 일반건물의 고시가액으로서 2000년 12월 31일 이전분은 국세청장이 고시한 기준율로 환산한 가액으로 한다.

3) 주택가격 공시전에 취득한 주택의 경우

개별주택가격 및 공동주택가격(이들에 부수되는 토지를 포함)이 공시되기 전에 취득한 주택의 취득당시의 기준시가는 다음 산식에 의하여 계산한 가액으로 한다. 이 경우 당해 주택에 대하여 국토해양부장관이 최초로 공시한 주택가격 공시당시 또는 취득당시의 기준시가가 없는 경우에는 1)의 규정을 준용하여 계산한 가액에 의한다(소령 164 ⑦).

$$\text{취득당시의 기준시가} = \text{최초로 공시한 주택가격} \times \frac{\text{취득당시 토지 및 건물의 기준시가 합계액}}{\text{최초 공시당시 토지 및 건물의 기준시가 합계액}}$$

라. 취득 · 양도시 기준시가가 동일한 경우

단기양도로 인하여 양도 당시의 기준시가와 취득 당시의 기준시가가 동일할 경우에는 토지 · 건물의 보유기간과 양도일 또는 취득일 전후의 기준시가의 상승률을 참작하여 다음에 의하여 산정한 금액을 양도 당시의 기준시가로 한다(소령 164 ⑧, 소칙 80 ①).

① 취득일이 속하는 연도의 다음 연도 말일 이전에 양도하는 경우

㉠ 양도일부터 2월이 되는 날이 속하는 월의 말일까지 새로운 기준시가가 고시된 경우

$$\text{양도 당시의 기준시가} = \text{취득 당시의 기준시가} + \left(\begin{matrix}\text{새로운}\\\text{기준시가}\end{matrix} - \begin{matrix}\text{취득 당시의}\\\text{기준시가}\end{matrix}\right) \times \frac{\text{양도자산의 보유기간의 월수}}{\text{기준시가 조정월수}}$$

㉡ 양도일까지 새로운 기준시가가 고시되지 아니한 경우

$$\text{양도 당시의 기준시가} = \text{취득 당시의 기준시가} + \left(\begin{matrix}\text{취득당시의}\\\text{기준시가}\end{matrix} - \begin{matrix}\text{전기의}\\\text{기준시가}\end{matrix}\right) \times \frac{\text{양도자산의 보유기간의 월수}}{\text{기준시가 조정월수}}\text{(100분의 100을 한도)}$$

② 위 '①' 외의 경우에는 해당 양도자산의 취득 당시의 기준시가

③ 기준시가 조정월수와 전기의 기준시가

㉠ 기준시가 조정월수 : 양도일부터 2월이 되는 날이 속하는 월의 말일까지 새로운 기준시가가 고시된 경우는 취득 당시의 기준시가 결정일부터 새로운 기준시가 결정일 전일까지의 월수를 말하며, 그 외의 경우에는 전기의 기준시가 결정일부터 취득 당시의 기준시가 결정일 전일까지의 월수를 말한다.

㉡ 전기의 기준시가 : 취득 당시의 기준시가 결정일 전일의 해당 양도자산의 기준시가를 말한다.

43

다음 자료의 경우 양도자산의 양도 당시 기준시가를 계산하라.

1. 기준시가 : 2024년 6월 1일 기준시가 : 150,000원
   2025년 6월 1일 기준시가 : 180,000원
   2026년 6월 1일 기준시가 : 210,000원
2. 취 득 일 : 2026년 2월 1일
3. 양 도 일 : 2026년 5월 1일

해답 1. 양도자산 보유월수 : 3월

2. 양도자산 양도 당시 기준시가

$$180{,}000\text{원} + \frac{210{,}000-180{,}000}{12\text{월}} \times 3\text{월} = 187{,}500\text{원}$$

* 양도일부터 2월이 되는 달의 말일까지 새로운 기준시가가 고시된 경우이다(소칙 80 ①).

마. 주식 등의 기준시가

(1) 주권상장법인의 주식 등

유가증권시장에서 거래되는 주권상장법인의 주식 및 출자지분은 양도일·취득일 이전 1개월 동안 공표된 매일의 한국거래소의 최종 시세가액의 평균액을 기준시가로 한다(소법 99 ①).

(2) 비상장법인의 주식 등

「상속세 및 증여세법」의 규정을 준용하여 평가한 가액을 기준시가로 하는데, 그 구체적인 내용은 다음과 같다. 다만, 장부분실 등으로 취득 당시의 기준시가를 확인할 수 없는 경우에는 액면가액을 취득 당시의 기준시가로 적용한다(소법 99 ①, 소령 165 ④).

$$1\text{주당 기준시가} = \text{Max}[(1\text{주당 순손익가치} \times 3 + 1\text{주당 순자산가치} \times 2) \times \frac{1}{5},\ \text{순자산가치} \times 80\%]$$

$$① \text{ 순손익가치} = \frac{1\text{주당 순손익액}}{\text{국세청장 고시이자율}(10\%)}$$

$$② \text{ 순자산가치} = \frac{\text{해당 법인의 순자산가액}}{\text{발행주식총수}}$$

* 다만, 부동산과다보유법인(해당 법인의 자산총액 중 토지·건물 및 부동산에 관한 권리의 자산가액의 합계액이 50% 이상인 법인을 말한다)의 경우에는 1주당 순손익가치와 순자산가치의 비율을 각각 2와 3으로 한다(소령 165 ④).

여기서 '1주당 순손익액'과 '순자산가액'은 다음과 같이 계산한다.

① 1주당 순손익액 : 양도일 또는 취득일이 속한 과세기간의 직전 과세기간의 순손익액을 직전과세기간의 발행주식 총수로 나누어 계산한 가액으로 한다.

② 순자산가액 : 양도일 또는 취득일이 속한 과세기간의 직전 과세기간 종료일 현재

당해 법인의 장부가액(토지의 경우에는 기준시가)에 의한다.

비상장법인의 주식이 다음 중 어느 하나에 해당하는 경우에는 순자산가치에 의해 평가한다(소령 165 ④(3)).

① 양도소득세과세표준 확정신고기한 이내에 평가대상법인의 청산절차가 진행중이거나 사업자의 사망 등으로 인하여 사업의 계속이 곤란하다고 인정되는 법인의 주식 등

② 사업개시 전의 법인, 사업개시 후 1년 미만의 법인과 휴・폐업중에 있는 법인의 주식 등

③ 양도일 또는 취득일이 속하는 과세기간 전 3년 내의 과세기간부터 계속하여 「법인세법」상 각 과세기간에 속하거나 속하게 될 손금의 총액이 그 과세기간에 속하거나 속하게 될 익금의 총액을 초과하는 결손금이 있는 법인의 주식 등

(3) 신주인수권의 기준시가

「상속세 및 증여세법 시행령」 규정을 준용하여 평가한 가액을 기준시가로 한다(소령 165 ⑦).

주식 등의 「소득세법」에 기준시가와 「상속・증여세법」에 평가방법의 비교

구 분	「소득세법」에 기준시가	「상속・증여세법」에 평가방법
주권상장법인의 주식	양도일・취득일 이전 1개월 동안 종가평균액	평가기준일 이전・이후 각 2개월 동안 종가평균액
비상장법인의 주식	① 순자산가액 : 장부가액(토지는 기준시가) ② 1주당 순손익액 : 직전 과세기간의 1주당 순손익액	① 순자산가액 : 시가(또는 보충적 평가방법에 의한 가액) ② 1주당 순손익액 : 최근 3년간 1주당 순손익액의 가중평균액
할증평가의 특례	할증평가의 특례 없음.	일반기업의 최대주주가 보유하는 주식에 대하여는 20% 할증평가

바. 부동산에 관한 권리의 기준시가

부동산에 관한 권리의 기준시가 계산은 다음에 의한다(소령 165 ①・②).

구 분	기 준 시 가
① 지상권, 전세권, 등기된 부동산 임차권	「상속세 및 증여세법 시행령」의 규정(지상권에 대한 평가방법)을 준용하여 평가한 가액
② 부동산을 취득할 수 있는 권리	취득 또는 양도당시까지 불입한 금액+취득 또는 양도당시의 프리미엄 상당액

사. 기타자산의 기준시가

기타자산의 기준시가 계산은 다음에 의한다(소령 165 ⑧).

구 분	기 준 시 가
① 특정주식	주식 등의 기준시가와 같음
② 특정시설이용권	「지방세법」에 따라 고시한 시가표준액. 다만, 취득 또는 양도 당시의 시가표준액을 확인할 수 없는 경우에는 기획재정부령으로 정하는 방법에 따라 계산한 가액
③ 영업권	「상속세 및 증여세법 시행령」 규정을 준용하여 평가한 가액

아. 수용·경매되는 자산의 기준시가특례

다음에 해당하는 가액이 토지·건물의 기준시가보다 낮은 경우에는 그 초과하는 금액을 기준시가에서 차감하여 양도 당시 기준시가를 계산한다(소령 164 ⑨). 즉, 그 보상가액·공매가액·경락가액을 기준시가로 한다.

① 「공익사업을 위한 토지 등의 취득 및 보상에 관한 법률」에 따른 협의 매수·수용 및 그 밖의 법률에 의하여 수용되는 경우의 그 보상금액과 보상금액 산정의 기초가 되는 기준시가 중 적은 금액

② 「국세징수법」에 따른 공매와 「민사집행법」에 따른 강제경매 또는 저당권실행을 위하여 경매되는 경우의 그 공매 또는 경락가액

04 양도소득의 필요경비

양도차익은 토지 등 양도로 인하여 발생한 양도가액에서 필요경비를 공제함으로써 산출할 수 있는데, 이때 필요경비도 양도가액의 경우와 마찬가지로 기준시가에 의하여 양도차익을 계산하는 경우(취득 당시의 실지거래가액을 확인할 수 없는 경우에 한하여 매매사례가액·감정가액·환산가액 포함)와 실지거래가액에 의하여 계산하는 경우에 따라 그 내용이 각각 다르다.

기준시가에 의해 계산하는 경우*	실지거래가액에 의해 계산하는 경우
(1) 취득가액(기준시가 또는 환산가액)** (2) 기타의 필요경비 : 개산공제	(1) 취득가액(실지거래가액) (2) 기타의 필요경비 ① 자본적 지출액 ② 양도비용

* 일방실사결정에 의하여 취득가액을 환산한 경우도 기준시가에 의하여 양도차익을 계산한 것으로 보아 필요경비를 계산한다(소법 97 ②(2)).
** 취득당시 실지거래가액을 확인할 수 없는 경우에 한하여 매매사례가액, 감정가액 또는 환산가액으로 한다.

가. 실지거래가액에 의하여 양도차익을 계산하는 경우

양도차익을 실지거래가액에 의하여 계산하는 경우 양도가액에서 공제할 필요경비는 다음에 규정하는 것으로 한다(소법 97, 소령 163 ①).

(1) 실지취득가액

실지취득가액이란 다음 금액을 합한 것을 말한다(소령 163 ①).

① 매입원가 · 건설원가 또는 매입 · 건설 이외의 방법으로 취득한 자산은 취득 당시의 시가. 다만, 현재가치할인차금, 과세사업자가 면세사업자로 전환됨에 따라 납부한 부가가치세와 폐업시 잔존재화로 인한 부가가치세를 포함하되 부당행위계산에 의한 시가초과액을 제외한다.

② 취득에 관한 소송이 있는 자산에 대하여 그 소유권 등을 확보하기 위하여 직접 소요된 소송비용 · 화해비용 등의 금액으로서 지출한 과세기간의 소득금액계산에 있어서 필요경비에 산입된 것을 제외한 금액

③ 당사자 약정에 의한 대금지급방법에 따라 취득원가에 이자상당액을 가산하여 거래가액을 확정하는 경우 당해 이자상당액. 다만, 당초 약정에 의한 거래가액의 지급기일의 지연으로 인하여 추가로 발생하는 이자상당액은 취득원가에 포함하지 아니한다.

현재가치할인차금을 취득원가에 포함하는 경우에 있어서 양도자산 보유기간 중에 동 현재가치할인차금의 상각액을 각 과세기간의 부동산임대소득금액 또는 사업소득금액 계산시 필요경비에 산입하였거나 산입할 금액이 있는 때에는 이를 공제한 금액을 취득가액으로 한다(소령 163 ②).

한편, 필요경비를 계산할 때 양도자산 보유기간에 그 자산에 대한 감가상각비로서 각 과세기간의 사업소득금액을 계산하는 경우 필요경비에 산입하였거나 산입할 금액이 있을 때에는 이를 취득가액에서 공제한 금액을 그 취득가액으로 한다(소법 97 ③). 여기 취득가액에서 감가상각비를 공제하는 것은 취득가액을 실지거래가액 뿐만 아니고, 매매사례가액 · 감정가액 · 환산가액으로 하는 경우에도 적용된다.

(2) 자본적 지출액

"자본적 지출액"은 다음의 어느 하나에 해당하는 것으로서 그 지출에 관한 법정 증명서류를 수취·보관하거나 실제지출사실이 금융거래 증명서류에 의하여 확인되는 경우를 말한다(소령 163 ③, 소칙 79 ①).

① 양도자산의 내용연수를 연장시키거나 해당 자산의 가치를 현실적으로 증가시키기 위하여 지출한 수선비를 말하며, 다음 어느 하나에 규정하는 것에 대한 지출을 포함하는 것으로 한다(소령 67 ②, 소칙 79 ①).

㉠ 본래의 용도를 변경하기 위한 개조

㉡ 엘리베이터 또는 냉난방장치의 설치

㉢ 빌딩 등의 피난시설 등의 설치

㉣ 재해 등으로 인하여 건물·기계·설비 등이 멸실 또는 훼손되어 당해 자산의 본래 용도로의 이용가치가 없는 것의 복구

㉤ 그 밖의 개량·확장·증설 등 '㉠'~'㉣'과 유사한 성질의 것

② 양도자산을 취득한 후 쟁송이 있는 경우에 그 소유권을 확보하기 위하여 직접 소요된 소송비용·화해비용 등의 금액으로서 그 지출한 과세기간의 각 소득금액의 계산에 있어서 필요경비에 산입된 것을 제외한 금액

③ 양도자산의 용도변경·개량 또는 이용편의를 위하여 지출한 비용

④ 「개발이익환수에 관한 법률」에 따른 개발부담금(개발부담금의 납부의무자와 양도자가 서로 다른 경우에는 양도자에게 사실상 배분될 개발부담금상당액)

⑤ 「재건축초과이익 환수에 관한 법률」에 따른 재건축부담금(재건축부담금의 납부의무자와 양도자가 서로 다른 경우에는 양도자에게 사실상 배분될 재건축부담금상당액)

⑥ 「하천법」·「댐건설 및 주변지역지원 등에 관한 법률」 그 밖의 법률에 따라 시행하는 사업으로 인하여 해당사업구역 내의 토지소유자가 부담한 수익자부담금 등의 사업비용

⑦ 토지이용의 편의를 위하여 지출한 장애철거비용

⑧ 토지이용의 편의를 위하여 당해 토지에 도로를 신설한 경우의 그 시설비

⑨ 토지이용의 편의를 위하여 당해 토지에 도로를 신설하여 국가 또는 지방자치단체에 이를 무상으로 공여한 경우의 그 도로로 된 토지의 가액

⑩ 사방사업에 소요된 비용

⑪ 위 '⑥'~'⑩'의 비용과 유사한 비용

(3) 양도비용

'양도비용'이란 다음에 해당하는 것으로서 그 지출에 관한 법정 증명서류를 수취·보관하거나 실제지출사실이 금융거래 증명서류에 의하여 확인되는 경우를 말한다(소령 163 ⑤).

① 양도소득 과세대상의 자산을 양도하기 위하여 직접 지출한 비용으로서 다음의 비용
   ㉠ 「증권거래세법」에 따라 납부한 증권거래세
   ㉡ 양도소득세과세표준 신고서 작성비용 및 계약서 작성비용
   ㉢ 공증비용, 인지대 및 소개비
   ㉣ 매매계약에 따른 인도의무를 이행하기 위하여 양도자가 지출하는 명도비용

② 토지와 건물의 자산을 취득함에 있어서 법령 등의 규정에 따라 매입한 국민주택채권 및 토지개발채권을 만기전에 양도함으로써 발생하는 매각차손. 이 경우 기획재정부령으로 정하는 금융기관 외의 자에게 양도한 경우에는 동일한 날에 금융기관에 양도하였을 경우 발생하는 매각차손을 한도로 한다.

나. 기준시가에 의하여 양도차익을 계산하는 경우

취득가액을 기준시가로 계산하는 경우(취득 당시의 실지거래가액을 확인할 수 없는 경우에는 매매사례가액·감정가액·환산가액 포함)에는 취득 당시의 기준시가에 다음 금액을 가산한다(소령 163 ⑥). 즉 기준시가에 의하여 양도차익을 계산하는 경우에는 실제 지출한 설비비·개량비·취득세·등록세·양도비용을 공제할 수 없으며, 그 대신 양도소득개산공제만 인정된다.

<table>
<tr><th colspan="2">구 분</th><th>개산공제액</th></tr>
<tr><td colspan="2">(1) 토지와 건물</td><td>취득당시의 기준시가×3%
(미등기 양도자산은 0.3%)</td></tr>
<tr><td rowspan="2">(2) 부동산에 관한 권리</td><td>① 지상권·전세권·등기된 부동산임차권</td><td>취득당시의 기준시가×7%
(미등기 양도자산은 0.1%)</td></tr>
<tr><td>② 부동산을 취득할 수 있는 권리</td><td rowspan="2">취득당시의 기준시가×1%</td></tr>
<tr><td colspan="2">(3) 기타자산
(4) 주식등</td></tr>
</table>

다만, 취득가액을 환산가액으로 하는 경우로서 '①'의 금액이 '②'의 금액보다 적은 경우에는 '②'의 금액을 필요경비로 할 수 있다(소법 97 ② (2) 단서).

① 환산가액과 개산공제액의 합계액
② 자본적 지출액 및 양도비용의 합계액

다. 배우자 또는 직계존비속으로부터 증여받은 자산의 취득가액

거주자가 양도일부터 소급하여 10년(주식등 자산의 경우에는 1년) 이내에 그 배우자(양도 당시 혼인관계가 소멸된 경우를 포함하되, 사망으로 혼인관계가 소멸된 경우는 제외) 또는 직계존비속(양도 당시 사망한 경우는 제외)으로부터 증여받은 토지・건물・시설물의 이용권・부동산을 취득할 수 있는 권리・주식등의 양도차익을 계산할 때 양도가액에서 공제할 필요경비는 다음 각 호의 기준을 적용한다(소법 97의2 ①).

① 취득가액은 거주자의 배우자 또는 직계존비속이 해당 자산을 취득할 당시의 금액으로 한다.
② 필요경비에는 거주자의 배우자 또는 직계존비속이 해당 자산에 대하여 지출한 자본적지출액을 포함한다.
③ 거주자가 해당 자산에 대하여 납부하였거나 납부할 증여세 상당액이 있는 경우 필요경비에 산입한다.

다만, 양도차익을 계산할 때 아래의 어느 하나에 해당하는 경우에는 증여 당시의 시가를 취득가액으로 하여 이월과세 규정을 적용하지 아니한다(소법 97의2 ②).

① 사업인정고시일부터 소급하여 2년 이전에 증여받은 경우로서 「공익사업을 위한 토지 등의 취득 및 보상에 관한 법률」이나 그 밖의 법률에 따라 협의매수 또는 수용된 경우
② 1세대 1주택(고가주택을 포함) 비과세를 적용받는 경우
③ 증여자의 취득가액을 적용하여 계산한 양도소득 결정세액이 수증자의 취득가액으로 계산한 양도소득 결정세액보다 적은 경우

증여세 상당액은 거주자가 그 배우자 또는 직계존비속으부터 증여받은 자산에 대한 증여세산출세액(「상속세 및 증여세법」에 따른 증여세산출세액)에 양도한 해당 자산가액(증여세가 과세된 증여세 과세가액)이 증여세 과세가액에서 차지하는 비율을 곱하여 계산한 금액으로 한다. 이 경우 필요경비로 산입되는 증여세상당액은 양도가액에서 취득가액・자본적지출액・양도비 및 감가상각비의 금액을 공제한 잔액을 한도로 한다(소령 163 ⑧).

$$\text{필요경비에 산입할 증여세 상당액} = \text{당초 증여세 산출세액} \times \frac{\text{양도한 자산에 대한 증여세 과세가액}}{\text{당초 증여세 과세가액}}$$

라. 가업상속공제가 적용된 자산의 취득가액

「상속세 및 증여세법」에 따른 가업상속공제가 적용된 자산의 양도차익을 계산할 때 양도가액에서 공제할 필요경비 중 취득가액 및 자본적지출액은 다음의 금액을 합한 금액(①+②)로 한다(소법 97의2 ④).

① 피상속인의 취득가액 및 자본적지출액×가업상속공제적용률
② 상속개시일 현재 해당 자산가액×(1−가업상속공제적용률)

마. 의제취득가액

법률 제4803호「소득세법 개정법률」부칙 제8조에서 정하는 날(의제취득일) 전에 취득한 자산에 대하여는 다음의 가액 중 많은 것으로 한다(소령 제176의2 ④).

① 의제취득일 전·후 각 3월 이내에 당해 자산(상장주식 제외)과 동일성 또는 유사성이 있는 자산의 매매사례가액 또는 의제취득일 전·후 각 3월 이내 2 이상의 감정평가법인이 평가한 신빙성있는 감정가액의 평균액이나 환산한 취득가액

② 취득당시 실지거래가액 또는 '①'의 매매사례가액·감정가액의 평균액이 확인되는 가액(상속·증여의 취득은 제외)과 취득일부터 의제취득일의 직전일까지의 보유기간 동안의 생산자물가상승률을 곱하여 계산한 금액을 합산한 가액

이 경우 생산자물가상승률은 한국은행이 조사한 1984년 이전의 각 연도 연간생산자물가지수에 의하여 산정된 비율(보유기간 월수가 12월 미만인 연도에 있어서는 월간 생산자물가지수에 의하여 산정된 비율)을 적용한다.

05 양도차익의 계산

가. 양도차익의 계산구조

양도차익은 총수입금액(양도가액)에서 필요경비(취득가액 · 자본적 지출액 · 양도비 등의 합계액)를 차감하여 계산하지만, 양도가액과 필요경비를 기준시가에 의하여 계산하느냐 또는 실지거래가액에 의하여 계산하느냐에 따라 양도차익의 계산은 각각 달라진다. 필요경비에 산입할 금액은 당해 연도의 총수입금액에 대응하는 비용의 합계액으로 한다.

총 수 입 금 액(= 양도가액) －필 요 경 비(= 취득가액+기타의 필요경비) ＝양 도 차 익

나. 양도가액과 취득가액의 산정

양도차익을 계산할 때 양도가액을 실지거래가액에 따를 때에는 취득가액도 실지거래가액에 따르고, 양도가액을 기준시가에 따를 때에는 취득가액도 기준시가에 따른다(소법 100 ①).

한편, 거주자가 양도소득세 과세대상의 자산을 양도하는 경우로서 다음 어느 하나에 해당하는 경우에는 그 가액을 해당 자산의 양도당시의 실지거래가액으로 본다(소법 96 ③).

① 「법인세법」에 따른 특수관계인(외국법인을 포함)에게 양도한 경우로서 「법인세법」 부당행위계산부인 규정에 따라 해당 거주자의 상여 · 배당 등으로 처분된 금액이 있는 때에는 「법인세법」에 따른 시가

② 특수관계인 외의 자에게 자산을 시가보다 높은 가격으로 양도한 경우로서 「상속세 및 증여세법」에 따라 해당 거주자의 증여재산가액으로 하는 금액이 있는 경우에는 그 양도가액에서 증여재산가액을 뺀 금액

또한, 자산을 양도한 거주자가 그 자산 취득당시 「공인중개사의 업무 및 부동산 거래신고에 관한 법률」에 따른 부동산의 실제거래가격(「주택법」에 따른 주택거래신고의 대상인 주택의 경우에는 주택거래가액)을 기획재정부령으로 정하는 방법에 의하여 확인하는 방법으로 실지거래가액을 확인한 사실이 있는 경우에는 이를 당해 거주자의 취득당시의 실지거래

가액으로 본다. 다음에 해당하는 경우에는 그러하지 아니하다(소법 97⑦, 소령 163⑪).

① 해당 자산에 대한 전 소유자의 양도가액이 경정되는 경우

② 전 소유자의 해당 자산에 대한 양도소득세가 비과세되는 경우로서 실지거래가액보다 높은 가액으로 거래한 것으로 확인한 경우

다. 양도차익 계산의 특례

(1) 토지외 건물의 거래가액의 구분이 없는 경우

토지와 건물 등을 함께 취득하거나 양도한 경우에는 이를 각각 구분하여 기장하되, 토지와 건물 등의 가액 구분이 불분명할 때에는 취득 또는 양도 당시의 기준시가 등을 고려하여 「부가가치세법 시행령」의 규정을 준용하여 안분계산한다. 이 경우 공통되는 취득가액과 양도비용은 해당 자산의 가액에 비례하여 안분계산한다(소법 100 ②, 소령 166 ⑥).

그러나, 토지와 건물 등을 구분 기장한 가액이 기준시가 등에 따라 안분계산한 가액과 30% 이상 차이가 있는 경우에는 토지와 건물 등의 가액 구분이 불분명한 때로 본다. 다만, 다른 법령에서 정하는 바에 따라 가액을 구분한 경우 등 대통령령으로 정하는 사유에 해당하는 경우는 제외한다(소법 100 ③).

Reference 부가가치세법 시행령 제64조

● 실지거래가액 중 토지의 가액과 건물 등의 가액의 구분이 불분명한 경우 안분계산 방법

① 토지와 건물 등에 의한 기준시가가 모두 있는 경우에는 공급계약일 현재의 기준시가에 따라 계산한 가액에 비례하여 안분계산한다. 다만, 「지가공시 및 토지 등의 평가에 관한 법률」에 의한 감정평가법인이 평가한 가액이 있는 경우에는 그 가액에 비례하여 안분계산한다.

② 토지와 건물 등 중 어느 하나 또는 모두의 기준시가가 없는 경우로서 감정평가가액이 있는 경우에는 그 가액에 비례하여 안분계산한다. 다만, 감정평가가액이 없는 경우에는 장부가액(장부가액이 없는 경우에는 취득가액)에 비례하여 안분계산한 후 기준시가가 있는 자산에 대하여는 그 합계액을 다시 기준시가에 의하여 안분계산한다.

③ 위의 '①', '②'의 방법을 적용할 수 없거나 적용하기 곤란한 경우에는 국세청장이 정하는 바에 따라 안분계산한다.

(2) 부담부증여의 양도차익 계산

부담부증여에 있어서 양도로 보는 부분에 대한 양도차익을 계산함에 있어서의 그 취득가액 및 양도가액은 다음에 따른다(소령 159).

① 취득가액 : 실지거래가액(양도가액을 기준시가에 의하여 산정한 경우에는 취득가액도 기준시가에 의하여 산정)에 증여가액 중 채무액에 상당하는 부분이 차지하는 비율을 곱하여 계산한 가액

② 양도가액 : 「상속세 및 증여세법」에 따라 평가한 가액에 증여가액 중 채무액에 상당하는 부분이 차지하는 비율을 곱하여 계산한 가액

(3) 환지예정지 등의 양도차익

① 종전 토지소유자가 환지예정지구 내의 토지 또는 환지처분된 토지를 양도한 경우 (소칙 77 ①(1))

> 양도차익 = (환지예정면적 × 양도시의 단위당 기준시가)
> −(종전 토지의 면적 × 취득 당시의 단위당 기준시가 + 기타의 필요경비)

② 환지예정지구 내 토지를 취득한 자가 당해 토지를 양도한 경우 및 1984년 12월 31일 이전에 취득한 토지로서 1984년 12월 31일 이전에 환지예정지로 지정된 토지양도의 경우(소칙 77 ①(2))

> 양도차익 = (환지예정면적 × 양도시의 단위당 기준시가)
> −(환지예정면적 × 취득시 단위당 기준시가 + 기타의 필요경비)

(4) 기타소득과 토지 등의 양도시 양도차익 계산

토사석의 채취허가에 따른 권리와 지하수개발·이용권을 토지·건물 등과 함께 양도하는 경우에 있어서 지하수개발·이용권 등과 토지 등의 취득가액 또는 양도가액을 구별할 수 없는 때에는 임목을 임지와 함께 양도할 때 적용하는 「소득세법 시행령」의 기준을 준용하여 취득가액 또는 양도가액을 계산한다(소령 162의2 ③).

라. 양도소득의 부당행위계산

납세지 관할세무서장 또는 지방국세청장은 양도소득이 있는 거주자의 행위 또는 계산이 그 거주자의 특수관계인과의 거래로 인하여 그 소득에 대한 조세부담을 부당하게 감소시킨 것으로 인정되는 경우에는 그 거주자의 행위 또는 계산과 관계없이 해당 과세기간의 소득금액을 계산할 수 있다(소법 101 ①).

그러나 개인과 법인간에 재산을 양수 또는 양도하는 경우로서 그 대가가 「법인세법 시행령」에 따른 시가에 해당되어 해당 법인의 거래에 대하여 「법인세법」에 따른 부당행위계산의 부인규정이 적용되지 아니하는 경우에는 양도소득세에 대한 부당행위계산 부인규정을 적용하지 아니한다. 다만, 거짓 그 밖의 부정한 방법으로 양도소득세를 감소시킨 것으로 인정되는 경우에는 그러하지 아니하다(소령 167 ⑥).

(1) 고가취득 · 저가양도의 부인

특수관계인과의 거래에 있어서 토지 등을 시가를 초과하여 취득하거나 시가에 미달하게 양도함으로써 조세의 부담을 부당히 감소시킨 것으로 인정되는 때에는 그 취득가액 또는 양도가액을 시가에 의하여 계산한다(소령 167 ④). 이 경우 시가는 「상속세 및 증여세법」, 「조세특례제한법」의 규정을 준용하여 평가한 가액에 의하되, '평가일 전후 6개월 또는 3개월 이내의 기간'을 '양도일 또는 취득일 전후 각 3개월의 평가기간'으로, '상속세 또는 증여세 과세표준을 신고한 경우에는 평가기준일 전 6개월부터 평가기간 이내의 신고일까지의 가액'은 '양도소득세 과세표준을 신고한 경우에는 양도일 또는 취득일 전 3개월부터 평가기간 이내의 신고일까지'로 본다(소령 167 ⑤).

(2) 증여 후 양도거래의 부인

거주자가 특수관계인(배우자 및 직계존비속의 경우는 제외)에게 자산을 증여한 후 그 자산을 증여받은 자가 그 증여일부터 10년 이내에 다시 타인에게 양도한 경우로서 '①'에 따른 세액이 '②'에 따른 세액보다 적은 경우에는 증여자가 그 자산을 직접 양도한 것으로 본다. 다만, 양도소득이 해당 수증자에게 실질적으로 귀속된 경우에는 그러하지 아니하다(소법 101 ②).

① 증여받은 자의 증여세(「상속세 및 증여세법」에 따른 산출세액에서 공제 · 감면세액을 뺀 세액)와 양도소득세(산출세액에서 공제 · 감면세액을 뺀 결정세액)를 합한 세액

② 증여자가 직접 양도하는 경우로 보아 계산한 양도소득세

이 경우 증여자에게 양도소득세가 과세되는 경우에는 당초 증여받은 자산에 대해서는 「상속세 및 증여세법」의 규정에도 불구하고 증여세를 부과하지 아니한다(소법 101 ③).

배우자 및 직계존비속 증여자산에 대한 이월과세규정과 증여 후 양도행위 부인규정의 비교

구 분	배우자 및 직계존비속 증여재산에 대한 이월과세	증여 후 양도행위의 부인
적용대상자산	토지 · 건물 또는 특정시설물이용권 · 부동산을 취득할 수 있는 권리 · 주식등에 한함.	제한 없음
증여자와 수증자의 관계	배우자 및 직계존비속	특수관계인 * 배우자 및 직계존비속 증여재산에 대한 이월 과세가 적용되는 경우는 제외
양도일까지의 기간	10년(주식등 1년)	10년

06 양도소득금액계산

가. 개 요

양도소득금액은 당해 자산의 양도로 인하여 발생한 양도가액에서 필요경비를 공제하여 양도차익을 산출한 다음 장기보유특별공제 및 양도소득기본공제를 순차적으로 공제하여 계산한 금액으로 한다(소법 92 ②, 95 ①).

양 도 차 익	
− 장 기 보 유 특 별 공 제	: 양도차익×공제율
= 양 도 소 득 금 액	
− 양 도 소 득 기 본 공 제	: 연 250만원을 자산별 공제
= 양 도 소 득 과 세 표 준	

그러나 토지 · 건물을 등기하지 아니하고 양도한 경우에는 장기보유특별공제 및 양도소득공제를 하지 아니한다(소법 95 ②, 103 ①).

나. 장기보유특별공제

자산을 투기적으로 단기보유하는 경우에는 중과세하는 반면 장기보유자산의 양도로 인하여 모든 소득에 대하여는 과세상 상대적 우대조치를 하고 있는데 그중 하나가 장기보유특별공제이다. 이는 건전한 부동산의 거래행위 내지 소유형태를 유도하려는 취지가 있다.

토지, 건물 및 조합입주권으로서 그 자산의 보유기간이 3년 이상인 것에 대하여 해당 자산의 양도차익에 다음에 따른 보유기간별 공제율을 곱하여 계산한 금액을 말한다. 다만, 양도소득세가 과세되는 1세대 1주택이 아닌 자산의 공제율은 30% 한도로 하며, 미등기양도자산에 해당하는 자산과 2주택 이상 보유자가 조정대상지역내 주택 양도시 장기보유특별공제를 적용하지 아니한다(소법 95 ②, 소령 159의2). 그러나, 보유기간이 2년 이상이고 조정대상지역에 1세대 2주택 이상에 해당하는 주택을 2022년 5월 10일부터 2026년 5월 9일까지 양도하는 경우에는 장기보유특별공제를 적용한다.

여기서 양도소득세가 과세되는 1세대 1주택이란 1세대가 양도일 현재 국내에 1주택을 보유하고 보유기간 중 거주기간이 2년 이상인 것을 말한다(소령 159의4 ①).

그리고 공동상속주택의 거주기간은 해당 주택에 거주한 공동상속인의 거주기간 중 가장 긴 기간으로 한다(소령 159의4 ②).

장기보유특별공제율

보유기간	일반공제율	과세되는 1세대 1주택		
		공제율	거주기간	공제율
3년 이상 4년 미만	6%	12%	2년 이상 3년 미만 (보유기간 3년 이상)	8%
			3년 이상 4년 미만	12%
4년 이상 5년 미만	8%	16%	4년 이상 5년 미만	16%
5년 이상 6년 미만	10%	20%	5년 이상 6년 미만	20%
6년 이상 7년 미만	12%	24%	6년 이상 7년 미만	24%
7년 이상 8년 미만	14%	28%	7년 이상 8년 미만	28%
8년 이상 9년 미만	16%	32%	8년 이상 9년 미만	32%
9년 이상 10년 미만	18%	36%	9년 이상 10년 미만	36%
10년 이상 11년 미만	20%	40%	10년 이상	40%
11년 이상 12년 미만	22%			
12년 이상 13년 미만	24%			
13년 이상 14년 미만	26%			
14년 이상 15년 미만	28%			
15년 이상	30%			

이 때 자산의 보유기간은 그 자산의 취득일부터 양도일까지로 한다. 다만, 배우자 또는 직계존비속으로부터 증여받은 재산에 대하여 취득가액 계산의 특례규정을 적용받는 경우에는 증여한 배우자 또는 직계존비속이 해당 자산을 취득한 날부터 기산하고, 가업상속공제가 적용된 비율에 해당하는 자산의 경우에는 피상속인이 해당 자산을 취득한 날부터 기산한다(소법 95 ④).

44

다음 자료에 의해서 장기보유특별공제액을 각 자산별로 구하시오.

구 분	토지 A	토지 B	주 택*	건 물 B	비상장주식
양도차익	10,000,000	10,000,000	10,000,000	10,000,000	10,000,000
보유기간	2년	3년	5년	10년	
등기유무	○	○	○	×	

* 1세대 1주택으로 과세되는 것으로 보유기간 동안 거주하였다.

 **해답** ① 토지 A : 3년 미만으로 해당 없음
② 토지 B : 10,000,000×6% = 600,000원
③ 주택 : 10,000,000×40% = 4,000,000원
④ 건물 B : 미등기로 제외됨.
⑤ 비상장주식 : 공제대상 아님.

다. 양도소득기본공제

양도소득기본공제는 신청을 요건으로 하지 않고 기초공제적 성격이 강하며 일정금액 미만의 양도차익에 대해서는 과세를 배제하여 행정력의 절감을 도모할 수 있다.

양도소득이 있는 거주자에 대해서는 다음의 소득별로 해당 과세기간의 양도소득금액에서 각각 연 250만원을 공제한다(소법 103 ①). 이를 '양도소득기본공제'라 하는데, 인적공제 중 기초공제적인 성격을 지닌다.

양도소득의 구분	양도소득기본공제
① 토지·건물, 부동산에 관한 권리 및 기타자산의 양도소득금액	연 250만원 단, 미등기양도자산의 양도소득금액에 대해서는 공제를 배제한다.
② 주식 및 출자지분의 양도소득금액	연 250만원
③ 파생상품등의 양도소득금액	연 250만원
④ 신탁 수익권의 양도소득금액	연 250만원

이처럼 양도소득기본공제를 적용할 때 양도소득금액에 「소득세법」 또는 「조세특례제한법」이나 그 밖의 법률에 따른 감면소득금액이 있는 경우에는 그 감면소득금액 외의 양도소득금액에서 먼저 공제하고, 감면소득금액 외의 양도소득금액 중에서는 해당 과세기간에 먼저 양도한 자산의 양도소득금액에서부터 순서대로 공제한다(소법 103 ②).

또한 감면소득이 없는 경우로써 동일한 그룹의 자산을 당해연도에 2회이상 양도시에는 먼저 양도한 자산부터 양도소득기본공제를 적용한다.

07 고가주택의 양도소득금액 계산

1세대 1주택이 고가주택(고가 조합원입주권 포함)에 해당되는 경우에는 전부를 비과세하지 아니하고 12억원 초과액에 대하여만 양도소득세를 과세하므로 양도차익·장기보유특별공제는 다음과 같이 계산한다(소법 95 ③, 소령 160). 여기서 하나의 건물이 주택과 주택외의 부분으로 복합되어 있는 경우와 주택에 딸린 토지에 주택 외의 건물이 있는 경우에는 주택 외의 부분은 주택으로 보지 않는다.

가. 양도차익

$$\text{고가주택 양도차익} = \text{양도차익} \times \frac{\text{양도가액} - \text{12억원}}{\text{양도가액}}$$

1세대 1주택인 고가주택과 이에 딸린 토지가 그 보유기간이 다르거나 어느 한쪽이 미등기양도자산인 경우에는 건물과 대지의 양도차익은 12억원에 해당 주택 또는 이에 딸린 토지의 양도가액이 그 주택과 이에 딸린 토지의 양도가액의 합계액에서 차지하는 비율을 곱하여 다음과 같이 안분계산한다. 또한 고가주택의 양도차익은 실지거래가액에 의한다(소기통 95−0…1).

$$\text{건물부분 양도차익} = \text{건물부분 양도차익} - \left(\text{건물부분 양도차익} \times \frac{12\text{억원} \times \dfrac{\text{건물부분 양도가액}}{(\text{건물양도가액} + \text{대지양도가액})}}{\text{건물양도가액}}\right)$$

$$\text{대지부분 양도차익} = \text{대지부분 양도차익} - \left(\text{대지부분 양도차익} \times \frac{12\text{억원} \times \dfrac{\text{대지부분 양도가액}}{(\text{건물양도가액} + \text{대지양도가액})}}{\text{대지양도가액}}\right)$$

나. 장기보유특별공제액

$$\text{고가주택 장기보유특별공제액} = \text{장기보유특별공제액} \times \left(\frac{\text{양도가액} - 12\text{억원}}{\text{양도가액}}\right)$$

45

다음 자료에 의하여 비과세되지 않는 경우와 1세대 1주택으로서 고가주택인 경우로 나누어 양도소득금액을 각각 계산하시오.

1. 취득현황
   (1) 취 득 일 : 2022. 8. 21
   (2) 취득가액(실지거래가액) : 500,000,000원
   (3) 기타 필요경비 : 20,000,000원
2. 양도현황
   (1) 양 도 일 : 2026. 5. 20
   (2) 양도가액(실지거래가액) : 1,500,000,000원
   (3) 양도 당시의 개별주택가액 : 800,000,000원
3. 토지와 건물은 등기된 자산이고, 조정대상지역은 아니다.
4. 양도자가 보유기간 중 거주하였다.

 **해답** 1. 비과세되지 않는 경우

(1) 양도차익 : 양도가액－(취득가액＋기타 필요경비)

＝1,500,000,000 － (500,000,000 ＋ 20,000,000) ＝ 980,000,000원

(2) 장기보유특별공제 : 양도차익 × 6%(보유기간 3년 이상 4년 미만)

＝980,000,000 × 6% ＝ 58,800,000원

(3) 양도소득금액 : 양도차익－장기보유특별공제

＝980,000,000 － 58,800,000 ＝ 921,200,000원

2. 1세대 1주택인 고가주택인 경우

(1) 양도차익

$$양도차익 \times \left(\frac{양도가액 - 1,200,000,000}{양도가액}\right)$$

$$= 980,000,000 \times \left(\frac{1,500,000,000 - 1,200,000,000}{1,500,000,000}\right) = 196,000,000원$$

(2) 장기보유특별공제

$$장기보유특별공제 \times \left(\frac{양도가액 - 1,200,000,000}{양도가액}\right)$$

$$= 980,000,000 \times 24\% \times \left(\frac{1,500,000,000 - 1,200,000,000}{1,500,000,000}\right) = 47,040,000원$$

(3) 양도소득금액 : 196,000,000－47,040,000 ＝ 148,960,000원

 08 양도소득금액의 구분계산 등

양도소득금액은 다음 그룹의 소득별로 구분하여 계산하고, 각 소득금액을 계산할 때 발생하는 결손금은 다른 그룹의 소득금액과 합산하지 아니한다(소법 102 ①).

① 토지 · 건물 · 부동산에 관한 권리 및 기타자산의 양도소득

② 주식 및 출자지분의 양도소득

③ 파생상품등의 양도소득

④ 신탁 수익권의 양도소득

이처럼 양도소득금액을 계산할 때 양도차손이 발생한 자산이 있는 경우에는 그룹별로 해당 자산 외의 다른 자산에서 발생한 양도소득금액에서 그 양도차손을 순차로 공제한다(소법 102 ②, 소령 167의2 ①).

① 양도차손이 발생한 자산과 같은 세율을 적용받는 자산의 양도소득금액

② 양도차손이 발생한 자산과 다른 세율을 적용받는 자산의 양도소득금액. 이 경우

다른 세율을 적용받는 자산의 양도소득금액이 둘 이상인 경우에는 각 세율별 양도소득금액의 합계액에서 해당 양도소득금액이 차지하는 비율로 안분하여 공제한다.

한편, 감면소득금액을 계산함에 있어서 양도소득금액에 감면소득금액이 포함되어 있는 경우에는 순양도소득금액(감면소득금액을 제외한 부분)과 감면소득금액이 차지하는 비율로 안분하여 당해 양도차손을 공제한 것으로 보아 감면소득금액에서 당해 양도차손 해당분을 공제한 금액을 감면소득금액으로 본다(소령 167조의2 ②).

구 분*	양도차손의 공제방법
① 토지 · 건물 · 부동산에 관한 권리 및 기타자산의 양도소득	같은 세율 적용자산의 양도소득에서 상계 후, 잔여차손은 안분하여 다른 세율 적용자산의 양도소득에서 공제
② 주식 및 출자지분의 양도소득	
③ 파생상품등의 양도소득	
④ 신탁 수익권의 양도소득	

* 구분된 자산그룹 내에서만 양도차손을 동일한 자산그룹의 양도소득금액과 상계가 가능하다.

양도소득의 경우에는 양도차손의 이월공제를 허용하지 아니한다.

구 분	① 양도차익	② 양도차손	①-② 가산 후 양도차익	과세표준
1. 기본세율 자산	100		100	$100-\left(200\times\frac{100}{400}\right)=50$
2. 중과세율 자산	200	△400	△200	
3. 미등기양도자산	300		300	$300-\left(200\times\frac{300}{400}\right)=150$
합 계	600	△400	△200 400	200

46

다음 자료에 의하여 양도소득 과세표준을 계산하시오.

1. 취득시의 실지거래가액 : 20,000,000원
2. 양도시의 실지거래가액 : 70,000,000원
3. 양도자산은 상가건물로 등기가 되어 있으며, 보유기간은 8년이다.
4. 기타필요경비 : 600,000원
5. 양도일자 : 2026년 6월 1일

 해답 1. 양도차익 계산

양도차익 = 양도 당시 실지거래가액－취득시의 실지거래가액－기타필요경비

70,000,000－20,000,000－600,000 = 49,400,000원

2. 양도소득금액계산 : 양도소득금액 = 양도차익－장기보유특별공제

49,400,000－(49,400,000×16%) = 41,496,000

3. 양도소득 과세표준계산 : 양도소득 과세표준 = 양도소득－양도소득 기본공제

41,496,000－2,500,000 = 38,996,000원

47

다음 자료는 거주자 서준영 씨의 2026년 과세기간의 양도소득에 관한 실지거래액의 내용이다. 동 자료에 의하여 서준영 씨의 양도소득과세표준과 산출세액을 계산하시오.

(단위 : 원)

구 분	취득가액	자본적지출	양도가액	양도비용	보유연수	비 고
토지(A)	40,000,000	3,500,000	60,000,000	600,000	3.5년	－
상가건물(B)	70,000,000	5,000,000	90,000,000	800,000	1.8년	－
토지(C)	30,000,000	2,000,000	30,000,000	200,000	2.1년	－
상가건물(D)	100,000,000	9,000,000	200,000,000	900,000	11.4년	－

1. 상가건물 (D)는 미등기자산이다.
2. 거주자 서준영 씨는 사업소득과 부동산소득이 없다.
3. 자본적지출액은 취득시에 지급한 것이다.
4. 해당 과세기간중 토지(A)를 가장 먼저 양도하였다.
5. 토지는 모두 사업용으로 사용되었다.

 해답 1. 양도차손익 계산

(단위 : 원)

구 분	양도가액	필요경비			양도차익	양도차손	세율
		취득가액	자본적지출	양도비용			
토지(A)	60,000,000	40,000,000	3,500,000	600,000	15,900,000	－	기본세율
상가건물(B)	90,000,000	70,000,000	5,000,000	800,000	14,200,000	－	40%
토지(C)	30,000,000	30,000,000	2,000,000	200,000	－	2,200,000	기본세율
상가건물(D)	200,000,000	100,000,000	9,000,000	900,000	90,100,000	－	70%
계	380,000,000	240,000,000	19,500,000	2,500,000	120,200,000	2,200,000	

2. 양도소득금액 계산 및 양도차손 통산

(1) 양도차익계산

① 기본세율 자산 : 15,900,000−2,200,000 = 13,700,000원

② 40% 세율 자산 : 14,200,000원

③ 70% 세율 자산 : 90,100,000원

④ 양도차익 계(①+②+③) : 13,700,000+14,200,000+90,100,000 = 118,000,000원

(2) 장기보유특별공제액 계산

토지(A) : 15,900,000×6% = 954,000원

(3) 양도소득금액계산[(1)−(2)]

118,000,000−954,000 = 117,046,000원

(단위 : 원)

구 분	양도차손익	장기보유 특별공제	공제전 양도 소득금액	적용 세율	양도차손 공제	공제후 양도 소득금액
토지(A)	15,900,000	954,000	14,946,000	기본세율	△2,200,000	12,746,000
상가건물(B)	14,200,000	−	14,200,000	40%	−	14,200,000
토지(C)	△2,200,000	−	△2,200,000	기본세율	2,200,000	−
상가건물(B)	90,100,000	−	90,100,000	70%	−	90,100,000
계	118,000,000	954,000	117,046,000	−	−	117,046,000

3. 양도소득 과세표준과 산출세액

(1) 양도소득기본공제

해당 과세기간중 가장 먼저 양도한 토지(A)에서 2,500,000을 공제한다.

(2) 양도소득과세표준

① 기본세율 적용분 : 12,746,000−2,500,000 = 10,246,000

② 40%세율 적용분 : 14,200,000

③ 70%세율 적용분 : 90,100,000

과세표준 합계 114,546,000원

(3) 양도소득산출세액 : Max[㉠, ㉡]=69,364,760

㉠ 일반세율 적용한 산출세액

114,546,000×35%−15,440,000= 24,651,100

㉡ 자산별 산출세액 합계

① 기본세율 적용분 : 10,246,000× 6%= 614,760

② 40%세율 적용분 : 14,200,000×40%= 5,680,000

③ 70%세율 적용분 : 90,100,000×70%= 63,070,000

69,364,760

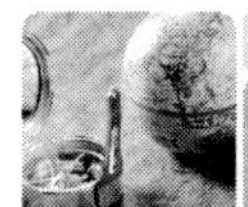

○ 소 득 세 법

연습문제

01 양도소득 과세표준 계산방법에 대하여 설명하시오.

02 「소득세법」의 토지와 건물의 기준시가에 대하여 설명하시오.

03 양도소득금액계산상의 공제제도에 대하여 설명하시오.

04 고급주택 양도차익계산에 대하여 설명하시오.

05 양도소득세의 장기보유특별공제에 대하여 설명하시오.

06 실지양도가액에 의한 양도소득 결정원칙의 문제점에 대하여 설명하시오.

07 양도차익 결정방법의 개선방안에 대하여 설명하시오.

08 양도차익의 계산구조에 대하여 설명하시오.

01 미등기 양도자산에 대한 설명 중 옳지 않은 것은?

① 양도가액 또는 취득가액 계산시 실지거래가액을 적용한다.

② 양도소득세율 적용시 미등기양도자산은 70%의 세율을 적용한다.

③ 장기보유특별공제는 적용하나, 양도소득 기본공제는 적용배제한다.

④ 양도소득세 비과세와 감면을 배제한다.

해설 ③ 양도소득기본공제 및 장기보유특별공제 모두 적용배제한다.

02 양도소득세 규정 중 취득시기와 양도시기에 대한 설명으로 옳지 않은 것은?

① 양도 및 취득의 일반시기는 당해 자산의 대금을 청산한 날로 한다.

② 대금청산일이 불분명한 경우에는 등기나 등록접수일 또는 명의개서일로 한다.

③ 건축허가를 받지 아니하고 건축하는 건축물에 있어서는 사실상 사용일로 한다.

④ 자가건설한 건축물의 취득시기는 건축완료일을 취득시기로 한다.

해설 ④ 자가건설한 건축물의 취득시기는 사용검사필증 교부일, 사실상 사용일, 사용승인일 중 가장 빠른 날로 한다.

03 김양도는 1997년 2월 10일 취득한 토지 900㎡를 미등기상태로 2026년 8월 10일 타인에게 양도하였다. 토지의 양도당시의 실지거래가액은 10억원이고 취득당시의 실지거래가액은 확인할 수 없다. 당해 토지의 취득당시의 매매사례가액 및 감정가액은 없다. 그리고 토지의 취득당시의 개별공시지가는 2억원이고 양도당시의 개별공시지가는 5억원이다. 김양도는 토지의 택지조성비(자본적 지출액)로 8천만원, 양도시의 소개비로 2천만원을 지출하였다. 위의 토지의 양도차익은 얼마인가? ▶ CTA, 2005 수정

① 299,400,000원 ② 594,000,000원 ③ 500,000,000원

④ 494,000,000원 ⑤ 599,400,000원

해설

양도가액	1,000,000,000
취득가액 : 10억×2억/5억 =	△400,000,000
개산공제액 : 2억 × 0.3% =	△600,000
양도차익	599,400,000

04 양도소득세에 대한 설명이다. 옳은 것은? ▶ CPA, 2008

① 거주자 을이 양도소득세 과세대상인 국내 토지와 주식, 국외 토지와 주식을 당해 과세기간 중에 처분하였으며, 동 자산 모두가 양도소득기본공제의 적용요건을 충족하는 경우 양도소득기본공제는 750만원까지 가능하다.

② 양도소득세의 세율 중 미등기양도자산은 80%이다.

③ 장기할부조건으로 매입한 자산을 현재가치로 평가하여 보유기간 중 현재가치할인차금상각액을 부동산임대소득금액 계산시 필요경비에 산입한 경우, 동 자산의 양도시 필요경비에 산입되는 취득가액에는 현재가치할인차금이 포함된다.

④ 장기보유특별공제를 적용받기 위한 최소한의 보유기간요건은 5년이다.

⑤ 양도소득금액은 양도차익에서 장기보유특별공제 및 양도소득기본공제를 차감하여 산출한다.

해설 ① 국내 토지와 국외 토지 각각 기본공제가능하고, 국내 주식과 국외 주식은 합산적용으로 750만원까지 가능하다.
② 양도소득세의 세율 중 미등기양도자산은 70%이다.
③ 현재가치할인차금 상각액을 사업소득금액 계산시 필요경비에 산입한 경우, 동 자산의 양도시 필요경비에 산입되는 취득가액에는 현재가치할인차금이 제외된다.
④ 장기보유특별공제는 보유기간이 3년 이상부터 적용한다.
⑤ 양도소득금액은 양도차익에서 장기보유특별공제를 차감하여 계산한다.

05 거주자 甲은 배우자인 거주자 乙이 2010.3.1.에 300,000,000원에 취득한 토지를 2023.4.1.에 乙로부터 증여(증여 당시 시가 700,000,000원) 받아 소유권이전등기를 마쳤다. 이후 甲은 2026.6.1.에 토지를 甲 또는 乙과 특수관계 없는 거주자 丙에게 1,000,000,000원에 양도하였다. 甲 또는 乙의 양도소득 납세의무에 관한 설명으로 옳은 것은? (단, 양도소득은 실질적으로 甲에게 귀속되지 아니하고, 토지는 법령상 협의매수 또는 수용된 적이 없으며, 양도 당시 甲과 乙은 혼인관계를 유지하고 있음) ▶ CTA, 2017

① 토지의 양도차익 계산시 양도가액에서 공제할 취득가액은 700,000,000원이다.

② 토지의 양도차익 계산시 甲의 증여세 산출세액은 양도가액에서 공제할 수 없다.

③ 토지의 양도소득세 납세의무자는 乙이다.

④ 甲과 乙은 연대하여 토지의 양도소득세 납세의무를 진다.

⑤ 토지의 양도차익 계산시 취득시기는 2010.3.1.이다.

해설 거주자가 양도일부터 소급하여 10년 이내에 배우자로부터 증여받은 자산의 취득시기는 그 배우자의 취득일이다.

06 다음 자료를 이용하여 거주자 갑이 소유하고 있는 토지를 특수관계인 을(갑의 동생임)에게 양도한 경우 갑의 양도소득과세표준을 계산한 것으로 옳은 것은? ▶ CPA 2014

(1) 갑은 토지를 2006년 1월 10일에 갑이 대주주로 있는 법인으로부터 현금 100,000,000원에 취득하였으며, 이와 관련하여 갑에게 배당으로 소득처분된 금액이 10,000,000원 있다.
(2) 토지 취득시 취득세 3,000,000원(지방세법 등에 의해 감면된 세액은 없음)을 납부하였다.
(3) 토지의 양도일은 2026년 6월 20일이고 양도가액은 200,000,000원이며, 양도당시의 시가는 210,000,000원이다.
(4) 동 토지는 국내에 소재한 등기된 토지로서 비사업용토지에 해당한다.

① 60,900,000원 ② 65,400,000원 ③ 58,400,000원
④ 87,000,000원 ⑤ 94,500,000원

 해설

양도가액	200,000,000원
취득가액	△110,000,000원
기타필요경비	△3,000,000원
양도차익	87,000,000원
장기보유특별공제(87,000,000×30%)	26,100,000원
양도소득금액	60,900,000원
양도소득기본공제	△2,500,000원
양도소득과세표준	58,400,000원

01 ③ 02 ④ 03 ⑤ 04 ① 05 ⑤ 06 ③

04절 양도소득세액의 계산

01 세액계산의 흐름

양도소득세액은 양도소득과세표준에 소정의 세율을 곱하여 산출하며, 세액의 계산은 다음과 같이 이루어진다(소법 104).

	양도소득과세표준	세율별로 구분계산
×	세율	6%~70%
=	양도소득산출세액	
-	세액감면	「조세특례제한법」의 세액감면
-	세액공제	외국납부세액
=	양도소득결정세액	
+	가산세	환산가액 적용에 따른 가산세 포함
=	양도소득총결정세액	
-	기납부세액	예정신고산출세액, 수시부과세액
=	차감납부할세액	

02 양도소득세율

가. 원칙적인 세율

(1) 의 의

현행 양도소득세율은 다음과 같다. 이 경우 하나의 자산이 아래에 따른 세율 중 둘 이상에 해당할 때에는 해당 세율을 적용하여 계산한 양도소득 산출세액 중 큰 것을 그 세율로 적용하며, 파생상품등 양도소득에 따른 세율은 자본시장 육성 등을 위하여 필요한 경우 그 세율의 75% 범위에서 대통령령으로 정하는 바에 따라 인하할 수 있다(소법 104 ⑥). 따라서 파생상품등에 대한 양도소득세의 탄력세율은 10%으로 한다(소령 167의9).

적용대상 자산별 양도소득세율

구 분	양도소득세 과세대상자산	세 율
•1그룹 : 부동산 및 이에 준하는 자산	(1) 토지와 건물, 부동산에 관한 권리 ① 미등기자산 ② 보유기간 1년 미만인 것 ┌ 일반자산 └ 주택 및 조합원 입주권 ③ 보유기간이 1년 이상 2년 미만인 것 ┌ 일반자산 └ 주택 및 조합원입주권 ④ 비사업용 토지 ⑤ 2주택(조정대상지역) ⑥ 3주택 이상(조정대상지역) ⑦ 2년 이상	 70% 50% 70%* 40% 60% 기본세율에 10% 가산 세율 기본세율에 20% 가산 세율 기본세율에 30% 가산 세율 기본세율
	(2) 기타자산(보유기간 · 등기여부 불문) ① 특정업종영위주식 중 비사업용 토지 과다보유 법인의 주식 ② '①' 이외의 경우	 기본세율에 10% 가산 세율 기본세율
•2그룹 : 주식	① 중소기업의 주식(대주주 제외) ② 비중소기업의 대주주가 1년 미만 보유하는 주식 ③ 기타의 주식 ④ 국외주식	10% 30% 20% · 25%** 10%(중소기업주식) · 20%
•3그룹 : 파생상품	파생상품등 양도소득	10%
•4그룹 : 신탁수익권	신탁수익권의 양도소득	• 3억원 이하 : 20% • 3억원 초과 : 6천만원 +3억원 초과액×25%

* 주택 분양권인 경우에는 1년 미만 70%와 1년 이상 60%를 적용한다.
** 양도소득 과세표준 3억원 초과 구간에 대한 세율 25%로 한다.

위의 세율 적용시 보유기간은 해당 자산의 취득일부터 양도일까지로 한다. 다만, 상속재산은 피상속인이 해당 자산을 취득한 날부터 기산하며, 양도일부터 소급하여 10년 이내에 그 배우자로부터 증여받은 자산은 증여자가 해당 자산을 취득한 날부터 기산한다(소법 104 ②).

나. 양도소득 산출세액 계산특례

(1) 투기지정지역 내 부동산을 양도하는 경우

다음의 어느 하나에 해당하는 부동산을 양도하는 경우 기본세율에 10%을 더한 세율을 적용한다. 이 경우 해당 부동산 보유기간이 2년 미만인 경우에는 기본세율에 10%을 더한 세율을 적용하여 계산한 양도소득 산출세액과 40% 또는 50%의 세율을 적용하여 계산한 양도소득 산출세액 중 큰 세액을 양도소득 산출세액으로 한다(소법 104 ④).

① 지정지역에 있는 부동산으로서 비사업용 토지. 다만, 지정지역의 공고가 있은 날 이전에 토지를 양도하기 위하여 매매계약을 체결하고 계약금을 지급받은 사실이 증빙서류에 의하여 확인되는 경우는 제외한다.

② 그 밖에 부동산 가격이 급등하였거나 급등할 우려가 있어 부동산가격의 안정을 위하여 필요한 경우에 대통령령으로 정하는 부동산

(2) 조정지역 내 주택을 양도하는 경우

다음 각 호의 어느 하나에 해당하는 주택(이에 딸린 토지를 포함한다)을 양도하는 경우 기본세율에 20%(③ 및 ④의 경우 30%)을 더한 세율을 적용한다. 이 경우 해당 주택 보유기간이 1년 미만인 경우에는 기본세율에 20%(③ 및 ④의 경우 30%)을 더한 세율을 적용하여 계산한 양도소득 산출세액과 60%(70%) 세율을 적용하여 계산한 양도소득 산출세액 중 큰 세액을 양도소득 산출세액으로 한다(소법 104 ⑦). 그러나, 보유기간이 2년 이상인 조정대상지역의 1세대 2주택 이상에 해당하는 주택을 2022년 5월 10일부터 2026년 5월 9일까지 양도하는 경우에는 중과세율 규정을 배제하고 기본세율을 적용한다.

① 조정대상지역에 있는 주택으로서 1세대 2주택에 해당하는 주택

② 조정대상지역에 있는 주택으로서 1세대가 주택과 조합원입주권을 각각 1개씩 보유한 경우의 해당 주택. 다만, 대통령령으로 정하는 장기임대주택 등은 제외한다.

③ 조정대상지역에 있는 주택으로서 1세대 3주택 이상에 해당하는 주택

④ 조정대상지역에 있는 주택으로서 1세대가 주택과 조합원입주권을 보유한 경우로서 그 수의 합이 3 이상인 경우 해당 주택. 다만, 대통령령으로 정하는 장기임대주택 등은 제외한다.

(3) 자산을 둘 이상 양도하는 경우

해당 과세기간에 토지 또는 건물·부동산에 관한 권리 및 기타자산에서 규정한 자산을 둘 이상 양도하는 경우 양도소득 산출세액은 다음의 금액 중 큰 것(이 법 또는 다른 조세에 관한 법률에 따른 양도소득세 감면액이 있는 경우에는 해당 감면세액을 차감한 세액이 더 큰 경우의 산출세액을 말한다)으로 한다. 이 경우 '②'의 금액을 계산할 때 비사업용 토지 및 비사업용 토지 과다소유법인 주식의 자산은 동일한 자산으로 보고, 한 필지의 토지가 비사업용 토지와 그 외의 토지로 구분되는 경우에는 각각을 별개의 자산으로 보아 양도소득 산출세액을 계산한다(소법 104 ⑤).

① 해당 과세기간의 양도소득과세표준 합계액에 대하여 기본세율을 적용하여 계산한 양도소득 산출세액

② 자산별 양도소득 산출세액 합계액. 다만, 둘 이상의 자산에 대하여 각 호에 따른 세율 중 동일한 호의 세율이 적용되고, 그 적용세율이 둘 이상인 경우 해당 자산에 대해서는 각 자산의 양도소득과세표준을 합산한 것에 대하여 각 해당 호별 세율을 적용하여 산출한 세액 중에서 큰 산출세액의 합계액으로 한다.

○ 소 득 세 법

연습문제

01 양도소득세율에 대하여 설명하시오.

02 양도가액을 기준시가 또는 실지거래가액에 의하지 아니하고 특별한 방법에 의하여 계산함으로써 실질적으로 양도소득세를 이월하는 효과를 가져오게 되는데 이에 대하여 설명하시오.

03 양도소득의 세액계산 흐름에 대하여 설명하시오.

04 양도소득세의 미등기양도자산에 대하여 설명하시오.

05 양도소득세의 탄력세율제도에 대하여 설명하시오.

01 양도소득세에 관한 설명으로 옳은 것은? ▶CTA, 2016 수정

① 1세대 1주택 비과세요건 판정시 상속받은 주택과 그 밖의 주택을 국내에 각각 1개씩 소유하고 있는 1세대가 상속받은 주택을 양도하는 경우 국내에 1개의 주택을 소유한 것으로 본다.

② 1세대가 1주택을 취득 후 1년 이상 거주하고 세대원 중 일부가 사업상 형편으로 다른 시·군으로 이전하면서 해당 주택을 양도하는 경우에는 2년 미만 보유한 때에도 1세대 1주택 비과세한다.

③ 비사업용 토지(법적절차에 따라 등기된 것임)로서 취득하여 보유하고 있는 자산인 경우에는 취득일로 기산하여 장기보유특별공제를 적용한다.

④ 주택과 주택외부분이 복합된 겸용주택으로서 그 전부를 주택으로 보는 경우에는 그 전부의 실지거래가액에서 주택외부분의 실지거래가액을 제외한 금액으로 고가주택(실지거래가액 12억원 초과)에 해당여부를 판단한다.

⑤ 파산선고에 의한 처분과 강제경매로 인하여 발생하는 소득에는 양도소득세를 과세하지 아니한다.

해설 ① 일반주택을 양도하는 경우 국내에 1개의 주택을 소유한 것으로 본다.
② 세대원 중 전부가 사업상 형편으로 이전해야 1세대 1주택 특례가 적용된다.
④ 그 전부의 겸용주택의 실지거래가액으로 고가주택에 해당여부를 판단한다.
⑤ 강제경매로 인하여 발생하는 양도소득은 과세된다.

02 「소득세법」의 양도소득세율에 대한 설명으로 옳지 않은 것은?

① 토지·건물·부동산에 대한 권리를 미등기한 경우에는 60%의 세율을 적용한다.

② 토지·건물·부동산에 대한 권리를 1년 미만 보유한 것은 50%(70%)의 세율을 적용한다.

③ 조정대상지역 밖에서 1세대 3주택에 해당하는 2년 이상 보유한 주택을 양도하는 경우에는 누진세율을 적용한다.

④ 대주주의 1년 미만 보유주식 중 중소기업이 아닌 경우에는 30%의 세율을 적용한다.

해설 토지·건물·부동산에 대한 권리를 미등기한 채로 양도한 경우에는 70%의 세율을 적용한다.

 01 ③ 02 ①

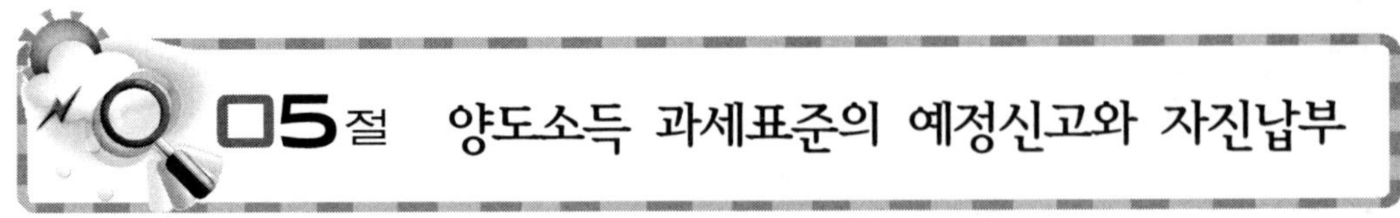

05절 양도소득 과세표준의 예정신고와 자진납부

01 양도소득 과세표준의 예정신고

가. 신고의무자

양도소득 과세표준의 예정신고는 다음의 구분에 따른 기간에 납세지 관할세무서장에게 신고하여야 하고, 양도차익이 없거나 양도차손이 발생한 경우에도 적용한다(소법 105 ①·③).

양도소득세 예정신고기간

구 분	예 정 신 고 기 간
① 토지·건물·부동산에 관한 권리, 기타자산 및 신탁의 수익권을 양도한 경우	그 양도일이 속하는 달의 말일부터 2개월 이내*
② 주식·출자지분을 양도한 경우	그 양도일이 속하는 반기의 말일부터 2개월 이내
③ 부담부증여를 양도로 보는 경우	그 양도일이 속하는 달의 말일부터 3개월 이내

* 「국토의 계획 및 이용에 관한 법률」에 따른 토지거래계약에 관한 허가구역에 있는 토지를 양도할 때 토지거래 계약 허가를 받기 전에 대금을 청산한 경우에는 그 허가일(토지거래계약허가를 받기 전에 허가구역의 지정이 해제된 경우에는 그 해제일)이 속하는 달의 말일부터 2월로 한다(소법 105 ①(1)).

나. 신고방법

양도소득과세표준예정신고를 하고자 하는 자는 양도소득과세표준예정신고 및 자진납부계산서에 다음의 서류를 첨부하여 납세지 관할세무서장에게 제출하여야 한다(소령 169 ①).

(1) 토지·건물, 부동산에 관한 권리를 양도하는 경우

① 환지예정지증명원·잠정등급확인원 및 관리처분내용을 확인할 수 있는 서류 등

② 당해 자산의 매도 및 매입에 관한 계약서 사본

③ 자본적 지출액·양도비 등의 명세서

④ 감가상각비명세서

또한, 예정신고를 받은 납세지 관할세무서장은 「전자정부 구현을 위한 행정업무 등의 전자화촉진에 관한 법률」에 따른 행정정보의 공동이용을 통하여 위 (1)과 관련된 다음의 서류를 확인하여야 한다(소령 169 ②).

① 토지대장 및 건축물대장 등본
② 토지 및 건물 등기부 등본

(2) 그 외 자산을 양도하는 경우

① 당해 자산의 매도 및 매입에 관한 계약서 사본
② 양도비 등의 명세서
③ 법인(주권상장법인 외의 법인을 포함)의 대주주 등에 해당하는 경우에는 주식거래내역서
④ 법인의 주주 1인 및 기타주주가 직전 사업연도종료일 현재에는 1%에 미달하였으나 그 후 주식 등을 취득함으로써 1% 이상을 소유하게 되어 양도소득세가 과세되는 경우에는 대주주등신고서

예정신고 자진납부

가. 예정신고 납부세액의 계산

예정신고 납부세액의 계산은 다음과 같이 계산한다(소법 107 · 108).

	양도차익	⇨ 자산별로 계산
(−)	장기보유특별공제	⇨ 양도차익×(6%~80%)
(−)	양도소득기본공제	⇨ 자산종류별로 각각 250만원 공제
	과세표준	
(×)	양도소득세율	⇨ (6%~70%)
	예정신고산출세액	
(−)	감면세액	⇨ 「조세특례제한법」이나 그 밖의 법률
(−)	수시부과세액	⇨ 예정신고 자진납부에 있어서 수시부과세액이 있는 경우에는 이를 공제하여 납부함(소법 106 ③).
(+)	무신고가산세	⇨ 예정신고산출세액×20%
	예정신고납부세액	

나. 예정신고 납부세액공제

2009년 까지는 양도소득세를 예정신고납부 할 경우 10%의 예정신고 세액공제를 하였으나, 2010년 부터는 예정신고납부에 따른 세액공제가 폐지되고 예정신고를 하지 않으면 무신고가산세가 부과된다. 그리고 2011년 이후 양도분에 대해서는 예정신고세액공제가 완전 폐지되고, 무신고시 20%의 무신고가산세가 부과된다.

또한, 같은 과세기간에 부동산 등을 여러 건 양도한 경우에는 예정신고와 함께 다음 연도 5월에 종합하여 확정신고를 해야 한다.

자산별 양도소득세 예정신고세액 공제와 무신고가산세

<table>
<tr><th>양도소득세 과세대상 자산</th><th>2010년 양도분</th><th>2011년 이후 양도분</th></tr>
<tr><td>① 2년 이상 보유한 부동산 및 부동산에 관한 권리
② 기타자산</td><td>• 예정신고세액공제 5%(291,000원 한도)
• 무신고가산세 10%</td><td rowspan="3">• 예정신고세액공제 없음
• 무신고가산세 20%</td></tr>
<tr><td>③ 협의매수 또는 수용되는 부동산</td><td>• 예정신고세액공제 5%(한도액 없음)
• 무신고가산세 10%</td></tr>
<tr><td>④ 주식 또는 출자지분
⑤ 2년 미만 보유한 부동산 및 부동산에 관한 권리
⑥ 미등기 양도
⑦ 지정지역 3주택 이상자</td><td>• 예정신고세액공제 없음
• 무신고가산세 20%</td></tr>
</table>

다. 2회 이상 예정신고를 한 경우 세액계산

해당 과세기간에 누진세율 적용대상 자산에 대한 예정신고를 2회 이상 하는 경우로서 거주자가 이미 신고한 양도소득금액과 합산하여 신고하려는 경우에는 다음 계산식에 따라 계산한 금액을 제2회 이후 신고하는 예정신고 산출세액으로 한다(소법 107 ②).

예정신고 산출세액 $=[(A+B-C)\times D]-E$

A : 이미 신고한 자산의 양도소득금액
B : 2회 이후 신고하는 자산의 양도소득금액
C : 양도소득 기본공제
D : 제104조 제1항 제1호에 따른 세율
E : 이미 신고한 예정신고 산출세액

06절 양도소득 과세표준의 확정신고와 자진납부

01 양도소득 과세표준 확정신고

가. 개 요

해당 과세기간의 양도소득금액이 있는 거주자는 그 양도소득 과세표준을 그 과세기간의 다음 연도 5월 1일부터 5월 31일까지[토지거래계약에 관한 허가구역에 있는 토지를 양도할 때 토지거래계약허가를 받기 전에 대금을 청산한 경우에는 그 허가일(토지거래계약 허가를 받기 전에 허가구역의 지정이 해제된 경우에는 그 해제일)이 속하는 과세기간의 다음 연도 5월 1일부터 5월 31일까지] 납세지 관할세무서장에게 신고하여야 한다. 이러한 규정은 해당 과세기간의 과세표준이 없거나 결손금액이 있는 경우에도 적용한다(소법 110 ①·②).

이처럼 확정신고를 하는 때에는 「양도소득 과세표준 확정신고 및 자진납부계산서」에 일정한 서류를 첨부하여 제출하여야 한다(소법 110 ⑤, 소령 173 ①·②). 납세지 관할세무서장은 이처럼 제출된 신고서나 그 밖의 서류에 미비한 사항 또는 오류가 있는 경우에는 그 보정을 요구할 수 있다(소법 110 ⑥).

나. 확정신고의 예외

예정신고를 한 자는 위의 규정에 불구하고 해당 소득에 대한 확정신고를 하지 않을 수 있다(소법 110 ④). 다만 다음에 해당하는 경우에는 확정신고를 하여야만 한다(소령 173 ⑤).

① 해당 과세기간에 누진세율의 적용대상 자산에 대한 예정신고를 2회 이상 한 자가 이미 신고한 양도소득금액과 합산하여 신고하지 아니한 경우

② 토지, 건물, 부동산에 관한 권리 및 기타자산을 2회 이상 양도한 경우로서 양도소득기본공제를 적용할 경우 당초 신고한 양도소득산출세액이 달라지는 경우

③ 주식 등을 2회 이상 양도한 경우로서 양도소득기본공제를 적용할 경우 당초 신고한 양도소득산출세액이 달라지는 경우

④ 토지, 건물, 부동산에 관한 권리 및 기타자산을 둘 이상 양도한 경우로서 비교과세 방식으로 당초 신고한 양도소득산출세액이 달라지는 경우

다. 확정신고기한의 특례

(1) 거주자가 사망한 경우

거주자가 사망한 경우 그 상속인은 그 상속 개시일이 속하는 달의 말일부터 6개월이 되는 날(이 기간 중 상속인이 출국하는 경우에는 출국일 전날)까지 사망일이 속하는 과세기간에 대한 그 거주자의 과세표준을 신고하여야 한다. 또한 1월 1일과 5월 31일 사이에 사망한 거주자가 사망일이 속하는 과세기간의 직전 과세기간에 대한 확정신고를 하지 아니한 경우에는 준용한다(소법 74 ①・②).

위의 규정은 해당 상속인이 과세표준확정신고를 정해진 기간에 하지 아니하고 사망한 경우에 준용한다(소법 74 ③).

(2) 거주자가 주소 등의 국외이전을 위하여 출국하는 경우

확정신고를 하여야 할 거주자가 출국하는 경우에는 출국일이 속하는 과세기간의 과세표준을 출국일 전날까지 신고하여야 한다. 또한 거주자가 1월 1일과 5월 31일 사이에 출국하는 경우 출국일이 속하는 과세기간의 직전 과세기간에 대한 확정신고에 관하여도 이를 준용한다(소법 74 ④・⑤).

(3) 소득처분에 따라 양도소득금액의 변동이 발생하는 경우

확정신고기한이 지난 후에 「법인세법」에 따라 법인이 법인세과세표준을 신고하거나 세무서장이 법인세과세표준을 결정 또는 경정할 때 익금에 산입한 금액이 배당・상여 또는 기타소득으로 처분됨으로써 확정신고를 한 자가 양도소득금액에 변동이 발생하여 법 제96조 제3항에 해당하게 되는 경우 해당 법인(거주자가 통지를 받은 경우에는 해당거주자를 말한다)이 소득금액변동통지서를 받은 날(「법인세법」에 따라 법인이 신고하여 양도소득금액이 변동한 경우에는 해당 법인의 법인세신고기일을 말한다)이 속하는 달의 다음다음 달 말일까지 추가신고 납부(환급신고를 포함한다)한 때에는 확정신고 기한까지 신고납부한 것으로 본다(소령 173 ③).

(4) 토지등의 수용으로 인한 행정소송으로 인하여 보상금이 변동되는 경우

양도소득과세표준 확정신고를 한 자가 「공익사업을 위한 토지 등의 취득 및 보상에 관한 법률」이나 그 밖의 법률에 따른 토지등의 수용으로 인한 수용보상가액과 관련하여 제기한 행정소송으로 인하여 보상금이 변동됨에 따라 당초 신고한 양도소득금액이 변동된 경우로서 소송 판결 확정일이 속하는 달의 다음 다음 달 말일까지 추가신고·납부한 때에는 확정신고 기한까지 신고·납부한 것으로 본다(소령 173 ④).

02 확정신고 자진납부

가. 개 요

거주자는 해당 과세기간의 과세표준에 대한 양도소득산출세액에서 감면세액과 세액공제액을 공제한 금액을 확정신고기한까지 납부하여야 한다(소법 111 ①).

이러한 확정신고 자진납부에 있어서 예정신고산출세액과 자산양도차익에 대하여 결정·경정·수시부과세액이 있을 때에는 이를 공제하여 납부한다(소법 111 ③). 이러한 기납부세액에는 예정신고 납부세액공제를 받은 금액도 포함되는 것이다.

나. 양도소득세의 분할납부

거주자로서 예정신고 자진납부 또는 확정신고 자진납부할 세액(가산세 제외)이 각각 1천만원을 초과하는 자는 다음의 세액을 납부기한이 지난 후 2개월 이내에 분할납부할 수 있다(소법 112, 소령 175).

① 납부할 세액이 2천만원 이하인 때 : 1천만원을 초과하는 금액

② 납부할 세액이 2천만원을 초과하는 때 : 그 세액의 50% 이하의 금액

○ 소 득 세 법

연습문제

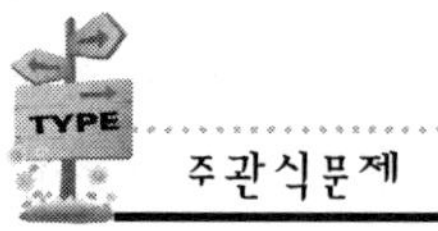

01 양도소득세의 확정신고 · 납부절차를 설명하시오.

02 양도소득세의 분할납부에 대하여 설명하시오.

03 양도소득세의 물납에 대하여 설명하시오.

04 양도소득세의 확정신고기한의 특례에 대하여 설명하시오.

01 소득세법령상 양도소득과세표준 예정신고 및 결정 · 경정에 관한 설명으로 옳지 않은 것은?

▶ CTA 2023

① 건물을 양도(부담부증여 아님)한 경우에는 그 양도일이 속하는 달의 말일부터 2개월 내에 예정신고를 하여야 한다.

② 법령상의 토지거래계약에 관한 허가구역에 있는 토지를 양도할 때 토지거래계약허가(허가를 받은 후 허가구역 지정이 해제됨)를 받기 전에 대금을 청산한 경우에는 그 허가일이 속하는 달의 말일부터 2개월 내에 예정신고를 하여야 한다.

③ 해당과세기간에 누진세율의 적용대상 자산에 대한 예정신고를 2회 이상 하는 경우에는 이미 신고한 양도소득금액과 합산하여 신고하여야 한다.

④ 납세지 관할 세무서장 또는 지방국세청장은 예정신고를 하여야 할 자가 그 신고를 하지 아니한 경우에는 해당 거주자의 양도소득과세표준과 세액을 결정한다.

⑤ 건물을 부담부증여하는 경우 부담부증여의 채무액에 해당하는 부분으로서 양도로 보는 경우에는 그 양도일이 속하는 달의 말일부터 3개월 내에 예정신고를 하여야 한다.

해설 해당 연도에 누진세율의 적용대상 자산에 대한 예정신고를 2회 이상 한 자가 이미 신고한 양도소득금액과 합산하여 예정신고를 하지 아니한 경우에는 확정신고를 하여야 한다.

02 「소득세법」상 거주자의 양도소득세 과세에 관한 설명으로 옳은 것은? ▶ CPA 2013

① 거주자가 비사업용 토지를 양도한 경우 장기보유특별공제액은 양도차익에서 공제할 수 있으며, 양도소득 기본공제액은 양도소득금액에서 공제할 수 있다.

② 거주자가 토지를 내국법인에 현물출자하고 그 대가로 내국법인의 주식을 받는 경우에는 이를 양도로 보지 아니한다.

③ 양도소득세가 비과세되는 1세대 1주택이란 1세대가 양도일 현재 국내에 1주택을 보유하고 있는 경우로서 해당 주택의 보유기간이 3년 이상인 것을 말한다.

④ 토지의 양도차익을 계산할 때 대금을 청산한 날이 분명하지 아니한 경우에는 사용수익일을 토지의 양도시기로 한다.

⑤ 토지의 취득 당시의 실지거래가액을 확인할 수 없는 경우에는 매매사례가액, 환산가액, 감정가액을 순차로 적용하여 산정한 가액을 취득가액으로 한다.

해설 ② 현물출자도 자산이 유상으로 사실상 이전되는 것이므로 양도의 개념에 포함되다.
③ 양도소득세가 비과세되는 1세대1주택의 보유기간은 2년 이상으로 한다. 다만, 비거주자가 그 주택에서 거주한 상태로 거주자로 전환된 경우에는 3년 이상으로 한다.
④ 대금청산일이 분명하지 아니한 경우에는 등기접수일 또는 명의개서일을 양도시기로 한다.
⑤ 토지의 취득 당시의 실지거래가액을 확인할 수 없는 경우에는 매매사례가액, 감정가액, 환산가액을 순차로 적용하여 산정한 가액을 취득가액으로 한다.

01 ③ 02 ①

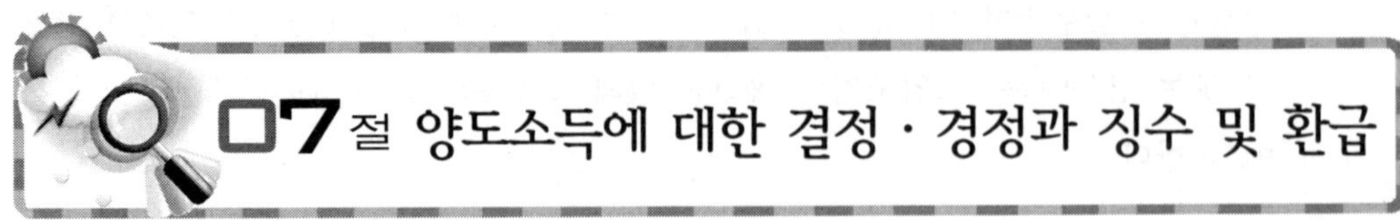

07절 양도소득에 대한 결정 · 경정과 징수 및 환급

01 양도소득세의 결정과 경정

가. 개 요

양도소득세는 신고납세제도로서 납세자의 신고에 의하여 납세의무가 확정되며, 납세지 관할세무서장 또는 지방국세청장은 예정신고나 확정신고를 하여야 할 자가 그 신고를 하지 아니한 때에는 해당 거주자의 양도소득세과세표준과 세액을 결정하게 된다. 이때 납세자는 원칙적으로 실지거래가액에 의해 신고하여야 한다.

나. 양도소득세의 결정

(1) 결정의 주체

양도소득세의 과세표준과 세액은 원칙적으로 납세지 관할세무서장이 결정 또는 경정한다. 다만, 국세청장이 특히 중요하다고 인정하는 경우에는 지방국세청장이 결정 또는 경정한다(소령 176 ②).

(2) 추계결정 및 경정

양도소득과세표준과 세액을 결정 또는 경정하는 경우에는 앞에 서술된 양도가액과 취득가액의 산정기준에 따라야 한다(소법 114 ④). 이 경우 거주자가 실제가액을 적용하여 양도소득과세표준을 신고 한 경우로서 그 신고가액이 사실과 달라 납세지 관할세무서장 또는 지방국세청장이 실지거래가액을 확인한 경우에는 그 확인된 가액을 양도가액 또는 취득가액으로 하여 양도소득과세표준과 세액을 경정한다(소법 114 ⑥).

납세지 관할세무서장 또는 지방국세청장은 결정 또는 경정을 하는 경우에 있어서 양도가액 또는 취득가액을 실지거래가액에 따라 정하는 경우로서 법령이 정하는 사유로 장부 그 밖의 증명서류에 의하여 해당 자산의 양도 당시 또는 취득 당시의 실지거래가액을 인정 또는 확인할 수 없는 경우에는 법령이 정하는 바에 따라 양도가액 또는 취득가액을 매매사례가액, 감정가액, 환산가액 또는 기준시가 등에 의하여 추계조사하여 결정 또는 경정할 수 있다(소법 114 ⑦).

1) 법령이 정하는 사유

법령이 정하는 사유란 다음에 해당하는 경우를 말한다(소령 176의2).

① 양도 또는 취득 당시의 실지거래가액의 확인을 위하여 필요한 장부・매매계약서・영수증 그 밖의 증명서류가 없거나 그 중요한 부분이 미비된 경우

② 장부・매매계약서・영수증 그 밖의 증명서류의 내용이 매매사례가액, 「부동산가격공시 및 감정평가에 관한 법률」에 따른 감정평가법인등이 평가한 감정가액 등에 비추어 허위임이 명백한 경우

2) 법령이 정하는 환산취득가액

법령이 정하는 방법에 따라 환산한 취득가액이란 다음 방법에 의하여 환산한 취득가액을 말한다.

① 주식(상장, 비상장 모두 해당) 등이나 기타자산의 경우에는 다음 산식에 따라 계산한 가액

$$\text{양도 당시의 실지거래가액, 매매사례가액 또는 감정가액} \times \frac{\text{취득 당시의 기준시가}}{\text{양도 당시의 기준시가}}$$

② 토지 및 건물과 부동산을 취득할 수 있는 권리의 경우에는 다음 산식에 의하여 계산한 가액

$$\text{양도 당시의 실지거래가액, 매매사례가액 또는 감정가액} \times \frac{\text{취득 당시의 기준시가}}{\text{양도 당시의 기준시가}^{*}}$$

* 보유기간중 새로운 기준시가가 고시되지 아니함으로써 양도당시의 기준시가와 취득당시의 기준시가가 동일한 경우에는 당해토지 또는 건물의 보유기간과 양도일 전후 또는 취득일 전후의 기준시가의 상승률을 참작하여 계산한 가액을 양도당시의 기준시가로 한다.

(3) 등기부기재가액의 실거래가추정

토지 및 건물의 양도로 양도가액 및 취득가액을 실지거래가액에 따라 양도소득과세표준 예정신고 또는 확정신고를 하여야 할 자가 그 신고를 하지 아니한 경우로서 양도소득과세표준과 세액 또는 신고의무자의 실지거래가액 소명 여부 등을 고려하여 다음에 해당할 때에는 납세지관할세무서장 또는 지방국세청장은 등기부에 기재된 등기부기재가액을 실지거래가액으로 추정하여 양도소득과세표준과 세액을 결정할 수 있다. 다만, 납세지 관할세무서장 또는 지방국세청장이 등기부기재가액이 실지거래가액과 차이가 있음을 확인한 경우에는 그러하지 아니하다(소법 114 ⑤, 소령 176 ⑤).

① 등기부기재가액을 실지거래가액으로 추정하여 계산한 납부할 양도소득세액이 300만원 미만인 경우

② 등기부기재가액을 실지거래가액으로 추정하여 계산한 납부할 양도소득세액이 300만원 이상인 경우로서 다음의 요건을 모두 충족하는 경우

㉠ 납세지 관할세무서장 또는 지방국세청장이 신고의무자가 통보를 받은 날부터 30일 이내에 기한후 신고를 하지 아니하는 경우 등기부 기재가액을 실지거래가액으로 추정하여 양도소득과세표준과 세액을 결정할 것을 신고의무자에게 통보할 것

㉡ 신고의무자가 '㉠'의 통보를 받은 날부터 30일 이내에 기한후 신고를 하지 아니할 것

(4) 결정내용의 통지

납세지 관할세무서장 또는 지방국세청장은 거주자의 양도소득과세표준과 세액을 결정 또는 경정한 때에는 이를 당해 거주자에게 과세표준과 세율・세액 그 밖의 필요한 사항을 납세고지서에 기재하여 서면으로 알려야 한다(소법 114 ⑧).

다. 양도소득세의 경정

납세지 관할세무서장 또는 지방국세청장은 예정신고나 확정신고를 한 자의 신고내용에 탈루 또는 오류가 있는 경우에는 양도소득 과세표준과 세액을 경정하며(소법 114②), 세액을 결정 또는 경정한 후 그 결정 또는 경정에 탈루 또는 오류가 있는 것이 발견된 경우에는 즉시 다시 경정하고, 그 과세표준과 세액 기타 필요한 사항을 과세표준과 세율・세액 그 밖의 필요한 사항을 납세고지서에 기재하여 서면으로 알려야 한다(소법 114 ③・⑧).

양도소득세에 대한 가산세

가. 무신고가산세

(1) 일반무신고가산세

납세의무자가 법정신고기한까지 세법에 따른 국세의 과세표준신고(예정신고 및 중간신고를 포함)를 하지 아니한 경우에는 다음과 같이 계산한 금액을 가산세로 한다(국기 47의2 ①).

일반무신고가산세＝무신고납부세액×20%

(2) 부정무신고가산세

부정한 방법(납세자가 국세의 과세표준 또는 세액 계산의 근거가 되는 사실의 전부 또는 일부를 은폐하거나 가장한 것에 기초하여 국세의 과세표준 또는 세액 신고의무를 위반하는 것으로서 법령이 정하는 방법을 말함)으로 무신고한 과세표준이 있는 경우에는 다음의 금액을 가산세로 한다(국기 47의2 ②).

부정무신고가산세＝부정무신고납부세액×40%

나. 과소신고가산세

(1) 일반과소신고가산세

납세의무자가 법정신고기한까지 세법에 따른 국세의 과세표준신고(예정신고 및 중간신고 포함)를 한 경우로서 과세표준 또는 납부세액을 과소신고한 경우에는 다음에 상당하는 금액을 가산세로 한다(국기 47의3 ①).

일반과소신고가산세＝과소신고납부세액×10%

(2) 부정과소신고가산세

부정한 방법으로 과소신고한 과세표준이 있는 경우에는 다음의 금액을 가산세로 한다(국기 47의3 ②).

부정과소신고가산세＝부정과소신고납부세액×40%

다. 납부지연가산세

납세의무자(연대납세의무자, 제2차 납세의무자 및 보증인을 포함)가 세법에 따른 납부기한까지 국세의 납부(중간예납·예정신고납부·중간신고납부를 포함)를 하지 아니하거나 과소납부한 경우에는 다음에 계산한 금액을 가산세로 한다(국기 47의4 ①).

납부지연가산세＝법정납부기한까지 미납·과소납부세액×기간*×0.022%＋지정납부기한까지 미납·과소납부세액×개월수**×0.67%＋지정납부기한까지 미납·과소납부세액×3%＋독촉장 송달비용

* 법정납부기한의 다음 날부터 납부고지일(납부고지일 전에 납부한 경우에는 그 납부일)의 전날까지의 기간

** 지정납부기한의 다음 날부터 납부일의 전날까지 경과한 개월 수

라. 기장불성실가산세

법인(중소기업을 포함)의 대주주가 양도하는 주식 또는 출자지분에 대하여 거래명세 등을 기장하지 아니하였거나 누락하였을 때에는 다음의 기장불성실가산세를 산출세액에 더한다(소법 115).

$$\text{기장불성실가산세} = \text{Max}\left[\begin{array}{l} ① \text{ 산출세액} \times \dfrac{\text{무기장·누락기장}}{\text{양도소득금액}} \times 10\% \\ ② \text{ 거래금액} \times 0.07\% \end{array}\right.$$

마. 감정가액·환산취득가액 가산세

거주자가 건물을 신축 또는 증축(바닥면적합계 85㎡ 초과)하고 건물의 취득일 또는 증축일부터 5년 이내에 해당 건물을 양도하는 경우로서 감정가액 또는 환산가액을 그 취득

가액으로 하는 경우에는 다음에 계산한 금액을 양도소득 결정세액에 가산하고 산출세액이 없는 경우에도 적용한다(소법 114의2 ①·②).

감정가액·환산취득가액 가산세=감정가액·환산취득가액×5%

03 양도소득세의 징수와 환급

가. 양도소득세의 징수

납세지 관할세무서장은 거주자가 확정신고 자진납부시 해당 과세기간의 양도소득세로 납부하여야 할 세액의 전부 또는 일부를 납부하지 아니한 경우에는 그 미납된 부분의 양도소득세액을 「국세징수법」에 따라 징수한다. 예정신고납부세액의 경우에도 또한 같다(소법 116 ①).

그리고 납세지 관할세무서장은 양도소득과세표준과 세액을 결정 또는 경정한 경우 양도소득총결정세액이 다음 금액의 합계액을 초과할 때에는 그 초과하는 추가납부세액을 해당 거주자에게 알린 날부터 30일 이내에 징수한다(소법 116 ②).

① 예정신고 자진납부세액과 확정신고 자진납부세액
② 확정신고 자진납부세액 무납부로 징수한 세액
③ 수시부과 세액
④ 비거주자의 양도소득에 대한 원천징수 세액

나. 양도소득세의 환급

납세지 관할세무서장은 과세기간별로 과세표준과 세액을 결정·경정한 경우에 예정신고자진납부세액과 그 결정·경정한 세액 및 확정신고자진납부세액이 양도소득 총결정세액을 초과할 때에는 그 초과하는 세액을 환급하거나 다른 국세 및 강제징수비에 충당하여야 한다(소법 117).

○ 소득세법

연습문제

01 양도소득세의 결정 · 경정에 대하여 설명하시오.

02 양도소득세에 대한 가산세를 설명하시오.

03 양도소득세의 징수와 환급에 대하여 설명하시오.

01 「양도소득세법」의 장부나 증빙서류에 의하여 당해 자산의 양도 또는 취득 당시의 실거래가액을 인정할 수 없는 경우에 추계하여 양도가액 또는 취득가액을 결정하거나 경정할 수 있다. 다음 중 추계할 수 있는 가액이 아닌 것은?

① 매매사례가액　　② 감정가액
③ 환산취득가액　　④ 공정가액

해설 추계가액은 '매매사례가액 → 감정가액 → 환산취득가액 → 기준시가'의 순차로 적용한다.

01 ④

08절 국외자산양도에 대한 양도소득세

가. 양도소득의 범위

거주자(국내에 해당 자산의 양도일까지 계속 5년 이상 주소 또는 거소를 둔 자)의 국외에 있는 자산의 양도에 대한 양도소득은 해당 과세기간에 국외에 있는 자산을 양도함으로써 발생하는 다음의 소득으로 한다. 다만, 다음 각 호에 따른 소득이 국외에서 외화를 차입하여 취득한 자산을 양도하여 발생하는 소득으로서 환율변동으로 인하여 외화차입금으로부터 발생하는 환차익을 포함하고 있는 경우에는 해당 환차익을 양도소득의 범위에서 제외한다(소법 118의2, 소령 178의2).

① 토지 또는 건물

② 지상권 · 전세권과 부동산임차권 · 부동산을 취득할 수 있는 권리(건물이 완성되는 때에 그 건물 및 부수토지를 취득할 수 있는 권리 포함)

③ 국외에 있는 자산으로서 기타자산

나. 양도가액

국외자산의 양도가액은 그 자산의 양도 당시의 실지거래가액으로 한다. 다만, 양도 당시의 실지거래가액을 확인할 수 없는 경우에는 양도자산이 소재하는 국가의 양도 당시 현황을 반영한 시가에 따르되, 시가를 산정하기 어려울 때에는 그 자산의 종류 · 규모 · 거래상황 등을 고려하여 다음의 가액을 그 자산의 시가로 한다(소법 118의3 ①, 소령 178의3 ①).

① 국외자산의 양도에 대한 과세와 관련하여 이루어진 외국정부(지방자치단체를 포함)의 평가가액

② 국외자산의 양도일 또는 취득일 전후 6월 이내에 이루어진 실지거래가액

③ 국외자산의 양도일 또는 취득일 전후 6월 이내에 평가된 감정평가법인등의 감정가액

④ 국외자산의 양도일 또는 취득일 전후 6월 이내에 수용 등을 통하여 확정된 국외자산의 보상가액

양도 · 취득가액의 산정방법

실지거래가액 ⇨ 시가 ⇨ 구체적 평가방법

다. 양도소득의 필요경비계산

(1) 필요경비

국외자산의 양도에 대한 양도차익을 계산할 때 양도가액에서 공제하는 필요경비는 다음의 금액을 합한 것으로 한다(소법 118의4 ①).

① 취득가액 : 해당 자산의 취득에 든 실지거래가액. 다만, 취득 당시의 실지거래가액을 확인할 수 없는 경우에는 양도자산이 소재하는 국가의 취득 당시의 현황을 반영한 시가에 따르되, 시가를 산정하기 어려울 때에는 그 자산의 종류 · 규모 · 거래상황 등을 고려하여 법령이 정하는 방법에 의한다. 즉, 부동산 및 부동산에 관한 권리의 경우에는 「상속세 및 증여세법」을 준용하여 국외자산가액을 평가한다. 다만, 국외자산가액을 평가하는 것이 적절하지 아니한 경우에는 감정평가법인등이 평가하는 것을 말하며, 유가증권가액의 산정은 「상속세 및 증여세법」 평가방법을 준용하여 평가하는 것을 말한다. 이 경우 '3월'은 각각 '1월'로 본다(소령 178의3 ②).

② 자본적 지출액

③ 양도비

(2) 외화환산 등

양도차익을 원화로 환산하는 경우에는 양도가액 및 필요경비를 수령하거나 지출한 날 현재의 「외국환거래법」에 따른 기준환율 또는 재정환율에 의하여 계산한다(소법 118의4 ②, 소령 178의5).

라. 양도소득세의 세율

국외자산의 양도소득에 대한 소득세는 해당 과세기간의 양도소득과세표준에 다음의 세율을 적용하여 계산한 금액을 그 세액으로 한다. 이 경우 하나의 자산이 다음의 세율 중 둘 이상의 세율에 해당할 때에는 그 중 가장 높은 것을 적용한다(소법 118의5 ①).

구　　분	세　율
(1) 토지, 건물, 부동산에 관한 권리	기본세율(6%~45%)*
(2) 기타자산	기본세율(6%~45%)*

* 기본세율은 국내 소재 토지 등에 대한 양도소득세의 기본세율과 동일하다.

마. 외국납부세액의 공제

(1) 공제대상 및 방법

국외자산의 양도소득에 대하여 해당 외국에서 과세를 하는 경우 그 양도소득에 대하여 외국정부(지방자치단체를 포함)에 의하여 과세된 개인의 양도소득금액을 과세표준으로 하여 과세된 세액 또는 부가세액을 납부하였거나 납부할 것이 있는 때에는 다음의 방법 중 하나를 선택하여 적용받을 수 있다(소법 118의6 ①, 소령 178의6).

① 세액공제방법 : 다음의 금액을 해당 과세기간의 양도소득 산출세액에서 공제하는 방법

세액공제액＝Min
- ㉠ 국외자산 양도소득세액
- ㉡ 한도액 : 양도소득 산출세액 × $\dfrac{\text{국외자산 양도소득금액}}{\text{해당 과세기간의 양도소득금액}}$

② 국외자산 양도소득에 대하여 납부하였거나 납부할 국외자산 양도소득세액을 해당 과세기간의 양도소득금액 계산상 필요경비에 산입하는 방법

(2) 세액공제신청

국외자산 양도소득세액을 공제받고자 하거나 필요경비에 산입하고자 하는 자는 국외자산 양도소득세액공제(필요경비산입)신청서를 확정신고(예정신고를 포함)기한 내에 납세지 관할세무서장에게 제출하여야 한다(소령 178의6 ②).

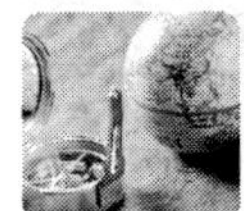

○ 소 득 세 법

연습문제

01 거주자인 갑(국내에 계속하여 5년 이상 주소를 둔 거주자임)은 국외에 소재하는 토지를 양도하였다. 다음 자료를 이용하여 양도소득 과세표준 예정신고시 차감납부세액을 계산하면? 단, 소득세 부담의 최소화를 가정한다.

> (1) 갑은 2020년 8월 10일에 토지를 $50,000에 취득하였다.
> (2) 갑은 2026년 8월 20일에 동 토지를 $100,000에 양도하였으며, 양도일에 양도비용 $5,000을 지출하였다.
> (3) 갑은 동 토지의 양도와 관련하여 양도일에 국외에서 양도소득세 $2,000을 납부하였다.
> (4) 기준환율
> 2020년 8월 10일 : ₩1,000/$, 2026년 8월 20일 : ₩1,200/$
> (5) 장기보유특별공제율(보유기간 5년 이상 6년 미만) : 10%
> (6) 양도소득세율
> 과세표준 5,000만원 초과 8,800만원 이하 : 624만원 + 5,000만원 초과금액의 24%

① ₩6,871,500 ② ₩6,600,000 ③ ₩6,207,700
④ ₩5,575,000 ⑤ ₩5,600,000

 **해설** (1) 양도소득 과세표준
① 양도소득금액 : $100,000 × 1,200(실지양도가액) − $50,000 × 1,000(실지취득가액) − $5,000 × 1,200(양도비용) = ₩64,000,000(국외자산에 대해서는 장기보유특별공제를 적용하지 아니함)
② 양도소득 과세표준 : ₩64,000,000 − 2,500,000(양도소득기본공제) = ₩61,500,000

(2) 양도소득 산출세액
₩6,240,000 + (61,500,000 − 50,000,000) × 24% = ₩9,000,000

(3) 차감납부세액
① 외국납부세액공제 : $2,000 × 1,200 = ₩2,400,000
(국외자산 양도소득금액에 대한 산출세액을 한도로 함)
② 예정신고 차감납부세액 : 9,000,000−2,400,000=₩6,600,000

01 ②

05 원천징수

01 절 총 설

01 의 의

가. 원천징수의 의의

원천징수제도(tax withholding)는 개인 또는 법인에게 지급되어질 특정의 소득금액 또는 수입금액에 대하여 그 소득의 귀속자가 세금을 국가에 직접 납부하지 아니하고 그 소득의 지급자가 원천징수의무자로서 그 소득을 지급할 때에 원천징수세율을 적용하여 계산한 징수세액을 징수하여 이를 국가에 납부하는 제도를 말한다. 납세의무자가 실체법적으로 부담하고 있는 납세의무의 이행을 절차법적인 원천징수라는 간접적인 방법에 의하여 실현하는 제도인 것이다. 현행세법상 소득세 · 법인세 또는 교육세의 원천징수, 지방소득세 또는 농지세의 특별징수가 이에 해당된다.

소득세는 원칙적으로 과세기간이 종료한 후 납세의무자의 신고에 의하여 한 과세기간에 걸친 모든 소득에 대하여 과세표준과 세액을 확정계산하여 자진납부하는 것이나 원천징수제도는 중간예납이나 예정신고 또는 수시부과제도 등과 같이 과세기간 중에 수시로 소득세를 납부하는 제도이다. 그러므로 과세표준확정신고와의 관계에서 볼 때 원천징수에 의하여 납부한 소득세는 원천징수대상이 된 소득과 기타의 모든 소득을 종합하여 계산한 세액에서 기납부한 세액으로 정산을 하게 된다.

원천징수제도는 1803년 영국의 Adinton의 소득세제도에서 처음 시작되어 1842년에 영국의 Peel. R. 재상에 의하여 채택되었으며 일반적으로 소득세의 징수에 적용되고 있다.

우리나라는 일제하인 1940년 배당소득과 근로소득에 대하여 원천징수제도가 도입시행된 후 이자 · 배당 · 근로 · 퇴직 · 기타소득 및 자유직업수입금액을 지급하는 자가 일정률로 분리과세 원천징수하도록 하는 일반원천징수제도가 채택되었다. 그 후 1974년 12월 소득세제가 종합과세제도로 전환되면서 원천징수제도는 「소득세법」에 규정되었으나 「소득세법」의 제정 이후 수차례 개정되면서 일반원천징수제도는 오늘에 이르러 단순히 원천징수라고 하고 있으며, 이는 「부가가치세법」상의 거래징수제도와는 상이한 제도이다.

이 제도의 취지는 과세기간 종료 전에 있어서의 세입의 평준화, 세입의 조기확보, 징세의 편의 및 납세의 편의 등으로 되어 있으나 실질적으로는 국민의 희생 위에 국고의 이익을 위하여 설정된 제도라는 의견도 있다. 즉, 이 제도의 주된 존재이유는 어디까지나 나라의 세입에 대한 연중 평준화와 확실한 세수의 조기확보, 그리고 징세비의 절감과 국가경제를 위해서 세금을 떼이지 않는 편의라고 볼 수 있다.

우리나라 「소득세법」 제2조에서는 원천징수의무자는 이 법에 의하여 징수할 소득세를 납부할 의무가 있다고 규정하고, 「국세기본법」 제2조에서도 세법에 의하여 국세를 납부할 의무가 있는 자(납세의무자)와 세법에 의하여 국세를 징수하여 납부할 의무를 지는 자(원천징수의무자)를 납세자로 한다고 규정하여 원천징수의무자는 본래의 납세의무자와는 별도로 자기가 원천징수한 세액에 대하여 납세자로서 이를 국가에 납부할 의무를 부담하고 있다.

원천징수제도하에서 원천납세의무자는 실질적인 납세의무자라고 할 수 있고, 원천징수의무자는 실체법상의 납세의무는 없으면서도 조세를 실질적 납세의무자로부터 징수하여 납부하여야 하는 의무가 있기 때문에 형식적 납세의무자라고 할 수 있다. 이와 같이 원천징수제도하에서는 과세권자와 원천징수의무자와의 관계와 과세권자와 원천납세의무자와의 관계라는 양면성을 띠고 있다.

나. 원천징수의 종류

원천징수는 원천징수로 납세의무가 종결되는지 여부에 따라 완납적 원천징수와 예납적 원천징수로 나누어진다.

(1) 완납적 원천징수

원천징수에 의하여 소득에 대한 조세채무가 확정되어 소멸되는 것을 말한다. 따라서 납세의무자는 완납적 원천징수대상소득에 대한 신고의무를 지지 아니한다. 현행 「소득세법」에 완납적 원천징수대상은 다음과 같다.

① 분리과세 이자소득
② 분리과세 배당소득
③ 분리과세 기타소득
④ 일용근로자의 근로소득
⑤ 국내사업장이 없는 외국법인, 비거주자의 소득
⑥ 분리과세 연금소득

(2) 예납적 원천징수

각 사업연도 또는 과세기간이 경과한 후에 납세의무자의 과세표준신고 또는 정부의 조사결정에 의하여 조세채무가 확정되는 경우로서 일정한 소득을 지급하는 때에 일정액을 미리 납부하게 되고, 이를 각 사업연도 또는 과세기간의 소득에 대한 세액에서 공제하여 정산하는 것을 말한다. 차후 과세절차가 남아 있으므로 원천징수의무자는 그 소득에 대하여 지급명세서 등 과세자료를 제출하여야 한다. 거주자에게 지급하는 비영업대금의 이자 또는 내국법인에게 지급하는 이자소득과 기타소득에 대한 원천징수 등이 이에 해당한다.

한편, 법인세는 법인세액에서 당해 사업연도에 원천징수한 세액을 공제할 금액을 정부에 납부하여야 하므로 전부 예납적 원천징수이며 완납적 원천징수는 없다.

2 원천징수관계의 법적성격

법이론으로 일원논리는 징수의무자를 기준하여 그와 세무관청과의 법률관계 및 그와 원천납세의무자와의 법률관계를 일원적으로 설명하고자 하는 입장이고, 이원논리는 징수의무자를 기준으로 하여 그와 세무관청과의 법률관계 그리고 그와 원천납세의무자와의 법률관계를 각각 다른 법이론에 의하여 이원적으로 설명하고자 하는 입장이다.

우리나라 원천징수제도는 법이론에 바탕을 두고 법률관계의 형평을 유지하기보다는 과세관청으로 하여금 적기에 조세를 징수할 수 있도록 편의적 규정을 하고 있다. 즉, 징수의무자와 국가의 관계는 위탁징수기관설에 의하고, 징수의무자와 원천납세의무자의 법률관계는 채무인수설의 입장에 개인적 관계로 규정하여, 국가가 이에 관계하지 않으려고 하고 있어 법률관계상 당사자의 형평성보다는 징세편의에 의해 국가위주의 제도를 형성하였다.

가. 원천징수의무자와 국가와의 관계

징수의무자는 국가(과세관청)의 위탁징수기관이라고 볼 수 있다. 즉, 징수의무자는 부과과세방법에 있어서의 과세권자와 유사한 지위에 있고, 또한 원천납세의무자로부터 소득공제신고 등을 받으며 지급소득의 수급자가 원천납세해야 할 세액을 산정하여 지급하는 급여 등 소득에서 이를 공제·징수하는 바, 이는 원천납세의무자에 대한 징수기관으로서의 권한이라고 할 수 있다. 또한 징수의무자에 의하여 징수된 세액은 그의 현실적인 국고불입 여부에 불구하고 원천납세의무자에게는 그 세액을 납부한 법적 효과가 발생한다.

한편, 원천납세한 소득세의 환급에 있어서 우리 「소득세법 시행령」의 위임규정에 의하여 법정된 경우에는 초과납부된 원천세액을 징수의무자를 통하여 아니하고 원천징수관할세무서장이 원천납세의무자에게 직접 환급하는 특례를 규정하고 있다. 이는 징수의무자가 원천징수의 절차상의 위임징수기관임을 간접적으로 시인하는 것이라고 해석할 수 있다고 본다.

그리고 원천징수의무자가 법규상의 원천징수를 하지 않을 경우 해당 세액과 가산세에 대한 징수를 납세의무자에게는 할 수 없고, 원천징수의무자로부터 징수하여야 되므로 원천징수의무자는 실질적으로 소득을 지급하는 과정에서 별개의 의무를 너무 강하게 지는 반면, 위탁징수기관으로서의 공권력을 갖고 있지 못하는 문제점이 있다.

나. 원천징수의무자와 납세의무자와의 관계

원천징수의무자는 납세의무자에게 국가의 징세권을 행사하는 자이며, 납세의무자는 원천징수의무자의 원천징수에 대하여 수인할 의무를 간접적으로 암시할 뿐이다.

현행 세법상 원천징수의무자와 납세의무자의 관계는 채무인수설의 입장이며 원천납세의무자는 세액원천징수의 수인에 의해 원천납세채무를 면하게 되는 점, 원천징수 불이행의 경우 세무관청은 원천징수해야 할 소득세에 대하여 징수의무자에 대해서만 납세고지를 해야 하는 점, 그의 재산에 대해서만 체납처분을 할 수 있는 점, 원천납세의무자는 아직 공제·징수된 세액의 국고납부 여부에 관계없이 원천징수영수증에 기재된 금액을 종합소득세액에서 공제하게 되는 점, 그 결과 징수의무자는 원천징수절차에서 대위납부한 세액을 원천납세의무자에게 구상할 수 있는 점 등은 징수의무자가 채무인수인의 지위에서 갖는 의무와 권리라고 해도 이론의 모순이 없다.

따라서 원천징수 대상소득을 지급받는 소득자인 납세의무자는 국가와 아무런 관계가 없고, 원천징수의무자와 납세의무자의 관계는 사법상의 채권채무관계로 이해된다. 그러므로 납세의무자가 원천징수의무자에게 협조를 거부하고 자기 본래의 납세의무를 이행하지 아니하거나 해태할 경우, 원천징수의무자는 공권력 행사가 불가능하고 국가징수의 본래 행정목적을 달성할 수 없는 결과를 초래한다.

다. 국가와 납세의무자

원천징수관계에 있어서 국가와 납세의무자는 원칙적으로 직접적인 법적 관계가 발생하지 않는다. 다만, 예외적으로 한정적인 범위 내에서 국가가 개입하는 경우가 있다.

즉, 원천징수의무자가 근로소득세액의 연말정산을 하지 아니한 때에는 관할세무서장은 즉시 연말정산을 하고 그 소득세를 원천징수의무자로부터 징수하게 하여야 한다.

또한, 원천징수의무자가 근로소득세의 연말정산을 하지 아니하고 행방불명이 된 때에는 관할세무서장은 당해 근로소득이 있는 자에게 과세표준확정신고를 하여야 한다는 뜻을 통지하여야 한다(소칙 92①·②).

이와 같이 국가가 개입하는 경우에도 직접 납세의무자로부터 세금을 징수하는 것이 아니라 원천징수의무자에게 징수하게 하거나 납세의무자가 스스로 신고·납부하게 하고 있다. 이렇게 현실적으로 납세의무자의 납세의무 불이행에 대하여 국가는 지나칠 정도로 그 개입을 자제하고, 조세목적 달성을 위한 의무를 원천징수의무자에게만 부담시킨 결과를 가져온다.

이러한 관계를 도시하면 다음과 같다.

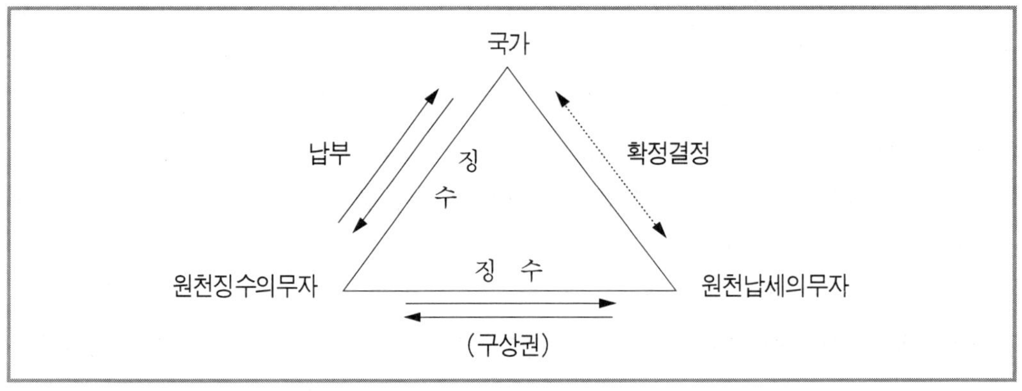

3 원천징수제도의 정착화 방안

가. 원천징수의무자와 보상측면

원천징수의무자가 부담하는 인력 및 경비에 대한 보상이 전혀 없다. 원천징수의무자는 매월 신고하여야 하기에 신고서 작성 및 제출에 대하여 부담하는 인력과 경비에 적지 않은 부담을 느끼고 있으나 이에 대한 보상이 전혀 이루어지지 않고 있다. 이 점에 대하여는 원천징수의무를 대행하는 부분에 한하여 일정한 조세감면 등의 보상이 요구되어야 하며, 또한 현행 제도처럼 매월 신고하기보다는 부가가치세와 같이 3개월 단위로 신고하는 것이 보다 경제적이라고 할 것이다.

나. 원천징수대상소득의 축소

원천징수대상소득은 이자소득, 배당소득, 사업소득, 근로소득, 기타소득, 퇴직소득 및 법인세법의 이자소득이다.

현재의 원천징수 대상소득은 그 대상이 넓은 편이므로 대상을 지나치게 확대하기 보다는 축소하고 그 범위를 명확히 규정하여야 한다고 본다. 특히 사업소득에 대한 원천징수는 그 범위를 구체적으로 축소하여 징세상 형평을 유지하여야 한다.

다. 조세부담능력에 따른 불공평성

분리과세징수함으로써 소득자의 납세의무가 완납적일 경우에는 세율이 일률적으로 비례과세되어 조세부담능력에 따라 불공평이 발생하게 된다.

따라서 금융소득에 대한 종합과세기준금액을 낮추는 것이 바람직하다.

라. 국세징수법의 공권력 행사

원천징수의무자에 대하여 징수의무 부담과 연계하여 국세징수법상 공권력의 일정부분을 국가가 위임하는 방안도 대안으로 고려될 수 있다. 즉, 원천징수의무자가 소득을 지급할 때 원천징수를 하지 못하여 사후에 징수할 경우, 납부독촉 등 「국세징수법」의 징수절차 일부의 권한행사를 가능케 하고 그 효과를 국가행위로 직접 귀속케 하는 방안도 강구될 수 있다.

마. 납부책임 강화

징수의무해태에 대하여 이를 징수의무자의 책임만으로 귀책시킬 것이 아니라 징수의무자에게 현행보다 더 무겁게 가산세 등을 부과하여 본 세액은 본래의 원천납세의무자에게 납부책임을 강화토록 하는 제도개선이 필요하다.

또한 국가가 원천납세의무자의 불이행에 일정한 고의적 요건이 있을 경우에는 사후납부를 직접 고지하는 방안으로 원천징수관계상 국가의 개입범위를 지금보다 확대하는 것도 원천징수제도의 실효성을 제고할 수 있을 것으로 기대된다.

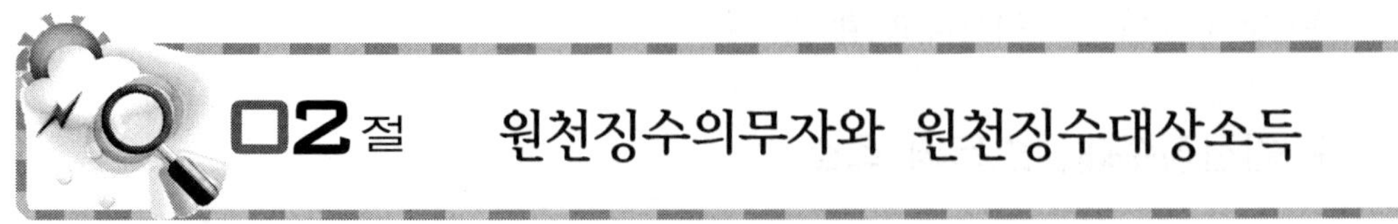

02절 원천징수의무자와 원천징수대상소득

01 원천징수의무자와 원천징수대상소득의 범위

원천징수의무자는 국내에서 거주자 또는 비거주자나 법인에게 일정한 소득금액 또는 수입금액을 지급하는 자이다(소법 127 ①). 즉, 국내에서 거주자 또는 비거주자나 법인에게 원천징수대상소득을 지급하는 자는 사업의 영위 여부[1] 등에 관계없이, 그리고 특정한 절차없이 당연히 원천징수의무를 지게 된다.

가. 원천징수의무자

국내에서 거주자나 비거주자에게 원천징수대상이 되는 소득을 지급하는 다음에 해당하는 자는 원천징수한 소득세를 납부할 의무를 진다(소법 2②).

① 거주자

② 비거주자

③ 내국법인

④ 외국법인의 국내지점 또는 국내영업소(출장소, 그 밖에 이에 준하는 것을 포함)

⑤ 그 밖에 「소득세법」에서 정하는 원천징수의무자

나. 원천징수대상 소득

국내에서 거주자나 비거주자에게 다음에 해당하는 소득을 지급하는 자는 원천징수세율에 따라 그 거주자나 비거주자에 대한 소득세를 원천징수하여야 한다(소법 127 ①, 129 ①·②).

1) 사업소득에 대한 수입금액을 지급하는 경우에는 사업자 등인 경우에만 원천징수의무를 지는 특례가 있다.

원천징수대상 소득	원천징수세율
(1) 이자소득	① 일반 이자소득 : 14% ② 비영업대금의 이익 : 25% ③ 직장공제회 초과반환금 : 기본세율 ④ 법원에 납부한 보증금 및 경락대금의 이자소득 : 14% ⑤ 비실명 이자소득 : 45%(금융실명법률 적용분 : 90%)
(2) 배당소득(Gross－UP 제외)	① 일반 배당소득 : 14% ② 출자공동사업자의 배당소득 : 25% ③ 비실명 배당소득 : 45%(금융실명법률 적용분 : 90%)
(3) 원천징수대상 사업소득	① 원천징수대상 사업소득 : 3% ② 계약기간 3년 이하인 외국인 직업운동가의 사업소득 : 20%
(4) 근로소득[2]	① 근로소득금액 : 근로소득 간이세액표 ② 일용근로소득금액 : 6%
(5) 연금소득	① 공적연금(국민연금 · 직역연금 · 연계연금)소득금액 : 연금소득 간이세액표 ② 사적연금(퇴직보험연금 · 퇴직연금 · 개인연금) : 5%, 4%, 3% ③ 퇴직소득 원천징수이연분의 연금수령은 연금외수령시 원천징수세액×(70%, 60%, 50%)
(6) 기타소득	① 일반 기타소득금액(총수입금액－필요경비) : 20% ② 3억원 초과분 복권당첨소득 : 30% ③ 소기업 · 소상공인 공제부금의 해지일시금 · 연금외 수령한 기타소득 : 15%
(7) 법정 봉사료수입금액	공급가액의 20% 초과하는 경우의 봉사료 수입금액 : 5%
(8) 퇴직소득(다만, 원천징수대상 제외하는 근로소득이 있는 사람이 퇴직함으로써 받는 소득은 제외)	퇴직소득금액 : 기본세율

2) 다음에 해당하는 소득은 제외한다.
① 외국기관 또는 우리나라에 주둔하는 국제연합군(미군은 제외)으로부터 받는 근로소득
② 국외에 있는 비거주자 또는 외국법인(국내지점 또는 국내영업소는 제외)으로부터 받는 근로소득. 다만, 비거주자의 국내사업장과 외국법인의 국내사업장의 국내원천소득금액을 계산할 때 필요경비 또는 손금으로 계상되는 소득은 제외한다.

 원천징수의무자의 대리인 등

원천징수의무자를 대리하거나 그 위임을 받은 자의 행위는 수권 또는 위임의 범위에서 본인 또는 위임인의 행위로 본다(소법 127 ②).

그리고 금융회사등이 내국인이 발행한 어음 또는 채무증서(주식 또는 집합투자증권 포함)를 인수·매매·중개 또는 대리하는 경우에는 그 금융회사등과 해당 내국인간에 대리 또는 위임의 관계가 있는 것으로 본다(소법 127 ③).

또한, 「자본시장과 금융투자업에 관한 법률」에 따른 신탁업자가 신탁재산을 운용하거나 보관·관리하는 경우에는 해당 신탁업자와 해당 신탁재산에 귀속되는 소득을 지급하는 자 간에 원천징수의무의 대리 또는 위임관계가 있는 것으로 본다(소령 184의3 ②).

 원천징수의무의 승계

가. 법인이 해산한 경우

법인이 해산한 경우에 원천징수를 하여야 할 소득세 등을 징수하지 아니하였거나 징수한 소득세 등을 납부하지 아니하고 잔여재산을 분배하였을 때에는 청산인은 그 분배액을 한도로 하여 분배를 받은 자와 연대하여 납세의무를 진다(소법 157 ①).

나. 법인이 합병한 경우

법인이 합병한 경우에 합병 후 존속하는 법인이나 합병으로 설립된 법인은 합병으로 소멸된 법인이 원천징수를 하여야 할 소득세 등을 납부하지 아니하면 그 소득세에 대한 납세의무를 진다(소법 157 ②).

 원천징수의 특례

가. 원천징수의 면제

원천징수의무자가 소득세가 과세되지 아니하거나 면제되는 소득을 지급할 때에는 소득세를 원천징수하지 아니한다(소법 154).

나. 원천징수의 배제

소득으로 발생 후 지급되지 아니함으로써 소득세가 원천징수되지 아니한 소득이 종합소득에 합산되어 종합소득에 대한 소득세가 과세된 경우에 그 소득을 지급할 때에는 소득세를 원천징수하지 아니한다(소법 155).

Reference 통칙 : 원천징수의 배제

「소득세법」 제155조의 규정에서의 '소득세가 부과된 경우'에는 당해 소득이 있는 거주자가 당해 소득을 종합소득에 합산하여 법 제70조 또는 제74조의 규정에 의하여 종합소득 과세표준 확정신고(국세기본법 제45조의 규정에 의한 과세표준 수정신고 포함)를 한 경우를 포함한다.

다. 외국법인 소속 파견근로자의 소득에 대한 원천징수 특례

내국법인과 체결한 근로자파견계약에 따라 근로자를 파견하는 국외에 있는 파견외국법인의 소속 파견근로자를 사용하는 다음의 요건을 모두 갖춘 사용내국법인은 파견근로자가 국내에서 제공한 근로의 대가를 파견외국법인에 지급하는 때에 그 지급하는 금액의 19%에 해당하는 금액을 소득세로 원천징수하여 그 원천징수하는 날이 속하는 달의 다음 달 10일까지 원천징수 관할 세무서, 한국은행 또는 체신관서에 납부하여야 한다(소법 156의7 ①, 소령 207의10 ①).

① 파견외국법인에게 지급하는 근로대가의 합계액이 연간 20억원을 초과할 것

② 직전 사업연도 매출액이 1,500억원 이상이거나 직전 사업연도 말 현재 자산총액이 5,000억원 이상일 것

③ 한국표준산업분류에 따른 항공운송업, 건설업, 전문・과학 및 기술서비스업, 선박 및 수상 부유구조물 건조업, 금융업을 영위할 것

03절 원천징수의 시기

01 원천징수와 세액납부

가. 원 칙

원천징수의 시기는 원칙적으로 소득금액 또는 수입금액을 실제로 지급하는 때 또는 지급의제시기이며(소기통 127-0…5), 원천징수의무자는 원천징수한 소득세를 그 징수일이 속하는 달(금융소득 원천징수기간 종료일이 속하는 달)의 다음 달 10일까지 납부하여야 한다(소법 128).

나. 반기별 세액납부의 특례

(1) 반기별 납부대상자

직전과세기간(신규로 사업을 개시한 사업자의 경우 신청일이 속하는 반기)상시 고용인원이 20인 이하인 원천징수의무자 또는 종교단체로서 원천징수 관할세무서장으로부터 원천징수대상에 해당하는 소득에 대한 원천징수세액을 매 반기별로 납부할 수 있도록 승인을 얻거나 국세청장에게 지정을 받은 자는 원천징수한 소득세를 그 징수일이 속하는 반기의 마지막 달의 다음달 10일까지 납부할 수 있다(소법 128 ② 단서, 소령 186 ①). 다만, 이 경우에도 「법인세법」에 따라 처분된 상여·배당·기타소득에 대해서는 소득금액변동통지서를 받은 날이 속하는 달의 다음달 10일까지 납부하여야 한다(소법 128 ②).

(2) 상시 고용인원수

직전연도의 상시 고용인원수는 직전연도의 1월부터 12월까지의 매월 말일 현재의 상시 고용인원수의 평균인원수로 한다(소령 186 ②).

(3) 신청 및 승인

관할세무서장의 승인을 얻고자 하는 자는 근로소득세원천징수세액을 반기별로 납부하고자 하는 반기의 직전월의 1일부터 말일까지 원천징수 관할세무서장에게 신청하여야 하며, 신청을 받은 원천징수 관할세무서장은 당해 원천징수의무자의 원천징수세액 신고·납부의 성실도 등을 참작하여 승인 여부를 결정한 후 신청일이 속하는 반기의 다음 달 말일까지 이를 통지하여야 한다(소령 186 ③·④).

다. 징수시기와 귀속연도 관계

원천징수하는 소득세 또는 법인세에 있어서는 그 소득금액 또는 수입금액을 지급하는 때에 납세의무가 성립되며, 동시에 확정된다(국기법 21 ②(1), 22 ②(3)). 따라서 원천징수의 시기는 당해 소득금액 또는 수입금액의 귀속연도와는 관계가 없다.

위에서 '소득금액 또는 수입금액을 지급하는 때'라 함은 현실적으로 소득금액 또는 수입금액을 지급하는 때를 의미한다.

라. 원천징수세액의 납부

원천징수의무자는 원천징수한 소득세를 그 다음 달 10일 내에 「국세징수법」에 따른 납부서와 함께 원천징수 관할세무서·한국은행 또는 체신관서에 납부하여야 하며, 소득세징수액집계표를 원천징수 관할세무서장에게 제출하여야 한다. 원천징수이행상황신고서에는 원천징수하여 납부할 세액이 없는 자에 대한 것도 포함하여야 한다(소령 185 ①·②). 다만, 비거주자에 대한 원천징수에 있어서 원천징수의무자가 국내에 주소·거소·본점·주사무소 또는 국내사업장이 없는 경우에는 납세관리인을 정하여 관할세무서장에게 신고하여야 한다(소령 207).

2 지급시기의 의제

소득금액 또는 수입금액을 실제로 지급하지는 아니하였지만, 지급한 것으로 보아 원천징수를 하는 경우가 있다. 이를 지급시기의 의제라고 한다.

가. 이자소득

(1) 정기예금연결정기적금

금융회사등이 정기예금 이자를 실제로 지급하지 아니하고 납입할 부금에 대체하는 정기예금연결정기예금에 가입한 경우 그 정기예금 이자는 그 정기예금 또는 정기적금이 해약되거나 정기적금의 저축기간이 끝나는 때에 지급한 것으로 본다(소법 131 ①).

(2) 종합금융회사 등이 매출 또는 중개하는 어음의 이자와 할인액

금융기관이 매출 또는 중개하는 어음과 「은행법」에 의한 금융기관 및 「상호저축은행법」에 의한 상호저축은행이 매출하는 표지어음으로서 보관통장으로 거래되는 것(은행이 매출한 표지어음인 경우에는 보관통장으로 거래되지 않는 것을 포함)의 이자와 할인액인 경우에는 할인매출일. 다만, 이를 지급받는 자가 할인매출일에 원천징수하기를 선택한 경우에 한한다(소법 131 ③, 소령 190).

(3) 비거주자의 국내원천소득에 대한 원천징수를 함에 있어 외국법인 또는 비거주자로부터 지급받는 소득

당해 소득을 지급하는 외국법인 또는 비거주자의 당해 사업연도 또는 과세기간의 소득에 대한 과세표준의 신고기한의 종료일에 지급한 것으로 본다(소령 190 (1의2)).

(4) 동업기업의 이자소득으로 배분받은 소득

지급을 받은 날. 다만, 해당 동업기업의 과세기간 종료 후 3개월이 되는 날까지 지급하지 아니한 때에는 그 3개월이 되는 날로 한다(소령 190 (1의3)).

(5) 그 밖의 이자소득

이자소득의 수입시기에 지급한 것으로 본다(소령 190 (2)).

나. 배당소득

(1) 미지급배당

법인의 이익 또는 잉여금의 처분에 따른 배당 또는 분배금을 그 처분을 결정한 날로부터 3개월이 되는 날까지 지급하지 아니한 경우에는 그 3개월이 되는 날에 배당소득을 지급한 것으로 본다(소법 131 ①).

(2) 의제배당

① 주식의 소각이나 자본의 감소 및 퇴사·탈퇴나 출자의 감소로 인하여 의제배당에 해당하는 경우 : 주식의 소각, 자본의 감소 또는 자본에의 전입을 결정 또는 퇴사·탈퇴한 날

② 법인의 잉여금을 자본 또는 출자의 금액에 전입함으로서 의제배당에 해당하는 경우 : 자본에의 전입을 결정한 날

③ 법인이 자기주식 또는 자기출자지분을 보유한 상태에서 잉여금의 자본전입에 따라 의제배당에 해당하는 경우 : 자본에의 전입을 결정한 날

④ 해산한 법인의 주주·사원·출자자 또는 구성원이 그 법인의 해산으로 인한 잔여재산 분배에서 의제배당에 해당하는 경우 : 잔여재산의 가액이 확정된 날

⑤ 합병으로 인하여 소멸한 법인의 주주·사원·출자자가 합병 후 존속하거나 설립된 법인으로부터 취득하는 것 중 의제배당에 해당하는 경우 : 합병등기한 날

⑥ 분할되는 법인 또는 소멸한 분할합병의 상대방법인의 주주가 분할로 인하여 취득하는 것 중 의제배당에 해당하는 경우 : 분할등기 또는 분할합병등기를 한 날

(3) 「법인세법」에 따라 처분되는 배당

① 법인의 소득금액을 결정 또는 경정함에 있어서 처분되는 배당 : 소득금액변동통지서를 받은 날에 지급하거나 회수한 것으로 본다(소령 191 (2)). 「법인세법」에 따라 세무서장 또는 지방국세청장이 법인소득금액을 결정 또는 경정함에 있어서 처분되는 배당은 법인소득금액을 결정 또는 경정하는 세무서장 또는 지방국세청장이 그 결정 또는 경정일로부터 15일 내에 소득금액변동통지서에 의하여 당해 법인에게 통지하여야 한다. 다만, 당해 법인의 소재가 분명하지 아니하여 그 통지서를 송달할 수 없는 경우 또는 당해 법인이 결손처분을 받은 경우에는 당해 주주에게 통지하여야 한다(소령 192 ①). 또한 세무서장 또는 지방국세청장이 해당 법인에게 소득금액변동통지서를 통지한 경우 통지하였다는 사실(소득금액 변동내용은 포함하지 아니한다)을 해당 주주 및 해당 상여나 기타소득의 처분을 받은 거주자에게 알려야 한다(소령 192 ④). 이때의 배당소득 지급시기는 통지서를 받은 날로 한다(소령 192 ②).

② 법인의 소득금액을 신고함에 있어서 처분되는 배당 : 해당 법인의 법인세 과세표준 및 세액의 신고기일에 지급한 것으로 본다(소령 192 ③).

(4) 출자공동사업자의 배당소득(소령 191 (3))

지급을 받은 날. 다만, 과세기간 종료 후 1월이 되는 날까지 지급하지 아니한 때에는 그 1월이 되는 날로 한다.

(5) 동업기업의 배당소득으로 배분받은 소득

지급을 받은 날. 다만, 해당 동업기업의 과세기간 종료 후 3개월이 되는 날까지 지급하지 아니한 때에는 그 3개월이 되는 날로 한다(소령 191 (3의2)).

(6) 그 밖의 배당소득(소령 191 (4))

배당소득의 수입시기에 지급한 것으로 본다.

다. 근로소득

(1) 미지급분

근로소득을 지급하여야 할 자가 1월부터 11월까지의 근로소득을 해당 과세기간의 12월 31일까지 지급하지 아니한 경우에는 그 근로소득을 12월 31일에 지급한 것으로 본다. 12월분 의 근로소득을 다음 연도 2월 말일까지 지급하지 아니한 경우에는 2월 말일에 지급한 것으로 본다(소법 135 ①·②).

(2) 이익 또는 잉여금처분에 의한 상여

법인이 이익 또는 잉여금의 처분에 따라 지급하여야 할 상여를 그 처분을 결정한 날로부터 3개월이 되는 날까지 지급하지 아니한 경우에는 그 3개월이 되는 날에 지급한 것으로 본다. 다만, 그 처분이 11월 1일부터 12월 31일까지의 사이에 결정된 경우에 다음 연도 2월 말일까지 그 상여를 지급하지 아니한 경우에는 그 상여를 2월 말일에 지급한 것으로 본다(소법 135 ③).

(3) 「법인세법」에 따라 처분되는 상여

① 법인의 소득금액을 결정 또는 경정함에 있어서 처분되는 상여 : 소득금액 변동통지서를 받은 날에 지급한 것으로 본다(소령 192 ②). 「법인세법」에 따라 처분되는 상여는 앞서 배당소득의 지급시기 의제에서 설명한 바와 같다.

② 법인의 소득금액을 신고함에 있어서 처분되는 상여 : 해당 법인세의 과세표준 및 세액의 신고기일에 지급한 것으로 본다(소령 192 ③).

라. 퇴직소득

퇴직소득을 지급하여야 할 원천징수의무자가 1월부터 11월까지의 사이에 퇴직한 사람의 퇴직소득을 해당 과세기간의 12월 31일까지 지급하지 아니한 경우에는 그 퇴직소득은 12월 31일에 지급한 것으로 본다.

그리고 12월에 퇴직한 사람의 퇴직소득을 다음 연도 2월 말일까지 지급하지 아니한 경우에는 그 퇴직소득은 2월 말일에 지급한 것으로 본다(소법 147 ①·②).

마. 기타소득

(1) 법인의 소득금액을 결정 또는 경정함에 있어서 처분되는 기타소득

소득금액변동통지서 받은 날에 지급한 것으로 본다(소령 192 ②). 이 경우 소득금액 변동통지에 관해서는 앞에서 설명하였다.

(2) 법인의 소득금액을 신고함에 있어서 처분되는 기타소득

해당 법인의 법인세 과세표준 및 세액의 신고기일에 지급한 것으로 본다(소령 192 ③).

(3) 동업기업의 기타소득으로 배분받은 소득

동업기업의 기타소득으로 배분받은 소득은 지급받은 날에 원천징수한다. 다만, 해당 동업기업의 과세기간 종료 후 3개월이 되는 날까지 지급하지 아니한 때에는 그 3개월이 되는 날에 원천징수한다(소령 202 ③).

Reference 통 칙

소기통 127-0…5 ◎ 원천징수의 시기

① 소득세법 제127조의 규정에 의하여 소득세를 원천징수할 시기는 원천징수대상이 되는 소득금액 또는 수입금액을 실제로 지급하는 때 또는 지급의제시기이다.

② 다음 각호에 규정하는 날을 전항의 규정에 의한 실제로 지급하는 때로 한다.

㉠ 계약의 위약 또는 해약으로 인하여 이미 지급한 계약금 또는 계약보증금이 기타소득으로 되는 경우에는 그 계약의 위약 또는 해약이 확정된 날

㉡ 원천징수대상이 되는 소득금액을 어음으로 지급한 때에는 당해 어음이 결제된 날

㉢ 원천징수대상이 되는 소득금액으로 지급할 금액을 채권과 상계하거나 면제받은 때에는 상계한 날 또는 면제받은 날

㉣ 원천징수대상이 되는 소득금액을 대물로 변제하는 경우에는 대물로 변제한 날

㉤ 원천징수대상이 되는 소득금액을 당사자간의 합의에 의하여 소비대차로 전환한 때에는 그 전환한 날

㉥ 원천징수대상이 되는 소득금액을 법원의 전부명령에 의하여 귀속자가 아닌 제3자에게 지급하는 경우는 그 제3자에게 지급하는 날

04절 원천징수의 방법

1 원천징수의 방법

국내에서 거주자 또는 비거주자나 법인에게 원천징수대상소득을 지급하는 때에는 다음과 같이 원천징수한다.

가. 지급받는 자가 거주자 및 비거주자인 경우

(1) 이자소득과 배당소득

이자소득금액(총수입금액) 또는 배당소득금액에 다음의 원천징수세율을 적용하여 계산한 소득세를 원천징수한다(소법 129 · 130). 이자소득과 배당소득에 대해서 외국에서 외국납부세액을 납부한 경우에는 원천징수세액에서 그 외국소득세액을 뺀 금액을 원천징수세액으로 한다. 이 경우 외국소득세액이 원천징수세액을 초과할 때에는 그 초과하는 금액은 이를 없는 것으로 본다(소법 129 ④).

원천징수세율

구 분	원천징수대상	세 율
이자소득	① 「조세특례제한법」상 분리과세 이자소득	9%(14%)
	② 직장공제회 초과반환금	기본세율
	③ 비영업대금이익	25%
	④ 경매보증금 · 경락대금에서 발생하는 이자소득	14%
	⑤ 비실명이자소득	45%(90%)
	⑥ 그 밖의 일반이자소득	14%
배당소득	① 「조세특례제한법」상 분리과세 배당소득	5%, 9%, 14%, 25%
	② 비실명 배당소득	45%(90%)
	③ 출자공동사업자의 배당소득	25%
	④ 그 밖의 일반배당소득	14%*

* 배당소득은 배당가산대상일지라도 배당가산(Gross-up)을 하지 아니한 금액에 대하여 원천징수하며, 상장법인 또는 비상장법인 여부와 소액주주 여부에 관계없이 원천징수세율은 14%이다.

(2) 근로소득

1) 일용근로자 이외의 근로소득자에 대한 원천징수

원천징수의무자가 매월분의 근로소득을 지급할 때에는 근로소득 간이세액표에 따라 소득세를 원천징수하고, 퇴직자는 퇴직하는 달의 근로소득을 지급할 때 정산하고 계속근무자는 해당 과세기간의 다음연도 2월분 근로소득을 지급할 때인 다음 연도 2월에 연말정산한다(소법 134 ①・②).

2) 상여 등에 대한 원천징수

근로소득에 해당하는 상여 또는 상여의 성질이 있는 급여(이하 '상여 등')를 지급할 때에 원천징수하는 소득세는 다음과 같이 계산한다(소법 136 ①).

구 분	원 천 징 수 방 법
지급대상기간이 있는 경우	원천징수세액 $=\left(\dfrac{\text{상여액}+\text{지급대상기간의 상여 이외의 급여액}}{\text{지급대상기간의 월수}^{*}}\right)$ 에 대한 간이세액×대상월수−지급대상기간의 상여 이외의 급여에 대한 기원천징수액
지급대상기간이 없는 경우	그 상여등을 받은 과세기간의 1월 1일부터 그 상여등의 지급일이 속하는 달까지를 지급대상기간으로 하여 위와 같이 세액을 계산한다. 이 경우 그 과세기간에 2회 이상의 상여등을 받았을 때에는 직전의 상여등을 받은 날이 속하는 달의 다음 달부터 그 후 상여등을 받은 날이 속하는 달까지를 지급대상기간으로 한다.
잉여금처분에 따른 상여등	원천징수세액=잉여금처분에 따른 상여등×기본세율

* 지급대상기간이 1년을 초과하는 경우에는 이를 1년으로 보고, 1개월 미만의 끝수는 1개월로 본다(소법 136 ① (3)).

3) 일용근로자에 대한 원천징수

일용근로자에 대한 원천징수는 일급여액에서 근로소득공제 150,000원을 차감한 금액에 원천징수세율인 6%를 곱한 금액을 산출세액으로 한다.

동 산출세액에서 근로소득세액공제로 55%를 차감한 금액을 원천징수세액으로 한다. 일용근로자에 대해서는 종합소득공제를 적용하지 아니한다.

일 급 여 액	
- 근로소득공제	일 150,000원
= 과 세 표 준	종합소득공제는 적용하지 않음
× 세 율	6%(원천징수세율)
= 산 출 세 액	
- 근로소득세액공제	산출세액의 55%(한도액 없음)
= 원천징수할세액	

48

건설현장에서 근무하는 일용근로자에게 일당으로 190,000원을 지급하는 경우 원천징수하여야 할 소득세는 얼마인가?

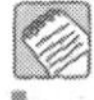 **해답** (190,000－근로소득공제 150,000)×6%×(1－근로소득세액공제 55%) = 1,080원

4) 원천징수 제외대상 근로소득이 있는 자에 대한 징수방법

다음에 해당하는 원천징수 제외대상 근로소득자의 납세조합은 그 조합원의 매월분의 소득에 대해서는 원천징수대상 근로소득에 대한 원천징수의 예에 따르되, 근로소득 간이세액표에 따라 계산한 소득세에서 납세조합공제(산출세액 : 3%)를 적용한 금액(연 100만원 한도)을 징수한다(소법 152 ②). 다만, 종합소득과세표준 확정신고를 하거나 연말정산을 하는 경우에는 해당 납세조합에 의하여 원천징수된 근로소득에 대한 종합소득 산출세액의 3%에 해당하는 금액(연 100만원 한도)을 공제한 것을 세액으로 납부하거나 징수한다(소법 150 ③ 단서).

① 외국기관 또는 우리나라에 주둔하는 국제연합군(미군은 제외)으로부터 받는 근로소득
② 국외에 있는 비거주자 또는 외국법인(국내지점 또는 국내영업소는 제외)으로부터 받는 근로소득(소법 127 ①(4)).

(3) 사업소득

원천징수대상 사업소득의 수입금액을 지급하는 경우에는 그 지급금액에 원천징수세율 3%를 적용하여 계산한 소득세를 원천징수한다. 다만, 외국인 직업운동가가 프로스포츠 구단과의 계약에 따라 용역을 제공하고 받는 소득에 대해서는 20%으로 한다(소법 129 ①(3)).

원천징수세액 = 총수입금액×3% (20%)

(4) 연금소득

1) 원천징수 방법

연금소득에 대한 원천징수의 방법은 다음과 같다.

① 원천징수의무자가 공적연금에 해당하는 연금소득을 지급할 때에는 연금소득간이세액표에 따라 소득세를 원천징수한다(소법 143의2 ①). 이 경우에 원천징수의무자가 해당 과세기간의 다음 연도 1월분의 연금소득을 지급할 때에는 연금소득을 받는 사람의 해당 과세기간 연금소득금액에 그 연금소득자가 신고한 내용에 따라 인적공제를 적용한 금액을 종합소득과세표준으로 하여 종합소득 산출세액을 계산하고, 그 세액에서 자녀세액공제와 표준세액공제를 적용한 세액에서 과세기간에 이미 원천징수하여 납부한 소득세를 공제하고 남은 금액을 원천징수한다(소법 143의4).

② 원천징수의무자가 사적연금을 지급할 때에는 그 지급금액에 원천징수세율을 적용하여 계산한 소득세를 원천징수한다(소법 143의2 ②).

2) 원천징수 세율

연금소득에 대한 원천징수세율은 다음과 같다(소법 129 ①(5)).

원천징수대상		원천징수세율	
① 공적연금		연금소득 간이세액표	
② 사적연금	연금저축계좌	70세 미만	5%
		70세 이상 80세 미만	4%
		80세 이상	3%
	종신계약 연금소득	3%	
	퇴직연금계좌	수령연차 10년 이하	연금외수령 원천징수세율 70%
		수령연차 10년 초과	연금외수령 원천징수세율 60%
		수령연차 20년 이하 20년 초과	연금외수령 원천징수세율 50%

(5) 기타소득

1) 종교인소득 원천징수 방법

원천징수의무자가 소득세를 원천징수할 때 종교인소득에 대해서는 별표 3의4의 종교인소득 간이세액표 해당란의 세액을 기준으로 원천징수한다(소령 202 ④).

그러나, 종교인소득을 지급하는 자는 소득세의 원천징수를 하지 아니할 수 있다. 이 경우 종교인소득을 지급받은 자는 다음해 5월 종합소득과세표준을 확정신고하여야 한다(소법 155의6).

2) 원천징수 세율

기타소득에 대해서는 기타소득금액에 다음에 규정하는 세율을 적용하여 계산한 소득세를 원천징수한다(소법 129 ①(6)). 이 경우에 기타소득금액이란 총수입금액에서 이에 대응하는 필요경비를 공제한 금액을 말한다.

① 복권당첨금등에 해당하는 소득금액이 3억원을 초과하는 경우 그 초과분 : 30%
② 연금외수령한 소득 : 15%
③ 그 밖의 기타소득금액 : 20%

(6) 퇴직소득

1) 원천징수 방법

원천징수의무자가 퇴직소득을 지급할 때에는 그 퇴직소득과세표준에 원천징수세율을 적용하여 계산한 소득세를 징수한다(소법 146 ①). 또한, 퇴직소득을 지급하는 원천징수의무자는 그 지급일이 속하는 달의 다음 달 말일까지 그 퇴직소득의 금액과 그 밖에 필요한 사항을 적은 원천징수영수증을 퇴직소득을 받는 사람에게 발급하여야 한다(소법 146 ③). 거주자의 퇴직소득이 다음의 어느 하나에 해당하는 경우에는 해당 퇴직소득에 대한 소득세를 연금외수령하기 전까지 원천징수하지 아니한다. 그런데, 소득세가 이미 원천징수된 경우 해당 거주자는 원천징수세액에 대한 환급을 신청할 수 있다(소법 146 ②).

① 퇴직일 현재 연금계좌에 있거나 연금계좌로 지급되는 경우
② 퇴직하여 지급받은 날부터 60일 이내에 연금계좌에 입금되는 경우

2) 원천징수의무자와 원천징수세율

국내에서 거주자나 비거주자에게 다음에 해당하는 퇴직소득을 지급하는 자는 퇴직소득금액에 대해서 기본세율을 적용하여 그 거주자나 비거주자에 대한 소득세를 원천징수하여야 한다(소법 127 ①(7)).

구 분	확정급여형퇴직연금(DB)	확정기여형퇴직연금(DC)
① 「근로자퇴직급여보장법」에 따른 퇴직연금일시금	사용자	퇴직연금사업자
② 근로자의 퇴직시 퇴직금, 명예퇴직수당 등인 경우	사용자	사용자가 원천징수하고 퇴직연금사업자에게 통보

3) 원천징수세액 계산

원천징수의무자가 퇴직소득을 지급할 때에 원천징수하는 소득세는 다음에 따라 계산한다(소법 148).

구 분	원천징수세액 계산
① 해당 과세기간에 이미 지급된 다른 퇴직소득이 없는 경우	그 지급할 퇴직소득과세표준에 원천징수세율을 적용하여 계산한 금액
② 해당 과세기간에 이미 지급된 다른 퇴직소득이 있는 경우	그 이미 지급된 퇴직소득과 그 지급될 퇴직소득을 더하여 계산한 퇴직소득과세표준에 원천징수세율을 적용하여 계산한 금액에서 이미 지급된 퇴직소득에 대하여 징수한 세액을 공제한 금액세액의 계산

(7) 봉사료수입금액

봉사료수입금액을 사업자(법인을 포함)가 다음에 해당하는 용역을 제공하고 그 공급가액(간이과세자의 규정을 적용받는 사업자의 경우에는 공급대가)과 함께 접대부·댄서와 이와 유사한 용역에 규정된 용역을 제공하는 자의 봉사료를 계산서·세금계산서·영수증 또는 신용카드매출전표 등에 그 공급가액과 구분하여 기재하는 경우(봉사료를 자기의 수입금액으로 계상하지 아니한 경우)로서 그 구분기재한 봉사료금액이 공급가액의 20%을 초과하는 경우의 봉사료수입금액에 원천징수세율 5%를 적용하여 계산한 소득세를 원천징수한다(소법 129 ①(8), 소령 184의2).

① 음식·숙박용역
② 안마시술소·이용원·스포츠맛사지업소 및 그 밖에 이와 유사한 장소에서 제공하는 용역
③ 「개별소비세법」에 따른 과세유흥장소에서 제공하는 용역
④ 그 밖의 법령이 정하는 용역

나. 지급받는 자가 법인인 경우

이자소득금액이나 배당소득금액(집합투자기구로부터의 이익 중 투자신탁의 이익에 한정)을 내국법인에 지급하는 자가 그 금액을 지급하는 때에는 지급하는 금액에 14%(비영업대금의 이익인 경우에는 25%)의 세율을 적용하여 계산한 금액에 상당하는 법인세를 원천징수하여 그 징수일이 속하는 달의 다음 달 10일까지 납세지 관할세무서등에 납부하여야 한다(법법 73 ①).

다. 소액부징수

원천징수세액(이자소득과 인적용역 사업소득은 제외)이 1,000원 미만인 경우에는 해당 소득세를 징수하지 아니한다(소법 86).

라. 과세최저한

기타소득이 다음의 어느 하나에 해당하면 그 소득에 대한 소득세를 과세하지 아니한다(소법 84).

① 승마투표권, 승자투표권, 소싸움경기투표권 및 체육진흥투표권의 구매자가 받는 환급금으로서 건별로 승마투표권, 승자투표권, 소싸움경기투표권, 체육진흥투표권의 권면에 표시된 금액의 합계액이 10만원 이하이고 다음의 어느 하나에 해당하는 경우
　ⓐ 적중한 개별투표당 환급금이 10만원 이하인 경우
　ⓑ 단위투표금액당 환급금이 단위투표금액의 100배 이하이면서 적중한 개별투표당 환급금이 200만원 이하인 경우

② 복권당첨금 또는 슬롯머신등을 이용하는 행위에 참가하여 받는 당첨금품등이 건별로 200만원 이하인 경우

③ 해당 과세기간의 가상자산소득금액이 250만원 이하인 경우

④ 그 밖의 기타소득금액(연금외수령한 기타소득 제외)이 건별로 5만원 이하인 경우

원천징수의무의 불이행에 대한 제재

가. 원천징수세액의 징수와 가산세 적용

국세를 징수하여 납부할 의무를 지는 자가 징수하여야 할 세액을 세법에 따른 납부기한까지 납부하지 아니하거나 과소납부한 경우에는 납부하지 아니한 세액 또는 과소납부분 세액의 10%에 상당하는 금액을 한도로 하여 다음의 금액을 합한 금액을 가산세로 한다(국기법 47의5 ①).

① 무납 또는 과소납부분 세액×3%
② 무납 또는 과소납부분 세액×법정납부기한의 다음 날부터 납부고지일(납부고지일 전에 납부한 경우에는 그 납부일)의 전날까지의 기간×0.022%
③ 지정납부기한까지 무납 또는 과소납부분 세액×지정납부기한의 다음 날부터 납부일의 전날까지 경과한 개월 수×0.67%
④ 독촉장 송달비용

여기서 "국세를 징수하여 납부할 의무"란 다음에 해당하는 의무를 말한다(국기법 47의5 ②).

① 소득세 또는 법인세를 원천징수하여 납부할 의무
② 납세조합이 소득세를 징수하여 납부할 의무
③ 용역 등을 공급받는 자가 부가가치세를 징수하여 납부할 의무

다만, 다음에 해당하는 경우에는 원천징수 납부불성실가산세를 적용하지 아니한다(국기법 47의5 ③).

① 소득세를 원천징수하여야 할 자가 우리나라에 주둔하는 미군인 경우
② 소득세를 원천징수하여야 할 자가 국민연금·공무원연금 등 연금소득 또는 퇴직소득을 지급하는 경우
③ 소득세 또는 법인세를 원천징수하여야 할 자가 국가, 지방자치단체 또는 지방자치단체조합인 경우

나. 원천징수 납부지연가산세 특례

원천징수의무자 또는 비거주자의 국내원천소득·채권등·연예인 등의 용역제공 특례

의 규정에 따라 원천징수하여야 할 자가 국가・지방자치단체 또는 지방자치단체조합(이하 이 조에서 "국가등"이라 한다)인 경우로서 국가 등으로부터 근로소득을 받는 사람이 근로소득자 소득・세액공제신고서를 사실과 다르게 기재하여 부당하게 소득공제 또는 세액공제를 받아 국가등이 원천징수하여야 할 세액을 정해진 기간에 납부하지 아니하거나 미달하게 납부한 경우에는 국가등은 징수하여야 할 세액에 원천징수 납부불성실가산세을 더한 금액을 그 근로소득자로부터 징수하여 납부하여야 한다(소법 128의2).

다. 조세범처벌법에 따른 처벌

① 조세의 원천징수의무자가 정당한 사유 없이 그 세금을 징수하지 아니하였을 때에는 1천만원 이하의 벌금에 처한다(처벌법 13 ①).

② 조세의 원천징수의무자가 정당한 사유 없이 징수한 세금을 납부하지 아니하였을 때에는 2년 이하의 징역 또는 2천만원 이하의 벌금에 처한다(처벌법 13 ②).

05절 원천징수세액의 납부와 환급

1 원천징수세액의 납부

원천징수의무자는 원천징수한 소득세를 그 징수일이 속하는 달의 다음 달 10일까지 납부서와 함께 원천징수 관할세무서 · 한국은행 또는 체신관서에 납부하여야 하며, 원천징수이행상황신고서를 원천징수 관할세무서장에게 제출해야 한다.

다만, 국세청장으로부터 승인을 얻거나 지정받은 자는 그 징수일이 속하는 반기의 마지막 달의 다음달 10일까지 납부할 수 있다(소법 128 ①, 소령 186 ①).

2 원천징수세액의 환급

원천징수세액의 환급절차에 관하여는 일반적인 국세환급금의 환급절차(국기법 51)에 따르지 아니하고 간이 · 신속한 특별절차 즉, 조정환급절차를 별도로 마련하고 있다.

① 원천징수의무자가 이미 원천징수하여 납부한 소득세에 과오납이 있어 근로소득자에게 환급하는 때에는 그 환급액은 원천징수의무자가 원천징수하여 납부할 소득세에서 조정하여 환급한다(소령 201 ①).

② 원천징수의무자가 환급할 세액이 있고 원천징수하여 납부할 소득세 등이 없는 경우에는 다음 달 이후 원천징수하여 납부할 소득세 등에서 조정하여 환급한다. 다만, 당해 원천징수의무자의 환급신청이 있는 경우에는 원천징수 관할세무서장이 그 초과액을 환급한다(소칙 93 ①).

06절 연말정산

01 근로소득세액의 연말정산

가. 의 의

연말정산이란 근로소득금액을 지급하는 자가 해당 과세기간의 다음 연도 2월분 급여를 지급하는 때에 1년간의 총급여액에 대한 근로소득세액을 「소득세법」에 따라 정확하게 계산한 후, 급여 지급시 간이세액표에 의하여 이미 원천징수납부한 세액과 비교하여 많이 징수한 세액은 되돌려 주고 덜 징수한 경우에는 더 징수하여 납부하는 이와 같은 절차를 근로소득세액의 연말정산 또는 단순히 연말정산이라고 한다.

또한, 퇴직자의 퇴직하는 달의 근로소득을 지급하는 때에도 연말정산의 절차를 거쳐 소득세를 원천징수한다.

근로소득만이 있는 자는 연말정산절차에 따라 해당 소득에 대한 소득세가 정산되어 납부되므로 과세표준확정신고의무가 배제된다(소법 73 ①(1)). 따라서 연말정산은 납세의무자에게 과세표준확정신고의무의 배제 등과 같은 납세편의를 도모함과 동시에 징세비의 절감과 세무행정의 간소화에 기여하게 된다.

나. 연말정산의 흐름도

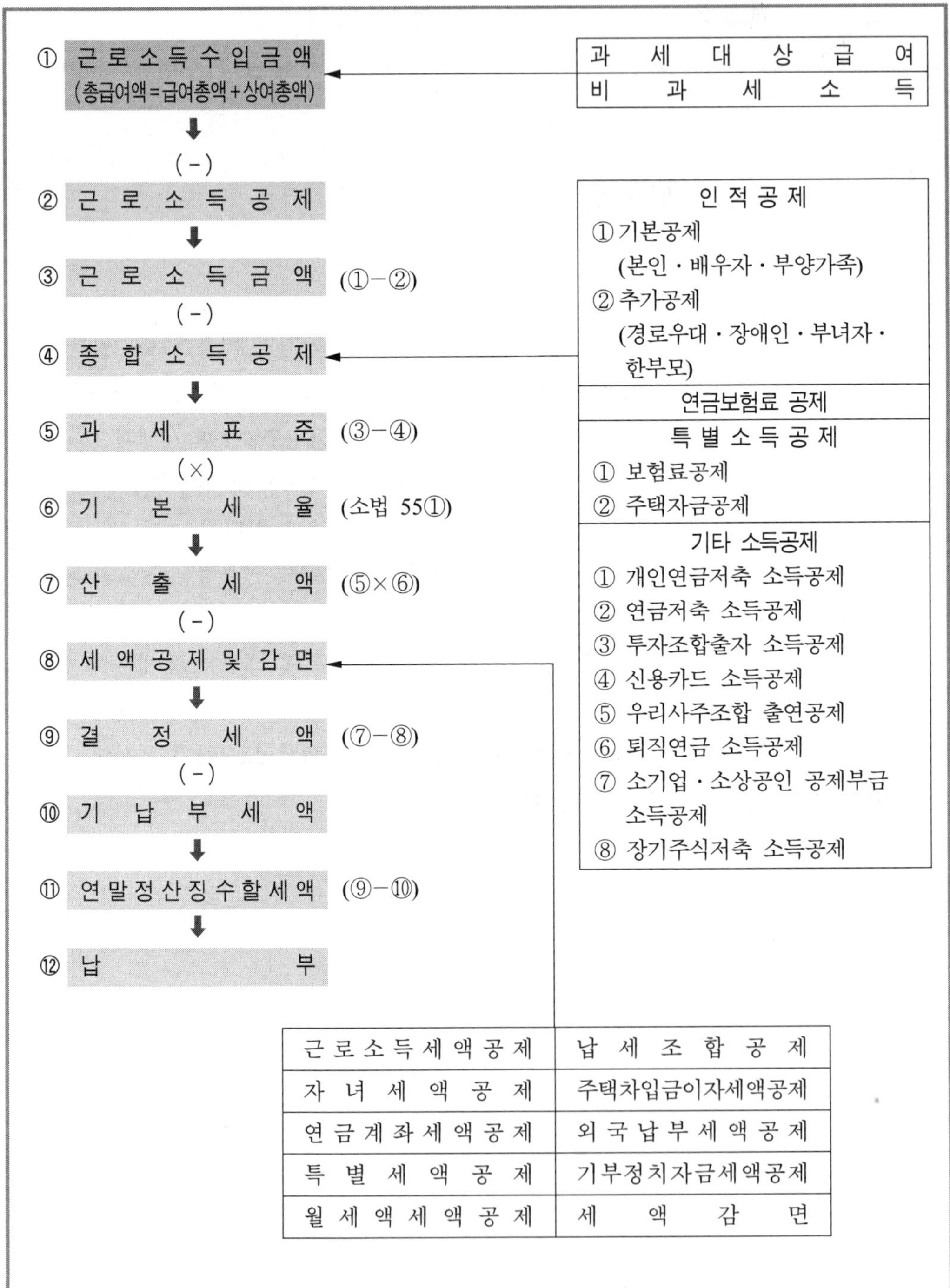
① 근로소득수입금액
(총급여액=급여총액+상여총액)
(-)
② 근로소득공제
③ 근로소득금액 (①-②)
(-)
④ 종합소득공제
⑤ 과세표준 (③-④)
(×)
⑥ 기본세율 (소법 55①)
⑦ 산출세액 (⑤×⑥)
(-)
⑧ 세액공제및감면
⑨ 결정세액 (⑦-⑧)
(-)
⑩ 기납부세액
⑪ 연말정산징수할세액 (⑨-⑩)
⑫ 납부
과세대상급여
비과세소득
인적공제
① 기본공제
(본인 · 배우자 · 부양가족)
② 추가공제
(경로우대 · 장애인 · 부녀자 · 한부모)
연금보험료 공제
특별소득공제
① 보험료공제
② 주택자금공제
기타 소득공제
① 개인연금저축 소득공제
② 연금저축 소득공제
③ 투자조합출자 소득공제
④ 신용카드 소득공제
⑤ 우리사주조합 출연공제
⑥ 퇴직연금 소득공제
⑦ 소기업 · 소상공인 공제부금 소득공제
⑧ 장기주식저축 소득공제
근로소득세액공제
납세조합공제
자녀세액공제
주택차입금이자세액공제
연금계좌세액공제
외국납부세액공제
특별세액공제
기부정치자금세액공제
월세액세액공제
세액감면

다. 연말정산의무자와 연말정산대상소득

(1) 원칙적인 경우

1) 근로소득을 지급하는 자

종업원에게 해당 과세기간의 다음 연도 2월분 또는 퇴직한 달의 근로소득을 지급하는 원천징수의무자는 해당 종업원의 근로소득에 대한 연말정산을 하여야 한다(소법 137 ①). 위에서 근로소득이란 일용근로자에 대한 급여 및 원천징수 제외대상 근로소득은 제외된다. 그러나 일용근로자 외의 자로서 근로소득 및 납세조합에 의하여 소득세가 징수된 원천징수 제외대상 근로소득이 있는 자에 대해서는 근로소득의 주된 근무지의 원천징수의무자가 근로소득과 납세조합이 징수하는 원천징수 제외대상 근로소득을 합한 금액에 대하여 연말정산을 할 수 있다.

Reference 통 칙

소기통 137-0…2 ➲ 합병법인의 임직원에 대한 연말정산

법인이 합병함에 있어서 피합병법인의 임직원이 합병법인에 계속 취업하고 규칙 제17조에 규정한 현실적인 퇴직을 하지 아니한 경우에는 당해 임직원에 대한 연말정산은 합병법인이 하여야 한다.

소기통 137-0…3 ➲ 기업형태 변경시의 근로소득세액의 연말정산

개인기업이 법인기업으로 기업형태를 변경하고 당해 개인기업의 종업원을 계속 고용하며, 퇴직급여충당금을 승계하는 때에는 그 종업원에 대한 근로소득의 연말정산은 법인이 할 수 있다.

2) 원천징수 제외대상 근로소득이 있는 자가 조직한 납세조합

원천징수 제외대상 근로소득이 있는 자가 조직한 납세조합은 그 조합원의 근로소득에 대한 연말정산을 하여야 한다(소법 150 ③).

(2) 예외적인 경우

원천징수의무자가 근로소득세액의 연말정산을 하지 아니한 때에는 원천징수 관할세무서장이 즉시 연말정산을 하고 그 소득세를 원천징수의무자로부터 징수한다(소칙 92 ①).

라. 연말정산의 시기

원천징수의무자는 해당 과세기간의 다음 연도 2월분의 근로소득 또는 퇴직하는 달의 근로소득을 지급할 때에는 연말정산을 하여야 한다(소법 137 ①).

Reference 통 칙

소기통 137－0…1 ◐ 근로소득을 추가지급한 때의 연말정산
원천징수의무자가 근로소득에 대한 연말정산을 한 후 당해 과세기간의 근로소득을 추가로 지급하는 때에는 추가로 지급하는 때에 근로소득세액의 연말정산을 다시 하여야 한다.

소기통 137－200…1 ◐ 퇴직근로자의 급여를 분할하여 지급하는 경우 근로소득연말정산
원천징수의무자가 퇴직근로자의 퇴직하는 달의 급여를 분할하여 지급하는 때에는 그 급여를 처음 지급하는 때에 퇴직자의 근로소득을 연말정산하고, 근로소득원천징수영수증은 근로자가 퇴직하는 달의 급여를 처음 지급하는 날이 속하는 달의 다음달 말일까지 교부한다.

마. 연말정산의 절차와 방법

(1) 연말정산의 절차

근로소득을 받는 근로소득자가 종합소득공제를 적용받으려는 경우에는 해당 과세기간의 다음 연도 2월분의 급여액을 받기 전(퇴직한 경우에는 퇴직한 날이 속하는 달의 근로소득을 받기 전)에 자기의 소득세를 징수하는 주된 근무지의 원천징수의무자에게 해당 공제사유를 표시하는 근로소득자소득 · 세액공제신고서를 제출하여야 한다. 다만, 해당 과세기간의 중도에 취직한 사람은 근로소득을 최초로 받기 전에 그 신고서를 제출하여야 한다.

근로소득자소득 · 세액공제신고서를 받은 주된 근무지의 원천징수의무자는 그 신고사항을 원천징수 관할세무서장에게 신고하고 종된 근무지의 원천징수의무자에게 통보하여야 한다(소법 140 ① · ②).

한편, 해당 과세기간 중에 취직하거나 퇴직한 근로소득자는 근로소득자소득 · 세액공제신고서에 주민등록표 등본을 첨부하여 제출하여야 한다(소법 140 ④).

(2) 연말정산의 방법

원천징수의무자가 해당 과세기간의 다음 연도 2월분의 근로소득 또는 퇴직하는 달의 근로소득을 지급할 때에는 소득자별 근로소득원천징수부에 의하여 해당 과세기간에 지급한 소득자별 근로소득의 합계액에 대한 소득세를 정산하여야 한다. 이 경우 근로소득원천징수부를 전산처리된 테이프 또는 디스크 등으로 수록·보관하여 항시 출력이 가능한 상태에 둔 때에는 근로소득원천징수부를 비치·기록한 것으로 본다(소법 137 ①, 소령 196 ①).

근로자가 원천징수의무자에 대한 근로의 제공으로 인하여 원천징수의무자 외의 자로부터 지급받는 소득(단체환급부보장성보험의 환급금)에 대하여는 해당 원천징수의무자가 해당 금액을 근로소득에 포함하여 연말정산하여야 한다(소령 196 ④).

① 원천징수의무자는 근로소득원천징수부에 따라 해당 과세기간에 지급한 소득자별 근로소득의 합계액에서 「소득세법」 및 「조세특례제한법」에 따른 소득공제를 차감하여 종합소득 과세표준을 계산한다. 위의 경우에 근로소득자 소득·세액공제신고서를 제출하지 아니한 근로소득자에 대해서는 기본공제 중 그 근로자 본인에 대한 분과 표준세액공제만을 적용한다(소법 137 ③, 소령 196 ②).

② 근로소득에 대한 종합소득 과세표준에 기본세율을 적용하여 근로소득에 대한 종합소득 산출세액을 계산한다.

③ 근로소득에 대한 종합소득 산출세액에서 세액공제를 차감하여 근로소득에 대한 종합소득 결정세액을 계산하게 된다. 위에서 세액공제라 함은 외국납부세액공제·근로소득세액공제·자녀세액공제·연금계좌세액공제·특별세액공제를 말한다. 이와 같은 세액공제액이 종합소득 산출세액을 초과하는 경우에 그 초과하는 부분은 이를 없는 것으로 본다.

④ 근로소득에 대한 종합소득 결정세액에서 해당 과세기간의 1월부터 12월까지의 사이에 이미 납부한 원천징수세액(가산세액을 제외)을 공제하여 계산한 금액을 추가로 징수하거나 환급하게 된다.

(3) 원천징수영수증 발급

근로소득을 지급하는 원천징수의무자는 해당 과세기간의 다음 연도 2월 말일까지 그 근로소득의 금액과 그 밖에 필요한 사항을 적은 원천징수영수증을 근로소득자에게 발급하여야 한다(소법 143).

(4) 재취직자에 대한 연말정산의 특례

해당 과세기간 중도에 퇴직한 근로소득자가 다른 근무지에 새로 취직하여 그 새 근무지에 취직한 날이 속하는 과세기간의 다음 연도 2월분의 근로소득을 받는 경우에는 이전 근무지에서 해당 과세기간의 1월부터 퇴직한 날이 속하는 달까지 받은 근로소득을 합산하여 새 근무지에서 근로소득자 소득·세액공제신고서를 제출하여 연말정산을 받을 수 있다(소법 141).

이와 같이 근로소득자가 이전 근무지에서 받은 근로소득을 포함하여 근로소득자 소득·세액공제신고서를 제출한 경우에는 새 근무지의 원천징수의무자가 이전 근무지에서 받은 근로소득과 새 근무지에서 받은 근로소득을 합산하여 연말정산을 하여야 한다. 이 경우에 새 근무지의 원천징수의무자는 해당 근로소득자로부터 이전 근무지의 근무소득 원천징수영수증과 소득자별 근로소득 원천징수부의 사본을 제출하게 하여 이전 근무지의 근로소득을 합계한 금액에 대하여 연말정산을 하게 된다(소법 138 ①, 소령 197).

연말정산의 절차와 방법은 이미 앞에서 설명한 바와 같다.

해당 과세기간의 중도에 퇴직한 근로소득자로서 연말정산에 따라 소득세를 납부한 후 다시 취직하고 그 과세기간의 중도에 또다시 퇴직한 자에 대하여도 이에 준용하여 연말정산을 할 수 있다(소법 138 ②).

(5) 2 이상의 근무지가 있는 자에 대한 연말정산의 특례

2인 이상으로부터 근로소득을 받는 사람이 해당 과세기간 종료일까지 주된 근무지와 종된 근무지를 정하고 주된 근무지에서 근무지(변동)신고서(별지 제26호 서식)를 제출한 후 해당 과세기간의 다음 연도 2월분의 근로소득을 받기 전에 종된 근무지의 원천징수의무자로부터 근로소득원천징수영수증을 발급받아 주된 근무지의 원천징수의무자에게 제출하는 경우 주된 근무지의 원천징수의무자는 주된 근무지의 근로소득과 종된 근무지의 근로소득을 더한 금액에 대하여 연말정산 하여야 한다(소법 137의2, 소령 196의2).

이 경우 종된 근무지의 원천징수의무자는 해당 근무지에서 지급하는 해당 과세기간의 근로소득금액에 기본세율을 적용하여 계산한 종합소득산출세액에서 기납부된 원천징수세액을 공제하고 그 차액을 원천징수한다.

근무지(변동)신고서를 제출하지 아니하였거나 주된 근무지에 종된 근무지 근로소득원천징수영수증을 제출하지 아니한 경우에는 근로소득을 지급하는 원천징수의무자가 각각 연말정산하고 근로자는 다음 연도 5월중에 주소지 관할 세무서에 소득을 합산하여 종합소득과세표준확정신고를 하여야 한다.

바. 세액의 납부와 환급

(1) 세액의 납부

원천징수의무자는 연말정산에 따라 원천징수한 소득세를 그 징수일이 속하는 달의 다음 달 10일까지 납부하여야 하며, 이 경우에는 소득자별로 근로소득지급명세서 등을 원천징수 관할세무서장에게 다음 연도 3월 10일까지 제출하여야 한다(소법 164 ①).

(2) 징수부족액의 이월징수

근로소득세액 연말정산을 하는 경우 징수하여야 할 소득세가 지급할 근로소득의 금액을 초과할 때에는 그 초과하는 세액은 그 다음 달의 근로소득을 지급할 때에 징수한다. 다만, 그 다음 달에 지급할 근로소득이 없는 경우에는 전액 원천징수하여야 한다(소법 139).

(3) 세액의 환급

연말정산을 하는 경우에 원천징수의무자가 이미 원천징수하여 납부한 소득세에 과오납이 있어 근로소득자에게 환급하는 때에는 그 환급액은 원천징수의무자가 원천징수하여 납부할 소득세에서 조정하여 환급한다(소령 201 ①).

원천징수의무자가 환급할 세액이 있으나 원천징수하여 납부할 소득세가 없는 경우에는 다음 달 이후 원천징수하여 납부할 소득세에서 조정하여 환급한다. 다만, 당해 원천징수의무자의 환급신청이 있는 경우에는 원천징수 관할세무서장이 그 초과액을 환급해야 한다(소칙 93).

사. 원천징수영수증의 교부 및 제출

(1) 원천징수영수증의 발급

근로소득을 지급하는 원천징수의무자는 해당 과세기간의 다음 연도 2월 말일까지 그 근로소득의 금액과 그 밖에 필요한 사항을 적은 원천징수영수증을 근로소득자에게 발급하여야 한다. 다만, 해당 과세기간 중간에 퇴직한 사람에게는 퇴직한 날이 속하는 달의 근로소득의 지급일이 속하는 달의 다음 달 말일까지 발급하여야 한다(소법 143).

(2) 원천징수영수증의 제출

국내에서 거주자에게 근로소득을 지급하는 자는 당해 연도에 지급하는 소득자별 근로소득에 대한 지급명세서를 다음 연도 3월 10일(휴업 또는 폐업한 경우에는 휴업일 또는 폐업일이 속하는 달의 다음 다음달 말일)까지 원천징수 관할세무서장에게 제출하여야 한다(소법 164 ①). 원천징수의무자가 제출한 원천징수영수증 부분에 대하여 지급명세서를 제출한 것으로 본다(소법 164 ⑤).

아. 연말정산 불이행시의 조치

원천징수의무자가 연말정산을 하지 아니한 때에는 원천징수 관할세무서장이 즉시 연말정산을 하고 그 소득세를 원천징수의무자로부터 징수한다. 그리고 원천징수의무자가 연말정산을 하지 아니하고 행방불명이 된 때에는 원천징수 관할세무서장은 당해 근로소득이 있는 자에게 과세표준 확정신고를 하여야 한다는 뜻을 통지하여야 한다(소칙 92).

2 사업소득세액의 연말정산

가. 연말정산대상 사업소득자

다음의 해당하는 사업자로서 간편장부대상자가 받는 당해 사업소득을 지급하는 원천징수의무자는 해당 과세기간의 사업소득금액에 대해서 연말정산한 소득세를 원천징수한다. 다만, ②, ③의 사업자가 받는 사업소득은 해당 사업소득의 원천징수의무자가 사업장 관할세무서장에게 연말정산 신청한 것에 한한다(소법 144의2 ①, 소령 137 ①).

① 독립된 자격으로 보험가입자의 모집 및 이에 부수되는 용역을 제공하고 그 실적에 따라 모집수당 등을 받는 자

② 방문판매업자를 대신하여 방문판매업무를 수행하고 그 실적에 따라 판매수당 등을 받거나 후원방문판매조직에 판매원으로 가입하여 후원방문판매업을 수행하고 후원수당 등을 받는 자

③ 독립된 자격으로 일반 소비자를 대상으로 사업장을 개설하지 않고 음료품을 배달하는 계약배달 판매 용역을 제공하고 판매실적에 따라 판매수당 등을 받는 자

나. 연말정산 방법

원천징수의무자가 해당 과세기간에 지급한 사업소득에 대한 수입금액에 해당 업종의 기준경비율 및 단순경비율에 의하여 계산한 소득의 소득률(연말정산사업소득률)을 곱하여 계산한 금액을 소득금액으로 하여 본인이 제출한 소득공제신고서의 내용에 따라 종합소득공제를 하고 기본세율을 적용하여 산출세액을 계산한 후 세액공제 및 이미 원천징수하여 납부된 세액을 공제한 차액을 원천징수한다. 또한 연말정산사업소득이 있는 자가 종합소득과세표준 확정신고를 할 때에는 연말정산사업소득의 소득금액을 그 소득금액으로 신고할 수 있다(소령 201의11).

> 연말정산 사업소득에 대한 소득세 결정세액* − 이미 원천징수 납부한 세액** = ┌(+) : 원천징수
> └(−) : 환급

* 연말정산 사업소득에 대한 소득세 결정세액은 다음과 같이 계산한다.

> ① 당해 연도에 지급한 수입금액×연말정산 사업소득 소득률***
> = 사업소득금액
> ② 사업소득금액 − 종합소득공제 = 종합소득과세표준
> ③ 종합소득과세표준×기본세율 = 종합소득산출세액
> ④ 종합소득산출세액 − 세액공제 = 연말정산 사업소득에 대한 소득세 결정세액

** 당해 연도에 지급한 보험모집소득 수입금액에 대하여 3% 원천징수하여 납부한 세액을 말한다.

*** 연말정산사업소득의 소득률=(1 − 단순경비율)

구 분	보험모집인	방문판매원	음료배달원
4천만원 이하분	22.4%	25%	20%
4천만월 초과분	31.4%	35%	28%

다. 연말정산 시기

해당 과세기간의 다음 연도 2월분 사업소득을 지급하는 때(2월분의 사업소득을 2월 말일까지 지급하지 아니하거나 2월분의 사업소득이 없는 경우에는 2월 말일) 또는 해당 사업자와의 거래계약을 해지하는 달의 사업소득을 지급하는 때에 연말정산한다.

 공적연금소득세액의 연말정산

가. 의 의

공적연금소득에 대한 원천징수의무자가 해당 과세기간의 다음 연도 1월분의 공적연금소득을 지급할 때에는 연금소득자의 해당 과세기간 연금소득금액에서 그 연금소득자가 소득공제 신고한 내용에 따라 인적공제를 적용한 금액을 종합소득과세표준으로 하고, 그 금액에 기본세율을 적용하여 종합소득산출세액을 계산한 후 그 세액에서 자녀세액공제와 표준세액공제를 적용한 세액에서 그 과세기간에 이미 원천징수하여 납부한 소득세를 공제하고 남은 금액을 원천징수한다(소법 143의4 ①).

나. 연말정산 방법

위의 경우 해당 과세기간에 이미 원천징수하여 납부한 소득세, 자녀세액공제 및 표준세액공제에 따른 공제세액의 합계액이 해당 종합소득산출세액을 초과할 때에는 그 초과액은 해당 연금소득자에게 환급하여야 한다(소법 143의4 ②). 원천징수의무자가 소득공제 신고를 하지 아니한 연금소득자에 대해서 소득세를 원천징수하는 때에는 그 연금소득자 본인에 대한 기본공제와 표준세액공제만을 적용한다(소법 143의4 ③).

공적연금소득을 받는 사람이 해당 과세기간 중에 사망한 경우 원천징수의무자는 그 사망일이 속하는 달의 다음 다음달 말일까지 그 사망자의 공적연금소득에 대한 연말정산을 하여야 한다(소법 143조의4 ④).

다. 연금소득 종합소득신고 예외

연금소득은 종합소득 과세표준 확정신고 대상이나, 공적연금소득만 있는 자나 분리과세연금소득(사적연금소득의 총연금액이 연 1,200만원 이하인 경우로서 분리과세를 선택한 경우)이 있는 경우 그 연금소득은 종합소득과세표준을 계산할 때 합산하지 아니한다.

라. 소득 · 세액공제신고서의 제출

연금소득을 지급 받는 자는 해당 과세기간의 12월 31일까지(사망한 때에는 사망한 날이 속하는 달의 다음달 말일까지) 연금소득자소득 · 세액공제신고서를 원천징수의무자에게 제출하여야 한다(소법 143의6 ②).

연금소득자 소득·세액공제신고서를 제출함에 있어서 본래의 주소·거소를 일시퇴거한 자가 있는 경우에는 일시퇴거자 동거가족상황표를 연금소득자공제 신고서에 첨부하여야 한다(소령 201의7 ②). 연금소득을 지급하는 원천징수의무자는 연금소득자소득·세액공제신고서를 작성하여 정보통신망에 게재할 수 있고 연금소득자는 해당 연금소득자 소득·세액공제신고서를 정보통신망을 통하여 제출할 수 있다(소령 201의7 ③).

또한 원천징수의무자가 작성한 연금소득자 소득·세액공제신고서에 오류가 없음을 확인하는 경우(오류가 있는 경우 연금소득자가 해당 오류를 수정한 경우를 포함) 원천징수의무자가 작성한 소득·세액공제신고서는 해당 연금소득자가 직접 작성하여 제출한 신고서로 본다(소령 201의7 ④).

마. 소득공제신고서의 열람 및 수정

원천징수의무자는 연금소득자가 연금소득자 소득·세액공제신고서의 열람 및 수정을 요청하면 이를 허용하여야 한다(소령 201의7 ⑤).

 종교인소득의 연말정산

종교인소득을 지급하고 그 소득세를 원천징수하는 자는 해당 과세기간의 다음 연도 2월분의 종교인소득을 지급할 때(2월분의 종교인소득을 2월 말일까지 지급하지 아니하거나 2월분의 종교인소득이 없는 경우에는 2월 말일로 한다. 이하 이 조에서 같다) 또는 해당 종교관련종사자와의 소속관계가 종료되는 달의 종교인소득을 지급할 때 해당 과세기간의 종교인소득에 대하여 종교관련종사자가 해당 과세기간에 받은 금액에서 필요경비를 공제하고 종합소득공제를 적용한 금액을 종합소득과세표준으로 하여 종합소득산출세액을 계산하며, 그 종합소득산출세액에서 세액공제를 적용한 후 해당 과세기간에 이미 원천징수하여 납부한 소득세를 공제하고 남은 금액을 원천징수한다(소법 145의3, 소령 202의4).

07절 납세조합

01 의 의

납세조합이란 소득세의 결정과 징수가 곤란한 원천징수 제외대상 근로소득이 있는 자와 농·축·수산물판매업자, 노점상인 등과 같은 영세한 사업소득이 있는 거주자가 조합을 조직하고 당해 조합이 그 조합원의 소득세를 원천징수함으로써 징세비의 절약과 징수확보에 기여하고 납세편의를 도모하기 위하여 조직된 단체이다.

납세조합은 납세관리와 납세에 관한 계몽선전을 위한 업무만을 목적으로 하는 단체로서 권리능력 없는 사단에 해당한다고 하겠다.

02 납세조합의 조직

가. 조직대상

납세조합을 조직할 수 있는 자는 다음과 같다(소법 149, 소령 204 ②).

① 다음에 해당하는 근로소득이 있는 자(소법 127 ①(4))

㉠ 외국기관 또는 우리나라에 주둔하는 국제연합군(미군은 제외)으로부터 받는 근로소득

㉡ 국외에 있는 비거주자 또는 외국법인(국내지점 또는 국내영업소는 제외)으로부터 받는 근로소득. 다만, 비거주자의 국내사업장과 외국법인의 국내사업장의 국내원천소득금액을 계산할 때 필요경비 또는 손금으로 계상되는 소득은 제외한다.

② 법령으로 정하는 사업자

㉠ 농·축·수산물판매업자(복식부기의무자 제외)

㉡ 노점상인

㉢ 기타 국세청장이 필요하다고 인정하는 사업자

나. 조직과 운영

(1) 승 인

납세조합을 조직하고자 하는 자는 다음의 요건을 갖추어 납세조합 관할세무서장을 거쳐 지방국세청장의 승인을 얻어야 한다(소령 204 ①).

① 원천징수 제외대상 근로소득이 있는 자의 납세조합은 조합원이 될 납세의무자가 50명 이상으로서 그 3분의 2 이상의 동의를 얻을 것. 다만, 지역적인 특수성으로 인하여 조합원이 50명에 미달하는 경우에는 그 미달하는 인원으로도 납세조합을 조직할 수 있다.

② 사업자의 납세조합은 조합원이 될 납세의무자가 20명 이상일 것

③ 납세관리와 납세에 관한 업무만을 목적으로 할 것

④ 가입 및 탈퇴를 강제하지 아니할 것. 다만, 납세에 관하여 다른 조합원에게 피해를 입히게 되는 경우로서 당해 조합의 정관 또는 규약에 따로 규정을 둔 때에는 그러하지 아니하다.

(2) 해 산

납세조합이 다음의 1에 해당하는 경우에는 해산하여야 한다(소령 204 ③).

① 조합원의 2분의 1 이상의 동의가 있는 때

② 조합원의 수가 사업자의 납세조합에 있어서는 20명, 원천징수 제외대상 근로소득이 있는 자의 납세조합에 있어서는 50명에 각각 미달하게 된 때. 다만, 지역의 특수성으로 조합원이 50명에 미달하는 경우에는 그러하지 아니하다.

한편, 관할지방국세청장은 납세조합이 다음의 1에 해당하는 경우에는 그 해산을 명할 수 있다(소령 204 ④).

① 승인요건에 위배된 때

② 조세행정에 지장이 있는 행위가 있다고 인정되는 때

 납세조합의 징수 · 납부

납세조합은 그 조합원의 원천징수 제외대상 근로소득 또는 사업소득에 대한 소득세를 매월 징수하여 징수일이 속하는 달의 다음 달 10일까지 납세조합 관할세무서 · 한국은행 또는 체신관서에 납부하여야 한다(소법 151).

가. 원천징수 제외대상 근로소득자에 대한 원천징수방법

원천징수 제외대상 근로소득에 따른 자가 조직한 납세조합이 2027년 12월 31일 이전에 그 조합원에 대한 매월분의 소득세를 징수할 때에는 그 세액의 3%에 해당하는 금액(연 100만원 한도)을 공제하고 징수한다. 다만, 종합소득과세표준 확정신고를 하거나 연말정산을 하는 경우에는 해당 납세조합에 의하여 원천징수된 근로소득에 대한 종합소득 산출세액의 3%에 해당하는 금액(연 100만원 한도)을 공제한 것을 세액으로 납부하거나 징수한다(소법 150 ③). 이 경우 납세조합은 소득세를 징수할 때 그 조합원의 매월분의 소득에 대해서는 근로소득에 대한 원천징수의 예에 따르되, 근로소득 간이세액표에 따라 계산한 소득세에서 납세조합공제를 적용한 금액을 징수한다(소법 152 ②).

나. 사업소득자에 대한 원천징수방법

농 · 축 · 수산물판매업 등의 사업자가 조직한 납세조합이 2024년 12월 31일 이전에 그 조합원에 대한 매월분의 소득세를 징수할 때에는 그 세액의 5%에 해당하는 금액(연 100만원 한도)을 공제하고 징수한다(소법 150②). 이 경우 납세조합은 소득세를 징수할 때 각 조합원의 매월분 수입금액에서 수입금액에 단순경비율을 곱한 금액을 공제한 금액에 12를 곱한 금액에 종합소득공제를 적용한 금액에 기본세율을 적용하여 계산한 세액의 1/12을 매월분의 소득세로 하여 세액공제와 납세조합공제를 적용한 금액을 징수한다. 이 경우에 1개월 미만의 끝수가 있을 때에는 1개월로 본다(소법 152 ①, 소령 205 ③).

04 교부금지급과 원천징수 납부불성실가산세

가. 납세조합에 대한 교부금지급

납세조합이 징수한 소득세를 납부한 때에는 매월 징수·납부한 소득세의 2% 내지 10%에 해당하는 금액의 범위 안에서 납세조합이 징수·납부한 세액, 조합원수, 업종의 특수성, 조합운영비 등을 고려하여 산정된 교부금을 해당 납세조합에게 지급하여야 한다 (소법 169, 소령 221 ①).

나. 원천징수 납부불성실가산세

국세를 징수하여 납부할 의무를 지는 자가 징수하여야 할 세액을 법정납부기한까지 납부하지 아니하거나 과소납부한 경우에는 납부하지 아니한 세액 또는 과소납부분 세액의 50%(법정납부기한 다음 날부터 납세고지일까지의 기간에 해당하는 금액을 합한 금액은 10%)에 상당하는 금액을 한도로 하여 다음의 금액을 합한 금액을 가산세로 한다(국기법 47의5 ①).

① 무납 또는 과소납부분 세액×3%
② 무납 또는 과소납부분 세액×법정납부기한의 다음 날부터 납부고지일(납부고지일 전에 납부한 경우에는 그 납부일)의 전날까지의 기간×0.022%
③ 지정납부기한까지 무납 또는 과소납부분 세액×지정납부기한의 다음 날부터 납부일의 전날까지 경과한 개월 수×0.67%
④ 독촉장 송달비용

○ 소 득 세 법

연습문제

01 원천징수의 의의와 종류에 대하여 설명하시오.

02 원천징수의 법적 성격에 대하여 설명하시오.

03 원천징수의무자와 원천징수 대상소득의 범위에 대하여 설명하시오.

04 원천징수의무의 승계에 대하여 설명하시오.

05 원천징수의 시기와 세액납부에 대하여 설명하시오.

06 원천징수지급시기의 의제에 대하여 설명하시오.

07 「소득세법」의 납세조합에 대하여 설명하시오.

08 장기보유주식 배당소득에 대한 원천징수 특례에 대하여 설명하시오.

09 연말정산제도의 필요성과 그 절차에 대하여 설명하시오.

10 근로소득의 연말정산에 대하여 설명하시오.

11 납세조합의 징수·납부에 대하여 설명하시오.

01 소득의 지급시기의제를 설명한 것으로 잘못된 것은? ▶ CTA, 2001수정

① 「법인세법」의 소득처분에 따른 배당·상여 및 기타소득은 법인에 소득금액변동통지서를 발송한 날에 지급하거나 회수된 것으로 본다.

② 금융기관이 매출 또는 중개하는 어음의 이자와 할인액은 이를 지급받는 자가 할인매출일에 원천징수를 선택한 때에는 할인매출하는 날에 지급한 것으로 본다.

③ 상호신용금고가 매출하는 표지어음으로서 보관통장으로 거래되는 것의 이자와 할인액은 이를 지급받는 자가 할인매출일에 원천징수를 선택한 때에는 할인매출하는 날에 지급한 것으로 본다.

④ 근로소득을 지급하여야 할 원천징수의무자가 1월부터 11월까지의 근로소득을 해당 과세기간의 12월 31일까지 지급하지 아니한 때에는 그 근로소득을 12월 31일에 지급한 것으로 본다.

⑤ 법인이 이익 또는 잉여금의 처분에 의하여 지급하여야 할 상여가 1월 1일부터 10월 31일까지의 사이에 결정된 경우 그 처분을 결정한 날부터 3월이 되는 날까지 지급하지 아니한 때에는 그 3월이 되는 날에 상여를 지급한 것으로 본다.

해설 「법인세법」상 소득처분에 의한 배당·상여 및 기타소득은 ㉠ 세무서장이 법인소득금액을 결정하거나 경정하는 경우에는 법인이 소득금액변동통지서를 받은 날에 지급하거나 회수된 것으로 보며, 법인이 소득금액을 신고하는 경우에는 당해 법인이 법인세 과세표준 및 세액의 신고기일에 지급한 것으로 본다.

02 거주자 갑의 2026년도 귀속 근로소득의 연말정산에 관한 자료이다. 연말정산시 갑의 소득세 징수세액 또는 환급세액은 얼마인가? ▶ CPA, 2002 수정

1) 급여 2,000,000원, 자가운전보조금 350,000원(지급기준이 없고, 별도로 시내출장여비를 받음) 및 식사대 150,000원(별도로 식사를 제공받음)을 매월 지급받았다.
2) 상여금은 급여의 500%인 10,000,000원을 받았으며, 또한 갑에게 2025년 사업연도 귀속분으로서 인정상여 처분된 10,000,000원이 있다.
3) 회사는 갑에게 근로소득 간이세액표에 따라 2025년 소득세 4,000,000원을 원천징수하였다.
4) 갑은 회사에게 연말정산시 본인의 대학원등록금 5,500,000원에 대한 증빙서류를 구비하여 근로소득자 소득공제신고서를 제출하였다.
5) 배우자의 연간 소득금액의 합계액은 2,000,000원이고, 배우자 외 생계를 같이하는 부양가족은 없음.

<근로소득공제, 종합소득세율, 근로소득세액공제(발췌)>

1) 근로소득공제 : 총급여액 4,500만원초과 ⇨ 12,000,000원+4,500만원 초과액×5%
2) 종합소득세율 : 과세표준 1,400만원 초과 5,000만원 이하
⇨ 840,000원+1,400만원 초과액×15%
3) 근로소득세액공제 : 산출세액 130만원 초과
⇨ 715,000원+130만원 초과액×30%
4) 근로소득세액공제 한도액 : 총급여액 3,300만원 초과~7,000만원 이하
⇨ Max[660,000원, {740,000원－(총급여액－3,000만원)×0.8%}]

① 90,000원 환급 ② 1,307,500원 환급 ③ 413,000원 징수
④ 413,000원 환급 ⑤ 910,000원 징수

 **해설** (1) 총급여 : (2,000,000+350,000+150,000)×12+10,000,000+10,000,000 = 50,000,000원
(2) 근로소득공제 : 12,000,000+5,000,000×0.05 = 12,250,000
(3) 근로소득금액 : (1)－(2) = 37,750,000
(4) 소득공제 : 1,500,000원
① 기본공제 : 1,500,000
(5) 과세표준 : (3)－(4) = 36,250,000원
(6) 산출세액 : 840,000+22,250,000×0.15 = 4,177,500원
(7) 근로소득세액공제 : Min[①, ②] = 660,000원
① 715,000+3,057,500×30% = 1,632,250
② Max[660,000원, {740,000원－(5,000만원－3,000만원)×0.8%}] = 660,000
(8) 교육비세액공제 : 5,500,000×15% = 825,000원
(9) 결정세액 : (6)－(7)－(8) = 2,692,500원
(10) 차가감납부세액 : (9)－4,000,000 = Δ1,307,500(환급세액)

03 소득세법령상 원천징수에 관한 설명으로 옳지 않은 것은? ▶ CPA, 2022 수정

① 일용근로자의 근로소득에 대한 원천징수세율은 100분의 6으로 한다.

② 근로소득을 지급하여야 할 원천징수의무자가 1월부터 11월까지의 근로소득을 해당 과세기간의 12월 31일까지 지급하지 아니한 경우에는 그 근로소득을 12월 31일에 지급한 것으로 보아 소득세를 원천징수한다.

③ 법인이 합병한 경우에 합병으로 설립된 법인은 합병으로 소멸된 법인이 원천징수를 하여야 할 소득세를 납부하지 아니하면 그 소득세에 대한 납세의무를 진다.

④ 법령으로 정하는 봉사료에 대한 원천징수세율은 100분 10으로 한다.

⑤ 연말정산 사업소득을 지급하는 원천징수의무자는 연말정산일이 속하는 달의 다음 달 말일까지 원천징수영수증을 해당 사업자에게 발급하여야 한다.

해설 봉사료에 대한 원천징수세율은 100분 5로 한다.

04 「소득세법」 상 거주자의 종합소득 및 퇴직소득에 대한 신고, 납부 및 징수에 관한 설명이다. 옳지 않은 것은? ▶ CPA 2019

① 국내에서 거주자에게 퇴직소득을 지급하는 내국법인은 그 거주자에 대한 소득세를 원천징수하여 그 징수일이 속하는 달의 다음 달 10일까지 납부하여야 한다.

② 근로소득 및 퇴직소득만 있는 거주자는 해당 소득에 대하여 과세표준확정신고를 하지 아니할 수 있다.

③ 원천징수대상 소득으로서 발생 후 지급되지 아니함으로써 원천징수되지 아니한 소득이 종합소득에 합산되어 종합소득에 대한 소득세가 과세된 경우에는 그 소득을 지급할 때 소득세를 원천징수하고 이미 납부된 소득세는 환급하여야 한다.

④ 복식부기의무자가 재무상태표, 손익계산서, 합계잔액시산표 및 조정계산서를 제출하지 않은 경우에는 종합소득 과세표준확정신고를 하지 않은 것으로 본다.

⑤ 종합소득 과세표준확정신고를 하여야 할 자가 그 신고를 하지 않은 경우에는 납세지 관할세무서장 또는 지방국세청장이 해당 거주자의 과세표준과 세액을 결정한다.

해설 원천징수대상 소득으로서 발생 후 지급되지 아니함으로써 소득세가 원천징수되지 아니한 소득이 종합소득에 합산되어 종합소득에 대한 소득세가 과세된 경우에 그 소득을 지급할 때에는 소득세를 원천징수하지 아니한다(소법 155).

05 「소득세법」 상 소득별 원천징수세율이다. 옳은 것은? ▶ CPA, 2010

① 「복권 및 복권기금법」 상 복권 당첨금의 소득금액이 3억원을 초과하는 경우 그 초과하는 분에 대해서는 100분의 30

② 일용근로자의 근로소득에 대해서는 100분의 5

③ 원천징수대상 사업소득에 대해서는 100분의 8

④ 「근로자퇴직급여보장법」에 따라 지급받는 연금소득에 대해서는 100분의 3

⑤ 출자공동사업자의 배당소득에 대해서는 100분의 20

해설 ② 일용근로자의 근로소득 : 6%
③ 원천징수대상 사업소득 : 3% (20%)
④ 「근로자퇴직급여보장법」에 따라 지급받는 연금소득 : 3%~5%
⑤ 출자공동사업자의 배당소득 : 25%

06 다음의 자료는 단독세대주인 거주자 갑의 2026년도 종합소득세 과세대상 소득의 소득금액과 원천징수세액이다. 특별세액공제로서 표준세액공제를 받는다고 할 때, 종합소득 확정신고 자진납부세액(또는 환급세액)을 계산한 것으로 옳은 것은? (단, 인적공제, 특별세액공제, 근로소득세액공제 이외의 고려사항은 없으며, 또한 지방소득세도 고려하지 않는다.) ▶ CPA, 2010

(1) 근로소득금액 12,000,000원
(2) 기타소득금액 18,000,000원
(3) (1)과 (2)에 대한 원천징수세액(지방소득세 제외) 3,000,000원
(4) 종합소득산출세액 계산을 위한 세율은 다음과 같다.

종합소득과세표준	기 본 세 율
1,400만원 이하	과세표준의 100분의 6
1,400만원 초과 5,000만원 이하	84만원+(1,400만원 초과액의 100분의 15)

(5) 근로소득세액공제는 다음과 같이 산출하고, 총급여액은 3천만원 한도액을 적용한다.

근로소득에 대한 종합소득산출세액	공 제 액
130만원 이하	산출세액의 55%
130만원 초과	715,000원+(130만원 초과액의 30%)

① 자진납부세액 455,400원
② 환급세액 778,300원
③ 자진납부세액 545,000원
④ 자진납부세액 445,400원
⑤ 환급세액 433,400원

 **해설** (1) 종합소득금액 : 12,000,000+18,000,000 = 30,000,000

(2) 종합소득공제 : 1,500,000

① 인적공제 : 1,500,000

(3) 과세표준 : (1)−(2) = 28,500,000

(4) 산출세액 : 840,000+(28,500,000−14,000,000)×15% = 3,015,000

(5) 근로소득세액공제 : Min[②, ③] = 663,300

① 근로소득산출세액 $= 3{,}015{,}000 \times \frac{12{,}000{,}000}{30{,}000{,}000} = 1{,}206{,}000$

② 근로소득세액공제액 = 1,206,000×55% = 663,300

③ 한도액 = 740,000

(6) 표준세액공제 : 130,000원

(7) 결정세액 : (4)−(5)−(6) = 2,221,700

(8) 자진납부세액 : 2,221,700−3,000,000 = △778,300(환급세액)

07 국내에서 원천징수대상사업소득을 지급할 때 소득세의 원천징수의무가 있는 자로 옳은 것을 모두 고른 것은? ▶CTA, 2011

ㄱ. 사업자
ㄴ. 법인세의납세의무자
ㄷ. 국가·지방자치단체 또는 지방자치단체조합
ㄹ. 「민법」 기타 법률에 의하여 설립된 법인
ㅁ. 「국세기본법」의 규정에 의하여 법인으로 보는 단체

① ㄱ, ㄴ, ㄷ
② ㄴ, ㄹ, ㅁ
③ ㄱ, ㄴ, ㄹ, ㅁ
④ ㄴ, ㄷ, ㄹ, ㅁ
⑤ ㄱ, ㄴ, ㄷ, ㄹ, ㅁ

 **해설** 원천징수대상 사업소득을 지급하는 경우에는 「소득세법 시행령」 제184조 제3항에 해당하는 자만이 원천징수의무를 지는 특례가 있다.

01 ① 02 ② 03 ④ 04 ③ 05 ① 06 ⑤ 07 ⑤

메모

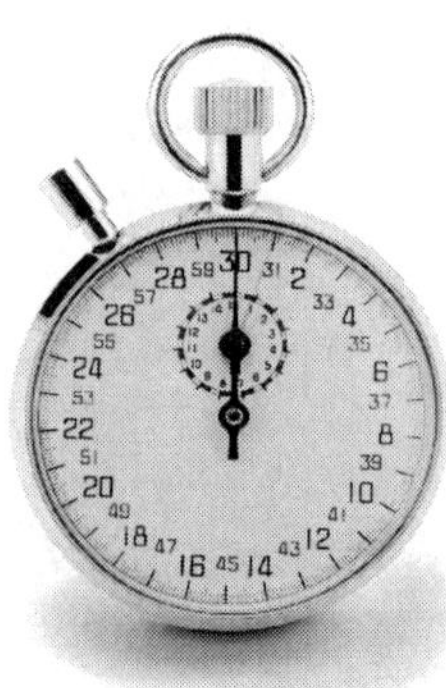

보 칙

01절 비거주자의 납세의무

01 비거주자의 납세의무

가. 비거주자의 과세범위

소득세의 납세의무자는 소득이 귀속하는 개인이다. 소득세법은 이와 같이 소득이 귀속하는 개인을 거주자와 비거주자로 구별하고, 이에 따라 과세소득의 범위 및 과세방법 등에 차이를 두고 있다.

즉, 거주자는 거주지국 과세원칙에 따라 국내뿐만 아니라 국외에서 발생하는 소득을 포함한 모든 소득에 대하여 무제한납세의무를 지며, 해당 과세기간에 발생한 소득을 종합하여 과세한다. 반면에 비거주자는 원천지국 과세원칙에 따라 국내원천소득에 한하여 제한납세의무를 지되, 국내사업장 등의 소재 여부에 따라 종합과세하거나 분리과세하게 된다.

나. 비거주자의 개념

「소득세법」의 납세의무자인 개인은 거주자와 비거주자로 구분된다. 거주자란 국내에 주소를 두거나 183일 이상 거소를 둔 개인을 말한다. 그리고 비거주자란 거주자가 아닌 자로서 국내원천소득이 있는 개인을 말한다(소법 1의2 ①). 즉 거주자 · 비거주자의 구별은 국적과는 관계없이 주소 또는 거소의 소재에 의하여 결정된다.

다. 국내원천소득의 범위

국내원천소득의 범위는 다음과 같이 구분한다(소법 119).

소득의 종류	국내원천소득의 범위
(1) 이자소득	다음에 규정하는 이자(국외에서 받는 예금의 이자 제외). 다만, 거주자 또는 내국법인의 국외사업장을 위하여 그 국외사업장이 직접 차용한 차입금의 이자는 제외한다. ① 국가·지방자치단체·거주자·내국법인·외국법인의 국내사업장 또는 비거주자의 국내사업장으로부터 받는 소득 ② 외국법인 또는 비거주자로부터 받는 소득으로서 그 소득을 지급하는 외국법인 또는 비거주자의 국내사업장과 실질적으로 관련하여 그 국내사업장의 소득금액을 계산할 때 손금 또는 필요경비에 산입되는 것
(2) 배당소득	내국법인 또는 법인으로 보는 단체나 그 밖의 국내로부터 받는 배당소득 및 「국제조세조정에 관한 법률」에 따라 배당으로 처분된 금액
(3) 부동산소득	국내에 있는 부동산 또는 부동산상의 권리와 국내에서 취득한 광업권, 조광권, 지하수의 개발·이용권, 어업권, 토사석채취에 관한 권리의 양도·임대, 그 밖에 운영으로 인하여 발생하는 소득. 다만, '(9)'에 규정한 양도소득은 제외한다.
(4) 선박·항공기 등의 임대소득	거주자·내국법인 또는 외국법인의 국내사업장이나 비거주자의 국내사업장에 선박·항공기·등록된 자동차·건설기계 또는 산업상·상업상·과학상의 기계·설비·장치·운반구·공구·기구 및 비품를 임대함으로써 발생하는 소득
(5) 사업소득	비거주자가 경영하는 사업에서 발생하는 소득(조세조약에 따라 국내원천사업소득으로 과세할 수 있는 소득을 포함). 다만, '(6)'에 해당하는 소득은 제외한다.
(6) 인적용역소득	국내에서 다음에서 정하는 인적용역을 제공함으로써 발생하는 소득(국외에서 제공하는 인적용역 소득이 조세조약에 따라 국내에서 발생하는 것으로 간주되는 소득). 이 경우 그 인적용역을 제공받는 자가 인적용역 제공과 관련하여 항공료 등의 법령으로 정하는 비용을 부담하는 경우에는 그 비용을 제외한 금액을 말한다. ① 변호사·공인회계사·세무사·건축사·측량사·변리사 기타 이와 유사한 전문직업인이 제공하는 용역 ② 과학기술·경영관리 기타 이와 유사한 분야에 관한 전문적 지식 또는 특별한 기능을 가진 자가 당해 지식 또는 기능을 활용하여 제공하는 용역 ③ 직업운동가가 제공하는 용역 ④ 배우·음악가 기타 연예인이 제공하는 용역
(7) 근로소득	국내에서 제공하는 근로와 아래에서 정하는 근로의 대가로서 받는 소득 ① 거주자 또는 내국법인이 운용하는 외국항행선박·원양어업선박 및 항공기의 승무원이 받는 급여 ② 내국법인의 임원의 자격으로서 받는 급여
(8) 퇴직소득	국내에서 제공하는 근로의 대가로 받는 퇴직소득
(9) 연금소득	국내에서 지급받는 연금소득

소득의 종류	국내원천소득의 범위
(10) 양도소득	다음에 해당하는 자산·권리의 양도소득. 다만, 그 소득을 발생하게 하는 자산·권리가 국내에 있는 경우만 해당한다. ① 토지·건물·부동산에 관한 권리 및 사업용고정자산과 함께 양도하는 영업권·시설물이용권에 따른 자산 또는 권리 ② 내국법인의 주식 또는 출자지분(주식·출자지분을 기초로 하여 발행한 예탁증서 및 신주인수권을 포함) 중 양도일이 속하는 사업연도 개시일 현재 그 법인의 자산총액 중 다음의 가액의 합계액 50% 이상인 법인의 부동산주식 등으로서 증권시장에 상장되지 아니한 주식 또는 출자지분 ㉠ 토지 또는 건물 및 부동산에 관한 권리의 자산가액 ㉡ 내국법인이 보유한 다른 부동산 과다보유 법인의 주식가액에 그 다른 법인의 부동산 보유비율(50% 이상)을 곱하여 산출한 가액
(11) 사용료소득	다음에 해당하는 권리·자산 또는 정보(이하 "권리 등")를 국내에서 사용하거나 그 대가를 국내에서 지급하는 경우의 그 대가 및 권리등의 양도로 발생하는 소득. 다만, 소득에 관한 이중과세방지협약에서 사용지를 기준으로 하여 그 소득의 국내원천소득 여부를 규정하고 있는 경우에는 국외에서 사용된 권리등에 대한 대가는 국내에서 지급되더라도 국내원천소득으로 보지 아니한다. 이 경우 특허권, 실용신안권, 상표권, 디자인권 등 권리를 행사하려면 등록이 필요한 권리(이하 "특허권 등")는 해당 특허권등이 국외에서 등록되었고 국내에서 제조·판매 등에 사용된 경우에는 국내 등록 여부에 관계없이 국내에서 사용된 것으로 본다. ① 학술 또는 예술과 관련된 저작물(영화필름을 포함)의 저작권·특허권·상표권·디자인·모형·도면, 비밀의 공식 또는 공정·라디오·텔레비전방송용 필름·테이프 그 밖에 이와 유사한 자산이나 권리 ② 산업·상업 또는 과학과 관련되 지식·경험에 관한 정보 또는 노하우
(12) 유가증권 양도소득	① 다음에 해당하는 주식·출자지분(증권시장에 상장된 부동산주식등을 포함) ㉠ 내국법인이 발행한 주식 또는 출자지분과 그 밖의 유가증권 ㉡ 외국법인이 발행한 주식 또는 출자지분(증권시장에 상장된 것에 한정) 및 외국법인의 국내사업장이 발행한 그 밖의 유가증권 ② 그 밖의 유가증권(「자본시장과 금융투자업에 관한 법률」에 따른 증권을 포함)의 양도로 발생하는 소득으로서 다음에서 정하는 소득 ㉠ 비거주자가 주식 또는 출자지분을 양도함으로써 발생하는 소득. 다만, 증권시장을 통하여 주식 또는 출자지분을 양도(「자본시장과 금융투자업에 관한 법률」에 따른 중개에 따라 주식을 양도하는 경우를 포함)함으로써 발생하는 소득으로서 해당 양도자 및 그와 특수관계 있는 자가 해당 주식 또는 출자지분의 양도일이 속하는 연도와 그 직전 5년의 기간 중 해당 주식 또는 출자지분을 발행한 법인의 발행주식총액 또는 출자총액(외국법인이 발행한 주식 또는 출자지분의 경우에는 증권시장에 상장된 주식 또는 출자지분의 총액)의 25% 미만을 소유한 경우를 제외한다.

소득의 종류	국내원천소득의 범위
(12) 유가증권 양도소득	㉡ 국내사업장을 가지고 있는 비거주자가 주식 및 출자지분 외의 유가증권을 양도함으로써 발생하는 소득. 다만, 당해 유가증권의 양도시에 '(1)'호의 규정에 의하여 과세되는 소득을 제외한다. ㉢ 국내사업장을 가지고 있지 아니한 비거주자가 내국법인, 거주자 또는 비거주자・외국법인의 국내사업장에 주식 또는 출자지분외의 유가증권을 양도함으로써 발생하는 소득. 다만, 당해 유가증권의 양도시에 '(1)'의 규정에 의하여 과세되는 소득을 제외한다.
(13) 기타의 소득	그 밖의 소득으로서 다음의 어느 하나에 해당하는 소득 ㉠ 국내에 있는 부동산 및 그 밖의 자산 또는 국내에서 경영하는 사업과 관련하여 받은 보험금, 보상금 또는 손해배상금 ㉡ 국내에서 지급하는 위약금 또는 배상금으로서 소령으로 정하는 소득 ㉢ 국내에서 지급하는 상금, 현상금, 포상금이나 그 밖에 이에 준하는 소득. 다만, 비과세하는 상금・부상은 제외한다. ㉣ 국내에서 발견된 매장물로 인한 소득 ㉤ 국내법에 따른 면허・허가 또는 그 밖에 이와 유사한 처분에 따라 설정된 권리와 그 밖에 부동산 외의 국내자산을 양도함으로써 생기는 소득 ㉥ 국내에서 발행된 복권, 경품권 또는 그 밖의 추첨권에 당첨되어 받는 당첨금품과 승마투표권, 승자투표권, 소싸움경기투표권, 체육진흥투표권의 구매자가 받는 환급금 ㉦ 슬롯머신등을 이용하는 행위에 참가하여 받는 당첨금품등 ㉧ 「법인세법」에 따라 기타소득으로 처분된 금액 ㉨ 특수관계에 있는 비거주자가 보유하고 있는 내국법인의 주식 또는 출자지분이 소령으로 정하는 자본거래로 인하여 그 가치가 증가함으로써 발생하는 소득 ㉩ 국내의 연금계좌에서 연금외수령하는 금액의 소득 ㉪ 그 밖에 국내에서 하는 사업이나 국내에서 제공하는 인적용역 또는 국내에 있는 자산과 관련하여 받은 경제적 이익으로 인한 소득(국가 또는 특별한 법률에 따라 설립된 금융회사등이 발행한 외화표시채권의 상환에 따라 받은 금액이 그 외화표시채권의 발행가액을 초과하는 경우에는 그 차액을 포함하지 아니한다) 또는 이와 유사한 소득으로서 소령으로 정하는 소득

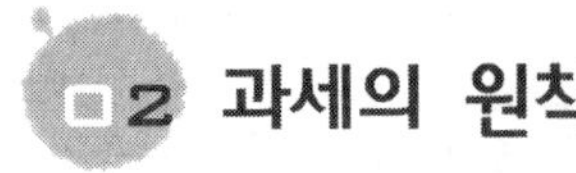

02 과세의 원칙

가. 비거주자 과세기준

우리나라는 거주자에 대하여는 전세계 소득을 과세대상으로 하는 거주지국 과세원칙(Residence principle : 속인주의)을 채택하고, 비거주자에 대하여는 국내원천소득을 과세대상으로 하는 원천지국 과세원칙(Source principle : 속지주의)을 채택하고 있다. 따라서 비거주자가 얻는 국내원천소득에 대해서만 과세하게 된다.

나. 거주자의 결정기준

소득세의 납세의무자는 거주자와 비거주자로 대별되며 거주자는 국내에 주소를 두거나 183일 이상 거소를 둔 개인으로 정의되고, 비거주자는 거주자가 아닌 자로서 국내원천소득이 있는 개인으로 규정하고 있다(소법 1의2 ①).

때때로 외국인이 자국세법 거주자인 동시에 국내세법으로도 거주자가 되는 사례가 발생할 수 있다. 이러한 이중거주자에 대해서 양국의 과세권이 경합하는 경우에는 조세협약의 거주지국 판별기준에 따라 해당 외국인의 과세지를 결정하게 된다.

다. 고정사업장

비거주자 과세에 있어서 국내사업장의 유무는 비거주자가 국내원천소득에 대한 납세의무를 이행함에 있어서 국내원천소득을 종합하여 신고납부를 하여야 하느냐 또는 완납적 원천징수로서 분리과세하느냐의 기준이 된다. 또한 고정사업장(Permanent establishment)의 존재는 사업소득에 대한 과세권의 귀속을 결정하는 기준이 된다.

조세조약에서는 한 나라의 기업이 다른 나라에 있는 고정사업장을 통하여 그 나라에서 사업을 영위하지 않는 한, 그 기업의 이윤은 상대국에서 과세되지 않는다는 원칙을 세우고 있다. 따라서 국내사업장의 유무에 따라 비거주자의 사업소득에 대한 과세 여부가 결정됨을 뜻한다.

라. 과세체계

비거주자의 과세는 세법 이외에 조세조약·외자도입법 등에서도 규정되고 있어 그 체계가 복합적이다. 비거주자의 국내원천소득에 대한 과세를 결정함에 있어서는 먼저 국내법 해당 소득에 대한 면세 여부를 살펴야 하고, 또한 해당 비거주자가 한국과 조세협약을 체결한 국가의 국민인 경우는 조세협약의 관계규정을 국내세법에 우선하여 적용해야 하는 것이다. 이처럼 비거주자에 대한 과세는 국내법과 국제법을 함께 고려하고 적용해야 한다.

03 비거주자의 국내사업장

국내사업장이란 국내에 사업의 일부 또는 전부를 수행하는 고정된 장소를 말한다. 비거주자가 국내에 사업의 전부 또는 일부를 수행하는 고정된 장소를 가지고 있는 경우에는 국내사업장이 있는 것으로 한다(소법 120 ①). 고정된 장소가 없는 경우에도 국내에 자기를 위하여 계약을 체결할 권한 있는 자가 있는 때에는 국내사업장이 있는 것으로 본다. 이를 기능적 개념의 국내사업장이라고 한다.

가. 물리적 개념

물리적 개념의 국내사업장에는 다음에 해당하는 장소를 포함하는 것으로 한다(소법 120 ②).

① 지점 · 사업소 또는 영업소
② 상점이나 그 밖의 고정된 판매장소
③ 작업장 · 공장 또는 창고
④ 6개월을 초과하여 존속하는 건축장소, 건설 · 조립 · 설치공사의 현장 또는 이와 관련된 감독을 하는 장소
⑤ 고용인을 통한 용역이 계속 제공되는 12개월 중 합계 6개월을 초과하는 기간동안 수행되거나 합계 6개월을 초과하지 아니하는 경우로서 유사한 종류의 용역이 2년 이상 계속적 · 반복적으로 수행되는 장소
⑥ 광산 · 채석장 또는 해저천연자원 그 밖의 천연자원의 탐사 장소 및 채취장소(국제법에 따라 우리나라가 영해 밖에서 주권을 행사하는 지역으로서 우리나라의 연안에 인접한 해저지역의 해상과 하층토에 있는 것을 포함)

나. 기능적 개념

물리적 시설은 없어도 국내사업장과 동일한 기능을 수행하는 다음의 자를 두고 사업을 경영하는 경우에는 국내사업장을 가진 것으로 본다(소법 120 ③, 소령 180 ①). 이를 종속대리인이라고 하며, 국내에 자기를 위하여 계약을 체결할 권한이 있는 자는 종속대리인으로 본다.

① 비거주자의 자산을 보관하고 관례적으로 이를 배달 또는 인도하는 자
② 중개인, 일반위탁매매인 그 밖의 독립적 지위의 대리인으로서 주로 특정 비거주자만을 위하여 계약체결 등 사업에 관한 중요한 부분의 행위를 하는 자(이들이 자기사업의 정상적인 과정에서 활동하는 경우를 포함)
③ 보험사업(재보험사업은 제외)을 영위하는 비거주자를 위하여 보험료를 징수하거나 국내소재 피보험물에 대한 보험을 인수하는 자

다. 국내사업장에서 제외되는 경우

다음 특정활동장소가 비거주자의 사업 수행상 예비적이며 보조적인 성격을 가진 활동을 하기 위하여 사용되는 경우에는 국내의 사업장이 있는 것으로 보지 아니한다(소법 120 ④).

① 비거주자가 단순히 자산의 구입만을 위하여 사용하는 일정한 장소
② 비거주자가 판매를 목적으로 하지 아니하는 자산의 저장 또는 보관만을 위하여 사용하는 일정한 장소
③ 비거주자가 광고 · 선전 · 정보의 수집 · 제공 및 시장조사를 하거나 그 밖에 이와 유사한 활동만을 위하여 사용하는 일정한 장소
④ 비거주자가 자기의 자산을 타인으로 하여금 가공만 하게 하기 위하여 사용하는 일정한 장소

국내사업장으로 보는 경우(소법 120 ② · ③)와 보지 않는 경우(소법 120 ④)를 비교하면 표와 같다.

국내사업장의 간주 여부

국내사업장이 있는 것으로 보는 경우	국내사업장이 있는 것으로 보지 않는 경우
① 지점·사업소 또는 영업소 ② 상점이나 그 밖의 고정된 판매장소 ③ 작업장·공장 또는 창고 ④ 6개월을 초과하여 존속하는 건축장소, 건설·조립·설치공사의 현장 또는 이와 관련된 감독을 하는 장소 ⑤ 고용인을 통하여 계속되는 12개월 기간 중 합계 6개월을 초과하는 기간 동안 용역을 제공하는 장소. 또는 6개월 초과하지 아니하는 경우로서 유사한 종류의 용역이 2년 이상 계속적·반복적으로 수행되는 장소 ⑥ 광산·채석장 또는 해저천연자원 등 그 밖의 천연자원 탐사·채취장소 ⑦ 자기를 위하여 계약을 체결할 권한이 있는 자 또는 이에 준하는 자 ⑧ 비거주자의 자산을 상시 보관하고 관례적으로 이를 배달 또는 인도하는 자 ⑨ 중개인, 일반위탁매매인 그 밖의 독립적 지위의 대리인으로서 주로 특정 비거주자만을 위하여 계약체결 등 사업에 관한 중요한 부분의 행위를 하는 자(이들이 자기사업의 정상적인 과정에서 활동하는 경우를 포함) ⑩ 보험사업(재보험사업은 제외한다)을 영위하는 비거주자를 위하여 보험료를 징수하거나 국내 소재 피보험물에 대한 보험을 인수하는 자	① 단순히 자산구입만을 위해 사용하는 일정한 장소 ② 판매목적 아닌 자산의 저장·보관만을 위해 사용하는 일정한 장소 ③ 광고·선전·정보수집과 제공·시장조사, 이와 유사한 활동만을 위하여 사용하는 일정한 장소 ④ 자기자산을 타인으로 하여금 가공만 하게 하기 위하여 사용하는 일정한 장소

04 비거주자에 대한 과세방법

비거주자의 국내원천소득에 대하여 부과하는 소득세는 해당 국내원천소득을 종합하여 과세하는 경우와 분류하여 과세하는 경우 및 그 국내원천소득을 분리하여 과세하는 경우로 구분하여 계산한다(소법 121 ①).

가. 국내사업장이 있는 경우

국내사업장이 있는 비거주자 또는 부동산소득이 있는 비거주자는 거주자의 경우와 동일하게 퇴직소득 및 양도소득은 소득별로 분류과세하고 그 이외의 모든 국내원천소득은 종합하여 과세한다. 다만, 부동산 양도소득이 있는 비거주자에게 과세할 경우에 1세대 1주택 비과세 및 1세대 1주택 장기보유특별공제는 적용하지 아니한다(소법 121 ②). 그러나 그 국내사업장에 귀속되지 아니하는 소득으로서 원천징수된 소득에 대하여는 합산신고하지 않는다(소법 156 ①).

여기서, 비거주자의 국내원천소득을 종합하여 과세하는 경우 과세표준과 세액의 계산, 신고·납부, 과세표준과 세액의 결정과 징수는 거주자에 관한 규정을 준용한다(소법 122, 124, 125). 다만, 인적공제 중 비거주자 본인 외의 자에 대한 공제와 특별소득공제, 자녀세액공제 및 특별세액공제를 적용하지 아니한다(소법 122 단서).

나. 국내사업장이 없는 경우

국내사업장이 없거나 부동산소득이 없는 비거주자에 대해서는 국내원천소득별로 분리하여 과세한다(소법 121 ③).

또한 근로소득, 퇴직소득의 경우에는 거주자에 대한 과세방법과 동일(근로소득의 경우 본인에 대한 인적공제만 적용)하며, 그 외의 소득의 경우에는 국내원천소득금액을 지급하는 자(양도소득을 지급하는 거주자 및 비거주자를 제외)가 소득을 지급하는 때에 그 국내원천소득에 대한 세액을 원천징수하여 다음 달 10일까지 정부에 납부함으로써 납세의무가 종결된다(소법 156 ①).

02절 기장의무

01 의 의

과세는 기장 및 증거에 근거하여 객관성 있게 이루어져야 한다. 이를 근거과세의 원칙이라고 하며, 국세를 부과함에 있어서 준거하여야 할 기본원칙이다. 이와 같은 근거과세를 구현하기 위하여 납세의무자에게 부과한 협력의무가 장부의 비치 · 기장의무인 것이다. 즉 장부의 비치 · 기장의무란 소득세의 과세표준과 세액을 조사결정함에 있어서 근거하여야 할 장부와 그 증명서류를 납세의무자로 하여금 비치 · 기장하도록 하는 것을 내용으로 하는 사업자가 장부를 비치 · 기장할 행위의무이다.

따라서 사업소득이 있는 자는 소득금액을 계산할 수 있도록 증명서류 등을 갖춰 놓고 그 사업에 관한 모든 거래사실을 기재하여야 하며, 감면소득이 있는 사업자는 감면소득과 기타 소득을 구분하여 기장하여야 한다.

02 장부의 비치 · 기장의무

가. 기장대상자

모든 사업자는 소득금액을 계산할 수 있도록 증명서류 등을 갖춰 놓고 그 사업에 관한 모든 거래사실이 객관적으로 파악될 수 있도록 복식부기에 의하여 장부에 관리하도록 하고 있으며, 장부의 기장능력을 판단하여 영세업자, 간편장부대상자, 복식기장의무자로 구분하고 영세업자에게는 지도위주로, 간편장부와 복식기장은 장부 기장의 의무를 부여하여 간편장부대상자는 복식기장에 대해서 기장세액공제를 하는 반면에 무기장자는 기장세액공제를 하지 아니할 뿐 아니라 무기장가산세를, 복식기장의무자는 기장세액공제없이 무기장자에게 무기장가산세만을 적용하고 있다. 한편 사업자가 아닌 경우에도 법인(중소기업을 포함)의 대주주가 양도하는 주식 또는 출자지분(신주인수권 포함)에 대해서는 거래명세 등을 장부에 기록 · 관리함에 있어서 종목별로 구분하여 각각 별지에 기장하여야 하며, 각 종목별로 기장할 때에는 거래일자 · 거래수량 · 단가 · 취득원가 또는 양도가액 · 거래수수료 · 증권거래세 · 농어촌특별세등 양도가액과 필요경비를 항목별로 빠짐없이 기장하여야 한다. 이 경우 「자본시장과 금융투자업에 관한 법률」에 따른 투자매매업자 또는 투자중개업자가 발행한 거래명세서를 갖춰 놓은 경우에는 장부를 비치 · 기록한 것으로 본다(소법 160 ⑥).

나. 장부의 종류

(1) 복식부기의무자

사업자(국내사업장이 있거나 국내에 있는 부동산 등 소득이 있는 비거주자 포함)는 소득금액을 계산할 수 있도록 증명서류 등을 갖춰 놓고 그 사업에 관한 모든 거래 사실이 객관적으로 파악될 수 있도록 복식부기에 따라 장부에 기록 · 관리하여야 한다(소법 160 ①). 이 경우 복식부기에 따른 장부는 사업의 재산상태와 그 손익거래내용의 변동을 빠짐없이 이중으로 기록하여 계산하는 부기형식의 장부를 말하며, 다음에 해당하는 경우에는 복식부기의 장부를 비치 · 기장한 것으로 본다(소령 208 ① · ②).

① 이중으로 대차평균하게 기표된 전표와 이에 대한 증명서류가 완비되어 사업의 재산상태와 손익거래내용의 변동을 빠짐없이 기록한 때

② 복식부기에 따른 장부 또는 전표와 이에 대한 증명서류를 전산처리된 테이프 또는 디스크 등으로 보관한 때

(2) 간편장부대상자

업종 · 규모 등을 고려하여 다음에 정하는 업종별 일정 규모 미만의 사업자가 간편장부를 갖춰 놓고 그 사업에 관한 거래 사실을 성실히 기재한 경우에는 장부를 비치 · 기록한 것으로 본다(소법 160 ②, 소령 208 ⑤).

① 당해 과세기간에 신규로 사업을 개시한 사업자

② 직전 과세기간의 수입금액(결정 또는 경정으로 증가된 수입금액을 포함)의 합계액이 다음의 금액에 미달하는 사업자

업 종	기준금액
㉠ 농업 · 임업 및 어업, 광업, 도매 및 소매업, 부동산매매업, 그 밖에 '㉡' 및 '㉢'에 해당되지 아니하는 사업	3억원

업 종	기준금액
㉡ 제조업, 숙박 및 음식점업, 전기·가스·증기 및 공기조절공급업, 수도·하수·폐기물처리·원료재생업, 건설업(주거용 건물 개발 및 공급업을 포함), 운수업 및 창고업, 정보통신업, 금융 및 보험업, 상품중개업	1억5천만원
㉢ 부동산임대업, 부동산업(부동산매매업 제외), 전문·과학 및 기술서비스업, 사업시설관리·사업지원 및 임대서비스업, 교육서비스업, 보건업 및 사회복지서비스업, 예술·스포츠 및 여가 관련 서비스업, 협회 및 단체, 수리 및 기타 개인서비스업, 가구내 고용활동	7천500만원

다만, 간편장부대상자에 해당하더라도 다음에 따른 사업자는 복식장부의무자에 해당된다(소령 208 ⑤ 단서).

① 「의료법」에 따른 의료업, 「수의사법」에 따른 수의업 및 「약사법」에 따라 약국을 개설하여 약사(藥事)에 관한 업(業)을 행하는 사업자

② 변호사업, 심판변론인업, 변리사업, 법무사업, 공인회계사업, 세무사업, 경영지도사업, 기술지도사업, 감정평가사업, 손해사정인업, 통관업, 기술사업, 건축사업, 도선사업, 측량사업 기타 이와 유사한 사업서비스업

또한, 업종을 겸영하거나 사업장이 2 이상인 경우에는 다음의 산식에 의하여 계산한 수입금액에 의한다(소령 208 ⑦).

$$\text{주업종(수입금액이 가장 큰 업종)의 수입금액} + \text{주업종 외의 업종의 수입금액} \times \left(\frac{\text{주업종에 대한 기준금액}}{\text{주업종 외의 업종에 대한 기준금액}}\right)$$

49

다음 자료에 따라 도매업과 부동산임대업을 겸영하는 거주자 하예은씨의 2026년 기장의무를 판정하시오?

업 종	2025년 수입금액
도매업	200,000,000원
부동산임대업	30,000,000원

 **해답** 복식부기의무자

① 환산금액 : 200,000,000원+30,000,000원×(3억/0.75억)=320,000,000원

② 환산금액이 3.2억원으로서 주업종 도매업 기준금액인 3억원 이상으로 복식의무자에 해당한다.

다. 기장 방법

(1) 2 이상의 소득 또는 사업장이 있는 사업자의 기장

사업소득에 부동산임대업에서 발생한 소득이 포함되어 있는 사업자는 그 소득별로 구분하여 회계처리하여야 한다. 이 경우 소득별로 구분할 수 없는 공통수입금액과 그 공통수입금액에 대응하는 공통경비는 각 총수입금액에 비례하여 그 금액을 나누어 장부에 기록한다(소법 160 ④).

또한 2 이상의 사업장을 가진 사업자의 경우에도 사업장별 거래내용이 구분될 수 있도록 장부에 기록하여야 한다(소법 160 ⑤).

(2) 소득세 감면이 있는 사업자의 기장

소득세를 감면받으려는 자는 감면소득과 그 밖의 소득을 구분하여 장부에 기록하여야 한다(소법 161). 이와 같이 구분하여야 할 사업 또는 수입별로 총수입액과 필요경비를 장부상 각각 독립된 계정과목에 의하여 기장하되, 각 사업 또는 수입에 공통되는 총수입금액과 필요경비는 안분에 의하여 기장해야 한다(소칙 96 ②).

03 금전등록기의 설치 · 사용

가. 금전등록기 설치대상자

소매업자 및 주로 사업자가 아닌 소비자에게 재화 또는 용역을 공급하는 사업으로서 국세청장이 정하는 업종의 사업을 영위하는 자와 부가가치세법상 영수증을 작성 · 교부할 수 있는 사업자 및 간이과세가 적용되는 사업자는 금전등록기를 설치 · 사용할 수 있다(소법 162 ①).

나. 현금주의 과세

사업자로서 금전등록기를 설치·사용한 경우 총수입금액의 계산은 해당 과세기간에 수입한 금액의 합계액에 의할 수 있다(소법 162 ①).

04 신용카드가맹점 가입·발급의무 등

가. 신용카드가맹점의 가입지도

국세청장은 소비자에게 재화 또는 용역을 공급하는 소비자상대업종을 영위하는 다음에 해당하는 사업자로서 국세청장이 정하는 업종을 영위하는 자로서 업종과 규모 등을 고려하여 국세청장이 정하는 바에 따라 사업장소재지 관할세무서장 또는 지방국세청장으로부터 신용카드가맹점 가입대상자로 지정받은 자에 대해서 납세관리를 위하여 필요하다고 인정되는 경우 신용카드가맹점가입대상자 가입대상자로 지정하여 신용카드가맹점으로 가입하도록 지도할 수 있다(소법 162의2 ①).

① 직전 과세기간의 수입금액(결정 또는 경정에 의하여 증가된 수입금액을 포함)의 합계액이 2천400만원 이상인 사업자

② 「의료법」에 따른 의료업, 「수의사법」에 따른 수의업 및 「약사법」에 따라 약국을 개설하여 약사(藥事)에 관한 업(業)을 행하는 사업자

③ 변호사업, 심판변론인업, 변리사업, 법무사업, 공인회계사업, 세무사업, 경영지도사업, 기술지도사업, 감정평가사업, 손해사정인업, 통관업, 기술사업, 건축사업, 도선사업, 측량사업 기타 이와 유사한 사업서비스업으로서 기획재정부령이 정하는 것

나. 신용카드매출전표의 발급의무

신용카드가맹점은 사업과 관련하여 재화 또는 용역을 공급하고 그 상대방이 대금을 신용카드로 결제하기 위하여 신용카드매출전표의 발급을 요청하는 경우에는 그 발급을 거부하거나 사실과 다르게 발급해서는 아니 된다.

다만, 다음의 어느 하나에 해당하는 사업자가 판매시점정보관리시스템을 설치·운영하는 등 대통령령으로 정하는 방법으로 다른 사업자의 매출액을 합산하여 신용카드매출전표를 발급하는 경우에는 사실과 다르게 발급한 것으로 보지 아니한다(소법 162의2 ②).

① 「유통산업발전법」에 따른 대규모점포를 운영하는 사업자
② 「체육시설의 설치 · 이용에 관한 법률」에 따른 체육시설을 운영하는 사업자
③ 그 밖에 대통령령으로 정하는 사업을 영위하는 사업자

다. 발급거부의 신고

신용카드가맹점으로부터 신용카드에 의한 거래를 거부당하거나 사실과 다른 신용카드 매출전표를 받은 자는 그 거래내용을 국세청장 · 지방국세청장 또는 세무서장에게 신고할 수 있다(소법 162의2 ③).

이러한 신고는 신용카드가맹점으로부터 신용카드에 의한 거래가 거부되거나 사실과 다르게 신용카드매출전표를 발급받은 자가 그 거래내용을 신고하려는 때에는 다음의 사항이 포함된 신고서에 관련 사실을 증명할 수 있는 서류 또는 자료를 첨부하여 그 거래가 거부되거나 사실과 다르게 발급받은 날부터 1개월 이내에 국세청장 · 지방국세청장 또는 세무서장에게 제출하여야 한다(소령 210의2 ②).

① 신고자 성명
② 신용카드가맹점 상호
③ 신용카드에 의한 거래가 거부되거나 사실과 다르게 발급받은 일자 · 거래내용 및 금액

라. 신고사항의 통보 및 시정명령

신용카드에 의한 거래를 거부신고를 받은 국세청장 · 지방국세청장 또는 세무서장은 신용카드가맹점의 납세지관할세무서장에게 이를 통보하여야 한다. 이 경우 납세지관할세무서장은 해당 과세기간의 신고금액을 해당 신용카드가맹점에 통보하여야 한다(소법 162의2 ④, 소령 210의2 ③). 또한 국세청장은 신용카드에 의한 거래를 거부하거나 사실과 다르게 발급한 신용카드가맹점에 대해서 그 시정에 필요한 사항을 명할 수 있다(소법 162의2 ⑤).

신용카드가맹점 가입을 위한 행정지도, 신용카드에 의한 거래거부 및 사실과 다른 발급의 신고 · 통보방법 그밖에 필요한 사항은 법령으로 정한다(소법 162의2 ⑥).

 현금영수증가맹점 가입 · 발급의무 등

가. 현금영수증가맹점 가입의무

(1) 의 의

주로 사업자가 아닌 소비자에게 재화 또는 용역을 공급하는 사업자로서 업종·규모 등을 고려하여 법령으로 정하는 요건에 해당하는 사업자는 그 요건에 해당하는 날부터 60일(단, 수입금액이 연 2,400만원 이상으로 의무가입대상이 된 경우 그 요건에 해당하는 날이 속하는 달의 말일부터 3개월) 이내에 신용카드단말기 등에 현금영수증 발급장치를 설치함으로써 현금영수증가맹점으로 가입하여야 한다(소법 162의3 ①).

현금영수증가맹점으로 가입한 사업자는 국세청장이 정하는 바에 따라 현금영수증가맹점을 나타내는 표지를 게시하여야 한다(소법 162의3 ②).

(2) 가입대상

주로 소비자에게 재화 또는 용역을 공급하는 소비자상대업종을 영위하는 자로서 다음에 해당하는 현금영수증가맹점 가입대상자를 말한다. 다만, 현금영수증가맹점으로 가입하기 어렵다고 인정되는 기획재정부령이 정하는 사업자는 그러하지 아니하다(소령 210의3 ①).

① 직전 과세기간의 수입금액(결정 또는 경정에 의하여 증가된 수입금액을 포함)의 합계액이 2,400만원 이상인 사업자

② 「의료법」에 따른 의료업, 「수의사법」에 따른 수의업 및 「약사법」에 따라 약국을 개설하여 약사(藥事)에 관한 업(業)을 행하는 사업자

③ 변호사업, 심판변론인업, 변리사업, 법무사업, 공인회계사업, 세무사업, 경영지도사업, 기술지도사업, 감정평가사업, 손해사정인업, 통관업, 기술사업, 건축사업, 도선사업, 측량사업 기타 이와 유사한 사업서비스업으로서 기획재정부령이 정하는 것

(3) 겸영사업자의 가입의무

소비자상대업종과 다른 업종을 겸영하는 경우에는 소비자상대업종의 수입금액만을 기준으로 하며, 소비자상대업종을 영위하는 사업장이 2 이상인 경우에는 사업장별 수입금액의 합계액으로 한다(소령 210의3 ②).

(4) 신규사업자의 가입의무

직전 과세기간에 신규로 사업을 개시한 사업자의 경우 그 직전 과세기간의 수입금액을 해당 사업월수(1월 미만의 단수가 있는 때에는 이를 1월로 함)로 나눈 금액에 12를 곱하여 계산한 금액을 기준으로 적용한다(소령 210의3 ③).

(5) 가입시기

직전 과세기간의 수입금액(결정 또는 경정에 의하여 증가된 수입금액을 포함)의 합계액이 2,400만원 이상인 사업자는 해당 과세기간의 3월 31일까지 현금영수증 가맹점으로 가입하여야 하며, 현금영수증가맹점의 수입금액의 합계액이 2,400만원에 미달하게 되는 과세기간이 있는 경우 그 다음 연도 1월 1일부터 현금영수증가맹점에서 탈퇴할 수 있다.

다만, 현금영수증표지를 게시하고 있는 경우에는 이를 현금영수증가맹점으로 보아 현금영수증관련 규정을 적용한다(소령 210의3 ④·⑤).

(6) 발급대상 금액

현금영수증가맹점이 현금영수증을 발급하여야 하는 금액은 건당 1천원 이상의 거래금액으로 한다(소령 210의3 ⑥).

나. 현금영수증의 발급의무

현금영수증가맹점으로 가입한 사업자는 사업과 관련하여 재화 또는 용역을 공급하고 그 상대방이 대금을 현금으로 지급한 후 현금영수증의 발급을 요청하는 경우에는 그 발급을 거부하거나 사실과 다르게 발급해서는 아니 된다(소법 162의3 ③). 그리고, 현금영수증의 발급을 요청하지 아니하는 경우에도 대금을 현금으로 받은 날부터 5일 이내에 무기명으로 현금영수증을 발급할 수 있다(소법 162의3 ⑦, 소령 210의3 ⑩).

또한, 현금영수증가맹점으로 가입하여야 하는 사업자 중 다음에 해당하는 업종을 영위하는 사업자는 건당 거래금액(부가가치세액을 포함)이 10만원 이상인 재화 또는 용역을 공급하고 그 대금을 현금으로 받은 경우에는 상대방이 현금영수증 발급을 요청하지 아니하더라도 현금영수증을 발급하여야 한다. 다만, 계산서 또는 세금계산서를 교부한 경우에는 현금영수증을 발급하지 아니할 수 있다(소법 162의3 ④). 발급의무 강제규정은 2010년 4월 1일부터 시행한다.

구 분	현금영수증 의무발행업종
사업서비스업	변호사업, 회계사업, 세무사업, 변리사업, 건축사업, 법무사업, 심판변론인업, 경영지도사업, 기술지도사업, 감정평가사업, 손해사정인업, 통관업, 기술사업, 측량사업, 공인노무사업
보건업	종합병원, 일반병원, 치과병원, 한방병원, 일반의원(일반과, 내과, 소아과, 일반외과, 정형외과, 신경과, 정신과, 피부과, 비뇨기과, 안과, 이비인후과, 산부인과, 방사선과 및 성형외과), 기타의원(마취과, 결핵과, 가정의학과, 재활의학과 등 달리 분류되지 아니한 병과), 치과의원, 한의원, 수의업
기타업종	일반교습학원, 예술학원, 골프장업, 장례식장업, 예식장업, 부동산중개업, 일반유흥주점업(「식품위생법 시행령」 제21조 제8호 다목에 따른 단란주점영업을 포함한다), 무도유흥주점업, 산후조리원, 가구 소매업, 전기용품 및 조명장치 소매업, 의료용 기구 소매업, 페인트 · 유리 및 그 밖의 건설자재 소매업, 안경 소매업, 출장 음식 서비스업, 중고자동차 판매업, 예술품 및 골동품 소매업, 운동 및 경기용품 소매업, 스포츠교육기관, 기타 교육지원서비스업

다. 발급거부 등의 신고

현금영수증가맹점으로 가입한 사업자 또는 현금영수증을 발급하여야 하는 사업자가 현금영수증을 발급하지 아니하거나 사실과 다른 현금영수증을 발급한 때에는 그 상대방은 그 현금거래 내용을 국세청장 · 지방국세청장 또는 세무서장에게 신고할 수 있다(소법 162의3 ⑤).

이러한 신고는 현금영수증가맹점으로부터 현금영수증의 발급이 거부되거나 사실과 다르게 현금영수증을 발급받은 자가 그 거래내용을 신고하려는 때에는 다음의 사항이 포함된 신고서에 관련 사실을 증명할 수 있는 서류 또는 자료를 첨부하여 그 발급이 거부되거나 사실과 다르게 발급받은 날부터 5년 이내에 국세청장 · 지방국세청장 또는 세무서장에게 제출하여야 한다(소령 210의3 ⑦).

① 신고자 성명

② 현금영수증가맹점 상호

③ 현금영수증 발급이 거부되거나 사실과 다르게 발급받은 일자 · 거래내용 및 금액

라. 신고사항의 통보 및 시정명령

현금영수증의 발급거부등에 대하여 신고를 받은 국세청장 · 지방국세청장 또는 세무서장은 해당 사업자의 납세지관할세무서장에게 이를 통보하여야 한다. 이 경우 납세지관

할세무서장은 해당 과세기간의 신고금액을 해당 사업자에게 통보하여야 한다(소법 162의3 ⑥). 또한 국세청장은 현금영수증가맹점으로 가입한 사업자에게 현금영수증 발급 요령, 현금영수증가맹점 표지 게시방법 등 현금영수증가맹점으로 가입한 사업자가 준수하여야 할 사항과 관련하여 필요한 명령을 할 수 있다(소법 162의3 ⑧).

현금영수증가맹점 가입 및 탈퇴, 발급대상금액, 현금영수증의 미발급 및 사실과 다른 발급의 신고·통보방법 그밖에 필요한 사항은 법령으로 정한다(소법 162의3 ⑨).

6 경비 등의 지출증빙 수취 및 보관

가. 보 관

거주자 또는 국내사업장이 있거나 종합과세하고 있는 비거주자가 사업소득금액 또는 기타소득금액을 계산할 때 필요경비를 계산하려는 경우에는 그 비용의 지출에 대한 증명서류를 받아 이를 확정신고기간 종료일부터 5년간 보관하여야 한다. 다만, 각 과세기간의 개시일 5년 전에 발생한 결손금을 공제받은 자는 해당 결손금이 발생한 과세기간의 증명서류를 공제받은 과세기간의 다음다음 연도 5월 31일까지 보관하여야 한다(소법 160의2 ①). 그러나 현금영수증·국세청 현금영수증홈페이지에 사업용신용카드로 등록한 신용카드매출전표·화물운전자복지카드매출전표의 지출증거자료에 대하여는 보관하지 아니할 수 있다(소령 208의2 ⑤).

나. 수 취

(1) 원 칙

사업소득이 있는 자가 사업과 관련하여 사업자(법인을 포함)로부터 재화 또는 용역을 공급받고 그 대가를 지출하는 경우에는 다음에 해당하는 증명서류를 받아야 한다(소법 160의2 ②).

① 계산서

② 세금계산서(세금계산서를 교부받지 못한 경우 매입자발행세금계산서를 발행하여 보관하는 때에는 수취·보관한 것).

③ 신용카드매출전표(직불카드, 외국에서 발행된 신용카드, 기명식선불카드 및 기명식선불전자지급수단·기명식전자화폐를 포함)

한편, 다음에 해당하는 증빙자료를 보관하고 있는 경우에는 신용카드매출전표 및 현금영수증을 수취하여 보관하고 있는 것으로 본다(소령 208의2 ④).

㉠ 신용카드업자 등으로부터 교부받은 신용카드 월별이용대금명세서 및 선불카드의 월별이용대금명세서

㉡ 신용카드업자 등으로부터 전송받아 전사적자원관리시스템에 보관하고 있는 신용카드 또는 직불카드 및 선불카드・현금영수증・기명식선불전자지급수단・기명식 전자화폐의 거래정보

④ 현금영수증

(2) 예 외

다음의 경우에는 위에서 열거한 법정증빙서류가 아닌 다른 증빙서류를 수취해도 된다(소법 160조의2 ② 단서, 소령 208의2 ①).

① 공급받은 재화 또는 용역의 거래건당 금액(부가가치세를 포함)이 3만원 이하인 경우
② 거래상대방이 읍・면지역에 소재하는 사업자(「부가가치세법」에 의한 간이과세자)로서 신용카드가맹점 또는 현금영수증가맹점이 아닌 경우
③ 금융・보험용역을 제공받은 경우
④ 국내사업장이 없는 비거주자 또는 외국법인과 거래한 경우
⑤ 농어민(통계청장이 고시하는 한국표준산업분류상의 농업 중 작물생산업・축산업・복합농업, 임업 또는 어업에 종사하는 자를 말하며, 법인을 제외)으로부터 재화 또는 용역을 직접 공급받은 경우
⑥ 국가・지방자치단체・지방자치단체조합으로부터 재화 또는 용역을 공급받은 경우
⑦ 비영리법인(비영리외국법인을 포함하며, 수익사업과 관련된 부분을 제외)으로부터 재화 또는 용역을 공급받은 경우
⑧ 원천징수대상사업소득자로부터 용역을 공급받은 경우(원천징수한 경우)
⑨ 기타 기획재정부령이 정하는 경우

사업자는 이러한 거래와 관련된 증빙서류를 법정수취의무가 있는 증빙서류와 구분하여 보관・관리하여야 한다(소령 208조의2 ③).

 사업용계좌의 신고 · 사용의무 등

가. 사업용계좌의 사용의무

(1) 의 의

복식부기의무자는 사업과 관련하여 재화 또는 용역을 공급받거나 공급하는 거래의 경우로서 다음에 해당하는 때에는 사업용계좌를 사용하여야 한다(소법 160의5 ①).

① 거래의 대금을 금융회사등을 통하여 결제하거나 결제받는 경우

② 인건비 및 임차료를 지급하거나 지급받는 경우. 다만, 인건비를 지급하거나 지급받는 거래 중에서 거래상대방의 사정으로 사업용계좌를 사용하기 어려운 것으로서 다음의 거래는 제외한다.

㉠ 금융거래와 관련하여 채무불이행 등의 사유로 「신용정보의 이용 및 보호에 관한 법률」에 따른 종합신용정보집중기관에 그 사실이 집중관리 및 활용되는 자

㉡ 외국인 불법체류자

㉢ 건설공사에 종사하는 일용근로자로서 「국민연금법」에 따른 국민연금 가입대상이 아닌 자(2009년 12월 31일까지 적용)

(2) 사업용계좌

사업용계좌란 다음의 요건을 모두 갖춘 것을 말한다.

① 「금융실명거래 및 비밀보장에 관한 법률」 금융회사등에 개설한 계좌일 것

② 사업에 관련되지 아니한 용도로 사용되지 아니할 것

(3) 사업용계좌 사용거래의 범위

사업용계좌를 사용하여야 하는 거래의 범위는 금융기관의 위탁 · 중개 등을 통한 다음에 해당하는 방법에 의하여 그 대금의 결제가 이루어지는 경우를 포함한다(소령 208의5 ④).

① 송금 및 계좌간 자금이체

② 수표(발행인이 사업자인 것)로 이루어진 거래대금의 지급 및 수취

③ 어음으로 이루어진 거래대금의 지급 및 수취

④ 신용카드 · 선불카드(전자화폐를 포함) · 직불카드를 통하여 이루어진 거래대금의 지급 및 수취

나. 사업용계좌의 신고기한

복식부기의무자는 복식부기의무자에 해당하는 과세기간의 개시일(사업개시와 동시에 복식부기의무자에 해당되는 경우에는 다음 과세기간 개시일)부터 6개월 이내에 사업용계좌를 해당 사업자의 사업장 관할세무서장 또는 납세지 관할세무서장에게 신고하여야 한다. 다만, 사업용계좌가 이미 신고되어 있는 경우에는 그러하지 아니하다(소법 160의5 ③). 또한 사업용계좌를 변경하거나 추가하는 경우 다음에 해당하는 기한까지 이를 신고하여야 한다(소법 160의5 ④).

① 사업장현황신고 의무자의 경우에는 사업장현황신고기한 이내
② 「부가가치세법」의 과세사업자의 경우에는 확정신고기한 이내

사업용계좌의 신고·변경 및 추가를 신고하는 경우에는 해당 기한 내에 사업용계좌신고(변경·추가)서를 사업장 관할세무서장에게 제출하여야 한다(소령 208의5 ⑨).

다. 구분 기록·관리

복식부기의무자는 사업장별로 해당 과세기간중 사업용계좌를 사용하여야 할 거래금액, 실제 사용한 금액 및 미사용금액을 구분하여 기록·관리하여야 한다(소령 208의5 ⑧).

 기부금영수증 발급명세의 작성·보관의무 등

기부금 필요경비산입 또는 기부금 세액공제를 받거나 내국법인이 손금에 산입하기 위하여 필요한 기부금영수증을 발급하는 거주자 또는 비거주자가(이하 "기부금 영수증을 발급하는 자") 기부하는 자에게 기부금영수증을 발급하는 경우에는 다음의 사항이 모두 포함된 기부자별 발급명세를 작성하여 발급한 날부터 5년간 보관하여야 한다(소법 160조의3 ①, 소령 208조의3).

① 기부자의 성명, 주민등록번호 및 주소
② 기부금액
③ 기부금 기부일자
④ 기부금영수증 발급일자
⑤ 그 밖에 기획재정부령이 정하는 사항

기부금영수증을 발급하는 자는 위 규정에 따라 보관하고 있는 기부자별 발급명세를 국세청장·지방국세청장 또는 관할세무서장이 요청하는 경우 제출하여야 한다(소법 160조의3 ②). 또한 기부금영수증을 발급하는 자는 해당 과세기간의 기부금영수증 총 발급건수 및 금액 등을 기재한 기부금영수증 발급명세서를 해당 과세기간의 다음 연도 6월 30일까지 관할 세무서장에게 제출하여야 한다(소법 160조의3 ③).

09 금융회사등의 증명서 발급명세의 작성·보관의무 등

금융회사등은 소득공제에 필요한 증명서를 발급하는 경우 다음의 사항이 모두 포함된 거주자별 발급명세를 작성하여 발급한 날부터 5년간 보관하여야 한다(소법 160조의4 ①, 소령 209조의4).

① 거주자의 성명, 주민등록번호 및 주소
② 다음의 어느 하나에 해당하는 금액
　㉠ 소득공제대상 저축의 불입금액 또는 보험료 납입금액
　㉡ 소득공제대상 차입금의 원리금 또는 이자(주택담보노후연금이자를 포함) 상환액
　㉢ 소득공제대상이 되는 신용카드, 직불카드 및 선불카드의 이용금액
③ 그 밖에 소칙이 정하는 사항

금융회사등은 위 규정에 따라 보관하고 있는 거주자별 발급명세를 국세청장이 요청하는 경우 제출하여야 한다(소법 160조의4 ②).

○ 소 득 세 법

연 습 문 제

01 장부의 비치 · 기장의무에 대하여 설명하시오.

02 간편장부대상자에 대하여 설명하시오.

03 기부금영수증 발급명세의 작성 · 보관의무에 대하여 설명하시오.

01 거주자 甲이 비치 · 기록한 장부에 의하여 당해 과세기간의 종합소득금액을 계산할 때 공제할 수 없는 결손금 또는 이월결손금으로 옳은 것을 모두 고른 것은? (단, 거주자 甲은 당해 과세기간에 근로소득과 아래의 사업에서 발생한 결손금 또는 이월결손금만 있으며, 다른 사업은 영위하고 있지 않는 것으로 가정한다) ▶CTA, 2011

> ㄱ. 공장재단을 대여하는 사업에서 발생한 결손금
> ㄴ. 지역권을 대여하는 사업에서 발생한 결손금
> ㄷ. 채굴에 관한 권리를 대여하는 사업으로서 광업권자가 자본적 지출이나 수익적 지출의 일부 또는 전부를 제공한다는 조건없이 채굴시설과 함께 광산을 대여하는 사업에서 발생한 결손금
> ㄹ. 「국세기본법」의 규정에 따른 국세부과의 제척기간이 지난 후에 확인된 그 제척기간 이전 과세기간의 이월결손금

① ㄱ, ㄴ ② ㄱ, ㄷ ③ ㄴ, ㄹ
④ ㄱ, ㄷ, ㄹ ⑤ ㄴ, ㄷ, ㄹ

01 ④

03절 보고의무 등

01 보고의무

가. 계산서의 작성 · 발급의무

(1) 계산서의 제출의무자

사업자 등록을 한 사업자가 재화 또는 용역을 공급하는 경우에는 계산서 또는 영수증을 작성하여 재화 또는 용역을 공급받는 자에게 발급하여야 한다. 이 경우 다음의 어느 하나에 해당하는 사업자가 계산서를 발급할 때에는 전자적 방법으로 작성한 전자계산서를 발급하여야 한다(소법 163 ①, 소령 211 ⑧).

① 직전 과세기간의 사업장별 총수입금액이 8천만원 이상인 사업자

② 「부가가치세법」에 따른 전자세금계산서를 발급하여야 하는 사업자

이러한 전자계산서를 발급하였을 때에는 전자계산서 발급일의 다음 날까지 전자계산서 발급명세를 국세청장에게 전송하여야 한다(소법 163 ⑧, 소령 211 ⑨). 그리고 전자계산서를 발급하여야 하는 사업자가 아닌 사업자도 전자계산서를 발급하고, 전자계산서 발급명세를 국세청장에게 전송할 수 있다(소법 163 ⑨).

부가가치세가 면제되는 농산물 · 축산물 · 수산물 · 임산물의 위탁판매의 경우나 대리인에 의한 판매의 경우에는 수탁자 또는 대리인이 재화를 공급한 것으로 보아 계산서 등을 작성하여 해당 재화를 공급받는 자에게 발급하여야 한다. 다만, 위탁자 또는 본인의 명의로 계산서 등을 발급하는 경우에는 그러하지 아니하다(소법 163 ②). 수입하는 재화에 대해서는 세관장이 계산서를 수입업자에 발급하여야 한다(소법 163 ③).

(2) 계산서의 제출

사업자는 발급하였거나 발급받은 계산서의 매출 · 매입처별계산서합계표를 사업현황신고와 함께 해당 과세기간의 다음 연도 2월 10일까지 사업장 소재지 관할세무서장에게 제출하여야 한다. 다만, 다음의 어느 하나에 해당하는 계산서의 합계표는 제출하지 아니

할 수 있다(소법 163 ⑤).

① 수입하는 재화에 대해서는 세관장으로부터 계산서를 발급받은 수입자는 그 계산서의 매입처별 합계표

② 전자계산서를 발급하거나 발급받고 전자계산서 발급명세를 국세청장에게 전송한 경우에는 매출·매입처별 계산서합계표

(3) 계산서 제출의 의제

「부가가치세법」에 따라 세금계산서 또는 영수증을 작성·발급하였거나 매출·매입처별 세금계산서합계표를 제출한 분에 대해서는 계산서 등을 작성·발급하였거나 매출·매입처별계산서합계표를 제출한 것으로 본다(소법 163 ⑥).

(4) 계산서의 발급면제

간이과세자는 계산서를 발급할 수 없으며, 영수증을 발급해야 한다(소령 211 ③). 그러나 다음의 재화 또는 용역의 공급에 대하여는 계산서 또는 영수증을 발급하지 아니할 수 있다(소령 211 ④).

① 노점상인·행상인 또는 무인판매기를 이용하여 재화를 공급하는 자가 공급하는 재화 또는 용역

② 여객운송용역 중 시내버스에 의한 용역

③ 국내사업장이 없는 비거주자 또는 외국법인과 거래되는 재화 또는 용역

④ 그 밖에 세금계산서 또는 영수증의 발급이 면제되는 재화 또는 용역

나. 매입처별세금계산서합계표의 제출

사업장현황신고를 하여야 하는 사업자는 재화 또는 용역을 공급받고 세금계산서를 발급받은 경우에는 사업장현황신고기한까지 매입처별세금계산서합계표를 사업장소재지 관할세무서장에게 제출하여야 한다. 다만, 「부가가치세법」에 따라 제출한 경우에는 그러하지 아니하다(소법 163의2 ①). 사업자가 국세청장이 정하는 바에 따라 매출·매입처별세금계산서합계표의 기재사항을 모두 기재한 전자계산조직에 의하여 처리된 테이프 또는 디스켓을 제출하는 경우에는 매출·매입처별세금계산서합계표를 제출한 것으로 본다(소법 163의2 ①, 소령 212의3).

다. 지급명세서의 제출의무

(1) 지급명세서의 제출

1) 의의 및 대상자

지급명세서란 일정한 소득금액 또는 수입금액을 지급받는 자의 인적사항, 소득금액 또는 수입금액의 종류와 금액, 소득금액 또는 수입금액의 지급시기와 귀속연도 등을 기재한 과세자료이다. 「소득세법」은 근거과세의 원칙을 구현하기 위한 법적 장치로서 특정한 소득금액 또는 수입금액을 지급하는 자에게 그 소득금액 또는 수입금액에 관한 과세자료를 제출하게 하고 있다.

국내에서 소득세 납세의무가 있는 개인에게 다음의 소득에 해당하는 소득금액 또는 수입금액을 국내에서 지급하는 자(법인을 포함하며, 소득금액의 지급을 대리하거나 그 지급을 위임 또는 위탁받은 자 및 납세조합, 「법인세법」에 따라 원천징수세액의 납세지를 본점 또는 주사무소의 소재지로 하는 자와 「부가가치세법」에 따른 사업자단위과세사업자 포함)는 이에 관한 지급명세서를 제출하여야 한다(소법 164 ①).

① 이자소득
② 배당소득
③ 원천징수대상 사업소득
④ 근로소득 또는 퇴직소득
⑤ 연금소득
⑥ 기타소득(봉사료수입금액은 제외)
⑦ 장기성저축의 보험차익
⑧ 봉사료 수입금액
⑨ 금융투자수익

또한 다음에 해당하는 경우에는 각 소득자의 연간 지급된 소득금액 또는 수입금액의 합계액에 대한 지급명세서를 원천징수 관할세무서장 · 지방국세청장 또는 국세청장에게 제출하여야 한다(소령 213 ③).

① 국민건강보험공단 또는 근로복지공단이 의료기관 또는 약국에게 요양급여비용 등을 지급하는 경우
② 다단계판매업자가 다단계판매원에게 후원 수당을 지급하는 경우
③ 금융회사 등이 연간 계좌별로 거주자에게 지급한 이자소득금액(채권 등에 대한 이

자소득금액은 제외함)이 1백만원 이하인 경우

2) 지급명세서의 제출기한

해당 소득금액을 지급한 날('근로소득지급시기의 의제' 및 '퇴직소득지급시기의 의제' 규정을 적용 받는 소득에 대하여는 당해 소득금액 또는 수입금액에 대한 과세연도종료일)이 속하는 과세기간의 다음 연도 2월 말일(원천징수대상 사업소득과 근로소득 · 퇴직소득 · 봉사료의 경우에는 다음 연도 3월 10일, 휴업 또는 폐업한 경우에는 휴업일 또는 폐업일이 속하는 달의 다음 다음 달 말일)까지 원천징수 관할세무서장 · 지방국세청장 또는 국세청장에게 지급명세서를 제출하여야 한다(소법 164 ①). 다만, 근로소득 중 일용근로자의 근로소득은 그 지급일이 속하는 분기의 마지막 달의 다음달 말일(휴업, 폐업 또는 해산한 경우에는 휴업일, 폐업일 또는 해산일이 속하는 달의 다음 달 말일)까지, 원천징수기간이 속하는 반기의 마지막 달의 다음 달 말일까지 지급명세서를 제출하여야 한다.

3) 지급명세서 제출기한의 연장

천재 · 지변 기타 특수한 사유가 발생한 경우에 당해 원천징수 관할세무서장 · 관할지방국세청장 또는 국세청장은 지급명세서의 제출을 다음의 규정에 의하여 면제하거나 그 제출기한을 연장할 수 있다(소령 216).

① 천재 · 지변 등 불가항력의 사유로 인하여 장부 그 밖의 증명서류가 멸실된 경우에는 그 사유가 발생한 달의 전월분부터 당해 사업이 원상으로 회복된 달의 전월분까지 지급명세서의 제출을 면제할 수 있다.

② 권한있는 기관에 장부 그 밖의 증명서류가 압수 또는 영치된 경우에는 그 사유가 발행한 당월분과 그 전월분에 대하여 지급명세서를 제출할 수 있는 상태로 된 날이 속하는 달의 다음 달 말일까지 제출기한을 연장할 수 있다.

4) 전산매체 제출

지급명세서를 제출하여야 하는 자는 지급명세서의 기재사항을 정보통신망에 의하여 제출하거나 디스켓 등 전자적 정보저장매체로 제출하여야 한다. 다만, 국세청장은 직전 연도에 제출한 지급명세서의 매수가 50매 미만인 자 또는 상시 근무하는 근로자의 수(매월 말일의 현황에 의한 평균인원수)가 10인 이하인 자에 대하여는 지급명세서를 문서로 제출하게 할 수 있다. 다만, 다음에 해당하는 자를 제외한다(소법 164 ③ · ④, 소령 214 ③).

① 금융보험업자

② 국가 · 지방자치단체 또는 지방자치단체조합

③ 법인
④ 복식부기의무자

한편, 일용근로소득을 포함한 근로소득을 지급하는자는 현금영수증 발급장치를 통하여 급여의 귀속연도, 일용근로자 또는 거주자의 주민등록번호, 급여액과 소득세 결정세액 등의 사항을 모두 제출하는 경우에는 지급명세서를 제출한 것으로 본다(소령 213의2 ①·②).

(2) 지급명세서 제출의무의 면제

소득세 또는 법인세가 부과되지 아니하는 소득이나 원천징수에 의하여 납세의무가 완결되는 완납적 원천징수대상소득 등에 대한 지급명세서는 과세자료로서의 활용가치가 없으므로 지급명세서의 제출의무를 면제한다.

지급명세서의 제출이 면제되는 소득은 다음과 같다(소령 214 ①).

① 비과세 되는 기타소득. 다만, 종교활동을 위해 통상적으로 사용할 목적으로 지급받는 금액 및 물품은 제외한다.
② 기타소득으로서 1건당 당첨금품의 가액이 10만원 이하
③ 그 밖에 기획재정부령이 정하는 소득

(3) 지급명세서제출의 의제

원천징수의무자가 원천징수를 하여 제출한 원천징수 관련 서류 중 지급명세서에 해당하는 것이 있으면 그 제출한 부분에 대하여 지급명세서를 제출한 것으로 본다(소법 164 ⑤). 또한 사업장소재지 관할세무서장에게 제출한 매출·매입처별계산서합계표(전자계산서 발급명세를 국세청장에게 전송한 경우를 포함)와 「부가가치세법」에 따라 사업장소재지 관할세무서장에게 제출한 매출·매입처별세금계산서합계표(전자세금계산서 발급명세를 국세청장에게 전송한 경우를 포함) 중 지급명세서에 해당하는 것이 있으면 그 제출한 부분에 대하여 지급명세서를 제출한 것으로 본다(소법 164 ⑥).

(4) 지급명세서제출의 특례

원천징수의무자는 원천징수에 관한 명세서 기타 관계서류의 제출로서 지급명세서의 제출에 갈음하고자 할 때에는 그 원천징수영수증 부본을 기한 내에 사업장 관할세무서장에게 제출하여야 한다(소령 215 ①).

근로소득의 총수입금액이 근로소득공제액, 본인에 대한 기초공제액 및 표준공제액의 합계액 이하인 거주자에 대하여는 지급명세서의 제출에 갈음하여 국세청장이 정하는 근로소득지급명세서를 제출할 수 있다. 다만, 종된 근무지가 없는 거주자에 한하며, 연도 중에 취직 또는 퇴직한 자에 대하여는 연으로 환산한 급여액을 기준으로 적용한다(소령 215 ②).

연말정산되는 사업소득의 소득금액(연으로 환산한 소득금액)이 본인에 대한 기본공제 및 표준공제의 합계액 이하인 사업자에 대하여는 지급명세서에 갈음하여 국세청장이 정하는 '사업소득지급명세서'를 제출할 수 있다(소령 215 ⑤).

라. 주민등록표 등본 제출

납세지 관할 세무서장은 거주자가 과세표준확정신고를 한 경우에는 주민등록표등본(주민등록표등본에 의하여 가족관계가 확인되지 아니하는 경우에는 가족관계기록사항에 관한 증명서)에 의하여 배우자 · 공제대상부양가족 · 공제대상장애인 또는 공제대상경로우대자에 해당하는지를 전산으로 확인하여야 한다. 다만, 납세지 관할 세무서장의 전산확인에 동의하지 아니하는 거주자는 과세표준확정신고서에 주민등록표등본등을 첨부하여 제출하되, 이전에 주민등록표등본 등을 제출한 경우로서 공제대상배우자 · 공제대상부양가족 · 공제대상장애인 또는 공제대상 경로우대자가 변동되지 아니한 경우에는 주민등록표등본 등을 제출하지 아니한다(소법 167 ①).

또한 비거주자가 과세표준확정신고를 할 때에는 그 외국인등록표 등본 또는 이에 준하는 서류를 납세지 관할세무서장에게 제출하여야 한다(소법 167 ②).

 기 타

가. 사업자등록

새로 사업을 시작하는 사업자는 사업장소재지 관할세무서장에게 등록하여야 한다(소법 168 ①). 다만, 「부가가치세법」에 따라 사업자등록을 한 사업자는 해당 사업에 관하여 「소득세법」에 따른 등록을 한 것으로 본다(소법 168 ②). 사업자등록을 하는 사업자에 대해서는 「부가가치세법」의 규정을 준용한다(소법 168 ③).

나. 고유번호의 부여

사업장소재지 관할세무서장은 종합소득이 있는 자로서 사업자가 아닌 자 또는 「비영리민간단체 지원법」에 따라 등록된 단체 등 과세자료의 효율적처리 및 소득공제사후검증 등을 위하여 필요하다고 인정되는 자에게 고유번호를 매길 수 있다(소법 168 ⑤, 소령 220 ②).

다. 질문 · 조사권

(1) 의 의

소득세에 관한 사무에 종사하는 공무원은 그 직무 수행상 필요한 경우에는 납세의무자 등 관계자에 대하여 질문을 하거나 해당 장부 · 서류 또는 그 밖의 물건을 조사하거나 그 제출을 명할 수 있다. 다만, 종교인소득에 대해서는 종교단체의 장부 · 서류 또는 그 밖의 물건 중에서 종교인소득과 관련된 부분에 한하여 조사하거나 그 제출을 명할 수 있다. 그러나, 소득세에 관한 사무에 종사하는 공무원은 직무상 필요한 범위 외에 다른 목적 등을 위하여 그 권한을 남용해서는 아니 된다(소법 170).

(2) 질문 · 조사의 대상

질문 · 조사의 대상자는 다음과 같다(소법 170).

① 납세의무자 또는 납세의무가 있다고 인정되는 자

② 원천징수의무자

③ 납세조합

④ 지급명세서제출의무자

⑤ 국내사업장이 없는 비거주자의 국내원천소득에 대한 원천징수의무자

⑥ 위 '①'에 규정하는 자와 거래가 있다고 인정되는 자

⑦ 납세의무자가 조직한 동업조합과 이에 준하는 단체

⑧ 「국세기본법」의 납세관리인

⑨ 기부금영수증을 발급하는 자

라. 과세자료의 수집에 대한 협조

(1) 배경 및 내용

납세자의 소득을 파악함으로서 세원관리를 강화하고자 인적용역 제공과 관련된 사업자로부터 과세자료를 다양하게 수집하기 위하여 협조의무로서 과세자료의 제출의무를 부여하였다. 이에 따라 해당사업자는 소득・고용과 관련된 자료(근무일수, 의뢰건수 등)를 제출해야 한다(소법 173).

(2) 제출의무자(소령 224 ②)

① 골프장사업자
② 병원사업자
③ 직업소개업자
④ 해당 용역을 제공하는 자에게 용역제공과 관련된 사업장을 제공하거나 그 용역을 알선・중개하는 자

(3) 대상용역(소령 224 ①)

① 대리운전용역
② 소포배달용역
③ 간병용역
④ 골프장경기보조용역
⑤ 파출용역
⑥ 위의 '①'～'⑤'와 유사한 용역으로서 한국표준산업(직업)분류에 따른 대인 서비스와 관련된 일에 종사하는 자로서 기획재정부령이 정하는 자가 직접 제공하는 용역

(4) 과세자료 제출

용역제공자의 수입금액 또는 소득금액에 대한 과세자료를 작성하여 제출하여야 할 자는 사업장 제공자 등의 과세자료 제출명세서에 용역제공자 인적사항, 용역제공기간 및 용역제공대가 등을 기재하여 제출하여야 한다. 다만, 용역제공대가의 경우 이를 확인할 수 없는 때에는 그러하지 아니하다(소령 224 ③).

마. 손해보험금지급자료 제출

「보험업법」에 따른 손해보험회사는 소송 결과에 따라 보험금을 지급한 경우에는 기획재정부령이 정하는 손해배상청구소송결과통보서에 따라 해당 손해보험금지급자료를 지급일이 속하는 과세기간의 다음 연도 2월 말일까지 손해보험회사의 관할세무서장에게 제출하여야 한다(소법 174, 소령 225).

○ 소 득 세 법

연습문제

01 「소득세법」의 비거주자에 대한 납세의무에 대하여 설명하시오.

02 「소득세법」의 질문 · 조사권에 대하여 설명하시오.

03 「소득세법」의 기장의무에 대하여 설명하시오.

04 「소득세법」에 지급명세서의 제출의무에 대하여 설명하시오.

05 「소득세법」의 사업자등록에 대하여 설명하시오.

01 비거주자의 국내원천소득 과세에 관한 설명으로 옳지 않은 것은? ▶ CTA 2014

① 비거주자가 국내에 사업의 일부 수행을 위하여 8개월간 계속 존속하는 건축 장소를 가지고 있는 경우에는 국내사업장이 있는 것으로 한다.

② 비거주자에 대하여 과세하는 소득세는 해당 국내원천소득을 종합하여 과세하는 경우와 분류하여 과세하는 2가지 과세방법이 있으며, 국내원천소득을 분리하여 과세하는 방법은 채택하지 않고 있다.

③ 국내에서 제공하는 근로의 대가로 받는 퇴직소득이 있는 비거주자에 대해서는 거주자와 같은 방법으로 분류하여 과세한다.

④ 조세조약에 따라 국내사업장이 없다는 이유로 과세되지 않는 외국법인에게 비거주자인 직업운동가가 국내에서 제공한 인적용역과 관련하여 보수 또는 대가를 지급하는 자는 조세조약에도 불구하고 지급하는 금액의 100분의 20의 금액을 원천징수하여야 한다.

⑤ 비거주자가 자기의 자산을 타인으로 하여금 가공만 하게 하기 위하여 사용하는 일정한 장소는 국내사업자에 포함되지 아니한다.

해설 비거주자의 국내원천소득에 대하여 부과하는 소득세는 해당 국내원천소득을 종합하여 과세하는 경우와 분류하여 과세하는 경우 및 그 국내원천소득을 분리하여 과세하는 경우로 구분하여 계산한다(소법 121①).

02 「소득세법」 상 원천징수에 관한 설명이다. 옳지 않은 것은? ▶ CPA 2024

① 반기별 납부 승인대상자가 「법인세법」에 의하여 처분된 상여에 대한 원친징수세액을 납부할 경우 그 납부기한은 징수일이 속하는 달의 다음달 10일이다.

② 기타소득에 해당하는 소기업·소상공인 공제부금의 해지일시금은 소득금액의 15%를 원천징수한다.

③ 7월 15일 퇴직한 직원의 퇴직소득을 해당 과세기간의 12월 31일까지 지급하지 않은 경우, 해당 과세기간의 12월 31일에 지급한 것으로 보아 소득세를 원천징수한다.

④ 소득세법령으로 정하는 봉사료는 수입금액의 5%를 원천징수한다.

⑤ 법인이 잉여금의 처분에 따라 12월 15일 상여로 처분결정하고 처분결정일부터 3개월이 되는 날까지 지급하지 아니한 경우, 그 3개월이 되는 날에 상여를 지급한 것으로 보아 소득세를 원천징수한다.

해설 상여처분이 11월 1일부터 12월 31일까지의 사이에 결정된 경우에 다음 연도 2월 말일까지 그 상여를 지급하지 아니한 경우에는 그 상여를 다음 연도 2월 말일에 지급한 것으로 보아 소득세를 원천징수한다(소법 135 ③).

03 「소득세법」상 원천징수에 관한 설명으로 옳지 않은 것은? ▶ CPA 2016

① 거주자가 내국법인이 발행한 채권의 이자를 지급받기 전에 발행법인에게 매도하는 경우 그 보유기간 이자상당액에 대하여는 원천징수의무자가 해당 발행법인이다.

② 반기별 납부를 승인받지 않은 원천징수의무자는 2026년 2월 26일에 원천징수한 소득세를 2026년 3월 10일까지 원천징수 관할 세무서 등에 납부하여야 한다.

③ 반기별 납부를 승인받은 원천징수의무자는 근로소득, 「법인세법」상 소득처분된 배당 및 기타소득에 대한 원천징수세액을 그 징수일이 속하는 반기의 마지막 달의 다음 달 10일까지 납부할 수 있다.

④ 잉여금의 처분에 따른 배당을 12월 1일에 결정하였고 다음연도 2월 말일까지 배당소득을 지급하지 아니한 경우, 다음연도 2월 말일에 그 배당소득을 지급한 것으로 보아 소득세를 원천징수한다.

⑤ 매월분의 공적연금소득에 대한 원천징수세율을 적용할 때에는 법령으로 정한 연금소득 간이세액표를 적용하여 원천징수한다.

해설 「법인세법」상 소득처분된 상여·배당 및 기타소득에 대한 원천징수세액은 반기별 납부대상에서 제외된다(소법 128 ②).

01 ② 02 ⑤ 03 ③

메모

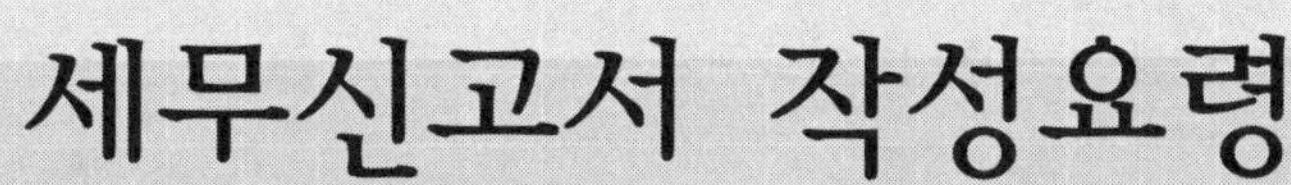

07 세무신고서 작성요령

2025년 귀속 연말정산 종합사례

(1) 소득·세액공제금액 계산

이강모(800101－1******)는 한강건설(주)(123－81－*****)에 근무하며 배우자(황정연, 사업소득금액 1,000만원), 자녀 3명[이태현 19세, 이태희 6세, 이태영 0세('25년 출생)]과 함께 살고 있다.

가. 기본사항

① 근무 기간

2025.1.1. ~ 2025.12.31. 근무

② 가족관계

부양가족	나 이	주민등록번호	성 명	비 고
배우자	43세	820701－2******	황 정 연	사업소득금액(1,000만원)
자녀 1	19세	060501－1******	이 태 현	고등학생
자녀 2	6세	191224－4******	이 태 희	취학전 아동
자녀 3	0세	251030－3******	이 태 영	'25년 출생

③ 급여 명세

월 급여 내역		상여금 등 내역	
구 분	금 액	구 분	금 액
기 본 급	250만원	연간 상여금	2,200만원
식 대	20만원	자녀 수업료	250만원
시간외 근무	40만원	비과세학자금	300만원
6세 이하 보육수당	30만원	성과급여*	190만원
배우자 수당	25만원	출산지원금(1회)	500만원
합 계	365만원	합 계	3,440만원

* 성과급여는 계량적·비계량적 요소를 평가하여 2025년도 3월에 확정

④ 원천징수내역

2025년 급여에 대한 원천징수세액 : 1,000,000원(가정)

⑤ 소득공제 및 세액공제 기초자료

지출내역 구분		지출액	대상자	비 고
보험료	건강보험료	130만원	본 인	급여에서 징수
	노인장기요양보험료	40만원	본 인	급여에서 징수
	종신보험료	150만원	태희(자녀)	2025.10월 납부
	종신보험료	150만원	태영(자녀)	2025.10월 납부
	자동차보험	120만원	배 우 자	
의료비	수술비	250만원	배 우 자	근로자 지출
	보약(건강증진)	150만원	본 인	
	입원치료비	130만원	본 인	
	난임시술비	100만원	배 우 자	근로자 지출
	산후조리원비용	220만원	배 우 자	근로자 지출
	시력교정용안경	55만원	본 인	
교육비	수업료	250만원	태현(자녀)	회사 전액지원
	교복구입비	35만원	태현(자녀)	
	학원수강료	120만원	태현(자녀)	
	체험학습비	50만원	태현(자녀)	
	수능응시료	20만원	태현(자녀)	
	체육시설	120만원	태희(자녀)	주 1회 월 단위
	대학원(박사과정)	300만원	본 인	회사 전액지원(비과세)
기부금	정치자금기부금	20만원	본 인	
	고향사랑기부금	10만원	본 인	
	특례기부금	50만원	본 인	
	우리사주조합	50만원	본 인	우리사주조합원에 해당
	노인복지시설	50만원	배 우 자	
연금보험료	국민연금	250만원	본 인	급여에서 징수
	퇴직연금	100만원	본 인	급여에서 징수(근로자부담금)
	연금저축	200만원	본 인	
이자상환액	장기주택저당차입금이자상환액	100만원	본 인	요건 충족(2013.3.2. 차입)

⑥ 2025년 신용카드 등 사용금액 내역(총 3,100만원 사용)

구 분	연간사용액	비 고
신용카드	1,500만원	대중교통 200만원 포함
현금영수증	1,000만원	전통시장 300만원 포함
체크카드	600만원	문화체육 사용분 100만원 포함
총 계	3,100만원	

나. 근로자 소득명세 입력

❶ 급여 검토

구 분	금 액		비과세 금액	금 액
월급여 합계	4,380만원=365만원×12월		식 대	240만원
연간상여금	2,200만원		6세 이하 보육수당	240만원
자녀 수업료지원	250만원	⇒	비과세학자금	300만원
학자금 지원	300만원		출산지원금	500만원
성과급여	190만원		소 계	1,280만원
출산지원금(1회)	500만원			
합 계	7,820만원	⇒	총급여액	6,540만원

❷ 비과세금액 기재방법

비과세구분	지급명세서 기재대상	기재란 번호	코 드
식 대	○	⑱−40	P01
6세 이하 보육수당	○	⑱−2	Q02
비과세학자금	○	⑱−5	G01
출산지원금(1회)	○	⑱−3	Q03

❸ 총급여액 및 근로소득금액 계산

① 총급여액 : 6,540만원

② 근로소득공제(소득세법 제47조)

총 급 여 액	공제액 (공제한도 2,000만원)
500만원 이하	총급여액의 100분의 70
500만원 초과 1천500만원 이하	350만원+(500만원을 초과하는 금액의 100분의 40)
1천500만원 초과 4천500만원 이하	750만원+(1천500만원을 초과하는 금액의 100분의 15)
4천500만원 초과 1억원 이하	1,200만원+(4천500만원을 초과하는 금액의 100분의 5)
1억원 초과	1,475만원+(1억원을 초과하는 금액의 100분의 2)

③ 근로소득 공제금액 계산

1,200만원+(6,540만원−4,500만원)×5%=13,020,000원

④ 근로소득금액 : 52,380,000원

65,400,000원−13,020,000원=52,380,000원

다. 인적공제

인적공제 ⇨ 6,000,000원

• 본인, 부양가족(자녀3명) : 1,500,000×4명=6,000,000원

※ 배우자는 소득금액이 100만원을 초과하여 인적공제 제외

라. 소득공제

❶ 연금보험료

연금보험료공제 ⇨ 2,500,000원

구 분	공 제 한 도	납입금액	공 제 금 액
국민연금	근로자 부담분 전액	250만원	250만원

❷ 보험료

보험료공제 ⇨ 1,700,000원

구 분	납입금액	자료구분	공제한도	공제금액
건강보험료	130만원	국세청자료	없 음	130만원
노인장기요양보험료	40만원	국세청자료	없 음	40만원

* 자료 구분란에는 소득공제영수증을 연말정산간소화 서비스에서 발급받은 경우 “국세청 자료”로, 그 외의 경우에는 “기타 자료”로 구분

❸ 주택자금공제

주택자금공제 ⇨ 1,000,000원

- 장기주택저당차입금 이자상환액 : 100만원
  - 장기주택저당차입금 이자상환액공제는 상환기간과 상환방식에 따라 연 600~2,000만원의 공제 한도가 적용됨(주택마련저축 등과 합하여 종합한도로 적용)

❹ 신용카드 등 사용액

신용카드 등 소득공제 가능금액 : Min(1, 2)=489.5만원

※ 2025년 신용카드 등 사용금액 3,100만원이 총급여의 25%(1,635만원)를 초과하므로 소득공제 가능

1. 신용카드 등 소득공제 가능금액=①+②+③+④+⑤−⑥=489.5만원
   ① 신용카드 사용분=(1,500만원−200만원)×15%=195만원
   ② 현금영수증 등=(1,000만원−300만원)×30%+(600만원−100만원)×30%=360만원
   ③ 문화체육 사용분=100만원×30%=30만원
   ④ 전통시장 사용분=300만원×40%=120만원
   ⑤ 대중교통 사용분=200만원×40%=80만원
   ⑥ 최저사용금액에 해당하는 소득공제 금액(최저사용금액>신용카드사용분 경우)
   =신용카드사용분(1,300만원)×15%+[최저사용금액(1,635만원)
   −신용카드사용분(1,300만원)]×30%=295.5만원

2. 총 공제한도=489.5만원
   =기본공제(300만원)+추가공제[Min{189.5만원*, (30만원+120만원+80만원), 300만원}]
   ** 489.5만원(공제가능금액)−300만원(기본공제한도)=189.5만원

❺ 소득공제 종합한도

소득공제 종합한도 초과액 ⇨ 0원(=5,895,000원−25,000,000원) → 음수인 경우 '0'

- 종합한도 대상 소득공제액 : 5,895,000원
  =장기주택저당차입금 이자상환액(100만원)+신용카드 등 소득공제(489.5만원)

마. 과세표준

근로소득금액(52,380,000원) − 종합소득공제(11,200,000원)
− 그밖의 소득공제(4,895,000원) + 소득공제종합한도초과액(0원) = 36,285,000원

바. 산출세액

과세표준(36,285,000원) × 기본세율 = 4,182,750원
(과세표준 1,400만원 초과 5,000만원 이하 : 84만원 + 1,400만원 초과금액 × 15%)

사. 세액공제 및 세액감면

❶ 근로소득세액공제

근로소득세액공제 ⇨ 660,000원 = Min(①, ②)

① 근로소득세액공제
1,579,825원 = 71.5만원 + {산출세액(4,182,750원) − 130만원} × 30%

② 세액공제한도 : 총급여액이 6,540만원인 경우
66만원* = Max(66만원, 74만원 − (6,540만원 − 3,300만원) × 0.008)
* 세액공제한도가 66만원보다 더 적은 경우 66만원을 한도 적용

❷ 자녀세액공제

자녀세액공제 ⇨ 950,000원(① + ②)

① 8세 이상(1명) : 250,000원(1명 : 25만원, 2명 : 55만원, 3명 이상 : 55만원 + 2명 초과 1명당 30만원)

② 출산 · 입양(1명) : 700,000원(셋째 이상인 경우 1명당 70만원)

❸ 연금계좌세액공제

연금계좌 세액공제 ⇨ 360,000원

구 분	공 제 한 도	납입금액	세액공제 대상금액	세액공제액*
연금저축	연 600만원	200만원	200만원	24만원
퇴직연금	연금저축과 합하여 연 900만원	100만원	100만원	12만원
합계		300만원	300만원	36만원

* 세액공제율 12%(총급여액이 5,500만원 이하는 15%)

❹ 보험료 세액공제

보험료 세액공제 ⇨ 120,000원

구 분	납입금액	자료구분	세액공제 대상금액*	세액공제액
종신보험료	300만원	국세청 자료	100만원	12만원
자동차보험	120만원	국세청 자료	소득요건 초과 배우자의 보험료로 공제 제외	

* 세액공제 대상금액이 100만원 초과할 경우 100만원을 한도로 세액공제 적용(공제율 12%)

❺ 의료비 세액공제

의료비 세액공제 ⇨ 950,700원

구 분	수 술	입원 치료비	시력교정용 안경	산후조리원 비용	세액공제 대상금액	세액공제액
본인, 난임시술비		230만원*	55만원 → 50만원한도		280.0만원	950,700원
그 외 부양가족	250만원			220만원 → 200만원한도	253.8만원	
합 계	250만원	230만원	50만원	200만원	533.8만원	
* 입원치료비 130만원, 난임시술비 100만원						
국세청 자료	250만원	230만원		200만원		
기타 자료			50만원			

* 시력교정용 안경을 제외하고 나머지는 국세청자료에 해당

- 세액공제 대상금액 계산 : 5,338,000원 (②+③+④)
  - ① 총급여액의 3% → 1,962,000원 (65,400,000원×3%)
  - ② 그 외 부양가족 세액공제 대상금액 : 2,538,000원
    2,538,000원=2,500,000원+2,000,000원−1,962,000원
  - ③ 본인・장애인・65세 이상・6세 이하 세액공제 대상금액 : 1,800,000원
  - ④ 난임시술비 세액공제 대상금액 : 1,000,000원
- 세액공제액 계산 : (②+③)×15%+④×30% = 950,700원

※ 건강증진을 위한 보약구입비는 공제대상 아님

❻ 교육비 세액공제

공제여부검토

부양가족	교육비 내역	자료구분	금 액	공제대상여부
이태희 (취학전아동)	체육시설수강료	기타 자료	120만원	공제대상
이태현 (고등학생)	수 업 료	국세청 자료	250만원	공제대상
	교복구입비	기타 자료	35만원	공제대상
	체험학습비	기타 자료	50만원	공제대상(30만원)
	수능응시료	국세청 자료	20만원	공제대상
	학 원 비	–	120만원	공제대상 아님
이강모	대학원 수강료(비과세학자금)	–	300만원	공제대상 아님

교육비 세액공제 ⇨ 630,000원

구 분	공제대상	공제대상 제외	공제 한도	세액공제 대상금액	세액공제액
취학전아동	120만원		300만원	120만원	630,000
고등학생	335만원	120만원	300만원	300만원	
근로자 본인		300만원	없음	–	
합 계	455만원	420만원		420만원	

※ 세액공제액 계산 : 세액공제 대상금액(4,200,000원)×15%=630,000원

❼ 기부금 세액공제

기부금 세액공제 ⇨ 271,818원

기부내역	기 부 자	공제대상여부	기부금액	세액공제 대상금액		세액공제액
정치자금기부금	이 강 모	여	20만원	10만원 이하	10만원	90,909
				10만원 초과	10만원	15,000
고향사랑기부금	이 강 모	여	10만원	10만원 이하	10만원	90,909
특례기부금	이 강 모	여	50만원	50만원		75,000
우리사주조합	이 강 모	부	50만원	–		–
노인복지시설	황 정 연	부	50만원	–		–

* 우리사주조합원이 우리사주조합에 기부하는 금액은 기부금 공제대상에 해당하지 않음

① 근로소득금액 : 54,660,000원
② 정치자금기부금
- 20만원 중 10만원은 100/110의 공제율이 적용(90,909원)되고,
  10만원 초과분(근로소득금액 100% 한도)은 15% 공제율 적용(15,000원)

③ 고향사랑기부금
- 10만원 이하분은 100/110의 공제율이 적용(90,909원)

④ 특례기부금
- 세액공제 대상금액 : 50만원{Min(50만원, (근로소득금액－정치자금기부금－고향사랑기부금)×100%)}
- 세액공제액 : 75,000원(세액공제 대상금액×15%)

⑤ 노인복지시설 50만원 ⇨ 소득금액 100만원(근로소득만 있는 자는 총급여 500만원)을 초과하는 배우자가 지출한 기부금으로 공제 대상 아님

아. 결정세액 및 환급(납부)세액

결정세액 ⇨ 240,232원

산출세액－세액공제[근로소득＋자녀＋연금계좌＋특별세액공제
(보험료, 의료비, 교육비, 기부금)]
＝4,182,750원－(660,000＋950,000＋360,000＋1,972,518)원＝240,232원

환급(납부)세액 ⇨ △759,768원

240,232원(결정세액)－1,000,000원(기납부세액)＝△759,768원

(2) 소득 · 세액공제신고서 작성

① 소득자의 인적사항, 세대주 여부, 거주구분, 근무기간을 기재하며 소득자가 비거주자인 경우 거주지국 및 거주지국 코드 기재

② 소득 · 세액공제대상 부양가족의 성명 · 주민등록번호 기재

③ 관계코드 : 근로자와의 관계를 관계코드를 참고하여 숫자로 기재

④ 내 · 외국인 : 내국인, 외국인 여부 숫자로 기재

⑤ 인적공제항목 변동 여부 : 기본공제 · 추가공제 관련하여 변동 여부를 체크

⑥ 인적공제항목 : 자녀 인원을 기재하고 부양가족에 해당하는 인적공제 항목에 "○"을 기재(장애인 공제는 해당자별 코드번호를 기재) 한다.

※ 월세액 세액공제 명세서 서식에 임대차 계약서상 주소지 · 계약기간 등 내역을 정확히 기재하여야 함에 유의

인적공제 대상검토표

<table>
<tr><th colspan="3" rowspan="2">관 계</th><th rowspan="2">기본공제</th><th colspan="4">추가공제</th></tr>
<tr><th>부녀자</th><th>장애인</th><th>경로우대</th><th>한부모</th></tr>
<tr><td colspan="2">본 인</td><td>0</td><td>–</td><td>• 기혼여성
• 부양가족 있는 세대주인 여성
(종합소득금액 3천만원 이하)</td><td rowspan="9">장애인등록증
·
장애인증명서
·
상이자증명을 제출한 자</td><td rowspan="9">70세 이상</td><td>• 배우자 없이 자녀를 부양하는 자</td></tr>
<tr><td rowspan="8">소득금액 100만원 이하 (근로소득만 있는 자는 총급여 500만원)</td><td>소 득 자 직계존속</td><td>1</td><td rowspan="2">60세 이상</td><td></td><td></td></tr>
<tr><td>배 우 자 직계존속</td><td>2</td><td></td><td></td></tr>
<tr><td>배 우 자</td><td>3</td><td>–</td><td></td><td></td></tr>
<tr><td>직계비속 자 녀</td><td>4</td><td>20세 이하</td><td></td><td></td></tr>
<tr><td>직계비속 자 녀 외</td><td>5</td><td>20세 이하</td><td></td><td></td></tr>
<tr><td>형제자매</td><td>6</td><td>20세 이하
60세 이상</td><td></td><td></td></tr>
<tr><td>수 급 자</td><td>7</td><td>기초생활 수 급 자</td><td></td><td></td></tr>
<tr><td>위탁아동</td><td>8</td><td>위탁아동</td><td></td><td></td></tr>
</table>

* 직계비속 자녀 외=손자 · 손녀 등

■ 소득세법 시행규칙 [별지 제37호서식(1)] 〈개정안 2026. 6. 30.〉 (10쪽 중 제1쪽)

소득·세액 공제신고서/근로소득자 소득·세액 공제신고서(　　년 소득에 대한 연말정산용)

※ 근로소득자는 신고서에 소득·세액 공제 증명서류를 첨부하여 원천징수의무자(소속 회사 등)에게 제출하며, 원천징수의무자는 신고서 및 첨부서류를 확인하여 근로소득 세액계산을 하고 근로소득자에게 즉시 근로소득원천징수영수증을 발급해야 합니다. 연말정산 시 근로소득자에게 환급이 발생하는 경우 원천징수의무자는 근로소득자에게 환급세액을 지급해야 합니다.

소득자 성명	이강모	주민등록번호	800101-1******
근무처 명칭	한강건설(주)	사업자등록번호	123-81-*****
세대주 여부	[○]세대주 [ ]세대원 [ ]세대주의 배우자	국 적	(국적 코드 :)
근무기간	2025.1.1.~2025.12.31.	감면기간	~
거주구분	[○]거주자 [ ]비거주자	거주지국	(거주지국 코드 :)
인적공제 항목 변동 여부	[ ]전년과 동일 [ ]변동	분납신청 여부	[ ]신청 [ ]미신청
원천징수세액 선택	[ ]120% [○]100% [ ]80% ※ 근로소득자 본인이 원하는 경우 매월 원천징수하는 세액을 법령상 세액의 120%, 100%, 80% 중 선택할 수 있습니다.		

인적공제 및 소득·세액공제 명세

관계코드 / 내·외국인	성 명 / 주민등록번호	소득금액기준 / (백만원) 초과여부	기본공제 / 부녀자	기본공제 / 한부모	경로우대 / 장애인	혼인세액공제	출산입양 / 자녀	자료구분	보험료 / 건강	보험료 / 고용	보험료 / 보장성	보험료 / 장애인 전용 보장성	의료비 / 일반	의료비 / 미숙아 선천성 이상아	의료비 / 난임 시술비	의료비 / 6세이하, 65세이상, 장애인, 건강보험 산정특례자	의료비 / 실손 의료 보험금
인적공제 항목에 해당하는 인원수를 적습니다.								국세청			3,000,000		6,000,000				
								기타	1,700,000				550,000		1,000,000		
0			○					국세청					1,300,000				
	(근로자 본인)							기타	1,700,000				550,000				
3	황정연	✓						국세청					4,700,000				
1	820701-2******							기타							1,000,000		
4	이태현		○					국세청									
1	060501-1******						○	기타									
4	이태희		○					국세청			1,500,000						
1	191224-4******							기타									
4	이태영		○				○	국세청			1,500,000						
1	251030-3******							기타									

각종 소득·세액 공제 항목

자료구분	교육비 / 일반	교육비 / 장애인 특수교육비	신용카드등 사용액 / 신용카드	신용카드등 사용액 / 직불카드등	신용카드등 사용액 / 현금영수증	신용카드등 사용액 / 문화체육 사용분 (총급여 7천만원 이하자만 기재)	신용카드등 사용액 / 전통시장 사용분	신용카드등 사용액 / 대중교통 사용분	기부금
국세청계	2,700,000		13,000,000	5,000,000	7,000,000	1,000,000	3,000,000	2,000,000	
기타계	1,850,000								800,000
국세청	2,700,000		13,000,000	5,000,000	7,000,000	1,000,000	3,000,000	2,000,000	
기타	1,850,000								800,000
국세청									
기타									

유의사항

1. "인적공제 항목 변동 여부"란에는 해당 항목에 "✓"표시합니다(인적공제 항목이 전년과 동일한 경우에는 주민등록표등본을 제출하지 않습니다).
2. 관계코드

구 분	관계코드	구 분	관계코드	구 분	관계코드
소득자 본인(「소득세법」 §50①1)	0	소득자의 직계존속(「소득세법」 §50①3가)	1	배우자의 직계존속(「소득세법」 §50①3가)	2
배우자(「소득세법」 §50①2)	3	직계비속(자녀 및 손자녀·입양자)(「소득세법」 §50①3나)	4	직계비속(코드 4 제외)(「소득세법」 §50①3나)	5*
형제자매(「소득세법」 §50①3다)	6	수급자(코드1~6제외)(「소득세법」 §50①3라)	7	위탁아동(「소득세법」 §50①3마)	8

* 관계코드 5 : 해당 직계비속과 그 배우자가 장애인인 경우 그 배우자를 말하며, 관계코드 4~6은 소득자와 배우자의 각각의 관계를 포함합니다.

3. 연령기준 및 소득기준
   - 경로우대: 기본공제 대상 부양가족이 70세 이상에 해당하는 경우 "√"표시합니다.
   - 소득금액기준: 부양가족의 소득금액 합계액이 100만원(근로소득만 있는 자는 총급여 500만원)을 초과하는지 여부를 "✓"표시합니다.
4. "부녀자 공제"란에는 소득자 본인이 여성인 경우로서 다음의 요건을 모두 충족하는 경우에 표시합니다.
   가. 해당 과세기간의 종합소득과세표준을 계산할 때 합산하는 종합소득금액이 3천만원 이하일 것
   나. 배우자가 없는 여성으로서 「소득세법」 제50조제1항제3호에 따른 부양가족이 있는 세대주이거나 배우자가 있는 여성일 것
5. "장애인 공제"란에는 다음의 해당 코드를 적습니다.

구분	「장애인복지법」에 따른 장애인	「국가유공자 등 예우 및 지원에 관한 법률」에 따른 상이자 및 이와 유사한 자로서 근로능력이 없는 자	희귀성난치질환등 또는 이와 유사한 질병·부상으로 인해 중단 없이 주기적인 치료가 필요한 자
해당코드	1	2	3

6. 내·외국인 : 내국인=1, 외국인=9로 구분하여 적습니다. 종교관련종사자가 외국인에 해당하는 경우 국적을 적으며, 국적코드는 거주지국코드를 참조하여 적습니다.
7. 내·외국인 : 내국인=1, 외국인=9로 구분하여 적습니다. 근로소득자가 외국인에 해당하는 경우 국적을 적으며, 국적코드는 거주지국코드를 참조하여 적습니다.

(10쪽 중 제2쪽)

구분		지출명세				지출구분	금 액	한도액	공제액
Ⅱ 연금보험료 공제	연금보험료 (국민연금, 공무원연금, 군인연금, 교직원연금 등)	국민연금보험료			종(전)근무지	보험료		전액	
					주(현)근무지	보험료	2,500,000	전액	
		국민연금보험료 외의 공적연금보험료			종(전)근무지	보험료		전액	
					주(현)근무지	보험료		전액	
		연금보험료 계					2,500,000		
Ⅲ 특별소득공제	보험료	국민건강보험(노인장기요양보험 포함)			종(전)근무지	보험료		전액	
					주(현)근무지	보험료	1,700,000	전액	
		고용보험			종(전)근무지	보험료		전액	
					주(현)근무지	보험료		전액	
		보험료 계					1,700,000		
	주택자금	주택임차차입금			대출기관차입	원리금상환액		작성방법 참조	
					거주자 차입				
		장기주택저당차입금	2011년 이전 차입분		15년 미만	이자 상환액		작성방법 참조	
					15년~29년				
					30년 이상				
				15년 이상	고정금리이면서, 비거치상환 대출				
					고정금리이거나, 비거치상환 대출				
			2012년 이후 차입분	15년 이상	고정금리이면서, 비거치상환 대출		1,000,000		
					고정금리이거나, 비거치상환 대출				
					기타 대출				
				10년~15년	고정금리이거나, 비거치상환 대출				
		주택자금 공제액 계					1,000,000		
Ⅳ 그 밖의 소득공제	개인연금저축(2000년 이전 가입)					납입금액		납입액 40%와72만원	
	소기업·소상공인 공제부금					납입금액		작성방법 참조	
	주택마련저축	청약저축				납입금액		작성방법 참조	
		근로자주택마련저축				납입금액		작성방법 참조	
		주택청약종합저축				납입금액		작성방법 참조	
		주택마련저축 소득공제 계							
	투자조합 출자 등	2023년 출자·투자분			벤처 등	출자·투자금액		작성방법 참조	
					조합1				
					조합2				
		2024년 출자·투자분			벤처 등	출자·투자금액		작성방법 참조	
					조합1				
					조합2				
		2025년 출자·투자분			벤처 등	출자·투자금액		작성방법 참조	
					조합1				
					조합2				
		투자조합 출자 등 소득공제 계							
	신용카드등 사용액	① 신용카드				사용금액	13,000,000		
		② 직불·선불카드				사용금액	5,000,000		
		③ 현금영수증				사용금액	7,000,000		
		④ 문화체육 사용분 등(총급여 7천만원 이하자)				사용금액	1,000,000		
		⑤ 전통시장사용분				사용금액	3,000,000		
		⑥ 대중교통이용분				사용금액	2,000,000		
		계(①+②+③+④+⑤+⑥)					31,000,000		
	우리사주조합 출연금					출연금액		작성방법 참조	
	고용유지중소기업 근로자					임금삭감액		작성방법 참조	
	장기집합투자증권저축					납입금액		작성방법 참조	
	청년형 장기집합투자증권 저축					납입금액			

(10쪽 중 제3쪽)

구분		세액감면·공제명세		세액감면·공제 명세			
V 세액감면 및 공제	세액감면	외국인 근로자	입국목적	[ ] 정부간 협약 [ ] 「조세특례제한법」 상 감면 [ ] 조세조약 상 감면			
			기술도입계약 또는 근로제공일		감면기간 만료일		
			외국인 근로소득에 대한 감면	접수일		제출일	
			근로소득에 대한 조세조약 상 면제	접수일		제출일	
		성과공유 중소기업 경영성과급 감면		시작일		종료일	
		중소기업 청년근로자 및 핵심인력 성과보상기금 수령액 감면		시작일		종료일	
		내국인 우수 인력 국내 복귀 감면		시작일		종료일	
		중소기업 취업자 감면		취업일		감면기간 종료일	

구분			공제종류		명세		한도액	공제대상금액	공제율	공제세액
V 세액감면 및 공제	세액공제	연금계좌	「과학기술인공제회법」에 따른 퇴직연금		납입금액		작성방법 참조		12% 또는 15%	
			「근로자퇴직급여 보장법」에 따른 퇴직연금		납입금액	1,000,000		1,000,000		
			연금저축		납입금액	2,000,000		2,000,000		
			ISA 만기시 연금계좌 납입액		납입금액					
			연금계좌 계			3,000,000		3,000,000		
		특별세액공제	보험료	보장성	보험료	3,000,000	100만원	1,000,000	12%	
				장애인전용보장성	보험료		100만원		15%	
				보험료 계		3,000,000		1,000,000		
			의료비	본인·6세 이하 또는 65세 이상자 장애인·건강보험산정특례자	지출액	1,850,000	작성방법 참조	1,800,000	15%	
				난임시술비	지출액	1,000,000		1,000,000	30%	
				미숙아·선천성 이상아	지출액				20%	
				그 밖의 공제대상자	지출액	4,700,000		2,538,000	15%	
				실손의료보험금 계	수령액					
				의료비 계		7,550,000		5,338,000		
			교육비	소득자 본인	공납금(대학원 포함)		전액		15%	
				취학전 아동 (1 명)	유치원·학원비 등	1,200,000	1명당 300만원	1,200,000		
				초·중·고등학교(1 명)	공납금	3,350,000	1명당 300만원	3,000,000		
				대학생(대학원 불포함) (명)	공납금		1명당 900만원			
				장애인 (명)	특수교육비		전액			
				교육비 계		4,550,000		4,200,000		
			기부금	정치자금 기부금 10만원 이하	기부금액	100,000	작성방법 참조	100,000	100/110	
				정치자금 기부금 10만원 초과	기부금액	100,000		100,000	15%, 25%	
				고향사랑 기부금 10만원 이하	기부금액	100,000		100,000	100/110	
				고향사랑 기부금 10만원 초과(일반)	기부금액				15%	
				고향사랑 기부금 10만원 초과(특별재난지역)	기부금액				30%	
				특례기부금	기부금액	500,000		500,000	15%·30%	
				우리사주조합기부금	기부금액					
				일반기부금(종교단체외)	기부금액					
				일반기부금(종교단체)	기부금액					
				기부금 계		800,000		800,000		
		외국납부세액			국외원천소득					
					납세액(외화)					
					납세액(원화)		-			
					납세국명		납부일			
					신청서제출일		국외근무처			
					근무기간		직책			
		주택자금차입금이자세액공제			이자상환액		30%			
		월세액 세액공제			지출액		15% 또는 17%			

신고인은 「소득세법」 제140조에 따라 위의 내용을 신고하며, 위 내용을 충분히 검토하였고 신고인이 알고 있는 사실 그대로를 정확하게 적었음을 확인합니다.

2026년 1월 일

신고인 (서명 또는 인)

VI. 추가 제출 서류

1. 외국인근로자 단일세율적용신청서 제출 여부(○ 또는 × 로 적습니다)					제출 ( )
2. 종(전)근무지 명세	종(전)근무지명		종(전)급여총액		종(전)근무지 근로소득 원천징수영수증 제출 ( )
	사업자등록번호		종(전) 결정세액		
3. 연금·저축 등 소득·세액 공제명세서 제출 여부 (○ 또는 × 로 적습니다)	제출 (○) ※ 연금계좌, 주택마련저축 등 소득·세액공제를 신청한 경우 해당 명세서를 제출해야 합니다.				
4. 월세액·거주자 간 주택임차차입금 원리금상환액 소득·세액공제 명세서 제출여부 (○ 또는 × 로 적습니다)	제출 ( ) ※ 월세액 세액공제 또는 거주자 간 주택임차차입금 원리금상환액 소득공제를 신청한 경우 해당 명세서를 제출해야 합니다.				
5. 그 밖의 추가 제출 서류	① 의료비지급명세서 (○), ② 기부금명세서 (○), ③ 소득·세액공제 증명서류				

유의사항

1. 근로소득자가 종(전)근무지 근로소득을 원천징수의무자에게 신고하지 않은 경우에는 근로소득자 본인이 종합소득세 신고를 해야 하며, 신고하지 않은 경우 가산세 부과 등 불이익이 따릅니다.
2. 현 근무지의 연금보험료·국민건강보험료 및 고용보험료 등은 신고인이 기재하지 않아도 됩니다.
3. "공제금액"란은 근로소득자가 원천징수의무자에게 제출하는 경우 적지 않을 수 있습니다.

(10쪽 중 제8쪽)

연금·저축 등 소득·세액 공제명세서

1. 인적사항	① 상 호	한강건설(주)	② 사업자등록번호	123-81-*****
	③ 성 명	이강모	④ 주민등록번호	
	⑤ 주 소	서울특별시 종로구 종로3길 1번길(전화번호: 02-0000-0000)		
	⑥ 사업장 소재지	서울특별시 종로구 종로5길 1000(전화번호: 02-0000-0000)		

2. 연금계좌 세액공제

1) 퇴직연금계좌

* 퇴직연금계좌에 대한 명세를 작성합니다.

퇴직연금 구분	금융회사 등	계좌번호(또는 증권번호)	납입금액	세액공제금액
퇴직연금	00보험	987-**-*****	1,000,000	120,000

2) 연금저축계좌

* 연금저축계좌에 대한 명세를 작성합니다.

연금저축 구분	금융회사 등	계좌번호(또는 증권번호)	납입금액	소득·세액 공제금액
연금저축	ㅁㅁ은행	*****-67890	2,000,000	240,000

3) ISA 만기시 연금계좌 납입액

* 납입 연금저축계좌·퇴직연금계좌에 대한 명세를 작성합니다.

연금 구분	금융회사 등	계좌번호(또는 증권번호)	납입금액	세액 공제금액

3. 주택마련저축 소득공제

* 주택마련저축 소득공제에 대한 명세를 작성합니다.

저축 구분	금융회사 등	계좌번호(또는 증권번호)	납입금액	소득공제금액

4. 장기집합투자증권저축 소득공제

* 장기집합투자증권저축 소득공제에 대한 명세를 작성합니다.

금융회사 등	계좌번호(또는 증권번호)	납입금액	소득공제금액

5. 벤처투자조합 출자 등에 대한 소득공제

* 벤처투자조합 출자 등 소득공제에 대한 명세를 작성합니다.

투자 연도	투자 구분	금융기관 등	계좌번호(또는 증권번호)	납입금액

6. 청년형 장기집합투자증권저축 소득공제

* 청년형 장기집합투자증권저축 소득공제에 대한 명세서를 작성합니다.

가입일	계약기간	금융기관 등	계좌번호(또는 증권번호)	납입금액	소득공제

작성방법

1. 연금계좌 세액공제, 주택마련저축·장기집합투자증권저축·벤처투자조합 출자·청년형 장기집합투자증권저축 등 소득공제를 받는 소득자에 대해서는 해당 소득·세액 공제에 대한 명세를 작성해야 합니다. 해당 계좌별로 불입금액과 소득·세액 공제금액을 적고, 공제금액이 영(0)인 경우에는 적지 않습니다.
2. 퇴직연금계좌에서 "퇴직연금 구분"란은 퇴직연금 [확정기여형(DC), 개인형(IRP), 중소기업 퇴직연금]·과학기술인공제회로 구분하여 적습니다.
3. 연금저축계좌에서 "연금저축 구분"란은 개인연금저축과 연금저축으로 구분하여 적습니다.
4. ISA 만기시 연금계좌 납입액에서 "연금 구분"란은 연금저축계좌와 퇴직연금계좌로 구분하여 적습니다.
   - ISA 만기시 연금계좌 납입액 공제세액은 ISA계좌의 계약기간이 만료되고 해당 계좌잔액의 전부 또는 일부를 연금저축계좌·퇴직연금계좌로 납입한 경우 납입한 금액의 10%에 해당하는 금액(공제대상금액, 300만원 한도)에 공제율 12%를 적용한 금액입니다.
   [다만, 해당 과세기간의 종합소득과세표준을 계산할 때 합산하는 종합소득금액이 4천만원 이하(근로소득만 있는 경우 총급여 5천500만원 이하)인 거주자에 대해서는 공제율 15%를 적용합니다]
5. 주택마련저축 공제의 "저축 구분"란은 청약저축, 주택청약종합저축 및 근로자주택마련저축으로 구분하여 적습니다.
6. 중소기업창업투자조합 출자 등 소득공제의 "투자 구분"란은 벤처 등(「조세특례제한법」 제16조제1항제3호·제4호·제6호), 조합1(「조세특례제한법」 제16조제1항제1호·제5호), 조합2(「조세특례제한법」 제16조제1항제2호) 로 구분하여 적습니다.
7. 청년형 장기집합투자증권저축에서 "계약기간" 란은 계약기간을 개월 수로 적습니다.(월수 계산 시 1월 미만은 1월로 합니다.)
8. 공제금액란은 근로소득자가 적지 않을 수 있습니다.

(10쪽 중 제9쪽)

[ ] 월세액·[ ] 거주자 간 주택임차차입금 원리금 상환액 소득·세액공제 명세서
[무주택자 해당여부 [ ]여, [ ]부]

1. 인적사항	① 상 호	② 사업자등록번호
	③ 성 명	④ 주민등록번호
	⑤ 주 소 (전화번호 :)	
	⑥ 사업장 소재지 (전화번호 :)	

2. 월세액 세액공제 명세

⑦ 임대인성명 (상 호)	⑧ 주민등록번호 (사업자번호)	⑨ 유형	⑩ 계약면적 (㎡)	⑪ 임대차계약서 상 주소지	⑫ 계약서 상 임대차 계약기간		⑬ 연간월세액(원)	⑭ 세액공제금액(원)
					개시일	종료일		

※ ⑨ 유형 : 구분코드 - 단독주택 : 1, 다가구 : 2, 다세대주택 : 3, 연립주택 : 4, 아파트 : 5, 오피스텔 : 6, 고시원 : 7, 기타 : 8
※ ⑫ 계약서상 임대차계약기간 - 개시일과 종료일은 예시와 같이 기재 (예시) 2024.01.01.

3. 거주자 간 주택임차차입금 원리금 상환액 소득공제 명세

1) 금전소비대차 계약내용

⑮ 대주(貸主)	⑯ 주민등록번호	⑰ 금전소비대차 계약기간	⑱ 차입금 이자율	원리금 상환액			㉒ 공제금액
				⑲ 계	⑳ 원금	㉑ 이자	

2) 임대차 계약내용

㉓ 임대인성명 (상 호)	㉔ 주민등록번호 (사업자번호)	㉕ 유형	㉖ 계약면적 (㎡)	㉗ 임대차계약서상 주소지	㉘ 계약서상 임대차 계약기간		㉙ 전세보증금(원)
					개시일	종료일	

※ ㉕ 유형 : 구분코드 - 단독주택 : 1, 다가구 : 2, 다세대주택 : 3, 연립주택 : 4, 아파트 : 5, 오피스텔 : 6, 고시원 : 7, 기타 : 8
※ ㉘ 계약서상 임대차계약기간 - 개시일과 종료일은 예시와 같이 기재 (예시) 2024.01.01.

작성방법

1. 월세액 세액공제나 거주자 간 주택임차자금 차입금 원리금 상환액 공제를 받는 근로소득자에 대해서는 해당 소득·세액공제에 대한 명세를 작성해야 합니다.
2. 해당 임대차 계약별로 연간 합계한 월세액·원리금상환액과 소득·세액공제금액을 적으며, 공제금액이 "영(0)"인 경우에는 적지 않습니다.
3. ⑨, ㉕ 유형은 단독주택, 다가구주택, 다세대주택, 연립주택, 아파트, 오피스텔, 고시원, 기타 중에서 해당되는 유형의 구분코드를 적습니다.
4. ㉙ 전세보증금은 과세기간 종료일(12. 31.) 현재의 전세보증금을 적습니다.

(10쪽 중 제10쪽)

출산지원금 비과세 적용 명세서

1. 인적사항

징수 의무자	① 상 호: 한강건설(주)	② 사업자등록번호: 123-81-*****
	③ 사업장 소재지 : 서울특별시 종로구 종로5길 1000	(전화번호: 02-0000-0000)
소득자	④ 성 명 : 이강모	⑤ 주민등록번호: 800101-1******
	⑥ 주 소 : 서울특별시 종로구 종로3길 1번길	(전화번호: 02-0000-0000)

2. 출산지원금 비과세 대상 자녀 명세

⑦ 자녀 성명	⑧ 주민등록번호	출산지원금			⑫지급처 (사업자등록번호)
		⑨지급받은 날	⑩지급받은 금액	⑪지급회차 [1 또는 2]	
이태영	251030-3******	2025.11.30	5,000,000	1	123-81-*****

작성방법

1. 회사에서 받은 출산지원금에 대해 비과세를 적용받는 근로소득자는 해당 비과세 적용 명세를 작성해야 합니다.
2. 자녀의 출생일 이후 2년 이내에 회사로부터 첫 번째와 두 번째 지급받은 출산지원금만 비과세 대상에 해당됩니다. 다만, 2024년 1월 1일부터 2024.년 12월 31일까지의 기간에 지급받은 출산지원금은 2021년 1월 1일 이후 출생한 자녀에 대한 지급분도 비과세됩니다.
3. 개인인 사업자와 친족관계에 있는 자 또는 법인인 사업자의 지배주주등(해당 지배주주등과「국세기본법 시행령」제1조의2제1항에 따른 친족관계 또는 같은 조 제3항제2호가목에 따른 경영지배관계에 있는 사람을 포함합니다)이 지급받은 출산지원금은 비과세 대상이 아니므로 본 서식 작성대상이 아닙니다.
4. 근로자가 지급받는 급여의 횟수는 사용자별로 계산합니다.
5. ⑪ 지급회차란: 출산지원금을 지급받은 횟수에 따라 '1' 또는 '2'로 적습니다.
6. 2회를 초과하여 지급받은 출산지원금은 비과세 대상에 해당하지 않으므로 작성하지 않습니다.

■ 소득세법 시행규칙 [별지 제24호서식(1)] 〈개정안 2026. 6. 30.〉 (9쪽 중 제1쪽)

관리번호	

[ ]근로소득 원천징수영수증
[ ]근로소득 지급명세서
([ ]소득자 보관용 [ ]발행자 보관용 [ ]발행자 보고용)

거주구분		거주자1/비거주자2	
거주지국		거주지국코드	
내·외국인		내국인1 /외국인9	
외국인단일세율적용			여 1 / 부 2
외국법인소속 파견근로자 여부			여 1 / 부 2
종교관련종사자 여부			여 1 / 부 2
국적		국적코드	
세대주 여부		세대주 1, 세대원 2 세대주의 배우자 3	
연말정산 구분		계속근로1, 중도퇴사2	

징수의무자	① 법인명(상호) 한강건설(주)		② 대표자(성명) 김 0 0	
	③ 사업자등록번호 123-81-*****		④ 주민등록번호 400101-1******	
	③-1 사업자단위과세자 여부	여1 / 부2	③-2 종사업장 일련번호	
	⑤ 소재지(주소) 서울특별시 종로구 종로5길 1000			
소득자	⑥ 성명 이 강 모		⑦ 주민등록번호(외국인등록번호)	
	⑧ 주소 서울특별시 종로구 종로3길 1번길			

	구분		주(현)	종(전)	종(전)	⑯-1 납세조합	합 계
Ⅰ 근무처별소득명세	⑨ 근무처명		한강건설(주)				
	⑩ 사업자등록번호		123-81-*****				
	⑪ 근무기간		25.1.1.~25.12.31.	~	~	~	25.1.1.~25.12.31.
	⑫ 감면기간		~	~	~	~	~
	⑬ 급여		39,000,000				39,000,000
	⑭ 상여		26,400,000				26,400,000
	⑮ 인정상여						
	⑮-1 주식매수선택권 행사이익						
	⑮-2 우리사주조합인출금						
	⑮-3 임원 퇴직소득금액 한도초과액						
	⑮-4 직무발명보상금						
	⑯ 계		65,400,000				65,400,000
Ⅱ 비과세 및 감면소득명세	⑱ 국외근로	M0X					
	⑱-1 야간근로수당	O0X					
	⑱-2 보육수당	Q02	2,400,000				2,400,000
	⑱-3 출산지원금	Q03	5,000,000				5,000,000
	⑱-4 연구보조비	H0X					
	⑱-5 비과세학자금	G01	3,000,000				3,000,000
	~						
	⑱-40 비과세식대	P01	2,400,000				2,400,000
	⑲ 수련보조수당	Y22					
	⑳ 비과세소득 계		12,800,000				12,800,000
	⑳-1 감면소득 계						

	구분			⑲ 소득세	⑳ 지방소득세	㉑ 농어촌특별세
Ⅲ 세액명세	㉓ 결정세액			240,232	24,023	
	기납부세액	㉔ 종(전)근무지 (결정세액란의 세액을 적습니다)	사업자등록번호			
		㉕ 주(현)근무지		1,000,000	100,000	
	㉖ 납부특례세액					
	㉗ 차감징수세액(㉓-㉔-㉕-㉖)			-759,768	-75,977	

위의 원천징수액(근로소득)을 정히 영수(지급)합니다.

2026년 3월 일

징수(보고)의무자 (서명 또는 인)

세무서장 귀하

210mm×297mm[백상지 80g/㎡(재활용품)]

(9쪽 중 제2쪽)

Ⅳ 정산명세	㉑ 총급여(⑯, 외국인단일세율 적용시 연간 근로소득)				65,400,000
	㉒ 근로소득공제				13,020,000
	㉓ 근로소득금액				52,380,000
	종합소득공제	기본공제	㉔ 본 인		1,500,000
			㉕ 배 우 자		
			㉖ 부 양 가 족(3 명)		4,500,000
		추가공제	㉗ 경 로 우 대(명)		
			㉘ 장 애 인(명)		
			㉙ 부 녀 자		
			㉚ 한 부 모 가 족		
		연금보험료공제	㉛ 국민연금보험료	대상금액	2,500,000
				공제금액	2,500,000
			㉜ 공적연금보험료공제 ㉮ 공무원연금	대상금액	
				공제금액	
			㉯ 군인연금	대상금액	
				공제금액	
			㉰ 사립학교교직원연금	대상금액	
				공제금액	
			㉱ 별정우체국연금	대상금액	
				공제금액	
		특별소득공제	㉝ 보험료 ㉮ 건강보험료(노인장기요양보험료포함)	대상금액	1,700,000
				공제금액	1,700,000
			㉯ 고용보험료	대상금액	
				공제금액	
			㉞ 주택자금 ㉮ 주택임차차입금 원리금상환액	대출기관	
				거주자	
			㉯ 장기주택저당차입금 이자상환액 / 2011년 이전 차입분	15년 미만	
				15년~29년	
				30년 이상	
			15년 이상	고정금리이면서, 비거치상환 대출	
				고정금리이거나, 비거치상환 대출	
			2012년 이후 차입분 / 15년 이상	고정금리이면서, 비거치상환 대출	1,000,000
				고정금리이거나, 비거치상환 대출	
				그 밖의 대출	
			10년~15년	고정금리이거나, 비거치상환 대출	
			㉟ 계		2,700,000
	㊱ 차감소득금액				41,180,000
	그밖의 소득공제	㊲ 개인연금저축			
		㊳ 소기업·소상공인 공제부금			
		㊴ 주택마련저축 소득공제	㉮ 청약저축		
			㉯ 주택청약종합저축		
			㉰ 근로자주택마련저축		
		㊵ 투자조합출자 등			
		㊶ 신용카드등 사용액			4,895,000
		㊷ 우리사주조합 출연금			
		㊸ 고용유지 중소기업 근로자			
		㊹ 장기집합투자증권저축			
		㊺ 청년형 장기집합투자증권저축			
		㊻ 그 밖의 소득공제 계			4,895,000
	㊼ 소득공제 종합한도 초과액				

㊽ 종합소득 과세표준				36,285,000
㊾ 산출세액				4,182,750
세액감면	㊿ 「소득세법」			
	(51) 「조세특례제한법」((52) 제외)			
	(52) 「조세특례제한법」 제30조			
	(53) 조세조약			
	(54) 세액감면 계			
세액공제	(55) 근로소득			660,000
	(56) 혼인세액공제			
	(57) 자녀	공제대상자녀 (1 명)		250,000
		출산·입양자 (1 명)		700,000
	연금계좌	(58) 「과학기술인공제회법」에 따른 퇴직연금	공제대상금액	
			세액공제액	
		(59) 「근로자퇴직급여 보장법」에 따른 퇴직연금	공제대상금액	1,000,000
			세액공제액	120,000
		(60) 연금저축	공제대상금액	2,000,000
			세액공제액	240,000
		(60)-1 개인종합자산관리계좌 만기 시 연금계좌 납입액	공제대상금액	
			세액공제액	
	특별세액공제	(61) 보험료 보장성	공제대상금액	1,000,000
			세액공제액	120,000
		(61) 보험료 장애인전용보장성	공제대상금액	
			세액공제액	
		(62) 의료비	공제대상금액	5,338,000
			세액공제액	950,700
		(63) 교육비	공제대상금액	4,200,000
			세액공제액	630,000
		(64) 기부금 ㉮ 정치자금기부금 10만원 이하	공제대상금액	100,000
			세액공제액	90,909
		㉮ 정치자금기부금 10만원 초과	공제대상금액	100,000
			세액공제액	15,000
		㉯ 고향사랑기부금 10만원 이하	공제대상금액	100,000
			세액공제액	90,909
		㉯ 고향사랑기부금 10만원 초과	공제대상금액	
			세액공제액	
		㉯ 고향사랑기부금 10만원 초과(특별재난지역)	공제대상금액	
			세액공제액	
		㉰ 우리사주조합기부금	공제대상금액	
			세액공제액	
		㉱ 일반기부금(종교단체 외)	공제대상금액	
			세액공제액	
		㉲ 일반기부금(종교단체)	공제대상금액	
			세액공제액	
		(65) 계		1,972,518
		(66) 표준세액공제		
	(67) 납세조합공제			
	(68) 주택차입금			
	(69) 외국납부			
	(70) 월세액		공제대상금액	
			세액공제액	
	(71) 세액공제 계			3,942,518
(72) 결정세액((49)-(54)-(71))				240,232
(82) 실효세율(%) ((72)/(21))×100				0.36

(9쪽 중 제3쪽)

⑱ 소득·세액공제 명세[인적공제항목은 해당란에 "○"표시(장애인 해당 시 해당 코드 기재)를 하며, 각종 소득공제·세액공제 항목은 공제를 위하여 실제 지출한 금액을 적습니다.]

인적공제 항목							각종 소득·세액 공제 항목											
관계코드	성명	기본공제		경로우대	혼인세액공제	출산입양	자료구분	보험료				의료비					교육비	
내·외국인	주민등록번호	부녀자	한부모	장애인		자녀		건강	고용	보장성	장애인전용보장성	일반	미숙아·선천성이상아	난임	6세이하, 65세이상, 장애인, 건강보험산정특례자	실손의료보험금	일반	장애인
인적공제 항목에 해당하는 인원수를 적습니다.							국세청			3,000,000		6,000,000					2,700,000	
							기타	1,700,000				550,000		1,000,000			1,850,000	
0		○					국세청					1,300,000						
	(근로자 본인)						기타	1,700,000				550,000						
3	황정연						국세청					4,700,000						
1	820701-2******						기타							1,000,000				
4	이태현	○					국세청										2,700,000	
1	060501-1******					○	기타										650,000	
4	이태희	○					국세청			1,500,000								
1	191224-4******						기타										1,200,000	
4	이태영	○				○	국세청			1,500,000								
1	250130-3******						기타											

각종 소득·세액 공제 항목							
자료구분	신용카드등 사용액						기부금
	신용카드	직불카드 등	현금영수증	문화체육 사용분 (총급여 7천만원 이하자만 기재)	전통시장 사용분	대중교통 이용분	
국세청계	13,000,000	5,000,000	7,000,000	1,000,000	3,000,000	2,000,000	
기타계							800,000
국세청	13,000,000	5,000,000	7,000,000	1,000,000	3,000,000	2,000,000	
기타							800,000
국세청							
기타							

작성방법

「소득세법」 제149조제1호에 해당하는 납세조합이 「소득세법」 제127조제1항제4호 각 목에 해당하는 근로소득을 연말정산하는 경우에도 사용하며, 이 경우 "⑨ 근무처명"란 및 "⑩ 사업자등록번호"란에는 실제 근무처의 상호 및 사업자번호를 적습니다. 다만, 근무처의 사업자등록이 없는 경우 납세조합의 사업자등록번호를 적습니다.

1. 거주지국과 거주지국코드는 근로소득자가 비거주자에 해당하는 경우에만 적으며, 국제표준화기구(ISO)가 정한 ISO코드 중 국명약어 및 국가코드를 적습니다(※ ISO국가코드: 국세청홈페이지→국세정책/제도→국제조세정보→참고자료실→국제표준화기구(ISO)가 정한 국가코드에서 조회할 수 있습니다) 예) 대한민국 : KR, 미국 : US

2. 근로소득자가 외국인에 해당하는 경우에는 "내·외국인"란에 "외국인 9"를 선택하고 "국적 및 국적코드"란에 국제표준화기구(ISO)가 정한 ISO코드 중 국명약어 및 국가코드를 적습니다. 해당 근로소득자가 외국인근로자 단일세율적용신청서를 제출한 경우"외국인 단일세율 적용"란에 여1을 선택합니다. 또한, 근로소득자가 종교관련종사자에 해당하는 경우에는 "종교관련종사자 여부"란에 여1을 선택합니다.

3. 원천징수의무자가 「부가가치세법」에 따른 사업자단위 과세자에 해당할 경우 ③-1에서 여1을 선택하고, ③-2에 소득자가 근무하는 사업장의 종사업장 일련번호를 적습니다.

4. 원천징수의무자는 지급일이 속하는 연도의 다음 연도 3월 10일(휴업 또는 폐업한 경우에는 휴업일 또는 폐업일이 속하는 달의 다음 다음 달 말일을 말합니다)까지 지급명세서를 제출해야 합니다.

5. "Ⅰ. 근무처별 소득명세"란은 비과세소득을 제외한 금액을 해당 항목별로 적습니다.

6. "Ⅱ. 비과세 및 감면소득 명세"란에는 지급명세서 작성대상 비과세소득 및 감면대상을 해당 코드별로 구분하여 적습니다(적을 항목이 많은 경우 "Ⅱ. 비과세 및 감면소득 명세"란의 "⑳ 비과세소득 계"란 및 "⑳-1 감면세액 계"란에 총액만 적고, "Ⅱ.비과세 소득"란을 별지로 작성할 수 있습니다).

7. 「소득세법」 제127조제1항제4호의 각 목에 해당하는 근로소득과 그 외 근로소득[주(현)란] 더하여 연말정산하는 때에는 "⑯-1 납세조합"란에 각각 근로소득납세조합과 「소득세법」 제127조제1항제4호 각 목에 해당하는 근로소득을 적고,「소득세법」 제150조에 따른 납세조합 공제금액을 "㊻ 납세조합공제"란에 적습니다. 합병, 기업형태 변경 등으로 존속 법인 등이 연말정산을 하는 경우에는 피합병법인에서 발생한 소득과 기업형태 변경 전의 법인에서 발생한 소득은 근무처별 소득명세 종(전)란에 별도로 적습니다.
   또한, 동일회사 내 사업자등록번호가 다른 곳에서 전입 등을 하여 해당 법인이 연말정산을 하는 경우에는 전입하기 전 지점 등에서 발생한 소득은 "근무처별 소득명세 종(전)"란에 별도로 적습니다.

8. "㉑ 총급여"란에는 "⑯계"란의 금액을 적되, 외국인근로자가 「조세특례제한법」(이하 이 서식에서 "조특법"이라 합니다) 제18조의2 제2항에 따라 단일세율을 적용하는 경우에는 "⑯계"의 금액과 비과세소득금액을 더한 금액을 적습니다. 이 경우 소득세와 관련한 비과세·공제·감면 및 세액공제에 관한 규정은 적용하지 않습니다.

9. "종합소득 특별소득공제(㉝~㉞)"란과 "그 밖의 소득공제(㊲~㊻)"란은 근로소득자 소득·세액 공제신고서(별지 제37호서식)의 공제액을 적습니다(소득공제는 서식에서 정하는 바에 따라 순서대로 소득공제를 적용하여 종합소득과세표준과 세액을 계산합니다).

10. "연금계좌(㊽~㊿-1)"란과 "특별세액공제(61~65)"란은 근로소득자 소득·세액 공제신고서(별지 제37호서식)의 공제대상금액 및 세액공제액을 적습니다.

11. ㊼ 소득공제 종합한도 초과액은 ㉞ 주택자금공제(㉮+㉯), ㊳ 소기업·소상공인 공제부금 소득공제, ㊴ 주택마련저축 소득공제(㉮+㉯+㉰), ㊵ 투자조합출자 등 소득공제(「조세특례제한법」 제16조제1항제3호·제4호는 제외), ㊶ 신용카드등 사용액 소득공제액, ㊷ 우리사주조합 출연금 소득공제액, ㊹ 장기집합투자증권저축 소득공제액 전체를 합한 금액이 2,500만원을 초과하는 경우 적습니다.

12. ㊽ 종합소득 과세표준은 ㊱ 차감소득금액에서 ㊻ 그 밖의 소득공제 계를 차감하고 ㊼ 소득공제 종합한도 초과액을 더하여 적습니다.

13. 76 납부특례세액은 「조세특례제한법」 제16조의3제1항에 따라 주식매수선택권을 행사함으로써 얻은 이익에 대하여 벤처기업 또는 벤처기업이 발행주식 총수의 100분의 30 이상을 인수한 기업의 임원 또는 종업원이 원천징수의무자에게 납부특례의 적용을 신청한 경우에는 해당 과세기간의 결정세액에서 해당 과세기간의 근로소득금액 중 주식매수선택권을 행사함으로써 얻는 이익에 따른 소득금액을 제외하여 산출한 결정세액을 뺀 금액을 적습니다.

작성방법

14. 파견외국법인 소속 파견근로자의 경우 기납부세액은 해당 파견근로자 개인별 근로소득에 대한 소득세로 실제 원천징수된 세액을 확인하여 적습니다. 다만, 파견근로자별로 원천징수세액을 구분하기 어려운 경우에는 사용내국법인이 파견외국법인에게 지급한 파견근로 대가에 대한 원천징수세액(2018. 6. 30.이전 17%, 2018. 7. 1.이후 19%)에 총 파견근로자의 결정세액 합계에 대한 각 파견근로자별 결정세액의 비율을 곱하여 적습니다.

15. 이 서식에 적는 금액 중 ㉜ 실효세율은 소숫점 둘째자리에서 반올림하여 소숫점 첫째 자리만으로 표시하고 그 외는 소수점 이하 값만 버리며, ⑰차감징수세액이 소액 부징수(1천원 미만을 말합니다)에 해당하는 경우 세액을 "0"으로 적습니다.

16. "⑱ 소득·세액공제 명세"란은 다음과 같이 작성합니다.

가. 관계코드란

구 분	관계코드	구 분	관계코드	구 분	관계코드
소득자 본인 (소득세법 §50 ① 1)	0	소득자의 직계존속 (소득세법 §50 ① 3 가)	1	배우자의 직계존속 (소득세법 §50 ① 3 가)	2
배우자 (소득세법 §50 ① 2)	3	직계비속(자녀·손자녀, 입양자) (소득세법 §50 ① 3 나)	4	직계비속(코드 4 제외) (소득세법 §50 ① 3 나)	5
형제자매 (소득세법 §50 ① 3 다)	6	수급자(코드1~6제외) (소득세법 §50 ① 3 라)	7	위탁아동 (소득세법 §50 ① 3 마)	8

* 직계비속과 그 배우자가 장애인인 경우 그 배우자는 포함하되 코드 4는 제외합니다.

※ 관계코드 4~6는 소득자와 배우자의 각각의 관계를 포함합니다.

나. 내·외국인란: 내국인의 경우 "1"로, 외국인의 경우 "9"로 적습니다.

다. 인적공제항목란: 인적공제사항이 있는 경우 해당란에 "○" 표시를 합니다(해당 사항이 없을 경우 비워둡니다).

라. 장애인란: 본인 또는 부양가족이 장애인 경우 다음의 코드를 해당 항목에 적습니다.

구분	코드
「장애인복지법」에 따른 장애인 등	1
「국가유공자 등 예우 및 지원에 관한 법률」에 따른 상이자 및 이와 유사한 자로서 근로능력이 없는 자	2
희귀성난치질환등 또는 이와 유사한 질병·부상으로 인해 중단 없이 주기적인 치료가 필요한 자	3

마. 국세청 자료란: 소득·세액공제 증명서류로 국세청 홈택스 홈페이지(www.hometax.go.kr)에서 제공하는 자료를 이용하는 경우 각 소득·세액공제 항목의 금액 중 소득·세액 공제대상이 되는 금액을 적습니다.

바. 기타 자료란: 국세청에서 제공하는 증명서류 외의 증명서류를 이용하는 경우를 말합니다(예를 들면, 시력교정용 안경구입비는 "의료비 항목"의 "기타"란에 적습니다).

사. 각종 소득·세액 공제 항목란: 소득·세액공제항목에 해당하는 실제 지출금액을 적습니다(소득·세액공제액이 아닌 실제 사용금액을 공제항목별로 구분된 범위 안에 적습니다).

아. 의료비(일반, 미숙아·선천성이상아, 난임, 6세이하·65세이상·장애인·건강보험산정특례자)란: 해당 과세기간에 지출한 의료비 총액을 적습니다. (실손의료보험금란에는 해당 과세기간에 보험회사로부터 수령한 실손의료보험금을 적습니다)

17. 해당 근로소득자가 월세액, 거주자 간 주택임차자금 차입금 원리금 상환액을 소득·세액공제를 한 경우에는 근로소득지급명세서를 원천징수 관할 세무서장에게 제출 시 해당 명세서를 함께 제출해야 합니다.

18. 해당 근로소득자가 주택마련저축·장기집합투자증권저축 소득공제, 퇴직연금·연금저축·기부금 세액공제를 한 경우에는 근로소득지급명세서를 원천징수 관할 세무서장에게 제출 시 해당 명세서(기부금세액공제가 있는 경우에는 별지 제45호서식 기부금명세서)를 함께 제출해야 합니다.

19. ㉞ 주택자금공제의 15년 이상 29년 이하, 30년 이상에는 「소득세법 시행령」(이하 이 서식에서 "소득령"이라 합니다) 제112조제10항 제5호가 해당되는 경우를 포함하여 적습니다.

20. 전통시장 사용액과 대중교통 이용액은 전통시장이나 대중교통을 이용 시 신용카드, 현금영수증, 직불카드·선불카드 등으로 사용한 금액의 합계액을 적습니다.

21. 도서·신문·영화관람료·공연·박물관·미술관·수영장·체력단련장 시설이용료(이하 이 서식에서 "문화체육 사용분"이라 합니다)는 총급여가 7천만원 이하인 근로자에 한하여 적용하되 문화체육 사용분이 전통시장 사용분에도 해당할 경우 전통시장 사용분으로 공제 받습니다 (수영장·체력단련장 시설이용료의 경우 경우 2025년 7월 1일 이후 사용하는 분부터 적용합니다).

22. 총급여 7천만원 초과자의 문화체육 사용분은 신용카드, 현금영수증, 직불카드등 결제수단별 소득공제 금액에 포함하여 계산한 금액을 소득공제합니다.

비과세 및 감면 소득 코드

구분	법조문	코드	기재란	비과세항목	지급명세서 작성 여부
비과세	「소득세법」 제12조제3호가목	A01		복무 중인 병(兵)이 받는 급여	×
	「소득세법」 제12조제3호나목	B01		법률에 따라 동원 직장에서 받는 급여	×
	「소득세법」 제12조제3호다목	C01		「산업재해보상보험법」에 따라 지급받는 요양급여 등	×
	「소득세법」 제12조제3호라목	D01		「근로기준법」 등에 따라 지급받는 요양보상금 등	×
	「소득세법」 제12조제3호마목	E01		「고용보험법」 등에 따라 받는 육아휴직급여 등	×
		E02		「국가공무원법」 등에 따라 받는 육아휴직수당 등(사립학교 직원이 학교의 정관·규칙에 따라 받는 육아휴직수당(월 150만원 한도) 포함)	×
	「소득세법」 제12조제3호바목	E10		「국민연금법」에 따라 받는 반환일시금(사망으로 받는 것에 한함) 및 사망일시금	×
	「소득세법」 제12조제3호사목	F01		「공무원연금법」 등에 따라 받는 요양비 등	×
	「소득세법」 제12조제3호아목	G01	⑱-5	비과세 학자금(소득령§ 11)	○
	「소득세법」 제12조제3호자목	H02		소득령§12 2 ~ 3(일직료·숙직료 등)	×
		H03		소득령§12 3(자가운전보조금)	×
		H04		소득령§12 4, 8(법령에 따라 착용하는 제복 등)	×
		H05	⑱-18	소득령§12 9 ~ 11(경호수당, 승선수당 등)	○
		H06	⑱-4	소득령§12 12 가(연구보조비 등)-「유아교육법」, 「초·중등교육법」	○
		H07	⑱-4	소득령§12 12 가(연구보조비 등)-「고등교육법」	○
		H08	⑱-4	소득령§12 12 가(연구보조비 등)-특별법에 따른 교육기관	○
		H09	⑱-4	소득령§12 12 나(연구보조비 등)	○
		H10	⑱-4	소득령§12 12 다(연구보조비 등)	○
		H14	⑱-22	소득령§12 13 가(보육교사 근무환경개선비)-「영유아보육법 시행령」	○
		H15	⑱-23	소득령§12 13 나(사립유치원 수석교사·교사의 인건비)-「유아교육법 시행령」	○
		H11	⑱-6	소득령§12 14 (취재수당)	○
		H12	⑱-7	소득령§12 15 (벽지수당)	○
		H13	⑱-8	소득령§12 16 (천재·지변 등 재해로 받는 급여)	○
		H16	⑱-24	소득령§12 17 (정부·공공기관 중 지방이전기관 종사자 이전지원금)	○
		H17	⑱-30	소득령§12 18(종교관련종사자가 소속 종교단체의 규약 또는 소속 종교단체의 의결기구의 의결·승인 등을 통하여 결정된 지급 기준에 따라 종교활동을 위하여 통상적으로 사용할 목적으로 지급받은 금액 및 물품)	○
	「소득세법」 제12조제3호차목	I01	⑱-19	외국정부 또는 국제기관에 근무하는 사람에 대한 비과세	○
	「소득세법」 제12조제3호카목	J01		「국가유공자 등 예우 및 지원에 관한 법률」에 따라 받는 보훈급여금 및 학습보조비	×
	「소득세법」 제12조제3호타목	J10		「전직대통령 예우에 관한 법률」에 따라 받는 연금	×
	「소득세법」 제12조제3호파목	K01	⑱-10	작전임무 수행을 위해 외국에 주둔하는 군인 등이 받는 급여	○
	「소득세법」 제12조제3호하목	L01		종군한 군인 등이 전사한 경우 해당 과세기간의 급여	×
	「소득세법」 제12조제3호거목	M01	⑱	소득령§16①1(국외 등에서 근로에 대한 보수) 100만원	○
		M02	⑱	소득령§16①1(국외 등에서 근로에 대한 보수) 300만원 (2023년 귀속분까지만 적용)	○
		M03	⑱	소득령§16①2(국외근로)	○
		M04	⑱	소득령§16①1(국외 등에서 근로에 대한 보수) 500만원	○

구분	법조문	코드	기재란	비과세항목	지급명세서 작성 여부
비과세	「소득세법」 제12조제3호너목	N01		「국민건강보험법」 등에 따라 사용자 등이 부담하는 보험료	×
	「소득세법」 제12조제3호더목	O01	⑱-1	생산직 등에 종사하는 근로자의 야간수당 등	○
	「소득세법」 제12조제3호러목	P01	⑱-40	비과세 식사대(월 20만원 이하)	○
		P02		현물 급식	×
	「소득세법」 제12조제3호머목	Q01	⑱-2	출산, 6세 이하의 자녀의 보육 관련 비과세 급여(월 10만원 이내)(2023년 귀속분까지만 적용)	○
		Q02	⑱-2	6세 이하의 자녀의 보육 관련 비과세 급여(월 20만원 이내)	○
		Q03	⑱-3	자녀 출생일 이후 2년 이내에 받는출산지원금(1회)	○
		Q04	⑱-3	자녀 출생일 이후 2년 이내에 받는출산지원금(2회)	○
	「소득세법」 제12조제3호버목	R01		국군포로가 지급받는 보수 등	×
	「소득세법」 제12조제3호서목	R10	⑱-21	「교육기본법」 제28조제1항에 따라 받는 장학금	○
	「소득세법」 제12조제3호어목	R11	⑱-29	소득령 17의3 비과세 직무발명보상금	○
	「소득세법」 제12조제3호저목	V01		사택 제공 이익	×
		V02		주택 자금 저리·무상 대여 이익	×
		V03		종업원 등을 수익자로하는 보험료·신탁부금·공제부금	×
		V04		공무원이 받는 상금과 부상(연 240만원 이내)	×
		V05		「영유아보육법 시행령」에 따라 사업주가 부담하는 보육비용	×
	「소득세법」 제12조제3호처목	W01	⑱-41	임원등 할인금액 비과세	○
	구 「조세특례제한법법」 제15조	S01	⑱-11	주식매수선택권 비과세	○
	「조세특례제한법법」 제16의2	U01	⑱-31	벤처기업 주식매수 선택권 행사이익 비과세	○
	「조세특례제한법법」 제88의4제6항	Y02	⑱-14	우리사주조합 인출금 비과세(50%)	○
		Y03	⑱-15	우리사주조합 인출금 비과세(75%)	○
		Y04	⑱-16	우리사주조합 인출금 비과세(100%)	○
	「소득세법」 제12조제3호자목	Y22	⑲	소득령§12 13 다(전공의 수련보조수당)	○
감면	「조세특례제한법법」 제18조	T01	⑱-12	외국인 기술자 소득세 감면(50%)	○
		T02	⑱-36	외국인 기술자 소득세 감면(70%)	○
	「조세특례제한법법」 제19조	T30	⑱-33	성과공유 중소기업의 경영성과급에 대한 세액공제 등	○
	「조세특례제한법법」 제29조의6	T40	⑱-34	중소기업 청년근로자 및 핵심인력 성과보상기금 수령액에 대한 소득세 감면 등(50%)	○
		T41	⑱-37	중견기업 청년근로자 및 핵심인력 성과보상기금 수령액에 대한 소득세 감면 등(30%)	○
		T42	⑱-38	중소기업 청년근로자 및 핵심인력 성과보상기금 수령액에 대한 소득세 감면 등(청년 90%)	○
		T43	⑱-39	중견기업 청년근로자 및 핵심인력 성과보상기금 수령액에 대한 소득세 감면 등(청년 50%)	○
	「조세특례제한법법」 제18조의3	T50	⑱-35	내국인 우수인력의 국내복귀에 대한 소득세 감면	○
	「조세특례제한법법」 제30조	T12	⑱-27	중소기업 취업자 소득세 감면(70%)	○
		T13	⑱-32	중소기업 취업자 소득세 감면(90%)	○
	조세조약	T20	⑱-28	조세조약상 소득세 면제(교사·교수)	○

(9쪽 중 제6쪽)

연금·저축 등 소득·세액 공제명세서

1. 인적사항	① 상 호	한강건설(주)	② 사업자등록번호	123-81-*****
	③ 성 명	이강모	④ 주민등록번호	
	⑤ 주 소	서울특별시 종로구 종로3길 1번길(전화번호: 02-0000-0000)		
	⑥ 사업장 소재지	서울특별시 종로구 종로5길 1000(전화번호: 02-0000-0000)		

2. 연금계좌 세액공제

1) 퇴직연금계좌

* 퇴직연금계좌에 대한 명세를 작성합니다.

퇴직연금 구분	금융회사 등	계좌번호(또는 증권번호)	납입금액	세액공제금액
퇴직연금	00보험	987-65-*****	1,000,000	120,000

2) 연금저축계좌

* 연금저축계좌에 대한 명세를 작성합니다.

연금저축 구분	금융회사 등	계좌번호(또는 증권번호)	납입금액	소득·세액 공제금액
연금저축	ㅁㅁ은행	*****-67890	2,000,000	240,000

3) ISA 만기시 연금계좌 납입액

* 납입 연금저축계좌·퇴직연금계좌에 대한 명세를 작성합니다.

연금 구분	금융회사 등	계좌번호(또는 증권번호)	납입금액	세액 공제금액

3. 주택마련저축 소득공제

* 주택마련저축 소득공제에 대한 명세를 작성합니다.

저축 구분	금융회사 등	계좌번호(또는 증권번호)	납입금액	소득공제금액

4. 장기집합투자증권저축 소득공제

* 장기집합투자증권저축 소득공제에 대한 명세를 작성합니다.

금융회사 등	계좌번호(또는 증권번호)	납입금액	소득공제금액

5. 벤처투자조합 출자 등에 대한 소득공제

* 벤처투자조합 출자 등 소득공제에 대한 명세를 작성합니다.

투자 연도	투자 구분	금융기관 등	계좌번호(또는 증권번호)	납입금액

6. 청년형 장기집합투자증권저축 소득공제

* 청년형 장기집합투자증권저축 소득공제에 대한 명세를 작성합니다.

가입일	계약기간	금융기관 등	계좌번호(또는 증권번호)	납입금액	소득공제금액

작성방법

1. 연금계좌 세액공제, 주택마련저축·장기집합투자증권저축·벤처투자조합 출자·청년형 장기집합투자증권저축 등 소득공제를 받는 소득자에 대해서는 해당 소득·세액 공제에 대한 명세를 작성해야 합니다. 해당 계좌별로 불입금액과 소득·세액 공제금액을 적고, 공제금액이 영(0)인 경우에는 적지 않습니다.
2. 퇴직연금계좌에서 "퇴직연금 구분"란은 퇴직연금[확정기여형(DC), 개인형(IRP), 중소기업퇴직연금]·과학기술인공제회로 구분하여 적습니다.
3. 연금저축계좌에서 "연금저축 구분"란은 개인연금저축과 연금저축으로 구분하여 적습니다.
4. ISA 만기시 연금계좌 납입액에서 "연금 구분"란은 연금저축계좌와 퇴직연금계좌로 구분하여 적습니다.
   - ISA 만기시 연금계좌 납입액 공제세액은 ISA계좌의 계약기간이 만료되고 해당 계좌잔액의 전부 또는 일부를 연금저축계좌·퇴직연금계좌로 납입한 경우 납입한 금액의 10%에 해당하는 금액(공제대상금액, 300만원 한도)에 공제율 12%를 적용한 금액입니다. [다만, 해당 과세기간의 종합소득과세표준을 계산할 때 합산하는 종합소득금액이 4천만원 이하(근로소득만 있는 경우 총급여 5천500만원 이하)인 거주자에 대해서는 공제율 15%를 적용합니다]
5. 주택마련저축 공제의 "저축 구분"란은 청약저축, 주택청약종합저축 및 근로자주택마련저축으로 구분하여 적습니다.
6. 중소기업창업투자조합 출자 등 소득공제의 "투자 구분"란은 벤처 등(「조세특례제한법」 제16조제1항제3호 · 제 4호 · 제 6호), 조합1(「조세특례제한법」 제16조제1항제1호 · 제5호), 조합2(「조세특례제한법」 제16조제1항제2호) 로 구분하여 적습니다.
7. 청년형 장기집합투자증권저축에서 "계약기간" 란은 계약기간을 개월 수로 적습니다.(월수 계산 시 1월 미만은 1월로 합니다.)
8. 공제금액란은 근로소득자가 적지 않을 수 있습니다.

(9쪽 중 제7쪽)

[ ] 월세액·[ ] 거주자 간 주택임차차입금 원리금 상환액 소득·세액공제 명세서
[무주택자 해당여부 [ ]여, [ ]부]

1. 인적사항	① 상 호	② 사업자등록번호
	③ 성 명	④ 주민등록번호
	⑤ 주 소 (전화번호 :)	
	⑥ 사업장 소재지 (전화번호 :)	

2. 월세액 세액공제 명세

⑦ 임대인성명 (상 호)	⑧ 주민등록번호 (사업자번호)	⑨ 유형	⑩ 계약면적 (㎡)	⑪ 임대차계약서 상 주소지	⑫ 계약서 상 임대차 계약기간		⑬ 연간월세액(원)	⑭ 세액공제금액(원)
					개시일	종료일		

※ ⑨ 유형 : 구분코드 - 단독주택 : 1, 다가구 : 2, 다세대주택 : 3, 연립주택 : 4, 아파트 : 5, 오피스텔 : 6, 고시원 : 7, 기타 : 8
※ ⑫ 계약서상 임대차계약기간 - 개시일과 종료일은 예시와 같이 기재 (예시) 2024.01.01.

3. 거주자 간 주택임차차입금 원리금 상환액 소득공제 명세

1) 금전소비대차 계약내용

⑮ 대주(貸主)	⑯ 주민등록번호	⑰ 금전소비대차 계약기간	⑱ 차입금 이자율	원리금 상환액			㉒ 공제금액
				⑲ 계	⑳ 원금	㉑ 이자	

2) 임대차 계약내용

㉓ 임대인성명 (상 호)	㉔ 주민등록번호 (사업자번호)	㉕ 유형	㉖ 계약면적 (㎡)	㉗ 임대차계약서상 주소지	㉘ 계약서상 임대차 계약기간		㉙ 전세보증금(원)
					개시일	종료일	

※ ㉕ 유형 : 구분코드 - 단독주택 : 1, 다가구 : 2, 다세대주택 : 3, 연립주택 : 4, 아파트 : 5, 오피스텔 : 6, 고시원 : 7, 기타 : 8
※ ㉘ 계약서상 임대차계약기간 - 개시일과 종료일은 예시와 같이 기재 (예시) 2024.01.01.

작성방법

1. 월세액 세액공제나 거주자 간 주택임차자금 차입금 원리금 상환액 공제를 받는 근로소득자에 대해서는 해당 소득·세액공제에 대한 명세를 작성해야 합니다.
2. 해당 임대차 계약별로 연간 합계한 월세액·원리금상환액과 소득·세액공제금액을 적으며, 공제금액이 "영(0)"인 경우에는 적지 않습니다.
3. ⑨, ㉕ 유형은 단독주택, 다가구주택, 다세대주택, 연립주택, 아파트, 오피스텔, 고시원, 기타 중에서 해당되는 유형의 구분코드를 적습니다.
4. ㉙ 전세보증금은 과세기간 종료일(12. 31.) 현재의 전세보증금을 적습니다.

출산지원금 비과세 적용 명세서

1. 인적사항

징수 의무자	① 상 호: 한강건설(주)	② 사업자등록번호: 123-81-*****
	③ 사업장 소재지 : 서울특별시 종로구 종로5길 1000 (전화번호: 02-0000-0000)	
소득자	④ 성 명 : 이강모	⑤ 주민등록번호: 800101-1******
	⑥ 주 소 : 서울특별시 종로구 종로3길 1번길 (전화번호: 02-0000-0000)	

2. 출산지원금 비과세 대상 자녀 명세

⑦ 자녀 성명	⑧ 주민등록번호	출산지원금			⑫ 지급처 (사업자등록번호)
		⑨지급받은 날	⑩ 지급받은 금액	⑪지급회차 [1 또는 2]	
이태영	251030-3******	2025.11.30	5,000,000	1	123-81-*****

작 성 방 법

1. 회사에서 받은 출산지원금에 대해 비과세를 적용받는 근로소득자는 해당 비과세 적용 명세를 작성해야 합니다.
2. 자녀의 출생일 이후 2년 이내에 회사로부터 첫 번째와 두 번째 지급받은 출산지원금만 비과세 대상에 해당됩니다. 다만, 2024년 1월 1일부터 2024.년 12월 31일까지의 기간에 지급받은 출산지원금은 2021년 1월 1일 이후 출생한 자녀에 대한 지급분도 비과세됩니다.
3. 개인인 사업자와 친족관계에 있는 자 또는 법인인 사업자의 지배주주등(해당 지배주주등과「국세기본법 시행령」제1조의2제1항에 따른 친족관계 또는 같은 조 제3항제2호가목에 따른 경영지배관계에 있는 사람을 포함합니다)이 지급받은 출산지원금은 비과세 대상이 아니므로 본 서식 작성대상이 아닙니다.
4. 근로자가 지급받는 급여의 횟수는 사용자별로 계산합니다.
5. ⑪ 지급회차란: 출산지원금을 지급받은 횟수에 따라 '1' 또는 '2'로 적습니다.
6. 2회를 초과하여 지급받은 출산지원금은 비과세 대상에 해당하지 않으므로 작성하지 않습니다.

02 원천징수이행상황신고서 작성사례

(1) ㈜한강건설 2026.2월 원천징수세액 자료

① 급여지급현황(2026년 2월 급여를 2.24.에 지급)

성명	주민번호	총지급액	원천징수세액	비고
합계	8명	22,230,000	1,198,170	
김△△	000000−0000000	2,500,000	51,180	
최△△	000000−0000000	3,000,000	113,390	
박○○	000000−0000000	2,300,000	78,600	
박△△	000000−0000000	500,000	−	
이○○	000000−0000000	5,200,000	465,700	
정△△	000000−0000000	2,100,000	45,000	
송○○	000000−0000000	2,000,000	62,000	
문○○	000000−0000000	4,630,000	382,300	

② 2025 귀속 연말정산 현황(중간 정산 포함)

성명	총지급액(전·현 근무지 포함)	작성대상 비과세	결정세액	전근무지 총지급액	기납부세액			전 근무지 상호	전 근무지 사업자번호	차감 징수세액
					계	현근무지	전근무지			
고◎◎*	7,500,000	300,000	−		620,820	620,820				−620,820
계속근로자 합계	323,231,250	12,290,000	10,994,140	36,690,720	14,895,170	12,356,850	2,538,320			−3,901,030
김△△	30,000,000	1,200,000	586,230		855,980	855,980				−269,750
최△△	45,000,000	2,200,000	1,500,760		2,500,370	2,500,370				−999,610
박○○*	38,700,000	670,000	825,700	11,690,720	1,571,980	676,980	895,000	㈜○○물산	111−81−00010	−746,280
박△△*	32,600,000	1,800,000	1,585,420	10,000,000	1,001,470	326,470	675,000	△△백화점	211−03−00007	583,950
이○○	82,003,950	2,400,000	4,250,950		5,900,350	5,900,350				−1,649,400
정△△	12,600,800	720,000	−		312,000	312,000				−312,000
송○○	24,000,000	1,200,000	307,030		521,900	521,900				−214,870
문○○*	58,326,500	2,100,000	1,938,050	15,000,000	2,231,120	1,262,800	968,320	㈜○○전자	312−81−00080	−293,070

※ 고◎◎ : 4월 중도퇴사
박○○, 박△△, 문○○ : 5월 중도 입사

③ 2026.2월 전직원을 대상으로 교육을 실시하면서 교육을 담당한 외부강사에게 강사료 1,000,000원 지급

– 기타소득 1,000,000원, 원천징수세액(소득세) 80,000원

④ 원천징수이행상황 신고내역(2025년 귀속)

귀속 연월	지급 연월	소득구분	코드	인원	총지급액	징수세액			당월 조정 환급	납부세액
						소득세	농특세	가산세		
202501	202501	간이세액	A01	6	25,300,000	1,225,800				1,225,800
202502	202502	간이세액	A01	6	24,600,600	1,136,240				
202502	202502	연말정산	A04	6	237,650,000	−2,582,650				
202502	202502	가 감 계	A10	12	262,250,600	−1,446,410				
202503	202503	간이세액	A01	6	23,800,000	1,060,000				1,060,000
202504	202504	간이세액	A01	6	21,389,000	968,720				
202504	202504	중도퇴사	A02	1	7,500,000	−620,820				
202504	202504	가 감 계	A10	7	28,889,000	347,900			347,900	
202504	202504	퇴직소득	A22	1	3,520,000	120,820			38,510	82,310
202505	202505	간이세액	A01	8	26,470,820	1,382,420				1,382,420
202506	202506	간이세액	A01	8	21,210,890	1,195,750				1,195,750
202507	202507	간이세액	A01	8	21,350,760	1,221,820				1,221,820
202508	202508	간이세액	A01	8	23,850,850	890,790				890,790
202509	202509	간이세액	A01	8	24,682,440	905,620				905,620
202510	202510	간이세액	A01	8	29,720,650	1,110,890				1,110,890
202511	202511	간이세액	A01	8	24,901,140	992,750				992,750
202512	202512	간이세액	A01	8	26,763,380	886,870				886,870

⑤ 환급세액조정내역(2025년 귀속)

귀속 연월	지급 연월	전월 미환급세액의 계산			당월 발생 환급세액			조정대상 환급세액	당월조정 환급세액	차월 환급세액	환급 신청액
		전월미환급 세액	기환급 세액	차감 잔액	일반 환급	신탁 재산	그밖의 환급세액				
202501	202501			–			–	–	–	–	
202502	202502			–	1,446,410			1,446,410	–	1,446,410	
202503	202503	1,446,410		1,446,410				1,446,410	1,060,000	386,410	
202504	202504	386,410		386,410				386,410	386,410	–	

■ 소득세법 시행규칙[별지 제21호서식] 〈개정 2025. 3. 21.〉 (10쪽 중 제1쪽)

① 신고구분						원천징수이행상황신고서 / 원천징수세액환급신청서	② 귀속연월	2026년 2월
(매월)	반기	수정	(연말)	소득처분	(환급신청)	☑ 원천징수이행상황신고서 ☑ 원천징수세액환급신청서	③ 지급연월	2026년 2월

원천징수 의무자						
법인명(상호)	한강건설(주)	대표자(성명)	김00	일괄납부 여부	여, 부
				사업자단위 과세 여부	여, 부
사업자(주민)등록번호	123-81-*****	사업장 소재지	서울 종로 종로5길 1000	전화번호	02-0000-0000
				전자우편주소	nhk12@nts.go.kr

❶ 원천징수 명세 및 납부세액 (단위 : 원)

소득자 소득구분			코드	원천징수명세: 소득지급(과세 미달, 일부 비과세 포함) ④ 인원	⑤ 총지급액	징수세액 ⑥ 소득세 등	⑦ 농어촌특별세	⑧ 가산세	⑨ 당월 조정 환급세액	납부세액 ⑩ 소득세 등 (가산세 포함)	⑪ 농어촌특별세
개인(거주자·비거주자)	근로소득	간이세액	A01	8	22,230,000	1,198,170					
		중도퇴사	A02								
		일용근로	A03								
		연말정산 합계	A04	8	323,231,250	- 3,901,030					
		연말정산 분납신청	A05								
		연말정산 납부금액	A06								
		가감계	A10	16	345,461,250	- 2,702,860					
	퇴직소득	연금계좌	A21								
		그 외	A22								
		가감계	A20								
	사업소득	매월징수	A25								
		연말정산	A26								
		가감계	A30								
	기타소득	연금계좌	A41								
		종교인소득 매월징수	A43								
		종교인소득 연말정산	A44								
		가상자산	A49								
		인적용역	A59								
		그 외	A42	1	1,000,000	80,000					
		가감계	A40	1	1,000,000	80,000			80,000		
	연금소득	연금계좌	A48								
		공적연금(매월)	A45								
		연말정산	A46								
		가감계	A47								
	이자소득		A50								
	배당소득		A60								
	저축해지 추징세액 등		A69								
	비거주자 양도소득		A70								
법인	내·외국법인원천		A80								
수정신고(세액)			A90								
총 합계			A99	17	346,461,250	80,000			80,000		

❷ 환급세액 조정 (단위 : 원)

전월 미환급 세액의 계산: ⑫ 전월미환급 세액	⑬ 기환급 신청세액	⑭ 차감잔액 (⑫-⑬)	당월 발생 환급세액: ⑮ 일반환급	⑯ 신탁재산 (금융회사 등)	⑰ 그 밖의 환급세액: 금융회사 등	합병 등	⑱ 조정대상 환급세액 (⑭+⑮+⑯+⑰)	⑲ 당월조정 환급세액계	⑳ 차월이월 환급세액 (⑱-⑲)	㉑ 환급 신청액
			2,702,860				2,702,860	80,000	2,622,860	2,622,860

원천징수의무자는 「소득세법 시행령」 제185조제1항에 따라 위의 내용을 제출하며, 위 내용을 충분히 검토하였고 원천징수의무자가 알고 있는 사실 그대로를 정확하게 적었음을 확인합니다.

2026년 3월 10일

신고인 한강건설(주) (서명 또는 인)

세무대리인은 조세전문자격자로서 위 신고서를 성실하고 공정하게 작성하였음을 확인합니다.

세무대리인 (서명 또는 인)

종로 세무서장 귀하

신고서 부표 등 작성 여부 ※ 해당란에 "○" 표시를 합니다.		
부표(4~5쪽)	환급(7쪽~9쪽)	승계명세(10쪽)
	○	

세무대리인	
성명	
사업자등록번호	
전화번호	

국세환급금 계좌신고	
예입처	국세은행
예금종류	일 반
계좌번호	121-12-00001

210mm×297mm[백상지 80g/㎡(재활용품)]

(10쪽 중 제7쪽)

사업자등록번호 123-81-*****					☑원천징수세액환급신청서 부표								(단위 : 원)
소득의 종류	귀속 연월	지급 연월	코드	인원	소득 지급액	① 결정세액	기납부 원천징수세액			③ 차감 세액	④ 분납 금액	⑤ 조정환급 세액	⑥ 환급 신청액
							② 계	기납부세액 [주(현)]	기납부세액 [종(전)]				
근로	202602	202602	A04	8	323,231,250	10,994,140	14,895,170	12,356,850	2,538,320	-3,901,030		1,278,170	2,622,860
합계				8	323,231,250	10,994,140	14,895,170	12,356,850	2,538,320	-3,901,030		1,278,170	2,622,860

작성방법

1. 「소득세법 시행규칙」 제93조 등에 따라 제출합니다.
2. 이 부표는 원천징수세액환급신청서(1쪽)의 ㉑환급신청란에 환급신청액을 적어 환급신청을 한 경우 작성합니다.
3. 소득의 종류란은 환급대상 원천징수 세목의 소득을 적습니다.
4. 귀속연월은 신청한 환급세액이 발생한 "원천징수이행상황신고서(1쪽)"의 ②귀속연월을 적습니다.
   지급연월은 신청한 환급세액이 발생한 "원천징수이행상황신고서(1쪽)"의 ③지급연월을 적습니다.
5. 코드란은 환급 신청 대상 원천징수 소득의 해당 코드(1쪽의 코드 참조)를 기재하며, 인원란은 환급대상 소득에 해당하는 원천징수이행상황신고서(1쪽)의 소득자 소득구분 및 코드에 해당하는 인원을 적습니다. 소득지급액란은 "원천징수이행상황신고서(1쪽)의 ⑤ 총지급액의 작성방법을 준용하여 작성합니다.
6. ① 결정세액, 기납부 원천징수세액(② 계, 기납부세액[주(현)], 기납부세액[종(전)]란은 환급대상 소득에 해당하는 지급명세서의 결정세액, 기납부원천징수세액의 합계액을 적어야 하며, 기납부세액[주(현), 종(전)]이 있는 경우 "기납부세액 명세서(8쪽)"를 작성하여야 합니다.
7. ③차감세액은 환급대상 소득에 해당하는 지급명세서의 차감징수세액의 합계액과 일치하여야 합니다.
8. ④분납금액란은 "원천징수이행상황신고서(제1쪽)"의 ⑥소득세 등(A05)의 금액과 일치해야 합니다.
9. ⑤조정환급세액란에는 환급할 세액에서 차감한 같은 세목의 납부할 세액을 포함하여 적으며, ④분납금액에서 ③차감세액과 ⑥환급신청액을 각각 차감한 금액과 일치해야 합니다.
10. 합계의 ⑥ 환급신청액란은 "원천징수이행상황신고서(1쪽)"의 ㉑ 환급신청액란의 금액과 일치하여야 합니다. "환급신청 시 원천징수이행상황신고서(1쪽)"의 2. 환급세액 조정의 ⑫ 전월미환급세액란에 금액이 있는 경우 "전월미환급세액 조정명세서(9쪽)"를 작성하여 제출하여야 합니다.
11. 환급신청서 부표에 포함되는 소득지급명세서는 별도로 제출합니다. 다만, 지급명세서 법정제출기한 내에 해당 지급명세서를 제출한 경우에는 별도로 제출할 필요가 없습니다.
12. 환급신청자가 "기납부세액 명세서(8쪽)" 및 "전월미환급세액 조정 명세서(9쪽)"을 제출하지 아니한 경우 원천징수 관할 세무서장은 즉시 해당 명세서를 추가로 제출할 수 있도록 안내하고 그 제출기간은 환급처리기간에 포함하지 아니합니다.

210㎜×297㎜(백상지 80g/㎡)

(10쪽 중 제8쪽)

사업자등록번호 123-81-***** **기납부세액 명세서** (단위 : 원)

❶ 원천징수 신고 납부 현황

소득의 구분	귀속연월	지급연월	코드	인원	총지급액	징수세액		
						①소득세 등	②농어촌특별세	가산세
			별	지	참	조		
합 계				88	294,040,530	12,977,670		

❷ 지급명세서 기납부세액 현황

소득의 구분	성명	주민등록 번호	주(현)근무지		종(전)근무지 결정세액				계	
			③ 소득세 등	④ 농어촌특별세	종(전) 근무지	사업자 등록번호	소득세 등	농어촌 특별세	소득세 등	농어촌 특별세
				별	지	참	조			
합계			12,356,850				2,538,320		14,895,170	

❸ 기납부세액 차이 조정 현황

소득세 등			농어촌특별세			사 유
① 소득세 등 합계	③ 소득세 등 합계	차이금액 (③ - ①)	② 농어촌특별세 합계	④ 농어촌특별세 합계	차이금액 (④ - ②)	
12,977,670	12,356,850	- 620,820	-	-	-	중도퇴사

※ 중도퇴사자 지급명세서 수시제출(2025.5월)한 경우임

작성방법

1. 「소득세법 시행규칙」 제93조 등에 따라 제출합니다.
2. [1. 원천징수 신고 납부 현황]은 환급신청 대상 세목에 대한 원천징수 신고 납부 현황을 기재합니다.
   기재대상이 많은 경우 [1. 원천징수 신고 납부 현황]에 대해 합계를 기재하고 해당 내역에 대한 형식을 참고하여 별지 형식으로 제출할 수 있습니다.
3. [2. 지급명세서 기납부세액 현황]은 환급신청 대상 세목에 대한 지급명세서 기납부세액을 기재합니다. 기재대상이 많은 경우 [2. 지급명세서 기납부세액 현황]에 대해 합계를 기재하고 해당 내역에 대한 형식을 참고하여 별지 형식으로 제출할 수 있습니다.
4. [1. 원천징수 신고납부 현황]의 ① 소득세 등의 합계와 [2. 지급명세서 기납부세액]의 주(현)근무지 ③ 소득세 등의 합계와 일치하여야 합니다. 또한 [1. 원천징수 신고납부 현황]의 ② 농어촌특별세의 합계와 [2. 지급명세서 기납부세액]의 주(현)근무지 ④ 농어촌특별세의 합계와 일치하여야 합니다.
5. [1. 원천징수 신고납부 현황]의 ① 소득세 등의 합계, ② 농어촌특별세의 합계와 [2. 지급명세서 기납부세액]의 주(현)근무지 ③ 소득세 등의 합계, ④ 농어촌특별세의 합계가 일치하지 아니한 경우에는 [3. 기납부세액 차이 조정 현황]을 작성하여야 합니다.
6. [3. 기납부세액 차이 조정 현황]은 [1. 원천징수 신고 납부 현황] 과 [2. 지급명세서 기납부세액 현황]를 비교하여 작성하여 차이금액이 발생하는 경우 해당 사유를 명확히 기재하고 기재할 내용이 많은 경우 별지로 작성하여 제출할 수 있습니다.

210㎜× 297㎜(백상지 80g/㎡)

[별지]

① 원천징수 신고 납부 현황								
소득의 구분	귀속 연월	지급 연월	코드	인원	총지급액	징수세액		
						① 소득세 등	② 농어촌특별세	가산세
근로소득	202501	202501	A01	6	25,300,000	1,225,800		
근로소득	202502	202502	A01	6	24,600,600	1,136,240		
근로소득	202503	202503	A01	6	23,800,000	1,060,000		
근로소득	202504	202504	A01	6	21,389,000	968,720		
근로소득	202505	202505	A01	8	26,470,820	1,382,420		
근로소득	202506	202506	A01	8	21,210,890	1,195,750		
근로소득	202507	202507	A01	8	21,350,760	1,221,820		
근로소득	202508	202508	A01	8	23,850,850	890,790		
근로소득	202509	202509	A01	8	24,682,440	905,620		
근로소득	202510	202510	A01	8	29,720,650	1,110,890		
근로소득	202511	202511	A01	8	24,901,140	992,750		
근로소득	202512	202512	A01	8	26,763,380	886,870		
합 계				88	294,040,530	12,977,670		

② 지급명세서 기납부세액 현황										
소득의 구분	성명	주민등록번호	주(현)근무지		종(전)근무지 결정세액				계	
			③ 소득세 등	④ 농어촌 특별세	종(전) 근무지	사업자 등록번호	소득세 등	농어촌 특별세	소득세 등	농어촌 특별세
근로소득	김△△	000000-0000000	855,980						855,980	
근로소득	최△△	000000-0000000	2,500,370						2,500,370	
근로소득	박○○	000000-0000000	676,980		㈜00물산	111-81-00010	895,000		1,571,980	
근로소득	박△△	000000-0000000	326,470		△△백화점	211-03-00007	675,000		1,001,470	
근로소득	이○○	000000-0000000	5,900,350						5,900,350	
근로소득	정△△	000000-0000000	312,000						312,000	
근로소득	송○○	000000-0000000	521,900						521,900	
근로소득	문○○	000000-0000000	1,262,800		㈜00전자	312-81-00080	968,320		2,231,120	
합계			12,356,850				2,538,320		14,895,170	

※ '전월미환급세액 조정명세서'는 환급신청시 전월미환급세액이 있는 경우 작성합니다.

※ '❷ 지급명세서 기납부세액 현황'의 경우 회사의 전산시스템 등에서 인별 세부명세를 관리하는 경우 합계자료만 입력 가능

근로소득 및 복식기장 신고서 작성사례

-근로소득, 사업소득과 기타소득이 있는 대학교수

자료 1 김성공 교수의 2025년 근로소득 연말정산 내용

(1) 지급처 : A+대학교
(2) 총급여 50,000,000원, 근로소득금액 37,750,000원
(3) 종합소득공제 · 세액공제
① 소득공제 : 본인 150만원, 배우자 150만원, 부양가족 1명 150만원
② 세액공제 대상 : 보장성 보험료 납부액 100만원, 교육비 600만원 지출
(4) 원천징수세액 : 근로소득 2,925,000원, 지방소득세 292,500원

자료 2 사업소득자료 : 연구개발용역 대가

(1) X법인이 부여한 연구용역 과제를 독립적으로 수행하고 연구용역비를 지급받음.
(직전연도 수입금액 : 9천만원)
① 연구용역대가 1억원, ② 용역제공완료일 2025.11.30
(2) 장부를 비치 · 기장하고 있으며, 세무사에게 세무조정을 의뢰함
① 필요경비 7천만원, ② 소득금액 3천만원
(3) 원천징수세액 : 사업소득 3,000,000원, 지방소득세 300,000원

자료 3 기타소득 자료 : 원고료

(1) C출판사가 발행하는 정기간행물에 2025.10.1. 일시적으로 학술에 관한 글을 기고하고 원고료를 지급받음.
① 원고료 750만원, ② 법정필요경비(60%) : 450만원
③ 원천징수세액 : 기타소득 600,000원, 지방소득세 60,000원

자료 4 가족사항

구 분	생 년 월 일	소득금액	비 고
본 인	70. 4.26		근로소득
배 우 자	71. 4.16	없 음	
자 녀	97. 8. 9	〃	
자 녀	06. 2.17	〃	만19세

신고서 작성 해설

김성공 교수는 종합소득세신고를 하여야 합니다.

- X법인과 계약에 의하여 연구용역을 제공하고 그 대가를 지급받은 금액은 사업소득에 해당합니다.
- 정기간행물에 일시적으로 학술에 관한 글을 기고하고 지급받는 원고료는 기타소득입니다.
- 김성공 교수가 연말정산된 근로소득만 있으면 종합소득세 확정신고의무가 없으나 사업소득이 있으므로 근로소득과 사업소득을 합하여 신고하여야 합니다.

  계약의 위약으로 인한 위약금·배상금 중 계약금이 위약금·배상금으로 대체되는 금액과 조건부 과세대상(무조건 분리·종합과세 외의 과세대상) 기타소득금액의 연간 합계액이 300만원을 초과하는 경우에는 조건부 과세대상도 종합과세 되나, 300만원 이하인 경우에는 납세자가 조건부 과세대상에 대하여 분리과세 또는 종합과세를 선택할 수 있습니다(선택적 분리과세).

  김성공 교수는 기타소득금액이 300만원 이하이고, 분리과세가 유리하므로 분리과세를 선택하여 종합소득으로 합산신고하지 않았습니다.

  * 무조건분리과세 : 복권당첨소득, 승마투표권·승자투표권·소싸움경기투표권·체육진흥투표권의 구매자가 받는 환급금, 슬롯머신 등을 이용하는 행위에 참가하여 받는 당첨금품, 연금계좌에서 연금외 수령한 자기불입분 및 운용수익, 서화·골동품의 양도로 발생하는 기타소득

신고서 선택 및 작성순서

- 복식부기로 신고하는 경우에는 일반신고서[소득세법시행규칙 별지 제40호서식(1)]를 사용합니다.

• 신고서를 작성하는 순서는 아래와 같습니다.

❶ 기본사항 ⇒ ❸ 세무대리인 ⇒ ❼ 사업소득명세서 ⇒ ❽ 근로소득명세서 ⇒ ❾ 종합소득금액명세서 ⇒ ⓫ 소득공제명세서 ⇒ ⓭ 세액공제명세서 ⇒ ⓰ 기납부세액명세서 ⇒ ❹ 세액의 계산 ⇒ 납부서(종합소득세) 작성

신고서 각 항목별 작성요령

다음 순서에 따라 신고서의 각 항목을 작성합니다.

❶ 기본사항 (신고서 제3쪽)

① 성명, ② 주민등록번호, ③ 주소, ④ 주소지 전화번호, ⑤ 사업장 전화번호, ⑥ 휴대전화, ⑦ 전자우편주소(e-mail)를 각 해당란에 적습니다.

⑧ 기장의무 : [1] 복식부기의무자에 ✓표를 합니다.

* 연구 및 개발업의 경우 전년도의 수입금액이 7,500만원 이상인 경우에는 복식부기의무자에 해당합니다.

⑨ 신고유형 : [12] 외부조정에 ✓표를 합니다.

※ 외부조정은 세무대리인이 작성한 조정계산서를 첨부한 경우를 말합니다.

* 사업자로서의 소득과 비사업자로서의 소득(이자소득, 배당소득, 근로소득, 연금소득, 기타소득)이 모두 있는 경우에는 사업자의 소득에 관한 신고유형을 적습니다.

⑩ 신고구분 : [10] 정기신고에 ✓표를 합니다.

* 정기신고는 법정신고기간에 하는 신고를 말합니다.

❸ 세무대리인 (신고서 제3쪽)

조정계산서를 작성한 세무사의 ⑬ 성명, ⑭ 사업자등록번호, ⑮ 전화번호, ⑯ 대리구분, ⑰ 관리번호, ⑱ 조정반번호를 적습니다. ⑯ 대리구분 란에는 [2] 조정에 ✓표를 합니다.

❼ 사업소득명세서 (신고서 제9쪽)

① 소득구분코드 : 부동산사업 외의 사업소득은 40을 적습니다.

② 일련번호 : 사업소득이 발생하는 사업장별로 일련번호를 1부터 순차적으로 적고, 사업장이 2 이상인 경우에는 그 다음 칸에 합계를 적습니다.

③ 사업장 : 소재지란에는 사업소득이 발생하는 사업장의 주소, 국내1/국외9 란에는 사업장이 국내에 있으므로 1을 적습니다.

④ 상호 · ⑤ 사업자등록번호 : 상호, 사업자등록번호를 적습니다.

⑥ 기장의무 : [1](복식부기의무자)를 적습니다.

⑦ 신고유형 코드 : 12

* 과세표준신고서에 첨부하는 조정계산서를 본인이 작성한 경우에는 11을 적고 세무사가 작성한 경우에는 12를 적습니다.

⑧ 주업종 코드 : 연구 및 개발업 코드인 730000을 적습니다.

* 업종코드는 국세청 홈택스(www.hometax.go.kr) → [조회/발급] → [기타조회] → [기준(단순)경비율]에서 조회가능

⑨ 총수입금액 : 100,000,000원

* 당해연도에 수입하였거나 수입할 금액의 합계액을 말합니다. △△법인으로부터 연구용역 대가로 받은 금액(1억원)을 적습니다.

⑩ 필요경비 : 70,000,000원

* 연구용역에 소요된 필요경비를 적습니다.

⑪ 사업소득금액 : 30,000,000원(⑨ 총수입금액 − ⑩ 필요경비)

* 비치 · 기장한 장부와 증빙서류에 의하여 계산된 소득금액을 적습니다.

⑫ 과세기간개시일 : 계속사업자는 1.1일, 신규사업자는 개업일을 적습니다.

⑬ 과세기간종료일 : 계속사업자는 12.31일, 폐업자는 폐업일을 적습니다.

⑭ 대표공동사업자 · ⑮ 특수관계자 : 공동사업이 아니므로 적지 아니합니다.

<사업소득에 대한 원천징수 및 납세조합징수 세액>

⑳ 일련번호 : 1

㉑ 상호(성명) : X법인

㉒ 사업자등록번호 : 209 − 81 − *****

㉓ 소득세 : 3,000,000원

❽ 근로소득 · 연금소득 · 기타소득 명세서 (신고서 제11쪽)

〈근로소득〉

① 소득구분 코드 : 51

② 일련번호 : 1

③ 상호, ④ 사업자등록번호 : 근무처의 상호와 사업자등록번호를 적습니다 (원천징수영수증 참조).

⑤ 총수입금액(총급여액 · 총연금액) : 50,000,000원(원천징수영수증상의 ㉑ 총급여)

⑥ 필요경비(근로소득공제 · 연금소득공제) : 12,250,000원(원천징수영수증상의 ㉒ 근로소득공제)

⑦ 소득금액 : 37,750,000원(⑤－⑥)

⑧ 원천징수소득세 : 2,925,000원(원천징수영수증상의 ⑬ 결정세액)

〈기타소득〉

분리과세 선택의 경우에는 적지 않습니다.

❾ 종합소득금액 및 결손금 · 이월결손금공제 명세서 (신고서 제13쪽)

① 소득별 소득금액 : ❼ 사업소득명세서의 ⑪ 소득금액의 합계액, ❽ 근로소득 · 연금소득 · 기타소득명세서의 ⑦ 소득금액의 합계액을 각각 옮겨 적습니다.

부동산임대업 외의 사업소득금액(주택임대업 포함) : 30,000,000원

근로소득금액 : 37,750,000원

②~④란은 해당사항이 없으므로 적지 아니합니다.

따라서 ⑤란의 금액은 ①란의 금액과 같습니다.

⓫ 소득공제 명세서 (신고서 제15쪽)

①~㉓ : 근로소득원천징수영수증의 종합소득공제 및 조세특례제한법상의 소득공제란을 참조하여 적습니다.

❹ 세액의 계산 (신고서 제3쪽)

〈종합소득세〉

⑲ 종합소득금액 : 67,750,000원

❾ 종합소득금액 및 결손금 · 이월결손금공제 명세서의 ⑤란의 합계(종합소득금액)를 옮겨 적습니다.

⑳ 소득공제 : 4,500,000원

⓫ 소득공제명세서의 ㉒ 소득공제합계를 옮겨 적습니다.

㉑ 과세표준 : 63,250,000원(⑲ 종합소득금액 − ⑳ 소득공제)

㉒ 세율 : 24%

㉓ 산출세액 : 9,420,000원(63,250,000 × 24% − 5,760,000)

* 세율표에 따라 세율을 적용하고 과세표준에 세율을 곱한 금액에서 누진공제액을 차감하여 산출세액을 계산합니다.

⓭ 세액공제 명세서 (신고서 제19쪽)

① 소득세법상 세액공제

• 근로소득 세액공제 : 660,000원

아래 산출식에 따라 계산된 660,000원을 적습니다.

* 근로소득산출세액 상당액 5,248,782원

$$= \text{종합소득산출세액 } 9{,}420{,}000\text{원} \times \frac{\text{근로소득금액 } 37{,}750{,}000\text{원}}{\text{종합소득금액 } 67{,}750{,}000\text{원}}$$

* 근로소득세액공제 :

715,000원 + (3,948,782원 × 30%) = 1,899,634원(공제한도인 660,000원을 공제)

a) 공제액

구 분	공제금액
산출세액 130만원 이하	산출세액의 55%
산출세액 130만원 초과	71만5천원 + 130만원 초과금액의 30%

b) 공제한도

총급여액	공제한도
3,300만원 이하	74만원
3,300만원 초과 7,000만원 이하	Max(①, ②) ① 74만원 − [(총급여액 − 3,300만원) × 8/1,000] ② 66만원
7,000만원 초과	Max(①, ②) ① 66만원 − [(총급여액 − 7,000만원) × 1/2] ② 50만원

• 자녀세액공제 : 250,000원

* 종합소득이 있는 거주자의 8세 이상 기본공제 대상자에 해당하는 자녀(입양자, 위탁아동 포함)가 1인 이므로 세액공제액 250,000원을 세액공제란에 기재합니다.

• 보장성 보험료 : 120,000원

공제대상금액 : 1,000,000원

* 세액공제 대상 보장성 보험료 납부액을 공제대상 금액에 기재하고 12%를 적용한 금액 120,000원을 적습니다.

• 교육비 : 900,000원

공제대상 금액 : 6,000,000원

* 세액공제 대상 교육비 지출액을 공제대상 금액에 기재하고 15%를 적용한 금액 900,000원을 적습니다.

④ 사업자등록번호 : 해당사항이 없으므로 적지 아니합니다.

⑥ 세액공제 합계 : 1,930,000원

소득세법과 조세특례제한법 상의 세액공제 합계액을 적습니다.

⓰ 기납부세액 명세서 (신고서 제21쪽)

⑦ 원천징수세액(사업소득) : 3,000,000원을 적습니다.

⑧ 원천징수세액(근로소득) : 2,925,000원(❽ 근로소득명세서의 ⑧ 소득세의 금액을 적습니다.)

⑪ 기납부세액 합계 : 5,925,000원

❹ 세액의 계산 (신고서 제3쪽)

〈종합소득세〉

㉕ 세액공제 : 1,930,000원

* ⓭ 세액공제명세서의 ⑥ 세액공제합계를 옮겨 적습니다.

㉖ (결정세액)종합과세 : 7,490,000원(㉓－㉔－㉕)

㉘ (결정세액)합계 : 7,490,000원(㉖＋㉗)

㉛ 합계 : 7,490,000원(㉘＋㉙＋㉚)

㉜ 기납부세액 : 5,925,000원

* ⓰ 기납부세액명세서의 ⑪란 금액을 옮겨 적습니다.

㉝ 납부(환급)할 총세액 : 1,565,000원(㉛－㉜)

㊲ 신고기한 이내 납부할 세액 : 1,565,000원(㉝－㉞＋㉟－㊱)

[별지 제40호서식(1)] (35쪽 중 제3쪽)

관리번호	-

(2025년 귀속)종합소득세 · 농어촌특별세 · 과세표준확정신고 및 납부계산서

거주구분	거주자1 (circled) / 비거주자2
내·외국인	내국인1 (circled) / 외국인9
외국인단일세율적용	여 1 / 부 2
분리과세 주택임대	여 1 / 부 2
거주지국	거주지국코드

❶ 기본사항

항목	내용	항목	내용
① 성 명	김 성 공	② 주민등록번호	7 0 0 4 2 6 - 1 * * * * * *
③ 주 소	경기도 수원시 팔달구 매산로 **		
④ 주소지 전화번호		⑤ 사업장 전화번호	
⑥ 휴 대 전 화		⑦ 전자우편주소	
⑧ 기 장 의 무	1복식부기의무자 (circled) 2간편장부대상자 3비사업자		
⑨ 신 고 유 형	11자기조정 12외부조정 (circled) 14성실신고확인 20간편장부 31추계-기준율 32추계-단순율 35분리과세(주택임대) 40비사업자		
⑩ 신 고 구 분	10정기신고 (circled) 20수정신고 30경정청구 40기한후신고 50추가신고(인정상여)		

❷ 환급금 계좌신고	⑪ 금융기관/체신관서명	⑫ 계좌번호

❸ 세무대리인					
⑬ 성 명	박 조 정	⑭ 사업자등록번호	1 3 5 - * * - * * * * *	⑮ 전화번호	031-***-****
⑯ 대리구분	1기장 2조정 (circled) 3신고 4성실확인	⑰ 관리번호	* - * * * * *	⑱ 조정반번호	2 - * * * *

❹ 세액의 계산

구 분		번호	종합소득세	번호	농어촌특별세
종합소득금액		⑲	67,750,000		
소득공제		⑳	4,500,000		
과세표준(⑲-⑳)		㉑	63,250,000	㊶	
세율		㉒	24%	㊷	
산출세액		㉓	9,420,000	㊸	
세액감면		㉔			
세액공제		㉕	1,930,000		
결정세액	종합과세(㉓-㉔-㉕)	㉖	7,490,000	㊹	
	분리과세 주택임대소득	㉗		㊺	
	합계(㉖+㉗)	㉘	7,490,000	㊻	
가산세		㉙		㊼	
추가납부세액(농어촌특별세의 경우에는 환급세액)		㉚		㊽	
합계(㉘+㉙+㉚)		㉛	7,490,000	㊾	
기납부세액		㉜	5,925,000	㊿	
납부(환급)할 총세액(㉛-㉜)		㉝	1,565,000	51	
납부특례세액	차감	㉞		52	
	가산	㉟			
분납할세액	2개월 내	㊱			
신고기한 이내 납부할 세액(㉝-㉞+㉟-㊱)		㊲	1,565,000	53	

신고인은 「소득세법」 제70조, 「농어촌특별세법」 제7조 및 「국세기본법」 제45조의3에 따라 위의 내용을 신고하며, 위 내용을 충분히 검토하였고 신고인이 알고 있는 사실 그대로를 정확하게 적었음을 확인합니다. 위 내용 중 과세표준 또는 납부세액을 신고하여야 할 금액보다 적게 신고하거나 환급세액을 신고하여야 할 금액보다 많이 신고한 경우에는 「국세기본법」 제47조의3에 따른 가산세 부과 등의 대상이 됨을 알고 있습니다.

2026 년 5 월 31 일 신고인 김 성 공 (서명 또는 인)

세무대리인은 조세전문자격자로서 위 신고서를 성실하고 공정하게 작성하였음을 확인합니다. 무기장·부실기장 및 소득세법에 따른 성실신고에 관하여 불성실하거나 허위로 확인된 경우에는 「세무사법」 제17조에 따른 징계처분 등의 대상이 됨을 알고 있습니다.

세무대리인 박 조 정 (서명 또는 인)

수원 세무서장 귀하

접수(영수)일

첨부서류(각 1부)		전산입력필	(인)

[별지 제40호서식(1)] (35쪽 중 제9쪽)

❼ 사업소득명세서

① 소득구분코드			40			
② 일련번호			1			
③ 사업장	소재지		서울시 성북구 종암로			
			**			
	국내1/국외9	소재지국코드	1	−		
④ 상호						
⑤ 사업자등록번호						
⑥ 기장의무			1			
⑦ 신고유형코드			12			
⑧ 주업종코드			730000			
⑨ 총수입금액			100,000,000			
⑩ 필요경비			70,000,000			
⑪ 소득금액(⑨−⑩)			30,000,000			
⑫ 과세기간개시일			1.1			
⑬ 과세기간종료일			12.31			
⑭ 대표 공동사업자	성명					
	주민등록번호					
⑮ 특수관계자	성명					
	주민등록번호					
	성명					
	주민등록번호					
	성명					
	주민등록번호					

부동산 임대소득 명세

구분	⑯ 주택수(개)	⑰ 수입금액	⑱ 필요경비	⑲ 소득금액
주택 외 임대소득 (상가, 토지 등)				
주택임대소득				
합계				

사업소득에 대한 원천징수 및 납세조합징수 세액

⑳ 일련번호	원천징수의무자 또는 납세조합		원천징수 또는 납세조합징수세액	
	㉑ 상호(성명)	㉒ 사업자등록번호 (주민등록번호)	㉓ 소득세	㉔ 농어촌특별세
1	×법인	209−81−*****	3,000,000	

[별지 제40호서식(1)] (35쪽 중 제11쪽)

❽ 근로소득 · 연금소득 · 기타소득명세서

① 소득구분코드	② 일련번호	소득의 지급자(부여자의 국내사업장) ③ 상호(성명) / ④ 사업자등록번호(주민등록번호)	⑤ 총수입금액(총급여액 · 총연금액)	⑥ 필요경비(근로소득공제 · 연금소득공제)	⑦ 소득금액(⑤-⑥)	원천징수 또는 납세조합징수세액 ⑧ 소득세	원천징수 또는 납세조합징수세액 ⑨ 농어촌특별세
51	1	A+대학교 / 206-**-*****	50,000,000	12,250,000	37,750,000	2,925,000	

[별지 제40호서식(1)] (35쪽 중 제13쪽)

❾ 종합소득금액 및 결손금 · 이월결손금공제명세서

구 분	① 소 득 별 소득금액	② 부동산임대업 외의 사업소득 (주택임대업 포함) 결손금 공제금액	이월결손금 공제금액		⑤ 결손금 · 이월 결손금공제 후 소득금액
			③ 부동산임대업 외의 사업소득 (주택임대업 포함) 이월결손금 공제금액	④ 부동산임대업의 사업소득 (주택임대업 제외) 이월결손금 공제금액	
이자소득금액					
배당소득금액					
출자공동사업자의 배당소득금액					
부동산임대업의 사업소득금액 (주택임대업 제외)					
부동산임대업 외의 사업소득금액 (주택임대업 포함)	30,000,000				30,000,000
근로소득금액	37,750,000				37,750,000
연금소득금액					
기타소득금액					
합 계 (종합소득금액)	67,750,000				67,750,000

❿ 이월결손금명세서

구 분	이월결손금 발생명세		③ 전기까지 공제액	당기 공제액			⑦ 잔 액
	① 발생 과세기간	② 발생금액		④ 당기 공제액	⑤ 소급공제액	⑥ 그 밖의 공제액	
부동산 임대업의 사업소득 (주택임대업 제외)							
부동산 임대업외의 사업소득 (주택임대업 포함)							

210㎜×297㎜(백상지 80g/㎡)

[별지 제40호서식(1)] (35쪽 중 제15쪽)

⓫ 소득공제명세서

<table>
<tr><th colspan="6">「소득세법」상 소득공제</th></tr>
<tr><th colspan="3">구 분</th><th>금 액</th><th colspan="3">구 분</th><th>금 액</th></tr>
<tr><td rowspan="8">인적공제</td><td rowspan="3">기본공제</td><td>① 본 인</td><td>1,500,000</td><td rowspan="2">연금보험료공제</td><td colspan="2">⑨ 국 민 연 금</td><td></td></tr>
<tr><td>② 배 우 자</td><td>1,500,000</td><td colspan="2">⑩ 공무원·군인·사립학교 교직원·별정우체국 연금</td><td></td></tr>
<tr><td>③ 부 양 가 족(1 명)</td><td>1,500,000</td><td colspan="3">⑪ 주택담보노후연금 이자비용공제</td><td></td></tr>
<tr><td rowspan="4">추가공제</td><td>④ 경 로 우 대 자(명)</td><td></td><td rowspan="6">특별공제</td><td colspan="2">⑫ 보 험 료 공 제</td><td></td></tr>
<tr><td>⑤ 장 애 인(명)</td><td></td><td colspan="2">⑬ 주 택 자 금 공 제</td><td></td></tr>
<tr><td>⑥ 부 녀 자</td><td></td><td colspan="2">⑭ 기 부 금(이 월 분) 공 제</td><td></td></tr>
<tr><td>⑦ 한 부 모 가 족</td><td></td><td rowspan="2">⑮ 특별공제합계</td><td>근로소득이 있는 자 (⑫~⑭)</td><td></td></tr>
<tr><td colspan="2">⑧ 인적공제계(①~⑦의 합계)</td><td>4,500,000</td><td>근로소득이 없는 자 (⑭)</td><td></td></tr>
</table>

⑯ 인적공제대상자 명세

관계	성 명	내외국인	주민등록번호(외국인등록번호 등)	관계	성 명	내외국인	주민등록번호(외국인등록번호 등)
0	김성공	1	700426-1******				-
3	이성실	1	710416-2******				-
4	김공정	1	060217-2******				-
			-				-

※ 관계코드 : 소득자 본인=0, 소득자의 직계존속=1, 배우자의 직계존속=2, 배우자=3, 직계비속 중 자녀·입양자=4, 직계비속 중 자녀·입양자 외(직계비속과 그 배우자가 모두 장애인인 경우 그 배우자 포함)=5, 형제자매=6, 수급자=7, 위탁아동=8(관계코드 4~6은 소득자와 배우자의 각각의 관계를 포함합니다.)

<table>
<tr><th colspan="4">「조세특례제한법」상 소득공제</th></tr>
<tr><th>⑰ 「조세특례제한법」 조문(제목)</th><th>⑱ 코드</th><th>⑲ 금 액</th><th>⑳ 사업자등록번호</th></tr>
<tr><td></td><td></td><td></td><td></td></tr>
<tr><td></td><td></td><td></td><td></td></tr>
<tr><td></td><td></td><td></td><td></td></tr>
<tr><td></td><td></td><td></td><td></td></tr>
<tr><td></td><td></td><td></td><td></td></tr>
<tr><td colspan="2">㉑ 「조세특례제한법」 상 소득공제 합계</td><td></td><td></td></tr>
</table>

㉒ 소득공제 합계 (⑧~⑪+⑮+㉑)	4,500,000	㉓ 소득공제 종합한도 초과액	

210㎜×297㎜(백상지 80g/㎡)

(35쪽 중 제19쪽)

⓬ 세액감면명세서

① 제목(법 조문)	② 코드	③ 세액감면	④ 사업자등록번호
⑤ 세액감면 합계			

⓭ 세액공제명세서

세액공제 항목			② 코드	공제대상 금액 (㉠)	적용률 (㉡)	③ 세액공제 (㉠×㉡)	④ 사업자등록번호
①「소득세법」상 세액공제							
배 당 세 액 공 제							
기 장 세 액 공 제							
전자계산서 발급전송세액공제							
외 국 납 부 세 액 공 제							
재 해 손 실 세 액 공 제							
근 로 소 득 세 액 공 제						*660,000*	
자녀 세액공제	(기본공제자녀 *1* 명)					*250,000*	
	(출산·입양 명)						
연금계좌 세액공제	과학기술인공제				12% (15%)		
	퇴 직 연 금						
	연 금 저 축						
	ISA 만기시 연금계좌납입액						
특별세액공제	보험료	보 장 성		*1,000,000*	12%	*120,000*	
		장애인전용보장성			15%		
	의 료 비				15% (20%, 30%)		
	교 육 비			*6,000,000*	15%	*900,000*	
	기부금	특례기부금			15% 또는 30%		
		일반기부금					
	표 준 세 액 공 제						
납 세 조 합 세 액 공 제							
⑤「조세특례제한법」상 세액공제							
정치자금 기부금	10만원 이하				100/110		
	10만원 초과				15/100 (25/100)		
⑥ 세액공제 합계 (①「소득세법」+⑤「조세특례제한법」)						*1,930,000*	

⓮ 준비금명세서

①「조세특례제한법」 제목(조문)	② 코드	준비금 손금산입액		준비금 환입액		⑦ 사업자 등록번호
		③ 연도	④ 금액	⑤ 당기 환입액	⑥ 환입액 누계	

210㎜×297㎜(백상지 80g/㎡)

(35쪽 중 제21쪽)

⑮ 가산세명세서

구분			계산기준	기준금액	가산세율	가산세액
① 무신고	부정무신고		무신고납부세액		40/100(60/100)	
			수입금액		14/10,000	
	일반무신고		무신고납부세액		20/100	
			수입금액		7/10,000	
② 과소신고	부정과소신고		과소신고납부세액		40/100(60/100)	
			수입금액		14/10,000	
	일반과소신고		과소신고납부세액		10/100	
③ 납부지연	미납일수			( )	22/100,000	
	미납부(환급)세액					
④ 보고불성실	지급명세서	미제출(불명)	지급(불명)금액		1/100	
		지연제출	지연제출금액		0.5/100	
	간이지급명세서	미제출(불명)	지급금액		0.25/100	
		지연제출	지연제출금액		0.125/100	
	일용근로소득 지급명세서	미제출(불명)	지급금액		0.25/100	
		지연제출	지연제출금액		0.125/100	
	계산서	미발급(위장가공)	공급가액		2/100	
		지연발급	공급가액		1/100	
		불명	불명금액		1/100	
		전자계산서 외 발급	공급가액		1/100	
		전자계산서 미전송	공급가액		3/1,000(1/100)	
		전자계산서 지연전송	지연전송금액		1/1,000(5/1,000)	
	계산서 합계표	미제출(불명)	공급(불명)가액		0.5/100	
		지연제출	지연제출금액		0.3/100	
	매입처별세금계산서 합계표	미제출(불명)	공급(불명)가액		0.5/100	
		지연제출	지연제출금액		0.3/100	
	소계					
⑤ 증빙불비	미수취		미수취금액		2/100	
	허위수취		허위수취금액		2/100	
⑥ 영수증수취 명세서미제출	미제출		미제출금액		1/100	
	불명		불명금액		1/100	
⑦ 사업장현황신고 불성실	무신고		수입금액		0.5/100	
	과소신고		수입금액		0.5/100	
⑧ 공동사업장등록 불성실	미등록·허위등록		총수입금액		0.5/100	
	손익분배비율허위신고 등		총수입금액		0.1/100	
⑨ 무기장			산출세액		20/100	
⑩ 사업용계좌 미신고등	미신고		수입(미사용)금액		0.2/100	
	미사용		미사용금액		0.2/100	
⑪ 신용카드거부등	거래거부·불성실금액				5/100	
	거래거부·불성실건수				5,000원	
	위장가공		발급수취금액		2/100	
⑫ 현금영수증미발급등	미가맹		수입금액		1/100	
	발급거부·불성실금액				5/100	
	발급거부·불성실건수				5,000원	
	위장가공		발급수취금액		2/100	
	미발급금액				20/100(10/100)	
⑬ 기부금영수증불성실	영수증불성실발급		불성실기재금액		5/100	
	발급명세서 미작성·미보관		미작성등금액		0.2/100	
⑭ 동업기업 배분 가산세						
⑮ 성실신고확인서 미제출 가산세			산출세액		5/100	
			수입금액		2/10,000	
⑯ 유보소득계산명세서 제출 불성실 가산세			배당가능 유보소득금액		0.5/100	
⑰ 주택임대사업자 미등록 가산세			미등록기간 수입금액		2/1,000	
⑱ 업무용승용차 관련 비용 명세서 불성실 가산세			미(불명)제출금액		1/100	
⑲ 합계						

⑯ 기납부세액명세서

구분		소득세		농어촌특별세	
중간예납세액		①			
토지등매매차익예정신고납부세액		②			
토지등매매차익예정고지세액		③			
수시부과세액		④		㉑	
원천징수세액 및 납세조합징수세액	이자소득	⑤		㉒	
	배당소득	⑥		㉓	
	사업소득	⑦	3,000,000	㉔	
	근로소득	⑧	2,925,000	㉕	
	연금소득	⑨			
	기타소득	⑩			
기납부세액 합계		⑪	5,925,000	㉖	

04 양도소득 과세표준 확정신고 및 자진납부계산서 작성사례

1

거주자 김성실씨는 서울시 강남구 역삼동 1번지 대지 100㎡(비사업용토지 아님)을 사서 아래와 같이 등기 후 소유하다 2억원에 양도한 경우 납부할 양도소득세는 얼마인가? 단, 취득시 실지거래가액, 매매사례가액, 감정가액이 확인되지 않는다.

구 분	일 자	토지등급	과세시가표준액(㎡당)	개별공시지가(㎡당)
취득일	1984. 7. 5	200	77,100원	
의제취득일	1985. 1. 1	203	89,300원	
1990.1.1 기준	1990. 8. 30직전	209	119,000원	
개별공지가 고시일	1990. 8.30	210	125,000원	600,000원
양도일	2026. 6.15	–	–	1,000,000원

해답 1. 양도가액 계산

양도당시의 실지거래가액 : 200,000,000원

2. 취득가액 계산

• 계산산식

$$\text{환산한 취득가액} = \text{양도시 실지거래가액} \times \frac{\text{의제취득일('85.1.1) 현재의 기준시가}^{*}}{\text{양도시 기준시가}}$$

* 의제취득일 현재의 기준시가

$$= \text{면적} \times \text{'90.1.1 기준 공시지가} \times \frac{\text{취득일('85.1.1) 현재의 토지 등급가격}}{(\text{'90.8.30 현재 토지등급가격} + \text{그 직전결정 토지 등급가격}) \div 2}$$

• 환산한 취득가액 계산내용

$$87{,}836{,}000\text{원} = 200{,}000{,}000 \times \frac{43{,}918{,}000^{*}}{100{,}000{,}000(=1{,}000{,}000 \times 100\text{m}^2)}$$

$$* \, 43{,}918{,}000 = 100\text{m}^2 \times 600{,}000 \times \frac{89{,}300}{(125{,}000 + 119{,}000) \div 2}$$

※ ㎡당 금액은 원 단위로 하며 원 단위 미만은 절사

3. 기타 필요경비

의제취득일 현재의 기준시가에 3%를 곱하여 계산

➔ 1,317,540원=43,918,000원×0.03

4. 장기보유특별공제

보유기간이 15년 이상이면서 사업용 토지에 해당하므로 양도차익에 30%를 곱하여 계산

➔ 33,253,938원=110,846,460원×0.3

5. 양도소득기본공제

양도자별로 주식과 주식외의 자산으로 구분하여 1인당 각각 연간 250만원씩을 공제

6. 세율적용

토지의 보유기간이 2년 이상이고 비사업용에 해당하지 않아 누진세율이 적용되는 것이며 과세표준이 5,000만원 초과 8천8백만원 이하에 해당하므로 24%의 세율을 적용

➔ 산출세액 12,262,205원=75,092,522원×0.24−5,760,000원(누진공제)

[별지 제84호 서식] <2015.3.13. 개정> (앞쪽)

※ 2010. 1. 1. 이후 양도분부터는 양도소득세 예정신고를 하지 않으면 가산세가 부과됩니다.

관리번호	-

양도소득과세표준 신고 및 납부계산서
([○]예정신고, [ ]확정신고, [ ]수정신고, [ ]기한 후 신고)

① 신 고 인 (양도인)	성 명	김성실	주민등록번호	560317-1234567	내ㆍ외국인	[○]내국인, [ ]외국인
	전자우편주소	kim123@nts.go.kr	전화번호	02-123-4567	거주구분	[○]거주자, [ ]비거주자
	주 소	서울 종로구 수송동 청나동길 55번지			거주지국	거주지국코드

② 양 수 인	성 명	주민등록번호	양도자산 소재지	지 분	양도인과의 관계
		654321-7654321	역삼동 1번지	100/100	타인

③ 세율구분	코 드	양도소득세 합 계	국내분 소 계	1-10	-	국외분 소 계
④ 양도소득 금액		77,592,522	77,592,522	77,592,522		
⑤ 기신고ㆍ결정ㆍ경정된 양도소득금액 합계						
⑥ 소득감면대상 소득금액						
⑦ 양도소득기본공제		2,500,000	2,500,000	2,500,000		
⑧ 과세표준(④+⑤-⑥-⑦)		75,092,522	75,092,522	75,092,522		
⑨ 세 율		24%	24%	24%		
⑩ 산출세액		12,262,205	12,262,205	12,262,205		
⑪ 감면세액						
⑫ 외국납부세액공제						
⑬ 예정신고납부세액공제						
⑭ 원천징수세액공제						
⑮ 가산세	신고불성실					
	납부불성실					
	기장불성실 등					
	계					
⑯ 기신고ㆍ결정ㆍ경정세액						
⑰ 납부할 세액 (⑩-⑪-⑫-⑬-⑭+⑮-⑯)		12,262,205	12,262,205	12,262,205		
⑱ 분납(물납)할 세액		2,262,205	2,262,205	2,262,205		
⑲ 납부 세액		10,000,000	10,000,000	10,000,000		
⑳ 환급 세액						

농어촌특별세 납부계산서	
㉑ 소득세 감면세액	
㉒ 세 율	
㉓ 산출세액	
㉔ 수정신고가산세등	
㉕ 기신고ㆍ결정ㆍ경정세액	
㉖ 납부할 세액	
㉗ 분납할 세액	
㉘ 납부 세액	
㉙ 환급 세액	

신고인은 「소득세법」 제105조(예정신고)ㆍ제110조(확정신고), 「국세기본법」 제45조(수정신고)ㆍ제45조의3(기한 후 신고), 「농어촌특별세법」 제7조 및 「지방세법」 제103조의5ㆍ제103조의7에 따라 신고하며, 위 내용을 충분히 검토하였고 신고인이 알고 있는 사실 그대로를 정확하게 적었음을 확인합니다.

2026 년 8 월 31 일

신고인 김 성 실 (서명 또는 인)

환급금 계좌신고 (환급세액 2천만원 미만인 경우)	
㉚ 금융기관명	
㉛ 계좌번호	

세무대리인은 조세전문자격자로서 위 신고서를 성실하고 공정하게 작성하였음을 확인합니다.

세무대리인 (성명 또는 인)

역삼 세무서장 귀하

첨부서류	1. 양도소득금액계산명세서(부표 1, 부표 2, 부표 2의2, 부표 2의3 중 해당하는 것) 1부 2. 매매계약서 1부 3. 필요경비에 관한 증빙서류 및 「소득세법 시행령」 제173조 제2항 제4호 가목의 위탁수수료등 명세서 각1부 4. 감면신청서 및 수용확인서 등 1부 5. 그밖에 양도소득세 계산에 필요한 서류 1부	접수일 인
담당공무원 확인사항	1. 토지 및 건물등기사항증명서 2. 토지 및 건축물대장 등본	

210mm×297mm[백상지 80g/㎡(재활용품)]

[별지 제84호 서식 부표 1] <2015.3.13. 개정> (앞쪽)

관리번호	–

양도소득금액 계산명세서

※ 관리번호는 적지 마십시오.

□ 양도자산 및 거래일

구분			합 계			
① 세율구분 (코드)				누진세율(1-10)	(–)	(–)
② 소재지국	소 재 지			서울 강남 역삼 ○번지		
③ 자산종류 (코드)				토 지 (1)	( )	( )
거래일 (거래원인)	④ 양도일(원인)			2026. 6. 15. (매매)	( )	( )
	⑤ 취득일(원인)			1985. 1. 1. (매매)	( )	( )
거래자산 면적(㎡)	⑥ 총면적 (양도지분)	토지		100㎡ (1/ 1)	(/)	(/)
		건물		(/)	(/)	(/)
	⑦ 양도면적	토지		100㎡		
		건물				
	⑧ 취득면적	토지		100㎡		
		건물				

□ 양도소득금액 계산

거래금액	⑨ 양 도 가 액	200,000,000	200,000,000		
	⑩ 취 득 가 액	87,836,000	87,836,000		
	취득가액 종류	기준시가환산	기준시가환산		
⑪ 기납부 토지초과이득세					
⑫ 기타 필 요 경 비		1,317,540	1,317,540		
양도차익	전체 양도차익	110,846,460	110,846,460		
	비과세 양도차익				
	⑬ 과세대상양도차익	110,846,460	110,846,460		
⑭ 장기보유특별공제		33,253,938	33,253,938		
⑮ 양 도 소 득 금 액		77,592,522	77,592,522		
감면소득금액	⑯ 세액감면대상				
	⑰ 소득금액감면대상				
⑱ 감면종류	감면율				

□ 기준시가 (기준시가 신고 또는 취득가액을 환산가로 신고하는 경우에만 적습니다)

양도시 기준 시가	⑲ 건물	일반건물				
		오피스텔·상업용				
		개별·공동주택				
	⑳ 토 지		100,000,000	100,000,000		
	합 계		100,000,000	100,000,000		
취득시 기준 시가	㉑ 건물	일반건물				
		오피스텔·상업용				
		개별·공동주택				
	㉒ 토 지		43,918,000	43,918,000		
	합 계		43,918,000	43,918,000		

210㎜×297㎜[백상지 80g/㎡(재활용품)]

토지등급가액표

등급	가액		등급	가액		등급	가액	등급	가액	등급	가액	등급	가액
	84.6.30 이전 ㎡	84.7.1 이후 ㎡		84.6.30 이전 ㎡	84.7.1 이후 ㎡		84.7.1 이후 ㎡		84.7.1 이후 ㎡		84.7.1 이후 ㎡		84.7.1 이후 ㎡
1	0.30	1	51	1,814.9	63	101	626	151	7,070	201	81,000	251	928,000
2	0.60	2	52	2,117.4	66	102	657	152	7,420	202	85,000	252	975,000
3	0.90	3	53	2.419.9	69	103	689	153	7,790	203	89,300	253	1,023,000
4	1.20	4	54	2.722.4	72	104	723	154	8,180	204	93,700	254	1,075,000
5	1.50	5	55	3,024.9	75	105	759	155	8,590	205	98,400	255	1,128,000
6	1.80	6	56	3.629.9	78	106	796	156	9,020	206	103,000	256	1,185,000
7	2.1	7	57	4,234.9	81	107	835	157	9,470	207	108,000	257	1,244,000
8	2.4	8	58	4,839.9	85	108	876	158	9,940	208	113,000	258	1,306,000
9	2.7	9	59	5,444.9	89	109	919	159	10,400	209	119,000	259	1,372,000
10	3.0	10	60	6,049.9	93	110	964	160	10,900	210	125,000	260	1,440,000
11	3.6	11	61	7,562.4	97	111	1,010	161	11,500	211	131,000	261	1,512,000
12	4.2	12	62	9,074.9	101	112	1,060	162	12,000	212	138,000	262	1,588,000
13	4.8	13	63	10,587.4	106	113	1,110	163	12,600	213	145,000	263	1,667,000
14	5.4	14	64	12,099.9	111	114	1,170	164	13,300	214	152,000	264	1,751,000
15	6.0	15	65	15,124.9	116	115	1,220	165	13,900	215	160,000	265	1,838,000
16	7.5	16	66	18,149.9	121	116	1,280	166	14,600	216	168,000	266	1,930,000
17	9.0	17	67	21,174.9	127	117	1,350	167	15,400	217	176,000	267	2,027,000
18	10.5	18	68	24,199.8	133	118	1,420	168	16,100	218	185,000	268	2,128,000
19	12.0	19	69	27,224.8	139	119	1,490	169	17,000	219	194,000	269	2,235,000
20	15.1	20	70	30,249.8	145	120	1,560	170	17,800	220	204,000	270	2,346,000
21	18.1	21	71	36,299.8	152	121	1,640	171	18,700	221	214,000	271	2,464,000
22	21.1	22	72	42,349.8	159	122	1,720	172	19,600	222	225,000	272	2,587,000
23	24.1	23	73	48,399.7	166	123	1,810	173	20,600	223	236,000	273	2,716,000
24	27.2	24	74	54,449.7	174	124	1,900	174	21,700	224	248,000	274	2,852,000
25	30.2	25	75	60,499.7	182	125	1,990	175	22,700	225	261,000	275	2,995,000
26	36.2	26	76	75,624.6	191	126	2,090	176	23,900	226	274,000	276	3,145,000
27	42.3	27	77	90,749.5	200	127	2,190	177	25,100	227	287,000	277	3,302,000
28	48.3	28	78	105,874.5	210	128	2,300	178	26,300	228	302,000	278	3,467,000
29	54.4	29	79	120,999.4	220	129	2,420	179	27,600	229	317,000	279	3,640,000
30	60.4	30	80	151,249.3	231	130	2,540	180	29,000	230	333,000	280	3,822,000
31	75.6	31	81	181,499.1	242	131	2,670	181	30,500	231	350,000	281	4,014,000
32	90.7	32	82	211,749.0	254	132	2,800	182	32,000	232	367,000	282	4,214,000
33	105.8	33	83	241,998.9	266	133	2,940	183	33,600	233	385,000	283	4,425,000
34	120.9	34	84	272,248.7	279	134	3,090	184	35,300	234	405,000	284	4,646,000
35	151.2	35	85	302,498.6	292	135	3,240	185	37,100	235	425,000	285	4,879,000
36	181.4	36	86	362,998.3	306	136	3,400	186	38,900	236	446,000	286	5,123,000
37	211.7	37	87	423,498.0	321	137	3,570	187	40,900	237	469,000	287	5,379,000
38	241.9	38	88	483,997.8	337	138	3,750	188	42,900	238	492,000	288	5,648,000
39	272.2	39	89	544,497.5	353	139	3,940	189	45,100	239	517,000	289	5,930,000
40	302.4	40	90	604,997.2	370	140	4,130	190	47,300	240	543,000	290	6,227,000
41	362.9	42	91	665,497.0	388	141	4,340	191	49,700	241	570,000	291	6,538,000
42	423.4	44	92	725,996.7	407	142	4,560	192	52,200	242	598,000	292	6,865,000
43	483.9	46	93	786,496.4	427	143	4,790	193	54,800	243	628,000	293	7,208,000
44	544.4	48	94	846,996.1	448	144	5,020	194	57,500	244	660,000	294	7,569,000
45	604.9	50	95	907,495.9	470	145	5,280	195	60,400	245	693,000	295	7,947,000
46	756.2	52	96	967,995.6	493	146	5,540	196	63,400	246	727,000	296	8,345,000
47	907.4	54	97	1,028,495.3	517	147	5,820	197	66,600	247	764,000	297	8,762,000
48	1,058.7	56	98	1,088,995.3	542	148	6,110	198	69,900	248	802,000	298	9,200,000
49	1,209.9	58	99	1,149,494.8	569	149	6,410	199	73.400	249	842,000	299	9,660,000
50	1,512.4	60	100	1,209,994.5	597	150	6,730	200	77,100	250	884,000	300	10,143,000

2

서울시 종로구 수송동 1번지에 거주하는 김성실씨는 비상장 중소기업 대박(주)의 주식 10,000주를 아래와 같이 취득하여 5,000주를 1억원에 양도한 경우 납부할 양도소득세는 얼마인가? 단, 대주주에 해당하지 않으며 특수관계인에게 양도한 주식이 아니다.

구 분	일 자	실지거래가액	필요경비	사업자등록번호	비고
취득시 양도시	1990. 7. 5 2026. 6. 15	100,000,000원 100,000,000원	증권거래세 등 500,000원	123−45−12345	

해답

구 분	계산내용	금 액
① 양도가액	양도일 실지거래가액	100,000,000원
② 취득가액	100,000,000×(5,000/10,000)	50,000,000원
③ 필요경비	증권거래세 등	500,000원
④ 양도차익	①−②−③	49,500,000원
⑤ 장기보유특별공제	해당 없음	−
⑥ 양도소득금액	④−⑤	49,500,000원
⑦ 양도소득 기본공제	자산별로 연 2,500,000 공제	2,500,000원
⑧ 양도소득 과세표준	⑥−⑦	47,000,000원
⑨ 세율	비상장 중소기업 주식	10%
⑩ 산출세액	47,000,000×10%	4,700,000원
⑪ 예정신고세액공제	2010년부터 예정신고납부세액 공제가 없음	−
⑫ 납부할 양도소득세	⑩−⑪	4,700,000원

[별지 제84호 서식] <2015.3.13. 개정> (앞쪽)

※ 2010. 1. 1. 이후 양도분부터는 양도소득세 예정신고를 하지 않으면 가산세가 부과됩니다.

관리번호	–

양도소득과세표준 신고 및 납부계산서

([○]예정신고, [ ]확정신고, [ ]수정신고, [ ]기한 후 신고)

① 신 고 인 (양도인)	성 명	김성식	주민등록번호	560317-1234567	내·외국인	[○]내국인, [ ]외국인
	전자우편주소	kim123@nts.go.kr	전화번호	02-123-4567	거주구분	[○]거주자, [ ]비거주자
	주 소	서울 종로구 수송동 청니동길 55번지			거주지국	거주지국코드

② 양 수 인	성 명	주민등록번호	양도자산 소재지	지 분	양도인과의 관계
		654321-7654321	역삼동 1번지	100/100	타인

③ 세율구분 / 코 드	양도소득세 합 계	국내분 소 계	1–10	–	국외분 소 계
④ 양도소득 금액	49,500,000	49,500,000	49,500,000		
⑤ 기신고·결정·경정된 양도소득금액 합계					
⑥ 소득감면대상 소득금액					
⑦ 양도소득기본공제	2,500,000	2,500,000	2,500,000		
⑧ 과세표준(④+⑤−⑥−⑦)	47,000,000	47,000,000	47,000,000		
⑨ 세 율	10%	10%	10%		
⑩ 산출세액	4,700,000	4,700,000	4,700,000		
⑪ 감면세액					
⑫ 외국납부세액공제					
⑬ 예정신고납부세액공제					
⑭ 원천징수세액공제					
⑮ 가산세 - 신고불성실					
⑮ 가산세 - 납부불성실					
⑮ 가산세 - 기장불성실 등					
⑮ 가산세 - 계					
⑯ 기신고·결정·경정세액					
⑰ 납부할 세액 (⑩−⑪−⑫−⑬−⑭+⑮−⑯)	4,700,000	4,700,000	4,700,000		
⑱ 분납(물납)할 세액					
⑲ 납부 세액	4,700,000	4,700,000	4,700,000		
⑳ 환급 세액					

농어촌특별세 납부계산서	
㉑ 소득세 감면세액	
㉒ 세 율	
㉓ 산출세액	
㉔ 수정신고가산세등	
㉕ 기신고·결정·경정세액	
㉖ 납부할 세액	
㉗ 분납할 세액	
㉘ 납부 세액	
㉙ 환급 세액	

신고인은 「소득세법」 제105조(예정신고)·제110조(확정신고), 「국세기본법」 제45조(수정신고)·제45조의3(기한 후 신고), 「농어촌특별세법」 제7조 및 「지방세법」 제103조의5·제103조의7에 따라 신고하며, 위 내용을 충분히 검토하였고 신고인이 알고 있는 사실 그대로를 정확하게 적었음을 확인합니다.

2026 년 8 월 31 일

신고인 김 성 식 (서명 또는 인)

환급금 계좌신고 (환급세액 2천만원 미만인 경우)	
㉚ 금융기관명	
㉛ 계좌번호	

세무대리인은 조세전문자격자로서 위 신고서를 성실하고 공정하게 작성하였음을 확인합니다.

세무대리인 (성명 또는 인)

역삼 세무서장 귀하

첨부서류	1. 양도소득금액계산명세서(부표 1, 부표 2, 부표 2의2, 부표 2의3 중 해당하는 것) 1부 2. 매매계약서 1부 3. 필요경비에 관한 증빙서류 및 「소득세법 시행령」 제173조 제2항 제4호 가목의 위탁수수료등 명세서 각1부 4. 감면신청서 및 수용확인서 등 1부 5. 그밖에 양도소득세 계산에 필요한 서류 1부	접수일 인
담당공무원 확인사항	1. 토지 및 건물등기사항증명서 2. 토지 및 건축물대장 등본	

210mm×297mm[백상지 80g/㎡(재활용품)]

[별지 제84호 서식 부표 2] (2009.4.14. 개정) (앞쪽)

관리번호	−

주식 양도소득금액 계산명세서

양도주식 취득유형별 내용							
① 주식종목명	합계	○○○(주)					
② 주식종목코드 또는 사업자등록번호		123-45-12345					
③ 주식종류코드		31					
④ 취득유형		매매(1)					
⑤ 취득유형별 양도주식수		5,000					
양도소득금액 계산내용							
⑥ 양도일자		2026.6.15					
⑦ 주당양도가액		20,000					
⑧ 양도가액(⑤×⑦)		100,000,000					
⑨ 취득일자		1990. 7. 5					
⑩ 주당취득가액		10,000					
⑪ 취득가액(⑤×⑩)		50,000,000					
⑫ 필요경비		500,000					
⑬ 양도소득금액 (⑧−⑪−⑫)		49,500,000					
⑭ 감면소득금액							
⑮ 감면종류 / 감면율							

210㎜×297㎜(일반용지 60g/㎡(재활용품))

메모

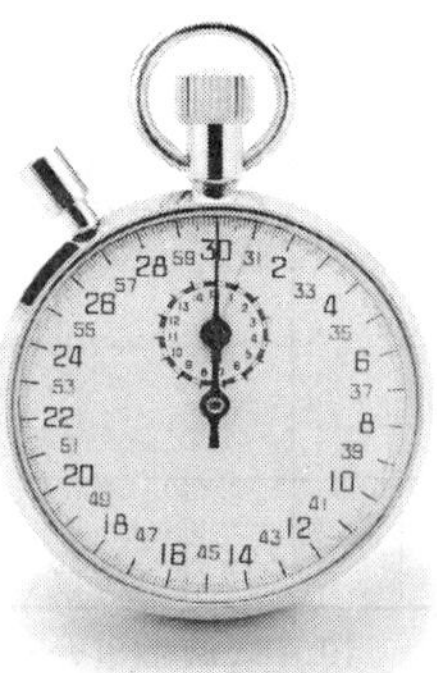

부록

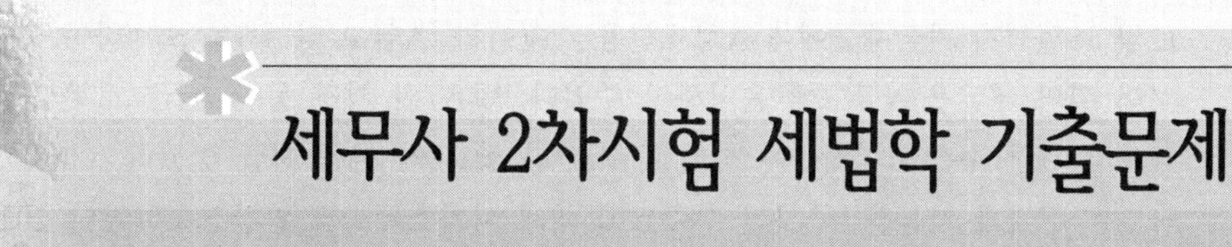

세무사 2차시험 세법학 기출문제

제 57 회 세법학 문제(2020년 시행)

<세법학 I>

1. 소득세법 (30점)

다음 각 사례를 읽고 물음에 답하시오.

〈사례 1〉

'우주사'라는 상호로 대금업을 영위하는 거주자 甲은 2018년 3월 4일부터 2018년 12월 15일까지 자금주들에게 A상호신용금고(이하 'A금고'라 함)를 소개하여 합계 60억 원의 예금을 A금고에 유치하여 주었다. 甲은 위 기간 동안 A금고로부터 예금유치 관련 수수료(이하 '이 사건 수수료'라 함) 1억 원을 지급 받았다. 이 때 A금고는 甲에게 지급한 이 사건 수수료에 대해 이자소득으로 원천징수하였다. 2019년 5월 20일 甲은 이 사건 수수료 1억 원을 이자소득으로 종합소득세 신고납부하였다. 이에 과세관청은 이 사건 수수료가 사업소득에 해당한다고 보아 2020년 7월 11일 甲에게 2018년도 귀속 종합소득세 증액경정처분(이하 '이 사건 처분'이라 함)을 하였다.

〈사례 2〉

거주자 甲은 거주자 乙과 함께 부동산매매업을 공동으로 영위하기로 계약을 체결하고, 2015년 6월 지분의 1/2인 2억 원을 출자하였다. 甲과 乙은 경매 등을 통한 부동산의 취득과 양도를 여러 차례 함께 영위하여 왔고, 약정된 손익분배비율에 따라 공동사업에서 발생한 소득금액을 분배하였다.

그런데 甲과 乙은 2017년 4월 30일 공동사업을 하지 않기로 하였다. 이 때 乙은 甲의 출자금의 반환에 갈음하여 乙 소유의 과수원(이하 '이 사건 과수원'이라 함)을 2017년 9월까지 이전하기로 약정하였다. 하지만 甲과 乙 간의 분쟁으로 그에 관한 소유권이전등기가 지체되던 중 한국토지주택공사가 이 사건 과수원을 수용하면서 피공탁자를 乙로 하여 수용보상금을 공탁하였고, 甲은 乙을 상대로 공탁금 출급청구권 양도를 구하는 소를 제기하여 승소판결을 받아 2018년 9월 23일 乙이 받은 수용보상금 3억 원을 수령하였다. 이에 과세관청은 甲이 받은 수용보상금

3억 원에서 출자금 2억 원을 공제한 1억 원을 동업관계 탈퇴에 따른 배당소득으로 보아 2020년 7월 30일 甲에게 2018년도 귀속 종합소득세 증액경정처분(이하 '이 사건 처분'이라 함)을 하였다.

〔**물음 1**〕 <사례 1>에서 「소득세법」상 이자소득과 사업소득의 판단기준에 대해 설명하고, 이 사건 처분이 적법한지를 설명하시오.

〔**물음 2**〕 <사례 2>에서 「소득세법」상 배당소득에 대해 설명하고, 이 사건 처분이 적법한지를 설명하시오.

제 58 회 세법학 문제(2021년 시행)

<세법학 Ⅰ>

1. 소득세법 (30점)

다음 사례를 읽고 물음에 답하시오.

거주자인 甲은 2010년에 서울시 종로구에서 'A가든'이라는 상호로 고급음식점을 개업하여 경영하고 있다. 甲은 2021년 5월 31일에 2020년 귀속 종합소득세를 신고·납부하였으나 甲이 제출한 서류에는 월별 수입금액만 기록되어 있을 뿐 이를 뒷받침할 만한 일일 수입금액에 관한 장부나 증빙이 없다. 또한 2020년 5월 1일부터 같은 해 8월 31일까지의 수입금액에 관한 원시기록 장부상의 실제 수입금액은 15억 원인데 반해 甲이 제출한 서류상의 수입금액은 6억 원에 불과하였고 그 이외의 기간에 대한 실제 수입금액을 확인할 증빙이 없다. 한편 甲이 신고한 장부상의 원·부재료비 지출액은 원시기록 장부상의 실제 지출액의 50%에 불과하였다. 이에 과세관청은 2020년 5월 1일부터 같은 해 8월 31일까지의 甲의 원시기록 장부상의 실제 수입금액(15억 원)과 해당 기간 동안의 실제 원·부재료비 지출액(6억 원)을 기초로 비용관계 비율(2.5)을 적용하여 해당 사업연도의 수입금액을 추계하여 산출하는 한편, 원시장부상의 실제 원·부재료 지출액 및 기타 증빙서류에 의하여 인정되는 실제 금액을 필요경비로 보아 2020년 귀속 종합소득세를 경정하는 처분을 하였다.

〔물음 1〕「국세기본법」상 근거과세 원칙과 「소득세법」상 추계과세와의 관계를 설명하시오.

〔물음 2〕 소득세법령상 추계 결정·경정할 수 있는 사유를 설명하고, <사례>가 적법한 추계 사유에 해당하는지를 논하시오.

〔물음 3〕 소득세법령상 추계 결정·경정 방법 중 하나인 기준경비율에 대하여 설명하시오.

〔물음 4〕「소득세법 시행령」상 추계 결정·경정시 수입금액의 계산방법을 설명하고, <사례>에서 과세관청이 수입금액을 추계로 경정하였음을 이유로 필요경비도 추계 방법으로 경정하여야 한다고 甲이 주장하는 경우 이 주장이 적법한지를 논하시오.

제 59 회 세법학 문제 (2022년 시행)

<세법학 Ⅰ>

1. 소득세법 (30점)

소득세와 관련하여 다음 물음에 답하시오.

〔물음 1〕 금융소득(이자소득 및 배당소득) 과세와 관련하여 ①, ②, ③에 대하여 답하시오.(17점)

① 「소득세법」 상 종합소득과세표준 계산 시 종합과세되는 금융소득의 금액을 계산하는 과정을 설명하시오.

② 거주자의 금융소득이 종합과세기준금액을 초과하는 경우, 「소득세법」 상 종합소득산출세액을 계산하고 결정하는 방법에 대하여 설명하시오.

③ 거주자의 배당소득 중 출자공동사업자의 소득분배금이 포함되어 있을 경우, 이에 대한 과세방법과 그 이유를 설명하시오.

〔물음 2〕 거주자의 배당소득 중 「소득세법」 상 배당소득 총수입금액에 가산하는 금액(배당가산액)이 있을 경우, 이와 관련하여 ①, ②에 대하여 답하시오.(13점)

① 「소득세법」 상 배당가산액 제도의 입법취지를 설명하고 그에 입각하여 현행 배당가산액 제도의 미비점에 대하여 설명하시오.

② 배당가산액 제도의 적용대상이 되는 배당소득의 요건에 대하여 설명하시오.

제 60 회 세법학 문제(2023년 시행)

<세법학 I>

1. 소득세법(30점)

다음 사례를 읽고 물음에 답하시오.

1. 경상북도 소재 읍지역에서 작물재배업 등을 영위하는 거주자 甲(농민)은 2023 사업연도(1.1.~12.31.)에 다음과 같은 소득이 발생하였다.

소득 종류	소득금액
ㄱ. 곡물(보리)재배업	15억원
ㄴ. 과실(사과)재배업*1	1억2천만원
ㄷ. 민박업*2	5천만원
ㄹ. 전통주제조업*3	2천만원

*1 과실(사과)재배업의 2023년 수입금액은 12억원, 필요경비는 10억8천만원, 소득 금액은 1억2천만원임

*2 농가부업으로 경영하는 「농어촌정비법」에 따른 농어촌민박사업임

*3 「주세법」 제2조 제8호에 따른 전통주임

2. 상기 거주자 甲은 창고(주거용 건물 아님)를 임대하고 매월 일정 금액의 임대료를 수취하는 부동산임대업을 함께 영위하고 있다.

3. 상기 거주자 甲은 전통주 주문이 집중되는 명절 전후에는 전통주 제조에 필요한 일용근로자를 일시적으로 고용하고 있다.

〔물음 1〕 「소득세법령」상 사업소득과 관련하여 다음 ①, ②에 대하여 답하시오.(18점)

① 특정 소득이 「소득세법」상 사업소득에 해당되기 위한 기본적인 요건을 「소득세법」 제19조 제1항 제21호에 근거하여 서술할 때, 다음 ( )에 들어갈 내용을 쓰시오.

( )를 목적으로 자기의 ( )과 책임 하에 ( )으로 행하는 활동을 통하여 얻는 소득

② <사례>에 제시된 ㄱ~ㄹ의 각 소득 종류별로 「소득세법령」상 사업소득으로 과세되어야 하는지 여부에 대하여 '전액 과세', '일부 과세', '전액 비과세', '과세 제외' 중 1개를 선택하여 제시하고, 그 선택의 이유를 설명하시오.

〔**물음 2**〕 거주자 甲은 창고(주거용 건물 아님) 임대에 따른 부동산임대업에서 발생하는 소득 금액을 별도로 구분하지 않고 작물재배업 사업소득금액에 포함하여 회계처리하고 있다. 거주자 甲의 담당 세무사로 신규 선임된 당신이 이 같은 사실을 발견하고 거주자 甲에게 조언해야 할 사항은 무엇이며, 그렇게 조언해야 하는 근거를 제시 하시오.(5점)

〔**물음 3**〕「소득세법령」상 일용근로자의 근로소득과 관련하여 다음 ①, ②에 대하여 답하시오.(7점)

① 거주자 甲이 고용하는 일용근로자가 「소득세법령」상 일용근로자의 범위에 해당되기 위해 갖추어야 할 요건을 「소득세법」 시행령 제20조에 근거하여 제시하시오.

② 거주자 甲이 고용하는 일용근로자가 「소득세법령」상 일용근로자의 범위에 해당하는 경우, 동 일용근로자에게 지급하는 근로소득에 대한 「소득세법령」상 과세방법 및 세액 계산 절차를 설명하시오.

제 61 회 세법학 문제(2024년 시행)

<세법학 I>

1. 소득세법 (30점)

다음 각 독립적인 사례를 읽고 물음에 답하시오.

〈사례 1〉

거주자 甲은 2020년 10월 1일 국외에 있는 자산 X를 100,000달러에 취득한 후 2024년 8월 1일 300,000달러에 양도하였다. 甲은 2024년 중 X 이외에 다른 자산을 양도한 적이 없다.

〔**물음 1**〕「소득세법령」상 국외자산 양도에 대한 양도소득세와 관련하여 납세의무자의 요건 및 과세대상 자산을 설명하시오.(7점)

〔**물음 2**〕「소득세법령」상 국외자산 양도소득에 대한 외국납부세액의 공제와 관련하여 외국납부세액의 공제방법 및 절차를 설명하고, 외국납부세액의 공제가 허용되는 '국외자산 양도소득세액'의 범위를 제시하시오.(9점)

〈사례 2〉
거주자 乙은 미국이민을 위해 2024년 2월 1일 출국하였다. 乙은 출국일 전 30년 동안 국내에 주소를 두고 있었으며, 출국일 현재 코스닥시장 상장법인 A사의 주식 Y(乙은 「소득세법령」상 A사의 대주주에 해당)와 국내소재 상가건물 Z를 보유하고 있었다. 乙은 2024년 중 Y와 Z를 양도하지 않았으며, Y와 Z 이외에 다른 자산을 보유한 적이 없다.

〔**물음 3**〕「소득세법령」상 거주자의 출국 시 국내주식 등에 대한 과세 특례(이하 '과세특례')와 관련하여 다음 (1), (2), (3)에 대하여 답하시오.(14점)

(1) 과세 특례의 입법취지, 조정공제의 요건 및 계산규정을 설명하시오.

(2) 과세 특례의 납부유예 규정을 설명하시오.

(3) <사례 2>에서 乙의 주식 Y와 상가건물 Z의 양도소득세 과세여부를 논하시오.

제 62 회 세법학 문제(2025년 시행)

<세법학 Ⅰ>

1. 소득세법 (30점)

다음 각 사례를 읽고 물음에 답하시오. (각 사례는 현행 법령이 적용되는 것으로 가정한다. 기간의 산정이나 기일의 특정에 법정휴일 등은 고려하지 아니한다)

〈사례 1〉
거주자 甲은 2020년 4월 18일 乙과 토지거래허가구역 내에 위치한 乙소유의 토지(이하 '이 사건 토지'라 한다)에 관하여 매매대금 20억 원으로 하는 매매계약을 체결하였다. 甲은 그 직후에 丙외 4인(이하 '최종매수인들'이라고 한다)과 매매대금 합계 30억 원에 이 사건 토지에 관한 각 전매계약을 체결하고, 그 무렵 최종매수인들과 乙을 직접 당사자로 하는 토지거래허가를 받아 이 사건 토지에 관하여 최종매수인들 명의로 각 소유권이전등기를 마쳐 주었다. 甲은 이 거래와 관련하여 어떠한 세금을 신고·납부한 바가 없다.
관할 세무서장은 2024년 1월 10일 甲이 이 사건 토지를 최종매수인들에게 전매한 것이 자산의 사실상 유상이전으로서 그로 인한 소득이 양도소득세 과세대상에 해당한다는 이유로 甲에게 2020년 귀속 양도소득세 8억5천만 원(가산세 포함)의 부과처분(이하 '이 사건 A처분'이라 한다)을 하였다.

〔**물음 1**〕 <사례 1>과 관련하여 다음 (1), (2)에 대하여 답하시오.(20점)

(1) 소득세법령상 위법소득의 과세여부에 관하여 논하시오.

(2) 거주자 甲은 관련 행정법령상 토지거래허가구역 내에서 허가 없는 전매행위는 무효라는 이유로 이 사건 A처분의 취소를 구하고 있다. 甲은 이 사건 A처분에 대한 불복 이후에도 매매대금을 반환하거나, 소유권이전등기를 말소하여 회복하는 등 어떠한 조치를 취한 바 없다. 이 사건 A처분이 적법한지 여부에 관하여 논하시오(양도소득세 및 그 가산세액의 산정에 계산상 오류는 없는 것으로 가정한다).

〈사례 2〉
거주자 甲은 2010년경 쟁점토지(이하 '이 사건 토지'라 한다)를 상속을 원인으로 취득하였다. 甲은 2020년 8월 12일 乙은행을 근저당권자로, 丙주식회사(이하 '丙회사'라 한다)를 채무자로 하는 근저당권을 설정하여 주었다. 그 후 丙회사가 채무를 변제하지 못하자 乙은행이 위 근저당권에 기한 부동산임의경매를 신청하여 법원에서 경매절차가 진행되었는데, 그 결과 2024년 5월 12일 이 사건 토지는 丁주식회사(이하 '丁회사'라 한다)에 낙찰되었고, 같은 날 임의경매로 인한 낙찰을 원인으로 하여 丁회사에게 그 소유권이전등기가 마쳐졌다. 경락 대금 전액은 乙은행에 배당되었다.
甲은 丙회사에게 이 사건 토지대금 상당액을 구상하고자 하였으나, 丙회사의 폐업으로 인한 무자력으로 구상권을 행사 할 수 없었다. 甲은 이와 관련하여 양도소득세를 신고·납부하지 않았다.
관할 세무서장은 甲이 2024년 5월 12일 이 사건 토지를 위 경매절차의 경락인 丁회사에게 양도한 것으로 보아 2025년 6월 25일 甲에 대하여 2024년 귀속 양도소득세부과처분(이하 '이 사건 B처분'이라 한다)을 하였다.

〔**물음 2**〕 <사례 2>에서 거주자 甲은 채무자인 丙회사에 대하여 구상권을 행사할 수 없어 이 사건 토지의 양도로 인한 소득이 없다는 이유로 이 사건 B처분의 취소를 구하고 있다. 이 사건 B처분이 적법한지 여부에 관하여 논하시오(양도소득세액의 산정에 계산상 오류는 없는 것으로 가정한다). (10점)

서 희 열

약 력

- 경영학박사
- 연세대학교 법무대학원 겸임교수
- 미국 뉴욕 St. John's University 방문교수
- 중국 인민대학교 재정금융학원 방문교수
- 러시아 극동 국립 기술대학교(FENTU) 방문교수
- 공인회계사 · 세무사 · 관세사 시험위원
- 사법고시 · 행정고시 시험위원
- 국세청 과세전적부심사위원회 위원
- 국세심판원 비상임 심판관(2004~2006)
- 조세심판원 비상임 심판관(2008~2010)
- 재정경제부 세제발전심의위원회 위원
- 국세청 자체평가위원회 위원장
- (사)한국세무학회 2005년 학회장
- (사)한국회계정보학회 2013년 학회장
- (사)한국조세법학회 2017~2020년 학회장
- 대한민국 동탑산업훈장 수훈(2001년, 납세자의 날)
- 대한민국 근정포장 수훈(2018년)

현 재

- 강남대학교 세무학과 명예교수
- (사)한국조세법학회 이사장

저서 및 연구

- 「소득세법(공저)」, 세학사, 2026
- 「법인세법강의(공저)」, 세학사, 2026
- 「세무회계연습(공저)」, 세학사, 2026
- 「현대생활과 세금(공저)」, 세학사, 2026
- 「세무학개론(공저)」, 세학사, 2017
- 「세법총론」, 세학사, 2018
- 「소비세제법」, 세학사, 2018
- 「상속세 및 증여세 이해(공저)」, 씨에프오아카데미, 2011
- 「창업과 세금」, 씨에프오아카데미, 2013
- 「전자상거래 과세시스템」, 세학사, 2006
- 「미국세법연습(공저)」, 세학사, 2003
- 「담배 제조 및 매매 금지(공저)」, 국립암센터, 2006
- "한국 세무학회의 창립과 세무학 학문의 정립에 관한 연구". 「세무학연구」 제41권 제4호 (2024.12)
- "국세심판제도의 평가와 장단기 개편방안" 외 120여편

노 병 석

약 력

- 세종대학교 경영대학 회계학과 졸업
- 서울시립대학교 세무대학원 졸업(세무학 석사)
- 강남대학교 대학원 세무학과 졸업(세무학 박사)
- 제33회 세무사 시험 합격
- 제27회 경영지도사 시험 합격
- 한국세무사회 전문세무상담위원
- 강남대학교 세무학과 출강

현 재

- 근로복지공단 창업세무 상담위원
- 홍익노무법인 노무관련 세무고문
- 조세일보 객원기자
- 강남종합법무법인 세무고문
- 중구청 지방세심의위원
- 경기도 공동주택관리 감사단 감사위원
- 한국외식산업협회 세무고문

서 정 우

약 력

- 고려대학교 경영학과(경영학사)
- 고려대학교 중어중문학과(문학사)
- 인민대학교 재정금융학원 경제학석사(세무학 전공)
- 인민대학교 재정금융학원 경제학박사(세무학 전공)
- 중국 중앙민족대 출강
- 북경 Sino-trust 근무
- (사)한국세무학회 한중교류위원장

현 재

- 강남대학교 국제대학원 조교수

저서 및 주요 논문

- 「소득세법(공저)」, 세학사, 2026
- 「현대생활과 세금(공저)」, 세학사, 2026
- 「세무학개론(공저)」, 세학사, 2017
- 중소기업 조세지원제도의 한중 비교 연구(석사학위 논문)
- 중국의 상속세제 도입방안 연구(박사학위 논문)
- 중국의 소득불균형 해소를 위한 상속세제 도입 연구 (2022) 외 10여편

소득세법 <개정36판>

발 행 일 / 1992년 2월 20일 초 판 발행
2026년 2월 24일 개정36판 인쇄
2026년 2월 27일 개정36판 발행

저 자 / 서희열 · 노병석 · 서정우

발 행 인 / 김 원 술

발 행 처 / 세 학 사

주 소 / 04607 서울특별시 중구 다산로15길 28 (다산동)

전 화 / (02) 2231－4640(代)

팩 스 / (02) 2253－2209

등 록 / 제2－1311호

E-mail / book@saehaksa.co.kr

http://www.saehaksa.co.kr

정가 **35,000**원 ISBN 978-89-6622-734-1 93320